中经税务宝典系列丛书

税费政策
强化训练学习宝典

杨美莲　周　宇◎主编
刘慧平　曾娟红◎编写

中国经济出版社
CHINA ECONOMIC PUBLISHING HOUSE

·北京·

图书在版编目（CIP）数据

税费政策强化训练学习宝典 / 杨美莲，周宇主编． ——北京：中国经济出版社，2021.7
（中经税务宝典系列／钟税仁主编）
ISBN 978-7-5136-6520-9

Ⅰ.①税… Ⅱ.①杨… ②周… Ⅲ.①税收管理–税收政策–教材 Ⅳ.①F812.42

中国版本图书馆 CIP 数据核字（2021）第 129390 号

选题策划	陈利军
责任编辑	孙东健　侯娅南
责任印制	马小宾
封面设计	高鹏博

出版发行	中国经济出版社
印 刷 者	北京富泰印刷有限责任公司
经 销 者	各地新华书店
开　　本	787mm×1092mm　1/16
印　　张	35.25
字　　数	682 千字
版　　次	2021 年 7 月第 1 版
印　　次	2021 年 7 月第 1 次
定　　价	118.00 元

广告经营许可证　京西工商广字第 8179 号

中国经济出版社　网址　http://www.economyph.com　社址　北京市东城区安定门外大街 58 号　邮编 100011
本版图书如存在印装质量问题，请与本社销售中心联系调换（联系电话：010-57512564）

版权所有　盗版必究（举报电话：010-57512600）
国家版权局反盗版举报中心（举报电话：12390）　　服务热线：010-57512564

写在前面

2021年3月，中办、国办印发《关于进一步深化税收征管改革的意见》，并在"总体要求"中提出了"深入推进精确执法、精细服务、精准监管、精诚共治"。因此，全国税务系统工作人员——特别是纳税服务、税收征管、税务稽查岗位工作人员，更应对税费政策进行全面掌握和正确运用。

为满足全国税务系统工作人员对现行税费政策培训学习的需要，帮助税务系统工作人员正确理解和运用税费政策，我们精心选材，编写了这本《税费政策强化训练学习宝典》。

本书具有两个突出特点：一是新，全书内容均根据最新政策精心编写而成（政策依据截至2021年6月30日前的有效文件）。二是实，将税费政策融入不同的题型中，以简单易学的方式体现新政新规，对掌握和提高税费政策的运用能力有一定的帮助。

本书由杨美莲副教授、周宇博士主编，刘慧平副教授、曾娟红博士参加编写。其中：杨美莲副教授负责模块一、二、三、五、十二、十六的编写；周宇博士负责模块四、六、七、八、九、十、十一、十三、十四、十五的编写；刘慧平副教授、曾娟红博士负责模块十七、十八的编写。

由于时间仓促，疏漏之处在所难免，恳请读者批评指正。

编者
2021年6月

目 录

模块一　增值税政策与管理 ··· 1
 题型一　单项选择题 ·· 1
 题型二　多项选择题 ·· 23
 题型三　判断题 ··· 45
 题型四　实务题 ··· 61

模块二　消费税政策与管理 ··· 71
 题型一　单项选择题 ·· 71
 题型二　多项选择题 ·· 81
 题型三　判断题 ··· 92
 题型四　实务题 ··· 98

模块三　企业所得税政策与管理 ·· 104
 题型一　单项选择题 ·· 104
 题型二　多项选择题 ·· 123
 题型三　判断题 ··· 142
 题型四　实务题 ··· 158

模块四　个人所得税政策与管理 ·· 167
 题型一　单项选择题 ·· 167
 题型二　多项选择题 ·· 192

题型三　判断题 ·· 215
　　题型四　实务题 ·· 234

模块五　土地增值税政策与管理　242
　　题型一　单项选择题 ·· 242
　　题型二　多项选择题 ·· 251
　　题型三　判断题 ·· 260
　　题型四　实务题 ·· 266

模块六　资源税政策与管理　270
　　题型一　单项选择题 ·· 270
　　题型二　多项选择题 ·· 279
　　题型三　判断题 ·· 290
　　题型四　实务题 ·· 295

模块七　环境保护税政策与管理　297
　　题型一　单项选择题 ·· 297
　　题型二　多项选择题 ·· 309
　　题型三　判断题 ·· 318

模块八　印花税政策与管理　327
　　题型一　单项选择题 ·· 327
　　题型二　多项选择题 ·· 340
　　题型三　判断题 ·· 351

模块九　房产税政策与管理　359
　　题型一　单项选择题 ·· 359

题型二　多项选择题 ·· 370
　　题型三　判断题 ·· 382

模块十　城镇土地使用税政策与管理 ·· 390
　　题型一　单项选择题 ·· 390
　　题型二　多项选择题 ·· 400
　　题型三　判断题 ·· 412

模块十一　车船税政策与管理 ·· 418
　　题型一　单项选择题 ·· 418
　　题型二　多项选择题 ·· 428
　　题型三　判断题 ·· 438

模块十二　车辆购置税政策与管理 ·· 445
　　题型一　单项选择题 ·· 445
　　题型二　多项选择题 ·· 450
　　题型三　判断题 ·· 455
　　题型四　实务题 ·· 458

模块十三　契税政策与管理 ·· 460
　　题型一　单项选择题 ·· 460
　　题型二　多项选择题 ·· 468
　　题型三　判断题 ·· 477

模块十四　耕地占用税政策与管理 ·· 485
　　题型一　单项选择题 ·· 485
　　题型二　多项选择题 ·· 494

题型三　判断题 ·· 502

模块十五　烟叶税政策与管理 ·· 510
　　题型一　单项选择题 ·· 510
　　题型二　多项选择题 ·· 512
　　题型三　判断题 ·· 513

模块十六　城市维护建设税政策与管理 ·· 515
　　题型一　单项选择题 ·· 515
　　题型二　多项选择题 ·· 519
　　题型三　判断题 ·· 523
　　题型四　实务题 ·· 526

模块十七　社会保险费政策与管理 ··· 528
　　题型一　单项选择题 ·· 528
　　题型二　多项选择题 ·· 530
　　题型三　判断题 ·· 532

模块十八　非税收入政策与管理 ·· 533
　　题型一　单项选择题 ·· 533
　　题型二　多项选择题 ·· 541
　　题型三　判断题 ·· 549
　　题型四　实务题 ·· 555

模块一　增值税政策与管理

题型一　单项选择题

1. 某配件厂为增值税一般纳税人，2020年5月采用分期收款方式销售配件，合同约定不含税销售额150万元，当月应收取60%的货款。由于购货方资金周转困难，当月实际收到货款50万元，配件厂按照实际收款额开具了增值税专用发票。当月职工食堂装修，购进中央空调，取得增值税专用发票，注明价款10万元。当月该配件厂增值税销项税额为（　　）。

A. 3.6万元　　　　B. 5.1万元　　　　C. 13.6万元　　　　D. 11.7万元

【参考答案】D

【答案解析】当月该配件厂增值税销项税额 = 150×60%×13% = 11.7（万元）。

2. 下列关于增值税纳税地点的表述，错误的是（　　）。

A. 固定业户向其机构所在地主管税务机关申报纳税

B. 非固定业户向其居住地主管税务机关申报纳税

C. 进口货物向报关地海关申报纳税

D. 总机构和分支机构不在同一县（市）的，分别向各自所在地主管税务机关申报纳税

【参考答案】B

【答案解析】选项B：非固定业户向其销售地或劳务和应税行为发生地主管税务机关申报纳税，未向销售地或劳务和应税行为发生地主管税务机关申报纳税的，由其机构所在地或居住地主管税务机关补征税款。

3. 商业零售企业一般纳税人零售下列货物，可以开具增值税专用发票的是（　　）。

A. 烟酒　　　　B. 食品　　　　C. 化妆品　　　　D. 办公用品

【参考答案】D

【答案解析】商业企业一般纳税人零售的烟、酒、食品、服装、鞋帽（不包括劳保专用部分）、化妆品等消费品不得开具增值税专用发票。

4. 2020年10月，甲公司（一般纳税人）出租一处场地（2016年3月取得），预收半年租金270 000元，甲公司采用简易计税方法计税，10月应缴纳增值税（　　）。

  A. 2 142.86元　　B. 3 857.14元　　C. 4 459.46元　　D. 12 857.14元

【参考答案】D

【答案解析】应缴纳增值税=270 000÷（1+5%）×5%=12 857.14（元）。

5. 某企业具有出口经营权，属于增值税一般纳税人，2020年10月将2018年购进的自己使用过（未抵扣过进项税额）的机器设备出口，已知该机器设备购进时取得的增值税专用发票上注明价款20万元，增值税3.4万元，入账价值为23.4万元，已经计提折旧8万元，该机器设备出口退税率为13%。则该企业出口该设备可以取得出口退税款（　　）。

  A. 0.09万元　　B. 1.71万元　　C. 2.6万元　　D. 13.16万元

【参考答案】B

【答案解析】纳税人出口进项税额未计算抵扣的已使用过的设备增值税退（免）税的计税依据，按下列公式确定：

退（免）税计税依据=增值税专用发票上的金额或海关进口增值税专用缴款书注明的完税价格×已使用过的设备净值÷已使用过的设备原值

已使用过的设备净值=已使用过的设备原值-已使用过的设备已提累计折旧

所以，该设备退（免）税计税依据=20×（23.4-8）÷23.4=13.16（万元）。应退税额=13.16×13%=1.71（万元）。

6. 下列关于进口货物关税完税价格的说法，错误的是（　　）。

  A. 内销的进料加工进口料件或其制成品以料件原进口时的价格估定

  B. 内销的来料加工进口料件或其制成品以料件原进口时的价格审定

  C. 内销的加工贸易加工过程中产生的边角料或副产品可选择以内销价格或计税参考价格向海关申报

  D. 保税区、出口加工区内的加工企业内销的加工贸易制成品中含境内采购料件的，以制成品所含境外购入料件的原成交价格审定

【参考答案】B

【答案解析】选项B：内销的来料加工进口料件或其制成品的关税完税价格应参照进口同类价审定。

7. 下列关于进口货物关税完税价格的说法，正确的是（   ）。

   A. 运往境外修理的货物以海关审定的境外修理费和料件费以及该货物复运进境的运输及其相关费用、保险费为完税价格

   B. 运往境外加工的货物以海关审定的境外加工费和料件费为完税价格

   C. 暂时进境货物经批准留购的以海关审定的留购价格作为完税价格

   D. 以租赁方式进口的货物租赁期间以海关审定的租金为完税价格，不包括利息

   【参考答案】C

   【答案解析】选项A：运往境外修理的货物以海关审定的境外修理费和料件费为完税价格。选项B：运往境外加工的货物以海关审定的境外加工费和料件费以及该货物复运进境的运输及其相关费用、保险费估定完税价格。选项D：以租赁方式进口的货物租赁期间以海关审定的租金为完税价格，利息应计入。

8. 2020年10月，某贸易公司进口一批货物。合同中约定成交价格为人民币1 200万元，支付境内特许销售权费用人民币20万元、卖方佣金人民币10万元。该批货物运抵境内输入地点起卸前发生的运费和保险费共计人民币16万元。该货物关税完税价格（   ）万元。

   A. 1 246　　　　　B. 1 230　　　　　C. 1 226　　　　　D. 1 220

   【参考答案】A

   【答案解析】关税完税价格 = 1 200 + 20 + 10 + 16 = 1 246（万元）。

9. 下列各项应计入出口货物完税价格的是（   ）。

   A. 出口关税税额

   B. 在货物价款中单独列明由卖方承担的佣金

   C. 货物运至我国境内输出地点装载后的运输费用

   D. 货物运至我国境内输出地点装载前的保险费

   【参考答案】D

   【答案解析】下列税收、费用不计入出口货物的完税价格：①出口关税；②在货物价款中单独列明的货物运至中华人民共和国境内输出地点装载后的运输及其相关费用、保险费；③在货物价款中单独列明由卖方承担的佣金。

10. 下列关于关税分类的说法，错误的是（   ）。

    A. 按征税标准分类，关税可分为从量税、从价税、复合税、滑准税等

    B. 按征税对象分类，关税可分为进口关税、出口关税和过境关税

C. 按征税性质分类，关税可分为普通关税和优惠关税

D. 按保护形式和程度分类，关税可分为关税壁垒和非关税壁垒

【参考答案】C

【答案解析】选项C：按征税性质分类，关税可分为普通关税、优惠关税和差别关税三种。

11. 下列关于关税的说法，错误的是（　　）。

A. 进口关税包括正税和附加税

B. 从量税的优点在于税负公平

C. 滑动税的优点在于能平衡物价，保护国内产业发展

D. 关税属于单一环节的价外税

【参考答案】B

【答案解析】选项B：从量税的优点在于计税简便，缺点在于税负不合理，不能适应物价变动做出及时调整。

12. 下列关于关税纳税义务人的说法，错误的是（　　）。

A. 对于携带进境的物品，推定其携带人为所有人

B. 对分离运输的行李，推定相应的进出境旅客为所有人

C. 对以邮递方式进境的物品，推定其收件人为所有人

D. 以邮递或其他运输方式出境的物品，推定其收件人为所有人

【参考答案】D

【答案解析】选项D：以邮递或其他运输方式出境的物品，推定其寄件人或托运人为所有人。

13. 下列关于关税税率运用的表述，错误的是（　　）。

A. 进出口货物，应当适用海关接受该货物申报进口或者出口之日实施的税率

B. 已申报进境并放行的保税货物需要纳税的，应适用原申报进口日实施的税率

C. 进口货物到达前，经海关核准先行申报的，应当适用装载该货物的运输工具申报进境之日实施的税率

D. 因纳税义务人违反规定需要追征税款的进出口货物，应当适用违反规定的行为发生之日实施的税率

【参考答案】B

【答案解析】选项B：已申报进境并放行的保税货物需要纳税的，应适用海关接受

纳税人再次填写报关单申报办理纳税及有关手续之日实施的税率。

14. 根据现行增值税的有关规定，下列说法正确的是（　　）。

　　A. 纳税人在游览场所经营索道、摆渡车、电瓶车、游船等取得的收入，按照"交通运输服务"缴纳增值税

　　B. 纳税人提供学历教育服务、非学历教育服务、教育辅助服务的业务活动，按照"教育医疗服务"缴纳增值税

　　C. 纳税人以长（短）租形式出租酒店式公寓并提供配套服务的，按照"不动产租赁服务"缴纳增值税

　　D. 提供餐饮服务的纳税人销售的外卖食品，按照"销售货物"缴纳增值税

【参考答案】B

【答案解析】选项A：按照"文化体育服务"缴纳增值税。选项C：按照"住宿服务"缴纳增值税。选项D：按照"餐饮服务"缴纳增值税。

15. 下列业务属于在我国境内发生增值税应税行为的是（　　）。

　　A. 中国香港特区会展单位在我国境内为境内某单位提供会议展览服务

　　B. 境外企业在中国台湾地区为我国境内单位提供工程勘察勘探服务

　　C. 我国境内单位转让在泰国的不动产

　　D. 英国汽车租赁公司向我国境内企业出租汽车，供其在新西兰考察中使用

【参考答案】A

【答案解析】选项B：境外单位或者个人向境内单位或者个人销售完全在境外发生的服务，不属于在境内发生增值税应税行为。选项C：销售的不动产在境外的，不属于在境内销售不动产。选项D：境外单位或个人向境内单位或个人出租完全在境外使用的有形动产，不属于在境内发生增值税应税行为。

16. 下列业务不属于增值税法规定的视同销售的是（　　）。

　　A. 单位以自建的房产抵偿建筑材料款　　B. 单位无偿为关联企业提供建筑服务

　　C. 单位无偿为公益事业提供建筑服务　　D. 单位无偿向其他企业提供建筑服务

【参考答案】C

【答案解析】根据财税〔2016〕36号文件第十一条，单位和个体工商户的下列情形，视同提供应税服务：向其他单位或者个人无偿提供交通运输业、邮政业和部分现代服务业服务，但以公益活动为目的或者以社会公众为对象的除外。所以，选项C不属于视同销售。

17. 关于单用途商业预付卡增值税的规定，下列说法正确的是（　　）。

A. 售卡方可以向购卡人开具增值税专用发票

B. 售卡方在销售单用途卡时，取得预收资金需缴纳增值税

C. 持卡人使用单用途卡购买货物时，货物的销售方不缴纳增值税

D. 售卡方因发行单用途卡并办理相关资金收付结算业务时，取得的手续费应按规定缴纳增值税

【参考答案】D

【答案解析】选项A：售卡方销售单用途卡时，可以按照规定向购卡人开具增值税普通发票，不得开具增值税专用发票。选项B：售卡方销售单用途卡，或者接受单用途卡持卡人充值取得的预收资金，不缴纳增值税。选项C：持卡人使用单用途卡购买货物或服务时，货物或者服务的销售方应按照现行规定缴纳增值税，且不得向持卡人开具增值税发票。

18. 企业取得的下列收入，不征收增值税的是（　　）。

A. 存款利息　　　　　　　　B. 房屋租赁费

C. 供电企业收取的并网服务费　　D. 电力公司向发电企业收取的过网费

【参考答案】A

【答案解析】选项B、C、D属于增值税政策项目。

19. 增值税一般纳税人发生的下列业务中，不可以选择简易方法计算缴纳增值税的是（　　）。

A. 以清包工方式提供的建筑服务　　B. 提供的非学历教育服务

C. 增值电信服务　　　　　　　　D. 提供的人力资源外包服务

【参考答案】C

【答案解析】选项C：没有可以选择按简易方法计算缴纳增值税的规定。

20. 国内某软件开发企业为增值税一般纳税人，2020年8月销售生产的软件产品取得不含税销售额336 000元，已开具增值税专用发票，该批软件系进口软件进行升级转换；当月购进材料取得增值税专用发票注明的增值税为2 692元；支付运输费用200元，取得增值税专用发票；进口软件的增值税为16 850元。该企业上述业务实际应负担的增值税为（　　）元。

A. 10 200　　　B. 2 040　　　C. 7 020　　　D. 10 080

【参考答案】D

【答案解析】应纳税额 =336 000×13% -2 692 -200×9% -16 850 =43 680 -2 692 -18 -16 850 =24 120（元）。

实际税负 =24 120÷336 000×100% =7.18%，实际税负超过3%的部分实行即征即退。

实际应负担的增值税 =336 000×3% =10 080（元）。

21. 下列关于增值税退（免）税的计税依据，表述不正确的是（　　）。

A. 生产企业出口货物劳务（包括进料加工复出口货物）增值税退（免）税的计税依据，为出口货物劳务的实际离岸价

B. 以铁路运输方式载运旅客的，增值税退（免）税的计税依据为按照铁路合作组织清算规则清算后的实际运输收入

C. 实行免退税办法的退（免）税计税依据为购进应税服务的增值税专用发票或解缴税款的《中华人民共和国税收缴款凭证》上注明的金额

D. 以航空运输方式载运货物或旅客的，如果国际运输或港澳台运输各航段由多个承运人承运的，为中国航空结算有限责任公司清算后的实际收入

【参考答案】A

【答案解析】选项A：生产企业出口货物劳务（进料加工复出口货物除外）增值税退（免）税的计税依据，为出口货物劳务的实际离岸价。生产企业进料加工复出口货物增值税退（免）税的计税依据，按出口货物的离岸价扣除出口货物所含的海关保税进口料件的金额后确定。

22. 下列销售行为免征增值税的是（　　）。

A. 纳税人销售林木并提供林木管护服务

B. 电信单位销售移动电话并提供电信服务

C. 其他个人销售自己使用过的物品

D. 纳税人销售软件产品并同时收取软件安装费

【参考答案】C

【答案解析】其他个人销售自己使用过的物品免征增值税，其余选项均不免征增值税。

23. 湖南省株洲市某食品厂为增值税小规模纳税人，2020年4月购进一批模具，取得的增值税普通发票注明含税金额4 000元；以赊销方式销售一批饼干，货已发出，开具了增值税普通发票，含税金额200 000元，截至当月底收到150 000元的含税货款。该

食品厂以 1 个月为 1 个纳税期。当月该食品厂应纳增值税（　　）元。

A. 4 248.93　　　　B. 5 705.24　　　　C. 1 980.20　　　　D. 5 825.24

【参考答案】C

【答案解析】2020 年 3 月 1 日—12 月 31 日，除湖北省外，其他省、自治区、直辖市的增值税小规模纳税人，适用 3% 征收率的应税销售收入，减按 1% 征收率征收增值税，应纳增值税 = 200 000 ÷（1 + 1%）× 1% = 1 980.20（元）。

24. 某有进出口经营权的服装制造企业为小规模纳税人，2019 年 9 月境内采购面料支付金额 30 000 元，境外采购面料海关审定的完税价格 20 000 元人民币（关税税率 7%），该企业当月销售服装取得含税收入 60 000 元，该企业以 1 个月为 1 个纳税期。当月向海关和税务机关缴纳增值税合计数为（　　）元。

A. 5 403.36　　　　B. 2 782.00　　　　C. 4 529.57　　　　D. 3 655.79

【参考答案】B

【答案解析】小规模纳税人进口货物，不适用 3% 的征收率，应根据所进口的货物确定适用税率。进口缴纳增值税 = 20 000 ×（1 + 7%）× 13% = 2 782.00（元）。

自 2019 年 1 月 1 日起，小规模纳税人发生增值税应税销售行为，合计月销售额未超过 10 万元（以 1 个季度为 1 个纳税期的，季度销售额未超过 30 万元）的，免征增值税。所以，向海关和税务机关缴纳增值税合计为 2 782.00 元。

25. 某建材商店为小规模纳税人，2019 年 4 月销售给建筑公司建材一批，共取得含税收入 131 200 元；当月购进货物取得增值税专用发票上注明的不含税价款为 16 000 元。当月购进税控收款机一台，取得增值税普通发票上注明含税价款 3 000 元，则该建材商店本月应纳增值税税额为（　　）元。

A. 821.36　　　　B. 3 821.36　　　　C. 3 407.57　　　　D. 3 476.23

【参考答案】D

【答案解析】增值税小规模纳税人购置税控收款机，经主管税务机关审核批准后，可凭购进税控收款机取得的增值税专用发票，按照发票上注明的增值税税额，抵免当期应纳增值税税额，或者按照购进税控收款机取得的普通发票上注明的价款，依下列公式计算可抵免税额：可抵免税额 = 价款 ÷（1 + 13%）× 13%。当期应纳税额不足抵免的，未抵免部分可在下期继续抵免。所以，应纳增值税税额 = 131 200 ÷（1 + 3%）× 3% − 3 000 ÷（1 + 13%）× 13% = 3 476.23（元）。

26. 甲企业为增值税一般纳税人，2020 年 3 月进口一批汽车零部件，成交价格为

30 000元，支付境外运抵我国海关境内输入地点起卸前的运输费及保险费 5 000 元。海关开具了进口增值税专用缴款书，甲企业缴纳进口环节税金后海关放行。已知该批汽车零部件关税税率为 20%，甲企业进口环节应缴纳增值税（　　）元。

  A. 4 680   B. 5 330   C. 5 180   D. 5 460

【参考答案】D

【答案解析】进口环节应缴纳的增值税按组成计税价格计算。组成计税价格 =（关税完税价格 + 关税）= 关税完税价格 ×（1 + 关税税率）。如果是进口应税消费品，组价中还要加上消费税。

所以，关税完税价格 = 30 000 + 5 000 = 35 000（元）；组成计税价格 = 35 000 ×（1 + 20%）= 42 000（元）；甲企业进口环节应缴纳增值税 = 42 000 × 13% = 5 460（元）。

27. 下列关于增值税征收率的表述，不正确的是（　　）。

  A. 对于一般纳税人生产销售的特定货物，可以选择适用简易计税方法计税，增值税征收率为 5%

  B. 一般纳税人销售不动产，选择适用简易计税方法，征收率为 5%

  C. 小规模纳税人销售不动产，适用 5% 征收率

  D. 个人出租住房，按照 5% 的征收率减按 1.5% 计算纳税

【参考答案】A

【答案解析】选项 A：如一般纳税人提供的甲供工程、清包工、建筑业老项目等可以选择简易计税，适用 3% 的征收率。

28. 下列关于小规模纳税人的表述，说法错误的是（　　）。

  A. 自 2019 年 1 月 1 日起，转登记日前连续 12 个月（以 1 个月为 1 个纳税期）累计销售额未超过 500 万元的一般纳税人，在 2019 年 12 月 31 日前，可选择转登记为小规模纳税人

  B. 自 2018 年 5 月 1 日起，增值税小规模纳税人标准为年应征增值税销售额 500 万元及以下

  C. 非企业性单位、不经常发生应税行为的企业，可以选择按小规模纳税人纳税

  D. 年应税销售额超过规定标准的个体工商户，只能按照小规模纳税人纳税

【参考答案】D

【答案解析】选项 D：年应税销售额超过规定标准的其他个人不属于一般纳税人。年应税销售额超过规定标准但不经常发生应税行为的单位和个体工商户可选择按照小规

模纳税人纳税。

29. 下列关于退役士兵创业就业扣减增值税的规定，说法不正确的是（ ）。

A. 自主就业退役士兵从事个体经营的，自办理个体工商户登记当月起，在 3 年内按每户每年 12 000 元为限额依次扣减其当年实际应缴纳的增值税、城市维护建设税、教育费附加、地方教育附加和个人所得税，限额标准最高可上浮 20%

B. 纳税人的实际经营期不足 1 年的，应当按月换算其减免税限额

C. 企业招用自主就业退役士兵既可以适用上述规定的税收优惠政策，又可以适用其他扶持就业专项税收优惠政策的，企业可以重复享受

D. 纳税人在 2021 年 12 月 31 日享受退役士兵创业就业相关税收优惠政策未满 3 年的，可继续享受至 3 年期满为止

【参考答案】C

【答案解析】选项 C：企业招用自主就业退役士兵既可以适用上述规定的税收优惠政策，又可以适用其他扶持就业专项税收优惠政策的，企业可以选择适用最优惠的政策，但不得重复享受。

30. A 劳务派遣公司（以下简称 A 公司）为增值税一般纳税人，与 B 公司签订劳务派遣协议，为 B 公司提供劳务派遣服务。A 公司代 B 公司给劳务派遣员工支付工资，并缴纳社会保险和住房公积金。2020 年 2 月，A 公司共取得劳务派遣收入 66 万元（含税），其中代 B 公司支付给劳务派遣员工工资 26 万元、为其办理社会保险 18 万元及缴纳住房公积金 10 万元。A 公司当月购进一批办公用品，并取得增值税专用发票，注明金额 5 万元。增值税专用发票本月已经认证相符。A 公司选择按一般计税方法计税。2020 年 2 月 A 公司应缴纳增值税（ ）万元。

A. 3.09　　　　B. 2.35　　　　C. 8.21　　　　D. 0

【参考答案】A

【答案解析】一般纳税人提供劳务派遣服务，可以以取得的全部价款和价外费用为销售额，按照一般计税方法计算缴纳增值税。A 公司选择按照一般计税方法计算缴纳增值税，适用 6% 的税率。所以，应缴纳增值税 = 66 ÷ （1 + 6%） × 6% - 5 × 13% = 3.09（万元）。

31. 下列关于增值税的说法，不正确的是（ ）。

A. 收入型增值税是指计算增值税时，允许将当期购入的固定资产价款一次全部扣除

B. 生产型增值税是指计算增值税时，不允许扣除任何外购固定资产的价款

C. 实行增值税的国家由于对外购固定资产价款的扣除额不同,计算出的法定增值额也不同

D. 从一项货物来看,增值额是该货物经历的生产和流通的各个环节所创造的增值额之和,也就是该项货物的最终销售价值

【参考答案】A

【答案解析】选项A:消费型增值税是指计算增值税时,允许将当期购入的固定资产价款一次全部扣除,作为课税基数的法定增值额相当于纳税人当期全部销售额扣除外购的全部生产资料价款后的余额。

32. 下列各项不属于增值税特点的是( )。

A. 征税项目具有选择性

B. 不重复征税,具有中性税收的特征

C. 税基广阔,具有征收的普遍性和连续性

D. 逐环节征税,逐环节扣税,最终消费者是全部税款的承担者

【参考答案】A

【答案解析】选项A不属于增值税的特点,而是消费税的特点。

33. 某交通运输企业为增值税一般纳税人,具备提供国际运输服务的条件和资质。2020年6月该企业承接境内运输业务,收取运费价税合计444万元;当月购进柴油并取得增值税专用发票,注明价款400万元、税款52万元;当月购进两辆货车用于货物运输,取得增值税专用发票,注明价款60万元、税款7.8万元;当月对外承接将货物由境内载运出境的业务,收取价款70万美元。该运输企业当月应退增值税( )。(此处假设美元兑人民币汇率为1:6.3)

A. 0万元 B. 14.31万元 C. 23.14万元 D. 48.51万元

【参考答案】C

【答案解析】自2019年4月1日起,增值税一般纳税人发生增值税应税销售行为或者进口货物原适用10%税率的,税率调整为9%。原适用10%税率且出口退税率为10%的出口货物、跨境应税行为,出口退税率调整为9%。

当期不得免征和抵扣税额 = 70 × 6.3 × (9% - 9%) = 0。

当期应纳增值税 = 444 ÷ (1 + 9%) × 9% - (52 + 7.8) = -23.14(万元)。

当期免抵退税额 = 70 × 6.3 × 9% = 39.69(万元)。

当期期末留抵税额 < 当期免抵退税额。

当期应退税额 = 23.14（万元）。

34. 某外贸公司 2020 年 2 月从生产企业（一般纳税人）购入一批高档化妆品，取得增值税专用发票，支付价款 40 万元、增值税 5.2 万元，支付购货运输费用 4 万元，当月将该批高档化妆品全部出口，取得销售收入 60 万元。该外贸公司出口高档化妆品应退增值税和消费税（　　）。（增值税出口退税率 13%，消费税税率 15%）

A. 16.25 万元　　　B. 11.20 万元　　　C. 19.80 万元　　　D. 25.80 万元

【参考答案】B

【答案解析】外贸企业出口货物（委托加工修理修配货物除外）增值税退（免）税的计税依据，为购进出口货物的增值税专用发票注明的金额，按实际负担的消费税退还消费税。该外贸公司出口化妆品应退增值税和消费税 = 40 × 13% + 40 × 15% = 11.20（万元）。

35. 甲外贸公司是增值税一般纳税人，2020 年 3 月从生产企业购进纺织品，取得增值税专用发票上注明价款 5 万元，增值税税额 0.65 万元；当月将纺织品出口取得销售收入 8 万元人民币。已知纺织品的增值税退税率为 13%，甲外贸公司出口纺织品应退的增值税为（　　）。

A. 0.80 万元　　　B. 0.65 万元　　　C. 1.04 万元　　　D. 1.72 万元

【参考答案】B

【答案解析】外贸企业出口货物（委托加工修理修配货物除外）增值税退（免）税的计税依据，为购进出口货物的增值税专用发票注明的金额或海关进口增值税专用缴款书注明的完税价格。甲外贸公司出口纺织品应退的增值税 = 5 × 13% = 0.65（万元）。

36. 下列关于纳税人销售其自行开发的房地产项目的表述，正确的是（　　）。

A. 房地产开发企业中的一般纳税人销售其自行开发的房地产项目（简易计税的房地产老项目除外），以取得的全部价款和价外费用为销售额

B. 房地产开发企业中的一般纳税人销售自行开发的房地产老项目，可以选择简易计税方法，以取得的全部价款和价外费用为销售额

C. 房地产开发企业中的小规模纳税人，销售自行开发的房地产项目，按照 3% 的征收率计税

D. 小规模纳税人向其他个人销售自行开发的房地产项目，可以开具增值税专用发票

【参考答案】B

【答案解析】选项 A：房地产开发企业中的一般纳税人销售其自行开发的房地产项

目（选择简易计税方法的房地产老项目除外），以取得的全部价款和价外费用，扣除受让土地时向政府部门支付的土地价款、在取得土地时向其他单位或个人支付的拆迁补偿费用后的余额为销售额。选项C：房地产开发企业中的小规模纳税人，销售自行开发的房地产项目，按照5%的征收率计税。选项D：小规模纳税人向其他个人销售自行开发的房地产项目，不得申请代开或自行开具增值税专用发票。

37. 下列选项属于增值税征税范围，应征收增值税的是（ ）。

A. 电力公司向发电企业收取的过网费

B. 被保险人获得的保险赔付

C. 售卡企业接受单用途卡持卡人充值取得的预收资金

D. 房地产主管部门或者其指定机构、公积金管理中心、开发企业以及物业管理单位代收的住宅专项维修资金

【参考答案】A

【答案解析】选项B、C、D均不征收增值税。

38. 根据增值税规定，下列进项税额不得从销项税额中抵扣的是（ ）。

A. 纳税人在2019年6月购进国内旅客运输服务产生的进项税额

B. 增值税一般纳税人购进自用的应征消费税的摩托车，取得专用发票上注明的税额

C. 项目运营方利用信托资金融资，在项目建设期内取得的增值税专用发票上注明的税额

D. 纳税人接受贷款服务向贷款方支付的与该笔贷款直接相关的投融资顾问费、手续费、咨询费等费用产生的进项税额

【参考答案】D

【答案解析】选项A：自2019年4月1日起，纳税人购进国内旅客运输服务，其进项税额允许从销项税额中抵扣。选项B：增值税一般纳税人购进自用的应征消费税的摩托车，取得专用发票上注明的税额，可以抵扣进项税。选项C：该经营模式下可以抵扣进项税。选项D：纳税人接受贷款服务向贷款方支付的与该笔贷款直接相关的投融资顾问费、手续费、咨询费等费用，其进项税额不得从销项税额中抵扣。

39. 根据现行增值税政策规定，下列选项不属于"现代服务—租赁服务"的是（ ）。

A. 融资性售后回租 B. 车辆停放

C. 道路通行 D. 广告位出租

【参考答案】A

【答案解析】选项 A：融资性售后回租属于"金融服务—贷款服务"。

40. 下列服务中，属于增值税生活服务的是（   ）。

   A. 物业管理服务   B. 市场调查服务

   C. 互联网接入服务   D. 网络教育服务

【参考答案】D

【答案解析】选项 A 属于商务辅助服务，选项 B 属于咨询服务，选项 C 属于增值电信服务。

41. 下列关于增值税税目的说法，正确的是（   ）。

   A. 代理记账，属于"商务辅助服务—经纪代理服务"

   B. 光租、干租，属于"交通运输服务"

   C. 广告代理，属于"商务辅助服务—经纪代理服务"

   D. 经营游览场所，属于"生活服务—旅游娱乐服务"

【参考答案】A

【答案解析】选项 B：光租、干租，属于"现代服务—租赁服务"。选项 C：广告代理，属于"现代服务—文化创意服务"。选项 D：经营游览场所，属于"生活服务—文化体育服务"。

42. 根据现行增值税相关规定，下列业务不属于增值税视同销售的是（   ）。

   A. 甲建筑公司无偿向乙房地产企业提供建筑服务

   B. 甲建筑公司无偿为公益事业的养老院提供建筑服务

   C. 甲建筑公司无偿为其关联的丙施工企业提供建筑服务

   D. 甲建筑公司以自产的建筑材料对丁房地产企业投资

【参考答案】B

【答案解析】选项 B：单位或个体工商户向其他单位或个人无偿提供服务视同销售，但用于公益事业或以社会公众为对象的除外。

43. 根据增值税规定，下列产品适用9%低税率的是（   ）。

   A. 酸奶   B. 鱼罐头   C. 茶饮料   D. 玉米

【参考答案】D

【答案解析】玉米属于初级农产品，适用9%的增值税税率。酸奶、鱼罐头、茶饮料都适用13%的增值税税率。

44. 2020 年10月，长沙张先生销售一套住房，取得含税销售收入460万元，该住房于2019年6月购进，购进时支付房价100万元，手续费0.2万元，契税1.5万元，张某销售住房应纳增值税（　　）万元。

A. 21.90　　　　　B. 17.14　　　　　C. 12.05　　　　　D. 0

【参考答案】A

【答案解析】根据《营业税改征增值税试点过渡政策的规定》，个人住房转让实施差别政策。其中，北京、上海、广州和深圳之外的地区，个人将购买不足2年的住房对外销售的，按照5%的征收率全额缴纳增值税；个人将购买2年以上（含2年）的住房对外销售的，免征增值税。

在北京、上海、广州、深圳四个城市，个人将购买不足2年的住房对外销售的，按照5%的征收率全额缴纳增值税；个人将购买2年以上（含2年）的非普通住房对外销售的，以销售收入减去购买住房价款后的差额按照5%的征收率缴纳增值税；个人将购买2年以上（含2年）的普通住房对外销售的，免征增值税。个人将购买不足2年的住房对外销售，按5%的征收率全额缴纳增值税。所以，张某应纳增值税=460÷（1+5%）×5%=21.90（万元）。

45. 根据现行政策规定，下列各项业务不适用5%征收率征收增值税的是（　　）。

A. 房地产开发企业中的一般纳税人销售自行开发的房地产老项目，选择适用简易计税方法的

B. 小规模纳税人销售不动产

C. 一般纳税人出租其2016年4月30日前取得的不动产，选择按简易计税方法的

D. 一般纳税人销售旧货

【参考答案】D

【答案解析】选项D：一般纳税人销售旧货，按简易办法依照3%征收率减按2%征收增值税。

46. 2020年10月，德国境外公司甲为我国A企业提供技术咨询服务，合同总额200万元（含税），甲境外公司在我国未设立机构，则A企业应当扣缴的增值税税额为（　　）。

A. 0万元　　　　　B. 5.83万元　　　　　C. 11.32万元　　　　　D. 12万元

【参考答案】C

【答案解析】应扣缴增值税=200÷（1+6%）×6%=11.32（万元）。

47. 某啤酒厂为增值税一般纳税人，2020年8月销售啤酒取得不含税销售额800万元，已开具增值税专用发票，收取包装物押金226万元，当月逾期未退还包装物押金

56.5 万元。2020 年 8 月该啤酒厂增值税销项税额为（ ）。

A. 116.24 万元　　B. 136.00 万元　　C. 110.73 万元　　D. 110.50 万元

【参考答案】D

【答案解析】啤酒包装物押金在逾期时才缴纳增值税。所以，增值税销项税额 = $800 \times 13\% + 56.5 \div (1 + 13\%) \times 13\% = 110.50$（万元）。

48. 根据增值税法规定，下列进项税额不得从销项税额中抵扣的是（ ）。

A. 因自然灾害损失的产品所耗用的进项税额

B. 购进同时用于增值税应税项目和免税项目的固定资产所支付的进项税额

C. 购进的同时用于集体福利和生产经营的不动产所支付的进项税额

D. 购进货物后，货物在存放仓库被盗承担的进项税额

【参考答案】D

【答案解析】选项 A：因自然灾害损失的产品所耗用的进项税可以抵扣，因管理不善造成损失的产品的进项税不可以抵扣。选项 B：同时用于应税项目和免税项目的固定资产的进项税可以抵扣。选项 C：同时用于集体福利和生产经营的不动产所支付的进项税额可以抵扣。选项 D：被盗属于非正常损失的购进货物，进项税额不得抵扣。

49. 某公司为增值税一般纳税人，2020 年 8 月产品、材料领用情况：用于集体福利领用上月外购材料，购进成本 22 万元（其中包括运费 2 万元），均取得增值税专用发票且上月已经抵扣进项税额。2020 年 8 月进项税额转出（ ）。

A. 2.86 万元　　B. 2.78 万元　　C. 2.72 万元　　D. 1.98 万元

【参考答案】D

【答案解析】将购进货物用于集体福利，不得抵扣进项税。所以，2020 年 8 月进项税额转出 = $(22 - 2) \times 13\% + 2 \times 9\% = 2.6 + 0.18 = 2.78$（万元）。

50. 根据"疫情防控"相关政策，单位和个体工商户将自产、委托加工或购买的货物通过公益性社会组织或（ ）以上人民政府及其部门等国家机关捐赠应对疫情的现金和物品允许企业所得税或个人所得税税前全额扣除。

A. 乡级　　　　B. 镇级　　　　C. 村级　　　　D. 县级

【参考答案】D

【答案解析】根据《财政部 税务总局关于支持新型冠状病毒感染的肺炎疫情防控有关捐赠税收政策的公告》（财政部 税务总局公告 2020 年第 9 号），通过公益性社会组织或县级以上人民政府及其部门等国家机关捐赠应对疫情的现金和物品允许企业所得税或

个人所得税税前全额扣除。

51. 根据"疫情防控"相关政策，受疫情影响较大的困难行业企业 2020 年度发生的亏损，最长结转年限由 5 年延长至 8 年，困难行业企业 2020 年度主营业务收入须占收入总额（剔除不征税收入和投资收益）的（　　）。

A. 50% 以上　　　B. 60% 以上　　　C. 70% 以上　　　D. 80% 以上

【参考答案】A

【答案解析】根据《财政部 税务总局关于支持新型冠状病毒感染的肺炎疫情防控有关税收政策的公告》（财政部 税务总局公告 2020 年第 8 号），困难行业企业，受疫情影响较大的困难行业企业 2020 年度发生的亏损，最长结转年限由 5 年延长至 8 年。困难行业企业，包括交通运输、餐饮、住宿、旅游（指旅行社及相关服务、游览景区管理两类）四大类，具体判断标准按照现行《国民经济行业分类》执行。困难行业企业 2020 年度主营业务收入须占收入总额（剔除不征税收入和投资收益）的 50% 以上。

52. A 外贸公司为增值税一般纳税人，2020 年 3 月 15 日从深圳 B 公司（小规模纳税人）购入一批制氧机配套设备 10 万元美元，取得企业自行开具的 1% 征收率的增值税专用发票，该设备出口退税率为 13%，该批制氧机配套设备出口退税率为（　　）。

A. 1%　　　　　B. 3%　　　　　C. 10%　　　　　D. 13%

【参考答案】A

【答案解析】2020 年 3 月 1 日至 12 月 31 日，对湖北省增值税小规模纳税人，适用 3% 征收率的应税销售收入，免征增值税；适用 3% 预征率的预缴增值税项目，暂停预缴增值税。除湖北省外，其他省、自治区、直辖市的增值税小规模纳税人，适用 3% 征收率的应税销售收入，减按 1% 征收率征收增值税；适用 3% 预征率的预缴增值税项目，减按 1% 预征率预缴增值税［《财政部 税务总局关于支持个体工商户复工复业增值税政策的公告》（财政部 税务总局公告 2020 年第 13 号）、《财政部 税务总局关于延长小规模纳税人减免增值税政策执行期限的公告》（财政部 税务总局公告 2020 年第 24 号）］，且根据《财政部 国家税务总局关于出口货物劳务增值税和消费税政策的通知》（财税〔2012〕39 号），向增值税小规模纳税人购进货物出口按适用征税率退税。

53. 长沙甲公司（小规模纳税人，按月申报纳税），2020 年 5 月销售杯子，取得含税销售额 6 万元，则甲公司当月的应纳增值税为（　　）。

A. 0 万元　　　B. 0.06 万元　　　C. 0.17 万元　　　D. 1.31 万元

【参考答案】A

【答案解析】2020年3月1日至12月31日，对湖北省增值税小规模纳税人，适用3%征收率的应税销售收入，免征增值税；适用3%预征率的预缴增值税项目，暂停预缴增值税。除湖北省外，其他省、自治区、直辖市的增值税小规模纳税人，适用3%征收率的应税销售收入，减按1%征收率征收增值税；适用3%预征率的预缴增值税项目，减按1%预征率预缴增值税（财政部 税务总局公告2020年第13号、财政部 税务总局公告2020年第24号），且根据财税〔2019〕13号文件，可以免增值税。

54. 2020年10月长沙甲公司（增值税小规模纳税人适用5%的征收率），销售2014年自建的办公室三间取得收入60万元（含税价），则该业务甲公司应交增值税（　　）。

　　A. 0万元　　　　B. 0.58万　　　　C. 0.59万元　　　　D. 2.86万元

【参考答案】D

【答案解析】2020年3月1日至12月31日，对湖北省增值税小规模纳税人，适用3%征收率的应税销售收入，免征增值税；适用3%预征率的预缴增值税项目，暂停预缴增值税。除湖北省外，其他省、自治区、直辖市的增值税小规模纳税人，适用3%征收率的应税销售收入，减按1%征收率征收增值税；适用3%预征率的预缴增值税项目，减按1%预征率预缴增值税（财政部 税务总局公告2020年第13号、财政部 税务总局公告2020年第24号），上述优惠不适用5%的征收率的业务。所以，应纳增值税=60÷（1+5%）×5%=2.86（万元）。

55. 自2020年2月起，各省、自治区、直辖市（除湖北省外）及新疆生产建设兵团可根据受疫情影响情况和基金承受能力，免征中小微企业三项社会保险单位缴费部分，免征期限不超过（　　）。

　　A. 3个月　　　　B. 5个月　　　　C. 6个月　　　　D. 10个月

【参考答案】B

【答案解析】自2020年2月起，各省、自治区、直辖市（除湖北省外）及新疆生产建设兵团（以下统称省级行政区）可根据受疫情影响情况和基金承受能力，免征中小微企业三项社会保险单位缴费部分，免征期限不超过5个月；对大型企业等其他参保单位（不含机关事业单位）三项社会保险单位缴费部分可减半征收，减征期限不超过3个月。

56. 受疫情影响生产经营出现严重困难的企业，可申请缓缴社会保险费，缓缴期限原则上不超过（　　），缓缴期间免收滞纳金。

　　A. 3个月　　　　B. 5个月　　　　C. 6个月　　　　D. 10个月

【参考答案】C

【答案解析】受疫情影响生产经营出现严重困难的企业，可申请缓缴社会保险费，缓缴期限原则上不超过6个月，缓缴期间免收滞纳金。

57. 甲公司为增值税一般纳税人，2020年10月提供平面设计服务取得收入36万元，提供网站设计服务取得收入12万元，转让网络游戏虚拟道具取得收入22.6万元，上述收入均为含税收入。关于该公司上述业务的增值税处理，下列说法正确的是（　　）。

　　A. 按照"文化创意服务"计算的销项税额为4.00万元

　　B. 按照"文化创意服务"计算的销项税额为3.32万元

　　C. 按照"文化创意服务"计算的销项税额为2.04万元

　　D. 按照"销售无形资产"计算的销项税额为1.28万元

【参考答案】D

【答案解析】平面设计服务和网站设计服务属于"现代服务——文化创意服务"，转让网络虚拟道具属于"销售无形资产"，文化创意服务的销项税额=（36+12）÷（1+6%）×6%=2.72（万元），销售无形资产的销项税额=22.6÷（1+6%）×6%=1.28（万元）。

58. 关于增值税加计抵减政策，下列说法错误的是（　　）。

　　A. 增值税一般纳税人确定适用加计抵减政策后，一个自然年度内不再调整

　　B. 符合条件的增值税一般纳税人出口货物劳务，其对应的进项税额可在当期计提加计抵减额

　　C. 增值税一般纳税人有简易计税方法的应纳税额，不可以从加计抵减额中抵减

　　D. 纳税人可计提但未计提的加计抵减额，可在确定适用加计抵减政策当期一并计提

【参考答案】B

【答案解析】选项B：增值税一般纳税人出口货物劳务、发生跨境应税行为不适用加计抵减政策，其对应的进项税额也不能计提加计抵减额。政策依据：财政部 税务总局 海关总署公告2019年第39号、国家税务总局公告2019年第20号。

59. 境内的单位和个人提供适用增值税零税率的服务或者无形资产，如果属于适用简易计税方法的，实行的出口退税办法是（　　）。

　　A. 免征增值税办法　　　　　　B. 退税办法

　　C. 抵税办法　　　　　　　　　D. 免抵退税办法

【参考答案】A

【答案解析】根据《财政部 国家税务总局关于全面推开营业税改征增值税试点的通

知》(财税〔2016〕36号)附件四第四条,境内的单位和个人提供适用增值税零税率的服务或者无形资产,如果属于适用简易计税方法的,实行免征增值税办法。

60. 我国增值税出口退税有三种方式,下列适用免征增值税方法的是( )。

　　A. 不具有生产能力的出口企业或其他单位出口货物劳务

　　B. 适用简易计税方法的企业提供适用零税率的应税服务

　　C. 适用一般计税方法的生产企业提供适用零税率的应税服务

　　D. 生产企业出口自产货物

【参考答案】B

【答案解析】根据财税〔2012〕39号文件以及国家税务总局公告2014年第11号,生产企业出口自产货物、适用一般计税方法的生产企业提供适用零税率的应税服务适用免抵退税办法,不具有生产能力的出口企业或其他单位出口货物劳务适用免退税办法,适用简易计税方法的企业提供适用零税率的应税服务适用免征增值税办法。因此,选项A适用免退税办法,选项B适用免征增值税方法,选项C、D适用免抵退税办法。

61. 纳税人通过省级土地行政主管部门设立的交易平台转让补充耕地指标( )。

　　A. 按照销售无形资产缴纳增值税,税率为6%

　　B. 按照出租无形资产缴纳增值税,税率为9%

　　C. 免征增值税

　　D. 不属于增值税征税项目

【参考答案】A

【答案解析】根据《国家税务总局关于明确中外合作办学等若干增值税征管问题的公告》(国家税务总局公告2018年第42号),纳税人通过省级土地行政主管部门设立的交易平台转让补充耕地指标,按照销售无形资产缴纳增值税,税率为6%。本公告所称补充耕地指标,是指根据《中华人民共和国土地管理法》及国务院土地行政主管部门《耕地占补平衡考核办法》的有关要求,经省级土地行政主管部门确认,用于耕地占补平衡的指标。所以选项A符合题意。

62. 甲拍卖行(一般纳税人)受托拍卖取得的手续费或佣金收入( )。

　　A. 按照"经纪代理服务"适用税率缴纳增值税

　　B. 按照"销售货物"适用税率缴纳增值税

　　C. 免征增值税

　　D. 减半征收增值税

【参考答案】A

【答案解析】根据《国家税务总局关于明确中外合作办学等若干增值税征管问题的公告》（国家税务总局公告2018年第42号），拍卖行受托拍卖取得的手续费或佣金收入，按照"经纪代理服务"缴纳增值税。《国家税务总局关于拍卖行取得的拍卖收入征收增值税、营业税有关问题的通知》（国税发〔1999〕40号）停止执行。

63. 甲（非企业性单位，一般纳税人）2020年10月销售技术取得收入100万元（含税），则甲（　　）。

A. 可以免征增值税

B. 可以选择简易计税方法按照0.5%征收率计算缴纳增值税

C. 可以选择简易计税方法按照1%征收率计算缴纳增值税

D. 可以选择简易计税方法按照3%征收率计算缴纳增值税

【参考答案】D

【答案解析】根据《财政部 国家税务总局关于明确金融 房地产开发 教育辅助服务等增值税政策的通知》（财税〔2016〕140号），非企业性单位中的一般纳税人提供的研发和技术服务、信息技术服务、鉴证咨询服务，以及销售技术、著作权等无形资产，可以选择简易计税方法按照3%征收率计算缴纳增值税。

64. 甲（证券公司，一般纳税人）发放贷款后，则甲自结息日起（　　）发生的应收未收利息按现行规定缴纳增值税。

A. 210天内　　　B. 180天内　　　C. 90天内　　　D. 60天内

【参考答案】C

【答案解析】根据《财政部 国家税务总局关于明确金融 房地产开发 教育辅助服务等增值税政策的通知》（财税〔2016〕140号），证券公司、保险公司、金融租赁公司、证券基金管理公司、证券投资基金以及其他经人民银行、银监会、证监会、保监会批准成立且经营金融保险业务的机构发放贷款后，自结息日起90天内发生的应收未收利息按现行规定缴纳增值税，自结息日起90天后发生的应收未收利息暂不缴纳增值税，待实际收到利息时按规定缴纳增值税。

65. 甲公司是一家一般纳税人企业，2020年11月销售10 000吨乳制品，其主营业务成本为6 000万元，农产品耗用率为70%，原乳平均购买单价为4 000元/吨。则当月甲按照成本法核定当期可以抵扣的农产品进项税额是（　　）。

A. 346.79万元　　B. 381.82万元　　C. 483.19万元　　D. 416.22万元

【参考答案】A

【答案解析】根据《财政部 国家税务总局关于在部分行业试行农产品增值税进项税额核定扣除办法的通知》（财税〔2012〕38号），成本法下，依据试点纳税人年度会计核算资料，计算确定耗用农产品的外购金额占生产成本的比例（以下称农产品耗用率）。当期允许抵扣农产品增值税进项税额依据当期主营业务成本、农产品耗用率以及扣除率计算。公式为：

当期允许抵扣农产品增值税进项税额＝当期主营业务成本×农产品耗用率×扣除率÷（1＋扣除率）

农产品耗用率＝上年投入生产的农产品外购金额÷上年生产成本

当期允许抵扣农产品增值税进项税额＝当期主营业务成本×农产品耗用率×扣除率÷（1＋扣除率）＝6 000×70%×9%÷（1＋9%）＝346.79（万元）。

66. 同时符合相关条件的先进制造业纳税人，可以自2021年5月及以后纳税申报期向主管税务机关申请退还增量留抵税额。先进制造业纳税人，是指申请退税前连续12个月的制造业销售额占全部销售额的比重超过（　　）的纳税人。

A. 50%　　　　B. 60%　　　　C. 70%　　　　D. 75%

【参考答案】A

【答案解析】根据《财政部 税务总局关于明确先进制造业增值税期末留抵退税政策的公告》（财政部 税务总局公告2021年第15号），自2021年4月1日起，先进制造业纳税人是指按照《国民经济行业分类》，生产并销售"非金属矿物制品""通用设备""专用设备""计算机、通信和其他电子设备""医药""化学纤维""铁路、船舶、航空航天和其他运输设备""电气机械和器材""仪器仪表"的销售额占全部销售额的比重超过50%的纳税人。

题型二 多项选择题

1. 关于增值税纳税义务发生时间和扣缴义务发生时间，下列说法正确的有（　　）。

   A. 从事金融商品转让的，为收到销售额的当天

   B. 赠送不动产的，为不动产权属变更的当天

   C. 扣缴义务发生时间为纳税人增值税纳税义务发生的当天

   D. 以预收款方式提供租赁服务的，为服务完成的当天

   E. 以预收款方式销售货物（除特殊情况外）的，为货物发出的当天

   【参考答案】BCE

   【答案解析】选项A：从事金融商品转让的，为金融商品所有权转移的当天。选项D：以预收款方式提供租赁服务的，为收到预收款的当天。

2. （　　）经税务机关责令限期改正而仍未改正，不得领购增值税专用发票。

   A. 不能向税务机关准确提供有关增值税计税资料

   B. 未按规定开具增值税专用发票

   C. 未按规定接受税务机关检查

   D. 销售的货物全部属于免税项目

   E. 借用他人专用发票

   【参考答案】BCE

   【答案解析】选项A和选项D属于直接不得领购增值税专用发票的情形，不属于经税务机关责令限期改正未改正才不得领购增值税专用发票的情形。

3. 一般纳税人发生下列经营活动中，不得开具增值税专用发票的有（　　）。

   A. 将外购货物无偿赠送给增值税一般纳税人

   B. 烟草批发企业向烟草零售企业批发卷烟

   C. 商业企业零售劳保用品给一般纳税人

   D. 销售报关出口的货物

   E. 销售免税货物

   【参考答案】DE

   【答案解析】选项A、B、C均可以照章开具增值税专用发票。

4. 下列情形中，一般纳税人不得开具增值税专用发票的有（　　）。

A. 商业企业零售烟酒 B. 批发企业销售服装

C. 超市零售化妆品 D. 将货物销售给消费者个人

E. 将货物无偿赠送给小规模纳税人

【参考答案】ACDE

【答案解析】一般纳税人有下列销售情形，不得开具专用发票：①商业企业一般纳税人零售的烟、酒、食品、服装、鞋帽（不包括劳保专用部分）、化妆品等消费品；②发生应税销售行为适用免税规定的；③销售报关出口的货物、在境外销售应税劳务；④将货物用于集体福利或个人消费；⑤将货物无偿赠送他人（如果受赠者为一般纳税人，可根据受赠人的要求开具增值税专用发票）；⑥向小规模纳税人销售应税项目，可以不开具增值税专用发票；⑦应税销售行为的购买方为消费者个人的。

5. 增值税一般纳税人开具增值税专用发票后，发生下列情形可以按照规定开具增值税红字专用发票的有（ ）。

A. 销售折让

B. 销售退回，且不符合发票作废条件

C. 开票有误，且不符合发票作废条件

D. 应税服务中止，且不符合发票作废条件

E. 增值税专用发票未在开具之日起360日内登录增值税发票选择确认平台进行勾选确认

【参考答案】ABCD

【答案解析】增值税一般纳税人开具增值税专用发票后，发生销货退回、开票有误、应税服务中止等情形且不符合发票作废条件，或者因销货部分退回及发生销售折让，需要开具红字专用发票的，可以开具红字专用发票。

6. 下列关于对购货方善意取得虚开增值税专用发票处理的说法中正确的有（ ）。

A. 善意取得的虚开增值税专用发票可以作为进项税额抵扣凭证

B. 不允许重新取得合法有效的专用发票抵扣进项税额

C. 已抵扣的进项税或者取得的出口退税，应当依法追缴

D. 因善意取得虚开专用发票被依法追缴其已抵扣税款的，不再加收滞纳金

E. 不以偷税或者骗取出口退税论处

【参考答案】CDE

【答案解析】善意取得虚开专用发票，对购货方应做如下处理：①不以偷税或者骗

取出口退税论处；②取得的虚开专用发票应按有关法规不予抵扣进项税款或者不予出口、退税；已经抵扣的进项税款或者取得的出口退税，应依法追缴；③如能重新取得合法、有效的专用发票，准许其抵扣进项税款；如不能重新取得合法、有效的专用发票，不准其抵扣进项税款或追缴其已抵扣的进项税款；④因善意取得虚开专用发票被依法追缴其已抵扣税款的，不再加收滞纳金。

7. 持续经营以来从未发生骗取出口退税等违法行为的生产企业同时符合特定条件出口外购货物，可视同自产货物适用增值税退（免）税政策，该特定条件包括（　　）。

A. 已取得增值税一般纳税人资格

B. 已持续经营 2 年及 2 年以上

C. 纳税信用等级为 B 级及以上

D. 上一年度销售额 3 亿元以上

E. 外购出口的货物与本企业自产货物同类型或具有相关性

【参考答案】ABE

【答案解析】持续经营以来从未发生骗取出口退税等违法行为且同时符合下列条件的生产企业出口的外购货物，可视同自产货物适用增值税退（免）税政策：①已取得增值税一般纳税人资格；②已持续经营 2 年及 2 年以上；③纳税信用等级 A 级；④上一年度销售额 5 亿元以上；⑤外购出口的货物与本企业自产货物同类型或具有相关性。

8. 下列属于增值税征税范围中销售货物的有（　　）。

A. 销售电力　　　　　　　　B. 销售热力

C. 销售天然气　　　　　　　D. 销售无形资产

E. 销售不动产

【参考答案】ABC

【答案解析】货物指的是有形动产（含电力、热力、气体在内）。

9. 下列按交通运输服务缴纳增值税的有（　　）。

A. 水路运输的程租　　　　　B. 水路运输的期租

C. 水路运输的光租　　　　　D. 航空运输的湿租

E. 航空运输的干租

【参考答案】ABD

【答案解析】选项 C、E：水路运输的光租业务、航空运输的干租业务属于"租赁服务"。

10. 根据营改增的有关规定，纳税人发生的下列业务中，应按照邮政特殊服务缴纳增值税的有（   ）。

    A. 盲人读物的寄递　　　　　　　　B. 义务兵平常信函的寄递

    C. 邮票发行　　　　　　　　　　　D. 邮品销售

    E. 邮政代理

    【参考答案】AB

    【答案解析】选项C属于邮政普遍服务，选项D、E属于其他邮政服务。

11. 根据营改增的有关规定，纳税人发生的下列业务中，应按照建筑服务缴纳增值税的有（   ）。

    A. 修理手表　　　　　　　　　　　B. 宽带的安装费

    C. 航道疏浚　　　　　　　　　　　D. 物业服务企业为业主提供的装修服务

    E. 纳税人将建筑施工设备出租给他人使用并配备操作人员

    【参考答案】BDE

    【答案解析】选项A属于修理劳务。选项C：根据《财政部 国家税务总局关于全面推开营业税改征增值税试点的通知》（财税〔2016〕36号）附件1《营业税改征增值税试点实施办法》所附《销售服务、无形资产、不动产注释》第一条第（四）项第5目规定：其他建筑服务，是指上列工程作业之外的各种工程作业服务，如钻井（打井）、拆除建筑物或者构筑物、平整土地、园林绿化、疏浚（不包括航道疏浚）、建筑物平移、搭脚手架、爆破、矿山穿孔、表面附着物（包括岩层、土层、沙层等）剥离和清理等工程作业；第（六）项第4目第（2）点规定：港口码头服务，是指港务船舶调度服务、船舶通讯服务、航道管理服务、航道疏浚服务、灯塔管理服务、航标管理服务、船舶引航服务、理货服务、系解缆服务、停泊和移泊服务、海上船舶溢油清除服务、水上交通管理服务、船只专业清洗消毒检测服务和防止船只漏油服务等为船只提供服务的业务活动。国家税务总局12366纳税服务平台2019年4月10日发布的《深化增值税改革即问即答（之六）》关于问题五"我公司从事航道疏浚，是否属于提供四项服务的范围？"的解答进一步明确，根据《销售服务、无形资产、不动产注释》规定，航道疏浚属于物流辅助服务—港头码头服务。所以"航道疏浚"不属于建筑服务。

12. 金融企业提供金融服务取得的下列收入中，按"贷款服务"缴纳增值税的有（   ）。

    A. 以货币资金投资收取的保底利润　　B. 融资性售后回租业务取得的利息收入

C. 买入返售金融商品利息收入　　D. 金融商品持有期间取得的非保本收益

E. 存款利息

【参考答案】ABC

【答案解析】选项A：以货币资金投资收取的固定利润或者保底利润，按照贷款服务缴纳增值税。选项B、C：各种占用、拆借资金取得的收入，包括金融商品持有期间（含到期）利息（保本收益、报酬、资金占用费、补偿金等）收入、信用卡透支利息收入、买入返售金融商品利息收入、融资融券收取的利息收入，以及融资性售后回租、押汇、罚息、票据贴现、转贷等业务取得的利息及利息性质的收入，按照贷款服务缴纳增值税。选项D、E：不征收增值税。

13. 根据营改增的有关规定，下列关于增值税适用税目，说法正确的有（　　）。

A. 广告代理，按"经纪代理服务"缴纳增值税

B. 广告的发布、播映、宣传、展示，按文化创意服务中的"广告服务"缴纳增值税

C. 宾馆提供会议场地及配套服务的活动，按生活服务中的"餐饮住宿服务"缴纳增值税

D. 航空服务，按"交通运输服务"缴纳增值税

E. 融资租赁业务，按"租赁服务"缴纳增值税

【参考答案】AB

【答案解析】选项A、B：文化创意服务中的广告服务包括广告代理和广告的发布、播映、宣传、展示。选项C：宾馆、旅馆、旅社、度假村和其他经营性住宿场所提供会议场地及配套服务的活动，按"会议展览服务"缴纳增值税。选项D：物流辅助服务，包括航空服务、港口码头服务（含港口设施保安费）、货运客运场站服务、打捞救助服务、装卸搬运服务、仓储服务、收派服务，故选项D按"物流辅助服务"缴纳增值税。选项E：融资租赁业务按"借贷服务"缴纳增值税。

14. 根据营改增的有关规定，下列应按"租赁服务"缴纳增值税的有（　　）。

A. 水路运输的光租业务

B. 航空运输的湿租业务

C. 将不动产的广告位出租给其他单位用于发布广告

D. 车辆停放服务

E. 道路通行服务

【参考答案】ACDE

【答案解析】选项B属于交通运输服务。

15. 根据营改增的有关规定，下列应按商务辅助服务中的"经纪代理服务"缴纳增值税的有（　　）。

A. 金融代理

B. 拍卖行受托拍卖取得的手续费或佣金收入

C. 广告代理

D. 邮政代理

E. 无运输工具承运业务

【参考答案】AB

【答案解析】选项C：文化创意服务中的广告服务包括广告代理和广告的发布、播映、宣传、展示。选项D：属于邮政服务。选项E：无运输工具承运业务，按照交通运输服务缴纳增值税。

16. 根据营改增的有关规定，下列按照"其他现代服务"缴纳增值税的有（　　）。

A. 纳税人提供植物养护服务

B. 纳税人将建筑施工设备出租给他人使用并配备操作人员的

C. 纳税人已售票但客户逾期未消费取得的运输逾期票证收入

D. 纳税人为客户办理退票而向客户收取的退票费、手续费

E. 纳税人对安装运行后的机器设备提供的维护保养服务

【参考答案】DE

【答案解析】选项A：按"其他生活服务"缴纳增值税。选项B：按照"建筑服务"缴纳增值税。选项C：按照"交通运输服务"缴纳增值税。

17. 根据增值税相关法律制度，下列行为中，应视同销售货物，征收增值税的有（　　）。

A. 购进货物用于职工食堂　　B. 购进货物用于个人消费

C. 购进货物用于无偿赠送其他单位　　D. 购进货物用于对外投资

E. 购进货物分配给股东

【参考答案】CDE

【答案解析】选项A、B：不属于视同销售，而是对应的进项税额不得抵扣。

18. 下列各项业务中，不属于增值税征收范围的有（　　）。

A. 纳税人在资产重组过程中，通过合并、分立、出售、置换等方式，将全部或者部分实物资产以及与其相关联的债权、负债和劳动力一并转让给其他单位和个人

B. 被保险人获得的保险赔付

C. 房地产主管部门或者其指定机构、公积金管理中心、开发企业以及物业管理单位代收的住宅专项维修资金

D. 单位或者个体工商户聘用的员工为本单位或者雇主提供取得工资的服务

E. 纳税人取得的财政补贴收入，与其销售货物、劳务、服务、无形资产、不动产的收入或者数量直接挂钩的

【参考答案】ABCD

【答案解析】根据《国家税务总局关于取消增值税扣税凭证认证确认期限等增值税征管问题的公告》（国家税务总局公告2019年第45号），自2020年1月1日起，纳税人取得的财政补贴收入，与其销售货物、劳务、服务、无形资产、不动产的收入或者数量直接挂钩的，应按规定计算缴纳增值税。纳税人取得的其他情形的财政补贴收入，不属于增值税应税收入，不征收增值税。所以选项E应缴纳增值税。

19. 下列业务，不属于增值税征收范围的有（　　）。

A. 代购货物收取的手续费收入

B. 被保险人获得的保险赔款

C. 资产重组中，将全部实物资产以及与其相关联的债权、负债、劳动力一并转让，其中涉及的货物转让

D. 政府间国际组织收取的会费

E. 电力公司向发电企业收取的过网费

【参考答案】BCD

【答案解析】选项A、E属于增值税征收范围。

20. 下列实行增值税即征即退的有（　　）。

A. 中国台湾航空公司从事海峡两岸空中直航业务在大陆取得的运输收入

B. 纳税人销售利用太阳能生产的电力

C. 体育彩票的发行收入

D. 单位安置残疾人员就业

E. 经批准经营融资租赁业务的试点纳税人中的一般纳税人，提供有形动产融资租赁服务

【参考答案】BDE

【答案解析】选项A、C实行免征增值税的政策。

21. 根据"疫情防控"相关政策，受疫情影响较大的困难行业企业2020年度发生的亏损，最长结转年限由5年延长至8年。困难行业企业，包括（　　）。

　　A. 交通运输　　　　B. 餐饮　　　　C. 住宿　　　　D. 旅游

　　E. 商业零售业

【参考答案】ABCD

【答案解析】根据财政部 税务总局公告2020年第8号，困难行业企业，包括交通运输、餐饮、住宿、旅游（指旅行社及相关服务、游览景区管理两类）四大类，具体判断标准按照现行《国民经济行业分类》执行。

22. 下列表述符合疫情防控重点保障物资生产企业留抵税额政策规定的有（　　）。

　　A. 可以按月向主管税务机关申请留抵退税

　　B. 可以申请全额退还增值税增量留抵税额

　　C. 疫情防控重点保障物资生产企业名单，由省级及以上发展改革部门、工业和信息化部门确定

　　D. 增量留抵税额，是指与2019年3月底相比新增加的期末留抵税额

　　E. 增量留抵税额，是指与2019年12月底相比新增加的期末留抵税额

【参考答案】ABCE

【答案解析】疫情防控重点保障物资生产企业可以按月向主管税务机关申请全额退还增值税增量留抵税额。上文所称增量留抵税额，是指与2019年12月底相比新增加的期末留抵税额。上文所称疫情防控重点保障物资生产企业名单，由省级及以上发展改革部门、工业和信息化部门确定（财政部 税务总局公告2020年第8号）。

23. 根据"疫情防控"相关政策，对纳税人提供下列哪些事项取得的收入，免征增值税（　　）。

　　A. 提供公共交通运输服务

　　B. 文化体育服务

　　C. 为居民提供必需生活物资快递收派服务

　　D. 餐饮住宿服务

　　E. 商业零售业

【参考答案】ABCD

【答案解析】对纳税人提供公共交通运输服务、生活服务（包括文化体育服务、教育医疗服务、旅游娱乐服务、餐饮住宿服务、居民日常服务和其他生活服务），以及为居民提供必需生活物资快递收派服务取得的收入，免征增值税（财政部 税务总局公告2020年第8号）。

24. 根据"疫情防控"相关政策，单位和个体工商户将自产、委托加工或购买的货物，通过公益性社会组织和县级以上人民政府及其部门等国家机关无偿捐赠用于应对新型冠状病毒感染的肺炎疫情的，免征（　　）。

   A. 增值税　　　　　　　　　B. 消费税
   C. 企业所得税　　　　　　　D. 城市维护建设税
   E. 教育费附加

【参考答案】ABDE

【答案解析】单位和个体工商户将自产、委托加工或购买的货物，通过公益性社会组织和县级以上人民政府及其部门等国家机关，或者直接向承担疫情防治任务的医院，无偿捐赠用于应对新型冠状病毒感染的肺炎疫情的，免征增值税、消费税、城市维护建设税、教育费附加、地方教育附加（财政部 税务总局公告2020年第9号）。

25. 在疫情防控期间，对生产销售（　　）等疫情防控重点保障物资以及对此类物资提供运输服务的纳税人，申请增值税发票"增版""增量"的，可暂按需调整发票领用数量和最高开票限额，不需事前实地查验。

   A. 医疗救治设备　　　　　　B. 检测仪器
   C. 防护用品　　　　　　　　D. 运输业务
   E. 基础设备生产企业

【参考答案】ABC

【答案解析】在疫情防控期间，对生产和销售医疗救治设备、检测仪器、防护用品、消杀制剂、药品等疫情防控重点保障物资以及对此类物资提供运输服务的纳税人，申请增值税发票"增版""增量"的，可暂按需调整发票领用数量和最高开票限额，不需事前实地查验（税总发〔2020〕11号）。对医疗救治设备、检测仪器、防护用品、消杀制剂、药品等疫情防控重点保障物资提供运输服务的纳税人，不是从事运输业务的纳税人。

26. 疫情防控期间，纳税人通过电子税务局或者标准版国际贸易"单一窗口"出口退税平台等提交电子数据后，即可申请办理（　　）。

A. 出口退（免）税备案   B. 备案变更

C. 相关证明   D. 延迟退免税申报

E. 出口退税企业类别变更

【参考答案】ABC

【答案解析】疫情防控期间，纳税人通过电子税务局或者标准版国际贸易"单一窗口"出口退税平台等提交电子数据后，即可申请办理出口退（免）税备案、备案变更和相关证明（国家税务总局公告2020年第4号）。

27. 根据相关政策规定，对捐赠用于疫情防控的进口应征消费税物资（　　）。

A. 免征进口关税   B. 免征进口环节增值税

C. 免征进口环节消费税   D. 减半征收进口环节增值税

E. 减半征收进口环节消费税

【参考答案】ABC

【答案解析】适度扩大《慈善捐赠物资免征进口税收暂行办法》规定的免税进口范围，对捐赠用于疫情防控的进口物资，免征进口关税和进口环节增值税、消费税。

28. 由省、自治区、直辖市人民政府根据本地区实际情况，以及宏观调控需要确定，对增值税小规模纳税人可以在50%的税额幅度内减征（　　）。

A. 资源税   B. 城镇土地使用税

C. 耕地占用税   D. 消费税

E. 印花税

【参考答案】ABCE

【答案解析】根据财税〔2019〕13号文件，由省、自治区、直辖市人民政府根据本地区实际情况，以及宏观调控需要确定，对增值税小规模纳税人可以在50%的税额幅度内减征资源税、城市维护建设税、房产税、城镇土地使用税、印花税（不含证券交易印花税）、耕地占用税和教育费附加、地方教育附加。

29. 2020年12月，甲小规模纳税人发生增值税应税销售行为，合计月销售额未超过10万元的增值税起征点。下列表述据符合现行增值税政策规定的有（　　）。

A. 月销售额超过10万元但扣除本期发生的销售不动产的销售额后未超过10万元

B. 采取一次性收取租金形式出租不动产取得的租金收入，可在对应的租赁期内平均分摊，分摊后的月租金收入未超过10万元

C. 10万元是含税销售额

D. 适用增值税差额征税政策的以差额后的销售额确定

E. 10万元包括销售不动产的销售额在内未超过10万元

【参考答案】ABD

【答案解析】增值税起征点：小规模纳税人发生增值税应税销售行为，合计月销售额未超过10万元的（以1个季度为1个纳税期的，季度销售额未超过30万元，下同），免征增值税。小规模纳税人发生增值税应税销售行为，合计月销售额超过10万元，但扣除本期发生的销售不动产的销售额后未超过10万元的，其销售货物、劳务、服务、无形资产取得的销售额免征增值税。适用增值税差额征税政策的小规模纳税人，以差额后的销售额确定是否可以享受本公告规定的免征增值税政策。采取一次性收取租金形式出租不动产取得的租金收入，可在对应的租赁期内平均分摊，分摊后的月租金收入未超过10万元的，免征增值税。政策依据：财税〔2019〕13号文件。

30. 纳税人购进国内旅客运输服务，未取得增值税专用发票的，取得其他注明旅客身份信息的客运票据的，按照下列公式计算进项税额（　　）。

A. 航空旅客运输进项税额＝（票价＋燃油附加费）÷（1＋9%）×9%

B. 铁路旅客运输进项税额＝票面金额÷（1＋9%）×9%

C. 公路旅客运输进项税额＝票面金额÷（1＋3%）×3%

D. 水路等其他旅客运输进项税额＝票面金额÷（1＋6%）×6%

E. 航空旅客运输进项税额＝（票价＋燃油附加费＋基础建设费）÷（1＋9%）×9%

【参考答案】ABC

【答案解析】纳税人购进国内旅客运输服务，其进项税额允许从销项税额中抵扣。未取得增值税专用发票的，其抵扣税额计算方式如下：①取得增值税电子普通发票的，为发票上注明的税额。②取得其他注明旅客身份信息的客运票据的，为按照下列公式计算进项税额。

航空旅客运输进项税额＝（票价＋燃油附加费）÷（1＋9%）×9%

铁路旅客运输进项税额＝票面金额÷（1＋9%）×9%

公路、水路等其他旅客运输进项税额＝票面金额÷（1＋3%）×3%

政策依据：财政部 税务总局 海关总署公告2019年第39号文件。

31. 根据现行政策，关于服务行业加计抵扣抵减，下列表述正确的有（　　）。

A. 生产性服务业纳税人按照当期可抵扣进项税额加计10%抵减应纳税额

B. 生活性服务业纳税人按照当期可抵扣进项税额加计10%抵减应纳税额

C. 纳税人确定适用加计抵减政策后，当年内不再调整

D. 生产、生活性服务业纳税人是指提供邮政服务、电信服务、现代服务、生活服务取得的销售额占全部销售额的比重超过60%的纳税人

E. 生产、生活性服务业纳税人是指提供邮政服务、电信服务、现代服务、生活服务取得的销售额占全部销售额的比重超过70%的纳税人

【参考答案】AC

【答案解析】服务行业加计抵扣：自2019年4月1日至2021年12月31日，允许生产、生活性服务业纳税人按照当期可抵扣进项税额加计10%，抵减应纳税额（以下称加计抵减政策）。生产、生活性服务业纳税人，是指提供邮政服务、电信服务、现代服务、生活服务取得的销售额占全部销售额的比重超过50%的纳税人。

纳税人确定适用加计抵减政策后，当年内不再调整，以后年度是否适用，根据上年度销售额计算确定。纳税人可计提但未计提的加计抵减额，可在确定适用加计抵减政策当期一并计提。政策依据：财政部 税务总局 海关总署公告2019年第39号文件、税务总局公告2019年第87号文件。

32. 下列货物的出口，享受增值税出口免税不退税政策的有（　　）。

A. 非列名企业出口非自产货物　　B. 以旅游购物贸易方式报关出口的货物

C. 外贸企业出口避孕药品和用具　　D. 外贸企业出口购进的免税农产品

E. 使用部分国产料件的进料加工出口的货物

【参考答案】ABCD

【答案解析】依据《财政部 国家税务总局关于出口货物劳务增值税和消费税政策的通知》（财税〔2012〕39号）第六条第一款，适用增值税免税政策的出口货物劳务，是指出口企业或其他单位出口规定的货物，具体是指：①增值税小规模纳税人出口的货物；②避孕药品和用具，古旧图书；③软件产品，其具体范围是指海关税则号前四位为"9803"的货物；④含黄金、铂金成分的货物，钻石及其饰品；⑤国家计划内出口的卷烟；⑥已使用过的设备。其具体范围是指购进时未取得增值税专用发票、海关进口增值税专用缴款书但其他相关单证齐全的已使用过的设备；⑦非出口企业委托出口的货物；⑧非列名生产企业出口的非视同自产货物；⑨农业生产者自产农产品［农产品的具体范围按照《农业产品征税范围注释》（财税〔1995〕52号）的规定执行］；⑩油画、花生果仁、黑大豆等财政部和国家税务总局规定的出口免税的货物；⑪外贸企业取得普通发票、废旧物资收购凭证、农产品收购发票、政府非税收入票据的货物；⑫来料加工复出

口的货物；⑬特殊区域内的企业出口的特殊区域内的货物；⑭以人民币现金作为结算方式的边境地区出口企业从所在省（自治区）的边境口岸出口到接壤国家的一般贸易和边境小额贸易出口货物；⑮以旅游购物贸易方式报关出口的货物。选项 E：使用部分国产料件的进料加工出口的货物，对国产料件部分退税。

33. 新华进出口有限公司在 2020 年 4 月出口下列货物，享受增值税出口免税不退税政策的有（　　）。

A. 来料加工复出口的货物　　　　B. 非列名生产企业出口的非视同自产货物

C. 生产企业出口自产的汽车　　　D. 从农业生产者直接购进的免税农产品

E. 小规模纳税人出口的国家限制出口的货物

【参考答案】ABD

【答案解析】依据《财政部 国家税务总局关于出口货物劳务增值税和消费税政策的通知》（财税〔2012〕39 号）第六条第一款。选项 A、B、D 是出口免税范围，选项 C 可参与退税，选项 E 应视同内销征税。

34. 境内的单位和个人提供的下列应税行为免征增值税的有（　　）。

A. 工程、矿产资源在境外的工程勘察勘探服务

B. 标的物在境外使用的有形动产租赁服务

C. 在境外提供的广播影视节目（作品）的发行和播映服务

D. 存储地点在境内的仓储服务

E. 会议展览地点在境内的会议展览服务

【参考答案】AB

【答案解析】根据《财政部 国家税务总局关于全面推开营业税改征增值税试点的通知》（财税〔2016〕36 号）附件 4《跨境应税行为适用增值税零税率和免税政策的规定》，境内的单位和个人销售的下列服务和无形资产免征增值税，但财政部和国家税务总局规定适用增值税零税率的除外：（一）下列服务：1. 工程项目在境外的建筑服务。2. 工程项目在境外的工程监理服务。3. 工程、矿产资源在境外的工程勘察勘探服务。4. 会议展览地点在境外的会议展览服务。5. 存储地点在境外的仓储服务。6. 标的物在境外使用的有形动产租赁服务。7. 在境外提供的广播影视节目（作品）的播映服务。8. 在境外提供的文化体育服务、教育医疗服务、旅游服务。由此可知，选项 A、B 正确，选项 C、D、E 错误。其中，选项 C 中的"播映服务"免征增值税，但是"向境外单位提供的完全在境外消费的广播影视节目（作品）的制作和发行服务"适用增值税零税

率，故不正确。

35. 甲公司为从事二手车经销业务的纳税人（一般规模纳税人），2021年1月销售其收购的二手车10辆，共取得收入133.9万元（含税价），则下列表述正确的有（　　）。

A. 甲公司对该业务可以选择简易征收

B. 若甲选择简易征收，则不含税销售额为133.23万元

C. 办理增值税纳税申报时，减按3%征收率征收销售额填报在"简易计税方法计税"的相应栏次

D. 按销售额的2.5%计算填写在《增值税纳税申报表（一般纳税人适用）》"应纳税额减征额"

E. 甲应纳增值税0.65万元

【参考答案】ABCD

【答案解析】根据《国家税务总局关于明确二手车经销等若干增值税征管问题的公告》（国家税务总局公告2020年第9号），自2020年5月1日至2023年12月31日，从事二手车经销业务的纳税人销售其收购的二手车，按以下规定执行：纳税人减按0.5%征收率征收增值税，并按下列公式计算销售额：销售额=含税销售额÷（1+0.5%）。本公告发布后出台新的增值税征收率变动政策，比照上述公式原理计算销售额。一般纳税人在办理增值税纳税申报时，减按0.5%征收率征收增值税的销售额，应当填写在《增值税纳税申报表附列资料（一）》（本期销售情况明细）"简易计税方法计税"中"3%征收率的货物及加工修理修配劳务"相应栏次；对应减征的增值税应纳税额，按销售额的2.5%计算填写在《增值税纳税申报表（一般纳税人适用）》"应纳税额减征额"及《增值税减免税申报明细表》减税项目相应栏次。若甲公司选择简易征收，则不含税销售额=133.9÷（1+0.5%）=133.23（万元），甲公司应纳增值税=133.23×0.5%=0.67（万元）。

36. 纳税人受托对垃圾、污泥、污水、废气等废弃物进行专业化处理，专业化处理后产生货物的，下列表述符合现行增值税政策规定的有（　　）。

A. 货物归属委托方的，受托方属于提供"加工劳务"，其收取的处理费用适用13%的增值税税率

B. 货物归属受托方的，受托方属于提供"专业技术服务"，其收取的处理费用适用6%的增值税税率

C. 货物归属受托方的，受托方将产生的货物用于销售时适用货物的增值税税率

D. 货物归属受托方的，受托方将产生的货物用于销售时不再缴纳增值税

E. 货物归属受托方的，受托方进行专业化处理收取的费用免征增值税

【参考答案】ABC

【答案解析】根据《国家税务总局关于明确二手车经销等若干增值税征管问题的公告》（国家税务总局公告2020年第9号），纳税人受托对垃圾、污泥、污水、废气等废弃物进行专业化处理，即运用填埋、焚烧、净化、制肥等方式，对废弃物进行减量化、资源化和无害化处理处置，按照以下规定适用增值税税率：（一）采取填埋、焚烧等方式进行专业化处理后未产生货物的，受托方属于提供《销售服务、无形资产、不动产注释》（财税〔2016〕36号文件印发）"现代服务"中的"专业技术服务"，其收取的处理费用适用6%的增值税税率。（二）专业化处理后产生货物，且货物归属委托方的，受托方属于提供"加工劳务"，其收取的处理费用适用13%的增值税税率。（三）专业化处理后产生货物，且货物归属受托方的，受托方属于提供"专业技术服务"，其收取的处理费用适用6%的增值税税率。受托方将产生的货物用于销售时，适用货物的增值税税率。

37. 拍卖行受托拍卖文物艺术品，委托方按规定享受免征增值税政策的，下列表述不符合拍卖行增值税政策规定的是（　　）。

A. 可以自己名义就代为收取的货物价款向购买方开具增值税普通发票

B. 对应的货物价款不计入拍卖行的增值税应税收入

C. 不可以自己名义就代为收取的货物价款向购买方开具增值税发票

D. 对应的货物价款应计入拍卖行的增值税应税收入

E. 可以自己名义就代为收取的货物价款向购买方开具增值税专用发票

【参考答案】CDE

【答案解析】根据《国家税务总局关于明确二手车经销等若干增值税征管问题的公告》（国家税务总局公告2020年第9号），拍卖行受托拍卖文物艺术品，委托方按规定享受免征增值税政策的，拍卖行可以自己名义就代为收取的货物价款向购买方开具增值税普通发票，对应的货物价款不计入拍卖行的增值税应税收入。

38. 甲（一般纳税人）销售外购机器设备的同时提供安装服务，下列表述不符合增值税现行政策规定的有（　　）。

A. 设备和安装服务统一按销售货物适用税率缴纳增值税

B. 设备和安装服务统一按提供施工服务适用税率缴纳增值税

C. 若分别核算机器设备和安装服务的销售额,安装服务应该按照甲供工程选择适用简易计税方法计税

D. 分别核算机器设备和安装服务的销售额,安装服务应该按照甲供工程选择适用简易计税方法计税

E. 若分别核算机器设备和安装服务的销售额,设备按销售货物适用税率缴纳增值税,安装服务可以按提供施工服务适用税率缴纳增值税

【参考答案】CE

【答案解析】根据《国家税务总局关于明确中外合作办学等若干增值税征管问题的公告》(国家税务总局公告2018年第42号),一般纳税人销售自产机器设备的同时提供安装服务,应分别核算机器设备和安装服务的销售额,安装服务可以按照甲供工程选择适用简易计税方法计税。一般纳税人销售外购机器设备的同时提供安装服务,如果已经按照兼营的有关规定,分别核算机器设备和安装服务的销售额,安装服务可以按照甲供工程选择适用简易计税方法计税。纳税人对安装运行后的机器设备提供的维护保养服务,按照"其他现代服务"缴纳增值税。所以,一般纳税人销售自产机器设备的同时提供安装服务,应分别核算机器设备和安装服务的销售额,安装服务可以按照甲供工程选择适用简易计税方法计税而不是应该按照简易计税方法计税,也可以按一般计税法计税,因此选项C、E符合题意。

39. 销售自行开发的房地产项目,适用一般计税方法计税,按照取得的全部价款和价外费用,扣除当期销售房地产项目对应的土地价款后的余额计算销售额,当期允许扣除的土地价款(   )。

A. 是对应开发项目的占地面积价格

B. 是按当期销售房地产项目建筑面积与房地产项目可供销售建筑面积之比进行分摊确认的价格

C. 房地产项目可供销售建筑面积,是指房地产项目可以出售的总建筑面积,不包括销售房地产项目时未单独作价结算的配套公共设施的建筑面积

D. 建筑面积是指计容积率地上建筑面积,不包括地下车位建筑面积

E. 建筑面积是指计容积率地上建筑面积,包括地下车位建筑面积

【参考答案】BCD

【答案解析】根据《国家税务总局关于发布〈房地产开发企业销售自行开发的房地产项目增值税征收管理暂行办法〉的公告》(国家税务总局公告2016年第18号)、《国

家税务总局关于土地价款扣除时间等增值税征管问题的公告》（国家税务总局公告2016年第86号）等：①房地产开发企业中的一般纳税人（以下简称一般纳税人）销售自行开发的房地产项目，适用一般计税方法计税，按照取得的全部价款和价外费用，扣除当期销售房地产项目对应的土地价款后的余额计算销售额。销售额的计算公式如下：销售额 =（全部价款和价外费用 − 当期允许扣除的土地价款）÷（1 + 11%）。②当期允许扣除的土地价款按照以下公式计算：当期允许扣除的土地价款 =（当期销售房地产项目建筑面积 ÷ 房地产项目可供销售建筑面积）× 支付的土地价款。当期销售房地产项目建筑面积，是指当期进行纳税申报的增值税销售额对应的建筑面积。③房地产项目可供销售建筑面积，是指房地产项目可以出售的总建筑面积，不包括销售房地产项目时未单独作价结算的配套公共设施的建筑面积。④"当期销售房地产项目建筑面积""房地产项目可供销售建筑面积"，是指计容积率地上建筑面积，不包括地下车位建筑面积。

40. 下列表述符合现行增值税政策规定的有（　　）。

A. 度假村提供会议场地及配套服务的活动，按照"会议展览服务"缴纳增值税

B. 纳税人在游览场所经营索道取得的收入，按照"文化体育服务"缴纳增值税

C. 纳税人提供武装守护押运服务，按照"交通运输业服务"缴纳增值税

D. 物业服务企业为业主提供的装修服务，按照"建筑服务"缴纳增值税

E. 纳税人将建筑施工设备出租给他人使用并配备操作人员的，按照"建筑服务"缴纳增值税。

【参考答案】ABDE

【答案解析】根据《财政部 国家税务总局关于明确金融 房地产开发 教育辅助服务等增值税政策的通知》（财税〔2016〕140号），宾馆、旅馆、旅社、度假村和其他经营性住宿场所提供会议场地及配套服务的活动，按照"会议展览服务"缴纳增值税；纳税人在游览场所经营索道、摆渡车、电瓶车、游船等取得的收入，按照"文化体育服务"缴纳增值税；纳税人提供武装守护押运服务，按照"安全保护服务"缴纳增值税；物业服务企业为业主提供的装修服务，按照"建筑服务"缴纳增值税；纳税人将建筑施工设备出租给他人使用并配备操作人员的，按照"建筑服务"缴纳增值税。

41. 同时符合相关条件的先进制造业纳税人，可以自2021年5月及以后纳税申报期向主管税务机关申请退还增量留抵税额。关于其退税条件，表述正确的有（　　）。

A. 纳税信用等级必须为A级

B. 申请退税前36个月未发生骗取留抵退税、出口退税或虚开增值税专用发票情形

C. 申请退税前36个月未因偷税被税务机关处罚两次及以上

D. 自2019年4月1日起未享受即征即退、先征后返（退）政策

E. 增量留抵税额不一定大于零

【参考答案】BCD

【答案解析】根据《财政部 税务总局关于明确先进制造业增值税期末留抵退税政策的公告》（财政部 税务总局公告2021年第15号），自2021年4月1日起，同时符合以下条件的先进制造业纳税人，可以自2021年5月及以后纳税申报期向主管税务机关申请退还增量留抵税额：①增量留抵税额大于零；②纳税信用等级为A级或者B级；③申请退税前36个月未发生骗取留抵退税、出口退税或虚开增值税专用发票情形；④申请退税前36个月未因偷税被税务机关处罚两次及以上；⑤自2019年4月1日起未享受即征即退、先征后返（退）政策。

42. 对同时符合相关条件的先进制造业纳税人，自2021年5月及以后纳税申报期向主管税务机关申请退还增量留抵税额。先进制造业纳税人包括（　　）行业的纳税人。

  A. 医药　　　　B. 化学纤维　　　C. 航空航天　　　D. 仪器仪表

  E. 采掘业

【参考答案】ABCD

【答案解析】根据《财政部 税务总局关于明确先进制造业增值税期末留抵退税政策的公告》（财政部 税务总局公告2021年第15号），所称先进制造业纳税人，是指按照《国民经济行业分类》，生产并销售"非金属矿物制品""通用设备""专用设备""计算机、通信和其他电子设备""医药""化学纤维""铁路、船舶、航空航天和其他运输设备""电气机械和器材""仪器仪表"的销售额占全部销售额的比重超过50%的纳税人。

43. 根据现行政策规定，对包括（　　）在内的出版物在出版环节执行增值税100%先征后退的政策。

  A. 专为老年人出版发行的报纸和期刊

  B. 少数民族文字出版物

  C. 盲文图书和盲文期刊

  D. 经批准在甘肃注册的出版单位出版的出版物

  E. 中小学的学生教科书

【参考答案】ABCE

【答案解析】根据《财政部 税务总局公告关于延续宣传文化增值税优惠政策的公

告》（财政部 税务总局公告2021年第10号），自2021年1月1日起至2023年12月31日，对下列出版物在出版环节执行增值税100%先征后退的政策：①中国共产党和各民主党派的各级组织的机关报纸和机关期刊，各级人大、政协、政府、工会、共青团、妇联、残联、科协的机关报纸和机关期刊，新华社的机关报纸和机关期刊，军事部门的机关报纸和机关期刊。上述各级组织不含其所属部门。机关报纸和机关期刊增值税先征后退范围掌握在一个单位一份报纸和一份期刊以内。②专为少年儿童出版发行的报纸和期刊，中小学的学生教科书。③专为老年人出版发行的报纸和期刊。④少数民族文字出版物。⑤盲文图书和盲文期刊。⑥经批准在内蒙古、广西、西藏、宁夏、新疆五个自治区内注册的出版单位出版的出版物。⑦列入本公告附件1的图书、报纸和期刊。

44. 根据现行政策，延续执行到2021年3月31日的疫情防控增值税（费）优惠政策有（　　）。

A. 提供电影放映服务取得的收入免征增值税

B. 疫情防控重点保障物资生产企业可以按月向主管税务机关申请全额退还增值税增量留抵税额

C. 对纳税人运输疫情防控重点保障物资取得的收入，免征增值税

D. 对纳税人提供公共交通运输服务、生活服务，以及为居民提供必需生活物资快递收派服务取得的收入，免征增值税

E. 无偿捐赠用于应对新型冠状病毒感染的肺炎疫情的，免征增值税、消费税、城市维护建设税、教育费附加、地方教育附加

【参考答案】BCDE

【答案解析】根据《财政部 税务总局关于延续实施应对疫情部分税费优惠政策的公告》（财政部 税务总局公告2021年第7号）延续执行到2021年12月31日的疫情防控增值税（费）优惠政策：①自2020年1月1日至2020年12月31日，对纳税人提供电影放映服务取得的收入免征增值税。②自2020年1月1日至2020年12月31日，免征文化事业建设费。选项B、C、D、E的政策执行到2021年3月31日。

45. 关于杭州2022年亚运会和亚残运会，对组委会市场开发计划取得的国内外（　　），免征增值税。

A. 赞助收入
B. 转让无形资产（如标志）特许权收入
C. 宣传推广费收入
D. 销售门票收入及所发收费卡收入
E. 提供酒店餐饮住宿服务售收入

【参考答案】ABCD

【答案解析】根据《财政部 税务总局 海关总署关于杭州2022年亚运会和亚残运会税收政策的公告》（财政部 税务总局 海关总署公告2020年第18号），对组委会市场开发计划取得的国内外赞助收入、转让无形资产（如标志）特许权收入、宣传推广费收入、销售门票收入及所发收费卡收入，免征增值税。

46. 下列表述符合"2022年杭运会"增值税优惠政策的有（　　）。

A. 对组委会取得的来源于广播、因特网、电视等媒体收入，免征增值税

B. 对组委会赛后出让资产取得的收入，免征增值税

C. 对企业根据赞助协议向组委会免费提供的与杭州亚运会有关的服务，免征增值税

D. 对组委会为举办运动会进口的亚奥委会或国际单项体育组织指定的直接用于运动会比赛的消耗品，免征关税、进口环节增值税，但不免消费税

E. 对组委会取得的电视转播权销售分成收入，免征增值税

【参考答案】ABCE

【答案解析】根据《财政部 税务总局 海关总署关于杭州2022年亚运会和亚残运会税收政策的公告》（财政部 税务总局 海关总署公告2020年第18号），对组委会为举办运动会进口的亚奥委会或国际单项体育组织指定的，国内不能生产或性能不能满足需要的直接用于运动会比赛的消耗品，免征关税、进口环节增值税和消费税，所以选项D不符合题意要求。

47. 下列表述符合现行增值税相关政策规定的有（　　）。

A. 纳税人享受增值税即征即退政策，有纳税信用级别条件要求的，以纳税人申请退税税款所属期的纳税信用级别确定

B. 纳税人适用增值税留抵退税政策，有纳税信用级别条件要求的，以纳税人向主管税务机关申请办理增值税留抵退税提交《退（抵）税申请表》时的纳税信用级别确定

C. 纳税人取得的财政补贴收入不属于增值税征税范畴

D. 境内单位和个人作为工程分包方，为施工地点在境外的工程项目提供建筑服务从境内工程总承包方取得的分包款收入为境内收入

E. 动物诊疗机构提供动物清洁、美容、代理看护等服务，不缴纳增值税

【参考答案】ABD

【答案解析】根据《国家税务总局关于取消增值税扣税凭证认证确认期限等增值税征管问题的公告》（国家税务总局公告2019年第45号）规定，纳税人享受增值税即征

即退政策，有纳税信用级别条件要求的，以纳税人申请退税税款所属期的纳税信用级别确定。申请退税税款所属期内纳税信用级别发生变化的，以变化后的纳税信用级别确定。

纳税人适用增值税留抵退税政策，有纳税信用级别条件要求的，以纳税人向主管税务机关申请办理增值税留抵退税提交《退（抵）税申请表》时的纳税信用级别确定。中华人民共和国境内（以下简称境内）单位和个人作为工程分包方，为施工地点在境外的工程项目提供建筑服务，从境内工程总承包方取得的分包款收入属于《国家税务总局关于发布〈营业税改征增值税跨境应税行为增值税免税管理办法（试行）〉的公告》（2016年第29号，国家税务总局公告2018年第31号修改）第六条规定的"视同从境外取得收入"。纳税人取得的财政补贴收入，与其销售货物、劳务、服务、无形资产、不动产的收入或者数量直接挂钩的，应按规定计算缴纳增值税。纳税人取得的其他情形的财政补贴收入，不属于增值税应税收入，不征收增值税。动物诊疗机构销售动物食品和用品，提供动物清洁、美容、代理看护等服务，应按照现行规定缴纳增值税。

48. 下列关于固定资产处理的说法，不正确的有（　　）。

A. 纳税人购进固定资产时为小规模纳税人，登记为一般纳税人后销售该固定资产的，按照适用税率计算增值税

B. 小规模纳税人（除其他个人外）销售自己使用过的除固定资产以外的物品，应减按2%征收增值税

C. 增值税一般纳税人销售自己使用过的2009年1月1日以后购进的固定资产，按照简易办法依照3%征收率减按2%征收增值税

D. 纳税人发生的固定资产视同销售行为，对已使用过的固定资产无法确定销售额的，以固定资产净值为销售额

E. 增值税一般纳税人销售自己使用过的除固定资产以外的物品，应当按照适用税率征收增值税

【参考答案】ABC

【答案解析】选项A：纳税人购进或者自制固定资产时为小规模纳税人，登记为一般纳税人后销售该固定资产，按简易办法依3%的征收率减按2%征收增值税。选项B：小规模纳税人（除其他个人外）销售自己使用过的除固定资产以外的物品，应按3%的征收率征收增值税。选项C：增值税一般纳税人销售自己使用过的2009年1月1日以后购进的固定资产（应征消费税的汽车、摩托车和游艇除外），按照适用税率征收增值税。

49. 一般纳税人于 2019 年 5 月购进的下列服务中，不得抵扣进项税额的有（　　）。

A. 娱乐服务　　　　　　　　B. 电信服务

C. 餐饮服务　　　　　　　　D. 摄影扩印服务

E. 国内旅客运输服务

【参考答案】ACD

【答案解析】一般纳税人购进的贷款服务、餐饮服务、居民日常服务和娱乐服务，不得抵扣进项税额。自 2019 年 4 月 1 日起，纳税人购进国内旅客运输服务，其进项税额允许从销项税额中抵扣。

50. 增值税小规模纳税人的下列销售行为，可以申请税务代开或自开增值税专用发票的是（　　）。

A. 销售旧货

B. 销售自己使用过的固定资产（已放弃减税）

C. 销售边角废料

D. 销售免税货物

E. 捐赠自产的货物

【参考答案】BCE

【答案解析】选项 C、E：可以由税务机关代开或自开专用发票。选项 B：小规模纳税人销售自己使用过的固定资产，已放弃减税的，可以由税务机关代开或自开专用发票。选项 A、D 只能开具增值税普通发票。

题型三 判断题

1. 出口企业未在2020年4月30日前的各增值税申报期限内申报退（免）税的出口货物劳务，应实行免征增值税政策。（　　）

【参考答案】 ×

【答案解析】 根据《财政部 税务总局关于明确国有农用地出租等增值税政策的公告》（财政部 税务总局公告2020年第2号）第四条，纳税人出口货物劳务、发生跨境应税行为，未在规定期限内申报出口退（免）税或者开具《代理出口货物证明》的，在收齐退（免）税凭证及相关电子信息后，即可申报办理出口退（免）税；未在规定期限内收汇或者办理不能收汇手续的，在收汇或者办理不能收汇手续后，即可申报办理退（免）税。

2. 适用增值税免税政策的出口货物劳务，其进项税额不得抵扣和不得退税的，应当转入成本。（　　）

【参考答案】 √

【答案解析】 根据《财政部 国家税务总局关于出口货物劳务增值税和消费税政策的通知》（财税〔2012〕39号）第六条第二项，适用增值税免税政策的出口货物劳务，其进项税额不得抵扣和退税，应当转入成本。

3. 出口享受免征增值税的货物，其国内运输费用所含的进项税额，可进行正常抵扣。（　　）

【参考答案】 ×

【答案解析】 根据《财政部 国家税务总局关于出口货物劳务增值税和消费税政策的通知》（财税〔2012〕39号）第六条第二项，适用增值税免税政策的出口货物劳务，其进项税额不得抵扣和退税，应当转入成本。

4. 根据"疫情防控"相关政策，企业和个人直接向承担疫情防治任务的医院捐赠用于应对新型冠状病毒感染的肺炎疫情的物品，不需要视同销售征增值税和企业所得税。（　　）

【参考答案】 ×

【答案解析】 单位和个体工商户将自产、委托加工或购买的货物，通过公益性社会组织和县级以上人民政府及其部门等国家机关，或者直接向承担疫情防治任务的医院，无偿捐赠用于应对新型冠状病毒感染的肺炎疫情的，免征增值税、消费税、城市维护建设税、教育费附加、地方教育附加（财政部 税务总局公告2020年第9号）。

5. 根据"疫情防控"相关政策，疫情防控重点保障物资生产企业可以按月向主管税务机关申请全额退还增值税留抵税额。（　　）

【参考答案】×

【答案解析】疫情防控重点保障物资生产企业可以按月向主管税务机关申请全额退还增值税增量留抵税额。增量留抵税额，是指与2019年12月底相比新增加的期末留抵税额。上文所称疫情防控重点保障物资生产企业名单，由省级及以上发展改革部门、工业和信息化部门确定（财政部 税务总局公告2020年第8号）。

6. 根据"疫情防控"相关政策，对纳税人运输疫情防控重点保障物资取得的收入，免征增值税。（　　）

【参考答案】√

【答案解析】对纳税人运输疫情防控重点保障物资取得的收入，免征增值税。疫情防控重点保障物资的具体范围，由国家发展改革委、工业和信息化部确定（财政部 税务总局公告2020年第8号）。

7. 根据"疫情防控"相关政策，对享受"疫情防控"免征增值税政策的业务，不得开具增值税专用发票。（　　）

【参考答案】√

【答案解析】纳税人按照财政部 税务总局公告2020年第8号和第9号有关规定适用免征增值税政策的，不得开具增值税专用发票；已开具增值税专用发票的，应当开具对应红字发票或者作废原发票，再按规定适用免征增值税政策并开具普通发票。

8. 疫情防控期间，纳税人可通过"非接触式"方式申报办理出口退（免）税备案、证明开具和退（免）税申报事项，纳税人办理上述涉税事项时必须提交纸质资料。（　　）

【参考答案】×

【答案解析】疫情防控期间，纳税人可通过"非接触式"方式申报办理出口退（免）税备案、证明开具和退（免）税申报事项。纳税人办理上述涉税事项时应提交的纸质资料，已实现纸质资料影像化申报的地区，可按现行方式提交；未实现纸质资料影像化申报的地区，暂不要求纳税人提交，疫情防控结束后再行补报（税总函〔2020〕28号）。

9. 疫情防控期间，税务机关受理纳税人申报后，仅审核电子数据，经审核电子数据无误且不存在涉嫌骗税等疑点的，即可办理相关退（免）税事项。（　　）

【参考答案】√

【答案解析】疫情防控期间，税务机关受理纳税人申报后，仅审核电子数据，经审核电子数据无误且不存在涉嫌骗税等疑点的，即可办理相关退（免）税事项（税总函〔2020〕28号）。

10. 自2016年2月1日起免征教育费附加、地方教育附加、水利建设基金的政策只适用于增值税小微企业。（　　）

【参考答案】×

【答案解析】自2016年2月1日起将免征教育费附加、地方教育附加、水利建设基金的范围，由现行按月纳税的月销售额或营业额不超过3万元（按季度纳税的季度销售额或营业额不超过9万元）的缴纳义务人，扩大到按月纳税的月销售额或营业额不超过10万元（按季度纳税的季度销售额或营业额不超过30万元）的缴纳义务人。政策依据：财税〔2016〕12号文件。

11. 自2019年1月1日至2022年12月31日，对单位或者个体工商户将货物间接无偿捐赠给目标脱贫地区的单位和个人，免征增值税，直接无偿捐赠给目标脱贫地区的单位和个人，不得免征增值税。（　　）

【参考答案】×

【答案解析】扶贫货物捐赠：自2019年1月1日至2022年12月31日，对单位或者个体工商户将自产、委托加工或购买的货物通过公益性社会组织、县级及以上人民政府及其组成部门和直属机构，或直接无偿捐赠给目标脱贫地区的单位和个人，免征增值税。在2015年1月1日至2018年12月31日期间已发生的符合上述条件的扶贫货物捐赠，可追溯执行上述增值税政策。政策依据：财政部 税务总局 国务院扶贫办公告2019年第55号。

12. 根据现行政策规定，纳税人购进用于生产或者委托加工货物的农产品，按照10%的扣除率计算进项税额。（　　）

【参考答案】×

【答案解析】纳税人购进用于生产或者委托加工13%税率货物的农产品，按照10%的扣除率计算进项税额。政策依据：财政部 税务总局 海关总署公告2019年第39号。

13. 纳税人购进国内国际旅客运输服务，其进项税额允许从销项税额中抵扣。（　　）

【参考答案】×

【答案解析】纳税人购进国内旅客运输服务，其进项税额允许从销项税额中抵扣。政策依据：财政部 税务总局 海关总署公告2019年第39号。

14. 自2019年4月1日起，按照规定不得抵扣进项税额的不动产，若发生用途改变，用于允许抵扣进项税额项目的，可在改变用途的当月将该不动产的进项税额全额抵扣。（ ）

【参考答案】×

【答案解析】根据《国家税务总局关于深化增值税改革有关事项的公告》（国家税务总局公告2019年第14号）第七条，按照规定不得抵扣进项税额的不动产，发生用途改变，用于允许抵扣进项税额项目的，按照下列公式在改变用途的次月计算可抵扣进项税额。（可抵扣的进项税额＝增值税扣税凭证注明或计算的进项税额×不动产净值率）。该公告自2019年4月1日起施行。

15. 根据现行政策规定，适用免退税办法的，相关进项税额不得用于退还留抵税额。（ ）

【参考答案】×

【答案解析】纳税人出口货物劳务、发生跨境应税行为，适用免抵退税办法的，办理免抵退税后，仍符合财政部 国家税务总局 海关总署公告2019年第39号规定条件的，可以申请退还留抵税额；适用免退税办法的，相关进项税额不得用于退还留抵税额。政策依据：财政部 税务总局 海关总署公告2019年第39号、国家税务总局公告2019年第20号。

16. 免税货物恢复征税后，其免税期间的进项税额不得从征税期销项税额中抵扣。（ ）

【参考答案】√

【答案解析】免税货物恢复征税后，其免税期间外购的货物，一律不得作为当期进项税额抵扣。恢复征税后收到的该项货物免税期间的增值税专用发票，应当从当期进项税额中剔除。

17. 企业将自产的办公桌移送管理部门使用应按照视同销售的规定计算缴纳增值税。（ ）

【参考答案】×

【答案解析】企业将自产的办公桌移送管理部门使用不属于《中华人民共和国增值

税暂行条例实施细则》的视同销售行为。

18. 纳税人为销售货物出租出借包装物而收取的押金，单独记账核算的，不并入销售额征税。 （   ）

【参考答案】 ×

【答案解析】增值税纳税人为销售货物而出租出借包装物收取的押金，单独记账的，时间在一年内，又未逾期的，不并入销售额征税；但对逾期未收回包装物不再退还的和已收取一年以上的包装物押金，应按所包装货物的适用税率计算纳税。对销售除啤酒、黄酒以外的其他酒类产品收取的包装物押金，无论是否返还以及会计上如何核算，均应并入当期销售额征税。

19. 纳税人进口货物取得的属于增值税扣税范围的海关缴款书，应自开具之日起90天内向主管税务机关申请稽核比对，逾期未申请的其进项税额不予抵扣。 （   ）

【参考答案】 ×

【答案解析】自2017年7月1日起，增值税一般纳税人取得的2017年7月1日及以后开具的增值税专用发票和机动车销售统一发票，应自开具之日起360日内认证或登录增值税发票选择确认平台进行确认，并在规定的纳税申报期内，向主管税务机关申报抵扣进项税额。增值税一般纳税人取得的2017年7月1日及以后开具的海关进口增值税专用缴款书，应自开具之日起360日内向主管税务机关报送《海关完税凭证抵扣清单》，申请稽核比对。增值税一般纳税人取得2017年1月1日及以后开具的增值税专用发票、海关进口增值税专用缴款书、机动车销售统一发票、收费公路通行费增值税电子普通发票，取消认证确认、稽核比对、申报抵扣的期限。纳税人在进行增值税纳税申报时，应当通过本省（自治区、直辖市和计划单列市）增值税发票综合服务平台对上述扣税凭证信息进行用途确认。政策依据：《国家税务总局关于取消增值税扣税凭证认证确认期限等增值税征管问题的公告》（国家税务总局公告2019年第45号）。

20. 增值税小规模纳税人销售边角余料和自己使用过的固定资产，可以申请税务机关代开或自开增值税专用发票。 （   ）

【参考答案】 ×

【答案解析】增值税小规模纳税人销售边角余料属正常销售货物，可以向税务机关申请代开增值税专用发票。根据《国家税务总局关于增值税简易征收政策有关管理问题的通知》第一条，小规模纳税人销售自己使用过的固定资产，应开具普通发票，不得由税务机关代开增值税专用发票。

21. 以物易物方式销售，交易双方都应作购销处理，各自按发出货物的销售额计算销项税额，按收到的货物作为购货额计算进项税额。（　　）

【参考答案】√

【答案解析】以物易物方式销售，交易双方都应作购销处理，以各自发出的货物核算销售额并计算销项税额，以各自收到的货物按规定核算购货额并计算进项税额。

22. 增值税纳税人将货物从一个机构移送到另一个机构用于销售的，应视同销售货物缴纳增值税。（　　）

【参考答案】×

【答案解析】根据《中华人民共和国增值税暂行条例实施细则》第四条，单位或者个体工商户的下列行为视同销售。设有两个以上机构并实行统一核算的纳税人，将货物从一个机构移送至其他机构用于销售，但相关机构设在同一县（市）的除外。

23. 按现行增值税政策规定，纳税人提供应税服务同时适用免税和零税率规定的，优先适用零税率。（　　）

【参考答案】×

【答案解析】根据《财政部 国家税务总局关于全面推开营业税改征增值税试点的通知》附件1《营业税改征增值税试点实施办法》第四十八条，纳税人发生应税行为同时适用免税和零税率规定的，纳税人可以选择适用免税或者零税率。

24. 纳税人年应税销售额超过规定标准，应当办理一般纳税人资格登记但逾期不办理的，其销售额依照适用税率计算应纳税额，不得抵扣进项税额，也不得使用增值税专用发票。（　　）

【参考答案】√

【答案解析】根据《增值税一般纳税人登记管理办法》（国家税务总局令第43号），逾期仍不办理的，次月起按销售额依照增值税税率计算应纳税额，不得抵扣进项税额，直至纳税人办理相关手续为止。

25. 根据现行政策规定，纳税人在年应税销售额超过规定标准的月份（或季度）的所属申报期结束后10日内按照规定办理增值税一般纳税人登记相关手续。（　　）

【参考答案】×

【答案解析】根据《增值税一般纳税人登记管理办法》（国家税务总局令第43号）第八条，纳税人在年应税销售额超过规定标准的月份（或季度）的所属申报期结束后15日内按照本办法第六条或者第七条的规定办理相关手续；未按规定时限办理的，主管税务机关应当在规定时限结束后 5 日内制作《税务事项通知书》，告知纳税人应当在 5 日内向主管税务机关办理相关手续；逾期仍不办理的，次月起按销售额依照增值税税率计算应纳税额，不得抵扣进项税额，直至纳税人办理相关手续为止。

26. 纳税人自一般纳税人生效之日起，按照增值税一般计税方法计算应纳税额，并可以按照规定领用增值税专用发票，财政部、国家税务总局另有规定的除外。（ ）

【参考答案】√

【答案解析】根据《增值税一般纳税人登记管理办法》（国家税务总局令第 43 号），纳税人自一般纳税人生效之日起，按照增值税一般计税方法计算应纳税额，并可以按照规定领用增值税专用发票，财政部、国家税务总局另有规定的除外。

27. 一般纳税人转登记为小规模纳税人后，自转登记日的当期起，按照简易计税方法计算缴纳增值税。（ ）

【参考答案】×

【答案解析】根据《国家税务总局关于统一小规模纳税人标准等若干增值税问题的公告》（国家税务总局公告 2018 年第 18 号），一般纳税人转登记为小规模纳税人（以下称转登记纳税人）后，自转登记日的下期起，按照简易计税方法计算缴纳增值税；转登记日当期仍按照一般纳税人的有关规定计算缴纳增值税。

28. 一般纳税人转登记为小规模纳税人尚未申报抵扣的进项税额以及转登记日当期的期末留抵税额，计入"应交税费—待抵扣进项税额"核算。（ ）

【参考答案】√

【答案解析】根据《国家税务总局关于统一小规模纳税人标准等若干增值税问题的公告》（国家税务总局公告 2018 年第 18 号），一般纳税人转登记为小规模纳税人尚未申报抵扣的进项税额以及转登记日当期的期末留抵税额，计入"应交税费—待抵扣进项税额"核算。

29. 一般纳税人转登记为小规模纳税人在一般纳税人期间销售或者购进的货物、劳务、服务、无形资产、不动产，自转登记日的下期起发生销售折让、中止或者退回的，调整转登记日当期的销项税额、进项税额和应纳税额。（ ）

【参考答案】√

【答案解析】根据《国家税务总局关于统一小规模纳税人标准等若干增值税问题的公告》（国家税务总局公告 2018 年第 18 号），转登记纳税人在一般纳税人期间销售或者购进的货物、劳务、服务、无形资产、不动产，自转登记日的下期起发生销售折让、中止或者退回的，调整转登记日当期的销项税额、进项税额和应纳税额。

（一）调整后的应纳税额小于转登记日当期申报的应纳税额形成的多缴税款，从发生销售折让、中止或者退回当期的应纳税额中抵减；不足抵减的，结转下期继续抵减。

（二）调整后的应纳税额大于转登记日当期申报的应纳税额形成的少缴税款，从"应交税费——待抵扣进项税额"中抵减；抵减后仍有余额的，计入发生销售折让、中止或者退回当期的应纳税额一并申报缴纳。

转登记纳税人因税务稽查、补充申报等原因，需要对一般纳税人期间的销项税额、进项税额和应纳税额进行调整的，按照上述规定处理。

转登记纳税人应准确核算"应交税费——待抵扣进项税额"的变动情况。

30. 因疫情影响，纳税人无法在规定期限内收汇或办理不能收汇手续的，可直接向主管税务机关申报办理退（免）税。（　　）

【参考答案】×

【答案解析】根据《国家税务总局关于支持新型冠状病毒感染的肺炎疫情防控有关税收征收管理事项的公告》（国家税务总局公告2020年第4号），因疫情影响，纳税人无法在规定期限内收汇或办理不能收汇手续的，待收汇或办理不能收汇手续后，即可向主管税务机关申报办理退（免）税。

31. 因疫情防控免征增值税优惠的收入，相应免征城市维护建设税、教育费附加，但地方教育附加是否可以免征，由当地政策自行决定。（　　）

【参考答案】×

【答案解析】根据《国家税务总局关于支持新型冠状病毒感染的肺炎疫情防控有关税收征收管理事项的公告》（国家税务总局公告2020年第4号），纳税人适用8号公告有关规定享受免征增值税优惠的收入，相应免征城市维护建设税、教育费附加、地方教育附加。

32. 根据现行增值税规定，纳税人销售活动板房、机器设备、钢结构件等自产货物的同时提供建筑、安装服务的，建筑、安装服务的应按货物适用税率申报缴纳增值税。（　　）

【参考答案】×

【答案解析】根据《国家税务总局关于进一步明确营改增有关征管问题的公告》（国家税务总局公告2017年第11号），自2017年5月1日起，纳税人销售活动板房、机器设备、钢结构件等自产货物的同时提供建筑、安装服务，不属于《营业税改征增值税试点实施办法》第四十条规定的混合销售，应分别核算货物和建筑服务的销售额，分别适用不同的税率或者征收率。

33. 自 2017 年 1 月 1 日起，纳税人在同一地级行政区范围内跨县（市、区）提供建筑服务，不适用纳税人跨县（市、区）提供建筑服务就地预交增值税规定。（　　）

【参考答案】×

【答案解析】根据《国家税务总局关于进一步明确营改增有关征管问题的公告》（国家税务总局公告 2017 年第 11 号），自 2017 年 5 月 1 日起，纳税人在同一地级行政区范围内跨县（市、区）提供建筑服务，不适用《纳税人跨县（市、区）提供建筑服务增值税征收管理暂行办法》。

34. 根据现行增值税规定，一般纳税人销售电梯的同时提供安装服务，其安装服务可以按照甲供工程选择适用简易计税方法计税。（　　）

【参考答案】√

【答案解析】根据《国家税务总局关于进一步明确营改增有关征管问题的公告》（国家税务总局公告 2017 年第 11 号），自 2017 年 5 月 1 日起，一般纳税人销售电梯的同时提供安装服务，其安装服务可以按照甲供工程选择适用简易计税方法计税。

35. 自 2020 年 2 月 1 日起，增值税小规模纳税人（包括其他个人）发生增值税应税行为，需要开具增值税专用发票的，可以自愿使用增值税发票管理系统自行开具。选择自行开具增值税专用发票的小规模纳税人，税务机关不再为其代开增值税专用发票。（　　）

【参考答案】×

【答案解析】根据《国家税务总局关于增值税发票管理等有关事项的公告》（国家税务总局公告 2019 年第 33 号），增值税小规模纳税人（其他个人除外）发生增值税应税行为，需要开具增值税专用发票的，可以自愿使用增值税发票管理系统自行开具。选择自行开具增值税专用发票的小规模纳税人，税务机关不再为其代开增值税专用发票。

36. 2017 年 7 月 1 日（含）以后，资管产品运营过程中发生的增值税应税行为，以资管产品管理人为增值税纳税人。（　　）

【参考答案】√

【答案解析】根据《财政部 国家税务总局关于资管产品增值税政策有关问题的补充通知》（财税〔2017〕2 号）、《财政部 国家税务总局关于明确金融 房地产开发 教育辅助服务等增值税政策的通知》（财税〔2016〕140 号），2017 年 7 月 1 日（含）以后，资管产品运营过程中发生的增值税应税行为,以资管产品管理人为增值税纳税人,按照现行规定缴纳增值税。

37. 纳税人向境外单位或者个人提供的电信服务,通过境外电信单位结算费用的,服务接受方为境外电信单位,免征增值税。（　　）

【参考答案】√

【答案解析】根据《国家税务总局关于发布〈营业税改征增值税跨境应税行为增值税免税管理办法（试行）〉的公告》（国家税务总局公告2016年第29号），纳税人向境外单位或者个人提供的电信服务,通过境外电信单位结算费用的,服务接受方为境外电信单位,属于完全在境外消费的电信服务,免征增值税。

38. 服务实际接受方为境内单位或者个人的知识产权服务,属于完全在境外消费的知识产权服务,免征增值税。（　　）

【参考答案】×

【答案解析】根据《国家税务总局关于发布〈营业税改征增值税跨境应税行为增值税免税管理办法（试行）〉的公告》（国家税务总局公告2016年第29号），服务实际接受方为境内单位或者个人的知识产权服务,不属于完全在境外消费的知识产权服务,不得免征增值税。

39. 纳税人以对外劳务合作方式,向境外单位提供的完全在境外发生的人力资源服务,属于完全在境外消费的人力资源服务,免征增值税。（　　）

【参考答案】√

【答案解析】根据《国家税务总局关于发布〈营业税改征增值税跨境应税行为增值税免税管理办法（试行）〉的公告》（国家税务总局公告2016年第29号），纳税人以对外劳务合作方式,向境外单位提供的完全在境外发生的人力资源服务,属于完全在境外消费的人力资源服务。对外劳务合作,是指境内单位与境外单位签订劳务合作合同,按照合同约定组织和协助中国公民赴境外工作的活动。

40. 境内单位向境外单位销售的完全在境外消费的技术,免征增值税。（　　）

【参考答案】×

【答案解析】根据《国家税务总局关于发布〈营业税改征增值税跨境应税行为增值税免税管理办法（试行）〉的公告》（国家税务总局公告2016年第29号），向境外单位销售的完全在境外消费的无形资产免征增值税,但技术除外。

41. 2020年12月长沙市中南汽车城甲二手车经营公司销售三辆车给乙单位（一般纳

税人），乙向甲索取增值税专用发票，则甲应当再开具征收率为0.5%的增值税专用发票给乙。（　　）

【参考答案】√

【答案解析】根据《国家税务总局关于明确二手车经销等若干增值税征管问题的公告》（国家税务总局公告2020年第9号），自2020年5月1日至2023年12月31日，从事二手车经销业务的纳税人销售其收购的二手车，按以下规定执行：（一）纳税人减按0.5%征收率征收增值税，并按下列公式计算销售额：销售额＝含税销售额÷（1＋0.5%）。本公告发布后出台新的增值税征收率变动政策，比照上述公式原理计算销售额。（二）纳税人应当开具二手车销售统一发票。购买方索取增值税专用发票的，应当再开具征收率为0.5%的增值税专用发票。

42. 甲委托乙（一般规模纳税人）采取填埋、焚烧等方式进行专业化处理后未产生货物，则乙收取甲的服务费适用6%的增值税税率缴纳增值税。（　　）

【参考答案】√

【答案解析】根据《国家税务总局关于明确二手车经销等若干增值税征管问题的公告》（国家税务总局公告2020年第9号），采取填埋、焚烧等方式进行专业化处理后未产生货物的，受托方属于提供《销售服务、无形资产、不动产注释》（财税〔2016〕36号附件1所附）"现代服务"中的"专业技术服务"，其收取的处理费用适用6%的增值税税率。

43. 2020年11月甲公司办理转登记为小规模纳税人，则11月甲可以按小规模纳税人申报纳税。（　　）

【参考答案】×

【答案解析】根据《国家税务总局关于统一小规模纳税人标准等若干增值税问题的公告》（国家税务总局公告2018年第18号），纳税人办理转登记为小规模纳税人，自转登记日的下期起，按照简易计税方法计算缴纳增值税；转登记日当期仍然需要按照一般纳税人的有关规定计算缴纳增值税。

44. 2020年11月，甲公司办理转登记为小规模纳税人，2020年4月，其销售一批货物，2020年12月发生销货退回，则甲公司应调整4月的销项税额和应纳税额。（　　）

【参考答案】×

【答案解析】《国家税务总局关于统一小规模纳税人标准等若干增值税问题的公告》（国家税务总局公告2018年第18号），转登记纳税人在一般纳税人期间销售或者购进的货物、劳务、服务、无形资产、不动产，自转登记日的下期起发生销售折让、中止或者退回的，调整转登记日当期的销项税额、进项税额和应纳税额。本题应将"则应调整4月的销项税额和应纳税额"中的"4月"调整为"11月"。

45. 2020年11月甲公司办理转登记为小规模纳税人，11月尚有期末留抵税额100万元，则100万元可以直接申报办理留抵退税。（　）

【参考答案】×

【答案解析】根据《国家税务总局关于统一小规模纳税人标准等若干增值税问题的公告》（国家税务总局公告2018年第18号），转登记纳税人尚未申报抵扣的进项税额以及转登记日当期的期末留抵税额，计入"应交税费—待抵扣进项税额"核算。

46. 个人携带或者邮寄进境自用物品的增值税，由税务局负责征收。（　）

【参考答案】×

【答案解析】根据《中华人民共和国增值税暂行条例（2017年修订）》，个人携带或者邮寄进境自用物品的增值税，连同关税一并计征。具体办法由国务院关税税则委员会会同有关部门制定。

47. 纳税人适用增值税留抵退税政策，有纳税信用级别条件要求的，以纳税人向主管税务机关申请办理增值税留抵退税提交《退（抵）税申请表》时的纳税信用级别确定。（　）

【参考答案】√

【答案解析】根据《国家税务总局关于取消增值税扣税凭证认证确认期限等增值税征管问题的公告》（国家税务总局公告2019年第45号），纳税人适用增值税留抵退税政策，有纳税信用级别条件要求的，以纳税人向主管税务机关申请办理增值税留抵退税提交《退（抵）税申请表》时的纳税信用级别确定。

48. 甲建筑企业作为工程分包方，为施工地点在中国香港的工程项目提供建筑服务，则甲从境内工程总承包方取得的分包款收入属于从境内取得收入申报缴纳增值税。（　）

【参考答案】×

【答案解析】根据《国家税务总局关于取消增值税扣税凭证认证确认期限等增值税征管问题的公告》（国家税务总局公告2019年第45号），中华人民共和国境内（以下简称境内）单位和个人作为工程分包方，为施工地点在境外的工程项目提供建筑服务，从境内工程总承包方取得的分包款收入，属于《国家税务总局关于发布〈营业税改征增值税跨境应税行为增值税免税管理办法（试行）〉的公告》（2016年第29号，国家税务总局公告2018年第31号修改）第六条规定的"视同从境外取得收入"。

49. 纳税人享受增值税即征即退政策，有纳税信用级别条件要求的，以纳税人申请退税税款所属期的纳税信用级别确定；申请退税税款所属期内纳税信用级别发生变化的，纳税信用级别不再调整。（　　）

【参考答案】×

【答案解析】根据《国家税务总局关于取消增值税扣税凭证认证确认期限等增值税征管问题的公告》（国家税务总局公告2019年第45号），纳税人享受增值税即征即退政策，有纳税信用级别条件要求的，以纳税人申请退税税款所属期的纳税信用级别确定。申请退税税款所属期内纳税信用级别发生变化的，以变化后的纳税信用级别确定。

50. 甲公司2020年8月将其办公楼的二层出租给乙公司5年，2020年9月开始出租，每月资金30万元，租赁合同中约定前3个月免收资金，从第四个月开始向乙收资金，则9月、10月、11月应视同提供服务征增值税。（　　）

【参考答案】×

【答案解析】根据《国家税务总局关于土地价款扣除时间等增值税征管问题的公告》（国家税务总局公告2016年第86号）第七条，纳税人出租不动产，租赁合同中约定免租期的，不属于《营业税改征增值税试点实施办法》（财税〔2016〕36号附件1）第十四条规定的视同销售服务。

51. 金融商品持有期间（含到期）取得的非保本的资金占用费收益，属于利息或利息性质的收入，征收增值税。（　　）

【参考答案】×

【答案解析】根据《财政部 国家税务总局关于明确金融 房地产开发 教育辅助服务等增值税政策的通知》（财税〔2016〕140号），《销售服务、无形资产、不动产注释》（财税〔2016〕36号附件1所附）第一条第（五）项第1点所称"保本收益、报酬、资金占用费、补偿金"，是指合同中明确承诺到期本金可全部收回的投资收益。金融商品持有期间（含到期）取得的非保本的上述收益，不属于利息或利息性质的收入，不征收增值税。

52. 甲基金公司（一般纳税人）因购入基金、信托等各类资产管理产品一批2020年12月持有至到期，取得收益106万元（含税），则甲12月应纳增值税6万元。（　　）

【参考答案】×

【答案解析】根据《财政部 国家税务总局关于明确金融 房地产开发 教育辅助服务等增值税政策的通知》（财税〔2016〕140号），纳税人购入基金、信托、理财产品等各类资产管理产品持有至到期，不属于《销售服务、无形资产、不动产注释》（财税〔2016〕36号附件1所附）第一条第（五）项第4点所称的金融商品转让。

53. 根据现行政策规定，融资租赁企业及其设立的项目子公司购买并以融资租赁方式出租的国内生产企业生产的海洋工程结构物，应按规定免征增值税。（　　）

【参考答案】×

【答案解析】根据《财政部 国家税务总局关于明确金融 房地产开发 教育辅助服务等增值税政策的通知》（财税〔2016〕140号），自2017年1月1日起，生产企业销售自产的海洋工程结构物，或者融资租赁企业及其设立的项目子公司、金融租赁公司及其设立的项目子公司购买并以融资租赁方式出租的国内生产企业生产的海洋工程结构物，应按规定缴纳增值税，不再适用《财政部 国家税务总局关于出口货物劳务增值税和消费税政策的通知》（财税〔2012〕39号）或者《财政部 国家税务总局关于在全国开展融资租赁货物出口退税政策试点的通知》（财税〔2014〕62号）规定的增值税出口退税政策，但购买方或者承租方为按实物征收增值税的中外合作油（气）田开采企业的除外。

54. 甲保险公司（一般纳税人）2020年6月租入办公楼一层，既用于一般计税方法计税的保险项目又用于免征增值税保险项目，其进项税额准予从销项税额中全额抵扣。（　　）

【参考答案】√

【答案解析】根据《财政部 税务总局关于租入固定资产进项税额抵扣等增值税政策的通知》（财税〔2017〕90号），自2018年1月1日起，纳税人租入固定资产、不动产，既用于一般计税方法计税项目，又用于简易计税方法计税项目、免征增值税项目、集体福利或者个人消费的，其进项税额准予从销项税额中全额抵扣。

55. 甲高铁运输公司2020年12月产生已售票但客户逾期未消费取得的运输逾期票证收入2.30万元，则按照"交通运输服务"缴纳增值税。（　　）

【参考答案】√

【答案解析】根据《财政部 税务总局关于租入固定资产进项税额抵扣等增值税政策的通知》（财税〔2017〕90号），自2018年1月1日起，纳税人已售票但客户逾期未消费取得的运输逾期票证收入，按照"交通运输服务"缴纳增值税。纳税人为客户办理退票而向客户收取的退票费、手续费等收入，按照"其他现代服务"缴纳增值税。

模块一 增值税政策与管理

56. 自2021年1月1日至2021年12月31日，不再区分湖北省和非湖北省的增值税小规模纳税人。增值税小规模纳税人适用3%征收率的应税销售收入，减按1%征收率征收增值税。（   ）

【参考答案】×

【答案解析】根据《财政部 税务总局关于延续实施应对疫情部分税费优惠政策的公告》（财政部 税务总局公告2021年第7号）、《财政部 税务总局关于支持个体工商户复工复业增值税政策的公告》（财政部 税务总局公告2020年第13号）规定的税收优惠政策，执行期限延长至2021年12月31日。其中，自2021年4月1日至2021年12月31日，湖北省增值税小规模纳税人适用3%征收率的应税销售收入，减按1%征收率征收增值税；适用3%预征率的预缴增值税项目，减按1%预征率预缴增值税。

注意：自2021年4月1日至2021年12月31日，不再区分湖北省和非湖北省的增值税小规模纳税人，全国政策统一；自2021年1月1日至2021年3月31日，湖北省增值税小规模纳税人适用3%征收率的应税销售收入，仍然免于征收增值税；适用3%预征率的预缴增值税项目，不需预缴增值税。

57. 自2021年1月1日起至2023年12月31日，减半征收图书批发、零售环节增值税。（   ）

【参考答案】×

【答案解析】根据《财政部 税务总局公告关于延续宣传文化增值税优惠政策的公告》（财政部 税务总局公告2021年第10号），自2021年1月1日起至2023年12月31日，免征图书批发、零售环节增值税。

58. 根据现行政策规定，已按软件产品享受增值税退税政策的电子出版物可以再申请宣传文化类增值税先征后退政策。（   ）

【参考答案】×

【答案解析】根据《财政部 税务总局公告关于延续宣传文化增值税优惠政策的公告》（财政部 税务总局公告2021年第10号），已按软件产品享受增值税退税政策的电子出版物，不得再按财政部 税务总局公告2021年第10号规定申请宣传文化增值税先征后退政策。

59. 根据现行政策规定，对少数民族文字出版物的印刷或制作业务执行增值税50%先征后退的政策。（   ）

【参考答案】×

【答案解析】根据《财政部 税务总局公告关于延续宣传文化增值税优惠政策的公告》（财政部 税务总局公告2021年第10号），自2021年1月1日起至2023年12月31日，对少数民族文字出版物的印刷或制作业务执行增值税100%先征后退的政策。

60. 2021年第一季度，甲小规模纳税人（按季申报纳税）发生增值税应税销售行为，合计季销售额为35万元，则甲2021年第一季度在免征增值税。　　　　　　（　　）

【参考答案】×

【答案解析】根据《财政部 税务总局关于明确增值税小规模纳税人免征增值税政策的公告》（财政部 税务总局公告2021年第11号）、《国家税务总局关于小规模纳税人免征增值税征管问题的公告》（国家税务总局公告2021年第5号，以下简称国家税务总局公告2021年第5号），自2021年4月1日至2022年12月31日，小规模纳税人发生增值税应税销售行为，合计月销售额未超过15万元（以1个季度为1个纳税期的，季度销售额未超过45万元）的，免征增值税。2021年第一季度仍然为销售额不超过30万元的免征增值税。

61. 按固定期限纳税的小规模纳税人可以选择以1个月或1个季度为纳税期限，一经选择，6个月内不得变更。　　　　　　　　　　　　　　　　　　　　（　　）

【参考答案】×

【答案解析】根据《财政部 税务总局关于明确增值税小规模纳税人免征增值税政策的公告》（财政部 税务总局公告2021年第11号）、《国家税务总局关于小规模纳税人免征增值税征管问题的公告》（国家税务总局公告2021年第5号），按固定期限纳税的小规模纳税人可以选择以1个月或1个季度为纳税期限，一经选择，一个会计年度内不得变更。

62. 适用增值税差额征税政策的小规模纳税人，以差额前的销售额确定是否可以享受小规模纳税人的免征增值税政策。　　　　　　　　　　　　　　　（　　）

【参考答案】×

【答案解析】根据《财政部 税务总局关于明确增值税小规模纳税人免征增值税政策的公告》（财政部 税务总局公告2021年第11号）、《国家税务总局关于小规模纳税人免征增值税征管问题的公告》（国家税务总局公告2021年第5号），适用增值税差额征税政策的小规模纳税人，以差额后的销售额确定是否可以享受小规模纳税人的免征增值税政策。

题型四 实务题

试题一

A 公司为生产型服务业一般纳税人（2012 设立），适用加计抵减政策。2020 年 10 月，一般计税项目销项税额为 100 万元，当期取得增值税专用发票注明进项税额 85 万元（其中，账户上反应的简易项目应承担的进项税额 5 万元），上期留抵税额 10 万元，上期结转的加计抵减额余额 5 万元；简易计税项目销售额 100 万元（不含税），征收率 3%。假设 2020 年 10 月 A 符合进项税额加计抵减政策条件，此外无其他涉税事项。

根据上述资料，回答下列问题：

1. A 公司为生产型服务业，能享受进项税额加计抵减政策，说明 A 公司 2019 年 1 月 1 日至 2019 年 12 月 31 日取得的生产性服务销售额占其全部销售额的比重（　　）。

　　A. 超过 50%　　　B. 超过 60%　　　C. 超过 70%　　　D. 超过 75%

2. 税务机关在确认审核 A 公司的生产性服务销售额占其全部销售额的比重时，下列关于销售额的表述不符合政策规定的有（　　）。

　　A. 包括应税项目的销售额　　　　　B. 包括即征即退项目的销售额

　　C. 不包括免税项目的销售额　　　　D. 不包括出口（跨境服务）项目的销售额

3. 2020 年 10 月进项税额可加计抵减是（　　）。

　　A. 17.75 万元　　B. 17 万元　　C. 13.50 万元　　D. 13 万元

4. 2020 年 10 月实际可加计抵减额是（　　）。

　　A. 17 万元　　B. 13 万元　　C. 10 万元　　D. 3 万元

5. 2020 年 10 月 A 公司应纳申报缴纳增值税税额是（　　）。

　　A. 17 万元　　B. 13 万元　　C. 3 万元　　D. 0 万元

【考点提示】 当期可抵减加计抵减额 = 上期末加计抵减额余额 + 当期计提加计抵减额 − 当期调减加计抵减额。

【参考答案】 1. A；2. CD；3. D；4. C；5. C

【答案解析】

1. 根据《财政部 税务总局 海关总署关于深化增值税改革有关政策的公告》（财政部 税务总局 海关总署公告 2019 年第 39 号），"加计抵减政策"适用的"生产、生活性服务业纳税人，是指提供邮政服务、电信服务、现代服务、生活服务（以下称'四项服务')取得的销售额占全部销售额的比重超过50%的纳税人"。

2. 根据《财政部 税务总局 海关总署关于深化增值税改革有关政策的公告》（财政部 税务总局 海关总署公告2019年第39号），包括纳税人申报应税销售额、免税销售额、即征即退项目的销售额，也包括稽查查补销售额、纳税评估销售额；如果从业务空间上，既包括内销业务销售额也包括出口（跨境服务）业务销售额。销售额为不含税销售额。

3. 当期计提加计抵减额＝当期可抵扣进项税额×10%＝80×10%＝8（万元）；当期可抵减加计抵减额＝当期可抵减加计抵减额＝上期末加计抵减额余额＋当期计提加计抵减额－当期调减加计抵减额＝5＋80×10%＝13（万元）。

4. 抵减前的应纳税额大于0，且小于或等于当期可抵减加计抵减额的，以当期可抵减加计抵减额抵减应纳税额至0。未抵减完的当期可抵减加计抵减额，结转下期继续抵减。

5. 一般计税项目抵减前的应纳税额＝100－80－10＝10（万元）

抵减应纳税额是指一般计税项目的应纳税额，不包括简易计税项目的应纳税额。

抵减后的应纳税额＝10－10＝0（万元）。

加计抵减额余额＝13－10＝3（万元）。

简易计税项目应纳税额＝100×3%＝3（万元）。

应纳税额合计＝0＋3＝3（万元）。

试题二

湖南省创大公司是一家农产品生产加工企业（登记地在A市B县，属B县管辖户，增值税一般纳税人）。2018年12月1日选择放弃适用出口退（免）税政策，也从未向税务机关申请适用过出口退（免）税政策。从2019年8月开始，创大公司调整产品结构，生产盐水大蒜并主要出口日本、东南亚等国家和地区。根据《财政部 税务总局公告关于提高部分产品出口退税率的公告》（财政部 税务总局公告2020年第15号）、《国家税务总局关于支持个体工商户复工复业等税收征收管理事项的公告》（国家税务总局公告2020年第5号），2020年3月20日盐水大蒜的出口退税率从6%调整为9%。该企业在2020年6月1日向税务机关声明恢复适用出口退（免）税政策。假设2020年7月创大公司首次申报增值税退免税，其申报的累计应退税额为180万元。

根据上述资料，回答下列问题：

1. 关于创大公司申请恢复适用出口退（免）税政策的说法，符合现行税法规定的有（　　）。

A. 因放弃适用出口退（免）税政策不到 36 个月，不得恢复

B. 创大公司可以声明从 2018 年 12 月 1 日起恢复适用出口退（免）税政策

C. 创大公司可以声明从 2019 年 4 月 1 日起恢复适用出口退（免）税政策

D. 创大公司只可以声明从 2020 年 4 月 1 日起恢复适用出口退（免）税政策

2. 由于在疫情防控期间，税务机关对创大公司提交恢复适用出口退（免）税政策声明、申报出口退（免）税的要求包括（　　）。

A. 纳税人 4 月办理相关手续时，创大公司必须先提交《恢复适用出口退（免）税政策声明》，在批准后，再申报"免抵退"

B. 在创大公司申报资料收集齐全后的任意增值税纳税申报期内，都可以按规定申报出口退（免）税

C. 创大公司可通过网上提交电子数据的方式申报出口退（免）税

D. 无须提前报送，创大公司在申报"免抵退"时，一并提交《恢复适用出口退（免）税政策声明》即可

E. 疫情防控结束后，创大公司应向主管税务机关补报出口退（免）税应报送的纸质申报表、表单及相关资料

3. 在疫情防控期间，按照"容缺办理"的原则。因在疫情期间，如果该企业属于首次申报退税，税务机关负责人确认可先行审核办理退（免）税。对创大公司税务机关可以审核办理先行退税的最高额度是（　　）。

A. 50 万元　　　　　B. 100 万元　　　　　C. 150 万元　　　　　D. 200 万元

4. 2020 年 7 月创大公司首次对 6 月业务申报增值税退（免）税，其申报的累计应退税额为 180 万元。则下列表述符合现行"新冠肺炎"疫情防控政策的是（　　）。

A. 经 B 县税务机关负责人确认可先行审核按 180 万元办理退（免）

B. 经 A 市税务机关负责人确认可先行审核按 180 万元办理退（免）

C. 经 B 县税务机关负责人确认可先行审核按 100 万元办理退（免），80 万元暂不办理退（免）税

D. 经 A 市税务机关负责人确认可先行审核按 180 万元暂不办理退（免）税

5. 若创大公司的出口管理类别为四类的出口企业，在疫情防控期间，按照"容缺办理"的原则，对创大公司处理下列保税正确是有（　　）。

A. 经 B 县税务局负责人确认，可以暂不开展实地核查，相应退（免）税暂不办理

B. 经 A 市税务局负责人确认，可以暂不开展实地核查，相应退（免）税暂不办理

C. 经 A 市税务局进出口退税部门负责人确认，可以暂不开展实地核查，相应退（免）税暂不办理

D. 经湖南省税务局负责人确认，可以暂不开展实地核查，相应退（免）税暂不办理

6. 假设于疫情防控结束后开展事后复核工作，税务机关对若创大公司的申报资料进行复核，发现其资料仍不符合规定并通知其限期补正，但创大公司仍未在规定期限内补正，其原已办理的退（免）税不符合退（免）税规定，则（　　）。

A. 直接按涉嫌骗取出口退（免）税处理

B. 应当追回退（免）税款并罚款 5 000 元

C. 应当追回退（免）税款

D. 可以不追回退（免）税款，但要求在下一个申报期做正常应纳税申报缴纳

【参考答案】1. C；2. CDE；3. D；4. A；5. A；6. C

【答案解析】

1. 根据《国家税务总局关于支持个体工商户复工复业等税收征收管理事项的公告》（国家税务总局公告 2020 年第 5 号）第六条，已放弃适用出口退（免）税政策未满 36 个月的纳税人，在出口货物劳务的增值税税率或出口退税率发生变化后，可以向主管税务机关声明，对其自发生变化之日起的全部出口货物劳务，恢复适用出口退（免）税政策。出口货物劳务的增值税税率或出口退税率在本公告施行之日前发生变化的，已放弃适用出口退（免）税政策的纳税人，无论是否已恢复退（免）税，均可以向主管税务机关声明，对其自 2019 年 4 月 1 日起的全部出口货物劳务，恢复适用出口退（免）税政策。

2. 根据《国家税务总局关于支持个体工商户复工复业等税收征收管理事项的公告》（国家税务总局公告 2020 年第 5 号）第六条，符合规定的纳税人，可在增值税税率和出口退税率发生变化之日起〔自 2019 年 4 月 1 日起恢复适用出口退（免）税政策的，自本公告施行之日起〕的任意增值税纳税申报期内，按照现行规定申报出口退（免）税，同时一并提交《恢复适用出口退（免）税政策声明》。根据《国家税务总局关于支持新型冠状病毒感染的肺炎疫情防控有关税收征收管理事项的公告》（国家税务总局公告 2020 年第 4 号）第六条，疫情防控期间，纳税人的所有出口货物劳务、跨境应税行为，均可通过网上提交电子数据的方式申报出口退（免）税。根据第八条，疫情防控结束

后，纳税人应按照现行规定，向主管税务机关补报出口退（免）税应报送的纸质申报表、表单及相关资料。

3. 根据《国家税务总局关于做好新型冠状病毒感染的肺炎疫情防控期间出口退（免）税有关工作的通知》（税总函〔2020〕28号）第三条第（二）项，累计申报的应退（免）税额超过限额的，超过限额的部分暂不办理退（免）税。

累计申报应退（免）税额的限额标准为：外贸企业（含外贸综合服务企业申报自营出口业务）100万元；生产企业200万元；委托代办退税的生产企业100万元。纳税人变更退（免）税办法的，根据变更后的企业类型，按上述标准确定。如遇特殊情况，省级税务机关可酌情提高限额标准，并报税务总局（货物和劳务税司）备案。创大公司为生产企业，累计申报应退（免）税额的限额标准为200万元。

4. 对于纳税人申报的出口退（免）税，按照现行规定需实地核查通过才能办理的，在疫情防控期间，按照"容缺办理"的原则，区分以下情形分别处理：对于纳税人首次申报的退（免）税业务，累计申报的应退（免）税额未超过限额的，经本级税务机关负责人确认可先行审核办理退（免）税；累计申报的应退（免）税额超过限额的，超过限额的部分暂不办理退（免）税。生产企业限额200万元。所以选项A正确。

5. 管理类别为四类的出口企业以及经审核无法排除涉嫌骗税疑点的出口退（免）税申报，经本级税务机关负责人确认，可以暂不开展实地核查，相应退（免）税暂不办理。

6. 关于疫情防控结束后开展事后复核工作：税务机关应通知纳税人，在疫情结束后的第二个增值税纳税申报期结束前，按照现行规定补报应报送的纸质申报表单及资料。主管税务机关应按照现行规定，对纳税人补报的纸质申报表单及资料进行复核。发现纳税人未按规定补报，或者报送资料不符合规定的，应通知纳税人限期补正；纳税人未在规定期限内补正，或者补正后的资料仍不符合规定的，按照以下要求处理：①已完成备案、备案变更的，按规定撤销备案、备案变更；已办理退（免）税的，应当追回退（免）税款。尚未完成备案、备案变更的，按照现行规定处理。②已开具证明的，按规定作废证明；已办理退（免）税的，应当追回退（免）税款。尚未开具相关证明的，按照现行规定处理。③已办理退（免）税的，应当追回退（免）税款。未办理退（免）税和涉嫌骗取出口退（免）税的，按照现行规定处理。

试题三

甲制药公司疫情开始后主要生产84消毒液和灭菌注射用水，于2020年2月初被省工信厅确定为疫情防控重点保障物资生产企业，属于增值税一般纳税人。2019年12月仅发生一般计税项目，实现增值税税款10万元，2020年2月留抵税额30万元（该数据符合税法规定）。假设甲企业2020年3月发生如下业务：

（1）2020年3月16日申请2月留抵退税，3月26日收到税务机关核准的留抵退税款。

（2）外购原材料，取得增值税专用发票5份，注明的价款为40万元，税额为5.2万元，月末认证并抵扣，当月原材料全部领用。

（3）支付生产用电，取得增值税专用发票1份，注明的价款为10万元，税额为1.3万元，月末认证并抵扣。

（4）外购一次性医用口罩，用于职工疫情防护，取得增值税专用发票1份，注明的价款为1万元，税额为0.13万元，月末认证并抵扣。

（5）3月累计生产84消毒液500吨，通过县卫健委向社会捐赠100吨，未开具增值税发票，其余400吨向社会销售，每吨2 000元（不含税），全部开具增值税专用发票。每吨账面成本价为1 000元。

根据上述资料，回答下列问题：

1. 关于制药公司甲通过县卫健委向社会捐赠100吨84消毒液的业务，下列表述正确的有（　　）。

   A. 免征增值税

   B. 免征城市维护建设税、教育费附加、地方教育附加

   C. 免征企业所得税

   D. 捐赠支出可以全额税前扣除

2. 对甲制药公司外购一次性医用口罩用于职工疫情防护和捐赠84消毒液耗用的外购原材料及生产用电，下列表述符合现行税收政策规定的有（　　）。

   A. 口罩用于职工疫情防护属于劳保项目，涉及的进项税额可以抵扣

   B. 口罩用于职工疫情防护属于职工福利，涉及的进项税额不可以抵扣

   C. 捐赠84消毒液耗用的外购原材料及生产用电其进项税额可以抵扣

   D. 捐赠84消毒液耗用的外购原材料及生产用电其进项税额不可以抵扣

3. 甲制药公司3月应抵扣进项税税额为（　　）。

   A. 36 630元　　　B. 66 300元　　　C. 31 300元　　　D. 53 300元

4. 下列表述符合甲制药公司增值税留抵退税正确规定的有（　　）。

A. 可以按月申请增量留抵退税

B. 增量留抵税额与 2019 年 12 月底比较确认

C. 22 日收到增量留抵退税 30 万元应计入"其他收益"科目

D. 收到增量留抵退税 30 万元应作为企业所得税应税收入

5. 甲制药公司 4 月申报 3 月的增值税应纳税额为（　　）。

A. 37 700 元　　　　B. 72 700 元　　　　C. 76 700 元　　　　D. 50 700 元

【参考答案】1. ABD；2. AD；3. D；4. AB；5. D

【答案解析】

1. 甲制药公司通过县卫健委向社会捐赠 100 吨 84 消毒液，根据《财政部 税务总局关于支持新型冠状病毒感染的肺炎疫情防控有关捐赠税收政策的公告》（财政部 税务总局公告 2020 年第 9 号）第一条、第三条，企业和个人通过公益性社会组织或者县级以上人民政府及其部门等国家机关，捐赠用于应对新型冠状病毒感染的肺炎疫情的现金和物品，允许在计算应纳税所得额时全额扣除。单位和个体工商户将自产、委托加工或购买的货物，通过公益性社会组织和县级以上人民政府及其部门等国家机关，或者直接向承担疫情防治任务的医院，无偿捐赠用于应对新型冠状病毒感染的肺炎疫情的，免征增值税、消费税、城市维护建设税、教育费附加、地方教育附加。

2. 用于捐赠（免征增值税项目）的外购原材料及生产用电，根据《中华人民共和国增值税暂行条例》第十条，其相关的进项税额不得从销项税额中抵扣。由于外购原材料及生产用电无法划分不得抵扣进项税额，根据《中华人民共和国增值税暂行条例实施细则》第二十六条，按下列公式计算不得抵扣的进项税额：

不得抵扣的进项税额＝当月无法划分的全部进项税额×当月免税项目销售额÷当月全部销售额

外购一次性医用口罩，用于职工疫情防护，属于劳保项目，涉及的进项税额可以抵扣。

3. 3 月应抵扣进项税税额：

有关取得不得抵扣的增值税专用发票，根据《增值税会计处理规定》，应该先认证抵扣，再作进项税额转出。

（1）增值税专用发票抵扣的进项税额：外购原材料税额 52 000 元、支付电费税额 13 000 元、外购职工用口罩税额 1 300 元，合计 66 300 元。

（2）不得抵扣的进项税额＝（52 000＋13 000）×（100×2 000）÷（100×2 000＋

400×2 000）=13 000（元）。

（3）进项税额转出额=不得抵扣进项税额+收到的留抵退税=13 000+300 000=313 000（元）。

（4）上期留抵税额：由于本月收到300 000元增量留抵退税并且2019年12月无期末留抵税额，因此上期留抵税额为300 000元。

（5）应抵扣税额合计=66 300+300 000-313 000=53 300（元）。

4. 根据《财政部 税务总局关于支持新型冠状病毒感染的肺炎疫情防控有关税收政策的公告》（财政部 税务总局公告2020年第8号）第二条，疫情防控重点保障物资生产企业可以按月向主管税务机关申请全额退还增值税增量留抵税额。可以按月向主管税务机关申请全额退还增值税增量留抵税额，可全额退还其2020年1月1日以后形成的增值税增量留抵税额，不需要计算进项构成比例，增量留抵税额，是指与2019年12月底相比新增加的期末留抵税额。留抵退税应做进项税额转出，不属于企业所得税收入。

5. 3月应纳税额：

（1）应税销售额：400×2 000=800 000（元）。

（2）销项税额：应税销售额×13%=800 000×13%=104 000（元）。

（3）应纳税额：104 000-（66 300+300 000-313 000）=50 700（元）。

试题四

长沙市甲公司是2019年11月成立的一家纸张生产公司，成立时登记为增值税一般纳税人，2019年第四季度销售额为150万元。2020年有关业务如下：

（1）受2020年"新冠肺炎"疫情影响，订单大幅减少，2020年一季度销售额仅为70万元（不含税）。2020年3月，公司申请转登记为小规模纳税人，2020年3月增值税留抵税额20万元。

（2）2020年第三季度销售货物取得不含税销售额26万元（不含税），提供服务取得不含税销售额3万元（不含税），销售长期闲置的自建仓库取得不含税销售额120万元（不含税）。

（3）2020年10月，甲公司的主管税务机关对其2020年第一季度增值税进行检查，发现有一笔纸张销售收入80万元（不含税）未入账，也未申报缴纳增值税。

根据上述资料，回答下列问题：

1. 判定2020年3月甲公司可以申请转登记为小规模纳税人时，按税法要求年应税销售额不得超过500万元，那么当时甲公司应按"年应税销售额"（ ）万元判定可以申请转登。

A. 150　　　　　　B. 220　　　　　　C. 280　　　　　　D. 440

2. 根据现行税法规定，判定甲公司"年应税销售额是否超过 500 万元"时，年应税销售额应包括（　　）。

A. 一般计税项目的销售额　　　　B. 简易计税的销售额

C. 免税项目的销售额　　　　　　D. 出口货物的销售额

3. 对 2020 年第一季度未入账纸张销售收入 80 万元（不含税），下列表述正确的有（　　）。

A. 应按一般纳税人计税补税

B. 应按小规模纳税人计税补税

C. 在计算甲"年销售额"是否超过 500 万元判定其是一般纳税人还是小规模纳税人时，80 万元应计入查补税款申报当月（或当季）（2020 年第四季度）的销售额

D. 在计算甲"年销售额"是否超过 500 万元判定其是一般纳税人还是小规模纳税人时，80 万元应计入查补税款所属期销售额（2020 年第一季度）的销售额

4. 2020 年 3 月增值税留抵税额 20 万元，按增值税政策处理应该处理为（　　）。

A. 退税　　　　　　　　　　　　B. 抵减第二季度增值税应纳税

C. 转入企业成本　　　　　　　　D. 转入"应交税费—待抵扣进项税额"

5. 2020 年第三季度应纳增值税（　　）。

A. 1.49 万元　　　B. 1.36 万元　　　C. 6 万元　　　D. 6.29 万元

【参考答案】1. D；2. ABCD；3. AC；4. D；5. C

【答案解析】

1. 根据《国家税务总局关于明确二手车经销等若干增值税征管问题的公告》（2020 年第 9 号）第六条，一般纳税人符合以下条件的，在 2020 年 12 月 31 日前，可选择转登记为小规模纳税人：转登记日前连续 12 个月（以 1 个月为 1 个纳税期）或者连续 4 个季度（以 1 个季度为 1 个纳税期）累计销售额未超过 500 万元。

一般纳税人转登记为小规模纳税人的其他事宜，按照《国家税务总局关于统一小规模纳税人标准等若干增值税问题的公告》（国家税务总局公告 2018 年第 18 号）、《国家税务总局关于统一小规模纳税人标准有关出口退（免）税问题的公告》（2018 年第 20 号）的相关规定执行。

《国家税务总局关于统一小规模纳税人标准等若干增值税问题的公告》（2018 年第

18号)第一条第(二)款规定,转登记日前连续12个月(以1个月为1个纳税期)或者连续4个季度(以1个季度为1个纳税期)累计销售额未超过500万元的一般纳税人,在2020年12月31日前,可选择转登记为小规模纳税人。转登记日前经营期不满12个月或者4个季度的,按照月(季度)平均应税销售额估算上款规定的累计应税销售额。

甲公司2019年10月至2020年3月所属期应税销售额合计220(=150+70)万元,按照平均应税销售额估算,年应税销售额为440(=220÷6×12)万元,符合转登记条件,可以申请转登记为小规模纳税人。

2. 根据《国家税务总局关于增值税一般纳税人登记管理办法》(国家税务总局令第43号),年应税销售额,是指纳税人在连续不超过12个月或4个季度的经营期内累计应征增值税销售额,包括纳税申报销售额、稽查查补销售额、纳税评估调整销售额。销售服务、无形资产或者不动产(以下简称"应税行为")有扣除项目的纳税人,其应税行为年应税销售额按未扣除之前的销售额计算。纳税人偶然发生的销售无形资产、转让不动产的销售额,不计入应税行为年应税销售额。所以选项A、B、C、D正确。

3. 根据《国家税务总局关于增值税一般纳税人登记管理若干事项的公告》(国家税务总局公告2018年第6号),"稽查查补销售额"和"纳税评估调整销售额"计入查补税款申报当月(或当季)的销售额,不计入税款所属期销售额。

4. 根据《国家税务总局关于统一小规模纳税人标准等若干增值税问题的公告》(国家税务总局公告2018年第18号),转登记纳税人尚未申报抵扣的进项税额以及转登记日当期的期末留抵税额,计入"应交税费—待抵扣进项税额"核算。

5. 2020年第三季度销售货物取得不含税销售额26万元(不含税),提供服务取得不含税销售额3万元(不含税),销售长期闲置的自建仓库取得不含税销售额120万元(不含税)。甲2020年第三季度销售=26+3+120=149(万元),剔除销售不动产后的销售额=29(万元),该纳税人销售货物和服务相对应的销售额29万元可以享受小规模纳税人免税政策,销售不动产120万元应照章纳税,且不得享受减按1%计税的优惠。应纳增值税=120×5%=6(万元)。适用增值税差额征税政策的小规模纳税人,以差额后的销售额确定是否可以享受上述规定的免征增值税政策。

模块二 消费税政策与管理

题型一 单项选择题

1. 某商场2020年9月首饰部销售业务如下：采用以旧换新方式销售金银首饰，该批首饰市场零售价13.56万元，旧首饰作价的含税金额为5.65万元，商场实际收到8.19万元；修理金银首饰取得含税收入2.26万元；零售镀金首饰取得收入6.02万元。该商场当月应纳消费税（　　）。（金银首饰消费税税率5%）

　　A. 0.36万元　　　　B. 0.45万元　　　　C. 0.60万元　　　　D. 0.75万元

【参考答案】A

【答案解析】纳税人采用以旧换新方式销售的金银首饰，应按实际收取的不含增值税的全部价款确定计税依据征收消费税；修理、清洗金银首饰不征收消费税；镀金首饰不属于零售环节征收消费税的金银首饰范围，不在零售环节计征消费税。该商场当月应纳消费税 = 8.19 ÷ （1 + 13%） × 5% = 0.36（万元）。

2. 某金店为增值税一般纳税人，2020年8月零售金银首饰取得收入105 000元，零售金银镶嵌首饰取得收入145 256元，零售镀金首饰取得收入65 000元，零售珍珠、玉石首饰取得收入80 780元。该金店上述业务应缴纳消费税（　　）。（消费税税率5%）

　　A. 12 512.80元　　B. 11 073.27元　　C. 16 924.62元　　D. 19 801.80元

【参考答案】B

【答案解析】该金店应纳消费税 = （105 000 + 145 256） ÷ （1 + 13%） × 5% = 11 073.27（元）。

3. 2020年9月国内某汽车制造厂将一辆高档小轿车以140万元（不含增值税）的价格直接销售给国内某明星，该小轿车生产环节消费税税率40%，则该厂应纳消费税（　　）。

　　A. 56万元　　　　B. 70万元　　　　C. 78万元　　　　D. 86万元

【参考答案】B

【答案解析】该厂应纳消费税=140×（40%+10%）=70（万元）。

4. 某外贸公司2020年9月进口一批小轿车，关税完税价格折合人民币500万元，关税率25%，消费税率9%，则进口环节应纳消费税（　　）。

A. 49.45万元　　　B. 61.81万元　　　C. 65.23万元　　　D. 70.31万元

【参考答案】B

【答案解析】进口环节应纳消费税=500×（1+25%）÷（1-9%）×9%=61.81（万元）。

5. 某进出口公司2020年9月从境外进口卷烟5万条，支付买价340万元，运输费用15万元，保险费用5万元，关税完税价格360万元，假定关税税率为50%，该公司应缴纳消费税（　　）。

A. 305.44万元　　　B. 308.44万元　　　C. 691.20万元　　　D. 694.09万元

【参考答案】D

【答案解析】第一步：按公式计算每标准条（200支）进口卷烟确定消费税适用的比例税率价格：组成价格=（关税完税价格+关税+进口数量×消费税定额税率）÷（1-消费税比例税率）÷进口数量。

第二步：确定进口卷烟消费税税率：每标准条进口卷烟（200支）确定消费税适用比例税率的价格≥70元的，适用比例税率为56%；每标准条进口卷烟（200支）确定消费税适用比例税率的价格<70元的，适用比例税率为36%。（提示：非标准条包装卷烟应当折算成标准条包装卷烟的数量，以其实际销售收入计算确定其折算成标准条包装后的实际销售价格，并确定适用的比例税率）

先计算每标准条进口卷烟组成计税价格，确定该批卷烟适用的比例税率。按照规定，查找税率时先用36%的税率估算第一次组价。组成价格=（360+360×50%+0.6×5）÷（1-36%）÷5=169.69（元/条），由于该价格高于70元/条，适用比例税率为56%；之后按照适用税率做第二次组价并计算该公司应缴纳消费税=（360+360×50%+0.6×5）÷（1-56%）×56%+0.6×5=694.09（万元）。

6. 下列各项中，符合消费税纳税义务发生时间规定的是（　　）。

A. 进口的应税消费品，为取得进口货物的当天

B. 自产自用的应税消费品，为移送使用的当天

C. 委托加工的应税消费品，为支付加工费的当天

D. 采取预收货款结算方式的,为收到预收款的当天

【参考答案】B

【答案解析】根据现行消费税相关政策规定,委托加工的应税消费品,为纳税人提货的当天为消费税纳税义务发生时间;进口的应税消费品,为进口货物报关的当天为消费税纳税义务发生时间;采取预收货款结算方式的,为发出应税消费品的当天为消费税纳税义务发生时间。

7. 关于消费税纳税地点的说法,正确的是(   )。

A. 纳税人销售应税消费品,应当在销售行为发生地的主管税务机关申报纳税

B. 纳税人总分机构不在同一县(市)的,可以选择由总机构汇总向总机构所在地的主管税务机关申报缴纳消费税

C. 委托加工应税消费品,受托方为个人的,由委托方向其机构所在地主管税务机关申报纳税

D. 进口应税消费品,由进口人或由其代理人向其机构所在地或住所地主管税务机关申报纳税

【参考答案】C

【答案解析】委托加工应税消费品,受托方为个人的,由委托方向其机构所在地主管税务机关申报纳税,所以选项C符合规定。

8. 下列消费品,不属于消费税征税范围的是(   )。

A. 果木酒   B. 药酒   C. 调味料酒   D. 黄酒

【参考答案】C

9. 下列行为应缴纳消费税的是(   )。

A. 零售卷烟   B. 进口金银首饰
C. 生产销售果啤   D. 生产销售电动汽车

【参考答案】C

【答案解析】零售卷烟不缴纳消费税,进口环节的金银首饰不缴纳消费税因其在零售环节征收消费税。根据《财政部 国家税务总局关于调整和完善消费税政策的通知》(财税〔2006〕33号),汽车(税目)是指由动力驱动,具有四个或四个以上车轮的非轨道承载的车辆。电动汽车不属于本税目征收范围。由此可见,生产厂家制造电动汽车不需要申报缴纳消费税。

10. 某酒厂2020年8月销售粮食白酒12 000斤,售价为5元/斤,随同销售的包装

物价格6 200元；本月销售礼品盒6 000套，售价为300元/套，每套包括粮食白酒2斤、单价80元，干红酒2斤、单价70元。该酒厂12月应纳消费税（　　）。（题中的价格均为不含税价格）

A. 199 240元　　　B. 379 240元　　　C. 391 240元　　　D. 484 550元

【参考答案】C

【答案解析】纳税人将不同税率应税消费品组成成套消费品销售的，既分别核算销售额也从高税率计算应纳消费税。该酒厂12月应纳消费税=（12 000×5+6 200）×20%+12 000×0.5+6 000×300×20%+6 000×4×0.5=391 240（元）。

11. 下列各项中，不符合应税消费品销售数量规定的是（　　）。

A. 生产销售应税消费品的，为应税消费品的销售数量

B. 自产自用应税消费品的，为应税消费品的生产数量

C. 委托加工应税消费品的，为纳税人收回的应税消费品数量

D. 进口应税消费品的，为海关核定的应税消费品进口征税数量

【参考答案】B

【答案解析】选项A、C、D均符合税法规定。选项B：对于自产自用应税消费品的，计算消费税的销售数量为应税消费品的移送使用数量。

12. 某石化企业为增值税一般纳税人，2020年9月销售柴油90 000升，其中包括以柴油调和而成的生物柴油10 000升，以及符合税法规定条件的纯生物柴油30 000升，且已分别核算，该企业2019年3月应缴纳消费税（　　）。（消费税税率1.2元/升）

A. 108 000元　　　B. 60 000元　　　C. 72 000元　　　D. 0元

【参考答案】C

【答案解析】符合条件的纯生物柴油免消费税。应纳消费税=（90 000-30 000）×1.2=72 000（元）。

13. 根据税法规定，下列说法不正确的是（　　）。

A. 凡是征收消费税的消费品都征收增值税

B. 凡是征收增值税的货物都征收消费税

C. 应税消费品征收增值税的，其税基含有消费税

D. 应税消费品征收消费税的，其税基不含有增值税

【参考答案】B

【答案解析】征收消费税的税目只有15种，这15种外的其他货物，征增值税但是

不征消费税。

14. 某筷子生产企业为增值税一般纳税人。2020年10月取得不含税销售额如下：销售烫花木制筷子15万元（不含税），销售竹制筷子18万元（不含税），销售木制一次性筷子12万元（不含税）。另外没收逾期未退还的木制一次性筷子包装物押金0.23万元。该企业12月应纳消费税（　　）。（消费税税率5%）

　　A. 0.61万元　　　　B. 0.60万元　　　　C. 1.51万元　　　　D. 2.25万元

【参考答案】A

【答案解析】只有木制一次性筷子才属于消费税征税范围，对应的逾期包装物押金也要计算消费税。烫花木制筷子和竹制筷子不属于消费税征税范围。应纳消费税 = 12 × 5% + 0.23 ÷ 1.13 × 5% = 0.61（万元）。

15. 某卷烟生产企业的A牌卷烟出厂价格为每标准条55元（不含增值税，下同），税务机关采集A牌卷烟批发环节价格为每标准条110元，国家税务总局核定的同类卷烟的批发环节毛利率为29%。该企业2020年11月出厂销售A牌卷烟300标准箱（每标准箱250标准条），则该企业当期应纳的消费税为（　　）。

　　A. 3 325 200元　　B. 2 153 700元　　C. 2 355 000元　　D. 1 530 000元

【参考答案】A

【答案解析】A牌卷烟计税价格 = 110 × (1 - 29%) = 78.1（元/条），其价格高于70元/条，属于甲类卷烟。该企业当期应纳消费税 = 300 × 150 + 78.1 × 300 × 250 × 56% = 45 000 + 3 280 200 = 3 325 200（元）。

16. 某手表厂为增值税一般纳税人，下设一非独立核算的展销部，2020年10月将自产的200只高档手表移送到展销部展销，作价1.5万元/只，展销部当月销售了120只，取得含税销售额271.2万元，该手表厂2020年10月应缴纳消费税（　　）。（高档手表消费税税率为20%）

　　A. 36.00万元　　　B. 48.00万元　　　C. 56.00万元　　　D. 60.00万元

【参考答案】B

【答案解析】该手表厂2020年10月应缴纳消费税 = 271.2 ÷ (1 + 13%) × 20% = 48（万元）。

17. 某化妆品厂为增值税一般纳税人，2020年11月发生以下业务：8日销售高档化妆品800箱，每箱不含税价6 000元；15日销售同类化妆品1 000箱，每箱不含税价6 500元。当月以400箱同类化妆品与某公司换取高档精油。该厂当月应纳消费税（　　）。

A. 205.50 万元　　　B. 207.16 万元　　　C. 208.5 万元　　　D. 217 万元

【参考答案】C

【答案解析】应纳消费税 =（6 000×800 + 6 500×1 000 + 6 500×400）÷10 000 × 15% =（480 + 650 + 260）×15% = 208.50（万元）。

18. 某汽车制造厂 2020 年 11 月以自产中轻型商务车 40 辆投资某公司，取得 10% 股份，双方确认价值 1 000 万元，该厂生产的同一型号的商务车售价分别为 60 万元/辆、50 万元/辆、70 万元/辆（以上价格均为不含税价格）。该汽车制造厂投资入股的商务车应缴纳消费税（　　）。（消费税税率 5%）

A. 140.00 万元　　　B. 120.00 万元　　　C. 0 万元　　　D. 100.00 万元

【参考答案】A

【答案解析】纳税人自产的应税消费品用于换取生产资料和消费资料、投资入股和抵偿债务等方面，应当按纳税人同类应税消费品的最高销售价格作为计税依据。该汽车制造厂应缴纳消费税 = 40 × 70 × 5% = 140（万元）。

19. 某化妆品生产企业为增值税一般纳税人，2020 年 10 月 15 日向某大型商场销售高档化妆品一批，开具增值税专用发票，取得不含增值税销售额 30 万元，10 月 20 日向某单位销售普通化妆品一批，开具增值税普通发票，取得含增值税销售额 4.52 万元。该化妆品生产企业 10 月应缴纳的消费税额为（　　）。（高档化妆品适用消费税税率为 15%）

A. 4.5 万元　　　B. 5.1 万元　　　C. 0 万元　　　D. 5.18 万元

【参考答案】A

【答案解析】①普通化妆品不缴纳消费税；②应缴纳的消费税额 = 30 × 15% = 4.5（万元）。

20. 2020 年 12 月，某白酒厂销售白酒 400 吨，当月取得不含增值税销售额 1 480 万元。计算该厂当月应纳的消费税（　　）。

A. 624 万元　　　B. 612 万元　　　C. 5 992 万元　　　D. 632 万元

【参考答案】D

【答案解析】当月应纳消费税 = 400 × 2 000 × 0.5 ÷ 10 000 + 2 960 × 20% = 632（万元）。

21. 某啤酒厂 2020 年 12 月销售 A 型啤酒 20 吨给副食品公司，开具增值税专用发票注明价款 58 000 元，收取包装物押金 3 050 元，其中包含重复使用的塑料周转箱押金 50 元；销售 B 型啤酒 10 吨给宾馆，开具普通发票取得收取 32 760 元，收取包装物押金 150

元。该啤酒厂应缴纳的消费税是（　　）。

A. 5 000 元　　　　B. 6 600 元　　　　C. 7 200 元　　　　D. 7 500 元

【参考答案】C

【答案解析】A 型啤酒：[58 000 +（3 050 – 50）÷1.13]÷20 = 3 032.74（元/吨），其价格高于 3 000 元/吨，单位税额为 250 元/吨。B 型啤酒：（32 760 + 150）÷1.13÷10 = 2 912.39（元/吨），其价格低于 3 000 元/吨，单位税额为 220 元/吨。应纳消费税 = 20×250 + 10×220 = 7 200（元）。

22. 某白酒生产企业为增值税一般纳税人，2020 年 10 月销售白酒 2 吨，取得不含税收入 40 000 元，另收取包装物押金 2 260 元，品牌使用费 4 520 元，该白酒生产企业当月应纳消费税（　　）。

A. 12 400 元　　　B. 13 200 元　　　C. 13 400 元　　　D. 12 800 元

【参考答案】B

【答案解析】应纳的消费税 =[40 000 +（2 260 + 4 520）÷（1 + 13%）]×20% + 2×1 000 = 13 200（元）。

23. 某酒厂 2020 年 11 月生产一种新的粮食白酒，广告样品使用 0.4 吨，已知该种白酒无同类产品出厂价，生产成本每吨 42 000 元，成本利润率为 10%，白酒定额税率为每 500 克 0.5 元，比例税率为 20%。该厂当月应缴纳的消费税为（　　）。

A. 400 元　　　　B. 4 720 元　　　　C. 5 120 元　　　　D. 500 元

【参考答案】C

【答案解析】注意吨与斤的换算：1 吨 = 1 000 公斤 = 2 000 斤；从量税 = 0.4×2 000×0.5 = 400（元）；从价税 =[0.4×42 000×（1 + 10%）+ 400]÷（1 – 20%）×20% = 4 720（元）；该厂当月应纳消费税 = 400 + 4 720 = 5 120（元）。

24. 甲外贸公司 2020 年 10 月进口一批小轿车，关税完税价格折合人民币 1 000 万元，关税率 15%，消费税率 9%，则进口环节应纳消费税（　　）。

A. 49.45 万元　　B. 86 万元　　　　C. 98.91 万元　　　D. 61.81 万元

【参考答案】B

【答案解析】进口环节应纳消费税 = 1 000×（1 + 15%）÷（1 – 9%）×9% = 86（万元）。

25. 甲进出口公司 2020 年 9 月从境外进口卷烟 5 万条，支付买价 340 万元，运输费用 15 万元，保险费用 5 万元，关税完税价格 360 万元，假定关税税率为 50%，该公司应缴纳消费税（　　）万元。

A. 305.44　　　　B. 308.44　　　　C. 691.20　　　　D. 694.09

【参考答案】D

【答案解析】第一步：按公式计算每标准条（200支）进口卷烟确定消费税适用的比例税率价格：（关税完税价格＋关税＋进口数量×消费税定额税率）÷（1－消费税比例税率），注意此处先用36％的税率估算第一次组价。

第二步：确定进口卷烟消费税税率：每标准条进口卷烟（200支）确定消费税适用比例税率的价格≥70元的，适用比例税率为56％；每标准条进口卷烟（200支）确定消费税适用比例税率的价格＜70元的，适用比例税率为36％。根据《财政部 国家税务总局关于调整烟产品消费税政策的通知》（财税〔2009〕84号），调整卷烟生产环节（含进口）消费税的从价税税率。

（1）甲类卷烟，即每标准条（200支，下同）调拨价格在70元（不含增值税）以上（含70元）的卷烟，税率调整为56％。

（2）乙类卷烟，即每标准条调拨价格在70元（不含增值税）以下的卷烟，税率调整为36％。

卷烟的从量定额税率不变，即0.003/支。

非标准条包装卷烟应当折算成标准条包装卷烟的数量，以其实际销售收入计算确定其折算成标准条包装后的实际销售价格，并确定适用的比例税率。

先计算每标准条进口卷烟组成计税价格，确定该批卷烟适用的比例税率。按照规定，查找税率时先用36％的税率估算第一次组价。

组成价格＝（360＋360×50％＋200×0.03×5）÷（1－36％）÷5＝169.69（元/条）。

由于该价格高于70元/条，故适用比例税率为56％。

之后，按照适用税率做第二次组价并计算该公司应缴纳消费税＝（360＋360×50％＋200×0.03×5）÷（1－56％）×56％＋200×0.03×5＝694.09（万元）。

26. 关于对超豪华小汽车征收消费税的规定，下列说法正确的是（　　）。

A. 征税对象是每辆零售价格130万元（含增值税）及以上的小汽车

B. 纳税环节是生产环节和零售环节

C. 纳税人是消费者

D. 计税价格是不含消费税的计税销售价格

【参考答案】B

【答案解析】选项A：超豪华小汽车为每辆零售价格130万元（不含增值税）及以上的乘用车和中轻型商用客车。选项C：超豪华小汽车的消费税纳税人为销售方，购买方（消费者）不是消费税的纳税人。选项D：超豪华小汽车的计税价格是含消费税不含增值税的计税销售价格。政策依据：《财政部 国家税务总局关于对超豪华小汽车加征消费税有关事项的通知》（财税〔2016〕129号）。

27. 已核定最低计税价格的白酒，销售单位对外销售价格持续上涨或下降时间达到（　　）、累计上涨或下降幅度在（　　）的白酒，税务机关重新核定最低计税价格。

　　A. 2个月以上；累计上涨或下降幅度在10%（含）以上

　　B. 3个月以上；累计上涨或下降幅度在20%（含）以上

　　C. 5个月以上；累计上涨或下降幅度在30%（含）以上

　　D. 6个月以上；累计上涨或下降幅度在350%（含）以上

【参考答案】B

【答案解析】根据《国家税务总局关于加强白酒消费税征收管理的通知》（国税函〔2009〕380号）等，已核定最低计税价格的白酒，销售单位对外销售价格持续上涨或下降时间达到3个月以上、累计上涨或下降幅度在20%（含）以上的白酒，税务机关重新核定最低计税价格。

28. 根据现行消费税政策规定，下列不属于消费税税目的是（　　）。

　　A. 烟叶　　　　B. 雪茄烟　　　　C. 烟丝　　　　D. 卷烟

【参考答案】A

【答案解析】烟叶不属于消费税征税范围。

29. 根据现行消费税政策规定，应当征收消费税的是（　　）。

　　A. 化妆品厂作为样品赠送给客户的普通化妆品

　　B. 用于产品质量检验耗费的高尔夫球杆

　　C. 白酒生产企业向百货公司销售的试制药酒

　　D. 轮胎厂移送非独立核算门市部待销售的汽车轮胎

【参考答案】C

【答案解析】普通化妆品不征收消费税，高档化妆品征收消费税；用于产品质量检验耗费的高尔夫球杆属于必要的生产经营过程，不征收消费税；从2014年12月1日起，取消汽车轮胎消费税。

30. 下列消费品的经营环节，既征收增值税又征收消费税的是（　　）。

A. 啤酒的批发环节　　　　　　　B. 金银首饰的零售环节

C. 高档手表的零售环节　　　　　D. 高档化妆品的批发环节

【参考答案】B

【答案解析】选项 A、C、D 环节不是消费税的纳税环节，不征收消费税，只征收增值税。

题型二 多项选择题

1. 2020年10月某金店（零售商）采取"以旧换新"方式销售24K纯金项链10条，并以同一方式销售某名牌金表10只，下列说法正确的有（　　）。

   A. 纯金项链只缴纳增值税　　　　B. 纯金项链只缴纳消费税

   C. 纯金项链缴纳消费税和增值税　　D. 金表缴纳消费税和增值税

   E. 金表只缴纳增值税

   【参考答案】CE

   【答案解析】选项A、B：销售纯金首饰既缴纳消费税又缴纳增值税。选项D：金表不属于金银首饰，只缴纳增值税，不缴纳消费税。

2. 关于金银首饰征收消费税，下列表述正确的有（　　）。

   A. 翻新改制首饰征收消费税但修理首饰不征消费税

   B. 金银首饰和镀金首饰均在零售环节征收消费税

   C. 金银首饰连同包装物一起销售的，不论是否单独计价，均应并入销售额征收消费税

   D. 带料加工的金银首饰，其纳税义务发生时间为受托方交货的当天

   E. 用于职工福利的金银首饰，其纳税义务发生时间为移送的当天

   【参考答案】ACDE

   【答案解析】在零售环节征收消费税的金银首饰的范围包括：金、银和金基、银基合金首饰，以及金、银和金基、银基合金的镶嵌首饰，不包括镀金（银）、包金（银）首饰，以及镀金（银）、包金（银）的镶嵌首饰。所以，选项B不符合题意。

3. 关于消费税纳税义务发生时间的说法，正确的有（　　）。

   A. 企业采取预收款方式销售成品油，2020年6月收到购货方的预付款，2020年7月发货，纳税义务发生时间为2020年7月

   B. 企业采取赊销方式销售鞭炮，合同未约定收款日期，发货日期为2020年4月，实际收款为2020年6月，纳税义务发生时间为2020年6月

   C. 某卷烟生产企业委托另一卷烟生产企业生产卷烟，2020年10月提货，2020年11月付款，纳税义务发生的时间为2020年11月

   D. 企业采取托收承付方式销售实木地板，发货日期为2020年1月，办妥托收承付

手续的日期为2020年1月,纳税义务发生时间为2020年1月

E. 企业采取分期收款方式销售高档化妆品,合同约定首次收款日期为2020年1月,实际收款日期为2020年5月,纳税义务发生时间为2020年1月

【参考答案】ADE

【答案解析】赊销和分期收款方式销售货物,按合同规定的收款日期的当天,合同未约定或无合同的,为发出应税消费品的当天,选项B错误。委托加工应税消费品,为纳税人提货的当天,选项C错误。

4. 下列关于消费税纳税环节的说法,正确的有(　　)。

A. 金店销售金银饰品在销售环节纳税　　B. 啤酒屋自制的啤酒在销售时纳税

C. 白酒在生产环节和批发环节纳税　　D. 销售珍珠饰品在零售环节纳税

E. 成品油在零售环节纳税

【参考答案】AB

【答案解析】销售白酒只在生产环节纳税,销售珍珠饰品、成品油在生产环节纳税。所以选项C、D、E不对。

5. 根据消费税现行规定,下列表述正确的有(　　)。

A. 消费税税收负担具有转嫁性

B. 消费税的税率呈现单一税率形式

C. 消费品生产企业没有对外销售的应税消费品均不征消费税

D. 税目列举的消费品都属消费税的征税范围

E. 消费税实行多环节课征制度

【参考答案】AD

【答案解析】消费税税率有比例税率和定额税率。一般情况下,对一种消费品只选择一种税率形式,但卷烟、白酒适用定额税率和比例税率双重征收形式。纳税人自产应税消费品用于其他方面的,于移送使用时纳税;消费税征税环节具有单一性。

6. 下列关于消费税的征收范围的说法,正确的有(　　)。

A. 用于水上运动和休闲娱乐等活动的非机动艇属于"游艇"的征收范围

B. 购进乘用车或中轻型商用客车生产的汽车属于"小汽车"的征收范围

C. 实木地板及用于装饰墙壁、天棚的实木装饰板属于"实木地板"的征收范围

D. 高尔夫球包属于消费税的征收范围

E. 以汽油、汽油组分调和生产的"甲醇汽油"和"乙醇汽油"属于"汽油"征收

范围

【参考答案】BCDE

【答案解析】选项A：水上运动和休闲娱乐等非营利活动的各类机动艇才属于"游艇"的征收范围。

7. 根据消费税的有关规定，下列消费品中不属于高档化妆品税目，不需要缴纳消费税的有（　　）。

A. 进口完税价格10元一张的面膜

B. 出厂销售价格（不含增值税）20元一只（50克）的护手霜

C. 进口完税价格600元一瓶（50毫升）的香水

D. 影视演员化妆用的80元一罐（1 000克）的卸妆油

【参考答案】ABD

【答案解析】根据《财政部 国家税务总局关于调整化妆品消费税政策的通知》（财税〔2016〕103号），取消对普通美容、修饰类化妆品征收消费税，将"化妆品"税目名称更名为"高档化妆品"。征收范围包括高档美容、修饰类化妆品、高档护肤类化妆品和成套化妆品。税率调整为15%。高档美容、修饰类化妆品和高档护肤类化妆品是指生产（进口）环节销售（完税）价格（不含增值税）在10元/毫升（克）或15元/片（张）及以上的美容、修饰类化妆品和护肤类化妆品。

8. 某化妆品公司2020年10月将新研制的高档化妆品与普通护肤护发品组成化妆品礼品盒，其中，高档化妆品的生产成本为120元/套，普通护肤护发品的生产成本为70元/套。2020年11月将100套化妆品礼品盒赠送给某演出公司试用。其税务处理正确的有（　　）。（高档化妆品消费税税率15%，高档化妆品、普通护肤护发品成本利润率5%）

A. 将礼品盒赠送给某演出公司，不需要缴纳增值税

B. 将礼品盒赠送给某演出公司，不需要缴纳消费税

C. 普通护肤护发品不属于应税消费品，礼品盒中的普通护肤护发品不缴纳消费税

D. 礼品盒中的普通护肤护发品需要按照高档化妆品适用税率缴纳消费税，同时缴纳增值税

E. 该化妆品公司应就赠送行为缴纳消费税3 520.59元

【参考答案】DE

【答案解析】选项A：自产货物无偿赠送给其他单位，属于增值税视同销售行为，

应缴纳增值税。选项 B：纳税人将自产应税消费品赠送给其他单位，属于消费税视同销售行为，应缴纳消费税。选项 C：纳税人将自产应税消费品与非应税消费品组成成套消费品销售的，应根据组合产品的销售金额缴纳消费税。选项 D：普通护肤护发品不属于消费税应税范围，单独销售不缴纳消费税，但是如果与应征消费税的高档化妆品组成礼品盒销售，应按照高档化妆品的适用税率缴纳消费税。选项 E：该化妆品公司应就赠送行为缴纳消费税 =（120 + 70）× 100 ×（1 + 5%）÷（1 − 15%）× 15% = 3 520.59（元）。

9. 下列情形之一的应税消费品，以纳税人同类应税消费品的最高销售价格作为计税依据计算消费税的有（   ）。

    A. 用于抵债的应税消费品   B. 用于馈赠的应税消费品

    C. 用于换取生产资料的应税消费品   D. 用于换取消费资料的应税消费品

    E. 对外投资入股的应税消费品

【参考答案】ACDE

【答案解析】纳税人用于以物易物（换取生产资料或消费资料）、投资入股、抵偿债务等方面的应税消费品，应当以纳税人同类应税消费品的最高销售价格为依据计算消费税。

10. 应税消费品计税价格明显偏低又无正当理由的，税务机关有权核定其计税价格。下列应税消费品应由国家税务总局核定其计税价格的有（   ）。

    A. 卷烟   B. 成品油   C. 进口高档手表   D. 国产高档化妆品

    E. 小汽车

【参考答案】AE

【答案解析】卷烟、小汽车的计税价格由国家税务总局核定，报财政部备案；其他应税消费品的计税价格由省、自治区、直辖市税务局核定；进口应税消费品的计税价格由海关核定。进口高档手表由海关核定计税价格。

11. 关于白酒消费税最低计税价格的核定，下列说法正确的有（   ）。

    A. 生产企业实际销售价格高于核定最低计税价格的，按实际销售价格申报纳税

    B. 白酒消费税最低计税价格核定范围包括白酒批发企业销售给商场的白酒

    C. 国家税务总局选择核定消费税计税价格的白酒，核定比例统一确定为 20%

    D. 白酒生产企业消费税计税价格高于销售单位对外销售价格 70%（含 70%）以上的，税务机关暂不核定最低计税价格

E. 白酒消费税最低计税价格由行业协会核定

【参考答案】AD

【答案解析】选项B：白酒消费税最低计税价格核定范围不包括白酒批发企业销售给商场的白酒。选项C：国家税务总局选择核定消费税计税价格的白酒，核定比例统一确定为60%。选项E：白酒消费税最低计税价格由白酒生产企业自行申报，税务机关核定。

12. 某鞭炮厂（增值税一般纳税人）用外购已税的焰火继续加工高档焰火。2020年10月销售高档焰火，开具增值税专用发票注明销售额2 000万元；当月外购焰火800万元，取得增值税专用发票，月初库存外购焰火120万元，月末库存外购焰火100万元，相关发票当月已认证，下列说法正确的有（　　）。（焰火消费税税率15%，上述价格均不含增值税）

A. 该鞭炮厂计算缴纳消费税时，可以按照本月生产领用数量计算扣除外购已税鞭炮焰火已纳的消费税

B. 该鞭炮厂计算缴纳消费税时，可以按照当月购进的全部已税焰火数量计算扣除已纳的消费税

C. 该鞭炮厂计算缴纳增值税时，当月购进的全部已税焰火支付的进项税额可以从当期销项税额中抵扣

D. 该鞭炮厂计算缴纳增值税时，本月生产领用外购已税鞭炮焰火支付的进项税额可以从当期销项税额中抵扣

E. 当月该鞭炮厂应纳消费税177万元

【参考答案】ACE

【答案解析】选项A、B：外购已税焰火生产的焰火，按当期生产领用数量计算准予扣除外购的焰火已纳的消费税税款。选项C、D：增值税采用购进扣税法，按购进的全部已税焰火支付的进项税额抵扣销项税额。选项E：当月该鞭炮厂应纳消费税＝2 000×15%－（800＋120－100）×15%＝177（万元）。

13. 下列行为中，既缴纳增值税又缴纳消费税的有（　　）。

A. 酒厂将自产的白酒赠送给协作单位

B. 卷烟厂将自产的烟丝移送用于生产卷烟

C. 日化厂将自产的高档香水精移送用于生产普通护肤品

D. 汽车厂将自产的应税小汽车赞助给某艺术节组委会

E. 地板厂将生产的新型实木地板奖励给有突出贡献的职工

【参考答案】ADE

【答案解析】选项B：将烟丝继续用于生产卷烟，属于连续生产应税消费品，此时烟丝不用缴纳消费税，销售卷烟时要缴纳消费税。选项C：普通护肤品属于非应税消费品，高档香水精移送环节应该缴纳消费税，但是此时不用缴纳增值税。

14. 下列各项中，应当征收消费税的有（   ）。

A. 化妆品厂作为样品赠送给客户的高档香水

B. 用于产品质量检验耗费的高尔夫球杆

C. 白酒生产企业向百货公司销售的试制药酒

D. 白酒厂移送非独立核算门市部待销售的白酒

E. 白酒厂销售给关联单位的白酒

【参考答案】ACE

【答案解析】选项B：用于产品质量检验耗费的高尔夫球杆属于必要的生产经营过程，不征收消费税。选项D：如果门市部门已经对外销售了，生产企业应当按门市部对外销售额计征消费税。

15. 下列有关跨境电子商务零售进口消费品的说法，正确的有（   ）。

A. 跨境电子商务零售进口应税消费品的代收代缴义务人是国外生产企业

B. 跨境电子商务零售进口商品的单次交易限值为人民币1 000元，消费税按应纳税额70%征收

C. 跨境电子商务零售进口应税消费品的纳税人是购买人

D. 购买超过个人单次限值的进口应税消费品，按照一般贸易全额征收消费税

E. 跨境电子商务零售进口商品自海关放行之日起30日内退货的，可申请退税，但不调整个人年度交易总额

【参考答案】CD

【答案解析】选项A：电子商务企业、电子商务交易平台企业或物流企业可作为代收代缴义务人。选项B：跨境电子商务零售进口商品的单次交易限值为人民币5 000元，进口环节增值税、消费税暂按法定应纳税额的70%征收。选项E：跨境电子商务零售进口商品自海关放行之日起30日内退货的，可申请退税，并相应调整个人年度交易总额。

16. 甲外贸公司（增值税一般纳税人，具有出口经营权）2020年10月从生产企业购进高档化妆品一批，取得增值税专用发票金额25万元，增值税3.25万元，发生运费

取得增值税专票，金额 1 万元。当月该批高档化妆品全部出口取得销售收入 35 万元。该批货物增值税退税率为 10%，高档化妆品消费税税率为 15%，则关于该外贸公司出口高档化妆品应退的增值税和消费税，下列表述正确的有（ ）。

A. 应退增值税 2.5 万元
B. 应退增值税 6 万元
C. 应退消费税 2.5 万元
D. 应退消费税 3.75 万元
E. 应退增值税 3.5 万元、消费税均为 6 万元

【参考答案】AD

【答案解析】应退增值税 = 25×10% = 2.5（万元）。应退消费税 = 25×15% = 3.75（万元）。合计退税 = 2.5 + 3.75 = 6.25（万元）。

17. 下列关于消费税纳税环节的说法，正确的有（ ）。

A. 金店销售金银饰品在销售环节纳税
B. 啤酒屋自制的啤酒在销售时纳税
C. 白酒在生产环节和批发环节纳税
D. 销售珍珠饰品在零售环节纳税
E. 成品油税费改革后，在零售环节纳税

【参考答案】AB

【答案解析】选项 C：白酒在批发环节不征收消费税。选项 D：在零售环节缴纳消费税的是金银首饰、铂金首饰、钻石及钻石饰品，珍珠饰品在生产环节纳税。选项 E：在批发零售环节不征收消费税。

18. 下列项目中，不需要缴纳消费税的是（ ）。

A. 用外购已税烟丝继续加工成卷烟
B. 外购已税石脑油为原料生产的应税成品油
C. 某汽车厂将自产的小汽车赠送给客户使用
D. 委托加工收回的烟丝继续加工成卷烟
E. 委托加工白酒收回后以高于收回价直接销售

【参考答案】ABD

【答案解析】选项 A、B、D 均属于生产加工业务，没有构成销售，不缴纳消费税。选项 C 属于视同销售行为，应当征收消费税。选项 E 属于消费税应税行为。

19. 关于消费税从价定率计税销售额，下列说法不正确的有（ ）。

A. 消费税计税销售额包括增值税
B. 金银首饰包装费不计入计税销售额
C. 白酒包装物押金收取时不计入计税销售额

D. 高档化妆品品牌使用费应计入计税销售额

E. 进口汽车关税包含在消费税计税依据中

【参考答案】ABC

【答案解析】选项A：消费税计税销售额不包括向购买方收取的增值税税额。选项B、D：包装费、品牌使用费属于价外费用，应并入销售额计税。选项C：白酒包装物押金收取时就需要并入销售额计税。选项E：进口汽车关税包含在消费税计税依据中。

20. 下列各项行为中，需要缴纳消费税的有（　　）。

A. 将自产粮食白酒发给职工作为福利

B. 将外购润滑油简单加工成小包装对外销售

C. 将自产高档化妆品用于连续生产高档化妆品

D. 将委托加工收回的粮食白酒贴标再对外销售

E. 将委托加工收回的粮食白酒直接对外销售

【参考答案】ABD

【答案解析】选项C：属于自产应税消费品用于连续生产应税消费品，移送环节不缴纳消费税。选项A：属于将自产应税消费品用于其他方面，需要缴纳消费税。选项B：简单加工成小包装，属于新的应税消费品对外销售，要缴纳消费税。选项D：贴标之后属于新的应税消费品对外销售，要缴纳消费税。选项E：将委托加工收回的粮食白酒直接对外销售不再征消费税。

21. 下列应税消费品计税价格由省、自治区和直辖市税务局核定的有（　　）。

A. 卷烟　　　　B. 摩托车　　　　C. 小汽车　　　　D. 进口的应税消费品

E. 实木地板

【参考答案】BE

【答案解析】选项A、C：卷烟和小汽车的计税价格由国家税务总局核定，送财政部备案；其他征消费税的计税价格由省、自治区和直辖市税务局核定。选项D：进口的应税消费品的计税价格由海关核定。

22. 下列消费品的生产经营环节中，只征收增值税不征收消费税的有（　　）。

A. 高档手表的生产销售环节　　　　B. 超豪华小汽车的零售环节

C. 珍珠饰品的零售环节　　　　D. 鞭炮焰火的批发环节

E. 卷烟的零售环节

【参考答案】CDE

【答案解析】选项 C：珍珠饰品在生产（委托加工、进口）环节征收消费税，零售环节不征收消费税。选项 D：鞭炮、焰火在生产（委托加工、进口）环节征收消费税，批发环节不征收消费税。选项 E：卷烟在生产（委托加工、进口）和批发环节征收消费税，零售环节不征收消费税。

23. 下列经营主体属于消费税纳税义务人的有（　　）。

　　A. 使用一次性木筷的餐饮行业

　　B. 受托加工应税消费品的单位和个人

　　C. 委托加工应税消费品的单位和个人

　　D. 将应税消费品用于捐助国家指定的慈善机构的生产企业

　　E. 生产金银首饰的工厂

【参考答案】 CD

【答案解析】选项 A：餐饮行业使用一次性木筷子不征收消费税。选项 B：受托加工应税消费品的单位和个人是扣缴义务人，不是消费税纳税人，委托方是消费税纳税人。选项 E：金银首饰在零售环节征收消费税，生产金银首饰的工厂不是消费税纳税人。

24. 下列关于批发环节消费税的规定，不正确的有（　　）。

　　A. 自 2016 年 5 月 1 日起，卷烟批发环节消费税复合计征

　　B. 纳税人应将卷烟销售额与其他商品销售额分开核算，未分开核算的，一并征收消费税

　　C. 卷烟批发企业销售给批发企业以外的单位和个人的卷烟于销售时纳税

　　D. 批发企业在计算纳税时，可以扣除已含的生产环节的消费税税款

　　E. 卷烟批发企业将卷烟销售给另一个卷烟批发企业，不征收消费税

【参考答案】 AD

【答案解析】选项 A：自 2015 年 5 月 10 日起，卷烟批发环节消费税复合计征。选项 D：卷烟消费税在生产和批发两个环节征收后，批发企业在计算纳税时不得扣除已含的生产环节的消费税税款。

25. 下列关于消费税计税依据的表述不正确的有（　　）。

　　A. 卷烟消费税最低计税价格核定范围为卷烟生产企业在生产环节销售的所有牌号、规格的卷烟

　　B. 纳税人通过自设非独立核算门市部销售的自产应税消费品，应当按照移送到门市部的出厂价或者数量计算征收消费税

C. 进口的应税消费品的计税价格由海关核定

D. 纳税人自产的应税消费品用于投资入股,应当按纳税人同类应税消费品的平均销售价格作为计税依据

E. 白酒生产企业销售给销售单位的白酒,生产企业消费税计税价格高于销售单位对外销售价格70%以上的,税务机关暂不核定消费税最低计税价格

【参考答案】BD

【答案解析】选项D:纳税人自产的应税消费品用于换取生产资料和消费资料、投资入股和抵偿债务等方面,应当按纳税人同类应税消费品的最高销售价格作为计税依据。选项B:纳税人通过自设非独立核算门市部销售的自产应税消费品,应当按照门市部对外销售额或者销售数量计算征收消费税。

26. 纳税人销售应税消费品收取的下列款项,应计入消费税计税依据的有( )。

A. 集资款 B. 增值税销项税额
C. 未逾期的啤酒包装物押金 D. 白酒品牌使用费
E. 装卸费

【参考答案】ADE

【答案解析】啤酒属从量计征消费税的货物,包装物押金不影响应纳消费税税额。

27. 关于企业单独收取的包装物押金,下列消费税税务处理不正确的有( )。

A. 销售黄酒收取的包装物押金应并入当期销售额计征消费税

B. 销售啤酒收取的包装物押金应并入当期销售额计征消费税

C. 销售葡萄酒收取的包装物押金不并入当期销售额计征消费税

D. 销售白酒收取的包装物押金应并入当期销售额计征消费税

【参考答案】ABC

【答案解析】选项A:啤酒、黄酒从量定额征收消费税,收取的包装物押金是价值量,不缴纳消费税。选项B:除啤酒、黄酒以外的其他酒类产品收取的包装物押金,无论押金是否返还及会计上如何核算,均应并入酒类产品销售额中征收消费税。选项C:销售葡萄酒的包装物押金,在收取时应并入销售额中计征消费税。

28. 下列关于卷烟和白酒消费税的说法,正确的有( )。

A. 未经国务院批准纳入计划的企业和个人生产的卷烟,暂不征收消费税

B. 卷烟生产企业实际销售价格高于税务机关核定的计税价格,按核定的计税价格征收消费税

C. 白酒生产企业计税价格低于销售单位对外销售价格70%以下的，税务机关应该核定最低计税价格

D. 白酒生产企业收取的品牌使用费，应并入销售额中征收消费税

E. 白酒包装物押金在收取时计入计税销售额

【参考答案】CDE

【答案解析】选项A：未经国务院批准纳入计划的企业和个人生产的卷烟，要征收消费税。选项B：卷烟生产企业实际销售价格高于税务机关核定的计税价格，以实际销售价格作为计税依据计税。

29. 下列各项中，应当征收消费税的有（   ）。

A. 化妆品厂作为样品赠送给客户的高档香水

B. 用于产品质量检验耗费的高尔夫球杆

C. 白酒生产企业向百货公司销售的试制药酒

D. 白酒厂移送非独立核算门市部待销售的白酒

E. 白酒厂销售给关联单位的白酒

【参考答案】ACE

【答案解析】选项B：用于产品质量检验耗费的高尔夫球杆属于必要的生产经营过程，不征收消费税。选项D：如果门市部门已经对外销售了，生产企业应当按门市部对外销售额计征消费税。

30. 根据税法规定，下列说法正确的有（   ）。

A. 增值税的征收范围属于交叉关系

B. 增值税与消费税均属价内税

C. 应税消费品征收增值税的，其税基含有消费税

D. 应税消费品征收消费税的，其税基不含有增值税

E. 啤酒包装物押金应并入增值税和消费税计税收入中

【参考答案】ACD

【答案解析】选项B：增值税与消费税的计税依据是一致的，均是不含增值税而含消费税的销售额。对于消费税所列举的税目，既要征收消费税，同时又要征收增值税，而对于征收增值税的货物则不一定要征收消费税。选项E：啤酒包装物押金不并入消费税计税收入中。

题型三 判断题

1. 对委托加工的应税消费品,一律由受托方在向委托方交货时代收代缴税款。
( )

【参考答案】 ×

【答案解析】 对委托加工的应税消费品,除受托方为个人外,一般由受托方在向委托方交货时代收代缴税款。

2. 金银首饰、铂金首饰、钻石及钻石饰品在零售环节征税。 ( )

【参考答案】 √

【答案解析】 从1995年1月1日起,金银首饰、铂金首饰由生产销售环节征税改为零售环节征税;从2002年1月1日起,钻石及钻石饰品由生产、进口环节征税改为零售环节征税。

3. 纳税人兼营卷烟批发和零售业务的,应当分别核算批发和零售环节的销售额、销售数量;未分别核算批发和零售环节销售额、销售数量的,按照全部销售额、销售数量计征批发环节消费税。
( )

【参考答案】 √

【答案解析】 纳税人兼营卷烟批发和零售业务的,应当分别核算批发和零售环节的销售额、销售数量;未分别核算批发和零售环节销售额、销售数量的,按照全部销售额、销售数量计征批发环节消费税。

4. 自2012年1月1日起,卷烟消费税最低计税价格核定范围为卷烟生产企业在生产环节销售的所有牌号、规格的卷烟。计税价格由国家税务总局按照卷烟批发环节销售价格扣除卷烟批发毛利核定并发布。
( )

【参考答案】 √

【答案解析】 自2012年1月1日起,卷烟消费税最低计税价格核定范围为卷烟生产企业在生产环节销售的所有牌号、规格的卷烟。计税价格由国家税务总局按照卷烟批发环节销售价格扣除卷烟批发毛利核定并发布。

5. 按照规定,销售啤酒时收取的包装物押金要并入出厂价格中,作为判断适用税率的依据。啤酒的包装物押金包括供重复使用的塑料周转箱的押金。 ( )

【参考答案】 ×

【答案解析】按照规定，销售啤酒时收取的包装物押金要并入出厂价格中，作为判断适用税率的依据。啤酒的包装物押金不包括供重复使用的塑料周转箱的押金。

6. 根据现行消费税政策规定，外购、进口和委托加工收回的汽油、柴油、石脑油、燃料油、润滑油用于连续生产应税成品油的，应凭通过增值税发票选择确认平台确认的成品油专用发票、海关进口消费税专用缴款书，以及税收缴款书（代扣代收专用），按规定计算扣除已纳消费税税款。 （ ）

【参考答案】√

【答案解析】2018年3月1日起，施行外购、进口和委托加工收回的汽油、柴油、石脑油、燃料油、润滑油用于连续生产应税成品油的，应凭通过增值税发票选择确认平台确认的成品油专用发票、海关进口消费税专用缴款书，以及税收缴款书（代扣代收专用），按规定计算扣除已纳消费税税款，其他凭证不得作为消费税扣除凭证。

7. 对于未按照规定报送信息资料的新牌号、新规格卷烟，卷烟生产企业按照已核定计税价格计算缴纳消费税满1年后，可向主管税务机关提出调整卷烟计税价格的申请。 （ ）

【参考答案】√

【答案解析】对于未按照《卷烟消费税计税价格信息采集和核定管理办法》规定报送信息资料的新牌号、新规格卷烟，卷烟生产企业消费税纳税人按照已核定计税价格计算缴纳消费税满1年后，可向主管税务机关提出调整卷烟计税价格的申请。

8. 金银首饰消费税改变征税环节后，经营单位进口金银首饰的消费税，由进口环节征收改为在零售环节征收；出口金银首饰退消费税。 （ ）

【参考答案】×

【答案解析】出口金银首饰不退消费税。

9. 金银首饰与其他产品组成成套消费品销售的，应将金银首饰和其他产品划分清楚分别核算销售额，并按金银首饰销售额计算征收消费税。 （ ）

【参考答案】×

【答案解析】金银首饰与其他产品组成成套消费品销售的，应按销售额全额征收消费税。

10. 委托加工的应税消费品，按照委托方的同类消费品的销售价格计算纳税。 （ ）

【参考答案】×

【答案解析】委托加工的应税消费品,按照受托方的同类消费品的销售价格计算纳税。

11. 根据现行政策,对超豪华小汽车,在生产(进口)环节按现行税率征收消费税基础上,在零售环节加征消费税,税率为5%。 （   ）

【参考答案】×

【答案解析】根据《财政部 国家税务总局关于对超豪华小汽车加征消费税有关事项的通知》(财税〔2016〕129号),"小汽车"税目下增设"超豪华小汽车"子税目。征收范围为每辆零售价格130万元(不含增值税)及以上的乘用车和中轻型商用客车,即乘用车和中轻型商用客车子税目中的超豪华小汽车。对超豪华小汽车,在生产(进口)环节按现行税率征收消费税基础上,在零售环节加征消费税,税率为10%。

12. 根据现行政策规定,A汽车制造企业将超豪华小汽车销售给消费者A先生,则A先生为超豪华小汽车零售环节纳税人。 （   ）

【参考答案】×

【答案解析】根据《财政部 国家税务总局关于对超豪华小汽车加征消费税有关事项的通知》(财税〔2016〕129号),将超豪华小汽车销售给消费者的单位和个人为超豪华小汽车零售环节纳税人。

13. 金银首饰连同包装物销售的,无论包装物是否单独计价,也无论会计上如何核算,均应并入金银首饰的销售额,计征消费税。 （   ）

【参考答案】√

【答案解析】金银首饰连同包装物销售的,无论包装物是否单独计价,也无论会计上如何核算,均应并入金银首饰的销售额,计征消费税。

14. 根据现行消费税相关政策规定,用于换取生产资料的应税消费品,以纳税人同类应税消费品的平均价格作为计税依据计算消费税。 （   ）

【参考答案】×

【答案解析】根据《国家税务总局关于印发〈消费税若干具体问题的规定〉的通知》(国税发〔1993〕156号),纳税人用于换取生产资料和消费资料、投资入股和抵偿债务等方面的应税消费品,应当以纳税人同类应税消费品的最高销售价格作为计税依据计算消费税。

15. 高档化妆品消费税纳税人以外购高档化妆品为原料继续生产高档化妆品的,不准予从高档化妆品消费税应纳税额中扣除外购高档化妆品已纳消费税税款。 （   ）

【参考答案】 ×

【答案解析】 根据《国家税务总局关于高档化妆品消费税征收管理事项的公告》（国家税务总局公告2016年第66号），自2016年10月1日起，高档化妆品消费税纳税人（以下简称"纳税人"）以外购、进口和委托加工收回的高档化妆品为原料继续生产高档化妆品，准予从高档化妆品消费税应纳税额中扣除外购、进口和委托加工收回的高档化妆品已纳消费税税款。

16. 2020年12月，甲批发卷烟企业将一批卷烟批发给乙批发卷烟企业取得收入500万元（不含税），则甲取得的500万元收入既要缴纳增值税又要缴纳消费税。（　　）

【参考答案】 ×

【答案解析】 根据《财政部 国家税务总局关于调整烟产品消费税政策的通知》（财税〔2009〕84号），在卷烟批发环节加征一道从价税。在中华人民共和国境内从事卷烟批发业务的单位和个人，纳税人销售给纳税人以外的单位和个人的卷烟于销售时纳税；纳税人之间销售的卷烟不缴纳消费税。所以甲的500万元收入只需申报缴纳增值税。

17. 2020年12月甲批发卷烟企业取得批发卷烟和零售卷烟收入1 000万元（不含税），账上无法体现批发与零售收入，则甲取得的1 000万元收入既要缴纳增值税又要缴纳消费税。（　　）

【参考答案】 √

【答案解析】 根据《财政部 国家税务总局关于调整卷烟消费税的通知》（财税〔2015〕60号），纳税人兼营卷烟批发和零售业务的，应当分别核算批发和零售环节的销售额、销售数量；未分别核算批发和零售环节销售额、销售数量的，按照全部销售额、销售数量计征批发环节消费税。

18. 白酒生产企业不得自行申报白酒消费税最低计税价格，必须直接由税务机关核定。（　　）

【参考答案】 ×

【答案解析】 根据《国家税务总局关于加强白酒消费税征收管理的通知》（国税函〔2009〕380号），白酒消费税最低计税价格由白酒生产企业自行申报，税务机关核定。

19. 甲公司向乙公司外购汽油一批用于连续生产应税成品油的，则甲取得乙开具的收款收据可以作为计算扣除已纳消费税税款扣除凭证。（　　）

【参考答案】 ×

【答案解析】 根据《国家税务总局关于成品油消费税征收管理有关问题的公告》

（国家税务总局公告2018年第1号），外购、进口和委托加工收回的汽油、柴油、石脑油、燃料油、润滑油用于连续生产应税成品油的，应凭通过增值税发票选择确认平台确认的成品油专用发票、海关进口消费税专用缴款书，以及税收缴款书（代扣代收专用），按规定计算扣除已纳消费税税款，其他凭证不得作为消费税扣除凭证。

20. 按照规定销售啤酒时收取的包装物押金要并入出厂价格中，作为判断适用税率的依据。啤酒的包装物押金不包括供重复使用的塑料周转箱的押金。（　　）

【参考答案】√

【答案解析】按照规定销售啤酒时收取的包装物押金要并入出厂价格中，作为判断适用税率的依据。啤酒的包装物押金不包括供重复使用的塑料周转箱的押金。

21. 消费税的纳税人是指：在中华人民共和国境内生产、委托加工和进口应税消费品的单位和个人。"个人"包括个体工商户和其他个人。（　　）

【参考答案】√

【答案解析】消费税的纳税人是指：在中华人民共和国境内生产、委托加工和进口应税消费品的单位和个人。"个人"是指个人工商户和其他个人。

22. 根据现行消费税政策规定，催化料、焦化料属于燃料油的征收范围，但免征消费税。（　　）

【参考答案】×

【答案解析】从2012年11月1日起，催化料、焦化料属于燃料油的征收范围，应当征收消费税。

23. 根据现行消费税政策规定，作为委托加工的应税消费品，受托方只收取加工费，不能代垫辅助材料。（　　）

【参考答案】×

【答案解析】作为委托加工的应税消费品，由委托方提供原料和主要材料；受托方只收取加工费，且可以代垫部分辅助材料。

24. 委托加工应税消费品，受托方无论是企业还是个体经营者，都应当履行代收代缴消费税的义务。（　　）

【参考答案】×

【答案解析】如果委托方是个体经营者，委托方须在收回加工应税消费品后向委托方所在地税务机关缴纳消费税。

25. 金银首饰消费税改变征税环节后，经营单位进口金银首饰在进口环节不征消费

税，出口金银首饰也不退消费税。   （ ）

【参考答案】√

【答案解析】金银首饰消费税改变征税环节后，经营单位进口金银首饰的消费税，由进口环节征收改为在零售环节征收；出口金银首饰出口退税改为出口不退消费税。

题型四 实务题

试题一

某金店（增值税一般纳税人）2019年5月发生如下业务：贵重首饰及珠宝玉石成本利润率为6%，金银首饰消费税税率为5%，其他贵重首饰和珠宝玉石消费税税率为10%。

（1）1—24日，零售纯金首饰取得含税销售额1 356 000元，零售玉石首饰取得含税销售额1 130 000元。

（2）25日，采取以旧换新方式零售A款纯金首饰，实际收取价款565 000元，同款新纯金首饰零售价为780 000元。

（3）27日，接受消费者委托加工B款金项链20条，收取含税加工费5 850元，无同类金项链销售价格。黄金材料成本30 000元，当月加工完成并交付委托人。

（4）30日，将新设计的C款金项链发放给优秀员工作为奖励。该批金项链耗用黄金500克，不含税购进价格270元/克，无同类首饰售价。

根据上述资料，回答下列问题：

1. 业务（1）应纳消费税（　　）。
A. 60 000.00元　　B. 67 800.00元　　C. 102 155.17元　　D. 50 431.03元

2. 业务（2）应纳消费税（　　）。
A. 24 137.93元　　B. 25 000.00元　　C. 28 000.00元　　D. 33 620.69元

3. 业务（3）应纳消费税（　　）。
A. 844.37元　　B. 1 792.50元　　C. 1 851.42元　　D. 1 886.84元

4. 业务（4）应纳消费税（　　）。
A. 0元　　B. 6 750.00元　　C. 7 150.00元　　D. 7 531.58元

【参考答案】1. A；2. B；3. C；4. D

【答案解析】

1. 该金店零售纯金首饰需要缴纳消费税，零售玉石首饰不缴纳消费税。业务（1）应纳消费税=1 356 000÷（1+13%）×5%=60 000.00（元）。已知：贵重首饰及珠宝玉石成本利润率为6%，金银首饰消费税税率为5%，其他贵重首饰和珠宝玉石消费税税率为10%。

2. 纳税人采用以旧换新（含翻新改制）方式销售的金银首饰，应按实际收取的不含增值税的全部价款确定计税依据征收消费税。业务（2）应纳消费税＝565 000÷(1＋13%)×5%＝25 000.00（元）。已知：贵重首饰及珠宝玉石成本利润率为6%，金银首饰消费税税率为5%，其他贵重首饰和珠宝玉石消费税税率为10%。

3. 带料加工的金银首饰，应按受托方销售同类金银首饰的销售价格确定计税依据征收消费税。没有同类金银首饰销售价格，按照组成计税价格计算纳税。组成计税价格＝（材料成本＋加工费）÷（1－金银首饰消费税税率）＝（30 000＋5 850÷1.13）÷（1－5%）＝37 028.41（元）。业务（3）应纳消费税＝37 028.41×5%＝1 851.42（元）。

4. 纳税人自产应税消费品用于奖励优秀员工视同对外销售，没有同类消费品销售价格的，按照组成计税价格计算纳税。组成计税价格＝成本×（1＋成本利润率）÷（1－消费税比例税率）＝500×270×（1＋6%）÷（1－5%）＝150 631.58（元）。业务（4）应纳消费税＝150 631.58×5%＝7 531.58（元）。

试题二

甲厂为卷烟生产企业，主要生产A类卷烟，乙厂为烟丝生产企业，丙企业为卷烟批发企业，三者均为增值税一般纳税人，2020年10月发生下列经营业务：

（1）甲卷烟厂将账面成本为57.52万元的烟叶委托乙烟丝厂加工成烟丝，乙烟丝厂开具增值税专用发票注明加工费和辅助材料分别是1万元和0.3万元，乙烟丝厂无这种烟丝售价，已履行了代收代缴消费税义务，甲卷烟厂委托某运输公司将烟丝运回，取得增值税专用发票，注明运输费金额为0.15万元。甲卷烟厂期初无库存烟丝。

（2）甲卷烟厂将委托加工收回的烟丝25%对外销售，开具增值税专用发票，注明金额为30万元，剩余烟丝用于生产A类卷烟。

（3）甲卷烟厂将80箱A类卷烟销售给丙批发企业，开具增值税专用发票，注明金额为200万元，将2箱A类卷烟无偿赠送给丁批发企业供其对外销售。

（4）丙批发企业将30箱A类卷烟批发给二级批发商，开具增值税专用发票，注明金额为80万元，将30箱A类卷烟批发给零售商，开具增值税专用发票，注明金额为150万元。当月取得的增值税专用发票均符合税法规定，并在当月抵扣。

其他相关资料：题中A类卷烟均为标准箱，每一步骤计算结果以"万元"为单位，均保留小数点后两位。

根据上述资料，回答下列问题：

1. 当月甲卷烟厂应缴增值税（ ）。

   A. 43.20 万元　　　B. 30.71 万元　　　C. 35.73 万元　　　D. 37.30 万元

2. 当月甲卷烟厂应缴消费税（ ）。（不含代收代缴消费税）

   A. 99.82 万元　　　B. 136.56 万元　　　C. 105.82 万元　　　D. 108.65 万元

3. 当月丙批发企业应缴增值税（ ）。

   A. 3.90 万元　　　B. 4.80 万元　　　C. 25.50 万元　　　D. 13.60 万元

4. 当月丙批发企业应缴消费税（ ）。

   A. 17.25 万元　　　B. 14.50 万元　　　C. 9.30 万元　　　D. 26.55 万元

【参考答案】1. B；2. A；3. A；4. A

【答案解析】

1. 应纳增值税 = 30×13% + 200÷80×（80+2）×13% −（1+0.3）×13% − 0.15×9% = 3.9 + 26.65 + 0.169 − 0.0135 = 30.71（万元）。

2. 委托加工的消费税 =（57.52+1+0.3）÷（1−30%）×30% = 25.21（万元），委托加工的价格 =（57.52+1+0.3）÷（1−30%）= 84.03（万元），25%的价格 = 84.03×25% = 21.01（万元），低于30万元。卷烟每条的售价 = 2 000 000÷80÷250 = 100（元）> 70元/条，税率为56%，甲卷烟厂应纳的消费税 = 30×30% + 200÷80×（80+2）×56% + 150×（80+2）÷10 000 − 25.21 = 99.82（万元）。

3. 丙批发企业应缴增值税 = 80×13% + 150×13% − 200×13% = 3.90（万元）。

4. 丙批发企业应缴消费税 = 150×11% + 30×250÷10 000 = 17.25（万元）。

试题三

某市卷烟厂为增值税一般纳税人，无自制烟丝工艺流程，主要生产M牌卷烟，该品牌卷烟不含税调拨价80元/条（标准条，下同），最高不含税售价90元/条。2019年8月发生如下业务：

（1）本月从甲厂（增值税一般纳税人）购进烟丝，取得增值税专用发票，注明价款50万元、增值税6.5万元；支付不含税运输费用3万元，取得运输企业（增值税一般纳税人）开具的增值税专用发票；购进其他材料，取得增值税专用发票，注明价款40万元、增值税5.2万元，途中由于保管不善，材料丢失2%。

（2）进口一批烟丝，关税完税价格为170.51万元；将烟丝从海关监管区运往仓库，发生不含税运费12万元，取得合法增值税专用发票。烟丝进口关税税率10%，消费税税率30%。

（3）从烟农手中购进一批烟叶，收购价、实际价外补贴及烟叶税合计13.2万元，将其委托乙企业加工成烟丝，取得乙企业开具的增值税专用发票，注明加工费2万元。

（4）生产车间领用烟丝生产M牌卷烟。当月按照调拨价向某批发商销售M牌卷烟200箱（标准箱，下同），取得不含税销售额400万元；与某商场签订购销合同，采取赊销方式销售给该商场M牌卷烟50箱，不含税价款100万元，合同约定当月收回50%的货款，由于该商场资金周转问题，卷烟厂当月实际收到40%的货款。

（5）月末盘点时发现，上月外购烟丝发生非正常损失，成本8.6万元，其中包括运费成本1.6万元。

（6）用上月购进的烟叶研发生产新型雪茄烟，生产成本18万元。本月当地举办全国烟草联谊会，卷烟厂将其中30%作为样品赠送客户。雪茄烟成本利润率为5%，消费税税率36%。

其他资料：期初库存烟丝买价35万元，期末库存烟丝买价20万元；委托加工收回烟丝全部被领用。

根据上述资料，回答下列问题：

1. 该卷烟厂当月进口环节应缴纳税金（　　）。

　　A. 79.90万元　　　　B. 85.54万元　　　　C. 125.93万元　　　　D. 132.26万元

2. 该卷烟厂当月应缴纳增值税（　　）。

　　A. 12.28万元　　　　B. 11.34万元　　　　C. 56.82万元　　　　D. 59.34万元

3. 乙企业应代收代缴消费税（　　）。

　　A. 5.95万元　　　　B. 7.31万元　　　　C. 7.58万元　　　　D. 8.55万元

4. 该卷烟厂当月准予抵扣的消费税为（　　）。

　　A. 85.66万元　　　　B. 103.73万元　　　　C. 109.56万元　　　　D. 111.66万元

5. 该卷烟厂当月应自行申报并缴纳消费税（　　）。

　　A. 154.84万元　　　　B. 154.48万元　　　　C. 233.84万元　　　　D. 255.75万元

6. 根据有关规定，对卷烟厂本月业务的税务处理，正确的有（　　）。

　　A. 进口环节缴纳的增值税准予从销项税中抵扣

　　B. 进口烟丝的关税完税价格包括成交价、境内外运费

　　C. 外购烟损失应转出进项税额1.37万元

　　D. 采用赊销方式销售M牌卷烟，应按合同规定的本月应收货款50万元计算缴纳增

值税和消费税

【参考答案】1. D；2. B；3. A；4. B；5. A；6. AD

【答案解析】

1. 关税 = 170.51 × 10% = 17.05（万元）。进口时缴纳的增值税 =（170.51 + 17.05）÷（1 - 30%）× 13% = 34.83（万元）。进口时缴纳的消费税 =（170.51 + 17.05）÷（1 - 30%）× 30% = 80.38（万元）。当月进口环节缴纳税金合计 = 17.05 + 34.83 + 80.38 = 132.26（万元）。

2. 当期销项税额合计 = 400 × 13% + 100 × 50% × 13% + 1.15 = 59.65（万元）。

当期准予抵扣的进项税合计 = 11.87 + 34.83 + 1.08 + 1.58 - 1.05 = 48.31（万元）。

当期应纳增值税 = 59.65 - 48.31 = 11.34（万元）。

3. 乙企业代收代缴的消费税 =（13.2 × 90% + 2）÷（1 - 30%）× 30% = 5.95（万元）。

4. 本月准予扣除的烟丝买价 = 35 + 50 +（170.51 + 17.05）×（1 - 30%）+（13.2 × 90% + 2）÷（1 - 30%）-（8.6 - 1.6）- 20 = 345.77（万元）。

本月准予抵扣的消费税 = 345.77 × 30% = 103.73（万元）。

5. 当月自行申报应缴纳消费税 = 255.38 + 3.19 - 103.73 = 154.84（万元）。

6. 进口烟丝的关税完税价格包括境外的运费，不包括境内的运费。

按业务逐笔解析为：

业务（1）：准予抵扣的进项税 = 6.5 + 3 × 9% + 5.2 ×（1 - 2%）= 11.87（万元）。

业务（2）：关税 = 170.51 × 10% = 17.05（万元）。进口时缴纳的增值税 =（170.51 + 17.05）÷（1 - 30%）× 13% = 34.83（万元）。进口时缴纳的消费税 =（170.51 + 17.05）÷（1 - 30%）× 30% = 80.38（万元）。当月进口环节缴纳税金合计 = 17.05 + 34.83 + 80.38 = 132.26（万元）。境内发生的运费可以抵扣进项税 = 12 × 9% = 1.08（万元）。

业务（3）：可以抵扣的进项税 = 13.2 × 10% + 2 × 13% = 1.58（万元）。乙企业代收代缴的消费税 =（13.2 × 90% + 2）÷（1 - 30%）× 30% = 5.95（万元）。

业务（4）：纳税人采取赊销方式的，其纳税义务的发生时间为销售合同约定收款日期的当天。增值税销项税 = 400 × 13% + 100 × 50% × 13% = 58.5（万元）。应纳消费税 = 400 × 56% + 100 × 50% × 56% +（200 + 50 × 50%）× 150 ÷ 10 000 = 255.38（万元）。

业务（5）：进项税转出金额 =（8.6 - 1.6）× 13% + 1.6 × 9% = 1.05（万元）。

业务（6）：将新型雪茄烟对外赠送，要视同销售计算增值税和消费税。增值税销项

税 = 18 × (1 + 5%) ÷ (1 - 36%) × 30% × 13% = 1.15（万元）。

应纳消费税 = 18 × (1 + 5%) ÷ (1 - 36%) × 30% × 36% = 3.19（万元）。

本月准予扣除的烟丝买价 = 35 + 50 + (170.51 + 17.05) ÷ (1 - 30%) + (13.2 × 90% + 2) ÷ (1 - 30%) - (8.6 - 1.6) - 20 = 345.77（万元）。本月准予抵扣的消费税 = 345.77 × 30% = 103.73（万元）。

模块三　企业所得税政策与管理

题型一　单项选择题

1. 2020年10月，某公司向一非居民企业支付利息26万元、特许权使用费40万元、财产价款120万元（该财产的净值为50万元），该公司应扣缴企业所得税（　　）。

   A. 13.6万元　　　B. 20.6万元　　　C. 27.2万元　　　D. 41.2万元

   【参考答案】A

   【答案解析】该公司应扣缴企业所得税 = 26 × 10% + 40 × 10% + (120 − 50) × 10% = 13.6（万元）。

2. 关于企业所得税收入的确定下列说法不正确的是（　　）。

   A. 企业发生的商业折扣应当按扣除商业折扣后的余额确定销售商品收入金额

   B. 企业发生的现金折扣应当按扣除现金折扣后的余额确定销售商品收入金额

   C. 企业转让股权收入，应于转让协议生效且完成股权变更手续时，确认收入的实现

   D. 如果交易合同或协议中规定租赁期限跨年度且租金提前一次性支付的，出租人可以在租赁期内分期均匀计入相关年度收入

   【参考答案】B

   【答案解析】选项B：应当按扣除现金折扣前的金额确定销售商品收入金额，现金折扣在实际发生时作为财务费用扣除。

3. 2020年某居民企业购买安全生产专用设备用于生产经营，取得增值税专用发票，注明设备价款10万元。已知该企业2018年亏损40万元，2019年盈利20万元。2020年度经审核所得额60万元。2020年度该企业实际应缴纳企业所得税（　　）。

   A. 6.83万元　　　B. 8.83万元　　　C. 9万元　　　D. 10万元

   【参考答案】C

   【答案解析】应纳企业所得税 = [60 − (40 − 20)] × 25% − 10 × 10% = 9（万元）

4. 假设2020年某居民企业实现商品销售收入2 000万元，发生现金折扣100万元，接受捐赠收入100万元，转让无形资产所有权收入20万元。该企业当年实际发生业务招待费30万元、广告费240万元、业务宣传费80万元。2020年度该企业可税前扣除的业务招待费、广告费、业务宣传费合计（　　）。

A. 294.5万元　　　B. 310万元　　　C. 325.5万元　　　D. 330万元

【参考答案】B

【答案解析】销售商品涉及现金折扣的，应当按扣除现金折扣前的金额确定销售商品收入金额。业务招待费：2 000×0.5%＝10（万元），30×60%＝18（万元），按10万元扣除。广告费和业务宣传费：2 000×15%＝300（万元），按300万元扣除。合计：10＋300＝310（万元）。

5. 根据现行企业所得税法相关规定，在存货报废、毁损或变质损失的规定中，损失数额较大的指的是占企业该类资产计税成本（　　）以上，或减少当年应纳税所得、增加亏损（　　）以上，应有专业技术鉴定意见。

A. 5%；5%　　　B. 10%；10%　　　C. 15%；15%　　　D. 10%；15%

【参考答案】B

【答案解析】该项损失数额较大的是指占企业该类资产计税成本10%以上，或减少当年应纳税所得、增加亏损10%以上。

6. 根据企业所得税法，下列收入中属于免税收入的是（　　）。

A. 企业购买金融债券取得的利息收入　　B. 企业提供中介代理的收入

C. 企业购买国债取得的利息收入　　D. 企业提供非专利技术的收入

【参考答案】C

【答案解析】企业的收入总额包括以货币形式和非货币形式从各种来源取得的收入，具体包括销售货物所得、提供劳务所得、转让财产所得、股息红利等权益性投资所得、利息所得、租金所得、特许权使用费所得、接受捐赠所得和其他所得；国债利息收入属于免税收入。

7. 某国家重点扶持的高新技术企业，2018年亏损15万元，2019年亏损10万元，2020年盈利125万元，根据企业所得税法，企业2020年应纳企业所得税税额为（　　）。

A. 18.75万元　　　B. 17.25万元　　　C. 15万元　　　D. 25万元

【参考答案】C

【答案解析】企业上一年度发生亏损，可用当年所得进行弥补，一年弥补不完的，可连续弥补5年，按弥补亏损后的应纳税所得额和适用税率计算税额，所以2018年、2019年的亏损都可以用2020年的所得弥补；国家重点扶持的高新技术企业，适用的企业所得税税率是15%。

2020年应纳企业所得税=（125-15-10）×15%=15（万元）。

8. 根据企业所得税法，下列项目的支出超限额部分，下期可以递延扣除的是(   )。

  A. 职工教育经费　　　　　　　　B. 职工福利费
  C. 工会经费　　　　　　　　　　D. 国有企业的工资、薪金支出

【参考答案】 A

【答案解析】 实际发生的超扣除限额部分的职工教育经费可以递延以后期间扣除，但是以后期间也必须在限额比例以内才可以扣除。

9. 某公司2020年度"财务费用"账户中列支有两笔利息费用：向银行借入生产用资金200万元，借用期限6个月，支付借款利息7万元；经过批准自5月1日起向本企业职工借入资金60万元，用于建造厂房，并在10月31日进行竣工结算，借用职工资金期限8个月，支付借款利息4.8万元。该公司2020年度的可扣除的财务费用为(   )。

  A. 7.7万元　　　B. 12.3万元　　　C. 8.75万元　　　D. 9.1万元

【参考答案】 A

【答案解析】 银行的利率=（7×2）÷200=7%。自行建造的固定资产，以竣工结算前发生的支出为计税基础，因此5—10月的利息属于资本化的支出，可以税前扣除的职工借款利息（11—12月）=60×7%÷12×2=0.7（万元）。可以扣除的财务费用=7+0.7=7.7（万元）。

10. 某居民企业2020年生产经营应纳税所得额为500万元，适用15%的企业所得税税率。该企业在A国设有甲分支机构，甲分支机构的应纳税所得额为50万元，甲分支机构适用20%的企业所得税税率，甲分支机构按规定在A国缴纳了企业所得税，该企业在我国应汇总缴纳的企业所得税为（   ）。

  A. 75万元　　　B. 77.5万元　　　C. 127.5万元　　　D. 172.5万元

【参考答案】 B

【答案解析】 A国的扣除限额=50×25%=12.5（万元）。

在A国实际缴纳的所得税=50×20%=10（万元），小于抵扣限额，需要补税。

企业在我国应汇总缴纳的企业所得税=500×15%+（50×25%-10）=77.5（万

元)。

11. 某居民企业2020年实际支出的工资、薪金总额为150万元（其中包括临时工工资5万元，实习生工资15万元），计提的三项经费35.50万元，其中福利费本期发生30万元，拨缴的工会经费3万元，已经取得工会拨缴收据，实际发生职工教育经费2.50万元，该企业在计算2020年应纳税所得额时，应调整的应纳税所得额为（　　）。

A.0万元　　　　　　B.7.75万元　　　　　C.9万元　　　　　　D.35.50万元

【参考答案】C

【答案解析】福利费扣除限额为150×14%＝21（万元），实际发生30万元，准予扣除21万元。

工会经费扣除限额＝150×2%＝3（万元），实际发生3万元，可以据实扣除。

职工教育经费扣除限额＝150×8%＝12（万元），实际发生2.50万元，可以据实扣除。

应调增应纳税所得额＝35.50－（21＋3＋2.50）＝9（万元）。

12. 根据企业所得税政策规定，下列关于资产的摊销处理中表述不正确是（　　）。

A. 生产性生物资产的支出，准予按成本扣除

B. 无形资产的摊销年限若无法律规定年限或约定年限的一般不得低于10年

C. 自行开发无形资产的费用化支出，不得计算摊销费用

D. 在企业整体转让或清算时，外购商誉的支出准予扣除

【参考答案】A

【答案解析】选项A：生产性生物资产的支出，准予摊销扣除，不得一次性扣除。

13. 根据企业所得税法，下列收入不属于企业其他收入的是（　　）。

A. 转让生物资产的收入　　　　　　B. 已作坏账损失处理后又收回的应收款项

C. 经营过程中的违约金收入　　　　D. 汇兑收益

【参考答案】A

【答案解析】企业所得税法中所称其他收入，包括企业资产溢余收入、逾期未退包装物押金收入、确实无法偿付的应付款项、已作坏账损失处理后又收回的应收款项、债务重组收入、补贴收入、违约金收入、汇兑收益等。

14. 甲企业为一般纳税人，2020年10月与甲公司达成债务重组协议，以自产的产品抵偿所欠甲公司一年前发生的债务150万元，该自产产品的成本80万元，市场价值120万元。就该项业务甲企业应缴纳的企业所得税是（　　）。（不考虑城市维护建设税和教

育费附加，企业所得税税率为25%）

A. 12.4万元　　　B. 7.4万元　　　C. 10万元　　　D. 13.6万元

【参考答案】D

【答案解析】视同销售所得=120-80=40（万元），债务重组所得=150-（120+120×13%）=14.40（万元），该项重组业务应纳企业所得税=（40+14.40）×25%=13.6（万元）。

15. 下列各项中，甲制造企业能作为业务招待费税前扣除计提依据的是（　　）。

A. 让渡无形资产使用权的收入　　　B. 因债权人原因确实无法支付的应付款项

C. 转让股权的收入　　　D. 出售固定资产的收入

【参考答案】A

【答案解析】选项B属于会计上的营业外收入。选项C、D为转让财产收入，在会计上要计入营业外收入。

16. 某市房地产企业，在市区开发某高档住宅，2020年10—12月取得预售收入500万元，当地税务机关核定的利润率为25%，企业第四季度应预缴的企业所得税为（　　）。（计算时不考虑其他的税费）

A. 25万元　　　B. 31.25万元　　　C. 37.25万元　　　D. 45万元

【参考答案】B

【答案解析】预缴企业所得税=500×25%×25%=31.25（万元）

17. 假设2020年某内资企业全年产品销售收入6 700万元，出租包装物租金收入400万元，接受捐赠收入50万元，投资收益40万元。该企业当年业务招待费实际发生额为80万元，准予在税前扣除的业务招待费数额是（　　）。

A. 35.5万元　　　B. 44.5万元　　　C. 48万元　　　D. 80万元

【参考答案】A

【答案解析】业务招待费扣除限额=（6 700+400）×5‰=35.5（万元），实际发生额的60%为48万元，准予在税前扣除的业务招待费数额是35.5万元。

18. 根据现行政策规定，在2018年1月1日至2020年12月31日期间新购进的设备、器具，单位价值不超过（　　）的，允许一次性计入当期成本费用在计算应纳税所得额时扣除。

A. 800万元　　　B. 700万元　　　C. 600万元　　　D. 500万元

【参考答案】D

【答案解析】固定资产折旧：在2018年1月1日至2020年12月31日期间新购进的设备、器具，单位价值不超过500万元的，允许一次性计入当期成本费用在计算应纳税所得额时扣除。政策依据：财税〔2014〕75号、财税〔2015〕106号、财税〔2018〕54号、财政部 税务总局公告2019年第66号。

19. 根据"疫情防控"相关政策，单位和个体工商户将自产、委托加工或购买的货物通过公益性社会组织或（　　）以上人民政府及其部门等国家机关捐赠应对疫情的现金和物品允许企业所得税或个人所得税税前全额扣除。

A. 乡级　　　　B. 镇级　　　　C. 村级　　　　D. 县级

【参考答案】D

【答案解析】根据财政部 税务总局公告2020年第9号规定，通过公益性社会组织或县级以上人民政府及其部门等国家机关捐赠应对疫情的现金和物品允许企业所得税或个人所得税税前全额扣除。

20. 根据"疫情防控"相关政策，受疫情影响较大的困难行业企业2020年度发生的亏损，最长结转年限由5年延长至8年，困难行业企业2020年度主营业务收入须占收入总额（剔除不征税收入和投资收益）的（　　）。

A. 50%以上　　B. 60%以上　　C. 70%以上　　D. 80%以上

【参考答案】A

【答案解析】根据财政部 税务总局公告2020年第8号，困难行业企业、受疫情影响较大的困难行业企业2020年度发生的亏损，最长结转年限由5年延长至8年。困难行业企业包括交通运输、餐饮、住宿、旅游（指旅行社及相关服务、游览景区管理两类）四大类，具体判断标准按照现行《国民经济行业分类》执行。困难行业企业2020年度主营业务收入须占收入总额（剔除不征税收入和投资收益）的50%以上。

21. 假设甲商业企业在2020年年均职工人数75人，年均资产总额960万元，当年经营收入1 340万元，税前准予扣除项目金额1 200万元。该企业2020年应缴纳企业所得税（　　）。

A. 14万元　　　B. 9万元　　　C. 7万元　　　D. 5万元

【参考答案】B

【答案解析】小型微利企业是指从事国家非限制和禁止行业，且同时符合年度应纳税所得额不超过300万元、从业人数不超过300人、资产总额不超过5 000万元等三个条件的企业。政策依据：财税〔2019〕13号、国家税务总局公告2019年第2号，该商业企业符合小型微利企业的认定条件，其所得额减按50%计入应纳税所得额，按20%的税率缴纳企业所得税。所得额为140万元，未超过300万元，应缴纳企业所得税=100×25%×20%+40×50%×20%=5+4=9（万元）。

22. 2020年10月乙公司以某项专利权抵甲公司欠款500万元，该专利权账面净值400万元，有效期尚有10年，甲公司支付相关税费20万元，请问甲公司取得该项无形资产的计税基础是（　　）万元。

A. 400　　　　　B. 420　　　　　C. 500　　　　　D. 520

【参考答案】D

【答案解析】债务重组取得无形资产的定价按《中华人民共和国企业所得税法实施条例》第六十六条规定，通过捐赠、投资、非货币性资产交换、债务重组等方式取得的无形资产，以该资产的公允价值和支付的相关税费为计税基础。

23. 下列公司不能成为企业所得税纳税人的是（　　）。

A. 汽车制造公司在外省设立的分公司　　B. 纺织品企业投资设立的全资子公司

C. 日本公司在中国设立机构场所　　　　D. 拥有2个子公司的母公司

【参考答案】A

【答案解析】分公司由总公司汇总纳税，除特殊规定，不得成为企业所得税纳税人。

24. 权益性投资资产的转让所得按照（　　）确定其是境内所得还是境外所得。

A. 转让企业所在地　　　　　　　　　　B. 接受企业所在地

C. 投资企业所在地　　　　　　　　　　D. 被投资企业所在地

【参考答案】D

【答案解析】权益性投资资产转让所得按照被投资企业所在地确定来源于中国境内、境外的所得。

25. 下列企业中，属于居民企业应按照居民企业的相关规定缴纳企业所得税的是（　　）。

A. 德国某公司在北京设立的办事处

B. 依照外国（地区）法律成立的企业

C. 依照中国法律法规成立中外合资企业

D. 中国香港某公司在北京从事建筑工程作业

【参考答案】C

【答案解析】德国某公司在北京设立的办事处、中国香港某公司在北京从事建筑工程作业、依照外国（地区）法律成立的企业是非居民企业；依照法律法规成立中外合资企业是居民企业。

26. 2019年11月，某建筑企业与建设单位签订了房屋施工劳务1 000万元合同，工期为2019年12月至2020年10月，建筑公司按照完工进度法确认其提供劳务的收入。下列完工进度的测算方法，不符合企业所得税相关规定的是（　　）。

　　A. 已完工作的测量　　　　　　B. 发生成本占总成本的比例

　　C. 已提供劳务占劳务总量的比例　　D. 已建造时间占合同约定时间的比例

【参考答案】D

【答案解析】根据国税函〔2008〕875号，企业提供劳务完工进度的确定，可选用下列方法：①已完工作的测量；②已提供劳务占劳务总量的比例；③发生成本占总成本的比例。

27. 某企业对原价1 200万元的房屋（使用年限20年，不考虑净残值）于2019年底进行推倒新建仓库（截至2019年底该房屋已经使用12年），2020年10月仓库建造完工并投入使用，为新建仓库发生支出700万元。税法规定新建仓库折旧年限为20年。假设不考虑残值，2020年可以在所得税前扣除的仓库折旧是（　　）。

　　A. 9.83万元　　　B. 9.33万元　　　C. 5.83万元　　　D. 5.33万元

【参考答案】A

【答案解析】根据国家税务总局公告2011年第34号公告，企业对房屋、建筑物固定资产在未足额提取折旧前进行改扩建的，如属于推倒重置的，该资产原值减除提取折旧后的净值，应并入重置后的固定资产计税成本，并在该固定资产投入使用后的次月起，按照税法规定的折旧年限，一并计提折旧。旧房屋尚未提取的折旧为480万元。2020年的折旧额＝（700＋480）÷20÷12×2＝9.83（万元）。

28. 下列关于企业政策性搬迁所得税处理的表述，正确的是（　　）。

　　A. 企业由于搬迁处置存货而取得的收入，应按正常经营活动取得的收入进行所得税处理，不作为企业搬迁收入

　　B. 企业的搬迁支出，包括搬迁费用支出，但不包括由于搬迁所发生的企业资产处置支出

　　C. 企业的搬迁损失可以在搬迁完成年度一次性作为损失进行扣除，也可以自搬迁完成年度起分5个年度，均匀在税前扣除

　　D. 企业以前年度发生尚未弥补亏损的，企业在5年内完成搬迁的，搬迁期间可以从

法定亏损结转弥补年限中减除

【参考答案】A

【答案解析】依据国家税务总局公告 2012 年第 40 号第七条、八条、十八条、二十一条。选项 B：企业的搬迁支出，包括搬迁费用支出以及由于搬迁所发生的企业资产处置支出。选项 C：企业的搬迁损失可以在搬迁完成年度，一次性作为损失进行扣除，也可以自搬迁完成年度起分 3 个年度，均匀在税前扣除。选项 D：企业以前年度发生尚未弥补的亏损的，凡企业由于搬迁停止生产经营无所得的，从搬迁年度次年起，至搬迁完成年度前一年度止，可作为停止生产经营活动年度，从法定亏损结转弥补年限中减除；企业边搬迁、边生产的，其亏损结转年度应连续计算。

29. 甲企业 2020 年 1 月 1 日向乙公司借入经营性资金 400 万元，借款期 1 年，支付利息费用 28 万元。假定当年银行同期同类贷款年利率为 6%，不考虑其他纳税调整事项，该甲企业在计算 2020 年应纳税所得额时，应调整的利息费用为（　　）。

A. 24 万元　　　　B. 28 万元　　　　C. 8 万元　　　　D. 4 万元

【参考答案】D

【答案解析】非金融企业向非金融企业借款的利息支出，不超过按照金融企业同期同类贷款利率计算的数额的部分，超过部分进行纳税调增。允许扣除的利息 = 400 × 6% = 24（万元），应调增 4 万元。

30. A 企业为某上市公司股东，股权投资计税基础为 900 万元。2020 年 1 月，该上市公司股东大会做出决定，将股票溢价发行形成的资本公积转增股本，A 企业获得转增股本 600 万元。2020 年 9 月，A 企业将该项股权转让，获得收入 2 000 万元。根据企业所得税法的相关规定，A 企业转让股权应确认的股权转让所得为（　　）。

A. 500 万元　　　　B. 600 万元　　　　C. 2 000 万元　　　　D. 1 100 万元

【参考答案】D

【答案解析】根据国税函〔2010〕79 号第四条第二款，被投资企业将股权（票）溢价所形成的资本公积转为股本的，不作为投资方企业的股息、红利收入，投资方企业也不得增加该项长期投资的计税基础。因此，A 公司获得转增股本后，持有的股权计税基础仍为 900 万元，股权转让所得 = 2 000 − 900 = 1 100（万元）。

31. 按照企业所得税法的相关规定，下列各项收入中，会增加应纳税所得额的是（　　）。

A. 国债利息收入

B. 专项财政拨款

C. A 居民企业持有 B 居民企业公开发行并上市流通的股票 10 个月取得的股息红利收益

D. 300 万元的技术转让所得

【参考答案】C

【答案解析】居民企业持有其他居民企业公开发行并上市流通的股票不足 12 个月取得的投资收益不属于免税收入，国债利息收入为免税收入，财政拨款为不征税收入，300 万元的技术转让所得免征企业所得税。

32. 甲财产保险企业 2020 年全部保费收入扣除退保金等余额为 10 000 万元，当年企业所得税税前扣除限额为（　　）万元。

A. 1 000　　　　B. 1 500　　　　C. 1 800　　　　D. 2 000

【参考答案】C

【答案解析】根据《财政部 税务总局关于保险企业手续费及佣金支出税前扣除政策的公告》（财政部 税务总局公告 2019 年第 72 号），保险企业发生的与其经营活动有关的手续费及佣金支出，不超过当年全部保费收入扣除退保金等余额的 18%（含本数）的部分，在计算应纳税所得额时准予扣除；超过部分，允许结转以后年度扣除。

33. 2020 年 10 月，甲企业购买一大型环境保护设备，投资额为 2 000 万元，当年该企业的利润总额 890 万元；未经财税部门核准，提取风险准备金 10 万元。假定不考虑其他纳税调整事项，2020 年该企业应纳企业所得税税额为（　　）万元。

A. 220　　　　B. 225　　　　C. 25　　　　D. 20

【参考答案】C

【答案解析】未经核定的准备金支出，属于企业所得税税前禁止扣除项目，所以要纳税调增。企业购置的"环境保护、节能节水、安全生产等专用设备"，投资额的 10% 可以在应纳税额中抵免，该企业的应纳税额 =（890 + 10）× 25% - 2 000 × 10% = 25（万元）。

34. 符合加速折旧政策的企业对其购置的已使用过的固定资产，最低折旧年限不得低于规定最低折旧年限减去已使用年限后剩余年限的一定比例。下列选项中，符合这一比例的是（　　）。

A. 40%　　　　B. 80%　　　　C. 50%　　　　D. 60%

【参考答案】D

【答案解析】符合加速折旧政策的企业对其购置的已使用过的固定资产，最低折旧年限不得低于规定的最低折旧年限减去已使用年限后剩余年限的60%。

35. 根据企业所得税相关规定，以下关联业务的税务处理正确的是（　　）。

A. 母公司以管理费形式向子公司提取费用，子公司因此支付给母公司的管理费，可以在税前扣除

B. 企业从其关联方接受的债权性投资与权益性投资的比例超过规定标准而发生的利息支出，不得在计算应纳税所得额时扣除

C. 设立在实际税负明显低于12.5%的国家或地区的受控外国企业并非由于合理的经营需要而对利润不作分配或者减少分配的，上述利润中应归属于该居民企业的部分，不计入该居民企业的当期收入

D. 子公司申报税前扣除向母公司支付的服务费用，不能提供相关资料的，支付的服务费用可以税前扣除

【参考答案】B

【答案解析】选项A：母公司以管理费形式向子公司提取费用，子公司因此支付给母公司的管理费，不得在企业所得税税前扣除。选项C：由居民企业或者由居民企业和中国居民控制的设立在实际税负明显低于25%的税率水平的国家（地区）的企业，并非由于合理的经营需要而对利润不作分配或者减少分配的，上述利润中应归属于该居民企业的部分，应当计入该居民企业的当期收入。选项D：子公司申报税前扣除向母公司支付的服务费用，不能提供相关资料的，支付的服务费用不得税前扣除。

36. 税务机关根据税法相关规定作出的特别纳税调整而加收的利息，应当按照税款所属纳税年度央行公布的与补税期间同期的贷款利率加（　　）。

A. 2%　　　　B. 3%　　　　C. 5%　　　　D. 8%

【参考答案】C

【答案解析】加收的利息，应当按照税款所属纳税年度央行公布的与补税期间同期的贷款利率加5%计算。

37. 企业与其关联方之间的业务往来，不符合独立交易原则，或者企业实施其他不具有合理商业目的的安排的，税务机关有权在该业务发生的纳税年度起（　　）年内，进行纳税调整。

A. 3　　　　B. 5　　　　C. 8　　　　D. 10

【参考答案】D

【答案解析】企业与其关联方之间的业务往来，不符合独立交易原则，或者企业实施其他不具有合理商业目的安排的，税务机关有权在该业务发生的纳税年度起10年内，进行纳税调整。

38. 下列各项收入中，能作为业务招待费税前扣除限额计算依据的是（   ）。

   A. 出租机器设备的租金收入　　　　B. 违约金收入
   C. 转让无形资产所有权的收入　　　D. 出售固定资产的收入

【参考答案】A

【答案解析】业务招待费支出，按照发生额的60%扣除，但最高不得超过当年销售（营业）收入的5‰。销售（营业）收入＝主营业务收入 + 其他业务收入 + 视同销售收入。违约金收入、转让无形资产所有权的收入、出售固定资产的收入等属于营业外收入。

39. 关于销售商品确认收入时点，下列说法中不正确的是（   ）。

   A. 销售商品需要安装和检验的，在购买方接受商品以及安装和检验完毕时确认收入
   B. 采取预收款方式销售商品的，在发出商品时确认收入
   C. 销售商品采用托收承付方式的，在办妥托收手续时确认收入
   D. 销售商品采用支付手续费方式委托代销的，在收到代销货款时确认收入

【参考答案】D

【答案解析】选项D：销售商品采用支付手续费方式委托代销的，在收到代销清单时确认收入。

40. 根据企业所得税的相关规定，下列业务不视同销售确认收入的是（   ）。

   A. 将自产产品用于市场推广送给客户　　B. 将自产产品赠送给受灾地区
   C. 将自产产品用于本单位在建工程　　　D. 将自产产品用于职工奖励

【参考答案】C

【答案解析】企业处置资产，除将资产转移至境外以外，资产所有权属在形式和实质上均不发生改变，可作为内部处置资产，不视同销售确认收入，相关资产的计税基础延续计算。

41. 发行永续债的企业对每一永续债产品的处理方法，在选用适用股息、红利企业所得税政策或是债券利息适用企业所得税政策时，税收处理方法一经确定（   ）。

   A. 不得变更　　　　　　　　　　　B. 一年内不得变更
   C. 二年内不得变更　　　　　　　　D. 三年内不得变更

【参考答案】A

【答案解析】根据《财政部 税务总局关于永续债企业所得税政策问题的公告》（财政部 税务总局公告2019年第64号），发行永续债的企业对每一永续债产品的税收处理方法一经确定，不得变更。企业对永续债采取的税收处理办法与会计核算方式不一致的，发行方、投资方在进行税收处理时须作出相应纳税调整。

42. 汇算清缴期结束后，税务机关发现企业应当取得而未取得发票（其他外部凭证）或者取得不合规发票（其他外部凭证）并且告知企业的，企业应当自被告知之日起（　　）补开、换开符合规定的发票（其他外部凭证）。

A. 30日内　　　　B. 45日内　　　　C. 60日内　　　　D. 90日内

【参考答案】C

【答案解析】根据《国家税务总局关于发布〈企业所得税税前扣除凭证管理办法〉的公告》（国家税务总局公告2018年第28号），汇算清缴期结束后，税务机关发现企业应当取得而未取得发票、其他外部凭证或者取得不合规发票、不合规其他外部凭证并且告知企业的，企业应当自被告知之日起60日内补开、换开符合规定的发票、其他外部凭证。其中，因对方特殊原因无法补开、换开发票、其他外部凭证的，企业应当按照本办法第十四条的规定，自被告知之日起60日内提供可以证实其支出真实性的相关资料。

43. 纳税人因未取得有效凭证导致相应支出在该年度没有税前扣除的，以后年度取得符合规定的发票、其他外部凭证或相关资料，相应支出可以追补至该支出发生年度税前扣除，但追补年限（　　）。

A. 不得超过二年　　　　　　B. 不得超过三年

C. 不得超过四年　　　　　　D. 不得超过五年

【参考答案】D

【答案解析】根据《国家税务总局关于发布〈企业所得税税前扣除凭证管理办法〉的公告》（国家税务总局公告2018年第28号），企业以前年度应当取得而未取得发票、其他外部凭证，且相应支出在该年度没有税前扣除的，在以后年度取得符合规定的发票、其他外部凭证或者按照本办法第十四条的规定提供可以证实其支出真实性的相关资料，相应支出可以追补至该支出发生年度税前扣除，但追补年限不得超过五年。

44. 对股权激励计划实行后立即可以行权的，上市公司可以根据实际行权时该股票的公允价格与激励对象实际行权支付价格的差额和数量，计算确定作为当年上市公司（　　）。

A. 工资薪金支出，依照税法规定进行企业所得税税前扣除

B. 福利费支出，依照税法规定进行企业所得税税前扣除

C. 股息性支出，不得在企业所得税税前扣除

D. 与企业收入无关的支出，不得在企业所得税税前扣除

【参考答案】A

【答案解析】根据《国家税务总局关于我国居民企业实行股权激励计划有关企业所得税处理问题的公告》（国家税务总局公告2012年第18号），对股权激励计划实行后立即可以行权的，上市公司可以根据实际行权时该股票的公允价格与激励对象实际行权支付价格的差额和数量，计算确定作为当年上市公司工资薪金支出，依照税法规定进行税前扣除。

45. 金融企业对中小企业贷款进行风险分类后，按照规定比例计提的贷款损失准备金，准予在计算应纳税所得额时扣除。中小企业贷款，是指金融企业对年销售额和资产总额（　　）。

A. 销售额不超过1亿元、资产总额不超过2亿元的企业的贷款

B. 销售额不超过2亿元、资产总额不超过1亿元的企业的贷款

C. 均不超过1亿元的企业的贷款

D. 均不超过2亿元的企业的贷款

【参考答案】D

【答案解析】根据《财政部 税务总局关于金融企业涉农贷款和中小企业贷款损失准备金税前扣除有关政策的公告》（财政部 税务总局公告2019年第85号），中小企业贷款，是指金融企业对年销售额和资产总额均不超过2亿元的企业的贷款。

46. 可以适应15%优惠税率的西部地区鼓励类产业企业是指以《西部地区鼓励类产业目录》中规定的产业项目为主营业务，且其（　　）。

A. 主营业务收入占企业收入总额（剔除不征税收入）70%以上的企业

B. 主营业务收入占企业收入总额70%以上的企业

C. 主营业务收入占企业收入总额（剔除不征税收入）60%以上的企业

D. 主营业务收入占企业收入总额60%以上的企业

【参考答案】D

【答案解析】根据《财政部 税务总局 国家发展改革委关于延续西部大开发企业所得税政策的公告》（财政部 税务总局 国家发展改革委公告2020年第23号）第一条，自

2021年1月1日至2030年12月31日，对设在西部地区的鼓励类产业企业减按15%的税率征收企业所得税。本条所称鼓励类产业企业是指以《西部地区鼓励类产业目录》中规定的产业项目为主营业务，且其主营业务收入占企业收入总额60%以上的企业。

47．对注册在海南自由贸易港并实质性运营的鼓励类产业企业，减按（　　）的税率征收企业所得税。

A．5%　　　　B．10%　　　　C．15%　　　　D．20%

【参考答案】C

【答案解析】根据《财政部 税务总局关于海南自由贸易港企业所得税优惠政策的通知》（财税〔2020〕31号），自2020年1月1日起执行至2024年12月31日，有关优惠政策如下：对注册在海南自由贸易港并实质性运营的鼓励类产业企业，减按15%的税率征收企业所得税。

鼓励类产业企业，是指以海南自由贸易港鼓励类产业目录中规定的产业项目为主营业务，且其主营业务收入占企业收入总额60%以上的企业。所称实质性运营，是指企业的实际管理机构设在海南自由贸易港，并对企业生产经营、人员、账务、财产等实施实质性全面管理和控制。对不符合实质性运营的企业，不得享受优惠。

48．根据现行政策规定，对在海南自由贸易港设立的企业，新购置（含自建、自行开发）固定资产或无形资产，单位价值不超过（　　）的允许一次性计入当期成本费用在计算应纳税所得额时扣除。

A．100万元（含）　　B．200万元（含）　　C．300万元（含）　　D．500万元（含）

【参考答案】D

【答案解析】根据《财政部 税务总局关于海南自由贸易港企业所得税优惠政策的通知》（财税〔2020〕31号），自2020年1月1日起执行至2024年12月31日对在海南自由贸易港设立的企业，新购置（含自建、自行开发）固定资产或无形资产，单位价值不超过500万元（含）的，允许一次性计入当期成本费用在计算应纳税所得额时扣除，不再分年度计算折旧和摊销；新购置（含自建、自行开发）固定资产或无形资产，单位价值超过500万元的，可以缩短折旧、摊销年限或采取加速折旧、摊销的方法。

49．对中国（上海）自由贸易试验区临港新片区从事集成电路、人工智能、生物医药、民用航空等关键领域核心环节相关产品（技术）业务，并开展实质性生产或研发活动的符合条件的法人企业（　　）。

A．自设立之日起3年内减按15%的税率征收企业所得税

B. 自设立之日起 5 年内减按 15% 的税率征收企业所得税

C. 自盈利之日起 3 年内减按 15% 的税率征收企业所得税

D. 自盈利之日起 5 年内减按 15% 的税率征收企业所得税

【参考答案】B

【答案解析】根据《财政部 税务总局关于中国（上海）自贸试验区临港新片区重点产业企业所得税政策的通知》（财税〔2020〕38 号），对新片区内从事集成电路、人工智能、生物医药、民用航空等关键领域核心环节相关产品（技术）业务，并开展实质性生产或研发活动的符合条件的法人企业，自设立之日起 5 年内减按 15% 的税率征收企业所得税。

50. 依法成立且符合条件的集成电路设计企业和软件企业，在 2019 年 12 月 31 日前自获利年度起计算优惠期为（　　）。

A. 第一年至第二年免征企业所得税，第三年至第五年按照 25% 的法定税率减半征收企业所得税

B. 第一年至第三年免征企业所得税，第四年至第五年按照 25% 的法定税率减半征收企业所得税

C. 第一年至第二年免征企业所得税，第三年至第六年按照 25% 的法定税率减半征收企业所得税

D. 第一年至第三年免征企业所得税，第四年至第六年按照 25% 的法定税率减半征收企业所得税

【参考答案】A

【答案解析】根据《财政部 税务总局关于集成电路设计企业和软件企业 2019 年度企业所得税汇算清缴适用政策的公告》（财政部 税务总局公告 2020 年第 29 号），依法成立且符合条件的集成电路设计企业和软件企业，在 2019 年 12 月 31 日前自获利年度起计算优惠期，第一年至第二年免征企业所得税，第三年至第五年按照 25% 的法定税率减半征收企业所得税，并享受至期满为止。

51. 2020 年，甲公司（中关村国家自主创新示范区特定区域内注册的居民企业）取得技术转让所得 1 800 万元，则甲公司该笔业务的企业所得税应纳税所得额为（　　）。

A. 1 800 万元　　　　　　　　B. 1 300 万元

C. 650 万元　　　　　　　　　D. 0 元

【参考答案】D

【答案解析】自 2020 年 1 月 1 日起，对在中关村国家自主创新示范区特定区域内注册的居民企业（居民企业从直接或间接持有股权之和达到 100% 的关联方取得的技术转让所得），符合条件的技术转让所得，在一个纳税年度内不超过 2 000 万元的部分，免征企业所得税；超过 2 000 万元的部分，减半征收企业所得税。

52. 假设甲公司（小型微利企业）2021 年实现企业所得税应纳税所得额 150 万元，则甲 2021 年应纳企业所得税（　　）。

    A. 10 万元　　　　　　　　　　　　B. 7.5 万元

    C. 5 万元　　　　　　　　　　　　　D. 3.75 万元

【参考答案】B

【答案解析】根据《财政部 税务总局关于实施小微企业和个体工商户所得税优惠政策的公告》（财政部 税务总局公告 2021 年第 12 号），自 2021 年 1 月 1 日至 2022 年 12 月 31 日，对小型微利企业年应纳税所得额不超过 100 万元的部分，减按 12.5% 计入应纳税所得额，按 20% 的税率缴纳企业所得税。$100 \times 12.5\% \times 20\% + 50 \times 50\% \times 20\% = 2.5 + 5 = 7.5$（万元）。

53. 2021 年，甲公司（制造业企业）在开展研发活动中实际发生的研发费用，未形成无形资产计入当期损益的，再按照实际发生额的 100% 在税前加计扣除。则 2021 年甲公司享受 100% 加计扣除优惠主营业务收入占收入总额的比例达到（　　）。

    A. 50% 以上　　　　　　　　　　　　B. 60% 以上

    C. 70% 以上　　　　　　　　　　　　D. 75% 以上

【参考答案】A

【答案解析】根据《财政部 税务总局关于进一步完善研发费用税前加计扣除政策的公告》（财政部 税务总局公告 2021 年第 13 号），自 2021 年 1 月 1 日起，制造业企业开展研发活动中实际发生的研发费用，未形成无形资产计入当期损益的，在按规定据实扣除的基础上，再按照实际发生额的 100% 在税前加计扣除；形成无形资产的，按照无形资产成本的 200% 在税前摊销。制造业企业，是指以制造业业务为主营业务，享受优惠当年主营业务收入占收入总额的比例达到 50% 以上的企业。制造业的范围按照《国民经济行业分类》（GB/T 4574—2017）确定，如国家有关部门更新《国民经济行业分类》，从其规定。收入总额按照企业所得税法第六条规定执行。

54. 下列表述不符合享受企业所得税定期减免政策的国家鼓励的软件企业条件表述的是（　　）。

A. 汇算清缴年度具有本科及以上学历的月平均职工人数占企业月平均职工总人数的比例不低于40%

B. 汇算清缴年度研究开发人员月平均数占企业月平均职工总数的比例不低于25%

C. 汇算清缴年度研究开发费用总额占企业销售（营业）收入总额的比例不低于7%

D. 企业在中国境内发生的研究开发费用金额占研究开发费用总额的比例不低于50%

【参考答案】D

【答案解析】根据《中华人民共和国工业和信息化部 国家发展改革委 财政部 国家税务总局公告》（2021年第10号），国家鼓励的软件企业是指同时符合下列条件的企业：①在中国境内（不包括港、澳、台地区）依法设立，以软件产品开发及相关信息技术服务为主营业务并具有独立法人资格的企业；该企业的设立具有合理商业目的，且不以减少、免除或推迟缴纳税款为主要目的。②汇算清缴年度具有劳动合同关系或劳务派遣、聘用关系，其中具有本科及以上学历的月平均职工人数占企业月平均职工总人数的比例不低于40%，研究开发人员月平均数占企业月平均职工总数的比例不低于25%。③拥有核心关键技术，并以此为基础开展经营活动，汇算清缴年度研究开发费用总额占企业销售（营业）收入总额的比例不低于7%，企业在中国境内发生的研究开发费用金额占研究开发费用总额的比例不低于60%。

55. 下列表述不符合享受企业所得税定期减免政策的国家鼓励的软件企业条件表述的是（　　）。

A. 汇算清缴年度软件产品开发销售及相关信息技术服务（营业）收入占企业收入总额的比例不低于55%

B. 软件产品自主开发销售及相关信息技术服务（营业）收入占企业收入总额的比例不低于45%

C. 汇算清缴年度嵌入式软件产品开发销售（营业）收入占企业收入总额的比例不低于45%

D. 汇算清缴年度嵌入式软件产品开发销售（营业）收入占企业收入总额的比例不低于40%

【参考答案】D

【答案解析】根据《中华人民共和国工业和信息化部 国家发展改革委 财政部 国家税务总局公告》（2021年第10号），国家鼓励的软件企业应符合的条件之一是：汇算清缴年度软件产品开发销售及相关信息技术服务（营业）收入占企业收入总额的比例不低于55%［嵌入式软件产品开发销售（营业）收入占企业收入总额的比例不低于45%］，其中软件产品自主开发销售及相关信息技术服务（营业）收入占企业收入总额的比例不低于45%［嵌入式软件产品开发销售（营业）收入占企业收入总额的比例不低于40%］。

题型二 多项选择题

1. 根据企业所得税相关规定，下列各项属于外部移送资产行为应缴纳企业所得税的有（　　）。

    A. 将资产用于交际应酬　　　　B. 将资产用于移送分机构

    C. 将资产用于职工奖励　　　　D. 将资产用于本单位在建工程

    E. 将资产用于对外捐赠

    【参考答案】ACE

    【答案解析】选项B、D资产的所有权没有转移，不用缴纳企业所得税。

2. 根据企业所得税法，以下所得中可以免征或减征企业所得税的有（　　）。

    A. 林场销售原木的所得

    B. 从事国家重点扶持的公共基础设施项目投资经营的所得

    C. 从事符合条件的环境保护、节能节水项目的所得

    D. 销售水产品的渔场

    E. 销售安全生产设备的所得

    【参考答案】ABCD

    【答案解析】企业所得税法规定，企业的下列所得，可以免征或减征企业所得税：①从事农、林、牧、渔业项目的所得；②从事国家重点扶持的公共基础设施项目投资经营的所得；③从事符合条件的环境保护、节能节水项目的所得；④符合条件的技术转让所得；⑤非居民企业在中国境内未设立机构、场所的，或者虽设立机构、场所但取得的所得与其所设机构、场所没有实际联系的，其来源于中国境内的所得。

3. 根据企业所得税法，下列固定资产可以计提折旧在税前扣除的有（　　）。

    A. 以融资租赁方式租出的固定资产　　B. 以融资租赁方式租入的固定资产

    C. 单独估价作为固定资产入账的土地　　D. 未投入使用的房屋

    E. 以经营租赁方式租入的固定资产

    【参考答案】BD

    【答案解析】在计算应纳税所得额时，企业按照规定计算的固定资产折旧准予扣除。下列固定资产不得计算折旧扣除：①房屋、建筑物以外未投入使用的固定资产；②以经营租赁方式租入的固定资产；③以融资租赁方式租出的固定资产；④已足额提取折旧仍

继续使用的固定资产；⑤与经营活动无关的固定资产；⑥单独估价作为固定资产入账的土地；⑦其他不得计算折旧扣除的固定资产。所以选项 B、D 符合题意。

4. 下列资产损失，可以在企业所得税税前申报扣除的有（　　）。

A. 企业逾期二年的应收款项但在会计上尚未作为损失处理的，可以作为坏账损失

B. 企业逾期一年以上，单笔数额不超过 5 万或者不超过企业年度收入总额万分之一的应收款项，会计上已经作为损失处理的，可以作为坏账损失

C. 存货盘亏损失

D. 企业固定资产达到或超过使用年限而正常报废清理的损失

E. 企业按独立交易原则向关联企业转让资产而发生的损失

【参考答案】BCDE

【答案解析】根据国家税务总局公告2011年第25号，企业逾期三年以上的应收款项在会计上已作为损失处理的，可以作为坏账损失。

5. 根据企业所得税相关规定，在计算应纳税所得额时不得扣除的有（　　）。

A. 向投资者支付的股息　　　　B. 无形资产转让费用

C. 签订商品购买合同违约后支付的违约金

D. 赞助支出　　　　　　　　　E. 超出规定标准的捐赠支出

【参考答案】ADE

【答案解析】无形资产转让费用和违约后支付的违约金准予在税前扣除。

6. 根据企业所得税法，企业所得税税前扣除项目一般应遵循以下原则（　　）。

A. 有效性原则　　B. 相关性原则　　C. 合理性原则　　D. 配比性原则

E. 收付实现制原则

【参考答案】BCD

【答案解析】除税收法规另有规定外，税前扣除一般应循序以下原则：权责发生制原则、配比性原则、相关性原则、确定性原则、合理性原则。

7. 企业缴纳的下列保险费可以在税前直接扣除的有（　　）。

A. 为特殊工种的职工支付的人身安全保险费

B. 为没有工作的董事长夫人缴纳的社会保险费用

C. 为投资者或者职工支付的商业保险费

D. 企业参加财产保险，按规定缴纳的保险费

E. 按照国家规定的范围和标准，为在企业任职和受雇的全体员工支付的补充养老

保险

【参考答案】ADE

【答案解析】选项B不正确,因为董事长的夫人不属于企业职工,为其缴纳的社会保险费属于是与本企业的收入没有关系的支出,所以不得在税前扣除。选项C不正确,因为企业为投资者或者职工支付的商业保险费,不得扣除。

8. 根据企业所得税相关规定,关于企业亏损弥补的说法正确的有（　　）。

 A. 境外营业机构的亏损可以用境内营业机构的盈利弥补

 B. 一般性税务处理下被合并企业的亏损可以由合并企业弥补

 C. 一般性税务处理下被分立企业的亏损不得由分立企业弥补

 D. 高新技术企业亏损弥补的年限最长不得超过5年

 E. 境内营业机构的亏损可以用境外营业机构的盈利弥补

【参考答案】CE

【答案解析】选项A不正确,税法明确规定,境外营业机构的亏损不得抵减境内营业机构的盈利。选项B不正确,在合并事务中,一般性税务处理中的亏损不得相互弥补。选项C是正确的,在分立事务中,税法明确规定,企业分立,相关企业的亏损不得相互结转弥补。选项D不正确,高新技术企业自取得资质年度当年起前5年发生的亏损,弥补的年限最长不得超过10年,不符合税法规定。选项E是正确的,境内营业机构亏损可以用境外机构盈利弥补。

9. 根据现行企业所得税法相关规定,房地产开发企业发生下列哪些项目支出准予当期按规定扣除（　　）。

 A. 期间费用　　　　　　　　B. 已销开发产品计税成本

 C. 营业税金及附加　　　　　D. 土地增值税

 E. 尚未出售的已完工开发产品计税成本

【参考答案】ABCD

【答案解析】企业发生的期间费用、已销开发产品计税成本、营业税金及附加、土地增值税准予当期按规定扣除。

10. 下列关于资产收购企业所得税一般性税务处理的说法,正确的有（　　）。

 A. 被收购企业应确认资产转让所得或损失

 B. 被收购企业原有的各项资产和负债应保持不变

 C. 被收购企业的相关所得税事项原则上应保持不变

D. 收购企业取得资产的计税基础应以公允价值为基础确定

E. 收购企业取得资产的计税基础应以被收购资产的原有计税基础确定

【参考答案】ACD

【答案解析】一般性税务处理条件下，企业股权收购、资产收购重组交易，相关交易应按以下规定处理：①被收购方应确认股权、资产转让所得或损失；②收购方取得股权或资产的计税基础应以公允价值为基础确定；③被收购企业的相关所得税事项原则上保持不变。

11. 根据企业所得税法，因财务会计制度与税收法规的规定不同而产生的差异，在计算企业所得税应纳税所得额时应按照税收法规进行调整。下列各项中，属于暂时性差异的有（　　）。

A. 广告和业务宣传费用产生的差异　　B. 业务招待费用产生的差异

C. 职工教育费用产生的差异　　D. 佣金费用产生的差异

E. 职工福利费

【参考答案】AC

【答案解析】广告和业务宣传费、职工教育经费这两项的超过税法规定限额部分，在以后年度可以结转，因此属于暂时性差异。

12. 根据企业所得税法，企业的下列各项支出，在计算应纳税所得额时，准予从收入总额中直接扣除的有（　　）。

A. 发生的合理的劳动保护支出　　B. 转让固定资产发生的费用

C. 非居民企业向总机构支付的合理费用　D. 企业计提的坏账准备

E. 企业营业机构之间支付的租金

【参考答案】ABC

【答案解析】计提的坏账准备不得在税前扣除，应该在发生当期扣除；企业营业机构之间支付的租金、特许权使用费所得不得扣除。

13. 根据企业所得税法，关于企业所得税的征税对象表述正确的有（　　）。

A. 居民企业应就来源于中国境内、境外的所得作为征税对象

B. 非居民企业在中国境内未设立机构、场所，取得的所得与其所设机构、场所没有实际联系的，全部在中国缴纳企业所得税

C. 企业所得税的征税对象包括生产经营所得、其他所得和清算所得

D. 实际联系是指非居民企业在中国境内设立的机构场所拥有的据以取得所得的股

权、债权，以及拥有、管理、控制据以取得的财产

E. 非居民企业在中国境内设立机构、场所的，应当就其所设立机构场所取得的来源于中国境内的所得，以及发生在中国境外但与其机构场所有实际联系的所得缴纳企业所得税

【参考答案】ACDE

【答案解析】选项B：非居民企业在中国境内未设立机构、场所，或者虽设立机构、场所，但取得的所得与其所设立机构、场所没有实际联系的，应当就其来源于中国境内的所得缴纳企业所得税。

14. 下列纳税人中，适用25%缴纳企业所得税的有（　　）。

A. 在我国设立的外国独资企业

B. 在中国境内设立机构、场所的外国企业且取得的所得与机构场所有实际联系

C. 在中国境内未设立机构、场所的外国企业取得与机构场所有实际联系的所得

D. 依照外国（地区）法律成立但实际管理机构在中国境内的企业

E. 小型微利企业

【参考答案】ABD

【答案解析】选项C：在中国境内未设立机构、场所的外国企业，取得与机构场所有实际联系的所得，适用20%税率（实际征税时适用10%的税率）。选项E：小型微利企业适用的税率是20%。

15. 非居民企业在中国境内设立从事生产经营活动的机构、场所包括（　　）。

A. 提供劳务的场所

B. 办事机构

C. 在中国境内从事生产经营活动的营业代理人

D. 来华人员居住地

E. 农场

【参考答案】ABCE

【答案解析】企业所得税法所称非居民企业设立机构、场所，是指在中国境内从事生产经营活动的机构、场所，包括：①管理机构、营业机构、办事机构；②工厂、农场、开采自然资源的场所；③提供劳务的场所；④从事建筑、安装、装配、修理、勘探等工程作业的场所；⑤其他从事生产经营活动的机构、场所。

非居民企业委托营业代理人在中国境内从事生产经营活动的，包括委托单位或者个

人经常代其签订合同，或者储存、交付货物等，该营业代理人视为非居民企业在中国境内设立的机构、场所。

16. 根据企业所得税法，下列期间发生的合理借款费用应予资本化的有（　　）。

A. 购置、建造固定资产期间

B. 购置、建造无形资产期间

C. 建造经过12个月以上才能达到预定可销售状态的存货的建造期间

D. 建造经过6个月以上才能达到预定可使用状态的固定资产的建造期间

E. 清算期间

【参考答案】ABCD

【答案解析】购置、建造固定资产期间，没有时间的限制均应当资本化。存货有时间的限制必须建造期间在12个月以上。

17. 根据企业所得税法，下列选项中应作为长期待摊费用按照规定摊销的有（　　）。

A. 已足额提取折旧的固定资产的改建支出

B. 租入固定资产的改建支出

C. 固定资产的大修理支出

D. 自创商誉

E. 其他应当作为长期待摊费用的支出

【参考答案】ABCE

【答案解析】在计算应纳税所得额时，企业发生的下列支出作为长期待摊费用，按照企业所得税法的规定摊销的，准予扣除：①已足额提取折旧的固定资产的改建支出；②租入固定资产的改建支出；③固定资产的大修理支出；④其他应当作为长期待摊费用的支出。

18. 根据企业所得税相关规定，关于收入确认时间的说法，正确的有（　　）。

A. 特许权使用费收入以实际取得收入的日期确认收入的实现

B. 利息收入以合同约定的债务人应付利息的日期确认收入的实现

C. 接受捐赠收入按照实际收到捐赠资产的日期确认收入的实现

D. 作为商品销售附带条件的安装费收入在确认商品销售收入时实现

E. 股息等权益性投资收益以投资方收到所得的日期确认收入的实现

【参考答案】BCD

【答案解析】本题考核的知识点是收入的确认。特许权使用费收入是按照合同约定的特许权使用人应付特许权使用费的日期确认收入的实现,而不是实际取得收入的日期确认收入实现,所以选项 A 不正确。股息等权益性投资收益按照被投资方作出利润分配决定的日期确认收入的实现,不是实际收到所得的日期确认收入实现,所以选项 E 不正确。

19. 根据"疫情防控"相关政策,受疫情影响较大的困难行业企业 2020 年度发生的亏损,最长结转年限由 5 年延长至 8 年。困难行业企业,包括（　　）行业企业。

A. 交通运输　　　B. 餐饮　　　C. 住宿　　　D. 旅游

【参考答案】ABCD

【答案解析】根据财政部 税务总局公告 2020 年第 8 号,困难行业企业,包括交通运输、餐饮、住宿、旅游（指旅行社及相关服务、游览景区管理两类）四大类,具体判断标准按照现行《国民经济行业分类》执行。

20. 企业享受安置残疾职工工资 100% 加计扣除企业所得税政策的应同时具备如下条件（　　）。

A. 依法与安置的每位残疾人签订了 1 年以上（含 1 年）的劳动合同或服务协议

B. 安置的每位残疾人在企业实际上岗工作

C. 为安置的每位残疾人按月足额缴纳了企业所在区县人民政府根据国家政策规定的基本养老保险、基本医疗保险、失业保险和工伤保险等社会保险

D. 定期通过银行等金融机构向安置的每位残疾人实际支付了不低于企业所在区县适用的经省级人民政府批准的最低工资标准的工资

E. 具备安置残疾人上岗工作的基本设施

【参考答案】ABCDE

【答案解析】根据《财政部 国家税务总局关于安置残疾人员就业有关企业所得税优惠政策问题的通知》（财税〔2009〕70 号）,企业享受安置残疾职工工资 100% 加计扣除应同时具备如下条件:①依法与安置的每位残疾人签订了 1 年以上（含 1 年）的劳动合同或服务协议,并且安置的每位残疾人在企业实际上岗工作。②为安置的每位残疾人按月足额缴纳了企业所在区县人民政府根据国家政策规定的基本养老保险、基本医疗保险、失业保险和工伤保险等社会保险。③定期通过银行等金融机构向安置的每位残疾人实际支付了不低于企业所在区县适用的经省级人民政府批准的最低工资标准的工资。④具备安置残疾人上岗工作的基本设施。

21. 中国（上海）自贸试验区临港新片区重点产业企业自设立之日起 5 年内减按

15%的税率征收企业所得税,享受优惠的企业研发生产应符合以下条件(　　)。

A. 企业拥有领军人才及核心团队骨干,在国内外相关领域从事科研生产工作

B. 企业拥有核心关键技术,对其主要产品具备建立自主知识产权体系的能力

C. 企业具备推进产业链核心供应商多元化,牵引国内产业升级的能力

D. 企业获得国家或省级政府科技或产业化专项资金、政府性投资基金或取得知名投、融资机构投资

E. 企业具备高端供给能力,核心技术指标必须达到国际前列

【参考答案】ABCD

【答案解析】根据《财政部 税务总局关于中国(上海)自贸试验区临港新片区重点产业企业所得税政策的通知》(财税〔2020〕38号),企业研发生产条件为:①企业拥有领军人才及核心团队骨干,在国内外相关领域长期从事科研生产工作;②企业拥有核心关键技术,对其主要产品具备建立自主知识产权体系的能力;③企业具备推进产业链核心供应商多元化,牵引国内产业升级能力;④企业具备高端供给能力,核心技术指标达到国际前列或国内领先;⑤企业研发成果(技术或产品)已被国际国内一线终端设备制造商采用或已经开展紧密实质性合作(包括资本、科研、项目等领域);⑥企业获得国家或省级政府科技或产业化专项资金、政府性投资基金或取得知名投、融资机构投资。企业具备高端供给能力,核心技术指标达到国际前列或国内领先,所以选项E不正确。

22. 根据"疫情防控"相关政策,单位和个体工商户将自产、委托加工或购买的货物通过公益性社会组织和县级以上人民政府及其部门等国家机关无偿捐赠用于应对新型冠状病毒感染的肺炎疫情的,免征(　　)。

A. 增值税　　　　B. 消费税　　　　C. 企业所得税　　　　D. 城市维护建设税

E. 教育费附加

【参考答案】ABDE

【答案解析】单位和个体工商户将自产、委托加工或购买的货物,通过公益性社会组织和县级以上人民政府及其部门等国家机关,或者直接向承担疫情防治任务的医院,无偿捐赠用于应对新型冠状病毒感染的肺炎疫情的,免征增值税、消费税、城市维护建设税、教育费附加、地方教育附加(财政部 税务总局公告2020年第9号)。

23. 根据相关政策规定,对捐赠用于疫情防控的进口物资,免征(　　)。

A. 进口关税　　　　　　　　　　B. 进口环节增值税

C. 进口环节消费税　　　　　D. 进口业务形成所得的企业所得税

E. 企业所得税

【参考答案】ABC

【答案解析】适度扩大《慈善捐赠物资免征进口税收暂行办法》规定的免税进口范围，对捐赠用于疫情防控的进口物资，免征进口关税和进口环节增值税、消费税。

24. 根据现行税法规定，下列哪些是企业所得税非居民企业（　　）。

A. 在北京注册的企业在长沙市设立的分公司

B. 在中国香港特区注册的企业设在厦门的分公司

C. 在中国北京取得专利权使用费的美国甲企业

D. 在日本取得租赁费收入的美国企业

E. 在中国香港特区注册取得来源于中国台湾地区的技术咨询费的企业

【参考答案】BC

【答案解析】选项A：在北京注册的企业在长沙市设立的分公司是居民企业的所属分支机构。选项D：在日本取得租赁费收入的美国企业为外国企业，不属企业所得税纳税人。选项E：在中国香港特区注册取得来源于中国台湾地区的技术咨询费的企业，不属企业所得税纳税人。

25. 在中国境内未设立机构、场所的非居民企业，其来源于中国境内的所得按下列办法计算缴纳企业所得税（　　）。

A. 股息、红利等权益性投资收益，以收入全额为应纳税所得额

B. 转让财产所得，以收入全额减除财产净值后的余额为应纳税所得额

C. 利息、租金所得，以收入全额为应纳税所得额

D. 境外所得按收入总额减除与取得收入有关合理支出的余额为应纳税所得额

E. 特许权使用费所得，以收入全额为应纳税所得额

【参考答案】ABCE

【答案解析】在中国境内未设立机构、场所的非居民企业来源于境外所得不征收企业所得税。

26. 《中华人民共和国企业所得税法》所称企业取得收入的货币形式，包括（　　）。

A. 可变现金融资产　　　　　B. 应收账款

C. 应收票据　　　　　　　　D. 债务的豁免

E. 准备持有至到期的债券投资

【参考答案】BCDE

【答案解析】《中华人民共和国企业所得税法》所称企业取得收入的货币形式包括现金、银行存款、应收账款、应收票据、准备持有至到期的债券投资和债务的豁免。

27. 下列关于房地产开发企业成本费用扣除的企业所得税处理中，正确的有（　　）。

A. 企业因国家无偿收回土地使用权形成的损失可按照规定扣除

B. 企业利用地下基础设施建成的停车场应作为公共配套设施处理

C. 企业单独建造的停车场所应作为成本对象单独核算

D. 企业支付给境外销售机构不超过委托销售收入20%的部分准予扣除

E. 支付的土地闲置费不可以税前扣除

【参考答案】ABC

【答案解析】选项D：企业支付给境外销售机构不超过委托销售收入10%的部分准予扣除。选项E：支付的土地闲置费可以税前扣除。

28. 根据现行企业所得税政策规定，下列关于企业资产损失扣除的相关规定中，正确的有（　　）。

A. 企业实际资产损失，应当在其实际发生且会计上已作损失处理的年度申报扣除

B. 法定资产损失，应当在企业向主管税务机关提供证据资料证明该项资产已符合法定资产损失确认条件，且会计上已作损失处理的年度申报扣除

C. 企业无法准确判别是否属于清单申报扣除的资产损失，可以采取专项申报的形式申报扣除。

D. 存货被盗已经抵扣的进项税，不得与存货损失一起在计算应税所得额时扣除

E. 企业资产损失扣除时必须进行事前报告

【参考答案】ABC

【答案解析】存货被盗已经抵扣的进项税，可以与存货损失一起在计算应税所得额时扣除。依据国家税务总局〔2018〕15号公告规定，企业向税务机关申报扣除资产损失，仅需填报企业所得税年度纳税申报表《资产损失税前扣除及纳税调整明细表》，不再报送资产损失相关资料。相关资料由企业留存备查。

29. 根据企业所得税法，超过扣除限额部分准予在以后纳税年度结转扣除的有（　　）。

A. 广告费和业务宣传费　　　　　　B. 业务招待费

C. 职工教育经费　　　　　　　　　D. 职工福利费

E. 间接发生的公益性捐赠支出

【参考答案】ACE

【答案解析】广告费和业务宣传费、职工教育经费、间接发生的公益性捐赠支出等超过扣除限额部分准予在以后纳税年度结转扣除，其他项目不得结转。

30. 以下关于房地产开发企业所得税成本费用扣除规定，正确的是（　　）。

A. 企业将已计入销售收入的共用部位、共用设施设备维修基金按规定移交给有关部门、单位的，应于移交时扣除

B. 企业委托境外机构销售开发产品的，其支付境外机构的销售费用（含佣金或手续费）不超过委托销售收入5%的部分，准予据实扣除

C. 企业对尚未出售的已完工开发产品和按照有关法律、法规或合同规定对已售开发产品（包括共用部位、共用设施设备）进行日常维护、保养、修理等实际发生的维修费用，应当追溯调整完工年度应纳税所得额

D. 企业因国家无偿收回土地使用权而形成的损失，可作为资产损失按有关规定在税前扣除

E. 企业开发产品转为自用的，其实际使用时间累计未超过12个月又销售的，可以在税前扣除折旧费用

【参考答案】AD

【答案解析】根据国税发〔2009〕31号。选项B：企业委托境外机构销售开发产品的，其支付境外机构的销售费用（含佣金或手续费）不超过委托销售收入10%的部分，准予据实扣除。选项C：企业对尚未出售的已完工开发产品和按照有关法律、法规或合同规定对已售开发产品（包括共用部位、共用设施设备）进行日常维护、保养、修理等实际发生的维修费用，准予在当期据实扣除。选项E：企业开发产品转为自用的，其实际使用时间累计未超过12个月又销售的，不得在税前扣除折旧费用。

31. 下列事项属于企业清算的所得税处理内容（　　）。

A. 全部资产均应按可变现价值或交易价格，确认资产转让所得或损失

B. 确认债权清理、债务清偿的所得或损失

C. 确定清算所得时，不得弥补经营期的亏损

D. 确定可向股东分配的剩余财产、应付股息

E. 改变持续经营核算原则，对预提或待摊性质的费用进行处理

【参考答案】ABDE

【答案解析】根据《财政部 国家税务总局关于企业清算业务企业所得税处理若干问题的通知》（财税〔2009〕60号），企业清算的所得税处理包括以下内容：①全部资产均应按可变现价值或交易价格，确认资产转让所得或损失；②确认债权清理、债务清偿的所得或损失；③改变持续经营核算原则，对预提或待摊性质的费用进行处理；④依法弥补亏损，确定清算所得；⑤计算并缴纳清算所得税；⑥确定可向股东分配的剩余财产、应付股息等。

32. 企业取得的财政性资金凡同时符合（　　），可以作为不征税收入在计算应纳税所得额时从收入总额中减除。

A. 企业能够提供规定资金专项用途的资金拨付文件

B. 财政部门或其他拨付资金的政府部门对该资金有专门的资金管理办法或具体管理要求

C. 企业对该资金以及以该资金发生的支出单独进行核算

D. 一年以内必须用完

E. 从县级以上各级人民政府财政部门及其他部门取得的财政性资金

【参考答案】ABCE

【答案解析】根据《财政部 国家税务总局关于专项用途财政性资金企业所得税处理问题的通知》（财税〔2011〕70号），企业从县级以上各级人民政府财政部门及其他部门取得的应计入收入总额的财政性资金，凡同时符合以下条件的，可以作为不征税收入，在计算应纳税所得额时从收入总额中减除：①企业能够提供规定资金专项用途的资金拨付文件；②财政部门或其他拨付资金的政府部门对该资金有专门的资金管理办法或具体管理要求；③企业对该资金以及以该资金发生的支出单独进行核算。

33. 根据企业所得税法相关规定，下列事项不应并入企业所得税收入总额中的是（　　）。

A. 直接减免的增值税　　　　B. 直接减免的消费税

C. 直接减免的土地增值税　　D. 直接减免的资源税

E. 直接减免的土地使用税

【参考答案】BCDE

【答案解析】根据企业所得税法的相关规定，企业取得的财政性资金应属于企业所得税收入，但符合条件的财政性资金属于企业所得税不征税收入。财政性资金，是指企业取得的来源于政府及其有关部门的财政补助、补贴、贷款贴息，以及其他各类财政专项资金，包括直接减免的增值税和即征即退、先征后退、先征后返的各种税收，但不包括企业按规定取得的出口退税款；消费税、土地增值税、资源税、土地使用税属于企业的支出，在"税金及附加"中核算，不属于企业所得税收入，直接减免的消费税、土地增值税、资源税、土地使用税属于支出的减少增加企业所得税应纳税所得额。所以选项B、C、D、E符合题意。

34. 下列支出可以在企业所得税税前扣除的是（　　）。

    A. 企业职工因公出差乘坐交通工具发生的人身意外保险费

    B. 为特殊工种职工支付的人身安全保险费

    C. 企业为投资者支付的商业保险费

    D. 企业参加财产保险缴纳的保险费

    E. 企业参加雇主责任险缴纳的保险费

【参考答案】ABDE

【答案解析】根据《中华人民共和国企业所得税法实施条例》第三十六条，除企业依照国家有关规定为特殊工种职工支付的人身安全保险费和国务院财政、税务主管部门规定可以扣除的其他商业保险费外，企业为投资者或者职工支付的商业保险费不得扣除。根据《国家税务总局关于企业所得税有关问题的公告》（国家税务总局公告2016年第80号），企业职工因公出差乘坐交通工具发生的人身意外保险费支出，准予企业在计算应纳税所得额时扣除。根据《国家税务总局关于责任保险费企业所得税税前扣除有关问题的公告》（国家税务总局公告2018年第52号），企业参加雇主责任险、公众责任险等责任保险，按照规定缴纳的保险费，准予在企业所得税税前扣除。

35. 下列企业发生的广告费和业务宣传费支出，不超过当年销售（营业）收入30%的部分可以在企业所得税税前扣除（　　）。

    A. 化妆品制造企业　　　　B. 化妆品销售企业
    C. 医药制造企业　　　　　D. 鲜橙多生产企业
    E. 贵州茅台酒厂

【参考答案】ABCD

【答案解析】根据《财政部 税务总局关于广告费和业务宣传费支出税前扣除政策的通知》（财税〔2017〕41号）、《财政部 税务总局关于广告费和业务宣传费支出税前扣除有关事项的公告》（财政部 税务总局公告2020年第43号），对化妆品制造或销售、医药制造和饮料制造（不含酒类制造）企业发生的广告费和业务宣传费支出，不超过当年销售（营业）收入30%的部分，准予扣除；超过部分，准予在以后纳税年度结转扣除。

36. 对国际奥委会取得的与北京2022年冬奥会有关的收入（　　）。

A. 免征增值税　　　　　　　　B. 免征消费税

C. 免征企业所得税　　　　　　D. 减半征收增值税

E. 减半征收企业所得税

【参考答案】ABC

【答案解析】根据《财政部 税务总局 海关总署关于北京2022年冬奥会和冬残奥会税收政策的通知》（财税〔2017〕60号），对国际奥委会取得的与北京2022年冬奥会有关的收入免征增值税、消费税、企业所得税。

37. 根据现行政策规定，金融企业发生下列贷款按规定提取贷款损失准备金在税前扣除（　　）。

A. 信用贷款　　　　　　　　　B. 国债投资贷款

C. 委托贷款　　　　　　　　　D. 银行卡透支

E. 由金融企业转贷并承担对外还款责任的国外贷款

【参考答案】ADE

【答案解析】根据《财政部 税务总局关于金融企业贷款损失准备金企业所得税税前扣除有关政策的公告》（财政部 税务总局公告2019年第86号），准予税前提取贷款损失准备金的贷款资产范围包括：①贷款（含抵押、质押、保证、信用等贷款）；②银行卡透支、贴现、信用垫款（含银行承兑汇票垫款、信用证垫款、担保垫款等）、进出口押汇、同业拆出、应收融资租赁款等具有贷款特征的风险资产；③由金融企业转贷并承担对外还款责任的国外贷款，包括国际金融组织贷款、外国买方信贷、外国政府贷款、日本国际协力银行不附条件贷款和外国政府混合贷款等资产。金融企业的委托贷款、代理贷款、国债投资、应收股利、上交央行准备金以及金融企业剥离的债权和股权、应收财政贴息、央款项等不承担风险和损失的资产，以及除本公告第一条列举资产之外的其他风险资产，不得提取贷款损失准备金在税前扣除。

38. 根据现行企业所得税相关政策规定，下列企业可以享受15%的低税率企业所得税优惠政策（　　）。

A. 高新技术企业　　　　　　　B. 西部地区鼓励类产业企业

C. 技术先进型服务企业　　　　D. 符合条件的从事污染防治的第三方企业

E. 小型微利企业

【参考答案】ABCD

【答案解析】根据《中华人民共和国企业所得税法》第二十八条，国家需要重点扶持的高新技术企业，减按15%的税率征收企业所得税。根据《财政部 税务总局 国家发展改革委关于延续西部大开发企业所得税政策的公告》（财政部 税务总局 国家发展改革委公告2020年第23号）第一条，自2021年1月1日至2030年12月31日，对设在西部地区的鼓励类产业企业减按15%的税率征收企业所得税。根据《财政部 税务总局 商务部 科技部 国家发展改革委关于将技术先进型服务企业所得税政策推广至全国实施的通知》（财税〔2017〕79号）第一条，自2017年1月1日起，在全国范围内对经认定的技术先进型服务企业，减按15%的税率征收企业所得税。根据《财政部 税务总局 国家发展改革委 生态环境部关于从事污染防治的第三方企业所得税政策问题的公告》（财政部 税务总局 国家发展改革委生态环境部公告2019年第60号）第一条，对符合条件的从事污染防治的第三方企业减按15%的税率征收企业所得税。

39. 对在海南自由贸易港设立的旅游业、现代服务业、高新技术产业企业新增境外直接投资取得的所得，免征企业所得税，新增境外直接投资所得应当符合以下条件(　　)。

　　A. 从境外新设分支机构取得的营业利润

　　B. 从持股比例超过20%（含）的境外子公司分回的，与新增境外直接投资相对应的股息所得

　　C. 被投资国（地区）的企业所得税法定税率不低于5%

　　D. 被投资国（地区）的企业所得税法定税率不低于7%

　　E. 被投资国（地区）的企业所得税法定税率不低于10%

【参考答案】ABC

【答案解析】根据《财政部 税务总局关于海南自由贸易港企业所得税优惠政策的通知》（财税〔2020〕31号），自2020年1月1日起执行至2024年12月31日，对在海南自由贸易港设立的旅游业、现代服务业、高新技术产业企业新增境外直接投资取得的所得，免征企业所得税。本条所称新增境外直接投资所得应当符合以下条件：①从境外新设分支机构取得的营业利润；或从持股比例超过20%（含）的境外子公司分回的，与新增境外直接投资相对应的股息所得。②被投资国（地区）的企业所得税法定税率不低于5%。

40. 下列表述不符合现行企业所得税有关规定的有（　　）。

A. 业务招待费按实际发生额的60%直接税前扣除

B. 免税收入形成的费用不得扣除

C. 增值税出口退税款构成企业所得税收入总额

D. 企业内部间支付的管理费不得税前扣除

E. 银行存款利息免征企业所得税

【参考答案】ABCE

【答案解析】根据《中华人民共和国企业所得税法实施条例》，企业内部间支付的管理费不得税前扣除。选项A、B、C、E不符合税法规定。

41. 下列关于延续实施应对"新冠疫情"部分税费优惠政策，表述正确的有（   ）。

A. 受疫情影响较大的困难行业企业的亏损，最长结转年限由5年延长至8年的政策，执行期限延长至2021年3月31日

B. 对电影行业企业亏损，最长结转年限由5年延长至8年的政策，执行期限延长至2021年12月31日

C. 支持新型冠状病毒感染的肺炎疫情防控有关捐赠支出全额税前扣除的税收政策，执行期限延长至2021年3月31日

D. 受疫情影响较大的困难行业企业的亏损，最长结转年限由5年延长至8年的政策，执行期限延长至2021年5月31日

E. 支持新型冠状病毒感染的肺炎疫情防控有关捐赠支出全额税前扣的税收政策，执行期限延长至2021年6月30日

【参考答案】ABC

【答案解析】根据《财政部 税务总局发布关于延续实施应对疫情部分税费优惠政策的公告》（财政部 税务总局公告2021年第7号），受疫情影响较大的困难行业企业的亏损，最长结转年限由5年延长至8年的政策，执行期限延长至2021年3月31日。对电影行业企业亏损，最长结转年限由5年延长至8年的政策，执行期限延长至2021年12月31日。另外，根据《财政部 税务总局发布关于延续实施应对疫情部分税费优惠政策的公告》（财政部 税务总局公告2021年第7号），支持新型冠状病毒感染的肺炎疫情防控有关捐赠支出全额税前扣除的税收政策，执行期限延长至2021年3月31日。

42. 下列关于集成电路产业和软件产业企业所得税政策，表述正确的有（   ）。

A. 国家鼓励的集成电路线宽小于28纳米（含），且经营期在15年以上的集成电路生产企业或项目，第一年至第十年免征企业所得税

B. 国家鼓励的集成电路线宽小于 65 纳米（含），且经营期在 15 年以上的集成电路生产企业或项目，第一年至第五年免征企业所得税，第六年至第十年按照 25% 的法定税率减半征收企业所得税

C. 国家鼓励的集成电路线宽小于 130 纳米（含），且经营期在 10 年以上的集成电路生产企业或项目，第一年至第二年免征企业所得税，第三年至第五年按照 25% 的法定税率减半征收企业所得税

D. 国家鼓励的集成电路线宽小于 65 纳米（含），且经营期在 15 年以上的集成电路生产企业或项目，第一年至第三年免征企业所得税，第四年至第十年按照 25% 的法定税率减半征收企业所得税

E. 国家鼓励的集成电路线宽小于 130 纳米（含），且经营期在 10 年以上的集成电路生产企业或项目，第一年至第三年免征企业所得税，第四年至第五年按照 25% 的法定税率减半征收企业所得税

【参考答案】ABC

【答案解析】根据《财政部 税务总局 发展改革委 工业和信息化部关于促进集成电路产业和软件产业高质量发展企业所得税政策的公告》（财政部 税务总局 发展改革委 工业和信息化部公告 2020 年第 45 号），国家鼓励的集成电路线宽小于 28 纳米（含），且经营期在 15 年以上的集成电路生产企业或项目，第一年至第十年免征企业所得税；国家鼓励的集成电路线宽小于 65 纳米（含），且经营期在 15 年以上的集成电路生产企业或项目，第一年至第五年免征企业所得税，第六年至第十年按照 25% 的法定税率减半征收企业所得税；国家鼓励的集成电路线宽小于 130 纳米（含），且经营期在 10 年以上的集成电路生产企业或项目，第一年至第二年免征企业所得税，第三年至第五年按照 25% 的法定税率减半征收企业所得税。

43. 下列关于集成电路产业和软件产业企业所得税政策，表述正确的有（　　）。

A. 国家鼓励的集成电路设计、装备、材料、封装、测试企业和软件企业，自获利年度起，第一年至第二年免征企业所得税，第三年至第五年按照 25% 的法定税率减半征收企业所得税

B. 国家鼓励的重点集成电路设计企业和软件企业，自获利年度起，第一年至第五年免征企业所得税，接续年度减按 10% 的税率征收企业所得税

C. 国家鼓励的重点集成电路设计和软件企业清单由国家发展改革委、工业和信息化部会同财政部、税务总局等相关部门制定

D. 国家鼓励的集成电路设计、装备、材料、封装、测试企业和软件企业条件，由工业和信息化部会同国家发展改革委、财政部、税务总局等相关部门制定

E. 国家鼓励的重点集成电路设计企业和软件企业，自获利年度起，第一年至第五年免征企业所得税，接续年度减按15%的税率征收企业所得税

【参考答案】ABCD

【答案解析】根据《财政部 税务总局 发展改革委 工业和信息化部关于促进集成电路产业和软件产业高质量发展企业所得税政策的公告》（财政部 税务总局 发展改革委 工业和信息化部公告2020年第45号），国家鼓励的集成电路设计、装备、材料、封装、测试企业和软件企业，自获利年度起，第一年至第二年免征企业所得税，第三年至第五年按照25%的法定税率减半征收企业所得税。国家鼓励的集成电路设计、装备、材料、封装、测试企业和软件企业条件，由工业和信息化部会同国家发展改革委、财政部、税务总局等相关部门制定。国家鼓励的重点集成电路设计企业和软件企业，自获利年度起，第一年至第五年免征企业所得税，接续年度减按10%的税率征收企业所得税。国家鼓励的重点集成电路设计和软件企业清单由国家发展改革委、工业和信息化部会同财政部、税务总局等相关部门制定。

44. 对中关村国家自主创新区内公司型创业投资企业符合（　　）条件的免征当年企业所得税。

A. 转让持有3年以上股权的所得占年度股权转让所得总额的比例超过50%的，按照年末个人股东持股比例减半征收当年企业所得税

B. 转让持有5年以上股权的所得占年度股权转让所得总额的比例超过50%的，按照年末个人股东持股比例免征当年企业所得税

C. 转让持有2年以上股权的所得占年度股权转让所得总额的比例超过40%的，按照年末个人股东持股比例减半征收当年企业所得税

D. 转让持有3年以上股权的所得占年度股权转让所得总额的比例超过60%的，按照年末个人股东持股比例免征当年企业所得税

E. 转让持有5年以上股权的所得占年度股权转让所得总额的比例超过40%的，按照年末个人股东持股比例免征当年企业所得税

【参考答案】AB

【答案解析】根据《财政部 税务总局 发展改革委 证监会关于中关村国家自主创新示范区公司型创业投资企业有关企业所得税试点政策的通知》（财税〔2020〕63号），

对示范区内公司型创业投资企业，转让持有3年以上股权的所得占年度股权转让所得总额的比例超过50%的，按照年末个人股东持股比例减半征收当年企业所得税；转让持有5年以上股权的所得占年度股权转让所得总额的比例超过50%的，按照年末个人股东持股比例免征当年企业所得税。

45. 根据现行企业所得税相关政策，对符合（　　）条件的生产和装配伤残人员专门用品企业居民企业，免征企业所得税。

A. 生产和装配伤残人员专门用品，且在民政部发布的《中国伤残人员专门用品目录》范围之内

B. 取得的伤残人员专门用品销售收入（不含出口取得的收入）占企业收入总额60%以上

C. 企业拥有假肢制作师、矫形器制作师资格证书的专业技术人员不得少于1人

D. 企业生产人员如超过20人，则其拥有假肢制作师、矫形器制作师资格证书的专业技术人员不得少于全部生产人员的1/6

E. 具有独立的接待室、假肢或者矫形器（辅助器具）制作室和假肢功能训练室，使用面积不少于100平方米

【参考答案】ABCD

【答案解析】根据《财政部 税务总局 民政部关于生产和装配伤残人员专门用品企业免征企业所得税的公告》（财政部 税务总局 民政部公告2021年第14号），自2021年1月1日至2023年12月31日期间，对符合下列条件的居民企业，免征企业所得税：①生产和装配伤残人员专门用品，且在民政部发布的《中国伤残人员专门用品目录》范围之内。②以销售本企业生产或者装配的伤残人员专门用品为主，其所取得的年度伤残人员专门用品销售收入（不含出口取得的收入）占企业收入总额60%以上。收入总额，是指《中华人民共和国企业所得税法》第六条规定的收入总额。③企业账证健全，能够准确、完整地向主管税务机关提供纳税资料，且本企业生产或者装配的伤残人员专门用品所取得的收入能够单独、准确核算。④企业拥有假肢制作师、矫形器制作师资格证书的专业技术人员不得少于1人；其企业生产人员如超过20人，则其拥有假肢制作师、矫形器制作师资格证书的专业技术人员不得少于全部生产人员的1/6。⑤具有与业务相适应的测量取型、模型加工、接受腔成型、打磨、对线组装、功能训练等生产装配专用设备和工具。⑥具有独立的接待室、假肢或者矫形器（辅助器具）制作室和假肢功能训练室，使用面积不少于115平方米。

题型三 判断题

1. 自 2017 年 1 月 1 日至 2020 年 12 月 31 日，对保险公司为种植业、养殖业提供保险业务取得的保费收入，在计算应纳税所得额时，按 90% 计入收入总额。（　　）

【参考答案】 ×

【答案解析】 根据《财政部 税务总局关于延续支持农村金融发展有关税收政策的通知》（财税〔2017〕44 号），自 2017 年 1 月 1 日至 2019 年 12 月 31 日，对保险公司为种植业、养殖业提供保险业务取得的保费收入，在计算应纳税所得额时，按 90% 计入收入总额。

2. 中国证券登记结算公司所属上海分公司、深圳分公司依据规定，按证券登记结算公司业务收入的 10% 提取的证券结算风险基金，在各基金净资产不超过 50 亿元的额度内，准予在企业所得税税前扣除。（　　）

【参考答案】 ×

【答案解析】 根据《财政部 国家税务总局关于证券行业准备金支出企业所得税税前扣除有关政策问题的通知》（财税〔2017〕23 号），中国证券登记结算公司所属上海分公司、深圳分公司依据规定按证券登记结算公司业务收入的 20% 提取的证券结算风险基金，在各基金净资产不超过 30 亿元的额度内，准予在企业所得税税前扣除。

3. 证券公司依据《证券投资者保护基金管理办法》的有关规定，按其营业收入 1%～5% 缴纳的证券投资者保护基金，准予在企业所得税税前扣除。（　　）

【参考答案】 ×

【答案解析】 根据《财政部 税务总局 科技部关于证券行业准备金支出企业所得税税前扣除有关政策问题的通知》（财税〔2017〕23 号），证券公司依据《证券投资者保护基金管理办法》的有关规定，按其营业收入 0.5%～5% 缴纳的证券投资者保护基金，准予在企业所得税税前扣除。

4. 科技型中小企业在 2017 年 1 月 1 日至 2019 年 12 月 31 日期间实际投入发生的研发费用，才能按照实际发生额的 75% 在税前加计扣除。（　　）

【参考答案】 ×

【答案解析】 根据《财政部 税务总局 科技部关于提高科技型中小企业研究开发费用税前加计扣除比例的通知》（财税〔2017〕34 号）、《国家税务总局关于提高科技型中小企业研究开发费用税前加计扣除比例有关问题的公告》(国家税务总局公告2017年第18号)、《财政部 税务总局 科技部关于提高研究开发费用税前加计扣除比例的通知》(财税〔2018〕99号),企业开展研发活动中实际发生的研发费用,未形成无形资产计入当期损益的,在按规定据实扣除的基础上,在2017年1月1日至2020年12月31日期间,再按照实际发生额的75%在税前加计扣除;形成无形资产的,在上述期间按照无形资产成本的175%在税前摊销。

5. 不符合科技型中小企业条件而被科技部门撤销登记编号的企业,撤销登记编号的相应年度可以享受75%加计扣除的优惠政策,从次年开始不可以享受《财政部 税务总局 科技部关于提高科技型中小企业研究开发费用税前加计扣除比例的通知》规定的优惠政策。 ( )

【参考答案】×

【答案解析】根据《财政部 税务总局 科技部关于提高科技型中小企业研究开发费用税前加计扣除比例的通知》(财税〔2017〕34号)、《国家税务总局关于提高科技型中小企业研究开发费用税前加计扣除比例有关问题的公告》(国家税务总局公告2017年第18号),因不符合科技型中小企业条件而被科技部门撤销登记编号的企业,相应年度不得享受《通知》规定的优惠政策,已享受的应补缴相应年度的税款。

6. 企业所得税规定的小型微利企业从业人数,不包括企业接受的劳务派遣用工人数。 ( )

【参考答案】×

【答案解析】从业人数,包括与企业建立劳动关系的职工人数和企业接受的劳务派遣用工人数。

7. 小型微利企业在预缴和年度汇算清缴企业所得税时,通过填写纳税申报表的相关内容,即可享受减半征税政策,无须进行专项备案。 ( )

【参考答案】√

【答案解析】符合条件的小型微利企业,在预缴和年度汇算清缴企业所得税时,通过填写纳税申报表的相关内容,即可享受减半征税政策,无须进行专项备案。

8. 享受企业所得税优惠条件的小型微利企业,统一实行按季度预缴企业所得税。 ( )

【参考答案】√

9. 根据现行企业所得税政策规定,认定为享受15%优惠税率的高新技术企业,近一

年高新技术产品（服务）收入占企业同期总收入的比例不低于70%。（　　）

【参考答案】×

【答案解析】根据规定，近一年高新技术产品（服务）收入占企业同期总收入的比例不低于60%。

10. 根据现行企业所得税政策规定，认定为享受15%优惠税率的高新技术企业，关于总收入的规定是指企业所得税法规定的收入总额。（　　）

【参考答案】×

【答案解析】根据《科技部 财政部 国家税务总局关于修订印发〈高新技术企业认定管理工作指引〉的通知》（国科发火〔2016〕195号），总收入是指收入总额减去不征税收入。收入总额与不征税收入按照《中华人民共和国企业所得税法》及《中华人民共和国企业所得税法实施条例》的相关规定计算。

11. 根据现行企业所得税政策规定，认定为享受15%优惠税率的高新技术企业，关于企业科技人员占比是企业科技人员数与从业人员总数的比值。（　　）

【参考答案】×

【答案解析】企业科技人员占比是企业科技人员数与职工总数的比值。

12. 根据现行企业所得税政策规定，认定为享受15%优惠税率的高新技术企业，关于企业科技人员和职工总数，包括在企业累计实际工作时间在90天以上的兼职和临时聘用人员。（　　）

【参考答案】×

【答案解析】根据《科技部 财政部 国家税务总局关于修订印发〈高新技术企业认定管理工作指引〉的通知》（国科发火〔2016〕195号），科技人员是指直接从事研发和相关技术创新活动，以及专门从事上述活动的管理和提供直接技术服务的，累计实际工作时间在183天以上的人员，包括在职、兼职和临时聘用人员。企业职工总数包括企业在职、兼职和临时聘用人员。在职人员可以通过企业是否签订了劳动合同或缴纳社会保险费来鉴别；兼职、临时聘用人员全年须在企业累计工作183天以上。

13. 根据现行企业所得税政策规定，认定为享受15%优惠税率的高新技术企业，关于企业研究开发费用占比是企业近三个会计年度的研究开发费用总额占同期收入总额的比值。（　　）

【参考答案】×

【答案解析】根据《科技部 财政部 国家税务总局关于修订印发〈高新技术企业认

定管理工作指引〉的通知》（国科发火〔2016〕195号），关于企业研究开发费用占比是企业近三个会计年度的研究开发费用总额占同期销售收入的比值。

14. 根据现行企业所得税政策规定，认定为享受15%优惠税率的高新技术企业关于"销售收入"的规定，是指主营业务收入与其他业务收入之和。　　　　　　　（　　）

【参考答案】√

【答案解析】根据《科技部 财政部 国家税务总局关于修订印发〈高新技术企业认定管理工作指引〉的通知》（国科发火〔2016〕195号），销售收入为主营业务收入与其他业务收入之和。主营业务收入与其他业务收入按照企业所得税年度纳税申报表的口径计算。

15. 根据企业所得税法相关规定，两个以上具有夫妻、直系血亲、兄弟姐妹以及其他抚养、赡养关系的自然人共同持股同一企业，在判定关联关系时持股比例分别计算。
　　　　　　　　　　　　　　　　　　　　　　　　　　　　　　　　（　　）

【参考答案】×

【答案解析】根据《国家税务总局关于完善关联申报和同期资料管理有关事项的公告》（国家税务总局公告2016年第42号），两个以上具有夫妻、直系血亲、兄弟姐妹以及其他抚养、赡养关系的自然人共同持股同一企业，在判定关联关系时持股比例合并计算。

16. 根据企业所得税法相关规定，企业双方持股比例为20%，但一方的购买、销售、接受劳务、提供劳务等经营活动由另一方控制的，双方也构成关联关系。　（　　）

【参考答案】√

【答案解析】根据《国家税务总局关于完善关联申报和同期资料管理有关事项的公告》（国家税务总局公告2016年第42号），双方存在持股关系或者同为第三方持股，虽持股比例未达到政策规定标准的，但一方的购买、销售、接受劳务、提供劳务等经营活动由另一方控制，双方也构成关联关系。

17. 根据企业所得税法相关规定，企业以前年度的关联交易与预约定价安排适用年度相同或者类似的，税务机关不可以将预约定价安排确定的定价原则追溯适用于以前年度该关联交易的评估和调整。　　　　　　　　　　　　　　　　　　　　（　　）

【参考答案】×

【答案解析】根据《国家税务总局关于完善预约定价安排管理有关事项的公告》（国家税务总局公告2016年第64号），企业以前年度的关联交易与预约定价安排适用年度相同或者类似的,经企业申请,税务机关可以将预约定价安排确定的定价原则和计算方法追溯适用于以前年度该关联交易的评估和调整。追溯期最长为10年。

18. 根据企业所得税预约定价安排管理有关规定,企业纳税信用级别为A、B级的,税务机关可以优先受理企业提交的申请。( )

【参考答案】×

【答案解析】根据《国家税务总局关于完善预约定价安排管理有关事项的公告》(国家税务总局公告2016年第64号),企业纳税信用级别为A级的,税务机关可以优先受理企业提交的申请。

19. 根据企业所得税法现行有关规定,企业职工因公出差乘坐交通工具发生的人身意外保险费支出,不准予企业在计算应纳税所得额时扣除。( )

【参考答案】×

【答案解析】根据《国家税务总局关于企业所得税有关问题的公告》(国家税务总局公告2016年第80号),企业职工因公出差乘坐交通工具发生的人身意外保险费支出,准予企业在计算应纳税所得额时扣除。

20. 根据有关规定,享受企业所得税收优惠政策的软件、集成电路企业,汇算清缴年度研究开发费用总额占税法收入总额的比例不低于5%。( )

【参考答案】×

【答案解析】根据《财政部 国家税务总局发展改革委工业和信息化部关于软件和集成电路产业企业所得税优惠政策有关问题的通知》(财税〔2016〕49号),拥有核心关键技术,并以此为基础开展经营活动,且汇算清缴年度研究开发费用总额占企业销售(营业)收入(主营业务收入与其他业务收入之和)总额的比例不低于5%。

21. 根据企业所得税有关规定,软件、集成电路企业应从企业的获利年度起计算定期减免税优惠期。如获利年度不符合优惠条件的,应自首次符合软件、集成电路企业条件的年度起,在定期减免税优惠期内享受相应的减免税优惠。( )

【参考答案】×

【答案解析】根据《财政部 国家税务总局发展改革委工业和信息化部关于软件和集成电路产业企业所得税优惠政策有关问题的通知》(财税〔2016〕49号),软件、集成电路企业应从企业的获利年度起计算定期减免税优惠期。如获利年度不符合优惠条件的,应自首次符合软件、集成电路企业条件的年度起,在其优惠期的剩余年限内享受相应的减免税优惠。

22. 自 2016 年 1 月 1 日至 2020 年 12 月 31 日期间，对符合条件的生产和装配伤残人员专门用品居民企业免征企业所得税。（ ）

【参考答案】√

【答案解析】根据《财政部 国家税务总局 民政部关于生产和装配伤残人员专门用品企业免征企业所得税的通知》（财税〔2016〕111 号），对符合下列条件的居民企业，免征企业所得税：①生产和装配伤残人员专门用品，且在民政部发布的《中国伤残人员专门用品目录》范围之内。②以销售本企业生产或者装配的伤残人员专门用品为主，其所取得的年度伤残人员专门用品销售收入（不含出口取得的收入）占企业收入总额60%以上。③企业账证健全，能够准确、完整地向主管税务机关提供纳税资料，且本企业生产或者装配的伤残人员专门用品所取得的收入能够单独、准确核算。④企业拥有假肢制作师、矫形器制作师资格证书的专业技术人员不得少于 1 人；其企业生产人员如超过 20 人，则其拥有假肢制作师、矫形器制作师资格证书的专业技术人员不得少于全部生产人员的 1/6。⑤具有与业务相适应的测量取型、模型加工、接受腔成型、打磨、对线组装、功能训练等生产装配专用设备和工具。⑥具有独立的接待室、假肢或者矫形器（辅助器具）制作室和假肢功能训练室，使用面积不少于 115 平方米。

23. 根据企业所得税有关规定，目前在全国范围内对符合条件的技术先进型服务企业减按 15% 的税率征收企业所得税。（ ）

【参考答案】√

【答案解析】根据《财政部 税务总局 商务部 科技部 国家发展改革委关于将技术先进型服务企业所得税政策推广至全国实施的通知》（财税〔2017〕79 号），自 2017 年 1 月 1 日起，在全国范围内实行对经认定的技术先进型服务企业，减按 15% 的税率征收企业所得税。

24. 根据企业所得税相关规定，选择技术成果投资入股递延纳税政策的，允许被投资企业按技术成果投资入股时的评估值入账并在企业所得税前摊销扣除。（ ）

【参考答案】√

【答案解析】根据《财政部 国家税务总局于完善股权激励和技术入股有关所得税政策的通知》（财税〔2016〕101 号）、《国家税务总局关于股权激励和技术入股所得税征管问题的公告》（国家税务总局公告 2016 年第 62 号）等，投资企业选择递延纳税政策，均允许被投资企业按技术成果投资入股时的评估值入账并在企业所得税前摊销扣除。

25. 根据企业所得税相关规定，企业按规定对开发项目进行土地增值税清算后，当年企业所得税汇算清缴出现亏损且有其他后续开发项目的,该亏损不得向以后年度结转,不得用以后年度所得弥补。   ( )

【参考答案】×

【答案解析】企业按规定对开发项目进行土地增值税清算后,当年企业所得税汇算清缴出现亏损且有其他后续开发项目的,该亏损应按照税法规定向以后年度结转,用以后年度所得弥补。

26. 根据企业所得税相关规定,企业按规定对开发项目进行土地增值税清算后,当年企业所得税汇算清缴出现亏损且有其他后续开发项目的,该亏损可以用以后年度所得弥补。后续开发项目,是指正在开发的项目,不包括中标的项目。   ( )

【参考答案】×

【答案解析】企业按规定对开发项目进行土地增值税清算后,当年企业所得税汇算清缴出现亏损且有其他后续开发项目的,该亏损应按照税法规定向以后年度结转,用以后年度所得弥补。后续开发项目,是指正在开发以及中标的项目。

27. 根据企业所得税相关规定,企业进行股权捐赠,应按规定视同转让股权,但股权转让收入额以企业所捐赠股权取得时的历史成本确定。   ( )

【参考答案】×

【答案解析】根据《财政部 国家税务总局关于公益股权捐赠企业所得税政策问题的通知》(财税〔2016〕45号),企业向中华人民共和国境内公益性社会团体实施的股权捐赠,应按规定视同转让股权,股权转让收入额以企业所捐赠股权取得时的历史成本确定。

28. 根据现行企业所得税相关规定,保险公司按规定缴纳的保险保障基金,不准予税前扣除。   ( )

【参考答案】×

【答案解析】根据《财政部 国家税务总局关于保险公司准备金支出企业所得税税前扣除有关政策问题的通知》(财税〔2016〕114号),保险公司按规定缴纳的保险保障基金,准予据实税前扣除。

29. 根据现行企业所得税相关规定,保险公司实际发生的各种保险赔款、给付,应首先冲抵按规定提取的准备金,不足冲抵部分,不得准予在当年税前扣除。   ( )

【参考答案】×

【答案解析】根据《财政部 国家税务总局关于保险公司准备金支出企业所得税税前扣

除有关政策问题的通知》（财税〔2016〕114号），保险公司实际发生的各种保险赔款、给付，应首先冲抵按规定提取的准备金，不足冲抵部分，准予在当年税前扣除。

30. 受疫情影响较大的困难行业企业2020年度发生的亏损，最长结转年限由5年延长至10年。（　　）

【参考答案】×

【答案解析】根据财政部 税务总局公告2020年第8号公告，受疫情影响较大的困难行业企业2020年度发生的亏损，最长结转年限由5年延长至8年。困难行业企业，包括交通运输、餐饮、住宿、旅游（指旅行社及相关服务、游览景区管理两类）四大类，具体判断标准按照现行《国民经济行业分类》执行。困难行业企业2020年度主营业务收入须占收入总额（剔除不征税收入和投资收益）的50%以上。

31. 根据"疫情防控"相关政策，企业和个人直接向承担疫情防治任务的医院捐赠用于应对新型冠状病毒感染的肺炎疫情的物品，在计算应纳税所得额时不得扣除。（　　）

【参考答案】×

【答案解析】企业和个人直接向承担疫情防治任务的医院捐赠用于应对新型冠状病毒感染的肺炎疫情的物品，允许在计算应纳税所得额时全额扣除。捐赠人凭承担疫情防治任务的医院开具的捐赠接收函办理税前扣除事宜（财政部 税务总局公告2020年第9号）。

32. 合伙企业的合伙人是法人或其他组织，合伙人在计算缴纳其企业所得税时，可以用合伙企业的亏损抵减其盈利。（　　）

【参考答案】×

【答案解析】合伙企业的合伙人是法人或其他组织，合伙人在计算缴纳其企业所得税时，不得用合伙企业的亏损抵减其盈利。

33. 对非居民企业在中国境内取得工程作业和劳务所得应缴纳的所得税，税务机关可以指定工程价款或劳务费的支付人为扣缴义务人。（　　）

【参考答案】√

【答案解析】符合非居民企业源泉扣缴的相关规定。

34. 合伙企业生产经营所得和其他所得采取"先税后分"原则。（　　）

【参考答案】×

【答案解析】合伙企业生产经营所得和其他所得采取"先分后税"原则。

35. 居民企业以企业登记注册地为纳税地点，登记注册地在境外的，以实际管理机构所在地为纳税地点。 （ ）

【参考答案】×

【答案解析】除税收法律、行政法规另有规定外，居民企业以企业登记注册地为纳税地点，登记注册地在境外的，以实际管理机构所在地为纳税地点。

36. 非居民企业转让财产所得，以收入全额减除财产净值后的余额为应纳税所得额。 （ ）

【参考答案】√

【答案解析】非居民企业转让财产所得，以收入全额减除财产净值后的余额为应纳税所得额。

37. 对企业投资者持有2019—2023年发行的铁路债券取得的利息收入，免征收企业所得税。 （ ）

【参考答案】×

【答案解析】根据《财政部 税务总局关于铁路债券利息收入所得税政策的公告》（财政部 税务总局公告2019年第57号），对企业投资者持有2019—2023年发行的铁路债券取得的利息收入，减半征收企业所得税。

38. 合格境外机构投资者境内转让股票等权益性投资资产所得，减半征收企业所得税。 （ ）

【参考答案】×

【答案解析】合格境外机构投资者境内转让股票等权益性投资资产所得，暂免征收企业所得税。

39. 符合条件的软件生产企业按规定实行增值税即征即退政策所退还的税款，由企业专款专用于软件产品的研发和扩大再生产并单独进行核算，可以作为不征税收入，在计算应纳税所得额时从收入总额中减除。 （ ）

【参考答案】√

【答案解析】根据《财政部 国家税务总局关于进一步鼓励软件产业和集成电路产业发展企业所得税政策的通知》（财税〔2012〕27号），符合条件的软件企业按照《财政部 国家税务总局关于软件产品增值税政策的通知》（财税〔2011〕100号）规定取得的即征即退增值税款，由企业专项用于软件产品研发和扩大再生产并单独进行核算，可以作为不征税收入，在计算应纳税所得额时从收入总额中减除。

模块三 企业所得税政策与管理

40. 企业的不征税收入用于支出所形成的费用，可以在计算企业所得税应纳税所得额时扣除。（　　）

【参考答案】×

【答案解析】根据《财政部 国家税务总局关于财政性资金 行政事业性收费 政府性基金有关企业所得税政策问题的通知》（财税〔2008〕151号）第三条，企业的不征税收入用于支出所形成的费用，不得在计算应纳税所得额时扣除；企业的不征税收入用于支出所形成的资产，其计算的折旧、摊销不得在计算应纳税所得额时扣除。

41. 企业取得的各项免税收入所对应的各项成本费用，除另有规定者外，可以在计算企业应纳税所得额时扣除。（　　）

【参考答案】√

【答案解析】符合《国家税务总局关于贯彻落实企业所得税法若干税收问题的通知》（国税函〔2017〕79号）第六条：根据《实施条例》第二十七条、第二十八条，企业取得的各项免税收入所对应的各项成本费用，除另有规定者外，可以在计算企业应纳税所得额时扣除。

42. 企业同时从事适用不同企业所得税待遇项目的，其优惠项目应当单独计算所得，并合理分摊企业的期间费用；没有单独计算的，不得享受企业所得税优惠。（　　）

【参考答案】√

【答案解析】根据《中华人民共和国企业所得税法实施条例》第一百零二条，企业同时从事适用不同企业所得税待遇的项目的，其优惠项目应当单独计算所得，并合理分摊企业的期间费用；没有单独计算的，不得享受企业所得税优惠。

43. 企业的不征税收入和免税收入孳生的银行存款利息收入为企业所得税免税收入。（　　）

【参考答案】×

【答案解析】根据财税〔2009〕122号通知，非营利组织的不征税收入和免税收入孳生的银行存款利息为免税收入，其余企业的不征税收入和免税收入孳生的银行存款利息应当并入收入总额征收企业所得税。

44. 某企业发生开办费10万元，在开始经营的年度，自行决定采用5年进行税前摊销扣除，该企业的做法符合企业所得税法。（　　）

【参考答案】√

【答案解析】根据国税函〔2009〕98号，企业的开（筹）办费可以在开始经营之日的当年一次性扣除，也可以按照新税法有关长期待摊费用的处理规定。"新税法有关长期待摊费用的处理规定"主要是指按照《中华人民共和国企业所得税法》第十三条第（四）项所称的其他应当作为长期待摊费用的支出，自支出发生月份的次月起，分期摊销，摊销年限不得低于3年。以上两种方式纳税人可以选择，但一经选定，不得改变。

45. 根据企业所得税的相关规定，企业发生债务重组，应在债务重组合同或协议生效时确认收入的实现。   （ ）

【参考答案】√

【答案解析】根据《国家税务总局关于贯彻落实企业所得税法若干税收问题的通知》（国税函〔2010〕79号），关于债务重组收入确认问题：企业发生债务重组，应在债务重组合同或协议生效时确认收入的实现。

46. 根据企业所得税的相关规定，在计算清算所得时，不允许弥补以前年度的亏损。
                                                            （ ）

【参考答案】×

【答案解析】根据《财政部 国家税务总局关于企业清算业务企业所得税处理若干问题的通知》（财税〔2009〕60号）、《国家税务总局关于印发〈中华人民共和国企业清算所得税申报表〉的通知》（国税函〔2009〕388号），如果以前年度亏损在5年期限内，企业清算所得可以弥补以前年度亏损。

47. 根据企业所得税的相关规定，企业当年度实际发生的相关成本、费用，由于各种原因未能及时取得该成本、费用的有效凭证，企业在预缴季度所得税时，可暂按账面发生金额进行核算；但在汇算清缴时，应补充提供该成本、费用的有效凭证。（ ）

【参考答案】√

【答案解析】符合国家税务总局公告2011年第34号第六条的规定。

48. 中华人民共和国政府同外国政府订立的有关税收的协定与企业所得税法有不同规定的，依照企业所得税法的规定办理。   （ ）

【参考答案】×

【答案解析】根据《中华人民共和国企业所得税法》第五十八条，中华人民共和国政府同外国政府订立的有关税收的协定与本法有不同规定的，依照协定的规定办理。

49. 以"公司+农户"经营模式从事农、林、牧、渔业项目生产的企业，可以享受减征、免征企业所得税优惠政策。   （ ）

【参考答案】√

【答案解析】政策依据：《国家税务总局关于"公司＋农户"经营模式企业所得税优惠问题的公告》（国家税务总局公告2010年第2号）。

50. 股息、红利等权益性投资收益，应以投资方实际收到利润的时间确认企业所得税收入的实现。 （ ）

【参考答案】×

【答案解析】股息、红利等权益性投资收益，除国务院财政、税务主管部门另有规定外，按照被投资方作出利润分配决定的日期确认收入的实现。

51. 根据现行企业所得税相关政策规定，企业参加雇主责任险、公众责任险等责任保险，按照规定缴纳的保险费，不准予在企业所得税税前扣除。 （ ）

【参考答案】×

【答案解析】根据《国家税务总局关于责任保险费企业所得税税前扣除有关问题的公告》（国家税务总局公告2018年第52号），自2018年度企业所得税汇算清缴起，企业参加雇主责任险、公众责任险等责任保险，按照规定缴纳的保险费，准予在企业所得税税前扣除。

52. 进行企业所得税税前扣除时，企业应在当年度企业所得税法规定的汇算清缴期结束前取得税前扣除凭证。 （ ）

【参考答案】√

【答案解析】根据《国家税务总局企业所得税税前扣除凭证管理办法》（国家税务总局公告2018年第28号）第六条，企业应在当年度企业所得税法规定的汇算清缴期结束前取得税前扣除凭证。

53. 企业在境内发生的支出项目不属于应税项目，必须以发票作为税前扣除凭证。
 （ ）

【参考答案】×

【答案解析】根据《国家税务总局企业所得税税前扣除凭证管理办法》（国家税务总局公告2018年第28号）第十条，企业在境内发生的支出项目不属于应税项目的，对方为单位的，以对方开具的发票以外的其他外部凭证作为税前扣除凭证；对方为个人的，以内部凭证作为税前扣除凭证。企业在境内发生的支出项目虽不属于应税项目，但按税务总局规定可以开具发票的，可以发票作为税前扣除凭证。

54. 汇算清缴期结束后，税务机关发现企业应当取得而未取得发票、其他外部凭证或者取得不合规发票、不合规其他外部凭证并且告知企业的，企业应当自被告知之日起

30 日内补开、换开符合规定的发票、其他外部凭证。 ( )

【参考答案】×

【答案解析】根据《国家税务总局企业所得税税前扣除凭证管理办法》(国家税务总局公告 2018 年第 28 号)十五条,汇算清缴期结束后,税务机关发现企业应当取得而未取得发票、其他外部凭证或者取得不合规发票、不合规其他外部凭证并且告知企业的,企业应当自被告知之日起 60 日内补开、换开符合规定的发票、其他外部凭证。

55. 企业与其他企业在境内共同接受应纳增值税劳务发生的支出,采取分摊方式的,应当按照独立交易原则进行分摊,企业必须以发票作为税前扣除凭证。 ( )

【参考答案】×

【答案解析】根据《国家税务总局企业所得税税前扣除凭证管理办法》(国家税务总局公告 2018 年第 28 号)第十八条,企业与其他企业(包括关联企业)、个人在境内共同接受应纳增值税劳务(以下简称应税劳务)发生的支出,采取分摊方式的,应当按照独立交易原则进行分摊,企业以发票和分割单作为税前扣除凭证,共同接受应税劳务的其他企业以企业开具的分割单作为税前扣除凭证。

56. 依法成立且符合条件的集成电路设计企业和软件企业,在 2018 年 12 月 31 日前自获利年度起计算优惠期,享受企业所得税"三免三减半"的优惠政策。 ( )

【参考答案】×

【答案解析】根据《财政部 税务总局关于集成电路设计和软件产业企业所得税政策的公告》(财政部 税务总局公告 2019 年第 68 号),依法成立且符合条件的集成电路设计企业和软件企业,在 2018 年 12 月 31 日前自获利年度起计算优惠期,第一年至第二年免征企业所得税,第三年至第五年按照 25% 的法定税率减半征收企业所得税,并享受至期满为止。

57. 根据企业所得税法相关规定,法人合伙人可以按照对初创科技型企业投资额的 70% 抵扣法人合伙人从合伙创投企业分得的所得;当年不足抵扣的,可以在以后纳税年度结转抵扣。 ( )

【参考答案】√

【答案解析】政策依据:《财政部 税务总局关于创业投资企业和天使投资个人有关税收政策的通知》(财税〔2018〕55 号)。

58. 根据现行税法规定,国际金融组织向中国政府和居民企业提供贷款取得的利息所得,免征企业所得税。 ( )

【参考答案】×

【答案解析】国际金融组织向中国政府和居民企业提供优惠贷款取得的利息所得，免征企业所得税。

59. 根据现行税法规定，对符合条件的从事污染防治的第三方企业减按10%的税率征收企业所得税。　　　　　　　　　　　　　　　　　　　　　　　　　（　　）

【参考答案】×

【答案解析】根据《财政部 税务总局 国家发展改革委 生态环境部关于从事污染防治的第三方企业所得税政策问题的公告》（财政部2019年第60号），对符合条件的从事污染防治的第三方企业减按15%的税率征收企业所得税。

60. 根据现行政策规定，企业取得永续债利息收入可以适用企业所得税法规定的居民企业之间的股息、红利等权益性投资收益免征企业所得税规定；同时发行方支付的永续债利息支出不得在企业所得税税前扣除。　　　　　　　　　　　　　　　　（　　）

【参考答案】√

【答案解析】根据《财政部 税务总局关于永续债企业所得税政策问题的公告》（财政部 税务总局公告2019年第64号），企业发行的永续债，可以适用股息、红利企业所得税政策，即：投资方取得的永续债利息收入属于股息、红利性质，按照现行企业所得税政策相关规定进行处理，其中，发行方和投资方均为居民企业的，永续债利息收入可以适用企业所得税法规定的居民企业之间的股息、红利等权益性投资收益免征企业所得税规定；同时发行方支付的永续债利息支出不得在企业所得税税前扣除。

61. 根据企业所得税法相关规定，被清算企业的股东从被清算企业分得的资产应按账面价值确定计税基础。　　　　　　　　　　　　　　　　　　　　　　　（　　）

【参考答案】×

【答案解析】根据《财政部 国家税务总局关于企业清算业务企业所得税处理若干问题的通知》（财税〔2009〕60号），被清算企业的股东从被清算企业分得的资产应按可变现价值或实际交易价格确定计税基础。

62. 企业发行永续债，一律按照债券利息适用企业所得税政策，即：发行方支付的永续债利息支出符合规定的准予在其企业所得税税前扣除。　　　　　　　　　（　　）

【参考答案】×

【答案解析】根据《财政部 税务总局关于永续债企业所得税政策问题的公告》（财政部 税务总局公告2019年第64号），企业发行符合规定条件的永续债，也可以按照债券利息适用企业所得税政策，即：发行方支付的永续债利息支出准予在其企业所得税税前扣除；投资方取得的永续债利息收入应当依法纳税。

63. 甲通过深交所于 2020 年 5 月购买了乙的流通股票，2020 年 11 月甲取得乙送股红利 3 万元，2020 年 12 月甲转让了乙的全部股票。则红利 3 万元免征企业所得税。
（ ）

【参考答案】×

【答案解析】根据《中华人民共和国企业所得税法实施条例》，符合条件的居民企业之间的股息、红利等权益性投资收益免税，是指居民企业直接投资于其他居民企业取得的投资收益。股息、红利等权益性投资收益，不包括连续持有居民企业公开发行并上市流通的股票不足 12 个月取得的投资收益。

64. 企业取得的各类财政性资金均应计入企业当年所得税收入总额。（ ）

【参考答案】×

【答案解析】根据《财政部 国家税务总局关于财政性资金 行政事业性收费 政府性基金有关企业所得税政策问题的通知》（财税〔2008〕151 号），企业取得的各类财政性资金，除属于国家投资和资金使用后要求归还本金的以外，均应计入企业当年收入总额。

65. 企业按规定取得的出口退税款应并入企业所得税收入总额中计算纳税。（ ）

【参考答案】×

【答案解析】根据《财政部 国家税务总局关于财政性资金 行政事业性收费 政府性基金有关企业所得税政策问题的通知》（财税〔2008〕151 号），财政性资金，是指企业取得的来源于政府及其有关部门的财政补助、补贴、贷款贴息，以及其他各类财政专项资金，包括直接减免的增值税和即征即退、先征后退、先征后返的各种税收，但不包括企业按规定取得的出口退税款。

66. 对企业、社会组织和团体赞助、捐赠杭州亚运会的资金、物资、服务支出，在计算企业应纳税所得额时予以全额扣除。（ ）

【参考答案】√

【答案解析】根据《关于杭州 2022 年亚运会和亚残运会税收政策的公告》（财政部公告 2020 年第 18 号），对企业、社会组织和团体赞助、捐赠杭州亚运会的资金、物资、服务支出，在计算企业应纳税所得额时予以全额扣除。

67. 支持新型冠状病毒感染的肺炎疫情防控有关捐赠支出全额税前扣除的税收政策，执行期限延长至 2021 年 12 月 31 日。（ ）

【参考答案】×

【答案解析】根据《财政部 税务总局发布关于延续实施应对疫情部分税费优惠政策的公告》（财政部 税务总局公告2021年第7号），支持新型冠状病毒感染的肺炎疫情防控有关捐赠支出全额税前扣除的税收政策，执行期限延长至2021年3月31日。

68. 国家鼓励的线宽小于130纳米（含）的集成电路生产企业，属于国家鼓励的集成电路生产企业清单年度之前5个纳税年度发生的尚未弥补完的亏损，准予向以后年度结转，总结转年限最长不得超过8年。（　　）

【参考答案】×

【答案解析】根据《财政部 税务总局 发展改革委 工业和信息化部关于促进集成电路产业和软件产业高质量发展企业所得税政策的公告》（财政部 税务总局 发展改革委 工业和信息化部公告2020年第45号），国家鼓励的线宽小于130纳米（含）的集成电路生产企业，属于国家鼓励的集成电路生产企业清单年度之前5个纳税年度发生的尚未弥补完的亏损，准予向以后年度结转，总结转年限最长不得超过10年。

69. 主营业务或主要产品具有专利或计算机软件著作权等属于本企业的知识产权的软件企业才能享受企业所得税定期减免优惠政策。（　　）

【参考答案】√

【答案解析】根据《国家鼓励的软件企业条件公告》（工业和信息化部 国家发展改革委 财政部 国家税务总局公告2021年第10号），国家鼓励的软件企业需要符合的条件之一是"主营业务或主要产品具有专利或计算机软件著作权等属于本企业的知识产权"。

70. 根据《财政部 税务总局 发展改革委 工业和信息化部关于促进集成电路产业和软件产业高质量发展企业所得税政策的公告》（财政部 税务总局 发展改革委 工业和信息化部公告2020年第45号），集成电路企业或项目、软件企业同时符合多项定期减免税优惠政策条件的，由企业选择其中一项政策享受相关优惠。（　　）

【参考答案】√

【答案解析】根据《财政部 税务总局 发展改革委 工业和信息化部关于促进集成电路产业和软件产业高质量发展企业所得税政策的公告》（财政部 税务总局 发展改革委 工业和信息化部公告2020年第45号），集成电路企业或项目、软件企业根据本公告规定同时符合多项定期减免税优惠政策条件的，由企业选择其中一项政策享受相关优惠。其中，已经进入优惠期的，可由企业在剩余期限内选择其中一项政策享受相关优惠。

题型四 实务题

试题一

假定长沙甲企业为工业企业（增值税一般纳税人，非高新技术企业），2020年资产总额是2 800万元，在职职工人数280人，企业接受的劳务派遣用工人数40，全年从业人数共计320人，全年经营业务如下：

（1）取得销售收入2 500万元。

（2）销售成本1 343万元。

（3）发生销售费用670万元（其中广告费450万元）、管理费用400万元（其中业务招待费15万元）、财务费用60万元。

（4）销售税金160万元（含增值税120万元）。

（5）营业外收入70万元，营业外支出50万元（含通过公益性社会团体向贫困山区捐款10万元，但不符合目标扶贫，支付税收滞纳金6万元）。

（6）计入成本、费用中的实发工资总额150万元，拨缴职工工会经费3万元，支出职工福利费20万元，职工教育经费9万元。

根据上述资料，回答下列问题：

1. 下列事项中的表述不符合现行企业所得税规定的有（　　）。

A. 全年从业人数共计320人，超过小型微利企业的标准

B. 支付税收滞纳金6万元不得税前扣除

C. 甲企业为工业企业，所以职工教育经费的税前扣除标准为2.5%

D. 公益性社会团体向贫困山区捐款10万元"应纳税所得额"的12%限额比较扣除

2. 销售费用和管理费用不得税前扣除金额为（　　）。

A. 75万元　　　　B. 75.5万元　　　　C. 78.5万元　　　　D. 81万元

3. 企业营业外支出不得扣除金额为（　　）。

A. 9.6万元　　　　B. 13.26万元　　　　C. 15.16万元　　　　D. 20.46万元

4. 企业"三项经费"不得税前扣除为（　　）。

A. 0万元　　　　B. 4.25万元　　　　C. 2.25万元　　　　D. 1.25万元

5. 企业应纳企业所得税为（　　）万元。

A. 25.79万元　　　　B. 26.85万元　　　　C. 21.48万元　　　　D. 16.11万元

【参考答案】1. CD；2. D；3. C；4. A；5. A

【答案解析】

1. 根据财税〔2019〕13号，对小型微利企业年应纳税所得额不超过100万元的部分，减按25%计入应纳税所得额，按20%的税率缴纳企业所得税；对年应纳税所得额超过100万元但不超过300万元的部分，减按50%计入应纳税所得额，按20%的税率缴纳企业所得税。上述小型微利企业是指从事国家非限制和禁止行业，且同时符合年度应纳税所得额不超过300万元、从业人数不超过300人、资产总额不超过5 000万元三个条件的企业。从业人数，包括与企业建立劳动关系的职工人数和企业接受的劳务派遣用工人数。所称从业人数和资产总额指标，应按企业全年的季度平均值确定。所以选项A正确。税收滞纳金不得税前扣除，所以选项B正确。自2018年起企业职工教育经费的税前扣除标准为8%，所以选项C不正确。公益性社会团体向贫困山区捐款10万元，按"利润"的12%限额比较扣除，所以选项D不正确。

2. 广告费不得扣除金额＝450－2 500×15%＝450－375＝75（万元）。

业务招待费2 500×5‰＝12.5（万元）＞15×60%＝9（万元）。

业务招待费不得扣除金额＝15－15×60%＝15－9＝6（万元）。

合计不得扣除金额＝75＋6＝81（万元）。

3. 会计利润总额＝2 500＋70－1 343－670－400－60－（160－120）－50＝7（万元）。

捐赠支出扣除的限额＝7×12%＝0.84（万元）。

税收滞纳金不可以税前扣除，因此营业外支出不得扣除金额＝10－0.84＋6＝15.16（万元）。

4. 职工工会经费扣除限额＝150×2%＝3（万元），实际发生3万元，全额扣除；职工福利费扣除限额＝150×14%＝21（万元）大于20万元，全额扣除。

职工教育经费扣除限额＝150×8%＝12（万元），大于9万元，全额扣除。

5. 应纳税所得额＝7＋81＋15.16＝103.16（万元）。

应纳税所得额小于300万元，资产总额是2 800万元（小于5 000万元），从业人数320人（大于300人），不符合小型微利企业的标准，因此不可以享受20%的优惠税率，应缴企业所得税＝103.16×25%＝25.79（万元）。

试题二

A企业为国家鼓励类的高新技术企业，假设2020年度生产经营情况如下：

（1）销售收入6 000万元，租金收入为120万元。

（2）销售成本 4 000 万元，增值税 700 万元，税金及附加 76.6 万元。

（3）销售费用 800 万元，其中广告费 600 万元。

（4）管理费用 600 万元，其中业务招待费 100 万元、研究新产品开发费用 100 万元（其中委托境外机构研发发生 40 万元）。

（5）财务费用 100 万元，其中向其他企业借款 500 万元（非关联方），并按利率 10% 支付利息（银行同期同类贷款利率 6%）。

（6）营业外支出 50 万元，其中向供货商支付违约金 10 万元，支付税款滞纳金 2 万元，通过公益性社会团体向贫困地区的捐款 10 万元（非目标扶贫）。

（7）投资收益 100 万元，其中取得购买国债的利息收入 20 万元，取得直接投资 B 居民企业的权益性收益 80 万元（被投资方所在地当年适用税率 10%）。

根据上述资料，回答下列问题（对于资料中未给出的信息，在计算分析时不予考虑）：

1. 根据现行企业所得税法规定，下列表述不正确的有（　　）。

A. 取得直接投资 B 居民企业的权益性收益 80 万元按 5% 计算补税

B. 委托境外机构研发发生 40 万元不得享受加计扣除

C. 租金收入的 120 万元不可以作为当年广告费、业务招待费的计提基数

D. A 企业不得同时享受研发费用加计扣除优惠政策和高新技术企业 15% 税率的优惠政策，只能自行选择其中之一

2. 2020 年 A 企业发生的销售费用中，广告费税前扣除金额为（　　）。

A. 600 万元　　　B. 360 万元　　　C. 180 万元　　　D. 90 万元

3. 2020 年 A 企业管理费用中，业务招待费不得税前扣除金额为（　　）。

A. 69.4 万元　　　B. 60 万元　　　C. 40 万元　　　D. 30.6 万元

4. 2020 年 A 企业研究新产品开发费用加计扣除为（　　）。

A. 75 万元　　　B. 69 万元　　　C. 46 万元　　　D. 45 万元

5. 2020 年 A 企业应纳企业所得税为（　　）。

A. 77.37 万元　　　B. 80.22 万元　　　C. 128.95 万元　　　D. 133.70 万元

【参考答案】 1. ABCD；2. A；3. A；4. B；5. A

【答案解析】

1. 取得直接投资 B 居民企业的权益性收益 80 万元，可以免税；租金收入为 A 企业的营业收入，可以作为当年广告费、业务招待费的计提基数；委托境外研发费用的 80%

是 32 万元，但没有超过境内研发费用的 2/3，可以同时享受研发费用加计扣除优惠政策和高新技术企业 15% 税率的优惠政策。

2. 销售费用中，广告费税前扣除限额 =（6 000 + 120）× 15% = 918（万元），实际发生 600 万元，可以据实扣除。

3. 管理费用中，业务招待费税前扣除限额：（6 000 + 120）× 5‰ = 30.6（万元）< 100 × 60% = 60（万元），可以扣除 30.6 万元，不得扣除金额 = 100 - 30.6 = 69.4（万元）。

4. 研究新产品开发费用加计扣除 =（60 + 40 × 80%）× 75% = 69（万元），因为委托境外研发费用的 80% 是 32 万元，未超过境内研发费用 60 万元的 2/3，即 40 万元，可以按 32 万元直接计入基数。

5. （1）利息费用扣除限额 = 500 × 6% = 30（万元），实际列支 500 × 10% = 50（万元），准予扣除 30 万元。

税前准予扣除的财务费用 = 100 - 50 + 30 = 80（万元）。

（2）营业外支出中，企业间违约金可以列支，但税务机关的税款滞纳金 2 万元不得税前扣除。

（3）利润总额 = 6 000 + 120 - 4 000 - 76.6 - 800 - 600 - 100 - 50 + 100 = 593.4（万元），捐赠扣除限额 = 593.4 × 12% = 71.21（万元），实际发生 10 万元，准予扣除 10 万元。

（4）国债利息收入、取得直接投资其他居民企业的权益性收益属于免税收入。

（5）A 企业 2009 年应纳税所得额 = 593.4 + 100 - 30.6 - 69 + 100 - 80 + 2 - 100 = 515.8（万元）。

（6）高新技术企业，适用 15% 税率。A 企业 2020 年应纳所得额 = 515.8 × 15% = 77.37（万元）。

试题三

某县甲生产企业为增值税一般纳税人，员工 30 人，资产总额 50 万元。主营办公用品。假设 2020 年有关经营情况和纳税情况如下：

（1）销售办公用品开具增值税专用发票 150 万元，开具增值税普通发票 56.5 万元，以办公用品换货取得原材料一批，换出资产公允价值 20 万元（不含税），企业已经确认收入。

（2）11 月 1 日出租商铺一间（商铺是 2009 年购置的），租期 1 年，11 月取得年租金 60 万元（不含税）。

(3) 销售成本 120 万元, 增值税 26.84 万元, 税金及附加 2.96 万元。

(4) 销售费用 60 元, 其中业务宣传费 5 万元。

(5) 管理费用 20 万元, 其中业务招待费 5.5 万元。

(6) "财务费用"账户列支 20 万元, 其中, 2020 年 6 月 1 日向非金融企业借入资金 200 万元用于厂房扩建, 借款期限 7 个月, 当年支付利息 12 万元。该厂房于 9 月底竣工结算并交付使用, 同期银行贷款年利率为 6%。

根据上述资料, 回答下列问题（对于资料中未给出的信息, 计算分析时不予考虑）：

1. 关于出租商铺, 下列表述正确的有（　　）。

A. 增值税可以简易方法计税

B. 11 月应确认增值税租赁收入 60 万元

C. 2020 年可以确认企业所得税收入 10 万元

D. 11 月应确认增值税租赁收入 5 万元

2. 甲企业 2020 年所得税前可以扣除的销售费用（　　）。

A. 27.18 万元　　　B. 29.98 万元　　　C. 58 万元　　　D. 60 万元

3. 甲企业 2020 年所得税前可以扣除的管理费用（　　）。

A. 7.48 万元　　　B. 15.65 万元　　　C. 20.56 万元　　　D. 21.15 万元

4. 甲企业 2020 年税前可以扣除的财务费用（　　）。

A. 11 万元　　　B. 27 万元　　　C. 28 万元　　　D. 31 万元

5. 甲企业 2020 年应纳所得税税额（　　）。

A. 4.078 万元　　　B. 1.0195 万元　　　C. 2.309 万元　　　D. 3.0585 万元

【参考答案】 1. ABC; 2. D; 3. B; 4. A; 5. B

【答案解析】

1. 租赁业预收款在预售的当期确认纳税义务; 出租营改增之前房屋的可以选择简易征收增值税; 企业所得税对跨年合同, 提前一次性支付的, 可以在租赁期内均匀确认收入。

2. 所得税前可以扣除的销售费用：

业务宣传费扣除限额 = 销售（营业）收入 × 15% = (150 + 56.5 ÷ 1.13 + 20 + 10) × 15% = 34.5（万元）, 企业未超标。可以扣除的销售费用为 60 万元。

3. 所得税前可以扣除的管理费用：

业务招待费扣除限额 = (150 + 56.5 ÷ 1.13 + 20 + 10) × 0.5% = 1.15（万元）。

实际发生额的 60% = 5.5 × 60% = 3.3（万元）。

甲企业应按 1.15 万元为限额，所得税前可以扣除的管理费用为 20 − 5.5 + 1.15 = 15.65（万元）。

4. 财务费用中的借款利息，税前扣除的就是 3 个月，即 200 × 6% × 3 ÷ 12 = 3（万元）。可以扣除的费用 = 20 − 12 + 3 = 11（万元）。

5. 符合小型微利企业条件：

应纳税所得 = 150 + 56.5 ÷ 1.13 + 20 + 10 − 120 − 2.96 − 60 − 15.65 − 11 = 20.39（万元）。

应纳所得税税额 = 20.39 × 25% × 20% = 1.0195（万元）。

试题四

甲市某电器生产企业为增值税一般纳税人，2019 年销售产品取得不含税收入 2 500 万元，会计利润 600 万元，已预缴所得税 150 万元。2020 年 7 月，经税务局检查发现，该企业存在以下问题：

(1) 期间费用中广告费 450 万元、业务招待费 15 万元、研究开发费用 20 万元。

(2) 营业外支出 50 万元（含通过公益性社会团体向贫困山区捐款 30 万元，直接捐赠 6 万元，均属非目标扶贫）。

(3) 计入成本、费用中的实发工资总额 150 万元，拨缴职工工会经费 3 万元，支出职工福利费 23 万元和职工教育经费 6 万元。

(4) 4 月购置并投入使用的安全生产专用设备企业未进行账务处理。取得购置设备增值税普通发票上注明含税价款 79.10 万元，预计使用 10 年，无残值。

(5) 实缴增值税 40 万元，企业未申报缴纳城市维护建设税（7%）及教育费附加（3%）。

(6) 在 A 国设有分支机构，A 国分支机构当年应纳税所得额 300 万元，其中生产经营所得 200 万元，A 国规定税率为 20%；特许权使用费所得 100 万元，A 国规定的税率为 30%；从 A 国分后税后利润 230 万元，尚未入账处理。

根据上述资料，回答下列问题（需要列式计算过程，不考虑地方教育附加）：

1. 该企业在 A 国的所得，在我国境内应补缴的企业所得税额为多少万元？
2. 该企业当年调账后的会计利润总额为多少万元？
3. 该企业当年对外捐赠的纳税调整额为多少万元？
4. 该企业当年广告费和业务招待费的纳税调整额分别为多少万元？

5. 该企业当年工资及"三项经费"的纳税调整额分别为多少万元?

6. 该企业年终汇算清缴实际缴纳的企业所得税为多少万元?

【参考答案】1.5 万元;2.820.73 万元;3.6 万元;4.6 万元;5.2 万元;6.13.27 万元。

【答案解析】

1. A 国分支机构在境外实际缴纳的税额 = 200 × 20% + 100 × 30% = 70(万元)。

A 国分支机构境外所得的税收扣除限额 = 300 × 25% = 75(万元)。

A 国所得在我国应补缴企业所得税额 = 75 - 70 = 5(万元)。

2. 专用设备对会计利润的影响额 = 79.10 ÷ 10 ÷ 12 × 8 = 5.27(万元)。

调账后的会计利润总额 = 600 - 5.27 - 4 + 230 = 820.73(万元)。

3. 公益捐赠扣除限额 = 820.73 × 12% = 98.49(万元),大于实际公益捐赠 30 万元,公益捐赠不需纳税调整。

直接捐赠不得税前扣除,对外捐赠的纳税调整额 = 6(万元)。

4. 广告费的纳税调整额 = 450 - 2 500 × 15% = 450 - 375 = 75(万元)。

业务招待费扣除限额:2 500 × 5‰ = 12.5(万元) > 15 × 60% = 9(万元)。

业务招待费的纳税调整额 = 15 - 9 = 6(万元)。

5. 实发的工资可以据实扣除。

工会经费扣除限额 = 150 × 2% = 3(万元),实际拨缴职工工会经费 3 万元,未超过扣除限额,不用调整。

职工福利费扣除限额 = 150 × 14% = 21(万元),实际支出 23 万元,应当调增所得额 2 万元。

职工教育经费扣除限额 = 150 × 8% = 12(万元),实际支出 6 万元,不需调增所得额。

工资及"三项经费"的纳税调整额 = 2(万元)。

6. 研究开发费用加计扣除 20 × 75% = 15(万元),可以调减所得额。

境内应纳税所得额 = 820.73 + 75 + 6 + 6 + 2 - 15 - 230 = 664.73(万元)。

企业年终汇算清缴实际缴纳的企业所得税 = 664.73 × 25% - 79.10 × 10% + 5 - 150 = 166.18 - 7.91 + 5 - 150 = 13.27(万元)。

试题五

长沙市某工业企业系增值税一般纳税人,2019 年取得产品销售收入 6 000 万元,产品销售成本 2 000 万元,税金及附加 100 万元,发生销售费用 1 500 万元,管理费用 900

万元,财务费用 150 万元,营业外收入 90 万元,投资收益 60 万元,营业外支出 110 万元。2020 年 7 月,税务局对纳税事项进行检查,发现以下涉税事项未作纳税调整:

(1) 管理费用中含业务招待费 100 万元,新产品研发费用 50 万元,支付给其他企业管理费用 50 万元。

(2) 销售费用中含广告费 800 万元,业务宣传费 200 万元。

(3) 财务费用中含 2018 年 1 月 1 日向非关联的某工业企业借入资金 300 万元用于建造车间,支付的 2019 年利息为 22 万元;已知该车间于 2018 年 1 月 1 日开始施工,2019 年 9 月 30 日竣工结算并交付使用,银行同期同类贷款利率为 6.5%(不考虑厂房的折旧问题)。

(4) 营业外支出中含通过政府部门向贫困地区捐款 70 万元,企业直接向灾区捐赠 20 万元;因逾期还贷向银行支付罚息 10 万元;缴纳税收滞纳金 10 万元。

(5) 投资收益中含从境内居民企业(适用 20% 的税率)分回股息 40 万元;另外还有 20 万元为国债利息收入。

(6) 已计入成本费用中实际支付的合理的工资总额为 310 万元,上缴工会经费 7 万元,实际发生职工福利费 50 万元,实际发生职工教育经费 7.5 万元。

(7) 接受北京市某公司捐赠的原材料一批,取得增值税专用发票,注明价款 30 万元、增值税税额 5.1 万元,企业未入账,但是进项税额已经申请抵扣。

根据上述资料,回答下列问题:

1. 该企业"管理费用"纳税调整金额为多少万元(考虑加计扣除因素)?
2. 该企业"财务费用"纳税调整金额为多少万元?
3. 该企业的员工工资与"三项经费"纳税调整金额分别为多少万元?
4. 该企业"销售费用"纳税调整金额为多少万元?
5. 该企业"营业外支出"纳税调整金额为多少万元?
6. 该企业应缴纳企业所得税额为多少万元?

【参考答案】1. 82.5 万元;2. 17.12 万元;3. 7.4 万元;4. 100 万元;5. 30 万元;6. 400.53 万元。

【答案解析】

1. 业务招待费,按照发生额的 60% 扣除,最高不得超过当年销售(营业)收入的 5‰。实际发生额 ×60% = 100×60% = 60(万元) > 6 000×5‰ = 30(万元),所以业务招待费纳税调增金额 = 100 - 30 = 70(万元)。支付给其他企业的管理费用 50 万元,不能在所得税前扣除，纳税调增。"三新"的研究开发费用可以加计扣除50%，所以纳税调减金额=50×75%=37.5（万元）。所以，企业"管理费用"纳税调整金额=70+50-37.5=82.5（万元）。

2. 企业为建造固定资产发生的利息支出要计入固定资产的成本，所以不可以扣除。固定资产竣工结算之后发生的利息费用可以税前扣除，但是不可以超过同期同类贷款银行利率计算的部分。可以在税前扣除的金额=300×6.5%÷12×3=4.88（万元）。所以，企业"财务费用"纳税调整金额=22-4.88=17.12（万元）。

3. 企业实际支付的合理的工资可以据实扣除。

工会经费扣除限额=310×2%=6.2（万元），实际发生7万元，纳税调增额=7-6.2=0.8（万元）。

职工福利费扣除限额=310×14%=43.4（万元），实际发生50万元，纳税调增金额=50-43.4=6.6（万元）。

职工教育经费扣除限额=310×8%=24.80（万元），实际发生额7.5万元，据实扣除。

所以，工资与"三项经费"纳税调整金额=0.8+6.6=7.4（万元）。

4. 广告费和业务宣传费扣除限额=6 000×15%=900（万元），实际发生的广告费和业务宣传费支出=800+200=1 000（万元），企业"销售费用"纳税调整金额=1 000-900=100（万元）。

5. 接受捐赠的原材料应计入营业外收入。建造厂房资本化的利息不可以在会计利润中扣除，所以应调减财务费用=22-22÷12×3=16.5（万元）（提示：会计上可以扣除的利息费用没有银行同期同类贷款利率的限制）。

2012年度企业会计利润总额=6 000-2 000-100-1 500-900-(150-16.5)+(90+35.1)+60-110=1 441.6（万元）。

公益性捐赠的扣除限额=1 441.6×12%=172.99（万元），实际公益性捐赠70万元，不用作纳税调整，企业直接向灾区的捐赠及税收滞纳金不可以扣除。所以，企业"营业外支出"纳税调整金额=20+10=30（万元）。

6. 国债利息收入和居民企业直接投资于其他居民企业取得的投资收益免征企业所得税。

2012年该企业境内应纳税所得额=1 441.6+82.5+100+(17.12-16.5)+30+7.4-40-20=1 602.12（万元）。

企业应缴纳企业所得税额=1 602.12×25%=400.53（万元）。

模块四　个人所得税政策与管理

题型一　单项选择题

1. 纳税人取得经营所得的，应向经营管理所在地主管税务机关办理汇算清缴，办理时间是（　　）。

   A. 次年 3 月 31 日前　　　　　　B. 次年 4 月 30 日前
   C. 次年 5 月 31 日前　　　　　　D. 次年 6 月 30 日前

   【参考答案】A

   【答案解析】纳税人取得经营所得的，应向经营管理所在地主管税务机关办理汇算清缴，办理时间是次年 3 月 31 日前。

2. 非居民个人取得工资、薪金所得、劳务报酬所得、稿酬所得、特许权使用费所得，扣缴义务人未扣缴税款的，纳税人应当在取得所得的次年 6 月 30 日前，办理纳税申报的地点是（　　）。

   A. 扣缴义务人所在地主管税务机关
   B. 非居民个人经常居住地主管税务机关
   C. 非居民任职、受雇单位所在地主管税务机关
   D. 非居民个人选择一处任职、受雇单位所在地主管税务机关

   【参考答案】A

   【答案解析】非居民个人取得工资、薪金所得、劳务报酬所得、稿酬所得、特许权使用费所得的，应当在取得所得的次年 6 月 30 日前，向扣缴义务人所在地主管税务机关办理纳税申报。

3. 纳税人符合条件的大病医疗支出的专项附加扣除时间为（　　）。

   A. 大病医疗费用医保结算的当月
   B. 大病医疗费用医保结算的下月

C. 大病医疗费用医保结算的下个季度

D. 大病医疗费用医保结算的次年 3 月 1 日至 6 月 30 日

【参考答案】D

【答案解析】大病医疗的专项附加扣除只能在年度汇算清缴时扣除，因此扣除时间为次年 3 月 1 日至 6 月 30 日。

4. 下列关于个人所得税应纳税所得额的计算方式正确的是（ ）。

A. 经营所得，以每一纳税年度的收入总额减除成本、费用以后的余额，为应纳税所得额

B. 居民个人的综合所得，以每一纳税年度的收入额减除费用 6 万元，以及专项扣除、专项附加扣除和依法确定的其他扣除后的余额，为应纳税所得额

C. 财产租赁所得，以每次收入减除 20% 的费用，其余额为应纳税所得额

D. 偶然所得，以每次收入减除 20% 的费用为应纳税所得额

【参考答案】B

【答案解析】应纳税所得额的计算：

居民个人的综合所得，以每一纳税年度的收入额减除费用 6 万元以及专项扣除、专项附加扣除和依法确定的其他扣除后的余额，为应纳税所得额。

经营所得，以每一纳税年度的收入总额减除成本、费用以及损失后的余额，为应纳税所得额。

财产租赁所得，每次收入不超过 4 000 元的，减除费用 800 元；4 000 元以上的，减除 20% 的费用，其余额为应纳税所得额。

利息、股息、红利所得和偶然所得，以每次收入额为应纳税所得额。

5. 自 2019 年 1 月 1 日起，计征保险营销员佣金所得的个人所得税时，保险营销员佣金中的展业成本扣除比例是（ ）。

A. 20%　　　　B. 30%　　　　C. 40%　　　　D. 25%

【参考答案】D

【答案解析】保险营销员、证券经纪人展业成本按照收入额的 25% 计算。

6. 张某和其妻子王某婚后购买一套住房，属于首套住房贷款，下列说法正确的是（ ）。

A. 张某或王某每月可扣除额度是 2 000 元

B. 张某和王某每月均可扣除的额度是 1 000 元

C. 张某和王某可以由其中一人扣除，每月扣除额度是1 000元

D. 张某和王某每月可以各扣500元

【参考答案】C

【答案解析】夫妻婚后共同购买住房，贷款利息支出只能选择由其中一方每月扣除1 000元。

7. 2018年8月31日，《中华人民共和国个人所得税法》经第十三届全国人民代表大会常务委员会第五次会议审议通过修改决定。这是个人所得税法历史上的（　　）。

A. 第5次修正　　B. 第6次修正　　C. 第7次修正　　D. 第8次修正

【参考答案】C

【答案解析】根据2018年8月31日第十三届全国人民代表大会常务委员会第五次会议通过的《关于修改〈中华人民共和国个人所得税法〉的决定》，是个人所得税法历史上的第7次修正。

8. 税务机关根据《中华人民共和国个人所得税法》的相关规定作出纳税调整，需要补征个人所得税税款的，应当依法加收（　　）。

A. 滞纳金　　B. 利息　　C. 罚款　　D. 双倍税款

【参考答案】B

【答案解析】税务机关依照《中华人民共和国个人所得税法》的相关规定作出纳税调整，需要补征税款的，应当补征税款，并依法加收利息。

9. 对居民个人的综合所得，依法确定的其他扣除不包括（　　）。

A. 个人缴付符合国家规定的企业年金　　B. 个人缴付符合国家规定的职业年金

C. 住房公积金　　D. 商业健康保险

【参考答案】C

【答案解析】依法确定的其他扣除，包括个人缴付符合国家规定的企业年金、职业年金、个人购买符合国家规定的商业健康保险、税收递延型商业养老保险的支出，以及国务院规定可以扣除的其他项目。

10. 下列关于个人所得税征收模式的表述，错误的是（　　）。

A. 我国目前个人所得税实行分类征收模式

B. 实行分类征收模式便于征收管理，但不利于平衡纳税人税负

C. 实行综合征收模式征收管理相对复杂，但有利于平衡纳税人税负

D. 我国已经初步建立了分类与综合相结合的混合征收模式

【参考答案】A

【答案解析】我国2018年个人所得税改革，征收模式从分类征收模式转变为分类与综合相结合的征收模式。

11. 扣缴义务人向居民个人支付的下列所得项目中，应当按照累计预扣法计算预扣预缴个人所得税的是（   ）。

  A. 财产租赁所得   B. 稿酬所得

  C. 特许权使用费所得   D. 工资、薪金所得

【参考答案】D

【答案解析】扣缴义务人向居民个人支付工资、薪金所得时，应当按照累计预扣法计算预扣税款。

12. 下列各项应当按照"工资、薪金所得"项目征收个人所得税的是（   ）。

  A. 高校老师在校外讲课取得的收入 B. 个人经营烟酒副食店取得的所得

  C. 退休人员再任职取得的收入   D. 个人从事咨询活动取得的所得

【参考答案】C

【答案解析】选项A、D为劳务报酬所得，选项B为经营所得。

13. 中国公民张某有一件拍卖品经文物部门认定为海外回流文物，财产原值凭证金额栏没有填写金额，转让收入额为15万元，其应缴纳的个人所得税是（   ）。

  A. 3万元 B. 0万元 C. 0.3万元 D. 1.5万元

【参考答案】C

【答案解析】根据《国家税务总局关于加强和规范个人取得拍卖收入征收个人所得税有关问题的通知》，纳税人如不能提供合法、完整、准确的财产原值凭证，不能正确计算财产原值的，按转让收入额的3%征收率计算缴纳个人所得税；拍卖品为经文物部门认定是海外回流文物的，按转让收入额的2%征收率计算缴纳个人所得税。其应缴纳的个人所得税=15×2%=0.3（万元）。

14. 关于计算个人所得税时可扣除的财产原值，下列表述正确的是（   ）。

  A. 拍卖受赠获得的物品，原值为该拍卖品的市场价值

  B. 拍卖通过拍卖行拍得的物品，原值为拍得该拍卖品实际支付的价款及缴纳的相关税费

  C. 拍卖祖传的藏品，原值为该拍卖品的评估价值

  D. 拍卖从画廊购买的油画，原值为该物品拍卖时的公允价值

【参考答案】 B

【答案解析】 通过赠送取得的，为其受赠该拍卖品时发生的相关税费；通过祖传收藏的，为其收藏该拍卖品而发生的费用；拍卖从画廊购买的油画，原值为购买拍卖品时实际支付的价款。

15. 下列各项不符合个人非货币性资产投资的所得税政策的是（　　）。

A. 个人以非货币性资产投资，属于个人转让非货币性资产和投资同时发生，对个人转让非货币性资产的所得，应按照"财产转让所得"项目，依法计算缴纳个人所得税

B. 个人以非货币性资产投资交易过程中取得现金补价的，应纳的个人所得税分5年均匀缴纳

C. 个人以非货币性资产投资，应按评估后的公允价值确认非货币性资产转让收入

D. 个人以非货币性资产投资，应于非货币性资产转让、取得被投资企业股权时，确认非货币性资产转让收入的实现

【参考答案】 B

【答案解析】 根据《财政部 国家税务总局关于个人非货币性资产投资有关个人所得税政策的通知》，个人以非货币性资产投资交易过程中取得现金补价的，现金部分应优先用于缴税，现金不足以缴纳的部分，可以分期缴纳。

16. 下列关于个人所得税财产租赁所得的说法，正确的是（　　）。

A. 对租金收入计征的附加税费，允许从税前收入中扣除

B. 由纳税人负担的出租财产实际开支的修缮费用，不得从收入中扣除

C. 在确认财产租赁所得的纳税义务人时，应以产权凭证为依据，对无产权凭证的，以领取租金的个人为纳税义务人

D. 在确定财产租赁所得的纳税义务人时，产权所有人死亡，在未办理产权继承手续期间，该财产出租而有租金收入的，由主管税务机关根据实际情况确定

【参考答案】 A

【答案解析】 由纳税人负担的出租财产实际开支的修缮费用，准予从收入中扣除；无产权凭证的，由主管税务机关根据实际情况确定；是以领取租金的个人为纳税义务人。

17. 2018年1月某上市公司员工周某以1元/股的价格持有该公司的限制性股票5万股（通过股权激励方式取得），该股票在中国证券登记结算公司登记日收盘价为4元/股，2019年12月解禁股票3万股，解禁当日收盘价7元/股。暂不考虑交易环节发生的

相关税费。周某本次解禁股票的应纳税所得额是（　　）。

    A. 135 000元   B. 147 000元   C. 180 000元   D. 286 000元

【参考答案】A

【答案解析】应纳税所得额＝（4＋7）÷2×30 000－50 000×（30 000÷50 000）＝135 000（元）。

18. 创投企业选择按单一投资基金核算的，其个人合伙人从该基金应分得的股权转让所得和股息红利所得，则（　　）。

    A. 按照"经营所得"项目、5%～35%的超额累进税率计算缴纳个人所得税

    B. 按照20%税率计算缴纳个人所得税

    C. 按照"综合所得"项目、3%～45%的超额累进税率计算缴纳个人所得税

    D. 免征个人所得税

【参考答案】B

【答案解析】创投企业选择按单一投资基金核算的，其个人合伙人从该基金应分得的股权转让所得和股息红利所得，按照20%税率计算缴纳个人所得税。

19. 一般说来，居民纳税人应就其来源于中国境内、境外的所得缴纳个人所得税。下列收入中属于中国境内所得的是（　　）。

    A. 转让中国境内的建筑物给他人取得的所得

    B. 中国公民在境外取得提供劳务的所得

    C. 将财产出租给承租人在中国境外使用而取得的所得

    D. 居民纳税人转让非专利技术在中国境外使用的所得

【参考答案】A

【答案解析】下列所得，不论支付地点是否在中国境内，均为来源于中国境内的所得：①因任职、受雇、履约等在中国境内提供劳务取得的所得；②将财产出租给承租人在中国境内使用而取得的所得；③许可各种特许权在中国境内使用而取得的所得；④转让中国境内的不动产等财产或者在中国境内转让其他财产取得的所得；⑤从中国境内企业、事业单位、其他组织以及居民个人取得的利息、股息、红利所得。

20. 英国某公司派员工琳达来我国子公司工作，琳达于2019年2月1日来华，工作时间4个月，5月31日离开；于2019年7月1日再次来华，次年3月1日离开，琳达工资由英方支付，月工资合人民币30 000元，琳达2019年应在我国缴纳的个人所得税是（　　）。

A. 0 元	B. 58 080 元	C. 45 180 元	D. 31 080 元

【参考答案】 D

【答案解析】 根据《财政部 税务总局关于非居民个人和无住所居民个人有关个人所得税政策的公告》等，在境内居住满183天的年度连续不满6年的无住所个人，其取得的全部工资薪金所得，除归属于境外工作期间且由境外单位或者个人支付的工资薪金所得部分外，均应计算缴纳个人所得税。琳达1月工资薪金收入额=30 000×（1－30 000÷30 000×31÷31）=0（元），2—5月工资薪金收入额=30 000×（1－30 000÷30 000×0÷31）×4=120 000（元），6月工资薪金收入额=30 000×（1－30 000÷30 000×30÷30）=0（元），7—12月工资薪金收入额=30 000×（1－30 000÷30 000×0÷31）×6=180 000（元），全年合计工资薪金收入额=120 000＋180 000=300 000（元），需在中国缴纳税款=（300 000－60 000）×20%－16 920=31 080（元）。

21. 中国公民李某任职国内甲企业，2020年出版著作一部取得稿酬20 000元，当年添加印数追加稿酬3 000元，关于稿酬应缴纳的个人所得税是（   ）。

A. 2 548 元	B. 2 576 元	C. 2 240 元	D. 3 680 元

【参考答案】 B

【答案解析】 个人每次以图书、报刊方式出版、发表同一作品（文字作品、书画作品、摄影作品以及其他作品），无论出版单位是预付还是分笔支付稿酬，或者加印该作品后再付稿酬，均应合并其稿酬所得按一次计征个人所得税。李某应缴纳个人所得税=（20 000＋3 000）×80%×70%×20%=2 576（元）。

22. 按照现行个人所得税法，下列各项表述中正确的是（   ）。

A. 个人经政府有关部门批准，取得执照从事办学、医疗等活动，应按"经营所得"项目征收个人所得税

B. 任职、受雇于报纸、杂志等单位的记者、编辑等专业人员，因在本单位的报刊、杂志上发表作品取得的所得，应按照"稿酬所得"项目缴纳个人所得税

C. 个人对企事业单位承包、承租经营，无论采用何种形式经营，一律按"经营所得"项目征收个人所得税

D. 个人独资企业的投资者用企业资金为其本人购买汽车和住房，该财产购置支出应按"利息、股息、红利所得"项目计征个人所得税

【参考答案】 A

【答案解析】 任职、受雇于报纸、杂志等单位的记者、编辑等专业人员，因在本单

位的报刊、杂志上发表作品取得的所得,属于因任职、受雇而取得的所得,应与其当月工资收入合并,按"工资、薪金所得"项目征收个人所得税;个人对企事业单位承包、承租经营,要分不同情况,分别按"工资、薪金所得""企事业单位的承包经营、承租经营所得"项目征个人所得税;个人独资企业的投资者以企业资金为其本人购买汽车和住房,应按"经营所得"项目计征个人所得税。

23. 根据个人股票期权所得的征税规定,员工行权时,从企业取得股票的实际购买价(施权价)低于购买日公平市场价的差额,应计算缴纳个人所得税,其适用的应税所得项目是( )。

  A. 财产转让所得   B. 劳务报酬所得

  C. 工资、薪金所得   D. 利息、股息、红利所得

【参考答案】 C

【答案解析】 员工行权时,其从企业取得股票的实际购买价(施权价)低于购买日公平市场价(指该股票当日的收盘价)的差额,是因员工在企业的表现和业绩情况而取得的与任职、受雇有关的所得,应按"工资、薪金所得"适用的规定计算缴纳个人所得税。

24. 甲企业职工李先生2019年每月工资薪金收入10 000元,符合扣除标准的"三险一金"为1 000元/月。2019年1月,甲企业统一给员工购买了每人每年3 000元符合规定的商业健康保险,则甲企业1月应代扣代缴李先生个人所得税是( )。

  A. 114元   B. 120元   C. 204元   D. 210元

【参考答案】 D

【答案解析】 单位统一组织为员工购买或者单位和个人共同负担购买符合规定的商业健康保险产品,单位负担部分应当实名计入个人工资薪金明细清单,视同个人购买,并自购买产品次月起,在不超过200元/月的标准内按月扣除。李先生1月应纳个人所得税 = (10 000 + 3 000 − 5 000 − 1 000) × 3% = 210(元)。

25. 除纳税人另有要求外,扣缴义务人应当于( ),向纳税人提供已办理的专项附加扣除项目及金额等信息。

  A. 年度终了后一个月内   B. 年度终了后两个月内

  C. 年度终了后三个月内   D. 随时

【参考答案】 B

【答案解析】《国家税务总局关于发布〈个人所得税专项附加扣除操作办法(试

行)〉的公告》(国家税务总局公告2018年第60号)第二十五条,除纳税人另有要求外,扣缴义务人应当于年度终了后两个月内,向纳税人提供已办理的专项附加扣除项目及金额等信息。

26. 根据个人所得税股票期权的相关规定,下列税务处理正确的是(   )。

A. 分得的股息按"工资、薪金所得"税目缴纳个人所得税

B. 行权时的行权价与实际购买价之间的差额按"财产转让所得"税目缴纳个人所得税

C. 股票期权行权后转让净收入应按"财产转让所得"税目适用的征免规定计算缴纳个人所得税

D. 行权时的行权价与施权价之间的差额按"股息、红利所得"税目缴纳个人所得税

【参考答案】C

【答案解析】员工接受实施股票期权计划企业授予的股票期权时,除另有规定外,一般不作为应税所得征税。员工行权时,其从企业取得股票的实际购买价(施权价)低于购买日公平市场价(指该股票当日的收盘价,下同)的差额,是因员工在企业的表现和业绩情况而取得的与任职、受雇有关的所得,应按"工资、薪金所得"适用的规定计算缴纳个人所得税。对因特殊情况,员工在行权日之前将股票期权转让的,以股票期权的转让净收入,作为工资薪金所得征收个人所得税。员工将行权后的股票再转让时获得的高于购买日公平市场价的差额,是因个人在证券二级市场上转让股票等有价证券而获得的所得,应按照"财产转让所得"适用的征免规定计算缴纳个人所得税。员工因拥有股权而参与企业税后利润分配取得的所得,应按照"利息、股息、红利所得"适用的规定计算缴纳个人所得税。

27. 关于股权激励有关个人所得税的征收方法,下列说法中错误的是(   )。

A. 任职于上市公司的员工取得的限制性股票所得,按照"工资、薪金所得"纳税

B. 限制性股票个人所得税纳税义务发生时间为每一批限制性股票解禁的日期

C. 个人在纳税年度内取得2次以上股票增值权所得的,应合并纳税

D. 被激励对象为缴纳个人所得税款而出售股票,其出售价格与原计税价格不一致的,按照出售价格计算税额

【参考答案】D

【答案解析】被激励对象为缴纳个人所得税款而出售股票,其出售价格与原计税价

格不一致的,按照原计税价格计算税额。

28. 下列关于年金的个人所得税处理正确的是（　　）。

A. 年金的企业缴费计入个人账户的部分,应视为个人1个月的工资缴纳个人所得税

B. 按年缴纳年金的企业缴费部分,应按照全年一次性奖金的计税方法缴纳个人所得税

C. 个人按本人缴费工资计税基数的5%缴纳的年金,在计算个人所得税时可全额扣除

D. 企业根据国家有关政策规定的办法和标准,为本单位全体职工缴付的企业年金单位缴费部分,在计入个人账户时,暂不缴纳个人所得税

【参考答案】D

【答案解析】企业年金或职业年金单位缴费部分,在计入个人账户时,个人暂不缴纳个人所得税;个人达到国家规定的退休年龄,按月领的年金,全额按照"工资、薪金所得"项目计征个人所得税;个人根据国家有关政策规定缴付的年金个人缴费部分,在不超过本人缴费工资计税基数的4%标准内的部分,暂从个人当期的应纳税所得额中扣除。

29. 某企业2020年建造住宅楼一幢,建造成本每平方米6 000元,以每平方米5 400元的价格销售给本企业职工。该企业职工张某2020年5月购买的房屋面积是100平方米,张某5月应缴纳的个人所得税是（　　）。

A. 3 480元　　　　B. 5 790元　　　　C. 8 875元　　　　D. 11 530元

【参考答案】B

【答案解析】低价购买住房应纳税所得额 = （6 000 - 5 400）× 100 = 60 000（元），60 000 ÷ 12 = 5 000（元），应纳税额 = 60 000 × 10% - 210 = 5 790（元）。

30. 下列应按照"利息、股息、红利所得"缴纳个人所得税的是（　　）。

A. 单位为职工支付的超过规定标准的基本养老保险

B. 出租汽车经营单位将出租车所有权转移给驾驶员的,出租车驾驶员从事客货运营取得的收入

C. 员工因拥有股权而参与企业税后利润分配取得的所得

D. 非本单位报纸、杂志的专业人员在本单位的报刊、杂志上发表作品取得的所得

【参考答案】C

【答案解析】单位为职工支付的超过规定标准的基本养老保险,按"工资、薪金所

得"缴纳个人所得税；出租汽车经营单位将出租车所有权转移给驾驶员的，出租车驾驶员从事客货运营取得的收入，比照"经营所得"项目征税；非本单位报纸、杂志的专业人员在本单位的报刊、杂志上发表作品取得的所得，按"稿酬所得"项目征收个人所得税。

31. 以下关于量化资产个人所得税方面的规定，表述正确的是（　　）。

　　A. 职工个人以股份形式取得所有权的企业量化资产，征收个人所得税

　　B. 对职工个人以股份形式取得的量化资产仅作为分红依据，不拥有所有权的企业量化资产，征收个人所得税

　　C. 职工个人以股份形式取得的企业量化资产参与企业分配获得股息，按取得"工资、薪金"项目征收个人所得税

　　D. 职工个人将股份转让时，就其转让收入额，减除个人取得该股份时实际支付的费用和合理转让费用后的余额按"财产转让所得"项目计征个人所得税

【参考答案】D

【答案解析】不拥有所有权的企业量化资产，不征收个人所得税。

32. 林某为某中小高新技术企业股东，持有该公司股份50万股，2019年6月，公司经股东大会决定以未分配利润、盈余公积、资本公积向个人股东转增股本，林某获得转增的股本20万元，应缴纳的个人所得税是（　　）元。

　　A. 0　　　　　　　B. 10 000　　　　　　C. 20 000　　　　　　D. 40 000

【参考答案】D

【答案解析】根据《财政部 国家税务总局关于将国家自主创新示范区有关税收试点政策推广到全国范围实施的通知》，自2016年1月1日起，全国范围内的中小高新技术企业以未分配利润、盈余公积、资本公积向个人股东转增股本时，个人股东获得转增的股本，应按照"利息、股息、红利所得"项目，适用20%税率征收个人所得税。李某应纳个人所得税＝200 000×20%＝40 000（元）。

33. 纳税人张某2020年发生医药费支出20 000元，扣除医保报销后自己负担7 000元；其妻子发生医药费支出50 000元，扣除医保报销后自己负担20 000元；未成年儿子发生医药费支出50 000元，扣除医保报销后自己负担30 000元，张某在2020年度个人所得税年度汇算清缴时最高可以扣除的大病医疗支出为（　　）元。

　　A. 0　　　　　　　B. 5 000　　　　　　C. 15 000　　　　　　D. 20 000

【参考答案】D

【答案解析】20 000－15 000＝5 000（元），30 000－15 000＝15 000（元），5 000＋15 000＝20 000（元）。

34. 合伙企业的个人投资者以企业资金为子女购买汽车所发生的支出，计征个人所得税的项目是（　　）。

　　A. 劳务报酬所得　　　　　　　　B. 工资、薪金所得

　　C. 经营所得　　　　　　　　　　D. 利息、股息、红利所得

【参考答案】C

【答案解析】根据《财政部 国家税务总局关于企业为个人购买房屋或其他财产征收个人所得税问题的批复》，对个人独资企业、合伙企业的个人投资者或其家庭成员取得的房屋或其他财产，视为企业对个人投资者的利润分配，按照"个体工商户的生产、经营所得"项目计征个人所得税。

35. 下列各项中，应按"经营所得"项目征税的是（　　）。

　　A. 个人因从事彩票代销业务而取得的所得

　　B. 个人因专利权被侵害获得的经济赔偿所得

　　C. 法人企业的个人投资者以企业资金为本人购买的汽车

　　D. 出租汽车经营单位对出租车驾驶员采取单车承包或承租方式运营，出租车驾驶员从事客货营运取得的所得

【参考答案】A

【答案解析】个人因专利权被侵害获得的经济赔偿所得，按"特许权使用费所得"征收个人所得税；除个人独资企业、合伙企业以外的其他企业的个人投资者以企业资金为本人购买的汽车，按"利息、股息、红利所得"征收个人所得税；出租汽车经营单位对出租车驾驶员采取单车承包或承租方式运营，出租车驾驶员从事客货营运取得的所得，按"工资、薪金所得"征税。

36. 下列关于个人独资企业计算个人所得税时有关扣除项目的表述，正确的是（　　）。

　　A. 企业计提的各种准备金不得在税前扣除

　　B. 投资者及职工工资不得在税前扣除

　　C. 企业年度内发生的业务招待费超出当年销售收入5‰的部分，可在以后纳税年度内扣除

　　D. 个人独资企业生产经营费用与其家庭生活费用无法划分，由税务机关核定

【参考答案】A

【答案解析】个人独资企业生产经营费用与其家庭生活费用无法划分，不得税前扣除；投资者的工资不得税前扣除，但是职工工资可税前扣除；业务招待费不得结转以后年度扣除。

37. 企业以免费旅游方式作为对营销人员（非企业雇员）的个人奖励，计征个人所得税的税目是（　　）。

A. 劳务报酬所得 B. 财产转让所得

C. 偶然所得 D. 工资薪金所得

【参考答案】A

【答案解析】根据《财政部 国家税务总局关于企业以免费旅游方式提供对营销人员个人奖励有关个人所得税政策的通知》，按照劳务报酬所得缴纳个人所得税。

38. 根据个人所得税的相关规定，下列收入中，按"劳务报酬所得"纳税的是（　　）。

A. 退休人员再任职取得的收入

B. 来源于非任职公司的董事费收入

C. 担任任职公司的关联企业的监事取得的监事费收入

D. 在任职公司担任监事的监事费收入

【参考答案】B

【答案解析】个人担任公司董事、监事，且不在公司任职、受雇的情形，取得的董事费按"劳务报酬所得"项目征税方法计算征收个人所得税；个人在公司（包括关联公司）任职、受雇，同时兼任董事、监事的，应将董事费、监事费与个人工资收入合并，统一按工资、薪金所得项目缴纳个人所得税。退休人员再任职取得的收入属工资、薪金所得。

39. 以下关于个人所得税有关规定的表述，正确的是（　　）。

A. 房屋产权所有人死亡，对依法取得房屋产权的法定继承人征收个人所得税

B. 个人在行使股票认购权后，将已认购的股票转让所取得的所得，应按照"股息、红利所得"项目缴纳个人所得税

C. 演职员参加非任职单位组织的演出取得的报酬，应按"劳务报酬所得"项目，按次纳税

D. 股票增值权个人所得税纳税义务发生时间为上市公司向被授权人授予股票增值权的日期

【参考答案】C

【答案解析】股票增值权个人所得税纳税义务发生时间为上市公司向被授权人兑现增值权所得的日期。

40. 下列说法不符合个人所得税相关规定的是（　　）。

A. 甲某受出版社委托为出版社提供审稿劳务所取得的所得，应当按照劳务报酬所得纳税

B. 乙某提供翻译，并且在作品上署名取得的所得，应当按照劳务报酬所得纳税

C. 稿酬就是指个人因其作品以图书、报刊形式出版、发表而取得的所得

D. 劳务报酬所得一般属于个人独立从事自由职业取得的所得或属于独立个人劳动所得

【参考答案】B

【答案解析】稿酬是指个人因其作品以图书、报刊形式出版、发表而取得的所得；劳务报酬主要是指接受别人的委托所从事的劳务等应得的收入；翻译作品关键看是否署名；如果署名，按照稿酬计税；如果没有署名，则按照劳务报酬计税。选项B：出版的书上译者是署名的，所以是稿酬。如果只是提供翻译劳务而与是否出版无关，则是劳务报酬所得。

41. 房地产开发企业与商铺购买者签订协议，以优惠价格出售其开发的商铺给购买者个人，购买者个人在一定时期内必须将购买的商铺无偿提供给房地产开发企业对外出租使用，根据个人所得税法的有关规定，对购买者个人少支出的购房价款，以下表述正确的是（　　）。

A. 不需要缴纳个人所得税

B. 按照偶然所得项目缴纳个人所得税

C. 按照财产租赁所得项目缴纳个人所得税

D. 按照财产转让所得项目缴纳个人所得税

【参考答案】C

【答案解析】根据《国家税务总局关于个人与房地产开发企业签订有条件优惠价格协议购买商店征收个人所得税问题的批复》，对购买者个人少支出的购房价款，应视同个人财产租赁所得，按照"财产租赁所得"项目征收个人所得税。每次财产租赁所得的收入额，按照少支出的购房价款和协议规定的租赁月份数平均计算确定。

42. 下列各项所得中，不属于劳务报酬所得的是（　　）。

A. 杂志社的记者在本社刊物发表文章取得的收入

B. 外部董事的董事费收入

C. 高校教授为出版社审稿取得的收入

D. 大学生为某翻译公司翻译外文资料取得的翻译收入

【参考答案】A

【答案解析】杂志社的记者在本社刊物发表文章取得的收入属于工资薪金所得。

43. 纳税人宋某是一家公司的营销主管，2020年2月取得工资收入6 000元。当月公司为其报销旅游费10 000元，发放一张春节购物卡4 000元，收到保险赔款5 000元。宋某2月的个人所得税应税收入是（ ）元。

A. 6 000元　　　　B. 16 000元　　　　C. 20 000元　　　　D. 25 000元

【参考答案】C

【答案解析】保险赔款免征个人所得税。

44. 下列个人收入中，应按"劳务报酬所得"缴纳个人所得税的是（ ）。

A. 退休后再受雇取得的收入　　　　B. 在其他单位讲课取得的收入

C. 在任职单位取得董事费收入　　　　D. 个人购买彩票取得的中奖收入

【参考答案】B

【答案解析】退休后再任职取得的收入，属于工资薪金所得；在任职单位取得的董事费收入，属于工资薪金所得；在非任职单位取得的董事费收入，属于劳务报酬所得；个人购买彩票取得的中奖收入属于偶然所得。

45. 2020年某作家出版一部长篇小说，1月取得预付稿酬2万元，4月小说正式出版，取得稿酬2万元，5月将该小说手稿公开拍卖获得收入10万元，同时该小说在一家晚报连载100次，每次稿酬420元。扣缴义务人应预扣预缴该作家的个人所得税（ ）。

A. 9 184元　　　　B. 20 480元　　　　C. 25 184元　　　　D. 35 680元

【参考答案】C

【答案解析】出版取得所得应预扣个人所得税＝（20 000＋20 000）×80%×70%×20%＝4 480（元），连载取得的所得应预扣预缴个人所得税＝100×420×80%×70%×20%＝4 704（元），小说手稿拍卖所得按照特许权使用费所得征收个人所得税。拍卖所得应预扣预缴个人所得税＝100 000×80%×20%＝16 000（元），以上合计应缴纳个人所得税＝4 480＋4 704＋16 000＝25 184（元）。

46. 对个人多次取得同一被投资企业股权的，转让部分股权时，采用（ ）确定其股权原值。

A. 先进先出法　　　B. 后进先出法　　　C. 加权平均法　　　D. 个别计价法

【参考答案】C

【答案解析】根据《国家税务总局关于发布〈股权转让所得个人所得税管理办法（试行）〉的公告》（国家税务总局公告 2014 年第 67 号）第十八条，对个人多次取得同一被投资企业股权的，转让部分股权时，采用"加权平均法"确定其股权原值。

47. 下列所得在预扣（扣缴）计算应纳税所得额时，减除费用标准为 5 000 元的是（　　）。

A. 2020 年 9 月取得工资薪金 10 000 元

B. 2020 年 10 月取得偶然所得 6 000 元

C. 2019 年 10 月取得劳务报酬所得 8 000 元

D. 2018 年 9 月取得工资薪金 6 000 元

【参考答案】A

【答案解析】根据《财政部 税务总局关于 2018 年第四季度个人所得税减除费用和税率适用问题的通知》（财税〔2018〕98 号），对纳税人在 2018 年 10 月 1 日（含）后实际取得的工资、薪金所得，减除费用统一按照 5 000 元/月执行；对纳税人在 2018 年 9 月 30 日（含）前实际取得的工资、薪金所得，减除费用按照税法修改前规定执行。

48. 对于个人所得免征增值税的，确定计税依据时，成交价格、租金收入、转让房地产取得的收入（　　）。

A. 扣减增值税额　　　　　　　　　B. 不扣减增值税额

C. 不含增值税　　　　　　　　　　D. 应换算成不含税收入

【参考答案】B

【答案解析】个人转让房屋的个人所得税应税收入不含增值税，其取得房屋时所支付价款中包含的增值税计入财产原值，计算转让所得时可扣除的税费不包括本次转让缴纳的增值税。个人出租房屋的个人所得税应税收入不含增值税，计算房屋出租所得可扣除的税费不包括本次出租缴纳的增值税。个人转租房屋的，其向房屋出租方支付的租金及增值税额，在计算转租所得时予以扣除。

49. 下列各项中，应按照"特许权使用费所得"缴纳个人所得税的是（　　）。

A. 收藏者将自己藏有的名著原稿拍卖取得的所得

B. 作者将自己的书画作品手稿原件拍卖取得的所得

C. 编剧从电视剧制作单位取得的剧本使用费

D. 某广告设计者转让广告制作使用权取得的转让费收入

【参考答案】C

【答案解析】根据《中华人民共和国个人所得税暂行条例》第四条"特许权使用费所得"的概念。

50. 居民个人取得的下列所得中，按年计征个人所得税的是（　　）。

A. 利息、股息、红利所得　　　　　　B. 经营所得

C. 偶然所得　　　　　　　　　　　　D. 财产租赁所得

【参考答案】B

【答案解析】经营所得为按年计征个人所得税。

51. 天使投资个人采取股权投资方式直接投资于初创科技型企业满2年的，可以按照投资额的（　　）抵扣转让该初创科技型企业股权取得的应纳税所得额；当期不足抵扣的，可以在以后取得转让该初创科技型企业股权的应纳税所得额时结转抵扣。

A. 30%　　　　　B. 40%　　　　　C. 50%　　　　　D. 70%

【参考答案】D

【答案解析】根据《财政部 税务总局关于创业投资企业和天使投资个人有关税收政策的通知》（财税〔2018〕55号），天使投资个人采取股权投资方式直接投资于初创科技型企业满2年的，可以按照投资额的70%抵扣转让该初创科技型企业股权取得的应纳税所得额；当期不足抵扣的，可以在以后取得转让该初创科技型企业股权的应纳税所得额时结转抵扣。

52. 2020年5月，居民个人李某取得稿酬所得45 000元，该笔所得应预扣预缴个人所得税（　　）。

A. 7 200元　　　　B. 5 040元　　　　C. 4 410元　　　　D. 3 600元

【参考答案】B

【答案解析】应纳税额：45 000×（1－20%）×20%×（1－30%）＝5 040（元）。

53. 美国人琼斯（非居民个人）在中国境内从两处以上取得工资、薪金所得的，应当向其中一处任职受雇单位所在地主管税务机关办理纳税申报，办理纳税申报的时间是在（　　）。

A. 取得所得的次月15日内　　　　　　B. 取得所得的季度终了后15日内

C. 取得所得的次年3月31日前　　　　D. 取得所得的次年6月30日前

【参考答案】A

【答案解析】根据《中华人民共和国个人所得税法》第十三条第四款,非居民个人在中国境内从两处以上取得工资、薪金所得的,应当在取得所得的次月十五日内申报纳税。

54. 某股份公司股东赵某 2019 年 8 月从该公司借款 50 万元用于其个人消费,到今仍未归还。则赵某借用的该款项应计征个人所得税的项目是(　　)。

A. 工资、薪金所得　　　　　　　B. 财产转让所得

C. 经营所得　　　　　　　　　　D. 利息、股息、红利所得

【参考答案】D

【答案解析】根据《财政部 国家税务总局关于规范个人投资者个人所得税征收管理的通知》(财税〔2003〕158 号)第二条,纳税年度内个人投资者从其投资企业(除个人独资企业、合伙企业除外)借款,在该纳税年度终了后仍不归还,又未用于企业生产经营的,其未归还的借款可视为企业对个人投资者的红利分配,依照"利息、股息、红利所得"项目计征个人所得税。

55. 按现行个人所得税政策,上市公司员工股票期权行权时,股票实际购买价低于购买日市价的差额,单独计征个人所得税所对应的项目是(　　)。

A. 工资、薪金所得　　　　　　　B. 劳务报酬所得

C. 利息、股息、红利所得　　　　D. 偶然所得

【参考答案】A

【答案解析】按现行个人所得税政策,上市公司员工股票期权行权时,股票实际购买价低于购买日市价的差额,单独计征个人所得税所对应的项目是工资、薪金所得。

56. 张明是某公司职员,2020 年 1 月取得工资收入 12 000 元,养老保险 300 元、基本医疗保险 120 元、失业保险 80 元;作为独生子赡养其 62 岁的父亲和 58 岁的母亲,另外还要单独(妻子已经去世)抚养其在初中上学的女儿,则其当月个人所得税应纳税所得额为(　　)。

A. 3 500 元　　　B. 4 500 元　　　C. 5 500 元　　　D. 6 500 元

【参考答案】A

【答案解析】根据《中华人民共和国个人所得税法》第六条第一款第九项,本条第一项规定的专项扣除,包括居民个人按照国家规定的范围和标准缴纳的基本养老保险、基本医疗保险、失业保险等社会保险费和住房公积金等;专项附加扣除,包括子女教

育、继续教育、大病医疗、住房贷款利息或者住房租金、赡养老人等支出，具体范围、标准和实施步骤由国务院确定，并报全国人民代表大会常务委员会备案。根据《个人所得税专项附加扣除暂行办法》第五条，纳税人的子女接受全日制学历教育的相关支出，按照每个子女每月 1 000 元的标准定额扣除；根据第二十二条第一款，纳税人为独生子女的，按照每月 2 000 元的标准定额扣除。12 000 - 300 - 120 - 80 - 5 000 - 2 000 - 1 000 = 3 500（元）。

57. 纳税人杨某 2020 年 4 月生病住院一个月，5 月出院后取得相关票据，该项个人所得税专项附加扣除的申报时间是（　　）。

　　A. 取得票据的当月　　　　　　　　B. 2020 年末

　　C. 2021 年 1 月至 3 月　　　　　　D. 2021 年 3 月至 6 月

【参考答案】D

【答案解析】根据《国家税务总局关于发布〈个人所得税专项附加扣除操作办法（试行）〉的公告》（国家税务总局公告 2018 年第 60 号）第四条，享受大病医疗专项附加扣除的纳税人，由其在次年 3 月 1 日至 6 月 30 日内，自行向汇缴地主管税务机关办理汇算清缴申报时扣除。

58. 某作家将自己的文字作品手稿复印件拍卖给某公司并取得收入 20 万元，该公司应预扣预缴作家个人所得税（　　）。

　　A. 2.24 万元　　　　B. 3.2 万元　　　　C. 4.6 万元　　　　D. 5.7 万元

【参考答案】B

【答案解析】根据《国家税务总局关于印发〈征收个人所得税若干问题的规定〉的通知》（国税发〔1994〕89 号），个人公开拍卖自己的文字作品手稿原件或复印件取得的收入按照特许权使用费所得计算缴纳个人所得税，应预扣预缴税额：20 × 80% × 20% = 3.2（万元）。

59. 中国居民李某转让限售股取得收入 40 000 元，不能提供完整真实的限售股原值凭证，李某应缴纳的个人所得税为（　　）。

　　A. 8 000 元　　　　B. 6 800 元　　　　C. 6 000 元　　　　D. 5 800 元

【参考答案】B

【答案解析】根据《财政部 国家税务总局 中国证券监督管理委员会关于个人转让上市公司限售股所得征收个人所得税有关问题的通知》（财税〔2009〕167 号），对纳税人不能提供完整真实的限售股原值凭证的，一律按照收入额 15% 确认限售股原值及合理费用。(40 000 − 40 000 × 15%) × 20% = 6 800（元）。

60. 对于县级政府所发的科学、教育、技术、文化、卫生、体育、环境保护等方面的奖金，应当（　　）。

    A. 征收个人所得税　　　　　　　B. 免征个人所得税
    C. 减半征收个人所得税　　　　　D. 不属于个人所得税征收范围

【参考答案】A

【答案解析】根据《中华人民共和国个人所得税法》第四条第一款，省级人民政府、国务院部委和中国人民解放军军以上单位，以及外国组织、国籍组织颁发的科学、教育、技术、文化、卫生、体育、环境保护等方面的奖金免征个人所得税。

61. 从 2019 年 1 月 1 日起，纳税人申请开具税款所属期为 2019 年 1 月 1 日（含）以后的个人所得税缴（退）税情况证明的，税务机关应当开具（　　）。

    A. 介绍信　　　　　　　　　　　B. 加盖税务机关公章的证明信
    C. 《纳税记录》　　　　　　　　D. 《税收完税证明》

【参考答案】C

【答案解析】根据《国家税务总局关于将个人所得税〈税收完税证明〉（文书式）调整为〈纳税记录〉有关事项的公告》（国家税务总局公告 2018 年第 55 号），从 2019 年 1 月 1 日起，纳税人申请开具税款所属期为 2019 年 1 月 1 日（含）以后的个人所得税缴（退）税情况证明的，税务机关不再开具《税收完税证明》（文书式），调整为开具《纳税记录》（具体内容及式样见附件）；纳税人申请开具税款所属期为 2018 年 12 月 31 日（含）以前个人所得税缴（退）税情况证明的，税务机关继续开具《税收完税证明》（文书式）。

62. 扣缴义务人首次向纳税人支付所得时，应当按照纳税人提供的纳税人识别号等基础信息，填写（　　），并于次月扣缴申报时向税务机关报送。

    A. 《个人所得税基础信息表（A 表）》
    B. 《个人所得税经营所得纳税申报表（A 表）》
    C. 《个人所得税经营所得纳税申报表（B 表）》
    D. 《个人所得税专项附加扣除信息表》

【参考答案】A

【答案解析】扣缴义务人首次向纳税人支付所得时，应当按照纳税人提供的纳税人识别号等基础信息，填写《个人所得税基础信息表（A 表）》，并于次月扣缴申报时向税务机关报送。扣缴义务人对纳税人向其报告的相关基础信息变化情况，应当于次月扣缴申报时向税务机关报送。

63. 中国内地张先生通过沪港通机制购买中国香港联交所股票，下列各项关于个人所得税的税收处理中，正确的是（　　）。

A. 取得的股息红利，按照10%的税率缴纳个人所得税

B. 股票转让差价按"财产转让所得"缴纳个人所得税

C. 股票转让差价免税

D. 取得的股息红利，实行差别化待遇缴纳个人所得税

【参考答案】C

【答案解析】股票转让差价免税，股息红利所得按照20%的税率征税。

64. 某公司于2019年5月建立了企业年金制度，职工张某的月工资为5 000元，单位当月为其缴纳企业年金200元，不考虑其他因素，则张某当月应缴纳个人所得税为（　　）。

A. 0元　　　　　B. 3元　　　　　C. 6元　　　　　D. 10元

【参考答案】A

【答案解析】根据《财政部 人力资源社会保障部 国家税务总局关于企业年金职业年金个人所得税有关问题的通知》（财税〔2013〕103号）第一条第一款，企业和事业单位根据国家有关政策规定的办法和标准，为在本单位任职或者受雇的全体职工缴付的企业年金或职业年金单位缴费部分，在计入个人账户时，个人暂不缴纳个人所得税。

65. 下列个人财产转让所得不需缴纳个人所得税的是（　　）。

A. 建筑物转让所得　　　　　　　B. 土地使用权转让所得

C. 机器设备转让所得　　　　　　D. 境内上市公司股票转让所得

【参考答案】D

【答案解析】对个人转让境内上市公司股票取得的所得暂不征收个人所得税。

66. 2019年1月，某市市民祁某将其自有的住房按照市场价格出租给他人用于居住，租期为2年，每月不含税租金为8 000元。2019年1月，祁某还对其房屋进行了修缮，修缮费用2 000元，税前准予扣除的税金332元。则祁某2019年1月应该缴纳的个人所得税是（　　）。

A. 256元　　　　B. 464元　　　　C. 549.44元　　　　D. 1 156.28元

【参考答案】C

【答案解析】财产租赁所得的个人所得税中允许扣除的修缮费用每次800为限，一次扣不完的，下次可以继续扣除，所以发生的修缮费用在1月扣除800元。2019年1月应纳个人所得税＝（8 000－800－332）×80%×10%＝549.44（元）。

67. 乔治是A国公民，A国与我国签订税收协定。乔治2020年5月15日来北京工作，9月13日离开中国，取得回国探亲费2万元。在中国工作期间，境内机构每月支付工资30 000元，A国公司每月支付工资折合人民币60 000元。2020年9月乔治应缴纳个人所得税（　　）。

  A. 590元   B. 1 923.33元   C. 1 756.67元   D. 540元

【参考答案】D

【答案解析】根据《财政部 税务总局关于非居民个人和无住所居民个人有关个人所得税政策的公告》（财政部 税务总局公告2019年第35号），当月工资薪金收入额的计算公式如下（公式二）：当月工资薪金收入额＝当月境内外工资薪金总额×当月境内支付工资薪金数额÷当月境内外工资薪金总额×当月工资薪金所属工作期间境内工作天数÷当月工资薪金所属工作期间公历天数。在税收协定规定的期间内境内停留天数不超过183天的对方税收居民个人，在境内从事受雇活动取得受雇所得，不是由境内居民雇主支付或者代其支付的，也不是由雇主在境内常设机构负担的，可不缴纳个人所得税。乔治当月工资薪金收入额＝（30 000＋60 000）×30 000÷90 000×12.5÷30＝12 500（元），应纳税＝（12 500－5 000）×10%－210＝540（元），探亲费2万元免征个人所得税。

68. 单位为员工每月扣缴的个人所得税税款，应当在（　　）向税务机关进行纳税申报。单位应当于年度终了后（　　）内，向员工提供个人所得和已扣缴税款等信息。

  A. 次月5日内，2个月   B. 次月10日内，3个月

  C. 次月15日内，2个月   D. 次月15日内，3个月

【参考答案】C

【答案解析】根据《国家税务总局关于发布〈个人所得税扣缴申报管理办法（试行）〉的公告》（国家税务总局公告2018年第61号），支付工资、薪金所得的扣缴义务人应当于年度终了后两个月内，向纳税人提供其个人所得和已扣缴税款等信息。纳税人年度中间需要提供上述信息的，扣缴义务人应当提供。

69. 下列关于个人独资企业所得税相关规定中，不正确的是（　　）。

  A. 个人独资企业发生的与生产经营有关的业务招待费，可按规定扣除

B. 个人独资企业支付给环保部门的罚款允许税前扣除

C. 投资者兴办两个或两个以上企业的，其年度经营亏损不可跨企业弥补

D. 个人独资企业用于家庭的支出不得税前扣除

【参考答案】B

【答案解析】个人独资企业支付给环保部门的罚款不允许税前扣除。

70. 王某于 2016 年购买了一间价值 20 万元的住房，并将其赠与其老师张教授。受赠房屋时，张教授缴纳了相关税费 6.5 万元。2020 年初，张教授将该房屋转让，取得转让收入 40 万元，转让时缴纳除个人所得税之外的其他税费 5.5 万元。则张教授 2020 年应缴纳个人所得税（   ）。

A. 1.6 万元　　　　B. 2 万元　　　　C. 2.9 万元　　　　D. 4 万元

【参考答案】A

【答案解析】应纳税所得额 =（40 − 20 − 6.5 − 5.5）× 20% = 1.6（万元）。

71. 关于个人所得税的相关规定，下列表述正确的是（   ）。

A. 房屋产权所有人将房屋无偿赠与父母不征收个人所得税

B. 个人转让自用三年以上离婚析产房屋所取得的收入，免征个人所得税

C. 个人因离婚办理房屋产权过户手续，按照财产转让所得征收个人所得税

D. 个人对企事业单位承包、承租经营后，工商登记改变为个体工商户的，应征收企业所得税，再按"个体工商户的生产、经营所得"缴纳个人所得税

【参考答案】A

【答案解析】个人对企事业单位承包、承租经营后，工商登记改变为个体工商户的，不再征收企业所得税，仅按"个体工商户的生产、经营所得"缴纳个人所得税；个人转让离婚析产房屋所取得的收入，符合家庭生活自用五年以上唯一住房的，可以申请免征个人所得税；个人因离婚办理房屋产权过户手续，不征收个人所得税。

72. 作家余某 2019 年 3 月 5 日在某杂志社发表一篇小说，取得稿酬收入 5 000 元。2019 年 3 月 18 日至 27 日，该小说又在另一家报纸上连载 10 天，每天取得稿酬 350 元。余某当月总共应预扣预缴的个人所得税为（   ）。

A. 952 元　　　　B. 1 360 元　　　　C. 1 340 元　　　　D. 938 元

【参考答案】D

【答案解析】5 000 × 80% × 70% × 20% +（3 500 − 800）× 70% × 20% = 938（元）。

73. 曾某将自有商铺对外出租，不含税租金 8 200 元/月。在不考虑其他税费的情况

下，曾某每月租金应缴纳个人所得税（   ）。

A. 528 元　　　　B. 656 元　　　　C. 1 312 元　　　　D. 1 640 元

【参考答案】C

【答案解析】8 200 ×80% ×20% = 1 312（元）。

74. 下列各项所得，免征个人所得税的是（   ）。

A. 个人的房屋租赁所得

B. 外籍个人取得的现金住房补贴所得

C. 个人根据遗嘱继承房产的所得

D. 个人因任职从上市公司取得的股票增值权所得

【参考答案】C

【答案解析】房屋产权所有人将房屋产权无偿赠与他人的，受赠人因无偿受赠房屋取得的受赠收入，按照"偶然所得"项目计算缴纳个人所得税。符合以下情形的，对当事双方不征收个人所得税：①房屋产权所有人将房屋产权无偿赠与配偶、父母、子女、祖父母、外祖父母、孙子女、外孙子女、兄弟姐妹；②房屋产权所有人将房屋产权无偿赠与对其承担直接抚养或者赡养义务的抚养人或者赡养人；③房屋产权所有人死亡，依法取得房屋产权的法定继承人、遗嘱继承人或者受遗赠人。

75. 下列关于年金的个人所得税处理中，错误的是（   ）。

A. 个人根据国家有关政策规定缴付的年金个人缴费部分，在不超过本人缴费工资计税基数的4%标准内的部分，暂从个人当期的应纳税所得额中扣除

B. 企业根据国家有关政策规定的办法和标准，为在本单位任职或者受雇的职工缴付的企业年金单位缴费部分，在计入个人账户时，个人暂不缴纳个人所得税

C. 个人达到国家规定的退休年龄，领取的企业年金、职业年金，符合规定的，不并入综合所得，全额单独计算应纳税款

D. 个人因出境定居而一次性领取的年金个人账户资金，或个人死亡后，其指定的受益人或法定继承人一次性领取的年金个人账户余额，适用月度所得税率表计算纳税

【参考答案】D

【答案解析】个人达到国家规定的退休年龄，领取的企业年金、职业年金，符合规定的，不并入综合所得，全额单独计算应纳税款。其中按月领取的，适用月度税率表计算纳税；按季领取的，平均分摊计入各月，按每月领取额适用月度税率表计算纳税；按年领取的，适用综合所得税率表计算纳税。个人因出境定居而一次性领取的年金个人账

户资金,或个人死亡后,其指定的受益人或法定继承人一次性领取的年金个人账户余额,适用综合所得税率表计算纳税。对个人除上述特殊原因外一次性领取年金个人账户资金或余额的,适用月度税率表计算纳税。

76. 非上市公司授予本公司员工的股票期权,符合规定条件并向主管税务机关备案的,可享受个人所得税的( )。

A. 免税政策　　　　B. 减税政策　　　　C. 递延纳税政策　　D. 不征税政策

【参考答案】C

【答案解析】非上市公司授予本公司员工的股票期权,符合规定条件并向主管税务机关备案的,可享受个人所得税递延纳税政策。

77. 下列各项中,可免征个人所得税的所得不包括( )。

A. 个人持有的国家发行的金融债券利息所得

B. 残疾人出租房屋取得的财产租赁所得

C. 个人举报违法行为获得的奖金

D. 个人取得单位发放的困难补助金

【参考答案】B

【答案解析】残疾人税收优惠政策对应的税目为综合所得和经营所得。

78. 居民个人向扣缴义务人提供专项附加扣除信息的,扣缴义务人在( )预扣预缴税款时应当按照规定予以扣除,( )拒绝。

A. 按月;不得　　B. 按季;可以　　C. 按月;可以　　D. 按季;不得

【参考答案】A

【答案解析】居民个人向扣缴义务人提供专项附加扣除信息的,扣缴义务人在按月预扣预缴税款时应当按照规定予以扣除,不得拒绝。

题型二 多项选择题

1. 个人所得税纳税人取得的下列所得中，适用超额累进税率的有（   ）。

    A. 居民个人取得的工资薪金所得

    B. 非居民个人取得的劳务报酬所得

    C. 居民个人取得的合伙企业经营所得

    D. 非居民个人取得的财产转让所得

    E. 居民个人取得的偶然所得

    【参考答案】ABC

    【答案解析】非居民个人取得的财产转让所得、居民个人取得的偶然所得适用比例税率。

2. 根据个人所得税的有关规定，在计算个体工商户的生产、经营所得时，准予在所得税前扣除的有（   ）。

    A. 个体工商户向其从业人员实际支付的合理的工资、薪金支出

    B. 个体工商户业主的工资支出

    C. 个体工商户发生的与生产经营有关的修理费用

    D. 个体工商户缴纳的税收滞纳金

    E. 个体工商户受到行政处罚的罚款

    【参考答案】AC

    【答案解析】个体工商户业主的工资支出、税收滞纳金、行政处罚的罚款不得在个人所得税税前列支。

3. 下列赠与行为中，对当事双方均不征收个人所得税的有（   ）。

    A. 房屋产权所有人戴某将房屋产权无偿赠与女儿杨某

    B. 房屋产权所有人戴某将房屋产权无偿赠与女婿刘某

    C. 房屋产权所有人戴某将房屋产权无偿赠与亲姐姐戴某某

    D. 房屋产权所有人戴某将房屋产权无偿赠与没有血缘关系但与其签订了抚养协议的抚养义务人张某

    E. 房屋产权所有人戴某将房屋产权无偿赠与同事李某

    【参考答案】ACD

【答案解析】 以下情形的房屋产权无偿赠与，对当事双方不征收个人所得税：①房屋产权所有人将房屋产权无偿赠与配偶、父母、子女、祖父母、外祖父母、孙子女、外孙子女、兄弟姐妹；②房屋产权所有人将房屋产权无偿赠与对其承担直接抚养或者赡养义务的抚养人或者赡养人；③房屋产权所有人死亡，依法取得房屋产权的法定继承人、遗嘱继承人或者受遗赠人。

4. 下列所得在计算个人所得税应纳税所得额时，不作任何扣除的有（　　）。

   A. 利息、股息、红利所得　　　　　B. 财产租赁所得

   C. 稿酬所得　　　　　　　　　　　D. 偶然所得

   E. 财产转让所得

【参考答案】 AD

【答案解析】 利息、股息、红利所得和偶然所得，以每次收入额为应纳税所得额；财产租赁所得，每次收入不超过4000元的，减除费用800元，4000元以上的，减除20%的费用，其余额为应纳税所得额；稿酬所得的收入额减按70%计算。

5. 下列所得，不论支付地点是否在中国境内，均为来源于中国境内的所得有（　　）。

   A. 外籍个人在中国境内任职、受雇取得的工资、薪金所得

   B. 外籍个人转让在中国境内使用的专利权所得

   C. 中国公民转让位于境外的土地使用权取得的所得

   D. 外籍个人将小汽车出租给承租人在中国境内使用而取得的所得

   E. 中国公民取得境外某杂志社支付的稿酬所得

【参考答案】 ABD

【答案解析】 因任职、受雇、履约等在中国境内提供劳务取得的所得，属于来源于中国境内的所得；许可各种特许权在中国境内使用而取得的所得，属于来源于中国境内的所得；转让中国境内的不动产等财产或者在中国境内转让其他财产取得的所得，属于来源于中国境内的所得，转让中国境外的土地使用权取得的所得，是来源于中国境外的所得；将财产出租给承租人在中国境内使用而取得的所得，属于来源于中国境内的所得。

6. 纳税人应当依法办理纳税申报的情形有（　　）。

   A. 取得综合所得需要办理汇算清缴　　　B. 取得应税所得没有扣缴义务人

   C. 取得劳务报酬已预扣预缴　　　　　　D. 因移居境外注销中国户籍

   E. 非居民个人在中国境内从两处以上取得工资、薪金所得

【参考答案】ABDE

【答案解析】根据《中华人民共和国个人所得税法》第十条，有下列情形之一的，纳税人应当依法办理纳税申报：①取得综合所得需要办理汇算清缴；②取得应税所得没有扣缴义务人；③取得应税所得，扣缴义务人未扣缴税款；④取得境外所得；⑤因移居境外注销中国户籍；⑥非居民个人在中国境内从两处以上取得工资、薪金所得；⑦国务院规定的其他情形。

7. 纳税人发生了符合条件的住房贷款利息，可享受住房贷款利息专项附加扣除的时间正确的有（   ）。

    A. 贷款合同约定开始还款的当月   B. 贷款合同约定开始还款的次月

    C. 贷款合同终止的当月   D. 贷款合同终止的次月

    E. 扣除期限最长不得超过240个月

【参考答案】ACE

【答案解析】根据《国家税务总局关于发布〈个人所得税专项附加扣除操作办法（试行）〉的公告》（国家税务总局公告2018年第60号第三条），住房贷款利息，纳税人享受符合规定的专项附加扣除的计算时间，为贷款合同约定开始还款的当月至贷款全部归还或贷款合同终止的当月，扣除期限最长不得超过240个月。

8. 中国公民秦某取得的下列所得中，免征个人所得税的有（   ）。

    A. 市级人民政府颁发的环境保护奖金   B. 军人的复员费

    C. 残疾、孤老人员的所得   D. 保险赔款

    E. 烈属的所得

【参考答案】BD

【答案解析】免征个人所得税的范围包括：省级人民政府、国务院部委和中国人民解放军军以上单位，以及外国组织、国际组织颁发的科学、教育、技术、文化、卫生、体育、环境保护等方面的奖金；保险赔款；军人的转业费、复员费、退役金等。

9. 纳税人取得下列所得中，应按工资、薪金所得税目征税的有（   ）。

    A. 个人独立从事咨询业务取得的收入

    B. 不在公司任职的独立董事取得的董事费收入

    C. 单位组织员工旅游按人头支付的旅游费

    D. 企业以误餐补助名义向员工发放的现金补贴

    E. 退休人员返聘取得的所得

【参考答案】CDE

【答案解析】个人独立从事咨询业务取得的收入、不在公司任职的独立董事取得的董事费收入按"劳务报酬所得"税目征税。

10. 按照现行个人所得税法有关规定,在 2021 年 12 月 31 日前,以下各项所得中可以不并入综合所得,单独计税的有（   ）。

   A. 居民个人取得符合规定的全年一次性奖金

   B. 居民个人取得符合条件的股权激励

   C. 达到国家规定的退休年龄,领取的企业年金、职业年金

   D. 取得职务科技成果转化现金奖励

   E. 居民个人取得的季度奖金

【参考答案】ABC

【答案解析】居民个人取得符合规定的全年一次性奖金、居民个人取得符合条件的股权激励、个人达到国家规定的退休年龄领取的企业年金和职业年金,在 2021 年 12 月 31 日前,可以不并入综合所得,单独计税。

11. 刘讯开办一家生鲜水果商店（查账征收的个体工商户）,2018 年的营业收入为 1 000 万元。下列说法正确的是（   ）。

   A. 2018 年度每月支付给水果商店职工的工资,可以在税前据实扣除

   B. 2018 年度发生业务招待费 2 万元,可以税前据实扣除

   C. 拨缴的工会经费在工资薪金总额 2% 的标准内可据实扣除

   D. 2018 年度发生广告费和业务宣传费 180 万元,可以税前据实扣除

   E. 因销售过期水果罐头被市场监督管局处以的 20 000 元罚款,不可以在税前扣除

【参考答案】ACE

【答案解析】根据《国家税务总局个体工商户个人所得税计税办法》（国家税务总局令第 35 号,2018 年修正),未经批准的准备金不得在税前扣除,向从业人员支付的合理的工资、薪金支出,允许在税前据实扣除;每一纳税年度发生的与生产经营业务直接相关的业务招待费支出,按照发生额的 60% 扣除,但最高不得超过当年销售（营业）收入的 5‰;拨缴的工会经费在工资薪金总额 2% 的标准内可据实扣除。支付的罚款支出不可以在税前扣除。

12. 在个人所得税中,非居民纳税人取得的下列所得应依法缴纳个人所得税的有（   ）。

A. 受雇于中国境内的公司而取得工资、薪金所得

B. 在中国境内从事生产、经营活动而取得的生产经营所得

C. 购买外国债券、股票而取得的所得

D. 转让中国境内的房屋而取得的财产转让所得

E. 因任职、受雇、履约等而在中国境外提供各种劳务取得的劳务报酬所得

【参考答案】ABD

【答案解析】非居民纳税人购买外国债券、股票而取得的所得，因任职、受雇、履约等而在中国境外提供各种劳务取得的劳务报酬所得，不属于从我国境内取得的所得，不缴纳个人所得税。

13. 下列表述，符合个人独资企业和合伙企业纳税规定的有（　　）。

A. 个人独资企业和合伙企业实行核定征收的，不能享受个人所得税的优惠政策

B. 个人以独资企业和合伙企业的形式开办两个或两个以上的企业，应分别按每个企业的应纳税所得额计算缴纳各自的所得税税额

C. 个人独资企业的投资者以企业资本金为本人、家庭成员支付与企业生产经营无关的消费性支出，依照利息、股息、红利所得项目征税

D. 实行查账征税方式的个人独资企业和合伙企业改为核定征收以后，在原征税方式下认定的年度经营亏损未弥补完的部分，不得再继续弥补

E. 个人独资企业和合伙企业投资者的工资不得在税前扣除

【参考答案】ADE

【答案解析】个人以独资企业和合伙企业的形式开办两个或两个以上的企业，应该将两个或两个以上企业的所得合并汇算清缴；个人独资企业的投资者以企业资本金为本人、家庭成员支付与企业生产经营无关的消费性支出，应并入生产经营所得计征个人所得税。

14. 下列情形，应按照"特许权使用费"项目征收个人所得税的有（　　）。

A. 某电视剧编剧从任职的电视剧制作中心获得的剧本使用费

B. 出租土地使用权取得的收入

C. 作者将自己的文学作品手稿拍卖取得的收入

D. 转让土地使用权取得的收入

E. 取得侵犯专利权的经济赔偿收入

【参考答案】ACE

【答案解析】选项B：按照"财产租赁所得"税目征收个人所得税。选项D：按照

"财产转让所得"税目征收个人所得税。

15. 按照个人所得税法的有关规定，下列各项个人所得，属于稿酬所得征税范围的有（　　）。

　　A. 文学作品发表取得的所得

　　B. 文学作品手稿原件公开拍卖所得

　　C. 文学作品出版取得的所得

　　D. 出版社的专业作者撰写作品以图书形式出版取得的所得

　　E. 杂志社财务人员在本社杂志上发表文章取得的所得

【参考答案】ACD

【答案解析】选项B：对于作者将自己的文字作品手稿原件或复印件公开拍卖（竞价）取得的所得，应按特许权使用费所得项目征收个人所得税。

16. 2019年，纳税人徐先生母亲、自己、妻子和9岁的儿子都生病住院，发生了大病医疗支出，其中可以选择徐先生进行大病医疗专项附加扣除的有（　　）。

　　A. 本人　　　　B. 妻子　　　　C. 儿子　　　　D. 父母

【参考答案】ABC

【答案解析】纳税人发生的医药费用支出可以选择由本人或者其配偶扣除；未成年子女发生的医药费用支出可以选择由其父母一方扣除。

17. 有下列情形之一的，纳税人应当依法办理纳税申报（　　）。

　　A. 取得综合所得需要办理汇算清缴　　B. 取得应税所得没有扣缴义务人

　　C. 取得境外所得　　　　　　　　　　D. 因移居境外注销中国户籍

　　E. 取得的劳务报酬

【参考答案】ABCD

【答案解析】根据《中华人民共和国个人所得税法》第十条，有下列情形之一的，纳税人应当依法办理纳税申报：①取得综合所得需要办理汇算清缴；②取得应税所得没有扣缴义务人；③取得应税所得，扣缴义务人未扣缴税款；④取得境外所得；⑤因移居境外注销中国户籍；⑥非居民个人在中国境内从两处以上取得工资、薪金所得；⑦国务院规定的其他情形。

18. 根据个人所得税法的有关规定，下列关于公益性捐赠的表述正确的有（　　）。

　　A. 个人通过非营利性社团和国家机关向红十字事业的捐赠，在计算缴纳个人所得税时，准予在税前的所得额中全额扣除

B. 个人通过非营利性社团和国家机关向教育事业的捐赠，在计算缴纳个人所得税时，准予在税前的所得额中全额扣除

C. 个人将其所得通过中国境内的社会团体、国家机关向农村义务教育的捐赠，未超过应税收入30%的部分，准予从应纳税所得额中扣除

D. 个人通过非营利性社团和国家机关向公益性青少年活动场所的捐赠，在计算缴纳个人所得税时，准予在税前的所得额中全额扣除

E. 个人通过非营利社会团体对福利性老年服务机构的捐赠可以全额扣除

【参考答案】ABDE

【答案解析】个人通过非营利性社团和国家机关向农村义务教育的捐赠，在计算缴纳个人所得税时，准予在税前的所得额中全额扣除。

19. 个人独资企业的投资者缴纳所得税时，下列各项应作为生产经营所得的有（　　）。

A. 投资者买彩票中奖所得

B. 个人独资企业对外投资分回来的股息

C. 投资者个人从独资企业领取的工资

D. 个人独资企业分配给投资者个人的所得

E. 个人独资企业来源于中国境外的生产经营所得

【参考答案】CDE

【答案解析】中奖所得按照"偶然所得"项目计算缴纳个人所得税；个人独资企业和合伙企业对外投资分回的利息或者股息、红利，不并入企业的收入，而应单独作为投资者个人取得的利息、股息、红利所得，按"利息、股息、红利所得"项目计算缴纳个人所得税。

20. 个人取得的下列所得，暂免或免征个人所得税的有（　　）。

A. 国债利息收入

B. 军人的转业安置费

C. 个人转让自用3年且是家庭唯一住房取得的所得

D. 个人购买体育彩票的中奖所得1 600元

E. 储蓄存款利息收入

【参考答案】ABDE

【答案解析】个人转让自用达5年以上并且是唯一的家庭生活用房取得的所得，免征个人所得税。

21. 下列关于个人所得税办理汇算清缴的相关规定，表述正确的有（　　）。

A. 纳税人从两处以上取得综合所得，且综合所得年收入额超过 6 万元的，应当依法办理汇算清缴

B. 纳税人取得综合所得，在纳税年度内预缴税额低于应纳税额的，应当依法办理汇算清缴

C. 纳税人当年只取得劳务报酬所得，且劳务报酬所得收入额减除专项扣除的余额超过 6 万元的，应当依法办理汇算清缴

D. 需要办理汇算清缴的纳税人，应当在取得所得的次年 3 月 1 日前，向任职、受雇单位所在地主管税务机关办理纳税申报

E. 纳税人有两处以上任职、受雇单位的，选择向其中一处任职、受雇单位所在地主管税务机关办理纳税申报

【参考答案】BCE

【答案解析】取得综合所得且符合下列情形之一的纳税人，应当依法办理汇算清缴：①从两处以上取得综合所得，且综合所得年收入额减除专项扣除后的余额超过 6 万元；②取得劳务报酬所得、稿酬所得、特许权使用费所得中一项或者多项所得，且综合所得年收入额减除专项扣除的余额超过 6 万元；③纳税年度内预缴税额低于应纳税额；④纳税人申请退税。

需要办理汇算清缴的纳税人，应当在取得所得的次年 3 月 1 日至 6 月 30 日内，向任职、受雇单位所在地主管税务机关办理纳税申报。纳税人有两处以上任职、受雇单位的，选择向其中一处任职、受雇单位所在地主管税务机关办理纳税申报；纳税人没有任职、受雇单位的，向户籍所在地或经常居住地主管税务机关办理纳税申报。

22. 创投企业选择按单一投资基金核算的，关于股权转让所得，下列说法正确的是（　　）。

A. 允许一个纳税年度内不同投资项目的所得和损失相互抵减

B. 余额大于或等于零的，确认为该基金的年度股权转让所得

C. 余额小于零的，按零计算且不能跨年结转

D. 不允许扣除基金管理人管理费等费用支出

E. 由创投企业在次月 15 日前代扣代缴个人所得税

【参考答案】ABCD

【答案解析】根据《财政部 税务总局 发展改革委 证监会关于创业投资企业个人合

伙人所得税政策问题的通知》（财税〔2019〕8号），单个投资项目的股权转让所得，按年度股权转让收入扣除对应股权原值和转让环节合理费用后的余额计算，股权原值和转让环节合理费用的确定方法，参照股权转让所得个人所得税有关政策规定执行；单一投资基金的股权转让所得，按一个纳税年度内不同投资项目的所得和损失相互抵减后的余额计算，余额大于或等于零的，即确认为该基金的年度股权转让所得；余额小于零的，该基金年度股权转让所得按零计算且不能跨年结转。个人合伙人按照其应从基金年度股权转让所得中分得的份额计算其应纳税额，并由创投企业在次年3月31日前代扣代缴个人所得税。如符合《财政部 税务总局关于创业投资企业和天使投资个人有关税收政策的通知》（财税〔2018〕55号）规定的，创投企业个人合伙人可以按照被转让项目对应投资额的70%抵扣其应从基金年度股权转让所得中分得的份额后再计算其应纳税额，当期不足抵扣的，不得向以后年度结转。

23. 根据个人所得税法有关规定，下列所得，免征个人所得税的有（　　）。

A. 抚恤金　　　B. 劳动分红　　　C. 退休费　　　D. 救济金

E. 市政府颁发的环境保护奖金

【参考答案】ACD

【答案解析】下列各项个人所得，免征个人所得税：①省级人民政府、国务院部委和中国人民解放军军以上单位，以及外国组织、国际组织颁发的科学、教育、技术、文化、卫生、体育、环境保护等方面的奖金；②国债和国家发行的金融债券利息；③按照国家统一规定发给的补贴、津贴；④福利费、抚恤金、救济金；⑤保险赔款；⑥军人的转业费、复员费、退役金；⑦按照国家统一规定发给干部、职工的安家费、退职费、基本养老金或者退休费、离休费、离休生活补助费。

24. 下列有关个体工商户个人所得税的表述，正确的有（　　）。

A. 向其从业人员实际支付的合理的工资薪金支出，允许税前据实扣除

B. 每一纳税年度发生的与其生产经营业务直接相关的业务招待费支出，按照发生额的50%扣除

C. 其所得通过中国境内的社会团体向教育和其他公益事业的捐赠，捐赠额不超过其利润总额12%部分允许税前扣除

D. 每一纳税年度发生的广告费和业务宣传费不超过当年销售收入15%的部分，可据实扣除，超过部分，准予在以后的纳税年度结转扣除

E. 个体工商户投资者本人工资薪金可以据实扣除

【参考答案】AD

【答案解析】选项B：错误。根据财税〔2008〕65号文件，个体工商户、个人独资企业和合伙企业每一纳税年度发生的与其生产经营业务直接相关的业务招待费支出，按照发生额的60%扣除，但最高不得超过当年销售收入的0.5%。选项C：错误。根据《国家税务总局个体工商户个人所得税计税办法》（国家税务总局令35号）三十六条，个体工商户通过公益性社会团体或者县级以上人民政府及其部门，用于《中华人民共和国公益事业捐赠法》规定的公益事业的捐赠，捐赠额不超过其应纳税所得额30%的部分可以据实扣除。财政部、国家税务总局规定可以全额在税前扣除的捐赠支出项目，按有关规定执行。个体工商户直接对受益人的捐赠不得扣除。

25. 下列有关大病医疗支出扣除的叙述，正确的有（ ）。

   A. 未成年子女的大病医疗支出由父母按比例分摊扣除

   B. 纳税人的大病医疗支出可以由本人和配偶按比例分摊扣除

   C. 未成年子女的大病医疗支出由父母一方扣除

   D. 纳税人的大病医疗支出可以由本人扣除

   E. 纳税人的大病医疗支出由配偶扣除

【参考答案】CDE

【答案解析】根据国发〔2018〕41号第十二条，纳税人发生的医药费支出可以选择由本人或者其配偶扣除；未成年子女的医药费支出可以选择由其父母一方扣除。

26. 下列房产处置，应缴个人所得税的有（ ）。

   A. 将房产赠与子女   B. 转让无偿受赠的房产

   C. 转让离婚析产房屋   D. 通过离婚析产的方式分割房屋产权

   E. 居民个人出售自用3年的生活用房

【参考答案】BCE

【答案解析】房屋产权所有人将房屋产权无偿赠与配偶、父母、子女等不征收个人所得税。

27. 个人取得的下列所得，可以免征个人所得税的有（ ）。

   A. 国有企业职工从依法破产的企业中取得的一次性安置费

   B. 个人实际领（支）取原提存的基本医疗保险金，免征个人所得税。

   C. 被拆迁人依法取得的拆迁补偿款

   D. 企业职工参加本企业组织的运动会所获得的奖金

E. 外籍个人每月以现金形式取得的固定金额的住房补贴

【参考答案】ABC

【答案解析】省级人民政府、国务院部委和中国人民解放军军以上单位，以及外国组织、国际组织颁发的科学、教育、技术、文化、卫生、体育、环境保护等方面的奖金，免征个人所得税，选项D是企业颁发的奖金，因此需要征收个人所得税。

28. 下列所得，属于来源于中国境内所得的有（　　）。

A. 中国公民在中国银行伦敦分行工作取得的工资薪金收入

B. 法国公民受雇于中国境内的中法合资企业取得的工资薪金收入

C. 法国公民将中国境内房子出租给承租人取得的收入

D. 中国公民转让其在美国的房产而取得的所得

E. 印度公民在印度为中国境内公司提供劳务取得的收入

【参考答案】BC

【答案解析】纳税人因任职、受雇、履约等在中国境内提供劳务取得的所得，将财产出租给承租人在中国境内使用而取得的所得为来源于中国境内的所得。

29. 根据个人所得税相关规定，下列说法中正确的有（　　）。

A. 个人取得的教育储蓄存款利息免征个人所得税

B. 作者去世后，财产继承人取得的遗作稿酬免征个人所得税

C. 个人取得特许权的经济赔偿收入，应按"偶然所得"项目缴纳个人所得税

D. 个人独资企业为投资者支付的个人工资，不得在所得税前扣除

E. 对个人购买社会福利有奖募捐奖券一次中奖收入不超过1万元的，暂免征收个人所得税

【参考答案】ADE

【答案解析】作者去世后，财产继承人取得的遗作稿酬应征收个人所得税；个人取得特许权的经济赔偿收入，应按"特许权使用费"项目缴纳个人所得税。

30. 下列各项，应按特许权使用费所得税目征收个人所得税的有（　　）。

A. 编剧从电视剧的制作单位取得的剧本使用费

B. 作者将自己的文字作品手稿原件公开拍卖的所得

C. 作者将自己的文字作品出版取得的所得

D. 个人取得特许权的经济赔偿收入

E. 个人转让非专利技术取得的所得

【参考答案】ABDE

【答案解析】作者将自己的文字作品出版取得的所得，属于稿酬所得的，不按特许权使用费所得征收个人所得税。

31. 以下专项附加扣除，需要留存备查资料的是（　　）。

A. 独生子女赡养老人　　　　　　B. 职业资格继续教育

C. 住房贷款利息　　　　　　　　D. 子女境外接受教育

【参考答案】BCD

【答案解析】政策依据：《国家税务总局关于发布〈个人所得税专项附加扣除操作办法（试行）〉的公告》（国家税务总局公告2018年第60号）。

32. 关于赡养老人个人所得税专项附加扣除，下列说法正确的是（　　）。

A. 纳税人为独生子女的，按照每月1 000元的标准定额扣除

B. 纳税人为独生子女的，按照每月2 000元的标准定额扣除

C. 纳税人为非独生子女的，每人分摊的额度最高不能超过每月1 000元

D. 纳税人为非独生子女的，每人分摊的额度不能超过每月2 000元

E. 纳税人为非独生子女的，指定分摊优先于约定分摊

【参考答案】BCE

【答案解析】根据《国务院关于印发个人所得税专项附加扣除暂行办法的通知》（国发〔2018〕41号），纳税人为独生子女的，按照每月2 000元的标准定额扣除；纳税人为非独生子女的，由其与兄弟姐妹分摊每月2 000元的扣除额度，每人分摊的额度不能超过每月1 000元。

33. 下列关于个人所得税专项附加扣除的说法，正确的有（　　）。

A. 子女教育支出可以选择由其中一方按扣除标准的100%扣除，也可以选择由双方分别按扣除标准的50%扣除

B. 继续教育支出仅限境内接受学历（学位）继续教育，境外继续教育支出不得扣除

C. 一个纳税年度内，纳税人发生的与基本医保相关的大病医疗支出，扣除医保报销后个人负担累计超过15 000元的部分，由纳税人在办理年度汇算清缴时据实扣除

D. 夫妻双方婚前分别购买住房发生的套住房贷款利息支出，婚后可以继续由夫妻双方对各自购买的住房分别按扣除标准进行扣除

E. 纳税人及其配偶在一个纳税年度内不能同时分别享受住房贷款利息和住房租金专

项附加扣除

【参考答案】 ABE

【答案解析】 选项C：一个纳税年度内，纳税人发生的与基本医保相关的大病医疗支出，扣除医保报销后个人负担（指医保目录范围内的自付部分）累计超过15 000元的部分，由纳税人在办理年度汇算清缴时，在80 000元限额内据实扣除。选项D：夫妻双方婚前分别购买住房发生的首套住房贷款利息支出，婚后可以选择其中一套购买的住房，由购买方按扣除标准100%扣除，也可以由夫妻双方对各自购买的住房分别按扣除标准的50%扣除。

34. 对于个人的财产转让所得，在计算征收个人所得税时，准予从收入中扣除的财产原值及合理费用有（ ）。

   A. 有价证券的买入价以及买入时按规定缴纳的有关费用

   B. 取得土地使用权所支付的金额、开发土地的费用以及其他有关税费

   C. 建筑物的购进价格以及有关税费

   D. 纳税人未提供完整、准确的财产原值凭证，不能正确计算财产原值，由纳税人参照同类市场价格确定

   E. 机器设备的购进价格、运输费、安装费以及其他有关费用

【参考答案】 ABCE

【答案解析】 纳税人未提供完整、准确的财产原值凭证，不能正确计算财产原值，由主管税务机关核定其财产原值。

35. 下列有关个体工商户计算缴纳个人所得税的表述，正确的有（ ）。

   A. 向其从业人员实际支付的合理的工资、薪金支出，允许税前据实扣除

   B. 每一纳税年度发生的与其生产经营业务直接相关的业务招待费支出，按照发生额的50%扣除

   C. 每一纳税年度发生的广告费和业务宣传费不超过当年销售（营业）收入15%的部分，可据实扣除，超过部分，准予在以后纳税年度结转扣除

   D. 研究开发新产品、新技术、新工艺发生的开发费用，以及研究开发新产品、新技术而购置单台价值在10万元以下的测试仪器和试验性装置的购置费，准予扣除

   E. 将其所得通过中国境内的社会团体向社会公益事业的捐赠，捐赠额不超过其利润总额12%的部分允许税前扣除

【参考答案】 ACD

【答案解析】选项B：业务招待费处理同企业所得税，企业发生的与生产经营活动有关的业务招待费支出，按照发生额的60%扣除，但最高不得超过当年销售（营业）收入的0.5%。选项E：个体工商户将其所得通过中国境内的社会团体向社会公益事业的捐赠，捐赠额不超过其应纳税所得额的30%的部分可以据实扣除。

36. 纳税人未取得工资、薪金所得，仅取得下列所得，能在次年办理汇算清缴申报时扣除专项附加扣除的，包括（ ）。

   A. 劳务报酬所得　　　　　　　B. 稿酬所得
   C. 特许权使用费所得　　　　　D. 股息红利所得
   E. 财产租赁所得

   【参考答案】ABC

   【答案解析】根据《国家税务总局关于发布〈个人所得税专项附加扣除操作办法（试行）〉的公告》（国家税务总局公告2018年第60号），纳税人未取得工资、薪金所得，仅取得劳务报酬所得、稿酬所得、特许权使用费所得需要享受专项附加扣除的，应当在次年3月1日至6月30日内，自行向汇缴地主管税务机关报送《扣除信息表》，并在办理汇算清缴申报时扣除。

37. 纳税人周女士为某单位提供临时性工作服务，取得劳务报酬10 000元，该单位在为其预扣预缴个人所得税时不能扣除的项目是（ ）。

   A. 基本养老保险1 000元　　　B. 子女教育费用1 000元
   C. 20%的费用2 000元　　　　D. 住房贷款利息1 000元
   E. 赡养老人1 000元

   【参考答案】ABDE

   【答案解析】劳务报酬所得以收入减除20%的费用后的余额为收入额。

38. 《个体工商户建账管理暂行办法》中规定，达不到建账标准的个体工商户，经县以上税务机关批准，可按照税收征管法建立（ ）。

   A. 收支凭证粘贴簿　　　　　　B. 进货销货登记簿
   C. 使用税控装置　　　　　　　D. 进出库记录
   E. 现金流水账

   【参考答案】ABC

   【答案解析】根据《个体工商户建账管理暂行办法》第六条，达不到上述建账标准的个体工商户，经县以上税务机关批准，可按照税收征管法建立收支凭证粘贴簿、进货销货登记簿或者使用税控装置。

39. 下列各项，应按照"利息、股息、红利"项目计征个人所得税的有（　　）。

A. 合伙企业为股东购买住房

B. 员工因拥有股权而参与企业税后利润分配取得的所得

C. 员工将行权后的股票再转让时获得的高于购买日公平市场价的差额

D. 股份制企业的个人投资者，在年度终了后既不归还又未用于企业生产经营的借款

E. 对职工个人以股份形式取得的企业量化资产参与企业分配而获得的股息、红利

【参考答案】BDE

【答案解析】选项A：合伙企业为股东购买住房，应该按照"个体工商户的生产、经营所得"项目计征个人所得税。选项C：员工将行权后的股票再转让时获得的高于购买日公平市场价的差额，应当按照"财产转让所得"项目按规定征免个人所得税。

40. 根据个人所得税法的相关规定，以下项目的收入应作为一次性收入计算或预扣预缴个人所得税的有（　　）。

A. 王某7月在校外举办的补习班上讲两次课，即7月5日和7月25日各讲一次课，共取得讲课收入2 000元

B. 张某出书一本，出版社分三次支付稿酬，每次得稿酬5 000元

C. 鄢某转让两项专利，分别为9万元、13万元，合计22万元

D. 陆某一房出租，9月取得本月租金收入为8 000元

E. 汪某从三个上市公司分别取得股利15万元、27万元与39万元

【参考答案】ABD

【答案解析】特许权使用费所得，属于一次性收入的，以取得该项收入为一次；属于同一项目连续性收入的，以一个月内取得的收入为一次。利息、股息、红利所得，以支付利息、股息、红利时取得的收入为一次，所以分别取得的股息所得，应判定为三次取得所得。

41. 下列各项，可用于办理自然人纳税人识别号的有效身份证件的包括（　　）。

A. 居民身份证

B. 《中华人民共和国护照》和华侨身份证明

C. 《港澳居民来往内地通行证》或《中华人民共和国港澳居民居住证》

D. 《台湾居民来往大陆通行证》或《中华人民共和国台湾居民居住证》

E. 工作许可证和外国永久居留权证明

【参考答案】ABCD

【答案解析】《国家税务总局关于自然人纳税人识别号有关事项的公告》（国家税务总局公告2018年第59号）所称"有效身份证件"，是指：①纳税人为中国公民且持有有效《中华人民共和国居民身份证》（以下简称"居民身份证"）的，为居民身份证。②纳税人为华侨且没有居民身份证的，为有效的《中华人民共和国护照》和华侨身份证明。③纳税人为港澳居民的，为有效的《港澳居民来往内地通行证》或《中华人民共和国港澳居民居住证》。④纳税人为中国台湾居民的，为有效的《台湾居民来往大陆通行证》或《中华人民共和国台湾居民居住证》。⑤纳税人为持有有效《中华人民共和国外国人永久居留身份证》（以下简称"永久居留证"）的外籍个人的，为永久居留证和外国护照；未持有永久居留证但持有有效《中华人民共和国外国人工作许可证》（以下简称"工作许可证"）的，为工作许可证和外国护照；其他外籍个人，为有效的外国护照。外国永久居留权证明不是有效身份证件。

42. 下列有关居民个人取得的全年一次性奖金计算缴纳符个人所得税的说法，正确的有（   ）。

A. 2019年1月1日至2021年12月31日，不并入当年综合所得

B. 收入除以12，按照月度税率表，单独计算纳税

C. 收入除以12，按照年度税率表，单独计算纳税

D. 2019年1月1日至2021年12月31日，可以选择并入当年综合所得计算纳税

E. 自2022年1月1日起，应并入当年综合所得计算纳税

【参考答案】ABDE

【答案解析】根据《财政部 税务总局关于个人所得税法修改后有关优惠政策衔接问题的通知》（财税〔2018〕164号），居民个人取得全年一次性奖金，符合《国家税务总局关于调整个人取得全年一次性奖金等计算征收个人所得税方法问题的通知》（国税发〔2005〕9号）规定的，在2021年12月31日前，不并入当年综合所得，以全年一次性奖金收入除以12个月得到的数额，按照本通知所附按月换算后的综合所得税率表，确定适用税率和速算扣除数，单独计算纳税。自2022年1月1日起，居民个人取得全年一次性奖金，应并入当年综合所得计算缴纳个人所得税。

43. 下列关于居民个人从中国境外取得所得的表述，正确的有（   ）。

A. 应当在取得所得的次年3月1日至6月30日内，向中国境内任职、受雇单位所在地主管税务机关办理纳税申报

B. 应当在取得所得的次年 4 月 1 日至 6 月 30 日内，向中国境内任职、受雇单位所在地主管税务机关办理纳税申报

C. 在中国境内没有任职、受雇单位的，向户籍所在地或中国境内经常居住地主管税务机关办理纳税申报

D. 户籍所在地与中国境内经常居住地不一致的，选择其中一地主管税务机关办理纳税申报

E. 在中国境内没有户籍的，向中国境内经常居住地主管税务机关办理纳税申报

【参考答案】ACDE

【答案解析】根据《国家税务总局关于个人所得税自行纳税申报有关问题的公告》（国家税务总局公告 2018 年第 62 号），居民个人从中国境外取得所得的，应当在取得所得的次年 3 月 1 日至 6 月 30 日内，向中国境内任职、受雇单位所在地主管税务机关办理纳税申报；在中国境内没有任职、受雇单位的，向户籍所在地或中国境内经常居住地主管税务机关办理纳税申报；户籍所在地与中国境内经常居住地不一致的，选择其中一地主管税务机关办理纳税申报；在中国境内没有户籍的，向中国境内经常居住地主管税务机关办理纳税申报。

44. 下列支出，不允许从个体工商户生产经营收入中扣除的有（ ）。

A. 实发从业人员合理的工资薪金　　B. 代扣代缴的个人所得税税额

C. 用于股东个人和家庭的支出　　　D. 计提的坏账准备金

E. 参加财产保险支付的保险费

【参考答案】BCD

【答案解析】下列情形不得税前扣除：①资本性支出；②被没收的财物和支付的罚款；③缴纳的个人所得税以及各种税收的滞纳金、罚款；④各种赞助支出；⑤自然灾害或者意外事故损失有赔偿的部分；⑥分配给投资者的股利；⑦用于个人和家庭的支出；⑧与生产经营无关的其他支出；⑨国家税务总局规定不准扣除的其他支出。

45. 纳税人发生了符合条件的住房贷款利息，可享受住房贷款利息专项附加扣除的时间是（ ）。

A. 贷款合同约定开始还款的当月　　B. 贷款合同约定开始还款的次月

C. 贷款合同终止的当月　　　　　　D. 贷款合同终止的次月

E. 贷款合同终止的当年年末

【参考答案】AC

【答案解析】 国家税务总局公告2018年第60号第三条规定：住房贷款利息，纳税人享受符合规定的专项附加扣除的计算时间，为贷款合同约定开始还款的当月至贷款全部归还或贷款合同终止的当月，扣除期限最长不得超过240个月。

46. 下列情形，应按照财产转让所得缴纳个人所得税的是（　　）。

　　A. 居民个人赵先生以股权对外投资

　　B. 居民个人钱先生以个人拥有的商铺抵偿个人债务

　　C. 居民个人孙女士许可某网站使用其肖像

　　D. 居民个人李女士许可某企业在其微信公众号展示宣传材料

　　E. 居民个人周先生经营的个人独资企业销售商品

【参考答案】AB

【答案解析】许可某网站使用其肖像属于特许权使用费所得，许可某企业在其微信公众号展示宣传材料属于劳务报酬所得，个人独资企业销售商品属于经营所得。

47. 下列关于个人所得税政策的说法，正确的有（　　）。

　　A. 对个人拍卖的物品经文物部门认定是海外回流文物的，如果不能提供合法、完整、准确的财产原值凭证的，不能正确计算财产原值的，按转让收入额的3%计算征收个人所得税

　　B. 实行核定征税的合伙企业，不能享受税收优惠

　　C. 某省政府给全省税务人员颁发的超额完成任务奖免税

　　D. 个人通过非营利的社会团体向公益性青少年活动场所的捐赠，允许在税前全额扣除

　　E. 非因住房改革政策，单位按低于购置或建造成本价格出售住房给职工，职工因此而少支出的差价部分，按照"工资、薪金所得"项目征收个人所得税

【参考答案】BDE

【答案解析】选项A：应该是2%的征收率，其他拍卖品是3%的征收率。选项C：属于省政府颁发的奖金，但不属于科教文卫体环保等方面的奖金，不免税。

48. 张某在北京工作，允许享受住房租金扣除的情形包括（　　）。

　　A. 纳税人在北京市区拥有住房

　　B. 纳税人配偶在北京市远郊拥有住房

　　C. 纳税人父母在北京市区拥有住房

　　D. 纳税人在天津市郊区拥有未享受住房贷款利息扣除的住房

E. 纳税人配偶已申请享受住房贷款利息扣除的北京住房

【参考答案】CD

【答案解析】纳税人在主要工作城市没有自有住房而发生的住房租金支出，可以按照以下标准定额扣除：纳税人的配偶在纳税人的主要工作城市有自有住房的，视同纳税人在主要工作城市有自有住房。

49. 根据个人所得税法有关规定，下列各项个人所得，免征个人所得税的有（   ）。

A. 中国工程院院士取得的院士津贴　　B. 国债利息

C. 军人的退役金　　　　　　　　　　D. 保险赔款

E. 退休人员再任职收入

【参考答案】ABCD

【答案解析】根据《中华人民共和国个人所得税法》第四条以及《国家税务总局关于个人兼职和退休人员再任职取得收入如何计算征收个人所得税问题的批复》（国税函〔2005〕382号），退休人员再任职取得的收入，在减除按个人所得税法规定的费用扣除标准后，按工资、薪金所得应税项目缴纳个人所得税。

50. 下列选项，按照财产转让所得项目征收个人所得税的有（   ）。

A. 个人转让债券取得的所得

B. 个人转让住房取得的所得

C. 个人将其收藏的已故作家文字手稿拍卖取得的所得

D. 个人将自己的文字作品手稿拍卖取得的所得

E. 个人转让汽车取得的所得

【参考答案】ABCE

【答案解析】财产转让所得，是指个人转让有价证券、股权、合伙企业中的财产份额、不动产、机器设备、车船以及其他财产取得的所得。根据国税函〔2002〕146号，作者将自己的文字作品手稿原件或复印件公开拍卖取得的所得，按特许权使用费所得征收个人所得税。根据国税发〔2007〕38号，个人拍卖除文字作品原稿及复印件外的其他财产，应以其转让收入额减除财产原值和合理费用后的余额为应纳税所得额，按照"财产转让所得"项目适用20%税率缴纳个人所得税。

51. 非居民个人取得下列所得，有扣缴义务人的，由扣缴义务人按月或者按次代扣代缴税款，不办理汇算清缴的是（   ）。

A. 工资、薪金所得　　　　　　　　　B. 经营所得

C. 劳务报酬所得 D. 稿酬所得

E. 特许权使用费所得

【参考答案】ACDE

【答案解析】非居民个人取得工资、薪金所得，劳务报酬所得，稿酬所得和特许权使用费所得，有扣缴义务人的，由扣缴义务人按月或者按次代扣代缴税款，不办理汇算清缴。

52. 根据个人所得税法的有关规定，下列通过非营利社会团体和国家机关发生的公益性捐赠支出，可以在计算应纳税所得额时全额据实扣除的有（　　）。

A. 对教育事业的捐赠 B. 对贫困地区的捐赠

C. 对福利性老年服务机构的捐赠 D. 对红十字事业的捐赠

E. 对公益性青少年活动场所的捐赠

【参考答案】ACDE

【答案解析】个人通过非营利社会团体和国家机关向红十字事业的捐赠、对教育事业的捐赠、对福利性老年服务机构的捐赠、对公益性青少年活动场所的捐赠，在计算缴纳个人所得税时，准予在税前的所得额中全额扣除。

53. 下列所得，应按照稿酬所得缴纳个人所得税的有（　　）。

A. 书法家为企业题字获得的报酬

B. 杂志社记者在本社杂志发表文章获得的报酬

C. 电视剧制作中心的编剧编写剧本获得的报酬

D. 出版社的专业作者翻译的小说由该出版社出版获得的报酬

E. 报社印刷车间工作人员在该社报纸发表作品获得的报酬

【参考答案】DE

【答案解析】选项A：按劳务报酬所得缴纳个人所得税。选项B：按工资薪金所得缴纳个人所得税。选项C：按特许权使用费所得缴纳个人所得税。

54. 2020年，纳税人李某已享受住房贷款利息专项附加扣除，当年他还可能扣除的项目有（　　）。

A. 子女教育　　B. 大病医疗　　C. 继续教育　　D. 住房租金

E. 赡养老人

【参考答案】ABCE

【答案解析】住房贷款利息和住房租金不能同时扣除。

55. 个人所得税赡养老人专项附加扣除中的其他法定赡养人包括（   ）。

   A. 实际承担对祖父母赡养义务的孙子女

   B. 实际承担对外祖父母赡养义务的外孙子女

   C. 祖父母的子女均已经去世，实际承担对祖父母赡养义务的孙子女

   D. 外祖父母的子女均已经去世，实际承担对外祖父母赡养义务的外孙子女

   E. 外祖父母的孙子女已经去世，实际承担对外祖父母赡养义务的外孙子女

【参考答案】CD

【答案解析】被赡养人是指年满60岁的父母，以及子女均已去世的年满60岁的祖父母、外祖父母。

56. 纳税人享受子女教育专项附加扣除政策的，其子女接受学历教育的范围包括（   ）。

   A. 小学和初中   B. 普通高中   C. 中等职业教育   D. 大学本科

   E. 博士后

【参考答案】ABCD

【答案解析】学历教育包括义务教育（小学、初中教育）、高中阶段教育（普通高中、中等职业、技工教育）、高等教育（大学专科、大学本科、硕士研究生、博士研究生教育）。博士后教育、课外辅导班等，不可扣除。

57. 关于个人投资者的个人所得税征收管理，说法正确的有（   ）。

   A. 个人独资企业、合伙企业的投资者及其家庭发生的生活费用不允许在税前扣除。投资者及其家庭发生的生活费用与企业生产经营费用混合在一起，并且难以划分的，全部视为投资者个人及其家庭发生的生活费用，不允许在税前扣除

   B. 实行核定征税的投资者，不能享受个人所得税的优惠政策

   C. 个人独资企业的投资者以全部生产经营所得为应纳税所得额，包括企业分配给投资者个人的所得和企业当年留存的所得

   D. 投资者兴办的企业中含有合伙性质的，投资者应向经常居住地主管税务机关申报纳税，办理汇算清缴，但经常居住地与其兴办企业的经营管理所在地不一致的，应选定其参与兴办的某一合伙企业的经营管理所在地为办理年度汇算清缴所在地，并在5年内不得变更

   E. 对于个人独资企业投资者的生产经营与个人、家庭生活混用难以分清的费用，其40%视为与生产经营有关费用，准予扣除

【参考答案】ABCD

【答案解析】个体工商户，对于生产经营和个人、家庭生活混用难以分清的费用，按40%扣除。个人独资企业和合伙企业，对于生产经营和个人、家庭生活混用难以分清的费用，一律不允许扣除。

58. 纳税人取得利息、股息、红利所得，扣缴义务人未扣缴税款的，纳税人办理纳税申报的时间是（　　）。

    A. 取得所得的次年6月30日前

    B. 取得所得的次年3月31日前

    C. 税务机关通知限期缴纳的，纳税人应当按照期限缴纳税款

    D. 必须为取得所得的次月

    E. 必须为取得所得的当月

【参考答案】AC

【答案解析】纳税人取得利息、股息、红利所得，财产租赁所得，财产转让所得和偶然所得的，扣缴义务人未扣缴税款的，应当在取得所得的次年6月30日前，按相关规定向主管税务机关办理纳税申报。税务机关通知限期缴纳的，纳税人应当按照期限缴纳税款。

59. 纳税人接受（　　）学历（学位）继续教育的情形，符合规定扣除条件的，其专项附加扣除可以选择由其父母扣除，也可以选择由本人扣除。

    A. 本科　　　B. 硕士研究生　　　C. 博士研究生　　　D. 专科

    E. 职高

【参考答案】AD

【答案解析】个人接受本科及以下学历（学位）继续教育，符合规定扣除条件的，可以选择由其父母扣除，也可以选择由本人扣除。

60. 纳税人进行符合条件的大病医疗专项附加扣除，必须留存的资料包括（　　）。

    A. 医药服务收费票据（复印件）　　　B. 药品费用票据原件

    C. 医保报销相关票据原件（复印件）　　　D. 银行卡支出明细

    E. 非医保范围内的服务

【参考答案】AC

【答案解析】根据《国家税务总局关于发布〈个人所得税专项附加扣除操作办法（试行）〉的公告》（国家税务总局公告2018年第60号）第十七条，纳税人享受大病医

疗专项附加扣除，应当填报患者姓名、身份证件类型及号码、与纳税人关系、与基本医保相关的医药费用总金额、医保目录范围内个人负担的自付金额等信息。纳税人需要留存备查资料包括：大病患者医药服务收费及医保报销相关票据原件或复印件，或者医疗保障部门出具的纳税年度医药费用清单等资料。

题型三 判断题

1. 从中国境外取得所得的个人所得税纳税义务人，应当在年度终了后三个月内，将应纳的税款缴入国库，并向税务机关报送纳税申报表。（　　）

【参考答案】 ×

【答案解析】 根据《中华人民共和国个人所得税法》第十三条，居民个人从中国境外取得所得的，应当在取得所得的次年3月1日至6月30日内申报纳税。

2. 根据个人所得税法有关规定，离退休人员从原任职单位取得的各类补贴、奖金、实物，应在减除费用扣除标准后，按工资、薪金所得应税项目缴纳个人所得税。（　　）

【参考答案】 √

【答案解析】 离退休人员从原任职单位取得的各类补贴、奖金、实物，应在减除费用扣除标准后，按工资、薪金所得应税项目缴纳个人所得税。

3. 纳税人和扣缴义务人应当对报送专项附加扣除信息的真实性、准确性、完整性负责。（　　）

【参考答案】 ×

【答案解析】 纳税人应当对报送专项附加扣除信息的真实性、准确性、完整性负责。

4. 扣缴义务人向非居民个人支付工资、薪金所得时，应当按照累计预扣法计算预扣税款，并按月办理扣缴申报。（　　）

【参考答案】 ×

【答案解析】 扣缴义务人向居民个人支付工资、薪金所得时，应当按照累计预扣法计算预扣税款，并按月办理扣缴申报。非居民不按照累计预扣法计算。

5. 个人所得税专项附加扣除额一个纳税年度扣除不完的，不能结转以后年度扣除。（　　）

【参考答案】 √

【答案解析】 个人所得税专项附加扣除额一个纳税年度扣除不完的，不能结转以后年度扣除。

6. 非居民个人一个月内取得股权激励所得，按照规定计算当月收入额，不与当月其他工资薪金合并，按12个月分摊计税。（　　）

【参考答案】 ×

【答案解析】非居民个人一个月内取得股权激励所得，单独按照规定计算当月收入额，不与当月其他工资薪金合并，按6个月分摊计税，不减除费用，适用月度税率表计算应纳税额。

7. 享受赡养老人专项附加扣除政策的起止时间，为被赡养老人年满60周岁的当月至赡养义务终止的次月。（　　）

【参考答案】×

【答案解析】享受赡养老人专项附加扣除政策的起止时间，为被赡养老人年满60周岁的当月至赡养义务终止的年末。

8. 纳税人从两处或两处以上取得经营所得的，选择其中一处经营管理所在地主管税务机关办理年度汇总申报。（　　）

【参考答案】√

【答案解析】纳税人从两处或两处以上取得经营所得的，选择其中一处经营管理所在地主管税务机关办理年度汇总申报。

9. 某股份制商业银行职员，兼职为财经杂志社的特约评论员，其在财经杂志发表的作品取得的所得，应按劳务报酬所得项目征收个人所得税。（　　）

【参考答案】×

【答案解析】根据《中华人民共和国个人所得税法实施条例》，稿酬所得是指个人因其作品以图书、报刊等形式出版、发表而取得的所得。

10. 某大学教授（居民个人）从不具有劳动关系的甲企业取得的咨询费，甲企业应按劳务报酬所得项目预扣预缴个人所得税。（　　）

【参考答案】√

【答案解析】根据《中华人民共和国个人所得税法实施条例》，劳务报酬所得，是指个人独立从事非雇佣的各种劳务所取得的收入，包括设计、医疗、法律、会计、咨询、讲学、翻译、演出、技术服务、介绍服务、代办服务等。《国家税务总局关于发布〈个人所得税扣缴申报管理办法（试行）〉的公告》规定，扣缴义务人向居民个人支付劳务报酬所得时，应当按次或按月预扣预缴税款。

11. 在企业改组改制过程中，对职工个人以股份形式取得的仅作为分红依据，不拥有所有权的企业量化资产，不征收个人所得税。（　　）

【参考答案】√

【答案解析】根据《国家税务总局关于企业改组改制过程中个人取得的量化资产征

收个人所得税问题的通知》，对职工个人以股份形式取得的仅作为分红依据，不拥有所有权的企业量化资产，不征收个人所得税。

12. 房地产开发企业与商店购买者个人签订协议规定，房地产开发企业按优惠价格出售其开发的商店给购买者个人，但购买者个人在一定期限内必须将购买的商店无偿提供给房地产开发企业对外出租使用。购买者个人少支出的购房价款，应视同个人财产租赁所得，按照财产租赁所得项目征收个人所得税。（　）

【参考答案】√

【答案解析】根据《国家税务总局关于个人与房地产开发企业签订有条件优惠价格协议购买商店征收个人所得税问题的批复》，房地产开发企业与商店购买者个人签订协议规定，房地产开发企业按优惠价格出售其开发的商店给购买者个人，但购买者个人在一定期限内必须将购买的商店无偿提供给房地产开发企业对外出租使用。购买者个人少支出的购房价款，应视同个人财产租赁所得，按照财产租赁所得项目征收个人所得税。

13. 某报社的行政管理人员在本单位的报社发表作品取得的所得，应按工资、薪金所得项目征收个人所得税。（　）

【参考答案】×

【答案解析】报刊、杂志、出版等单位的职员在本单位的刊物上发表作品、出版图书取得所得征税的问题：任职、受雇于报刊、杂志等单位的记者、编辑等专业人员，因在本单位的报刊、杂志上发表作品取得的所得，属于因任职、受雇而取得的所得，应与其当月工资收入合并，按工资、薪金所得项目征收个人所得税。除上述专业人员以外，其他人员在本单位的报刊、杂志上发表作品取得的所得，应按稿酬所得项目征收个人所得税。

14. 单位为职工个人购买商业性补充养老保险（不含税收递延型商业养老保险）等，在办理投保手续时应作为个人所得税的工资、薪金所得项目计征个人所得税。（　）

【参考答案】√

【答案解析】根据《财政部 国家税务总局关于个人所得税有关问题的批复》（财税〔2005〕94号），为职工个人购买商业性补充养老保险等，在办理投保手续时应作为个人所得税工资、薪金项目，按税法规定缴纳个人所得税。

15. 企业对营销业绩突出的企业雇员以培训班、研讨会、工作考察等名义组织旅游活动，通过免收差旅费、旅游费对个人实行的营销业绩奖励（包括实物、有价证券等），不征收个人所得税。（　）

【参考答案】×

【答案解析】根据《财政部 国家税务总局关于企业以免费旅游方式提供对营销人员个人奖励有关个人所得税政策的通知》，对商品营销活动中，企业和单位对营销业绩突出人员以培训班、研讨会、工作考察等名义组织旅游活动，通过免收差旅费、旅游费对个人实行的营销业绩奖励（包括实物、有价证券等），应根据所发生费用全额计入营销人员应税所得，依法征收个人所得税，并由提供上述费用的企业和单位代扣代缴。其中，对企业雇员享受的此类奖励，应与当期的工资薪金合并，按照工资、薪金所得项目征收个人所得税；对其他人员享受的此类奖励，应作为当期的劳务收入，按照劳务报酬所得项目征收个人所得税。

16. 劳务报酬所得，是指个人从事设计、装潢、安装、制图、化验、测试、医疗、法律、会计、咨询、讲学、翻译、审稿、书画、雕刻、影视、录音、录像、演出、表演、广告、展览、技术服务、介绍服务、经纪服务、代办服务以及其他劳务取得的所得。（　　）

【参考答案】√

【答案解析】根据《中华人民共和国个人所得税法实施条例》第六条，劳务报酬所得，是指个人从事设计、装潢、安装、制图、化验、测试、医疗、法律、会计、咨询、讲学、翻译、审稿、书画、雕刻、影视、录音、录像、演出、表演、广告、展览、技术服务、介绍服务、经纪服务、代办服务以及其他劳务取得的所得。

17. 编剧从电视剧的制作单位取得的剧本使用费，不再区分剧本的使用方是否为其任职单位，统一按特许权使用费所得项目征收个人所得税。（　　）

【参考答案】√

【答案解析】根据《国家税务总局关于剧本使用费征收个人所得税问题的通知》，对于剧本作者从电影、电视剧的制作单位取得的剧本使用费，不再区分剧本的使用方是否为其任职单位，统一按特许权使用费所得项目计征个人所得税。

18. 个人以非货币性资产投资，取得被投资企业的股权价值高于该资产原值的部分，应按照财产转让所得计征个人所得税。（　　）

【参考答案】√

【答案解析】根据《国家税务总局关于个人非货币性资产投资有关个人所得税征管问题的公告》，个人以非货币性资产投资，取得被投资企业的股权价值高于该资产原值的部分，应按照财产转让所得计征个人所得税。

19. 稿酬所得，是指个人因其作品以图书、报刊形式出版、发表而取得的所得。

（　　）

【参考答案】 √

【答案解析】 根据《中华人民共和国个人所得税法实施条例》第八条，稿酬所得，是指个人因其作品以图书、报刊形式出版、发表而取得的所得。

20. 稿酬所得项目里的作品，包括文学作品、书画作品、摄影作品以及其他作品。

（　　）

【参考答案】 √

【答案解析】 稿酬所得的作品，包括文学作品、书画作品、摄影作品以及其他作品。

21. 张先生为中国澳门居民，2013年1月1日来珠海工作，2016年8月30日回到澳门工作。在此期间，除2015年2月1日至3月15日临时回澳门处理公务外，其余时间一直在珠海停留。2016年张先生不需就境外支付的境外所得缴税。（　　）

【参考答案】 √

【答案解析】 根据《财政部 税务总局关于在中国境内无住所的个人居住时间判定标准的公告》（财政部 税务总局公告2019年第34号），无住所个人一个纳税年度在中国境内累计居住满183天的，如果此前六年在中国境内每年累计居住天数都满183天而且没有任何一年单次离境超过30天，该纳税年度来源于中国境内、境外所得应当缴纳个人所得税；如果此前六年的任一年在中国境内累计居住天数不满183天或者单次离境超过30天，该纳税年度来源于中国境外且由境外单位或者个人支付的所得，免予缴纳个人所得税。前款所称此前六年，是指该纳税年度的前一年至前六年的连续六个年度，此前六年的起始年度自2019年（含）以后年度开始计算。

22. 个人独资企业的个人投资者以企业资金为其家庭成员支付与企业生产经营无关的消费性支出，视为企业对个人投资者利润分配，应按股息红利所得税目计征个人所得税。

（　　）

【参考答案】 ×

【答案解析】 根据《财政部 国家税务总局关于规范个人投资者个人所得税征收管理的通知》（财税〔2003〕158号），个人独资企业、合伙企业的个人投资者以企业资金为本人、家庭成员及其相关人员支出与企业生产经营无关的消费性支出及购买汽车、住房等财产性支出，视为企业对个人投资者利润分配，并入投资者个人的生产经营所得，依照生产经营所得项目计征个人所得税。

23. 某演员从所任职的剧团取得的与本岗位相关的收入，其所得应按工资薪金所得项目计征个人所得税。

（　　）

【参考答案】√

【答案解析】根据《国家税务总局关于印发〈征收个人所得税若干问题的规定〉的通知》(国税发〔1994〕089号)，工资、薪金所得是属于非独立个人劳务活动，即在机关、团体、学校、部队、企事业单位及其他组织中任职、受雇而得到的报酬；劳务报酬所得则是个人独立从事各种技艺、提供各项劳务取得的报酬。两者的主要区别在于，前者存在雇佣与被雇佣关系，后者则不存在这种关系。个人从事非独立劳动，从所在的单位领取的报酬，应按工资薪金所得征收个人所得税。

24. 特许权使用费所得，是指个人提供专利权、商标权、著作权、非专利技术以及其他特许权的使用权取得的所得。但提供著作权的使用权取得的所得，不包括稿酬所得。( )

【参考答案】√

【答案解析】根据《中华人民共和国个人所得税法实施条例》第六条，特许权使用费所得，是指个人提供专利权、商标权、著作权、非专利技术以及其他特许权的使用权取得的所得，但提供著作权的使用权取得的所得，不包括稿酬所得。

25. 张某在2019年3月购买了一张福利彩票，取得中奖收入1 800元，应缴纳偶然所得个人所得税360元。( )

【参考答案】×

【答案解析】个人因购买福利彩票、体育彩票取得的中奖收入不超过10 000元，免征个人所得税。

26. 许刚和李梅在2019年2月办理协议离婚手续，协议约定原共有房产全部归李梅所有，李梅在取得该房产的所有权后将其转让给苏某，则上述转让离婚析产房屋的收入应按规定缴纳个人所得税。( )

【参考答案】√

【答案解析】根据《国家税务总局关于明确个人所得税若干政策执行问题的通知》(国税发〔2009〕121号)，通过离婚析产的方式分割房屋权是夫妻双方对共有财产的处置，个人因离婚办理房屋产权过户手续，不征收个人所得税。个人转让离婚析产房屋所取得的收入，允许扣除其相应的财产原值和合理费用后，余额按照规定的税率缴纳个人所得税；其相应的财产原值，为房屋初次购置全部原值和相关税费之和乘以转让者占房屋所有权的比例。因此，本题说法正确。

27. 持《就业创业证》或《就业失业登记证》人员，2019年1月1日至2021年12

月 31 日，从事生产经营的，在 3 年内按每户每年 14 000 元为限额依次扣减其当年实际应缴纳的增值税、城市维护建设税、教育费附加、地方教育附加和个人所得税。（ ）

【参考答案】×

【答案解析】根据《财政部 税务总局 人力资源社会保障部 国务院扶贫办关于进一步支持和促进重点群体创业就业有关税收政策的通知》（财税〔2019〕22 号）规定，建档立卡贫困人口、持《就业创业证》或《就业失业登记证》的人员，从事个体经营的，自办理个体工商户登记当月起，在 3 年内按每户每年 12 000 元为限额依次扣减其当年实际应缴纳的增值税、城市维护建设税、教育费附加、地方教育附加和个人所得税。限额标准最高可上浮 20%，各省、自治区、直辖市人民政府可根据本地区实际情况在此幅度内确定具体限额标准。

28. 合伙企业的每一个自然人合伙人，均是个人所得税纳税义务人。（ ）

【参考答案】√

【答案解析】根据《财政部 国家税务总局关于印发〈关于个人投资企业和合伙企业投资者征收个人所得税的法规〉的通知》（财税〔2000〕91 号），合伙企业的每一个合伙人都是纳税义务人。

29. 作者将自己的文字作品手稿复印件公开拍卖（竞价）取得的所得，不属于提供著作权的使用所得，不需按"特许权使用费所得"项目征收个人所得税。（ ）

【参考答案】×

【答案解析】根据《国家税务总局关于印发〈征收个人所得税若干问题的规定〉的通知》（国税发〔1994〕089 号）第五条，作者将自己的文字作品手稿原件或复印件公开拍卖（竞价）取得的所得，应按"特许权使用费所得"项目征收个人所得税。

30. 所有的津贴、补贴都应该按工资、薪金所得课税。（ ）

【参考答案】×

【答案解析】根据我国目前个人收入的构成情况，规定对于一些不属于工资、薪金性质的补贴、津贴或者不属于纳税人本人工资、薪金所得项目的收入，如独生子女补贴，不予征税。

31. 除法律、行政法规另有规定外，法律、行政法规规定的代扣代缴税款，税务机关按不超过代扣税款的 2% 支付手续费，且支付给单个扣缴义务人年度最高限额 50 万元，超过限额部分不予支付。（ ）

【参考答案】×

【答案解析】"三代"税款手续费支付比例和限额法律、行政法规规定的代扣代缴税款，税务机关按不超过代扣税款的2%支付手续费，且支付给单个扣缴义务人年度最高限额70万元，超过限额部分不予支付。对于法律、行政法规明确规定手续费比例的，按规定比例执行。

32. 转让财产，以收入额减除财产原值和合理费用后的余额为个人所得税的应纳税所得额。转让土地使用权，减除的财产原值是为了取得土地使用权所支付的金额。（ ）

【参考答案】×

【答案解析】财产原值，按照下列方法确定：土地使用权，为取得土地使用权所支付的金额、开发土地的费用以及其他有关费用。

33. 执行公务员工资制度未纳入基本工资总额的补贴、津贴差额和家属成员的副食品补贴，应按"工资、薪金所得"征收个人所得税。（ ）

【参考答案】×

【答案解析】根据《国家税务总局关于印发〈征收个人所得税若干问题的规定〉的通知》（国税发〔1994〕089号），执行公务员工资制度未纳入基本工资总额的补贴、津贴差额和家属成员的副食品补贴，不属于工资、薪金性质的补贴额津贴，不征收个人所得税。

34. 作者去世后，其财产继承人取得的遗作稿酬，不需征收个人所得税。（ ）

【参考答案】×

【答案解析】根据《国家税务总局关于印发〈征收个人所得税若干问题的规定〉的通知》（国税发〔1994〕089号），作者去世后，其财产继承人取得遗作稿酬，也应征收个人所得税。

35. 扣缴义务人未按照规定的期限向税务机关报送代扣代缴、代收代缴税款报告表和有关资料的，由税务机关责令限期改正，可以处一千元以下的罚款；情节严重的，可以处一千元以上一万元以下的罚款。（ ）

【参考答案】×

【答案解析】扣缴义务人未按照规定的期限向税务机关报送代扣代缴、代收代缴税款报告表和有关资料的，由税务机关责令限期改正，可以处二千元以下的罚款；情节严重的，可以处二千元以上一万元以下的罚款。

36. 从2019年1月1日起，对保险营销员、证券经纪人取得佣金收入的劳务报酬所得，采取累计预扣方法预扣预缴税款，不适用劳务报酬所得的比例加成预扣法。（ ）

【参考答案】√

【答案解析】扣缴义务人向保险营销员、证券经纪人支付佣金收入时,应按照《国家税务总局关于发布〈个人所得税扣缴申报管理办法(试行)〉的公告》(国家税务总局公告2018年第61号)规定的累计预扣法计算预扣税款。

37.《个体工商户个人所得税计税办法》规定,个体工商户向当地工会组织拨缴的工会经费、实际发生的职工福利费支出、职工教育经费支出分别在工资薪金总额的2%、14%、8%的标准内据实扣除。( )

【参考答案】×

【答案解析】根据《个体工商户个人所得税计税办法》第二十七条,个体工商户向当地工会组织拨缴的工会经费、实际发生的职工福利费支出、职工教育经费支出分别在工资薪金总额的2%、14%、2.5%的标准内据实扣除。

38.《个体工商户个人所得税计税办法》规定,个体工商户业主本人向当地工会组织缴纳的工会经费、实际发生的职工福利费支出、职工教育经费支出,以当地(地级市)上年度社会平均工资的2倍为计算基数。( )

【参考答案】×

【答案解析】根据《个体工商户个人所得税计税办法》第二十七条,个体工商户业主本人向当地工会组织缴纳的工会经费、实际发生的职工福利费支出、职工教育经费支出,以当地(地级市)上年度社会平均工资的3倍为计算基数。

39. 丁丁有一个祖传收藏的茶壶,为筹措资金,他委托拍卖机构将茶壶拍卖,在计算缴纳拍卖所得个人所得税时,应按照该拍卖品的评估值和收藏期间保管费作为其财产原值。( )

【参考答案】×

【答案解析】根据《国家税务总局关于加强和规范个人取得拍卖收入征收个人所得税有关问题的通知》(国税发〔2007〕38号),财产原值,是指售出方个人取得拍卖品的价格(以合法有效的凭证为准),具体为:①通过商店、画廊等途径购买的,为购买该拍卖品时实际支付的价款;②通过拍卖行拍得的,为拍得该拍卖品实际支付的价款及缴纳的相关税费;③通过祖传收藏的,为其收藏该拍卖品而发生的费用;④通过赠送取得的,为其受赠该拍卖品时发生的相关税费。

40. 纳税人赡养2个及以上年满60周岁老人的,不按老人人数加倍扣除。( )

【参考答案】√

【答案解析】纳税人赡养一位及以上被赡养人的赡养支出，统一按照标准定额扣除。

41. 个人达到国家规定的退休年龄，按月领取的年金，不征个人所得税。（　　）

【参考答案】×

【答案解析】个人达到国家规定的退休年龄，按月领取的年金，按照"工资、薪金所得"，计征个人所得税。

42. 中国公民张某受雇于中国香港某公司，并派往北京分公司从事软件设计工作，其每月定期领取中国香港公司支付的工资薪金。上述所得属于来源于中国境外的所得。（　　）

【参考答案】×

【答案解析】除国务院财政、税务主管部门另有规定外，下列所得，不论支付地点是否在中国境内，均为来源于中国境内的所得：因任职、受雇、履约等在中国境内提供劳务取得的所得。

43. 无所住个人从外商投资企业取得的股息、红利所得免征个人所得税。（　　）

【参考答案】×

【答案解析】根据《财政部 国家税务总局关于个人所得税若干政策问题的通知》（财税字〔1994〕20号），外籍个人从外商投资企业取得的股息、红利所得暂免征收个人所得税。

44. 李某2019年发生与基本医保相关的医药费用支出，扣除医保报销后个人负担100 000元，王某在办理年度汇算清缴时，可扣除80 000元。（　　）

【参考答案】√

【答案解析】在一个纳税年度内，纳税人发生的与基本医保相关的医药费用支出，扣除医保报销后个人负担（指医保目录范围内的自付部分）累计超过15 000元的部分，由纳税人在办理年度汇算清缴时，在80 000元限额内据实扣除。

45. 关于子女教育专项附加扣除，属于全日制学历教育的硕士研究生、博士研究生，由其父母按照子女教育进行扣除；属于非全日制的学历（学位）继续教育，按照继续教育规定扣除。（　　）

【参考答案】√

【答案解析】根据《国家税务总局关于发布〈个人所得税专项附加扣除操作办法（试行）〉的公告》（国家税务总局公告2018年第60号）、《国务院关于印发〈个人所得税专项附加扣除暂行办法〉的通知》（国发〔2018〕41号），学历教育包括义务教育（小学、初中教育）、高中阶段教育（普通高中、中等职业、技工教育）、高等教育（大学专科、大学本科、硕士研究生、博士研究生教育）。

46. 个人所得税中的"纳税年度"，是指自公历1月1日起至12月31日止。
（　　）

【参考答案】 √

【答案解析】 根据《中华人民共和国个人所得税法》（2018版）第一条第三款，纳税年度，自公历1月1日起至12月31日止。

47. 纳税人的子女年满3周岁但未上幼儿园，则不能享受个人所得税子女教育专项附加扣除政策。
（　　）

【参考答案】 ×

【答案解析】 根据《国家税务总局关于发布〈个人所得税专项附加扣除操作办法〉（试行）的公告》（国家税务总局公告2018年第60号）第三条，学前教育阶段，为子女年满3周岁当月至小学入学前一月，可以享受子女教育专项附加扣除政策。

48. 个人接受本科（含）以下学历（学位）继续教育，符合规定扣除条件的，可以选择由其父母享受个人所得税扣除。
（　　）

【参考答案】 √

【答案解析】 根据《国务院关于印发个人所得税专项附加扣除暂行办法的通知》（国发〔2018〕41号）第九条，个人接受本科（含）以下学历（学位）继续教育，符合规定扣除条件的，可以选择由其父母扣除。

49. 原个人所得税扣缴义务人应当自纳税人离职不再发放工资薪金所得的次月起，停止办理个人所得税专项附加扣除。
（　　）

【参考答案】 ×

【答案解析】 原扣缴义务人应当自纳税人离职不再发放工资薪金所得的当月起，停止为其办理专项附加扣除。

50. 市级人民政府、国务院部委和中国人民解放军军以上单位，以及外国组织、国际组织颁发的科学、教育、技术、文化、卫生、体育、环境保护等方面的奖金免征个人所得税。
（　　）

【参考答案】 ×

【答案解析】 省级人民政府、国务院部委和中国人民解放军军以上单位，以及外国组织、国际组织颁发的科学、教育、技术、文化、卫生、体育、环境保护等方面的奖金免征个人所得税。

51. 赡养老人专项附加扣除起止时间为被赡养人年满60周岁的当月至赡养义务终止的当月。（   ）

【参考答案】×

【答案解析】赡养老人专项附加扣除起止时间为被赡养人年满60周岁的当月至赡养义务终止的年末。

52. 作者将自己的文字作品手稿原件或复印件拍卖取得的所得，应以其转让收入额减除800元（转让收入额4 000元以下）或者20%（转让收入额4 000元以上）后的余额为应纳税所得额，按照稿酬所得项目适用20%税率缴纳个人所得税。（   ）

【参考答案】×

【答案解析】作者将自己的文字作品手稿原件或复印件拍卖取得的所得，应以其转让收入额减除800元（转让收入额4 000元以下）或者20%（转让收入额4 000元以上）后的余额为应纳税所得额，按照特许权使用费所得项目适用20%税率缴纳个人所得税。

53. 个人将土地使用权对外出租取得的所得，应按"财产租赁所得"征收个人所得税。（   ）

【参考答案】√

【答案解析】根据《中华人民共和国个人所得税法实施条例》第六条第七款，个人将土地使用权对外出租取得的所得，应按"财产租赁所得"征收个人所得税。

54. 酒店产权式经营业主在约定的时间内提供房产使用权与酒店进行合作经营，如房产产权并未归属新的经济实体，业主按照约定取得的固定收入和分红收入均应视为租金收入，按照财产租赁所得项目征收个人所得税。（   ）

【参考答案】√

【答案解析】根据《国家税务总局关于酒店产权式经营业主税收问题的批复》（国税函〔2006〕478号），酒店产权式经营业主在约定的时间内提供房产使用权与酒店进行合作经营，如房产产权并未归属新的经济实体，业主按照约定取得的固定收入和分红收入均应视为租金收入，按照财产租赁所得项目征收个人所得税。

55. 子女教育的专项附加扣除父母可以选择由其中一方按扣除标准的100%扣除，也可由双方自行商议扣除比例。（   ）

【参考答案】×

【答案解析】根据个人所得税法的相关规定，父母可以选择由其中一方按扣除标准的100%扣除，也可以选择由双方分别按扣除标准的50%扣除，具体扣除方式在一个纳税年度内不能变更。

56. 从事个体出租车运营的出租车驾驶员取得的收入，按工资、薪金所得项目缴纳个人所得税。（　　）

【参考答案】×

【答案解析】根据《国家税务总局关于印发〈机动出租车驾驶员个人所得税征收管理暂行办法〉的通知》（国税发〔1995〕50号）第六条，从事个体出租车运营的出租车驾驶员取得的收入，应按经营所得项目征收个人所得税。

57. 非居民个人取得综合所得，按纳税年度合并计算个人所得税。（　　）

【参考答案】×

【答案解析】根据《中华人民共和国个人所得税法》第二条第二款，非居民个人取得前款第一项至第四项所得，按月或者按次分项计算个人所得税。

58. 领取执照或者发生纳税义务之日起15日内，按照法律、行政法规和《个体工商户建账管理暂行办法》的有关规定设置账簿并办理账务，不得伪造、变造或者擅自损毁账簿、记账凭证、完税凭证和其他有关资料。（　　）

【参考答案】√

【答案解析】根据《个体工商户建账管理暂行办法》第八条，达到建账标准的个体工商户，应当自领取营业执照或者发生纳税义务之日起15日内，按照法律、行政法规和本办法的有关规定设置账簿并办理账务，不得伪造、变造或者擅自损毁账簿、记账凭证、完税凭证和其他有关资料。

59. 对扣缴义务人按照所扣缴的税款，付给3%的手续费。扣缴义务人扣缴手续费可用于提升办税能力、奖励办税人员。（　　）

【参考答案】×

【答案解析】对扣缴义务人按照所扣缴的税款，付给2%的手续费。

60. 纳税人取得的独生子女补贴，不征收个人所得税。（　　）

【参考答案】√

【答案解析】根据《国家税务总局关于印发〈征收个人所得税若干问题的规定〉的通知》（国税发〔1994〕089号），独生子女补贴不属于工资、薪金性质的补贴额津贴，不征收个人所得税。

61. 扣缴义务人办理全员全额扣缴申报时，应在代扣税款的当月十五日内，向主管税务机关报送其支付所得的所有个人的有关信息、支付所得数额、扣除事项和数额、扣

缴税款的具体数额和总额以及其他相关涉税信息资料。（　　）

【参考答案】×

【答案解析】全员全额扣缴申报，是指扣缴义务人应当在代扣税款的次月十五日内，向主管税务机关报送其支付所得的所有个人的有关信息、支付所得数额、扣除事项和数额、扣缴税款的具体数额和总额以及其他相关涉税信息资料。

62. 无住所个人一个纳税年度内在中国境内累计居住天数，按照个人在中国境内累计停留的天数计算。在中国境内停留的当天不足24小时的，按半天计入中国境内居住天数。（　　）

【参考答案】×

【答案解析】无住所个人一个纳税年度内在中国境内累计居住天数，按照个人在中国境内累计停留的天数计算。在中国境内停留的当天满24小时的，计入中国境内居住天数，在中国境内停留的当天不足24小时的，不计入中国境内居住天数。

63. 工资、薪金所得，是指个人因任职或者受雇而取得的工资、薪金、奖金、年终加薪、劳动分红、津贴、补贴以及与任职或者受雇有关的其他所得。（　　）

【参考答案】√

【答案解析】根据《中华人民共和国个人所得税法实施条例》第八条第一款，工资、薪金所得，是指个人因任职或者受雇而取得的工资、薪金、奖金、年终加薪、劳动分红、津贴、补贴以及与任职或者受雇有关的其他所得。

64. 自然人税收管理系统扣缴客户端的人员信息验证显示"验证不通过"的，只能去办税服务厅进行登记。（　　）

【参考答案】×

【答案解析】身份验证状态为"验证不通过"的，表示该自然人身份信息与公安机关的居民身份登记信息不一致，扣缴单位应进行核实，经核实的确存在问题的，应予以修正；如果经核实自然人身份信息准确无误的，则该自然人需前往办税服务厅进行登记。

65. 单位以误餐补助名义发给职工的补助、津贴征收个人所得税。（　　）

【参考答案】×

【答案解析】按照国家统一规定发给的补贴、津贴属于免税范围，而一般情况下单位以误餐补助名义发给职工的补助、津贴征收个人所得税。

66. 夫妻婚前购买的首套住房，婚后由丈夫还贷，首套住房利息只能由丈夫进行个

人所得税专项附加扣除。（　　）

【参考答案】×

【答案解析】经夫妻双方约定，可以选择由其中一方扣除，具体扣除方式在一个纳税年度内不能变更。夫妻双方婚前分别购买住房发生的首套住房贷款，其贷款利息支出，婚后可以选择其中一套购买的住房，由购买方按扣除标准的100%扣除，也可以由夫妻双方对各自购买的住房分别按扣除标准的50%扣除，具体扣除方式在一个纳税年度内不能变更。

67. 创业投资企业选择按单一投资基金核算的，股权转让所得和股息红利所得实际分配给合伙人时申报缴税；按年度所得整体核算，按照应从创投企业取得的所得申报缴税。（　　）

【参考答案】×

【答案解析】根据《财政部 税务总局 发展改革委 证监会关于创业投资企业个人合伙人所得税政策问题的通知》（财税〔2019〕8号），创投企业可以选择按单一投资基金核算或者按创投企业年度所得整体核算两种方式之一，对其个人合伙人来源于创投企业的所得计算个人所得税应纳税额。创投企业选择按单一投资基金核算的，其个人合伙人从该基金应分得的股权转让所得和股息红利所得，按照20%税率计算缴纳个人所得税。创投企业选择按年度所得整体核算的，其个人合伙人应从创投企业取得的所得，按照"经营所得"项目适用5%~35%的超额累进税率计算缴纳个人所得税。因此，不论采取何种方式，都必须按照应从创投企业取得的所得申报缴税，而不是等到实际分配。

68. 非居民个人当月取得工资薪金所得，按规定计算的当月收入额，减去税法规定的减除费用后的余额，为应纳税所得额，适用年度综合所得税率表计算应纳税额。（　　）

【参考答案】×

【答案解析】非居民个人当月取得工资薪金所得，按规定计算当月收入额，减去税法规定的减除费用后的余额，为应纳税所得额，适用按月换算后的综合所得税率表计算应纳税额。

69. 个体工商户对外投资取得的股息所得，应按"经营所得"项目征收个人所得税。（　　）

【参考答案】×

【答案解析】对于个体工商户和从事生产、经营的个人，取得与生产、经营活动无关的其他各项应税所得,应分别按照其他应税项目的有关规定,计算缴纳个人所得税。如对外投资取得的股息所得,应按"股息、利息、红利"税目的规定单独计算缴纳个人所得税。

70. 根据《中华人民共和国个人所得税法》的规定,专项扣除,仅指居民个人按照国家规定的范围和标准缴纳的基本养老保险、基本医疗保险、失业保险等社会保险费。

( )

【参考答案】×

【答案解析】根据《中华人民共和国个人所得税法》(2018 版)第六条,本条第一款第一项规定的专项扣除,包括居民个人按照国家规定的范围和标准缴纳的基本养老保险、基本医疗保险、失业保险等社会保险费和住房公积金等。

71. 根据新修订的《中华人民共和国个人所得税法》,在中国境内无住所又不居住,或者无住所而一个纳税年度内在中国境内居住累计不满 183 天的个人,为非居民个人。

( )

【参考答案】√

【答案解析】根据新修订的《中华人民共和国个人所得税法》第一条,在中国境内无住所又不居住,或者无住所而一个纳税年度内在中国境内居住累计不满 183 天的个人,为非居民个人。

72. 纳税人从两处或两处以上取得个人所得税经营所得的,选择其中一处经营管理所在地主管税务机关办理年度汇总申报。

( )

【参考答案】√

【答案解析】纳税人从两处或两处以上取得经营所得的,选择其中一处经营管理所在地主管税务机关办理年度汇总申报。

73. 居民个人取得个人所得税综合所得且扣缴义务人未扣缴税款的,居民个人应当在取得所得的次年 1 月 1 日至 3 月 31 日内,向综合所得汇算清缴地主管税务机关办理纳税申报。

( )

【参考答案】×

【答案解析】需要办理汇算清缴的纳税人,应当在取得所得的次年 3 月 1 日至 6 月 30 日内,向任职、受雇单位所在地主管税务机关办理纳税申报。

74. 专项附加扣除,包括子女教育、继续教育、大病医疗、住房贷款利息或住房租金、赡养老人等支出。

( )

【参考答案】√

【答案解析】根据《中华人民共和国个人所得税法》(2018版)第六条,专项附加扣除,包括子女教育、继续教育、大病医疗、住房贷款利息或者住房租金、赡养老人等支出。

75. 张先生为境内无住所的中国香港居民,在深圳工作,每周一早上来深圳上班,周五晚上回香港,周六周日两天不上班。张先生不属于我国税法规定的居民个人。
( )

【参考答案】√

【答案解析】无住所个人一个纳税年度内在中国境内累计居住天数,按照个人在中国境内累计停留的天数计算。在中国境内停留的当天满24小时的,计入中国境内居住天数,在中国境内停留的当天不足24小时的,不计入中国境内居住天数。

76. 保险营销员、证券经纪人取得的佣金收入,在计算缴纳个人所得税时,不能扣除附加税费。
( )

【参考答案】×

【答案解析】保险营销员、证券经纪人取得的佣金收入,属于劳务报酬所得,以不含增值税的收入减除20%的费用后的余额为收入额,收入额减去展业成本以及附加税费后,并入当年综合所得,计算缴纳个人所得税。

77. 纳税人可以委托扣缴义务人或者其他单位和个人办理汇算清缴。 ( )

【参考答案】√

【答案解析】根据《中华人民共和国个人所得税法实施条例》第三十九条,纳税人可以委托扣缴义务人或者其他单位和个人办理汇算清缴。

78. 居民个人取得综合所得需要办理汇算清缴的,应当在取得所得的次年3月1日前办理汇算清缴。
( )

【参考答案】×

【答案解析】根据个人所得税法的相关规定,居民个人取得综合所得,按年计算个人所得税;有扣缴义务人的,由扣缴义务人按月或者按次预扣预缴税款;需要办理汇算清缴的,应当在取得所得的次年3月1日至6月30日内办理汇算清缴。

79. 非居民个人取得工资、薪金所得、劳务报酬所得、稿酬所得和特许权使用费所得有扣缴义务人的,由扣缴义务人按月或者按次代扣代缴税款,不办理汇算清缴。
( )

【参考答案】√

【答案解析】根据个人所得税法的相关规定，非居民个人取得工资、薪金所得、劳务报酬所得、稿酬所得和特许权使用费所得有扣缴义务人的，由扣缴义务人按月或者按次代扣代缴税款，不办理汇算清缴。

80. 稿酬所得（出版、发表），应归属于提供著作权使用权取得的所得。（ ）

【参考答案】×

【答案解析】根据《中华人民共和国个人所得税法实施条例》第六条，提供著作权的使用权取得的所得，不包括稿酬所得。

81. 财产转让所得，是指个人转让有价证券、股权、合伙企业中的财产份额、不动产、机器设备、车船以及其他财产取得的所得。（ ）

【参考答案】√

【答案解析】根据《中华人民共和国个人所得税法实施条例》第六条第八款，财产转让所得，是指个人转让有价证券、股权、合伙企业中的财产份额、不动产、机器设备、车船以及其他财产取得的所得。

82. 个人因专利被他人侵权而取得的经济赔偿收入，应按"特许权使用费所得"项目征收个人所得税。（ ）

【参考答案】√

【答案解析】根据《国家税务总局关于个人取得专利赔偿所得征收个人所得税问题的批复》（国税函〔2000〕257号），个人因专利权被企业（单位）使用而取得的经济赔偿收入（专利赔偿所得），按"特许权使用费所得"项目缴纳个人所得税。

83. 在境外学校接受全日制学历教育的子女，其父母不可以享受个人所得税子女教育专项附加扣除政策。（ ）

【参考答案】×

【答案解析】根据《国务院关于印发个人所得税专项附加扣除暂行办法的通知》（国发〔2018〕41号）第七条，纳税人子女在中国境外接受教育的可以享受子女教育专项附加扣除政策。

84. 资产购买方企业与资产出售方企业自然人股东之间在资产购买交易中，通过签订保密和不竞争协议等方式，向资产出售方企业自然人股东支付的所得，应按"偶然所得"计征个人所得税。（ ）

【参考答案】√

【答案解析】根据《财政部 国家税务总局关于企业向个人支付不竞争款项征收个人

所得税问题的批复》（财税〔2007〕102号），鉴于资产购买方企业向资产出售方企业自然人股东个人支付的不竞争款项，属于个人因偶然因素取得的一次性所得，为此，资产出售方企业自然人股东取得的所得，应按照《中华人民共和国个人所得税法》第二条第十项"偶然所得"项目计算缴纳个人所得税，税款由资产购买方企业在向资产出售方企业自然人股东支付不竞争款项时代扣代缴。

85. 偶然所得，以每个月取得该项收入为一次。（　　）

【参考答案】×

【答案解析】以每次取得该项收入为一次。

题型四　实务题

试题一

纳税人王先生工作地点在深圳，2019年每月工资30 000元，个人缴纳"三险一金"4 000元、企业年金1 200元。其相关情况如下：

（1）王先生有两个孩子，儿子牛牛2012年3月出生，正在上小学；女儿妮妮2017年6月出生，已上幼儿园。

（2）王先生本人是在职博士研究生在读，同时参加了注册会计师考试（尚未获得证书）。

（3）女儿妮妮2018年12月5日因肺炎住院，2019年1月8日出院，发生与基本医保相关的医药费用支出98 000元，出院当天结算时扣除医保报销后个人负担了78 000元。

（4）王先生2017年5月开始使用住房公积金贷款在北京市购买了首套住房，现处于偿还贷款期间，每月需支付贷款利息5 300元。

（5）因王先生所购住房离牛牛上学的学校（本市）很远，以每月租金8 000元在孩子学校附近租住了一套房屋。

（6）王先生的父母均已年满60岁（每月均可领取养老保险金4 000元），王先生与妹妹和弟弟签订书面分摊协议，约定由王先生兄妹四人平均分摊赡养老人专项附加扣除。

王先生与妻子约定各项专项附加扣除均由王先生扣除。

根据上述资料，回答下列问题：

1.（多项选择题）以下关于2019年度内王先生个人所得税专项附加扣除，符合条件有（　　）。

A. 可以每个月扣除子女教育专项附加扣除2 000元

B. 可以每个月扣除继续教育专项附加扣除400元

C. 可以在汇算清缴时扣除大病医疗专项附加扣除63 000元

D. 可以在每个月扣除住房贷款专项附加扣除1 000元，租房期间可以每个月扣除住房租金1 500元。

2.（单项选择题）王先生2019年1月应预扣预缴的个人所得税是（　　）。

A. 627 元　　　　B. 537 元　　　　C. 507 元　　　　D. 477 元

3.（单项选择题）如果王先生全年情况不变，汇算清缴应退的个人所得税税额为（　　）。

A. 11 460 元　　B. 12 180 元　　C. 13 980 元　　D. 23 640 元

【参考答案】1. BC；2. C；3. B

【答案解析】

1. 女儿未满3岁，暂不能扣除子女教育专项附加扣除；儿子符合条件，每个月只能扣1 000元。在所在城市已有自有住房的，不能扣除住房租金。

2. 2019年1月应预扣预缴个人所得税计算：

30 000 − 5 000 − 4 000 − 1 200 −（1 000 + 400 + 1 000 + 500）= 16 900（元）；

16 900 × 3% = 507（元）。

王先生2019年1月应预扣预缴的个人所得税507元。

3. 2019年1—12月预扣预缴的个人所得税合计：

预扣预缴应纳税所得额：30 000 × 12 − 5 000 × 12 − 4 000 × 12 − 1 200 × 12 −（1 000 + 400 + 1 000 + 500）× 12 = 202 800（元）；

全年预扣预缴税额：202 800 × 20% − 16 920 = 23 640（元）；

汇算清缴应纳税所得额：202 800 −（78 000 − 15 000）= 139 800（元）；

汇算清缴应纳税额：139 800 × 10% − 2 520 = 11 460（元）；

应退个人所得税额：23 640 − 11 460 = 12 180（元）。

试题二

小李为上海某高校副教授，每月工资19 000元，"三险一金" 4 200元；儿子4岁，2019年4月生病住院，扣除医保报销后个人负担28 000元；父亲62岁，母亲59岁，无兄弟姐妹。已在本市按首套贷款利息购买商品房，尚未交房，租房住，月租金3 000元。2019年7月，小李受邀到某企业为高管讲授AI人工智能课程6天，约定每天授课费5 000元。2019年9月，小李撰写的《人工智能的革命》一书出版，当月收到出版社稿费80 000元。

根据上述资料，回答下列问题：

1.（单项选择题）该企业支付小李授课费时应当申报的个人所得税预扣预缴税额为（　　）。

A. 5 200 元　　B. 4 800 元　　C. 6 000 元　　D. 7 000 元

2. （单项选择题）出版社给小李支付稿费时应当申报的个人所得税预扣预缴税额为（   ）。

A. 12 800 元　　　　B. 11 200 元　　　　C. 8 960 元　　　　D. 7 540 元

3. （单项选择题）小李 2019 年汇算清缴应退的个人所得税退税额为（   ）。

A. 5 590 元　　　　B. 6 530 元　　　　C. 7 460 元　　　　D. 8 580 元

【参考答案】1. A；2. C；3. D

【答案解析】

1. 预扣预缴时应纳税所得额的计算：

30 000 − 30 000 × 20% = 24 000（元）。

应预扣预缴税额：

24 000 × 30% − 2 000 = 5 200（元）。

2. 预扣预缴时应纳税所得额的计算：

(80 000 − 80 000 × 20%) × 70% = 44 800（元）。

应预扣预缴税额：44 800 × 20% = 8 960（元）。

3. 汇算清缴时应纳税所得额的计算：

19 000 × 12 + 24 000 + 44 800 − 60 000 − 4 200 × 12 − 4 000 × 12 − 13 000 = 125 400（元）。

全年应缴纳的税额：

125 400 × 10% − 2 520 = 10 020（元）。

工资薪金全年预扣预缴税款：

19 000 × 12 − 60 000 − 4 200 × 12 − 1 000 × 12 − 2 000 × 12 − 1 000 × 12 = 69 600（元）。

69 600 × 10% − 2 520 = 4 440（元）。

全年已缴纳的税额：

4 440 + 5 200 + 8 960 = 18 600（元）。

汇算清缴应退税额 = 18 600 − 10 020 = 8 580（元）。

试题三

王某注册成立了一家个人独资企业。2019 年全年，该企业营业收入 380 万元；营业成本 200 万元；税金及附加 28 万元；销售费用 30 万元，其中广告费 10 万元，业务宣传费 5 万元；管理费用 30 万元，其中业务招待费 10 万元；财务费用 5 万元；工资总额 19.8 万元，实际发生的工会经费 0.4 万元，职工福利费 2.8 万元，职工教育经费 0.5

万元。

根据上述资料，回答下列问题：

1.（单项选择题）该独资企业广告费和业务宣传费、业务招待费税前扣除的调整，以下做法正确的是(　　)。

A. 广告费和业务宣传费可以据实扣除

B. 广告费和业务宣传费扣除限额为57万元，应调增应纳税所得额9.3万元

C. 业务招待费扣除限额为1.9万元，应调增应纳税所得额8.1万元

D. 业务招待费扣除限额为6万元，应调增应纳税所得额4万元

2.（单项选择题）该独资企业工会经费、职工福利费和职工教育经费税前扣除的调整，以下做法正确的是(　　)。

A. 工会经费扣除限额为0.396万元，超过扣除标准，应调增应纳税所得额

B. 福利费扣除限额为2.772万元，超过扣除标准，应调增应纳税所得额

C. 职工教育经费扣除标准为0.495万元，超过扣除标准，应调增应纳税所得额

D. 工会经费、职工福利费和职工教育经费总共应调增应纳税所得额0.047万元

3.（单项选择题）请计算2019年王某应缴纳的个人所得税税额（无其他收入）。

A. 372 479.5元　　　B. 351 479.5元　　　C. 368 979.5元　　　D. 323 129.5元

【参考答案】1. AC；2. ABC；3. B

【答案解析】

1. 广告费和业务宣传费扣除限额 = 380×15% = 57（万元），实际发生额15万元，可以据实扣除。

业务招待费扣除限额 = 380×5‰ = 1.9（万元），实际发生额的60% = 10×60% = 6（万元），准予扣除1.9万元，应调增应纳税所得额 = 10 - 1.9 = 8.1（万元）。

2. 工会经费 = 19.8×2% = 0.396（万元），福利费 = 19.8×14% = 2.772（万元），职工教育经费 = 19.8×2.5% = 0.495（万元），均超过扣除标准，应调增应纳税所得额 = (0.4 - 0.396) + (2.8 - 2.772) + (0.5 - 0.495) = 0.037（万元）。

3. 应纳税所得额 = 380 - 200 - 28 - 30 - 5 + 8.1 + 0.037 - 6 = 119.137（万元）。

应纳税额 = 1 191 370×35% - 65 500 = 351 479.5（元）。

试题四

德国西子公司在我国设立了一家子公司，2019年有以下涉税事项：

职员埃里克受母公司指派，于2019年1月14日到中国子公司工作，当月29日离

境，后未再来中国。1月，他取得德国公司支付的工资30 000元，中国公司支付的工资20 000元。

职员布朗受母公司指派，于2019年4月10日到中国子公司工作5个月。4月，他取得德国公司支付的工资30 000元，中国公司支付的工资90 000元。

职员库克受母公司指派，于2019年5月21日到中国子公司工作9个月。5月，他取得德国公司支付的工资100 000元，中国公司支付的工资60 000元。

不考虑中德税收协定，不考虑其他扣除。

根据上述资料，回答下列问题：

1. （单项选择题）埃里克在取得收入当月应当缴纳的个人所得税是（　　）。

A. 322.26元　　　B. 257.74元　　　C. 290元　　　D. 757.74元

2. （单项选择题）布朗在取得收入当月应当缴纳的个人所得税是（　　）。

A. 20 490元　　　B. 19 090元　　　C. 21 540元　　　D. 19 790元

3. （单项选择题）库克在取得收入当月应当缴纳的个人所得税是（　　）。

A. 6 367.10元　　B. 6 205.80元　　C. 24 831.94元　　D. 24 106.1元

【参考答案】 1. B；2. D；3. A

【答案解析】

1. 工资薪金收入：20 000×（15÷31）=9 677.42（元）。

应缴纳个人所得税：（9 677.42－5 000）×10%－210=257.74（元）。

2. 工资薪金收入：120 000×（20.5÷30）=82 000（元）。

应缴纳个人所得税：（82 000－5 000）×35%－7 160=19 790（元）。

3. 工资薪金收入：160 000×［1－（100 000÷160 000）×（20.5÷31）］=93 870.97（元）；

应缴纳个人所得税：（93 870.97－5 000）×10%－2 520=6 367.10（元）。

试题五

西湖科技股份有限公司是上海证券交易所上市的公司。为激励高管和核心员工，公司于2018年1月按照公司的《关于股票期权激励计划》和《关于向激励对象授予股票期权的议案》向12名激励对象授予一批股票期权，授予日股票价格为10元，授予期权价格为8元。

根据上述资料，回答下列问题：

1. （单项选择题）公司2018年授予激励对象股票期权的授权价为（　　）。

A. 8元　　　　　B. 9元　　　　　C. 10元　　　　　D. 12元

2.（多项选择题）如果某期权激励对象在期权行权日前，直接转让期权，以下关于转让净收入征收个人所得税的表述正确的有（　　）。

A. 按照"工资薪金所得"征收个人所得税

B. 按照"财产转让所得"征收个人所得税

C. 实施股票期权计划的境内企业为个人所得税的扣缴义务人

D. 纳税人应自行申报，没有扣缴义务人

3.（单项选择题）公司财务总监肖某2018年1月取得公司授予的股票期权10 000股，规定可在2019年2月份行权。如果其在2019年2月28日行权，行权当天股票市价为16元，则行权时应纳的个人所得税为（　　）。

A. 16 000元　　　B. 12 000元　　　C. 5 480元　　　D. 3 480元

【参考答案】1. A；2. AC；3. C

【答案解析】

1. 授予期权价格为8元。

2. 行权日前转让股票期权，获得转让净收入，按照"工资薪金所得"征收个人所得税。实施股票期权计划的境内企业为个人所得税的扣缴义务人。

3. 2019年2月28日行权时应纳税所得额 =（16 - 8）× 10 000 = 80 000（元）。

应纳个人所得税额 = 80 000 × 10% - 2 520 = 5 480（元）。

试题六

Jackson为M国居民，设计师，在M国的A公司任职，每月薪酬4万元。

（1）2019年，A公司决定派Jackson到该公司在上海的办事处工作，薪酬由A公司支付且不由上海办事处负担，上海办事处另支付Jackson异地工作补贴每月1万元。2019年2月初，Jackson第一次来华，预计居住时间150天。

（2）2019年3月，Jackson以个人名义为境内B房地产开发企业设计装修方案，4月底该装修方案设计完成，4月30日取得B公司支付的设计费10万元。

（3）2019年6月初，Jackson投资10万元与境内居民个人李某共同在上海注册成立C设计公司，Jackson负责设计，李某负责开拓市场。2019年6月从C公司取得工资薪金1万元。2019年6月底，Jackson完成A公司上海办事处工作任务后返回M国。

计算时，不考虑个人所得税以外的税种，不考虑税收协定。

根据上述资料，回答下列问题：

1.（单项选择题）2019年2—5月，Jackson每个月的工资薪金应当扣缴的个人所得税为(   )。

  A. 2 480元   B. 290元   C. 10 590元   D. 9 090元

2.（单项选择题）2019年4月，Jackson取得劳务报酬应当扣缴的个人所得税为(   )。

  A. 16 000元   B. 20 840元   C. 25 000元   D. 27 840元

3.（单项选择题）2019年6月，Jackson从两处取得工资薪金所得，自行纳税申报应缴纳的个人所得税为(   )。（不考虑两处已经扣缴的个人所得税）

  A. 12 090元   B. 1 590元   C. 2 980元   D. 450元

【参考答案】1. D；2. B；3. A

【答案解析】

1. 2019年2—5月，Jackson每个月的工资薪金应当扣缴的个人所得税：（40 000 + 10 000 − 5 000）×30% − 4 410 = 9 090（元）。

2. 2019年4月，Jackson的劳务报酬个人所得税：

应纳税所得额（100 000 − 100 000×20%）= 80 000（元）。

应纳个人所得税税额 80 000×35% − 7 160 = 20 840（元）。

3. 2019年6月，Jackson在两处取得非居民工资薪金所得，要自行进行纳税申报：（40 000 + 10 000 + 10 000 − 5 000）×30% − 4 410 = 12 090（元）。

试题七

2020年1月，某证券公司发生以下业务：

（1）发放2019年度全年一次性奖金，10名高管，每人30万元；20名优秀员工，每人5万元。均选择单独计税。

（2）给25名经纪人员每人支付1月业务报酬10 000元。

（3）其服务的上市公司限售股股东王某以每股10.4元的价格，转让100 000股，取得时的成本无法计算。

（4）召开公司年会，邀请企业客户的高管人员王某和李某为年会嘉宾，在会上分别赠送两人一人一台外购的华为笔记本电脑，每台价值8 000元。

以上业务不考虑其他税费。

根据上述资料，回答下列问题：

1.（单项选择题）发放年终一次性奖金应扣缴的个人所得税为(   )。

A. 高管每人应扣缴 43 080 元，优秀员工每人应扣缴 4 790 元

B. 高管每人应扣缴 58 590 元，优秀员工每人应扣缴 4 790 元

C. 高管每人应扣缴 43 080 元，优秀员工每人应扣缴 2 480 元

D. 高管每人应扣缴 58 590 元，优秀员工每人应扣缴 2 480 元

2.（单项选择题）向经纪人员支付 1 月业务报酬应扣缴的个人所得税为（　　）。（不考虑其他税费）

A. 30 元　　　　B. 240 元　　　　C. 600 元　　　　D. 180 元

3.（单项选择题）限售股转让应扣缴的个人所得税为（　　）。（不考虑其他税费）

A. 123 760 元　　B. 166 400 元　　C. 208 000 元　　D. 176 800 元

4.（单项选择题）赠送礼品应扣缴个人所得税计算方式正确的是（　　）。

A. 免征个人所得税　　　　　　　　B. 按照劳务报酬所得计税

C. 按照工资薪金所得计税　　　　　D. 按照偶然所得计税

【参考答案】1. B；2. A；3. D；4. D

【答案解析】

1. 年终一次性奖金个人所得税代扣代缴计算：

高管：300 000 ÷ 12 = 25 000（元）。

300 000 × 20% − 1 410 = 58 590（元）。

优秀员工：50 000 ÷ 12 = 4 166.67（元）。

50 000 × 10% − 210 = 4 790（元）。

2. 10 000 ×（1 − 20%）= 8 000（元）。

8 000 − 5 000 − 8 000 × 25% = 1 000（元）。

1 000 × 3% = 30（元）。

3. 10.4 × 100 000 = 104（万元）。

1 040 000 ×（1 − 15%）× 20% = 176 800（元）。

4. 按照偶然所得扣缴个人所得税：8 000 × 20% = 1 600（元）。

模块五　土地增值税政策与管理

题型一　单项选择题

1. 下列税种，实行超率累进税率的是(　　)。

   A. 房产税　　　B. 车船税　　　C. 土地增值税　　　D. 个人所得税

   【参考答案】C

   【答案解析】土地增值税适用超率累进税率，房产税实行比例税率，个人所得税实行比例税率和超额累进税率相结合，车船税实行定额税率。

2. 下列项目，关于征收土地增值税时确定取得土地使用权所支付地价款的说法，正确的是(　　)。

   A. 以出让方式取得土地使用权的，为支付的土地价款

   B. 以行政划拨方式取得土地使用权的，为补缴的出让金

   C. 以转让方式取得土地使用权的，为补缴的出让金和费用

   D. 以其他方式取得土地使用权的，为建房的费用与成本

   【参考答案】B

   【答案解析】以出让方式取得土地使用权的，为支付的土地出让金；以行政划拨方式取得土地使用权的，为转让土地使用权时按规定补缴的出让金；以转让方式取得土地使用权的，为支付的土地价款。

3. 甲房地产开发公司2020年开发一住宅项目，取得该土地使用权支付3 000万元，房地产开发成本4 000万元，利息支出500万元（能提供金融机构贷款证明）。该公司所在省人民政府规定，能提供金融机构贷款证明的，其他房地产开发费用扣除比例为4%。该公司计算土地增值税时允许扣除的开发费用为(　　)。

   A. 780万元　　　B. 700万元　　　C. 850万元　　　D. 500万元

   【参考答案】A

【答案解析】允许扣除的开发费用=500+(3 000+4 000)×4%=780(万元)。

4. 在计算土地增值税时，下列项目中属于房地产开发成本的是( )。

　　A. 耕地占用税　　　B. 借款利息费用　　　C. 契税　　　　　D. 土地出让金

【参考答案】A

【答案解析】选项B属于房地产开发费用。选项C、D属于为取得土地使用权所支付的金额。

5. 2020年10月，甲公司销售自用办公楼，不能取得评估价格，该公司提供的购房发票所载购房款为2 400万元，购买日期为2010年1月1日。购入及转让环节相关税费合计160万元。该公司在计算土地增值税时允许扣除项目金额( )。

　　A. 1 280万元　　　B. 1 880万元　　　C. 1 895万元　　　D. 1 940万元

【参考答案】B

【答案解析】根据财税〔2006〕21号文件，纳税人转让旧房及建筑物，凡不能取得评估价格，但能提供购房发票的，经当地税务部门确认，根据《土地增值税暂行条例》第六条第（一）（三）项规定的扣除项目的金额，可按发票所载金额并从购买年度起至转让年度止每年加计5%的计算。对纳税人购房时缴纳的契税，凡能提供契税完税凭证的，准予作为"与转让房地产有关的税金"予以扣除，但不得作为加计5%的基数。其中，年数的确定按购房发票所载日期起至售房发票开具之日止，每满12个月计一年；超过一年，未满12个月但超过6个月的，可以视同为一年。

计算公式可以归纳为：土地增值税扣除项目=发票所载金额×[1+(转让年度-购买年度)×5%]+与房地产转让有关税金+与房地产转让有关费用。

根据《国家税务总局关于营改增后土地增值税若干征管规定的公告》（国家税务总局公告2016年第70号），提供的购房凭据为营改增前取得的营业税发票的，按照发票所载金额（不扣减营业税）并从购买年度起至转让年度止每年加计5%计算。

允许扣除项目金额=2 400×(1+5%×10)+160=3 760(万元)。

6. 下列情形，纳税人应当进行土地增值税清算的是( )。

　　A. 直接转让土地使用权的

　　B. 取得销售（预售）许可证满1年仍未销售完毕的

　　C. 转让未竣工结算房地产开发项目50%股权的

　　D. 房地产开发项目尚未竣工但已销售面积为50%的

【参考答案】A

【答案解析】符合下列情形之一的，应当清算：①房地产开发项目全部竣工、完成销售的；②整体转让未竣工决算房地产开发项目的；③直接转让土地使用权的。符合下列情形之一的，主管税务机关可要求纳税人进行土地增值税清算：①已竣工验收的房地产开发项目，已转让的房地产建筑面积占整个项目可售建筑面积的比例在85%以上，或未超85%，但剩余可售建筑面积已经出租或自用；②取得销售（预售）许可证满三年仍未销售完毕的；③纳税人申请注销税务登记但未办理土地增值税清算手续的。

7. 房地产开发企业进行土地增值税清算时，下列各项中，允许在计算增值额时扣除的是(　　)。

A. 加罚的利息

B. 已售精装修房屋的装修费用

C. 逾期开发土地缴纳的土地闲置费

D. 未取得建筑安装施工企业开具发票的扣留质量保证金

【参考答案】B

【答案解析】房地产开发企业销售已装修的房屋，其装修费用可以计入房地产开发成本扣除；选项A、C、D均属于土地增值税清算时不能扣除的项目。

8. 下列情形中，应当计算缴纳土地增值税的是(　　)。

A. 工业企业向房地产开发企业转让国有土地使用权

B. 房产所有人通过希望工程基金会将房屋产权赠与西部教育事业

C. 甲企业出资金、乙企业出土地，双方合作建房，建成后按比例分房自用

D. 房地产开发企业代客户进行房地产开发，开发完成后向客户收取代建收入

【参考答案】A

【答案解析】选项A：转让国有土地使用权属于土地增值税征税范围。

9. 对房地产开发公司进行土地增值税清算时，可作为清算单位的是(　　)。

A. 规划申报项目　　　　　　B. 审批备案项目

C. 商业推广项目　　　　　　D. 设计建筑项目

【参考答案】B

【答案解析】土地增值税以国家有关部门审批、备案的项目为单位进行清算，对于分期开发的项目分期项目为单位清算。

10. 某国有企业2014年5月在市区购置一栋办公楼，支付价款8 000万元。2019年3月，该企业将办公楼转让，取得收入10 000万元，签订产权转移书据。办公楼经税务

机关认定的重置成本价为 12 000 万元，成新率70%。计算土地增值税时准予扣除的税金为 65 万元，该企业在缴纳土地增值税时计算的增值额为(　　)。

A. 400 万元　　　B. 1 535 万元　　　C. 1 490 万元　　　D. 1 530 万元

【参考答案】B

【答案解析】评估价格 = 12 000 × 70% = 8 400（万元），增值额 = 10 000 − 8 400 − 65 = 1 535（万元）。

11. 下列各项，应征收土地增值税的是(　　)。

   A. 个人转让普通住房
   B. 个人之间互换自有居住用房地产
   C. 抵押期满权属转让给债权人的房地产
   D. 企业转让旧房作为公租房房源，且增值额未超过扣除项目金额20%

【参考答案】C

【答案解析】选项 A 属于免征土地增值税事项。选项 B 属于免税项目。选项 D 属于土地增值税免税项目，对企事业单位、社会团体以及其他组织转让旧房作为公共租赁住房房源，且增值额未超过扣除项目金额20%的，免征土地增值税。根据《财政部 国家税务总局印发〈关于公共租赁住房税收优惠政策的通知〉》（财税〔2015〕139 号），对公共租赁住房建设期间用地及公共租赁住房建成后占地免征城镇土地使用税；对公共租赁住房经营管理单位免征建设、管理公共租赁住房涉及的印花税；对公共租赁住房经营管理单位购买住房作为公共租赁住房，免征契税、印花税；对公共租赁住房租赁双方免征签订租赁协议涉及的印花税；对企事业单位、社会团体以及其他组织转让旧房作为公共租赁住房房源，且增值额未超过扣除项目金额20%的，免征土地增值税。

12. 下列房地产交易行为，应当缴纳土地增值税的是(　　)。

   A. 房地产公司出租别墅
   B. 非营利的基金会将合作建造的房屋转让
   C. 房地产公司通过国家机关将其拥有的房屋赠与学校
   D. 城市居民之间互换自有居住用房且经核实

【参考答案】B

【答案解析】选项 A：无国有土地使用权转让行为，不属于土地增值税征税范围。选项 C、D：免征土地增值税。

13. 在土地增值税清算过程中，发现纳税人符合核定征收条件的，其核定征收率不低于( )。

A. 3%　　　　　B. 5%　　　　　C. 7%　　　　　D. 10%

【参考答案】B

【答案解析】土地增值税清算过程中,发现纳税人符合核定征收条件的,核定征收率原则上不得低于5%。

14. 2019年8月,位于县城的某商贸公司(增值税一般纳税人)转让了一栋旧办公楼,取得含增值税收入1 000万元,缴纳印花税0.5万元。因无法取得评估价格,公司提供了购房发票。该办公楼购于2015年7月,购价为600万元,缴纳契税18万元(能提供契税完税凭证)。已知该公司选择简易计税办法计算增值税,则该公司销售办公楼计算土地增值税时,可扣除项目金额的合计数为( )。

A. 722.40万元　　B. 739.90万元　　C. 740.40万元　　D. 740.78万元

【参考答案】C

【答案解析】可扣除项目金额的合计数:

(1) 发票金额600万元;

(2) 按年加计600×5%×4=120(万元);

(3) 购房契税18万元;

(4) 转让环节税金0.5+(1 000-600)÷(1+5%)×5%×(5%+3%+2%)=2.40(万元)。

合计740.40万元。

15. 某房地产开发公司整体出售了其新建的商品房,与商品房相关的土地使用权支付金额和开发成本共计10 000万元;该公司没有按房地产项目计算分摊银行借款利息;该项目所在省政府规定,计征土地增值税时房地产开发费用扣除比例按国家规定允许的最高比例执行;与转让该商品房有关的税金为200万元(不考虑印花税)。转让该商品房项目缴纳土地增值税时,应扣除的房地产开发费用和"其他扣除项目"的合计金额为( )。

A. 1 000万元　　B. 2 000万元　　C. 3 000万元　　D. 3 060万元

【参考答案】C

【答案解析】应扣除的房地产开发费用和"其他扣除项目"的合计金额=10 000×(10%+20%)=3 000(万元)。

16. 某企业开发房地产取得土地使用权所支付的金额(不含增值税)为1 000万元;

房地产开发成本为 6 000 万元;向金融机构借入资金发生利息支出 600 万元(能提供金融机构贷款证明且可以按转让房地产项目合理分摊),其中超过国家规定上浮幅度的金额为 100 万元;该房地产所在地政府规定能提供金融机构贷款证明且可以合理分摊利息支出的,其他房地产开发费用的计算扣除比例为 5%。该企业允许扣除的房地产开发费用为( )。

A. 350 万元 B. 700 万元 C. 850 万元 D. 950 万元

【参考答案】C

【答案解析】该企业允许扣除的房地产开发费用 = (600 - 100) + (1 000 + 6 000) × 5% = 850(万元)。

17. 下列关于房地产企业土地增值税清算的说法,错误的是( )。

A. 房地产开发企业销售已装修的房屋,其装修费用可以计入房地产开发成本

B. 属于多个房地产项目共同的成本费用,应按清算项目可售建筑面积占多个可售项目总建筑面积的比例或其他合理的方法,计算确定清算项目的扣除金额

C. 在计算土地增值税时,建筑安装施工企业就质量保证金对房地产开发企业开具发票的,按发票所载金额予以扣除

D. 建筑安装施工企业就质量保证金未开具发票的,扣留的质保金可以按比例计算扣除

【参考答案】D

【答案解析】建筑安装施工企业就质量保证金未开具发票的,扣留的质保金不得计算扣除。

18. 根据现行土地增值税法,对已经实行预征办法的地区,可根据实际情况确定土地增值税预征率,中部和东北地区省份预征率不得低于( )。

A. 1% B. 1.5% C. 2% D. 5%

【参考答案】B

【答案解析】土地增值税预征率,东部地区省份不得低于 2%,中部和东北地区省份不得低于 1.5%,西部地区省份不得低于 1%。

19. 下列各项,不属于土地增值税纳税人的是( )。

A. 与国有企业换房的外资企业 B. 合作建房后出售房产的合作企业
C. 转让国有土地使用权的企业 D. 将办公楼用于出租的外商投资企业

【参考答案】D

【答案解析】土地增值税的纳税人是转让国有土地使用权及地上建筑物及其附着物产权,并取得收入的单位和个人。包括机关、团体、部队、企业事业单位、个体工商业户及国内其他单位和个人,还包括外商投资企业、外国企业及外国机构、华侨、港澳台同胞及外国公民等。出租房产,产权并没有发生转移,不缴纳土地增值税。

20. 下列关于土地增值税的说法,正确的是( )。

A. 对于一方出地,一方出资金,双方合作建房,建成后按比例分房自用的,暂免征收土地增值税,建成后转让的,不征收土地增值税

B. 房地产评估增值,需要缴纳土地增值税

C. 对于房地产抵押行为,需要缴纳土地增值税

D. 个人之间互换自有居住用房地产的,经当地税务机关核实,可以免征土地增值税

【参考答案】D

【答案解析】选项A:对于一方出地,一方出资金,双方合作建房,建成后按比例分房自用的,暂免征收土地增值税,建成后转让的,应征收土地增值税。选项B:房地产的重新评估增值,不属于土地增值税征税范围,不需要缴纳土地增值税。选项C:房地产的抵押,在抵押期间不征收土地增值税,待抵押期满后,视该房地产是否转移产权来确定是否征收土地增值税,以房地产抵债而发生房地产产权转让的,属于征收土地增值税的范围,应征收土地增值税。

21. 甲房地产开发企业于2019年3月把其市场价值1 000万元的商品房通过省政府无偿赠送给贫困小学,该商品房开发成本费用为800万元,甲企业应缴纳的土地增值税为( )。

A. 0万元　　　　　B. 200万元　　　　　C. 50万元　　　　　D. 100万元

【参考答案】A

【答案解析】房产所有人、土地使用权所有人通过中国境内非营利社会团体、国家机关将房屋产权、土地使用权赠与教育、民政和其他社会福利、公益事业的,不征收土地增值税。

22. 下列各项,不能计入为取得土地使用权所支付金额中扣除的是( )。

A. 耕地占用税　　　　　　　　　　B. 为取得土地使用权缴纳的契税

C. 按国家统一规定缴纳的过户手续费　D. 为取得土地使用权支付的地价款

【参考答案】A

【答案解析】耕地占用税计入房地产开发成本中扣除。

23. 甲房地产开发企业将自行开发的楼盘80%对外销售，剩余20%对外出租，另将8年前购入的一处仓库转让，则下列关于印花税扣除的规定符合税法要求的是(　　)。

　　A. 对其出售楼盘的印花税可以作为计算土地增值税的税金进行扣除

　　B. 对其出租楼盘的印花税可以作为计算土地增值税的税金进行扣除

　　C. 对其转让外购仓库的印花税可以作为计算土地增值税的税金进行扣除

　　D. 对其转让外购仓库的印花税不可以作为计算土地增值税的税金进行扣除

【参考答案】C

【答案解析】房地产开发企业销售自行开发的新建房时，印花税包含在开发费用中扣除，不能再单独作为税金扣除；房地产开发企业出租房屋，不缴纳土地增值税；房地产开发企业转让旧房，印花税可以作为税金单独扣除。

24. 在土地增值税清算时未转让的房地产，清算后销售或有偿转让的，纳税人应按规定进行土地增值税的纳税申报，扣除项目金额(　　)。

　　A. 按清算时的单位建筑面积成本费用乘以销售或转让面积计算

　　B. 按实际销售时的单位建筑面积成本费用乘以销售或转让面积计算

　　C. 按清算时的单位实际使用面积成本费用乘以销售或转让面积计算

　　D. 按实际销售时的单位实际使用面积成本费用乘以销售或转让面积计算

【参考答案】A

【答案解析】根据《国家税务总局关于房地产开发企业土地增值税清算管理有关问题的通知》（国税发〔2006〕187号），在土地增值税清算时未转让的房地产，清算后销售或有偿转让的，纳税人应按规定进行土地增值税的纳税申报，扣除项目金额按清算时的单位建筑面积成本费用乘以销售或转让面积计算。单位建筑面积成本费用=清算时的扣除项目总金额÷清算的总建筑面积。

25. 根据土地增值税的有关规定，关于房地产转让的说法，正确的是(　　)。

　　A. 以分期收款方式转让房产的，根据实际的收款日期确定纳税期限

　　B. 以一次交割、付清价款方式转让房产的，在办理过户和登记手续后一次性缴纳土地增值税

　　C. 因国家建设需要而搬迁，由纳税人自行转让其房产的，应从签订房地产转让合同之日起7日内到房地产所在地主管税务机关备案

　　D. 纳税人因国家建设需要被依法征用房地产并得到经济补偿的，应从签订房地产转让合同之日起15日内到房地产所在地主管税务机关备案

【参考答案】C

【答案解析】选项A：以分期收款方式转让房地产的，主管税务机关可根据合同规定的收款日期来确定具体的纳税期限。选项B：以一次交割、付清价款方式转让房地产的，主管税务机关可在纳税人办税纳税申报后，根据其应纳税额的大小及向有关部门办理过户、登记手续的期限等，规定其在办理过户、登记手续前一次性缴纳全部土地增值税。选项D：因国家建设需要依法征用、收回的房地产，纳税人因此得到经济补偿的，应从签订房地产转让合同之日起7日内，到房地产所在地主管税务机关备案。

题型二 多项选择题

1. 下列情形，应征收土地增值税的有（　　）。

   A. 房产所有人将房屋产权赠与直系亲属

   B. 个人之间互换自有居住用房地产

   C. 企业将自有土地使用权交换其他企业的股权

   D. 企业之间等价互换自有的房地产

   E. 房地产评估增值

   【参考答案】CD

   【答案解析】选项 A：房产所有人将房屋产权赠与直系亲属免征土地增值税。选项 B：个人之间互换自有居住用房地产不属于增值税征税范围。

2. 下列各项，不用缴纳土地增值税的有（　　）。

   A. 房产所有人将房产赠与儿女

   B. 代建房行为

   C. 个人因工作调动而转让购买满 5 年的经营性房产

   D. 国家收回国有土地使用权

   E. 事业单位转让自用的房产

   【参考答案】ABD

   【答案解析】选项 C：个人因工作调动而转让购买满 5 年的经营性房产不属于增值税征税免税范围，应征土地增值税。事业单位转让自用房产应征土地增值税，所以选项 E 不正确。

3. 下列各种情形，不征收土地增值税的有（　　）。

   A. 继承房地产

   B. 房地产的评估增值

   C. 房地产公司的代建房行为

   D. 房地产开发企业将自建的商品房用于无偿赠送给职工

   E. 企业将自有房产等价交换其他企业的土地使用权

   【参考答案】ABC

   【答案解析】选项 D：房地产开发企业将自建的商品房用于无偿赠送给职工应视同

251

转让房地产属于增值税征税范围,应征土地增值税。

4. 下列单位,属于土地增值税纳税人的有( )。

A. 建造房屋的施工单位

B. 出售商品房的中外合资房地产开发公司

C. 转让国有土地使用权的事业单位

D. 房地产管理的物业公司

E. 以自建商品房安置回迁户的房地产开发企业

【参考答案】BCE

【答案解析】选项A、D:都未涉及转让不动产的行为,不属于土地增值税的纳税人。

5. 根据现行土地增值税的相关规定,下列项目中,属于房地产开发成本的有( )。

A. 土地出让金   B. 耕地占用税

C. 公共配套设施费   D. 借款利息费用

E. 契税

【参考答案】BC

【答案解析】选项A:土地出让金属于取得土地使用权所支付的金额。选项D:属于房地产开发费用。选项E:契税属于取得土地使用权所支付的金额。

6. 房地产开发公司支付的下列相关税费,可列入加计20%扣除范围的有( )。

A. 支付建筑人员的工资福利费   B. 占用耕地缴纳的耕地占用税

C. 销售过程中发生的销售费用   D. 开发小区内的道路建设费用

E. 建筑安装工程费用

【参考答案】ABDE

【答案解析】销售费用属于房地产开发费用,不能加计扣除。

7. 房地产公司将开发产品用于下列用途,属于土地增值税视同销售的有( )。

A. 安置回迁   B. 对外出租   C. 对外投资   D. 奖励职工

E. 利润分配

【参考答案】ACDE

【答案解析】选项B:房地产开发公司将开发产品对外出租,开发的产品没有发生权属转移,不属于土地增值税的征税范围,不需要视同销售。

模块五 土地增值税政策与管理

8. 关于房地产开发企业土地增值税清算，下列说法正确的有(　　)。

A. 应将利息支出从房地产开发成本中调整至房地产开发费用

B. 发生的未实际支付款项的成本费用一律不得扣除

C. 销售已装修的房屋，其装修费用可以计入房地产开发成本

D. 逾期开发缴纳的土地闲置费不得扣除

E. 销售费用和管理费用按实际发生额扣除

【参考答案】ABCD

【答案解析】选项 E：销售费用和管理费用不按实际发生额扣除，在计算土地增值税时，房地产开发费用计算扣除。

9. 下列事项，属于土地增值税范围的有(　　)。

A. 中国香港的 A 先生将中国境内一处房产赠送给中国台湾的 B 先生

B. 企业为办理银行贷款将厂房进行抵押

C. 房地产开发公司受托对某企业闲置厂房进行改造

D. 居民个人之间交换非居住用房产

E. 评估后增值的办公楼

【参考答案】AD

【答案解析】选项 B：抵押期内的房地产，权属未发生转移，不征收土地增值税。选项 C：对闲置厂房进行改造，权属未发生转移，不征收土地增值税。选项 E，房地产评估增值不征收土地增值税。

10. 下列情形，纳税人应当进行土地增值税清算的有(　　)。

A. 直接转让土地使用权的

B. 整体转让未竣工决算房地产开发项目的

C. 房地产开发项目全部竣工并完成销售的

D. 取得销售（预售）许可证 2 年仍未销售完的

E. 纳税人申请注销税务登记但未办理土地增值税清算手续的

【参考答案】ABCE

【答案解析】根据《土地增值税清算管理规程》第九条，纳税人符合下列条件之一的，应进行土地增值税的清算：①房地产开发项目全部竣工、完成销售的；②整体转让未竣工决算房地产开发项目的；③直接转让土地使用权的。

根据《土地增值税清算管理规程》第十条，对符合以下条件之一的，主管税务机关

可要求纳税人进行土地增值税清算：①已竣工验收的房地产开发项目，已转让的房地产建筑面积占整个项目可售建筑面积的比例在85%以上，或该比例虽未超过85%，但剩余的可售建筑面积已经出租或自用的；②取得销售（预售）许可证满三年仍未销售完毕的；③纳税人申请注销税务登记但未办理土地增值税清算手续的；④省（自治区、直辖市、计划单列市）税务机关规定的其他情况。对前款所列第③项情形，应在办理注销登记前进行土地增值税清算。

11. 转让旧房产计算土地增值税增值额时准予扣除的项目有(   )。

    A. 旧房产的评估价格　　　　　　B. 支付评估机构的费用

    C. 建造旧房产的重置成本　　　　D. 转让环节缴纳的印花税

    E. 转让环节缴纳的增值税

【参考答案】ABD

【答案解析】选项C是用来衡量计算评估价的指标。

12. 下列各项，属于土地增值税不征或免税范围的有(   )。

    A. 房产所有人将房产赠与直系亲属

    B. 个人之间互换自有居住用房地产，经当地税务机关核实

    C. 纳税人建造普通标准住宅出售，增值额超过扣除项目金额20%的

    D. 因城市实施规划、国家建设需要而搬迁，由纳税人自行转让原房地产

    E. 国家出让土地使用权

【参考答案】ABDE

【答案解析】选项C：纳税人建造普通标准住宅出售，增值额未超过扣除项目金额20%的免征土地增值税。

13. 营改增后，纳税人转让旧房及建筑物，凡不能取得评估价格，但能提供购房发票的，扣除项目的金额按照下列（   ）方法计算。

    A. 提供的购房凭据为营改增前取得的营业税发票的，按照发票所载金额（不扣减营业税）并从购买年度起至转让年度止每年加计5%计算

    B. 提供的购房凭据为营改增前取得的营业税发票的，按照发票所载金额（扣减营业税）并从购买年度起至转让年度止每年加计5%计算

    C. 提供的购房凭据为营改增后取得的增值税普通发票的，按照发票所载价税合计金额从购买年度起至转让年度止每年加计5%计算

    D. 提供的购房发票为营改增后取得的增值税专用发票的，按照发票所载不含增值

税的金额加上不允许抵扣的增值税进项税额之和,并从购买年度起至转让年度止每年加计5%计算

E. 提供的购房发票为营改增后取得的增值税专用发票的,按照发票所载不含增值税的金额,从购买年度起至转让年度止每年加计5%计算

【参考答案】ACD

【答案解析】提供的购房凭据为营改增前取得的营业税发票的,按照发票所载金额(不扣减营业税)并从购买年度起至转让年度止每年加计5%计算;提供的购房发票为营改增后取得的增值税专用发票的,按照发票所载不含增值税金额加上不允许抵扣的增值税进项税额之和,并从购买年度起至转让年度止每年加计5%计算;提供营改增后取得增值税普通发票的,按发票所载价税合计金额从购买年度起至转让年度以每年加计5%计算。

14. 按照土地增值税的相关规定,从事房地产开发的纳税人加计扣除项目的基数有( )。

A. 房地产开发成本　　　　　B. 房地产开发费用

C. 取得土地使用权所支付的金额　　D. 转让房地产的税金

E. 房价之外收取的代收费用

【参考答案】AC

【答案解析】对从事房地产开发的纳税人允许按取得土地使用权时所支付的金额和房地产开发成本之和,加计20%扣除。对于代收费用,如果代收费用计入房价向购买方一并收取,则可作为转让房地产所取得的收入计税,相应地,在计算扣除项目金额时,代收费用可以扣除,但不得作为加计20%扣除的基数;如果代收费用未计入房价中,而是在房价之外单独收取,可以不作为转让房地产的收入征税,相应地,在计算扣除项目金额时,代收费用就不得在收入中扣除。

15. 房地产开发企业在计算转让新建房土地增值税时,准予作为"与转让房地产有关的税金"项目扣除的有( )。

A. 契税　　　　　　　　　B. 城市维护建设税

C. 耕地占用税　　　　　　　D. 增值税

E. 教育费附加

【参考答案】BE

【答案解析】房地产开发企业在计算转让新建房土地增值税时,城市维护建设税和教育费附加可以作为"与转让房地产有关的税金"项目扣除。选项A:为取得土地使用

权缴纳的契税作为"为取得土地使用权所支付的金额"扣除。选项C：耕地占用税作为"房地产开发成本"扣除。选项D：增值税属于价外税，不能作为税金扣除。

16. 土地增值税清算时，房地产开发企业开发建造的与清算项目配套的会所等公共设施，其成本费用可以扣除的情形有(　　)。

    A. 建成后开发企业转为自用的

    B. 建成后开发企业用于出租的

    C. 建成后无偿移交给政府用于非营利性社会公共事业的

    D. 建成后产权属于全体业主所有的

    E. 建成后有偿转让的

    【参考答案】CDE

    【答案解析】公共配套设施建成后开发企业转为自用的、或开发企业用于出租的，其成本费用不允许扣除。

17. 下列情形，税务机关可以参照与其开发规模和收入水平相近的当地企业的土地增值税税负情况，按不低于预征率的征收率核定征收土地增值税的有(　　)。

    A. 擅自销毁账簿或者拒不提供纳税资料的

    B. 申报的计税依据明显偏低，又无正当理由的

    C. 依照法律、行政法规的规定应当设置但未设置账簿的

    D. 符合土地增值税清算条件，未按照规定的期限办理清算手续的

    E. 设置账簿，但账簿混乱难以确定转让收入或扣除项目金额的

    【参考答案】ABCE

    【答案解析】房地产开发企业有下列情形之一的，税务机关可以参照与其开发规模和收入水平相近的当地企业的土地增值税税负情况，按不低于预征率的征收率核定征收土地增值税：①依照法律、行政法规的规定应当设置但未设置账簿的；②擅自销毁账簿或者拒不提供纳税资料的；③虽设置账簿，但账目混乱或者成本资料、收入凭证、费用凭证残缺不全，难以确定转让收入或扣除项目金额的；④符合土地增值税清算条件，未按照规定的期限办理清算手续，经税务机关责令限期清算，逾期仍不清算的；⑤申报的计税依据明显偏低，又无正当理由的。选项D：必须是经税务机关责令限期清算，逾期仍不清算的才按核定征收办法征收土地增值税。

18. 房地产开发企业将开发产品用于职工福利、奖励、对外投资、分配给股东或投资人、抵偿债务、换取其他单位或个人的非货币性资产等，发生所有权转移时应视同销

售房地产，其收入可以按下列（　　）方法确认。

A. 按本企业同一年度销售的同类房地产的平均价格确定

B. 按本企业在同一地区、同一年度销售的同类房地产的平均价格确定

C. 由主管税务机关参照当地当年房地产的市场价格或评估价值确定

D. 由主管税务机关参照当地当年、同类房地产的市场价格或评估价值确定

E. 由纳税人和当地政府和公证机关三方会商后确定各方同意的公平合理价格

【参考答案】BD

【答案解析】房地产开发企业将开发产品用于职工福利、奖励、对外投资、分配给股东或投资人、抵偿债务、换取其他单位或个人的非货币性资产等，发生所有权转移时应视同销售房地产，其收入按下列方法和顺序确认：①按本企业在同一地区、同一年度销售的同类房地产的平均价格确定；②由主管税务机关参照当地当年、同类房地产的市场价格或评估价值确定。

19. 下列关于土地增值税收入额确定的说法，正确的有（　　）。

A. 营改增后，纳税人转让房地产的土地增值税应税收入不含增值税

B. 对取得的实物收入，要按收入时的市场价格折算成货币收入

C. 对取得的无形资产收入，要进行专门的评估，在确定其价值后折算成货币收入

D. 当月以分期收款方式取得的外币收入，应按实际收款日或收款当月1日国家公布的市场汇价折合成人民币

E. 对于县级及县级以上人民政府要求房地产开发企业在售房时代收的各项费用，一律作为转让房地产所取得的收入计税

【参考答案】ABCD

【答案解析】对于县级及县级以上人民政府要求房地产开发企业在售房时代收的各项费用，如果代收费用是计入房价中向购买方一并收取的，可作为转让房地产所取得的收入计税；如果代收费用未计入房价中，而是在房价之外单独收取的，可以不作为转让房地产的收入。

20. 在计算土地增值税时，属于允许扣除的利息支出的有（　　）。

A. 超过贷款期限的利息部分

B. 加罚的利息

C. 向金融机构借款可按项目分摊的利息部分

D. 超过国家规定上浮幅度的利息部分

E. 计入开发成本中调至开发费用中的利息

【参考答案】CE

【答案解析】选项 A、B：对于超过贷款期限的利息部分和加罚的利息不允许扣除。选项 D：利息的上浮幅度按国家的有关规定执行，超过上浮幅度的利息部分不得扣除。

21. 下列关于房地产开发企业土地增值税清算的表述，正确的有(   )。

　　A. 将开发的房产转为企业自用，产权未发生转移，不征收土地增值税

　　B. 用建造的房地产安置回迁户的，安置用房视同销售处理

　　C. 对符合要求的鉴证报告，税务机关可以采信

　　D. 土地增值税采用核定征收的，核定征收率原则上不得低于3%

　　E. 纳税人分期开发项目，应按照受益对象，采用合理的分配方法，分摊共同的成本费用

【参考答案】ABCE

【答案解析】土地增值税的核定征收率不得低于5%。

22. 下列各项，符合土地增值税清算管理规定的有(   )。

　　A. 房地产开发企业未支付的质量保证金一律不得扣除

　　B. 对于分期开发的房地产项目，各期清算的方式应保持一致

　　C. 房地产企业逾期开发缴纳的土地闲置费不得扣除

　　D. 直接转让土地使用权的，主管税务机关可要求纳税人进行土地增值税清算

　　E. 纳税人按规定预缴土地增值税后，清算补缴的土地增值税，在主管税务机关规定的期限内补缴的，不加收滞纳金

【参考答案】BCE

【答案解析】选项 A：质量保证金开具发票的，按发票所载金额予以扣除；未开具发票的，扣留的质保金不得计算扣除。选项 D：直接转让土地使用权的，纳税人应进行土地增值税清算。

23. 下列关于房地产开发企业土地增值税清算的说法，正确的有(   )。

　　A. 房地产开发企业逾期开发缴纳的土地闲置费可以扣除

　　B. 对于分期开发的房地产项目，清算方式应保持一致

　　C. 货币安置拆迁的，房地产开发企业凭合法有效凭据计入拆迁补偿费

　　D. 房地产开发企业销售已装修房屋，可以扣除的装修费用不得超过房屋原值的10%

E. 房地产开发企业为取得土地使用权所支付的契税,应计入"取得土地使用权所支付的金额"中扣除

【参考答案】BCE

【答案解析】选项A:房地产开发企业逾期开发缴纳的土地闲置费不得扣除。选项D:房地产企业发生的装修费可以作为开发成本扣除。

24. 以下事项,属于土地增值税扣除项目审核的内容的有( )。

A. 房地产开发费用
B. 与转让房地产有关的税金
C. 基础设施费
D. 取得土地使用权所支付的金额
E. 企业出租房产

【参考答案】ABCD

【答案解析】根据《国家税务总局关于印发〈土地增值税清算管理规程〉的通知》(国税发〔2009〕91号),土地增值税扣除项目审核的内容包括:①取得土地使用权所支付的金额;②房地产开发成本,包括:土地征用及拆迁补偿费、前期工程费、建筑安装工程费、基础设施费、公共配套设施费、开发间接费用;③房地产开发费用;④与转让房地产有关的税金;⑤国家规定的其他扣除项目。

25. 审核土地增值税扣除事项中审核建筑安装工程费时,应当重点关注( )。

A. 发生的费用是否与决算报告、审计报告、工程结算报告、工程施工合同记载的内容相符
B. 房地产开发企业自购建筑材料时,自购建材费用是否重复计算扣除项目
C. 多个(或分期)项目共同发生的是否按项目合理分摊
D. 验证建筑安装工程费支出是否存在异常
E. 关注有无虚列、多列施工人工费、材料费、机械使用费等情况

【参考答案】ABCDE

【答案解析】根据《国家税务总局关于印发〈土地增值税清算管理规程〉的通知》(国税发〔2009〕91号),审核建筑安装工程费时应当重点关注:①发生的费用是否与决算报告、审计报告、工程结算报告、工程施工合同记载的内容相符;②房地产开发企业自购建筑材料时,自购建材费用是否重复计算扣除项目;③参照当地当期同类开发项目单位平均建安成本或当地建设部门公布的单位定额成本,验证建筑安装工程费支出是否存在异常;④房地产开发企业采用自营方式自行施工建设的,还应当关注有无虚列、多列施工人工费、材料费、机械使用费等情况;⑤建筑安装发票是否在项目所在地税务机关开具。

题型三　判断题

1. 《中华人民共和国土地增值税暂行条例》及其实施细则规定，纳税人转让房地产取得的收入，包括转让房地产的全部价款及有关的经济收益，但不包括实物收入。

（　　）

【参考答案】×

【答案解析】根据《中华人民共和国土地增值税暂行条例》第五条，纳税人转让房地产所取得的收入，包括货币收入、实物收入和其他收入。

2. 对于代收费用未作为转让房地产的收入计税的，在计算增值税额时不允许扣除代收费用。

（　　）

【参考答案】√

【答案解析】根据《财政部 国家税务总局关于土地增值税一些具体问题规定的通知》第六条，对于县级及县级以上人民政府要求房地产开发企业在售房时代收的各项费用，如果代收费用是计入房价中向购买方一并收取的，可作为转让房地产所取得的收入计税；如果代收费用未计入房价中，而是在房价之外单独收取的，可以不作为转让房地产的收入。对于代收费用作为转让收入计税的，在计算扣除项目金额时，可予以扣除，但不允许作为加计20%扣除的基数；对于代收费用未作为转让房地产的收入计税的，在计算增值额时不允许扣除代收费用。

3. 2020年5月，A技术开发非公司制企业整体改制为B有限责任公司（设备制造公司），A不改变原企业的投资主体，并承继原企业权利、义务的行为，则对改制前的A企业将国有土地使用权、地上的建筑物及其附着物转移、变更到改制后的企业B，暂不征土地增值税。

（　　）

【参考答案】√

【答案解析】根据《财政部 国家税务总局关于继续实施企业改制重组有关土地增值税政策的通知》（财税〔2018〕57号），非公司制企业整体改制为有限责任公司或者股份有限公司，有限责任公司（股份有限公司）整体改制为股份有限公司（有限责任公司），对改制前的企业将国有土地使用权、地上的建筑物及其附着物转移、变更到改制后的企业，暂不征土地增值税。整体改制是指不改变原企业的投资主体，并承继原企业权利、义务的行为。

4. 2020年10月，甲先生在企业改制重组时以房地产作价入股进行投资，对其将房地产转移、变更到被投资的企业乙（食品生产企业），应征土地增值税。（　　）

【参考答案】 ×

【答案解析】 根据《财政部 国家税务总局关于继续实施企业改制重组有关土地增值税政策的通知》（财税〔2018〕57号），单位、个人在改制重组时以房地产作价入股进行投资，对其将房地产转移、变更到被投资的企业，暂不征土地增值税。

5. 2020年12月，A、B企业（非房地产开发企业）合并为一个C企业（环保治理型企业），且A、B企业投资主体存续的，对原企业将房地产转移、变更到合并后的C企业，减半征收土地增值税。（　　）

【参考答案】 ×

【答案解析】 根据《财政部 国家税务总局关于继续实施企业改制重组有关土地增值税政策的通知》（财税〔2018〕57号），按照法律规定或者合同约定，两个或两个以上企业合并为一个企业，且原企业投资主体存续的，对原企业将房地产转移、变更到合并后的企业，暂不征土地增值税。

6. 纳税人按规定预缴土地增值税后，清算补缴的土地增值税，在主管税务机关规定的期限内补缴的，不加收滞纳金。（　　）

【参考答案】 √

【答案解析】 根据《国家税务总局关于土地增值税清算有关问题的通知》第八条，纳税人按规定预缴土地增值税后，清算补缴的土地增值税，在主管税务机关规定的期限内补缴的，不加收滞纳金。

7. 房地产开发企业的预提费用一般情况下不得在计算土地增值税增值额扣除。（　　）

【参考答案】 √

【答案解析】 根据《国家税务总局关于房地产开发企业土地增值税清算管理有关问题的通知》，房地产开发企业的预提费用，除另有规定外，不得扣除。

8. 房地产开发企业开发建造的与清算项目配套的公共设施，建成后产权属于全体业主所有的，不计算收入，其成本、费用也不得扣除。（　　）

【参考答案】 ×

【答案解析】 根据《国家税务总局关于房地产开发企业土地增值税清算管理有关问题的通知》第四条第三项，房地产开发企业开发建造的与清算项目配套的居委会和派出所用房、会所、停车场（库）、物业管理场所、变电站、热力站、水厂、文体场馆、学校、幼儿园、托儿所、医院、邮电通信等公共设施，按以下原则处理：①建成后产权属于全体业主所有的，其成本、费用可以扣除；②建成后无偿移交给政府、公用事业单位用于非营利性社会公共事业的，其成本、费用可以扣除；③建成后有偿转让的，应计算收入，并准予扣除成本、费用。

9. 纳税人建造普通标准住宅出售，增值额未超过扣除项目金额30%的，免征土地增值税。（　　）

【参考答案】×

【答案解析】纳税人建造普通标准住宅出售，增值额未超过扣除项目金额20%的免征土地增值税。

10. 房地产继承，无须缴纳土地增值税。（　　）

【参考答案】√

【答案解析】根据《中华人民共和国土地增值税暂行条例》第二条，转让国有土地使用权、地上的建筑物及其附着物并取得收入的单位和个人，为土地增值税的纳税义务人，应当依照本条例缴纳土地增值税。《中华人民共和国土地增值税暂行条例实施细则》第二条规定：条例第二条所称的转让国有土地使用权、地上的建筑物及其附着物并取得收入，是指以出售或者其他方式有偿转让房地产的行为。不包括以继承、赠与方式无偿转让房地产的行为。因此，以继承的方式转让房地产的行为不征收土地增值税。

11. 房地产开发企业采取预收款方式销售自行开发的房地产项目的，土地增值税预征的计征依据可以以"预收款－应预缴增值税税款"来计算。（　　）

【参考答案】√

【答案解析】根据《国家税务总局关于营改增后土地增值税若干征管规定的公告》（国家税务总局公告2016年第70号），营改增后，纳税人转让房地产的土地增值税应税收入不含增值税。适用增值税一般计税方法的纳税人，其转让房地产的土地增值税应税收入不含增值税销项税额；适用简易计税方法的纳税人，其转让房地产的土地增值税应税收入不含增值税应纳税额。为方便纳税人，简化土地增值税预征税款计算，房地产开发企业采取预收款方式销售自行开发的房地产项目的，可按照以下方法计算土地增值税预征计征依据：土地增值税预征的计征依据＝预收款－应预缴增值税税款。

12. 营改增后，房地产开发企业实际缴纳的城市维护建设税、教育费附加，计算土地增值税增值额的扣除项目时，凡不能按清算项目准确计算的不得扣除。（　　）

【参考答案】×

【答案解析】根据《国家税务总局关于营改增后土地增值税若干征管规定的公告》（国家税务总局公告2016年第70号），营改增后，房地产开发企业实际缴纳的城市维护建设税（以下简称城市维护建设税）、教育费附加，凡能够按清算项目准确计算的，允许据实扣除。凡不能按清算项目准确计算的，则按该清算项目预缴增值税时实际缴纳的城市维护建设税、教育费附加扣除。

13. 土地增值税纳税人接受建筑安装服务取得的增值税发票，在发票的备注栏注明建筑服务发生地县（市、区）名称及项目名称，否则不得计入土地增值税扣除项目金额。（　　）

【参考答案】√

【答案解析】根据《国家税务总局关于营改增后土地增值税若干征管规定的公告》（国家税务总局公告2016年第70号），营改增后，土地增值税纳税人接受建筑安装服务取得的增值税发票，应按照《国家税务总局关于全面推开营业税改征增值税试点有关税收征收管理事项的公告》（国家税务总局公告2016年第23号）规定，在发票的备注栏注明建筑服务发生地县（市、区）名称及项目名称，否则不得计入土地增值税扣除项目金额。

14. 2020年12月，甲公司转让已使用3年的办公楼一层，不能取得评估价格，但能提供购房发票（增值税专用发票），则在计算土地增值税增值额时按照发票所载不含增值税金额进行扣除。（　　）

【参考答案】×

【答案解析】根据《国家税务总局关于营改增后土地增值税若干征管规定的公告》（国家税务总局公告2016年第70号），关于旧房转让时的扣除计算问题，营改增后，纳税人转让旧房及建筑物，凡不能取得评估价格，但能提供购房发票的，《中华人民共和国土地增值税暂行条例》第六条第一、三项规定的扣除项目的金额按照下列方法计算：①提供的购房凭据为营改增前取得的营业税发票的，按照发票所载金额（不扣减营业税）并从购买年度起至转让年度止每年加计5%计算。②提供的购房凭据为营改增后取得的增值税普通发票的，按照发票所载价税合计金额从购买年度起至转让年度止每年加计5%计算。③提供的购房发票为营改增后取得的增值税专用发票的，按照发票所载不含增值税金额加上不允许抵扣的增值税进项税额之和，并从购买年度起至转让年度止每年加计5%计算。

15. 房地产开发企业开发建造的与清算项目配套的会所，建成后产权属于全体业主所有的，其成本、费用不可以在计算土地增值税增值额时扣除。　　　　（　）

【参考答案】×

【答案解析】根据《国家税务总局关于房地产开发企业土地增值税清算管理有关问题的通知》（国税发〔2006〕187号），房地产开发企业开发建造的与清算项目配套的居委会和派出所用房、会所、停车场（库）、物业管理场所、变电站、热力站、水厂、文体场馆、学校、幼儿园、托儿所、医院、邮电通讯等公共设施，按以下原则处理：①建成后产权属于全体业主所有的，其成本、费用可以扣除；②建成后无偿移交给政府、公用事业单位用于非营利性社会公共事业的，其成本、费用可以扣除；③建成后有偿转让的，应计算收入，并准予扣除成本、费用。

16. 在土地增值税清算时未转让的房地产，清算后销售的，扣除项目金额按销售时的单位建筑面积成本费用乘以销售面积计算。　　　　（　）

【参考答案】×

【答案解析】根据《国家税务总局关于房地产开发企业土地增值税清算管理有关问题的通知》（国税发〔2006〕187号），在土地增值税清算时未转让的房地产，清算后销售或有偿转让的，纳税人应按规定进行土地增值税的纳税申报，扣除项目金额按清算时的单位建筑面积成本费用乘以销售或转让面积计算。计算公式：单位建筑面积成本费用=清算时的扣除项目总金额÷清算的总建筑面积。

17. 进行土地增值税清算时，全部使用自有资金，没有利息支出的，不得计算扣除利息支出。　　　　（　）

【参考答案】×

【答案解析】根据《国家税务总局关于土地增值税清算有关问题的通知》（国税函〔2010〕220号），关于房地产开发费用的扣除问题：①财务费用中的利息支出，凡能够按转让房地产项目计算分摊并提供金融机构证明的，允许据实扣除，但最高不能超过按商业银行同类同期贷款利率计算的金额。其他房地产开发费用，在按照"取得土地使用权所支付的金额"与"房地产开发成本"金额之和的5%以内计算扣除。②凡不能按转让房地产项目计算分摊利息支出或不能提供金融机构证明的，房地产开发费用在按"取得土地使用权所支付的金额"与"房地产开发成本"金额之和的10%以内计算扣除。全部使用自有资金，没有利息支出的，按照以上方法扣除。

18. 房地产企业用建造的本项目房地产安置回迁户的，安置用房视同销售处理。　　　　（　）

【参考答案】√

【答案解析】根据《国家税务总局关于土地增值税清算有关问题的通知》（国税函〔2010〕220号），关于拆迁安置土地增值税计算问题：①房地产企业用建造的本项目房地产安置回迁户的，安置用房视同销售处理，按《国家税务总局关于房地产开发企业土地增值税清算管理有关问题的通知》（国税发〔2006〕187号）第三条第（一）款规定确认收入，同时将此确认为房地产开发项目的拆迁补偿费。房地产开发企业支付给回迁户的补差价款，计入拆迁补偿费；回迁户支付给房地产开发企业的补差价款，应抵减本项目拆迁补偿费。②开发企业采取异地安置，异地安置的房屋属于自行开发建造的，房屋价值按国税发〔2006〕187号第三条第（一）款计算，计入本项目的拆迁补偿费；异地安置的房屋属于购入的，以实际支付的购房支出计入拆迁补偿费。③货币安置拆迁的，房地产开发企业凭合法有效凭据计入拆迁补偿费。

19. A公司按规定预缴土地增值税后，清算补缴的土地增值税应加收滞纳金。

（　　）

【参考答案】×

【答案解析】根据《国家税务总局关于土地增值税清算有关问题的通知》（国税函〔2010〕220号），纳税人按规定预缴土地增值税后，清算补缴的土地增值税，在主管税务机关规定的期限内补缴的，不加收滞纳金。

20. 按规定应进行土地增值税清算的项目，纳税人应当在满足条件之日起180日内到主管税务机关办理清算手续。

（　　）

【参考答案】×

【答案解析】根据《国家税务关于印发〈土地增值税清算管理规程〉的通知》（国税发〔2009〕91号），应进行土地增值税清算的项目，纳税人应当在满足条件之日起90日内到主管税务机关办理清算手续。

题型四　实务题

试题一

2019年3月，某县税务机关对辖区内某房地产开发企业开发的房地产项目进行土地增值税清算。该房地产开发企业提供的资料如下：

（1）2015年9月以18 000万元协议购买用于该房地产项目的一宗土地，并缴纳了契税。

（2）2016年3月开始动工建设，发生开发成本6 000万元；小额贷款公司开具的贷款凭证显示利息支出3 000万元（按照商业银行同类同期贷款利率计算的利息为2 000万元）。

（3）2017年12月该房地产项目竣工验收，扣留建筑安装施工企业的质量保证金600万元，未开具发票。

（4）2019年3月该项目已销售可售建筑面积的90%，共计取得不含增值税收入54 000万元；可售建筑面积的10%以成本价出售给本企业职工。

（5）该企业已按照2%的预征率预缴土地增值税1 080万元。

（其他相关资料：当地适用的契税税率为3%，销售房地产选择简易征收增值税）

根据上述资料，回答下列问题：

1.（单项选择题）企业清算土地增值税时允许扣除的土地使用权支付的金额是(　　)。

A. 18 000万元　　B. 18 540万元　　C. 17 000万元　　D. 19 580万元

2.（单项选择题）该企业清算土地增值税时允许扣除的城市维护建设税、教育费附加和地方教育附加金额是(　　)。

A. 300万元　　B. 400万元　　C. 500万元　　D. 250万元

3.（单项选择题）该企业清算土地增值税时允许扣除项目金额合计数为(　　)。

A. 32 975万元　　B. 32 555万元　　C. 56 487万元　　D. 25 488万元

4.（单项选择题）计算清算土地增值税时应补缴的税额是(　　)。

A. 8 081.25万元　　B. 8 400万元　　C. 6 500万元　　D. 1 250.5万元

【参考答案】1. B；2. A；3. A；4. A

【答案解析】因该企业已竣工验收的房地产开发项目，已全部转让且将可售面积的

10%按成本价出售给本企业职工的,应按对外售价确认,所以该企业应当进行土地增值税清算。

1. 允许扣除的土地使用权支付的金额 = 18 000 × (1 + 3%) = 18 540 (万元)。

2. 允许扣除的税金及附加 = 54 000 ÷ 90% × 5% × (5% + 3% + 2%) = 300 (万元)。

3. 允许扣除项目金额的合计数 = 18 540 + 6 000 + 2 000 + (18 540 + 6 000) × 5% + 300 + (18 540 + 6 000) × 20% = 32 975 (万元)。

4. 应补缴的土地增值税的计算:

收入合计 = 54 000 ÷ 90% = 60 000 (万元)。

增值率 = (60 000 − 32 975) ÷ 32 975 × 100% = 81.96%。

应补缴的土地增值税 = (60 000 − 32 975) × 40% − 32 975 × 5% − 1 080 = 8 081.25 (万元)。

试题二

2020年2月25日,甲房地产开发公司(增值税一般纳税人)收到主管税务机关的《土地增值税清算通知书》,要求对其建设的和谐项目进行清算(该项目为2016年3月立项)。该项目总建筑面积18 000平方米,其中可售建筑面积17 000平方米,不可售建筑面积1 000平方米(产权属于全体业主所有的公共配套设施)。该项目2018年5月通过全部工程质量验收。

2018年6月该公司开始销售和谐项目,截至清算前,可售建筑面积中已出售15 000.80平方米,取得含税销售收入50 000万元。该公司对和谐项目选择简易计税方法。

经审核,和谐项目取得土地使用权所支付的金额合计8 240万元,房地产开发成本15 000万元,管理费用4 000万元,销售费用4 500万元,财务费用3 500万元(其中利息支出3 300万元,无法提供金融机构证明)。

已知:和谐项目所在省政府规定,房地产开发费用扣除比例为10%。和谐项目清算前已预缴土地增值税1 000万元。其他各项税费均已及时足额缴纳。城市维护建设税税率7%,教育费附加3%,地方教育附加2%,不考虑印花税。

根据上述资料,回答下列问题:

1. (单项选择题) 和谐项目的清算比例是(　　)。

A. 83.33%　　　　B. 88.24%　　　　C. 94.44%　　　　D. 100.00%

2. （单项选择题）和谐项目清算时允许扣除的与转让房地产有关的税金（　　）万元。

A. 285.71 万元　　　B. 310.71 万元　　　C. 2 666.67 万元　　　D. 2 691.67 万元

3. （单项选择题）和谐项目清算时允许扣除的房地产开发费用金额（　　）。

A. 2 050.70 万元　　　B. 2 324.00 万元　　　C. 3 937.27 万元　　　D. 4 462.00 万元

4. （单项选择题）和谐项目清算时允许扣除项目金额合计（　　）。

A. 22 843.39 万元　　　B. 22 868.39 万元　　　C. 26 944.79 万元　　　D. 26 969.79 万元

5. （单项选择题）和谐项目清算后应补缴土地增值税（　　）。

A. 5 911.22 万元　　　B. 5 922.46 万元　　　C. 7 945.07 万元　　　D. 7 961.32 万元

6. （单项选择题）关于和谐项目清算，下列说法正确的有（　　）。

A. 该公司清算补缴的土地增值税，在主管税务机关规定的期限内补缴的，不加收滞纳金

B. 对该项目的清算进行审核鉴证的税务中介机构只能由主管税务机关指定

C. 该公司应在收到清算通知书之日起90日内办理清算手续

D. 该公司可以委托税务中介机构对清算项目进行审核鉴证，并出具《土地增值税清算税款鉴证报告》

E. 对于该公司委托税务中介机构对清算项目进行审核鉴证，并出具《土地增值税清算税款鉴证报告》的，主管税务机关必须采信鉴证报告的全部内容

【参考答案】1. B；2. A；3. A；4. C；5. B；6. ACD

【答案解析】

1. 清算比例 = 已转让的房地产建筑面积 ÷ 整个项目可售建筑面积 × 100% = 15 000.80 ÷ 17 000 × 100% = 88.24%。

2. 增值税 = 50 000 ÷ （1 + 5%） × 5% = 2 380.95（万元），和谐项目清算时允许扣除的与转让房地产有关的税金 = 2 380.95 × （7% + 3% + 2%） = 285.71（万元）。

3. 允许扣除的取得土地使用权所支付的金额 = 8 240 × 88.24% = 7 270.98（万元）。

允许扣除的房地产开发成本 = 15 000 × 88.24% = 13 236（万元）。

纳税人不能按转让房地产项目分摊利息支出或不能提供金融机构贷款证明的，允许扣除的房地产开发费用 = （取得土地使用权所支付的金额 + 房地产开发成本） × 10% 以内。

可以扣除的房地产开发费用 = （7 270.98 + 13 236） × 10% = 2 050.70（万元）。

4. 和谐项目清算时允许扣除项目金额合计 = 7 270.98 + 13 236 + 2 050.70 + 285.71 + (7 270.98 + 13 236) ×20% = 26 944.79（万元）。

5. 不含增值税收入 = 50 000 − 2 380.95 = 47 619.05（万元）。

增值额 = 47 619.05 − 26 944.79 = 20 674.26（万元）

增值率 = 20 674.26 ÷ 26 944.79 × 100% = 76.73%，适用税率40%，速算扣除系数5%。

和谐项目清算后应补缴土地增值税 = 20 674.26 × 40% − 26 944.79 × 5% − 1 000 = 5 922.46（万元）。

6. 选项 B：纳税人也可以委托税务中介机构审核鉴证清算项目。选项 E：税务中介机构受托对清算项目审核鉴证时，应按税务机关规定的格式对审核鉴证情况出具鉴证报告。对符合要求的鉴证报告，税务机关可以采信。

模块六 资源税政策与管理

题型一 单项选择题

1. 下列各项，属于资源税纳税人的是(　　)。

   A. 销售有色金属矿产品的企业

   B. 进口有色金属矿产品的有限责任公司

   C. 在境内开采有色金属矿产品的股份有限公司

   D. 在境外开采有色金属矿产品的企业

   【参考答案】C

   【答案解析】资源税纳税人，是境内开发应税资源的单位和个人。选项 A 不属于开发资源单位。选项 B、D 不属于境内开发的应税资源。

2. 下列关于资源税纳税人与扣缴义务人的规定，表述错误的是(　　)。

   A. 在中华人民共和国领域和中华人民共和国管辖的其他海域开发应税资源的单位为资源税的纳税人，个人不属于资源税的纳税人

   B. 自 2016 年 7 月 1 日起，在河北省利用取水工程或者设施直接从江河、湖泊（含水库）和地下取用地表水、地下水的单位和个人，为水资源税纳税人

   C. 收购未税矿产品的独立矿山、联合企业和其他单位为资源税扣缴义务人

   D. 开采海洋或陆上油气资源的中外合作油气田，按实物量计算缴纳资源税，以该油气田开采的原油、天然气扣除作业用量和损耗量之后的原油、天然气产量作为课税数量

   【参考答案】A

   【答案解析】在中华人民共和国领域和中华人民共和国管辖的其他海域开发应税资源的单位和个人，为资源税的纳税人。

3. 下列有关资源税的征收管理，说法正确的是(　　)。

A. 资源税是以应税资源为课税对象，对在中华人民共和国领域和中华人民共和国管辖的其他海域开发应税资源的单位，就其应税资源销售额或销售数量为计税依据而征收的一种税

B. 资源税应税资源目前包括矿产品、盐、部分地区水资源以及森林资源

C. 依照《中华人民共和国资源税法》的原则，对取用地表水或者地下水的单位和个人试点征收水资源税

D. 应税资源产品在境内开发，进口应税资源征收资源税；对出口应税资源也不免征或者退还已纳的资源税

【参考答案】C

【答案解析】选项A：资源税是以应税资源为课税对象，对在中华人民共和国领域和中华人民共和国管辖的其他海域开发应税资源的单位和个人，就其应税资源销售额或销售数量为计税依据而征收的一种税。选项B：应税资源目前包括矿产品、盐、部分地区水资源。选项D：应税资源产品在境内开发，进口应税资源不征收资源税；对出口应税资源也不免征或者退还已纳的资源税。

4. 下列有关资源税的征收管理，说法正确的是(　　)。

A. 纳税人开采或者生产不同税目应税产品，未分别核算或者不能准确提供不同税目应税产品的销售额或者销售数量的，从高适用税率

B. 应税资源产品包括原矿，但不包括选矿产品

C. 应征资源税的销售额包括全部价款和价外费用及运杂费用，但不包括增值税销项税额

D. 纳税人开采或生产应税产品自用的，以及自用于连续生产应税产品的，不缴纳资源税

【参考答案】A

【答案解析】选项B：应税资源产品包括原矿和选矿产品。选项C：销售额包括全部价款和价外费用，不包括增值税销项税额和运杂费用。选项D：纳税人开采或生产应税产品自用的，应缴纳资源税；自用于连续生产应税产品的，不缴纳资源税。

5. 根据资源税相关规定，除特殊规定外，水资源的计税依据是(　　)。

A. 实际取用水量　　　　　　B. 实际销售水量

C. 自用水量　　　　　　　　D. 税务机关核定的水量

【参考答案】A

【答案解析】除特殊规定外，水资源的计税依据是实际取用水量。

6. A省某铜矿开采企业2020年6月开采铜矿石200吨，当月销售铜矿原矿100吨，不含税单价40 000元/吨，开具增值税专用发票，注明金额400万元、税额52万元；将80吨铜原矿用于选矿加工后得到铜选矿72吨，对外销售铜矿选矿50吨，不含税单价50 000元/吨，开具增值税专用发票，注明金额250万元，税额32.5万元；A省人民政府规定，铜矿原矿资源税税率为10%，铜矿选矿资源税税率为6%。该企业当月应纳资源税是(   )。

  A. 80万元   B. 72万元   C. 61.6万元   D. 55万元

【参考答案】D

【答案解析】该企业当月应纳资源税=400×10%+250×6%=55（万元）。

纳税人开采或者生产应税产品自用的，应当依照《中华人民共和国资源税法》规定缴纳资源税；但是，自用于连续生产应税产品的，不缴纳资源税。

7. 某煤矿开采企业为增值税一般纳税人，2020年10月销售原煤30万吨，开具增值税专用发票金额9 000万元，另领用原煤5万吨用于企业冬季取暖，该企业同类原煤最高售价为400元/吨，平均售价310元/吨（不含增值税）。当月应纳资源税是(   )。（当地规定煤炭原矿资源税税率10%）

  A. 1 050万元   B. 900万元   C. 1 100万元   D. 1 055万元

【参考答案】D

【答案解析】企业领用的取暖用的原煤要缴纳资源税。应缴纳的资源税=（9 000+310×5）×10%=1 055（万元）。

8. 位于河北省的某水资源开采企业，2020年7月利用取水工程直接取用地表水，实际取用水量为85 000立方米，对外销售水量为68 000立方米，适用税额为每立方米1元。该企业当月应缴纳资源税(   )。

  A. 34 000元   B. 42 500元   C. 68 000元   D. 85 000元

【参考答案】D

【答案解析】水资源税采用从量计征资源税的应纳税额计算公式：应纳税额=实际取用水量×适用税额。该企业当月应缴纳资源税=85 000×1=85 000（元）。

9. 关于资源税减征的税收优惠，下列说法不正确的是(   )。

  A. 从低丰度油气田开采的原油、天然气减征20%资源税

  B. 从深水油气田开采的原油、天然气暂减征30%资源税

C. 从衰竭期矿山开采的矿产品,减征30%资源税

D. 增值税小规模纳税人可在75%的税额幅度内减征资源税

【参考答案】D

【答案解析】增值税小规模纳税人可在50%的税额幅度内减征资源税。

10. 下列关于资源税的说法,正确的是( )。

A. 开采原煤和进口原煤均缴纳资源税

B. 资源税纳税人仅限于企业,不包括个人

C. 资源税全面实行从价计征

D. 目前土地资源不属于我国资源税的征税对象

【参考答案】D

【答案解析】进口原煤不征收资源税;资源税纳税人不仅限于企业,还包括个人;对经营分散、多为现金交易且难以控管的黏土、砂石,按照便利征管原则,仍实行从量定额计征。

11. 根据资源税的相关规定,扣缴义务人代扣代缴资源税的纳税地点是( )。

A. 扣缴义务人机构所在地　　　　　　B. 资源加工地

C. 资源开采地　　　　　　　　　　　D. 资源收购地

【参考答案】D

【答案解析】扣缴义务人代扣代缴的资源税,应当向收购地主管税务机关缴纳。

12. 某矿山企业开采铝土矿和铅锌矿,2020年8月销售铝土矿原矿21万吨、铅锌矿精矿20万吨。铝土矿原矿不含税单价为150元/吨,铅锌矿精矿不含税单价为16 500元/吨。铝土矿原矿资源税税率为6%,铅锌矿精矿资源税税率5%。该企业当月应纳资源税是( )。

A. 189万元　　　　B. 16 500万元　　　　C. 16 689万元　　　　D. 17 689万元

【参考答案】C

【答案解析】铝土矿原矿应纳资源税=21×150×6%=189(万元)。

铅锌矿精矿应纳资源税=20×16 500×5%=16 500(万元)。

该企业当月应纳资源税=189+16 500=16 689(万元)。

13. 下列各项,不符合稀土、钨、钼资源税计税依据规定的是( )。

A. 纳税人将其开采的原矿连续生产非精矿产品的,视同销售原矿,依照有关规定计算缴纳资源税

B. 与稀土、钨和钼共生、伴生的应税产品，或者稀土、钨和钼为共生、伴生矿的，在改革前未单独计征资源税的，改革后暂不计征资源税

C. 与稀土共生、伴生的铁矿石，在计征铁矿石资源税时，不能扣减其中共生、伴生的稀土矿石数量

D. 纳税人同时以自采未税原矿和外购已税原矿加工精矿，未分别核算的，一律视同以未税原矿加工精矿，计算缴纳资源税

【参考答案】C

【答案解析】与稀土共生、伴生的铁矿石，在计征铁矿石资源税时，准予扣减其中共生、伴生的稀土矿石数量。

14. 企业生产或开采的下列资源产品，不征收或免征资源税的是（　　）。

A. 深水油气田开采的天然气

B. 高含硫天然气

C. 高凝油

D. 对油田范围内运输稠油过程中用于加热的原油、天然气

【参考答案】D

【答案解析】对油田范围内运输稠油过程中用于加热的原油、天然气，免征资源税；对深水油气田资源税减征30%；对稠油、高凝油和高含硫天然气资源税减征40%。

15. 下列各项，属于资源税应税产品的是（　　）。

A. 居民生活用煤　　　　　　　　B. 原煤

C. 已税原煤加工的洗选煤　　　　D. 进口原油

【参考答案】B

16. 下列关于资源税的说法，正确的是（　　）。

A. 收购未税矿产品的自然人为资源税的扣缴义务人

B. 对《资源税税目税率幅度表》中列举名称的21种资源品目和未列举名称的其他金属矿实行从价计征

C. 开采原煤和进口原煤均缴纳资源税

D. 目前我国开征的资源税是以部分自然资源为课税对象，对在我国境内开采应税矿产品及生产盐的单位和个人，就其应税产品销售额或销售数量和自用数量为计税依据而征收的一种税

【参考答案】D

【答案解析】收购未税矿产品的自然人不是资源税的扣缴义务人;实行从价计征或从量计征;进口原煤不征收资源税。

17. 根据资源税的有关规定,下列表述不正确的是( )。

A. 资源税采用比例税率和定额税率两种形式

B. 对经营分散、多为现金交易且难以控管的黏土、砂石,按照便利征管原则,仍实行从量定额计征

C. 对未列举名称的其他非金属矿产品,按照从价计征为主、从量计征为辅的原则,由省级人民政府确定计征方式

D. 对企业回收利用的疏干排水和地温空调回用水,从高制定税额标准

【参考答案】D

【答案解析】对企业回收利用的疏干排水和地温空调回用水,从低制定税额标准。

18. 下列关于资源税纳税人与扣缴义务人的规定,表述错误的是( )。

A. 除规定的情形外,其他直接取用地表水、地下水的单位和个人,为水资源税纳税人,应当按规定缴纳水资源税

B. 在中华人民共和国领域及管辖海域开采或者生产应税产品的单位和个人,为资源税的纳税人

C. 开采海洋或陆上油气资源的中外合作油气田,按实物量计算缴纳资源税,以该油气田开采的原油、天然气的产量作为课税数量

D. 收购未税矿产品的独立矿山、联合企业和其他单位为资源税扣缴义务人

【参考答案】C

【答案解析】开采海洋或陆上油气资源的中外合作油气田,按实物量计算缴纳资源税,以该油气田开采的原油、天然气扣除作业用量和损耗量之后的原油、天然气产量作为课税数量。

19. 某油田 2020 年 5 月销售原油 86 000 吨,收取不含增值税价款 34 400 万元;销售与原油同时开采的天然气 47 500 千立方米,收取不含税价款 2 375 万元;自用原油 25 吨,其中 18 吨用于本企业在建工程,7 吨用于修井。该油田原油、天然气的税率均为 6%。该油田本月应缴纳资源税为( )。

A. 1 346.78 万元   B. 1 506.75 万元

C. 2 206.93 万元   D. 2 526.75 万元

【参考答案】C

【答案解析】销售与原油同时开采的天然气应缴纳资源税；用于修井的原油免征资源税。油田本月应缴纳资源税 =（34 400 + 34 400 ÷ 86 000 × 18 + 2 375）× 6% = 2 206.93（万元）。

20. 位于某省的某水资源开采企业，2020 年 5 月利用取水工程直接取用地表水，实际取用水量为 55 000 立方米，对外销售水量为 38 000 立方米，适用税额为每立方米 0.4 元。该企业当月应缴纳资源税（　　）。

    A. 12 500 元　　　　　B. 15 000 元　　　　　C. 22 000 元　　　　　D. 35 600 元

【参考答案】C

【答案解析】水资源税实行从量计征，除水力发电和火力发电贯流式（不含循环式）冷却取用水外，水资源税应纳税额计算公式：应纳税额 = 实际取用水量 × 适用税额。该企业当月应缴纳资源税 = 55 000 × 0.4 = 22 000（元）。

21. A 地某独立矿山到 B 地收购未税铁矿石（收购的铁矿石与本单位矿种相同），在 C 地销售，则收购的铁矿石（　　）。

    A. 适用 A 地的税率标准　　　　　　　B. 适用 B 地的税率标准
    C. 适用 C 地的税率标准　　　　　　　D. 由税务机关核定征收

【参考答案】A

【答案解析】独立矿山、联合企业收购未税矿产品的，按照本单位应税产品税额、税率标准，依据收购的数量（金额）代扣代缴资源税；其他收购单位收购未税矿产品的，按照税务机关核定的应税产品税额、税率标准，依据收购的数量（金额）代扣代缴资源税。

22. 根据资源税的有关规定，下列各项中，属于资源税纳税人的是（　　）。

    A. 生产盐的国有企业　　　　　　　　B. 生产人造石油的股份制企业
    C. 生产煤炭制品的集体企业　　　　　D. 进口有色金属矿的私营企业

【参考答案】A

【答案解析】人造石油和煤炭制品不征收资源税；资源税纳税人，是指在中华人民共和国领域及管辖海域开采应税矿产品或者生产盐的单位和个人。

23. 纳税人以自产的液体盐加工固体盐，则（　　）。

    A. 按照固体盐的税额征税　　　　　　B. 按照液体盐的税额征税
    C. 液体盐、固体盐征两道税　　　　　D. 均不予征税

【参考答案】A

【答案解析】为避免对盐的重复征税，纳税人以自产的液体盐加工固体盐，只按固体盐的税额计税。

24. 纳税人开采或者生产不同税目应税产品，但未分别核算不同税目应税产品的销售额或者销售数量的，下列关于其资源税税务处理的表述正确的是( )。

A. 从低适用税率

B. 从高适用税率

C. 由主管税务机关核定不同税目应税产品的销售额或销售数量，按各自的税率分别计算纳税

D. 由省级人民政府确定，报财政部和国家税务总局备案

【参考答案】B

【答案解析】根据《中华人民共和国资源税法》第四条，纳税人开采或者生产不同税目应税产品的，应当分别核算不同税目应税产品的课税数量；未分别核算或者不能准确提供不同税目应税产品的课税数量的，从高适用税额。

25. 纳税人以外购的液体盐加工固体盐销售，可以按照( )数量抵扣已纳的资源税。

A. 外购的液体盐　　　　　　B. 生产的固体盐

C. 耗用的液体盐　　　　　　D. 销售的固体盐

【参考答案】C

【答案解析】纳税人以外购的液体盐加工固体盐，其加工固体盐所耗用的液体盐的已纳资源税税额准予在其应纳固体盐资源税税额中抵扣。

26. 下列关于资源税课税数量的表述，正确的是( )。

A. 所称销售数量，指纳税人开采或生产应税产品的实际销售数量

B. 对于连续加工前无法正确计算原煤移送使用量的煤炭，可按加工产品的综合回收率，将加工产品实际销售和自用量折算成原煤数量计税

C. 以自产的液体盐加工固体盐，按固体盐税额征税，以液体盐和固体盐的数量为课税数量

D. 对于金属矿原矿自用的无法确定移送数量的，可以适用选矿比计算确定；对于非金属矿原矿自用的无法确定移送数量的，应该按照开采数量作为课税数量

【参考答案】B

【答案解析】销售数量不仅包括实际销售数量，还包括视同销售数量；以自产的液

体盐加工固体盐,按固体盐税额征税,以固体盐的数量为课税数量;对于金属矿和非金属矿均按照选矿比计算确定。

27. 水资源税的纳税义务发生时间为( )。

A. 纳税人取用水资源的当日　　　　　　B. 纳税人取用水资源的次日

C. 纳税人取用水资源的当月　　　　　　D. 纳税人取用水资源的次月

【参考答案】A

【答案解析】水资源税的纳税义务发生时间为纳税人取用水资源的当日。

28. 水资源税纳税人应当自纳税期满或纳税义务发生之日起( )内申报纳税。

A. 5 日　　　　　B. 10 日　　　　　C. 15 日　　　　　D. 30 日

【参考答案】C

【答案解析】纳税人应当自纳税期满或者纳税义务发生之日起 15 日内申报纳税。

29. 资源税的纳税人是在我国境内从事开采应税资源的单位和个人,但不包括( )。

A. 外商投资和外国企业　　　　　　　　B. 行政单位

C. 军事单位　　　　　　　　　　　　　D. 进口应税产品的单位

【参考答案】D

【答案解析】进口应税产品不是在我国境内开采资源。

题型二 多项选择题

1. 根据资源税的相关规定，下列属于资源税征税范围的有（   ）。
   A. 能源矿产　　　　B. 金属矿产　　　　C. 盐　　　　D. 森林资源
   E. 水气矿产

   【参考答案】ABCE

   【答案解析】根据《中华人民共和国资源税法》，应税资源的具体范围，由本法所附《资源税税目税率表》确定。选项D：森林资源不属于资源税的征税范围。

2. 下列有关资源税的征收管理，说法正确的有（   ）。

   A. 在中华人民共和国领域和中华人民共和国管辖的其他海域开发应税资源的单位和个人，为资源税的纳税人，应当依照《中华人民共和国资源税法》规定缴纳资源税

   B. 资源税按照《资源税税目税率表》实行从价计征或者从量计征

   C. 《资源税税目税率表》中规定可以选择实行从价计征或者从量计征的，具体计征方式由省、自治区、直辖市人民政府提出，报同级人民代表大会常务委员会决定，并报全国人民代表大会常务委员会和国务院备案

   D. 实行从价计征的，应纳税额按照应税资源产品的销售额乘以具体适用税率计算。实行从量计征的，应纳税额按照应税产品的销售数量乘以具体适用税率计算

   E. 《资源税税目税率表》中规定征税对象为原矿或者选矿的，统一按照原矿的适用税率征收资源税

   【参考答案】ABCD

   【答案解析】选项E：根据《中华人民共和国资源税法》，《资源税税目税率表》中规定征税对象为原矿或者选矿的，应当分别确定具体适用税率。

3. 下列情形，免征资源税的有（   ）。

   A. 开采原油过程中用于加热的原油、天然气

   B. 在油田范围内运输原油过程中用于加热的原油、天然气

   C. 煤炭开采企业因安全生产需要抽采的煤成（层）气

   D. 从低丰度油气田开采的原油、天然气

   E. 从衰竭期矿山开采的矿产品

   【参考答案】ABC

【答案解析】选项D、E：根据《中华人民共和国资源税法》第六条，从低丰度油气田开采的原油、天然气，减征百分之二十资源税；从衰竭期矿山开采的矿产品，减征百分之三十资源税。

4. 下列有关减征资源税的说法，不正确的是( )。

   A. 从低丰度油气田开采的原油、天然气，减征百分之二十资源税

   B. 高含硫天然气，减征百分之四十资源税

   C. 稠油、高凝油减征百分之三十资源税

   D. 从衰竭期矿山开采的矿产品，减征百分之三十资源税

   E. 三次采油和从深水油气田开采的原油、天然气，减征百分之四十资源税

   【参考答案】 BCE

   【答案解析】根据《中华人民共和国资源税法》第六条，高含硫天然气、三次采油和从深水油气田开采的原油、天然气，减征百分之三十资源税；稠油、高凝油减征百分之四十资源税。

5. 纳税人开采以下矿产品（ ），省、自治区、直辖市可以决定免征或者减征资源税。

   A. 共伴生矿　　　　B. 低品位矿　　　　C. 伴采矿　　　　D. 尾矿

   E. 高品位矿

   【参考答案】 ABD

   【答案解析】根据《中华人民共和国资源税法》第七条，有下列情形之一的，省、自治区、直辖市可以决定免征或者减征资源税：纳税人开采共伴生矿、低品位矿、尾矿。

6. 根据《中华人民共和国资源税法》，以下说法正确的有( )。

   A. 中外合作开采陆上、海上石油资源的企业暂不缴纳资源税

   B. 纳税人的免税、减税项目，应当单独核算销售额或者销售数量；未单独核算或者不能准确提供销售额或者销售数量的，不予免税或者减税

   C. 纳税人销售应税产品，纳税义务发生时间为收讫销售款或者取得索取销售款凭据的当日；自用应税产品的，纳税义务发生时间为移送应税产品的当日

   D. 资源税按月或者按季申报缴纳；不能按固定期限计算缴纳的，可以按次申报缴纳

   E. 水资源税根据当地水资源状况、取用水类型和经济发展等情况实行差别税率

   【参考答案】 BCDE

【答案解析】 选项A：根据《中华人民共和国资源税法》第十五条，中外合作开采陆上、海上石油资源的企业依法缴纳资源税。

7. 纳税人应当向（ ）或者（ ）的税务机关申报缴纳资源税。

   A. 应税产品开采地　　　　　　　　B. 应税产品生产地

   C. 应税产品销售地　　　　　　　　D. 机构所在地

   E. 应税产品加工地

【参考答案】 AB

【答案解析】 根据《中华人民共和国资源税法》第十一条，纳税人应当向应税产品开采地或者生产地的税务机关申报缴纳资源税。

8. 下列有关资源税的纳税义务发生时间及纳税期限的说法，正确的有（　　）。

   A. 纳税人销售应税产品，纳税义务发生时间为收讫销售款或者取得索取销售款凭据的当日

   B. 纳税人自用应税产品的，纳税义务发生时间为移送应税产品的当日

   C. 资源税按月或者按季申报缴纳；不能按固定期限计算缴纳的，可以按次申报缴纳

   D. 纳税人按月或者按季申报缴纳的，应当自月度或者季度终了之日起十五日内，向税务机关办理纳税申报并缴纳税款

   E. 纳税人按次申报缴纳的，应当自纳税义务发生之日起十日内，向税务机关办理纳税申报并缴纳税款

【参考答案】 ABCD

【答案解析】 选项E：根据《中华人民共和国资源税法》第十二条，按次申报缴纳的，应当自纳税义务发生之日起十五日内，向税务机关办理纳税申报并缴纳税款。

9. 根据《中华人民共和国资源税法》所附《资源税税目税率表》，下列以原矿为征税对象的有（　　）。

   A. 原油　　　　　　B. 天然气　　　　　　C. 地热　　　　　　D. 轻稀土

   E. 矿泉水

【参考答案】 ABCE

【答案解析】 选项D：根据《中华人民共和国资源税法》所附《资源税税目税率表》，轻稀土以选矿为征税对象。

10. 根据《中华人民共和国资源税法》所附《资源税税目税率表》，下列以选矿为征税对象的有（　　）。

A. 页岩气　　　　　B. 煤成气　　　　　C. 钨　　　　　D. 钼

E. 中重稀土

【参考答案】CDE

【答案解析】选项 A、B：根据《中华人民共和国资源税法》所附《资源税税目税率表》，页岩气和煤成气以原矿为征税对象。

11. 纳税人享受资源税优惠政策，实行（　　）的办理方式，另有规定的除外。纳税人对资源税优惠事项留存材料的真实性和合法性承担法律责任。

A. 自行判别　　　　　　　　　　　B. 申报享受

C. 有关资料留存备查　　　　　　　D. 备案

E. 审批

【参考答案】ABC

【答案解析】根据《国家税务总局关于资源税征收管理若干问题的公告》（国家税务总局公告2020年第14号）第三条，纳税人享受资源税优惠政策，实行"自行判别、申报享受、有关资料留存备查"的办理方式，另有规定的除外。纳税人对资源税优惠事项留存材料的真实性和合法性承担法律责任。

12. 纳税人自用应税产品应当缴纳资源税的情形，包括纳税人以应税产品用于（　　）等。

A. 非货币性资产交换　　　　　　　B. 捐赠

C. 偿债　　　　　　　　　　　　　D. 职工福利

E. 连续生产应税产品

【参考答案】ABCD

【答案解析】根据《财政部 税务总局关于资源税有关问题执行口径的公告》（财政部 税务总局公告2020年第34号）第二条，纳税人自用应税产品应当缴纳资源税的情形，包括纳税人以应税产品用于非货币性资产交换、捐赠、偿债、赞助、集资、投资、广告、样品、职工福利、利润分配或者连续生产非应税产品等。

13. 下列关于资源税税目税率的表述，正确的有（　　）。

A.《资源税税目税率表》中规定实行幅度税率的，其具体适用税率由省、自治区、直辖市人民政府统筹考虑该应税资源的品位、开采条件以及对生态环境的影响等情况，在《资源税税目税率表》规定的税率幅度内提出，报同级人民代表大会常务委员会决定，并报全国人民代表大会常务委员会和国务院备案

B.《资源税税目税率表》中规定征税对象为原矿或者选矿的,应当分别确定具体适用税率

C. 资源税按照《资源税税目税率表》实行从价计征或者从量计征

D.《资源税税目税率表》中规定可以选择实行从价计征或者从量计征的,具体计征方式由省、自治区、直辖市人民政府提出,报同级人民代表大会常务委员会决定,并报全国人民代表大会常务委员会和国家税务总局备案

E.《资源税税目税率表》中规定可以选择实行从价计征或者从量计征的,具体计征方式由省、自治区、直辖市人民政府提出,报同级人民代表大会常务委员会决定,并报全国人民代表大会常务委员会和国务院备案

【参考答案】ABCE

【答案解析】选项D:根据《中华人民共和国资源税法》,《资源税税目税率表》中规定可以选择实行从价计征或者从量计征的,具体计征方式由省、自治区、直辖市人民政府提出,报同级人民代表大会常务委员会决定,并报全国人民代表大会常务委员会和国务院备案。

14. 根据《中华人民共和国资源税法》所附《资源税税目税率表》,下列以原矿或者选矿为征税对象的有( )。

A. 天然气水合物   B. 煤
C. 天然沥青   D. 高岭土
E. 石灰岩

【参考答案】BCDE

【答案解析】选项A:根据《中华人民共和国资源税法》所附《资源税税目税率表》,天然气水合物以原矿为征税对象。

15. 实行从价计征资源税的,其计税销售额中包括( )。

A. 赔偿金   B. 滞纳金   C. 延期付款利息   D. 优质费
E. 增值税

【参考答案】ABCD

【答案解析】选项E:根据《财政部 税务总局关于资源税有关问题执行口径的公告》(财政部 税务总局公告2020年第34号)第一条,资源税应税产品的销售额,按照纳税人销售应税产品向购买方收取的全部价款确定,不包括增值税税款。

16. 下列行为,应当征收资源税的有( )。

A. 用于利润分配的应税产品 B. 用于投资的应税产品

C. 用于赞助的应税产品 D. 用于广告、样品的应税产品

E. 用于连续生产应税产品的应税产品

【参考答案】ABCD

【答案解析】根据《财政部 税务总局关于资源税有关问题执行口径的公告》(财政部 税务总局公告2020年第34号)第二条,纳税人自用应税产品应当缴纳资源税的情形,包括纳税人以应税产品用于非货币性资产交换、捐赠、偿债、赞助、集资、投资、广告、样品、职工福利、利润分配或者连续生产非应税产品等。

17. 下列资源税应税产品,适用从价定率征收的有(　　)。

A. 原油 B. 天然气 C. 砂石 D. 海盐

E. 煤

【参考答案】ABDE

【答案解析】选项C:根据《中华人民共和国资源税法》所附《资源税税目税率表》,砂石实行从价计征或者从量计征。

18. 资源税的纳税人包括在中华人民共和国领域和中华人民共和国管辖的其他海域开发应税资源的单位和个人,但不包括(　　)。

A. 外商投资企业和外国企业 B. 私有企业

C. 个体工商户 D. 进口应税产品的单位

E. 进口应税产品的个人

【参考答案】DE

【答案解析】根据《中华人民共和国资源税法》第一条,在中华人民共和国领域和中华人民共和国管辖的其他海域开发应税资源的单位和个人,为资源税的纳税人,应当依照本法规定缴纳资源税。进口应税产品的单位和个人不是资源税法规定的纳税义务人。

19. 下列各项,属于资源税征税范围的有(　　)。

A. 煤 B. 原油 C. 人造石油 D. 石墨

E. 天然卤水

【参考答案】ABDE

【答案解析】选项C:根据《中华人民共和国资源税法》所附《资源税税目税率表》,人造石油不属于资源税征税范围。

20. 按照现行资源税的有关规定，下列说法正确的有( )。

A. 纳税人开采或者生产同一应税产品同时符合两项或者两项以上减征资源税优惠政策的，可以叠加享受

B. 计入资源税应税产品的销售额中的相关运杂费用，凡取得增值税发票或者其他合法有效凭据的，准予从销售额中扣除

C. 相关运杂费用是指应税产品从坑口或者洗选（加工）地到车站、码头或者购买方指定地点的运输费用、建设基金以及随运销产生的装卸、仓储、港杂费用

D. 应税产品的销售数量，包括纳税人开采或者生产应税产品的实际销售数量和自用于应当缴纳资源税情形的应税产品数量

E. 海上开采的原油和天然气资源税由海洋石油税务管理机构征收管理

【参考答案】BCDE

【答案解析】选项 A：根据《财政部 税务总局关于资源税有关问题执行口径的公告》（财政部 税务总局公告 2020 年第 34 号）第九条，纳税人开采或者生产同一应税产品同时符合两项或者两项以上减征资源税优惠政策的，除另有规定外，只能选择其中一项执行。

21. 根据现行资源税的规定，下列有关水资源税的说法正确的有( )。

A. 国务院根据国民经济和社会发展需要，依照《中华人民共和国资源税法》的原则，对取用地表水或者地下水的单位试点征收水资源税，对个人不征收水资源税

B. 征收水资源税的，停止征收水资源费

C. 水资源税根据当地水资源状况、取用水类型和经济发展等情况实行差别税率

D. 水资源税试点实施办法由国务院规定，报全国人民代表大会常务委员会备案

E. 国务院自本法施行之日起五年内，就征收水资源税试点情况向全国人民代表大会常务委员会报告，并及时提出修改法律的建议

【参考答案】BCDE

【答案解析】选项 A：根据《中华人民共和国资源税法》第十四条，国务院根据国民经济和社会发展需要，依照本法的原则，对取用地表水或者地下水的单位和个人试点征收水资源税。

22. 下列有关资源税减免税优惠的说法，正确的有( )。

A. 纳税人开采或者生产应税产品过程中，因意外事故或者自然灾害等原因遭受重大损失的，省、自治区、直辖市可以决定免征或者减征资源税

B. 纳税人开采共伴生矿、低品位矿、尾矿，省、自治区、直辖市可以决定免征或者减征资源税

C. 煤炭开采企业因安全生产需要抽采的煤成（层）气，减半征收资源税

D. 免征或者减征资源税的具体办法，由省、自治区、直辖市人民政府提出，报同级人民代表大会常务委员会决定，并报全国人民代表大会常务委员会和国务院备案

E. 纳税人的免税、减税项目，应当单独核算销售额或者销售数量；未单独核算或者不能准确提供销售额或者销售数量的，不予免税或者减税

【参考答案】ABDE

【答案解析】选项C：根据《中华人民共和国资源税法》第六条，煤炭开采企业因安全生产需要抽采的煤成（层）气，免征资源税。

23. 下列有关资源税的说法，正确的有(　　)。

A. 纳税人外购应税产品与自采应税产品混合销售或者混合加工为应税产品销售的，在计算应税产品销售额或者销售数量时，准予扣减外购应税产品的购进金额或者购进数量；当期不足扣减的，可结转下期扣减

B. 纳税人核算并扣减当期外购应税产品购进金额、购进数量，应当依据外购应税产品的增值税发票、海关进口增值税专用缴款书或者其他合法有效凭据

C. 纳税人以自采原矿（经过采矿过程采出后未进行选矿或者加工的矿石）直接销售，或者自用于应当缴纳资源税情形的，按照原矿计征资源税

D. 纳税人以自采原矿洗选加工为选矿产品（通过破碎、切割、洗选、筛分、磨矿、分级、提纯、脱水、干燥等过程形成的产品，包括富集的精矿和研磨成粉、粒级成型、切割成型的原矿加工品）销售，或者将选矿产品自用于应当缴纳资源税情形的，按照选矿产品计征资源税，在原矿移送环节不缴纳资源税

E. 纳税人开采或者生产同一税目下适用不同税率应税产品的，应当分别核算不同税率应税产品的销售额或者销售数量；未分别核算或者不能准确提供不同税率应税产品的销售额或者销售数量的，从低适用税率

【参考答案】ABCD

【答案解析】选项E：根据《财政部 税务总局关于资源税有关问题执行口径的公告》（财政部 税务总局公告2020年第34号）第六条，纳税人开采或者生产同一税目下适用不同税率应税产品的，应当分别核算不同税率应税产品的销售额或者销售数量；未分别核算或者不能准确提供不同税率应税产品的销售额或者销售数量的，从高适用

税率。

24. 我国现行资源税主要有（   ）特点。

A. 只对特定资源征税 B. 实行从量定额征收

C. 实行从价定率征收 D. 具有受益税性质

E. 具有级差收入税的特点

【参考答案】ADE

【答案解析】根据《中华人民共和国资源税法》第三条，资源税按照《税目税率表》实行从价计征或者从量计征。

25. 下列情形，不缴纳水资源税的有（   ）。

A. 农村集体经济组织及其成员从本集体经济组织的水塘、水库中取用水的

B. 大规模圈养畜禽饮用等取用水的

C. 水利工程管理单位为配置或者调度水资源取水的

D. 为保障矿井等地下工程施工安全和生产安全必须进行临时应急取用（排）水的

E. 为农业抗旱和维护生态与环境必须临时应急取水的

【参考答案】ACDE

【答案解析】选项B：根据《财政部 国家税务总局 水利部关于印发〈扩大水资源税改革试点实施办法〉的通知》（财税〔2017〕80号）第四条，家庭生活和零星散养、圈养畜禽饮用等少量取用水的，不缴纳水资源税。大规模圈养畜禽饮用等取用水的，应按规定缴纳水资源税。

26. 根据水资源税的相关征收管理规定，下列取用水情形，应当从高确定税额的有（   ）。

A. 特种行业取用水

B. 超计划（定额）取用水

C. 农业生产取用水

D. 供农村人口生活用水的集中式饮水工程

E. 回收利用的疏干排水和地源热泵取用水

【参考答案】AB

【答案解析】根据《财政部 国家税务总局 水利部关于印发〈扩大水资源税改革试点实施办法〉的通知》（财税〔2017〕80号），对特种行业取用水，从高确定税额。特种行业取用水，是指洗车、洗浴、高尔夫球场、滑雪场等取用水。对超计划（定额）取

用水，从高确定税额。对超过规定限额的农业生产取用水，以及主要供农村人口生活用水的集中式饮水工程取用水，从低确定税额。对回收利用的疏干排水和地源热泵取用水，从低确定税额。

27. 根据水资源税的相关征收管理规定，下列取用水情形，应当从低确定税额的有(　　)。

A. 超过规定限额的农业生产取用水

B. 主要供农村人口生活用水的集中式饮水工程取用水

C. 回收利用的疏干排水取用水

D. 回收利用的地源热泵取用水

E. 洗车场取用水

【参考答案】ABCD

【答案解析】根据《财政部 国家税务总局 水利部关于印发〈扩大水资源税改革试点实施办法〉的通知》（财税〔2017〕80号），对特种行业取用水，从高确定税额。特种行业取用水，是指洗车、洗浴、高尔夫球场、滑雪场等取用水。对超计划（定额）取用水，从高确定税额。对超过规定限额的农业生产取用水，以及主要供农村人口生活用水的集中式饮水工程取用水，从低确定税额。对回收利用的疏干排水和地源热泵取用水，从低确定税额。

28. 下列情形，予以免征或者减征水资源税的有(　　)。

A. 超过规定限额的农业生产取用水，免征水资源税

B. 取用污水处理再生水，免征水资源税

C. 除接入城镇公共供水管网以外，军队、武警部队通过其他方式取用水的，免征水资源税

D. 抽水蓄能发电取用水，免征水资源税

E. 采油排水经分离净化后在封闭管道回注的，免征水资源税

【参考答案】BCDE

【答案解析】选项A：根据《财政部 国家税务总局 水利部关于印发〈扩大水资源税改革试点实施办法〉的通知》（财税〔2017〕80号）第十三条，对超过规定限额的农业生产取用水，以及主要供农村人口生活用水的集中式饮水工程取用水，从低确定税额。

29. 下列有关水资源税的征收管理，说法正确的有(　　)。

A. 水资源税改革试点期间涉及的有关政策，由财政部会同税务总局、水利部等部

门研究确定

B. 水资源税改革试点期间，可按税费平移原则对城镇公共供水征收水资源税，不增加居民生活用水和城镇公共供水企业负担

C. 试点省份开征水资源税后，应当将水资源费征收标准降为零

D. 水资源税改革试点期间，水资源税收入全部归属中央

E. 水资源税改革试点期间，水行政主管部门相关经费支出由同级财政预算统筹安排和保障

【参考答案】ABCE

【答案解析】选项D：根据《财政部 国家税务总局 水利部关于印发〈扩大水资源税改革试点实施办法〉的通知》（财税〔2017〕80号）第二十七条，水资源税改革试点期间，水资源税收入全部归属试点省份。

30. 下列有关水资源税的申报管理，说法有误的有（　　）。

A. 除农业生产取用水外，水资源税按季或者按月征收，由主管税务机关根据实际情况确定

B. 对超过规定限额的农业生产取用水水资源税可按半年征收

C. 不能按固定期限计算纳税的，可以按次申报纳税

D. 纳税人应当自纳税期满或者纳税义务发生之日起30日内申报纳税

E. 水资源税的纳税义务发生时间为纳税人取用水资源的当日

【参考答案】BD

【答案解析】根据《财政部 国家税务总局 水利部关于印发〈扩大水资源税改革试点实施办法〉的通知》（财税〔2017〕80号）第十八条，除农业生产取用水外，水资源税按季或者按月征收，由主管税务机关根据实际情况确定。对超过规定限额的农业生产取用水水资源税可按年征收。不能按固定期限计算纳税的，可以按次申报纳税。纳税人应当自纳税期满或者纳税义务发生之日起15日内申报纳税。

题型三 判断题

1. 资源税应税资源包括矿产品、盐、部分地区水资源和光资源。（ ）

【参考答案】×

【答案解析】资源税应税资源目前包括矿产品、盐、部分地区水资源。

2. 在中华人民共和国领域和中华人民共和国管辖的其他海域开发应税资源的单位和个人，为资源税的纳税人。（ ）

【参考答案】√

3. 资源税应税资源产品在境内开发，进口应税资源不征收资源税；对出口应税资源免征或者退还已纳的资源税。（ ）

【参考答案】×

【答案解析】应税资源产品在境内开发，进口应税资源不征收资源税；对出口应税资源也不免征或者退还已纳的资源税。

4. 征收资源税的原油包括开采的天然原油及人造石油、成品油。（ ）

【参考答案】×

【答案解析】原油是指开采的天然原油，不包括人造石油、成品油。

5. 纳税人开采或者生产不同税目应税产品的，应当分别核算不同税目应税产品的销售额或者销售数量；未分别核算或者不能准确提供不同税目应税产品的销售额或者销售数量的，从高适用税率。（ ）

【参考答案】√

6. 纳税人将其开采的原煤，自用于连续生产洗选煤的，在原煤移送使用环节不缴纳资源税；自用于其他方面的，视同销售原煤。（ ）

【参考答案】√

7. 自2019年1月1日至2021年12月31日，省、自治区、直辖市人民政府根据本地区实际情况，以及宏观调控需要确定，对增值税小规模纳税人可以在70%的税额幅度内减征资源税。（ ）

【参考答案】×

【答案解析】自2019年1月1日至2021年12月31日，省、自治区、直辖市人民政府根据本地区实际情况，以及宏观调控需要确定，对增值税小规模纳税人可以在50%的

模块六 资源税政策与管理

税额幅度内减征资源税。

8. 资源税纳税人按月或者按季申报缴纳,应当自月度或者季度终了之日起 10 日内。
( )

【参考答案】×

【答案解析】纳税人按月或者按季申报缴纳,应当自月度或者季度终了之日起 15 日内。

9. 资源税的纳税人应当向应税产品开采地或者生产地的税务机关申报缴纳资源税。
( )

【参考答案】√

10. 目前我国开征的资源税是以部分自然资源为课税对象。 ( )

【参考答案】√

【答案解析】根据《中华人民共和国资源税法》第一条,在中华人民共和国领域和中华人民共和国管辖的其他海域开发应税资源的矿产品或者生产盐的单位和个人,为资源税的纳税人,应当依照本法规定缴纳资源税。

11. 尾矿与原矿划分不清的按照原矿计征资源税。 ( )

【参考答案】√

【答案解析】根据《中华人民共和国资源税法》第四条,纳税人开采或者生产不同税目应税产品的,应当分别核算不同税目应税产品的销售额或者销售数量;未分别核算或者不能准确提供不同税目应税产品的销售额或者销售数量的,从高适用税率。

12. 开采原油过程中用于加热、修井用的原油免征资源税。 ( )

【参考答案】√

【答案解析】根据《中华人民共和国资源税法》第八条,开采原油以及在油田范围内运输原油过程中用于加热的原油,免税。

13. 资源税的纳税地点为应税产品的销售地。 ( )

【参考答案】×

【答案解析】根据《中华人民共和国资源税法》第十一条,纳税人应纳的资源税,应当向应税产品的开采或者生产所在地税务机关缴纳。

14. 资源税的计税依据为销售数量或销售额。 ( )

【参考答案】√

【答案解析】根据《中华人民共和国资源税法》第三条,资源税实行从价计征或者从量计征。

15. 资源税的征收模式包括从量计征和从价计征两种模式。（   ）

【参考答案】√

【答案解析】根据《中华人民共和国资源税法》第三条，资源税实行从价计征或者从量计征。

16. 原油、天然气、煤炭实行从量定额征收。（   ）

【参考答案】×

【答案解析】原油、天然气、煤炭实行从价计征。

17. 纳税人生产并销售液体盐的，以液体盐的销量为课税数量。（   ）

【参考答案】√

【答案解析】纳税人生产并销售液体盐的，以液体盐的销量为课税数量。

18. 对在中国境内开采煤炭的单位和个人，应按税法规定征收资源税，但对进口煤炭的单位和个人，则不用征收资源税。（   ）

【参考答案】√

【答案解析】根据《中华人民共和国资源税法》第一条，在中华人民共和国领域和中华人民共和国管辖的其他海域开发应税资源的矿产品或者生产盐的单位和个人，为资源税的纳税人，应当依照本法规定缴纳资源税。

19. 根据《中华人民共和国资源税法》规定，资源税的征收范围包括森林资源、海洋资源和水资源。（   ）

【参考答案】×

【答案解析】原油、天然气、煤炭、其他非金属矿原矿、黑色金属矿原矿、有色金属矿原矿和盐列入现行资源税征税范围。

20. 原油包括开采的天然原油和人造石油。（   ）

【参考答案】×

【答案解析】原油，是指开采的天然原油，不包括人造石油。

21. 纳税人应纳的资源税，应当向应税产品的开采或者生产所在地主管税务机关缴纳。（   ）

【参考答案】√

【答案解析】根据《中华人民共和国资源税法》第十一条，纳税人应纳的资源税，应当向应税产品的开采或者生产所在地税务机关缴纳。

22. 目前，我国仅对列举的资源征收资源税。（   ）

【参考答案】√

【答案解析】我国仅对《资源税税目税率表》列举的资源征收资源税。

23. 我国现行资源税实行比例税率和累进税率。（ ）

【参考答案】×

【答案解析】我国现行资源税实行比例税率和定额税率。

24. 凡是在我国境内从事开采资源的单位和个人，都是资源税的纳税人。（ ）

【参考答案】×

【答案解析】根据《中华人民共和国资源税法》第一条，在中华人民共和国领域和中华人民共和国管辖的其他海域开发应税资源的矿产品或者生产盐的单位和个人，为资源税的纳税人，应当依照本法规定缴纳资源税。

25. 我国资源税实行"普遍征收、级差调节"的原则。（ ）

【参考答案】√

【答案解析】普遍征收是指对我国领域及管辖海域开发的一切应税资源产品征收资源税；级差调节是指对因资源贮存状况、开采条件、资源优劣、地理位置等客观存在的差别而产生的资源级差收入，通过实施差别税额标准进行调节。

26. 对衰竭期煤矿开采的煤炭，资源税减征50%。（ ）

【参考答案】×

【答案解析】根据《中华人民共和国资源税法》第六条，从衰竭期矿山开采的矿产品，减征百分之三十资源税。

27. 从2019年1月1日实施的对增值税小规模纳税人适用普惠性税收减免政策不包括水资源税。（ ）

【参考答案】√

【答案解析】根据《财政部 税务总局关于实施小微企业普惠性税收减免政策的通知》（财税〔2019〕13号），从2019年1月1日实施的对增值税小规模纳税人适用普惠性税收减免政策不包括水资源税。

28. 纳税人销售应税产品，纳税义务发生时间为发出货物的当天。（ ）

【参考答案】×

【答案解析】根据《中华人民共和国资源税法》第十条，纳税人销售应税产品，纳税义务发生时间为收讫销售款或者取得销售款凭据的当日；自用应税产品的，纳税义务发生时间为移送税务局的当日。

29. 纳税人开采或者生产应税产品过程中，因意外事故或者自然灾害等原因遭受重大损失的，由市级人民政府酌情决定减税或者免税。（ ）

【参考答案】×

【答案解析】根据《中华人民共和国资源税法》第七条，纳税人开采或者生产应税产品过程中，因意外事故或者自然灾害等原因遭受重大损失的，由省、自治区、直辖市人民政府酌情决定减税或者免税。

30. 原油中的稠油、高凝油与稀油划分不清或不易划分的，一律按原油的数量课税。（ ）

【参考答案】√

【答案解析】根据《中华人民共和国资源税法》第四条，原油中的稠油、高凝油与稀油划分不清或不易划分的，一律按原油的数量课税。

题型四 实务题

试题一

某联合企业为增值税一般纳税人,2020年4月生产经营情况如下:

(1) 专门开采天然气4.5万立方米,开采原煤450万吨。

(2) 销售原煤280万吨,取得不含税销售额148 400万元。

(3) 以原煤直接加工洗选煤120万吨,全部对外销售,取得不含税销售额52 000万元。

(4) 企业职工食堂领用原煤2 500吨,同类产品不含增值税市场售价为145.5万元。

(5) 销售天然气3.7万立方米,取得不含税销售额14 000万元。

已知:资源税税率:煤原矿税率为5%,煤选矿税率为3.5%,天然气税率为6%。

根据上述资料,回答下列问题:

1. (单项选择题) 该企业业务(3)和业务(4)合计应纳资源税为(　　)。
   A. 1820万元　　B. 1 827.28万元　　C. 2 600万元　　D. 2 608.73万元

2. (单项选择题) 该企业当月销售天然气应纳资源税为(　　)。
   A. 840万元　　B. 197万元　　C. 570万元　　D. 630万元

3. (单项选择题) 该企业当月应纳资源税合计为(　　)。
   A. 7 420万元　　　　　　　　B. 9 751.25万元
   C. 10 087.28万元　　　　　　D. 12 451.25万元

【参考答案】 1. B; 2. A; 3. C

【答案解析】

1. 纳税人将其开采的原煤加工为洗选煤销售的,以选矿税率计算缴纳资源税。纳税人将开采的原煤用于职工食堂要视同销售缴纳资源税。

业务(3)应纳资源税 = 52 000 × 3.5% = 1 820(万元)。

业务(4)应纳资源税 = 145.5 × 5% = 7.28(万元)。

业务(3)和业务(4)应纳资源税合计 = 1820 + 7.28 = 1 827.28(万元)。

2. 该企业本月销售天然气应纳资源税 = 14 000 × 6% = 840(万元)。

3. 该企业销售原煤应纳资源税 = 148 400 × 5% = 7 420(万元)。

该企业当月应纳资源税合计 = 1 827.28 + 840 + 7 420 = 10 087.28(万元)。

试题二

某增值税一般纳税人油田企业,2020年9月发生如下业务:

(1) 开采原油8万吨,对外销售原油1.5万吨,其中包括三次采油的原油1万吨,原油不含税销售单价5 000元/吨。

(2) 将本月自采原油3万吨无偿赠送给关联企业,开采原油过程中加热使用自采原油0.1万吨,将上月自采原油30万吨用于对外投资。

已知:原油资源税税率8%。

根据上述资料,回答下列问题:

1. (单项选择题) 业务(1) 应纳资源税是( )。

A. 480万元   B. 436万元   C. 372万元   D. 3 444万元

2. (单项选择题) 业务(2) 增值税销项税额为( )。

A. 1 950万元   B. 19 500万元   C. 20 475万元   D. 21 450万元

3. (单项选择题) 业务(2) 应纳资源税为( )。

A. 1 200万元   B. 12 000万元   C. 12 600万元   D. 13 200万元

【参考答案】 1. A;2. D;3. D

【答案解析】

1. 对三次采油资源税减征30%。业务1应纳资源税 = 5 000 × (1.5 - 1) × 8% + 5 000 × 1 × 8% × (1 - 30%) = 480(万元)。

2. 业务(2)销项税额 = 5 000 × (3 + 30) × 13% = 21 450(万元)。

3. 业务(2)应纳资源税 = 5 000 × (3 + 30) × 8% = 13 200(万元)。

模块七　环境保护税政策与管理

题型一　单项选择题

1. 下列情形,应缴纳环境保护税的是(　　)。

A. 企业向依法设立的污水集中处理场所排放应税污染物

B. 企业在不符合地方环境保护标准的场所处置固体废物

C. 事业单位在符合国家环境保护标准的设施内贮存固体废物

D. 个体户向依法设立的生活垃圾集中处理场所排放应税污染物

【参考答案】B

【答案解析】选项A、C、D,不属于直接向环境排放污染物,不缴纳相应污染物的环境保护税。

2. 应税固体废物环境保护税的计税依据是(　　)。

A. 固体废物的贮存量　　　　　　　B. 固体废物的综合利用量

C. 固体废物的产生量　　　　　　　D. 固体废物的排放量

【参考答案】D

【答案解析】应税固体废物按照固体废物的排放量确定计税依据,固体废物的排放量为当期应税固体废物的产生量减去当期应税固体废物的贮存量、处置量、综合利用量的余额。

3. A企业为环境保护税的纳税人,该企业有一个污水排放口,2020年4月排放总铅800千克,污染当量值0.025千克,假设当地公布的环境保护税税额为每污染当量为3.8元。甲企业当月应缴纳环境保护税(　　)。

A. 3 040元　　　　　B. 32 000元　　　　　C. 85 000元　　　　　D. 121 600元

【参考答案】D

【答案解析】污染当量数 = 该污染物的排放量 ÷ 该污染物的污染当量值 = 800 ÷

297

0.025＝32 000；应缴纳环境保护税＝污染当量数×适用税额＝32 000×3.8＝121 600（元）。

4. 甲企业2020年6月产生尾矿2 500吨，其中在符合国家和地方环境保护标准的设施贮存500吨，符合国家和地方环境保护标准的综合利用尾矿800吨，适用税额为14元/吨。甲企业6月尾矿应缴纳环境保护税(   )。

A. 16 800元　　　　B. 22 500元　　　　C. 15 000元　　　　D. 18 000元

【参考答案】A

【答案解析】应税固体废物的应纳税额＝固体废物排放量×适用税额＝（2 500－500－800）×14＝16 800（元）。

5. 关于环境保护税，下列说法不正确的是(   )。

A. 环境保护税按月计算、按季申报缴纳

B. 环境保护税税率为统一比例税率

C. 机动车和船舶排放的应税污染物暂时免征环境保护税

D. 应税固体废物的环境保护税纳税地点为废物产生地

【参考答案】B

【答案解析】选项B：应税污染物的适用税率有两种，一是全国统一定额税，二是浮动定额税。

6. 纳税人按季申报缴纳环境保护税的，应当自季度终了之日起（   ）内，向税务机关办理纳税申报并缴纳税款。

A. 7日　　　　B. 15日　　　　C. 一个月　　　　D. 一个季度

【参考答案】B

【答案解析】环境保护税按月计算，按季申报缴纳。纳税人应当自季度终了之日起15日内，向税务机关办理纳税申报并缴纳税款。

7. 根据环境保护税规定，环境保护税的纳税地点是(   )。

A. 应税污染物排放地的税务机关

B. 扣缴义务人所在地的税务机关

C. 应税污染物排放单位机构所在地的税务机关

D. 应税污染物排放地的上级税务机关

【参考答案】A

【答案解析】纳税人应当向应税污染物排放地的税务机关申报缴纳环境保护税。

8. 下列各项，不属于环境保护税计税单位的是( )。

A. 每污染当量　　B. 每吨　　C. 超标分贝　　D. 每平方米

【参考答案】D

【答案解析】大气污染物、水污染物计税单位为每污染当量，固体废物计税单位为每吨，工业噪声计税单位为超标分贝。

9. 甲工业企业只有一个生产场所，昼夜生产，边界处声环境功能区类型为1类，《工业企业厂界环境噪声排放标准》规定1类功能区昼间排放限值为55分贝、夜间的噪声排放限值为45分贝，2020年3月累计超标天数为昼间10天，夜间20夜，假定该企业超标天数（昼间或夜间）里产生的噪声均为60分贝（已知噪声环境保护税单位税额为超标4~6分贝，每月700元；超标13~15分贝，每月5 600元）。该企业2020年3月应缴纳的环境保护税为( )。

A. 3 400元　　B. 5 950元　　C. 6 500元　　D. 8 000元

【参考答案】B

【答案解析】根据《财政部 税务总局 生态环境部关于环境保护税有关问题的通知》（财税〔2018〕23号），声源一个月内累计昼间超标不足15昼或者累计夜间超标不足15夜的，分别减半计算应纳税额。2020年3月应纳环境保护税为700×50% + 5 600 = 5 950（元）。

10. 下列关于环境保护税纳税人和征税范围的说法，不正确的是( )。

A. 在中华人民共和国领域，直接向环境排放应税污染物的企业、事业单位和其他生产经营者为环境保护税的纳税人，应当依照规定缴纳环境保护税

B. 行政单位、家庭和个人有排放污染物的行为，也属于环境保护税的纳税人

C. 依法设立的城乡污水集中处理、生活垃圾集中处理场所超过国家和地方规定的排放标准向环境排放应税污染物的，应当缴纳环境保护税

D. 企业、事业单位和其他生产经营者贮存或者处置固体废物不符合国家和地方环境保护标准的，应当缴纳环境保护税

【参考答案】B

【答案解析】在中华人民共和国领域和中华人民共和国管辖的其他海域，直接向环境排放应税污染物的企业、事业单位和其他生产经营者为环境保护税的纳税人，应当依照本法规定缴纳环境保护税。行政单位、家庭和个人即便有排放污染物的行为，不属于环境保护税的纳税人。

11. 对于大气和水污染物实行各省浮动定额税制,既有上限也有下限,税额上限设定为( )。

　　A. 下限的5倍　　　　B. 下限的10倍　　C. 下限的15倍　　D. 下限的20倍

【参考答案】B

【答案解析】对于固体废物和噪声污染实行的是全国统一的定额税制,对于大气和水污染物实行各省浮动定额税制,既有上限也有下限,税额上限设定为下限的10倍。

12. 下列各项,属于工业噪声计算缴纳环境保护税计税单位的是( )。

　　A. 超标分贝　　　　B. 每吨　　　　　C. 每分贝　　　　D. 每污染当量

【参考答案】A

【答案解析】工业噪声以超标分贝作为计算缴纳环境保护税的计税单位。

13. 下列情形,属于直接向环境排放污染物从而应缴纳环境保护税的是( )。

　　A. 企业、事业单位向依法设立的污水集中处理、生活垃圾集中处理场所排放应税污染物的

　　B. 其他生产经营者向依法设立的污水集中处理、生活垃圾集中处理场所排放应税污染物的

　　C. 依法设立的城乡污水集中处理场所超过国家和地方规定的排放标准排放应税污染物的

　　D. 企业、事业单位和其他生产经营者在符合国家和地方环境保护标准的设施、场所贮存或者处置固体废物的

【参考答案】C

【答案解析】有下列情形之一的,不属于直接向环境排放污染物,不缴纳相应污染物的环境保护税:①企业、事业单位和其他生产经营者向依法设立的污水集中处理、生活垃圾集中处理场所排放应税污染物的;②企业、事业单位和其他生产经营者在符合国家和地方环境保护标准的设施、场所贮存或者处置固体废物的。

14. 下列关于环境保护税的税收优惠的说法,不正确的是( )。

　　A. 农业生产排放应税污染物一律免税

　　B. 综合利用的固体废物,符合国家和地方环境保护标准的,免征环境保护税

　　C. 依法设立的城乡污水集中处理、生活垃圾集中处理场所排放相应应税污染物,未超标的,免征环境保护税

　　D. 机动车、铁路机车、非道路移动机械、船舶和航空器等流动污染源排放应税污

染物免税

【参考答案】A

【答案解析】农业生产排放应税污染物免税,但规模化养殖除外。

15. 甲企业 2020 年 6 月排放汞及其化合物 80 千克,汞及其化合物的污染当量值为 0.000 1(单位:千克),适用税额为 8 元每污染物当量。该企业当月应缴纳环境保护税是(　　)。

　　A. 240 万元　　　　　　B. 640 万元　　　　　　C. 890 万元　　　　　　D. 980 万元

【参考答案】B

【答案解析】污染当量数 = 该污染物的排放量 ÷ 该污染物的污染当量值 = 80 ÷ 0.000 1 = 800 000;应纳税额 = 污染当量数 × 适用税额 = 800 000 × 8 = 640(万元)。

16. 下列情形,应当缴纳环境保护税的是(　　)。

　　A. 机动车排放应税污染物　　　　　　B. 规模化养殖直接排放的应税污染物
　　C. 船舶排放应税污染物　　　　　　　D. 航空器排放应税污染物

【参考答案】B

【答案解析】下列情形暂免征收环境保护税。①农业生产(不包括规模化养殖)排放应税污染物的。②机动车、铁路机车、非道路移动机械、船舶和航空器等流动污染源排放应税污染物的。③依法设立的城乡污水集中处理、生活垃圾集中处理场所排放相应应税污染物,不超过国家和地方规定的排放标准的。依法设立的生活垃圾焚烧发电厂、生活垃圾填埋场、生活垃圾堆肥厂,属于生活垃圾集中处理场所,其排放应税污染物不超过国家和地方规定的排放标准的。④纳税人综合利用的固体废物,符合国家和地方环境保护标准。

17. 甲娱乐服务企业通过安装水流量计测得 2020 年 6 月排放污水量为 50 吨,已知饮食娱乐服务业污染当量值为 0.5 吨污水。假设当地水污染物适用税额为每污染当量 3.2 元,甲企业当月应缴纳环境保护税为(　　)。

　　A. 120 元　　　　　　B. 260 元　　　　　　C. 320 元　　　　　　D. 360 元

【参考答案】C

【答案解析】水污染物污染当量数 = 50 ÷ 0.5 = 100,应纳税额 = 100 × 3.2 = 320(元)。

18. 下列各项,不属于环境保护税征税范围的是(　　)。

　　A. 大气污染物

B. 噪声（工业）

C. 水污染物

D. 依法对畜禽养殖废弃物进行综合利用和无害化处理

【参考答案】D

【答案解析】依法对畜禽养殖废弃物进行综合利用和无害化处理的，不属于直接向环境排放污染物，不缴纳环境保护税。

19. 下列情形，应该缴纳环境保护税的是(　　)。

A. 企业、事业单位处置固定废物不符合国家和地方环境保护税标准的

B. 企业、事业单位向依法设立的污水集中处理场所排放应税污染物的

C. 其他生产经营者在符合国家和地方环境保护标准的设施、场所贮存固体废物的

D. 其他生产经营者向依法设立的生活垃圾集中处理场所排放应税污染物的

【参考答案】A

【答案解析】企业、事业单位和其他生产经营者贮存或者处置固定废物不符合国家和地方环境保护标准的，应当缴纳环境保护税。

20. 某企业2019年4月排放汞及其化合物50千克，汞及其化合物的污染当量值为0.0001（单位：千克），适用税额为8元每污染物当量。该企业当月应缴纳环境保护税(　　)。

A. 40万元　　　　　B. 100万元　　　　　C. 200万元　　　　　D. 400万元

【参考答案】D

【答案解析】污染当量数＝该污染物的排放量÷该污染物的污染当量值＝50÷0.0001＝500 000，应纳税额＝污染当量数×适用税额＝500 000×8＝400（万元）。

21. 下列情形，应当缴纳环境保护税的是(　　)。

A. 建筑物噪声

B. 航空器排放应税污染物

C. 纳税人综合利用的固体废物，符合环境保护标准

D. 规模化养殖直接排放的应税污染物

【参考答案】D

【答案解析】下列情形暂免征收环境保护税：①农业生产（不包括规模化养殖）排放应税污染物的；②机动车、铁路机车、非道路移动机械、船舶和航空器等流动污染源排放应税污染物的；③依法设立的城乡污水集中处理、生活垃圾集中处理场所排放相应

应税污染物，不超过国家和地方规定的排放标准的；④纳税人综合利用的固体废物，符合国家和地方环境保护标准。

22. 下列各项，由省、自治区、直辖市人民政府统筹考虑后在规定的幅度内按照规定程序确定具体适用税额的是(　　)。

　　A. 噪声　　　　　　　B. 水污染物　　　　　C. 固体废物　　　　D. 液态废物

【参考答案】B

【答案解析】应税大气污染物和水污染物的具体适用税额的确定和调整，由省、自治区、直辖市人民政府统筹考虑本地区环境承载能力、污染物排放现状和经济社会生态发展目标要求，在《环境保护税税目税额表》规定的税额幅度内提出，报同级人民代表大会常务委员会决定，并报全国人民代表大会常务委员会和国务院备案。

23. 纳税人排放应税大气污染物或者水污染物的浓度值低于国家和地方规定的污染物排放标准（　　）的，减按75%征收环境保护税。

　　A. 5%　　　　　　　　B. 10%　　　　　　　C. 20%　　　　　　D. 30%

【参考答案】D

【答案解析】根据《中华人民共和国环境保护税法》第十三条，纳税人排放应税大气污染物或者水污染物的浓度值低于国家和地方规定的污染物排放标准30%的，减按75%征收环境保护税。纳税人排放应税大气污染物或者水污染物的浓度值低于国家和地方规定的污染物排放标准50%的，减按50%征收环境保护税。

24. 纳税人排放应税大气污染物或者水污染物的浓度值低于国家和地方规定的污染物排放标准（　　）的，减按50%征收环境保护税。

　　A. 30%　　　　　　　B. 40%　　　　　　　C. 50%　　　　　　D. 60%

【参考答案】C

【答案解析】根据《中华人民共和国环境保护税法》第十三条，纳税人排放应税大气污染物或者水污染物的浓度值低于国家和地方规定的污染物排放标准30%的，减按75%征收环境保护税。纳税人排放应税大气污染物或者水污染物的浓度值低于国家和地方规定的污染物排放标准50%的，减按50%征收环境保护税。

25. 每一排放口或者没有排放口的应税大气污染物，按照污染当量数从大到小排序，对前（　　）项污染物征收环境保护税。

　　A. 2　　　　　　　　　B. 3　　　　　　　　C. 4　　　　　　　　D. 5

【参考答案】B

【答案解析】根据《中华人民共和国环境保护税法》第九条,每一排放口或者没有排放口的应税大气污染物,按照污染当量数从大到小排序,对前三项污染物征收环境保护税。

26. 依照环境保护税法规定减征环境保护税的,应采取的计算方法为( )。

A. 对每一排放口排放的不同应税污染物分别计算

B. 对所有排放口排放的不同应税污染物分别计算

C. 对所有排放口排放的所有应税污染物综合计算

D. 对每一排放口的排放的所有应税污染物分别计算

【参考答案】A

【答案解析】根据《中华人民共和国环境保护税法》第十三条,减征环境保护税的,应当对每一排放口排放的不同应税污染物分别计算。

27. 环境保护税纳税人申报的污染物排放数据与环境保护主管部门交送的相关数据不一致的,按照( )交送的数据确定应税污染物的计税依据。

A. 环境保护主管部门　　　　　　B. 税务部门

C. 环保部门联合税务部门　　　　D. 以上答案都不对

【参考答案】A

【答案解析】根据《中华人民共和国环境保护税法实施条例》第二十一条,纳税人申报的污染物排放数据与环境保护主管部门交送的相关数据不一致的,按照环境保护主管部门交送的数据确定应税污染物的计税依据。

28. 下列各项,不属于环境保护税征税范围的是( )。

A. 大气污染物

B. 超标工业噪声

C. 水污染物

D. 事业单位在符合国家和地方环境保护标准的设施、场所贮存固定废物

【参考答案】D

【答案解析】企业、事业单位和其他生产经营者在符合国家和地方环境保护标准的设施、场所贮存或者处置固体废物的,不属于直接向环境排放污染物,不缴纳相应污染物的环境保护税。

29. 下列关于环境保护税纳税人和征税对象的表述,错误的是( )。

A. 在某小区装修新房并产生噪声的房主刘某是环境保护税的纳税人

B. 在北京市从事餐饮服务并直接向环境排放水污染物的饭店是环境保护税的纳税人

C. 依法设立的城乡污水集中处理、生活垃圾集中处理场所超过国家和地方规定的排放标准向环境排放的应税污染物，应当缴纳环境保护税

D. 存栏 1 000 头奶牛的养殖场排放应税污染物，应当缴纳环境保护税

【参考答案】A

【答案解析】征收环境保护税的应税噪声目前只包括工业噪声。

30. 下列关于环境保护税税收优惠的表述，不正确的是(   )。

A. 农业生产（不包括规模化养殖）排放应税污染物的，暂予免征环境保护税

B. 依法设立的生活垃圾集中处理场所排放相应应税污染物，不超过国家和地方规定的排放标准的，暂予免征环境保护税

C. 机动车、铁路机车等流动污染源排放应税污染物的，暂予免征环境保护税

D. 纳税人排放应税大气污染物或者水污染物的浓度值低于国家和地方规定的污染物排放标准30%的，减按50%征收环境保护税

【参考答案】D

【答案解析】纳税人排放应税大气污染物或者水污染物的浓度值低于国家和地方规定的污染物排放标准30%的，减按75%征收环境保护税。

31. 下列关于环境保护税的表述，不正确的是(   )。

A. 荷兰是征收环境保护税比较早的国家，为环境保护设计的税收主要包括燃料税、噪声税、水污染税等

B. 与发达国家相比，中国在环境保护方面的措施主要是排污费的征收

C. 环境保护税的征税项目为四种重点污染源

D. 环境保护税的税收收入全部归中央

【参考答案】D

【答案解析】环境保护税的税收收入全部归地方。为鼓励地方做好污染防治的积极性，环境保护税收入中央不再参加收入分成，税收收入全部归地方，用于地方治理环境污染。

32. 下列关于环境保护税的说法，不正确的是(   )。

A. 环境保护税是对在我国领域以及管辖的其他海域直接向环境排放应税污染物的企事业单位和其他生产经营者征收的一种税

B. 直接向环境排放应税污染物的企业事业单位和其他生产经营者，除依照《中华

人民共和国环境保护税法》规定缴纳环境保护税外，应当对所造成的损害依法承担责任

C. 达到省级人民政府确定的规模标准并且有污染物排放口的畜禽养殖场，应当依法缴纳环境保护税

D. 依法设立的城乡污水集中处理、生活垃圾集中处理场所超过国家和地方规定的排放标准向环境排放应税污染物的，不缴纳环境保护税

【参考答案】D

【答案解析】依法设立的城乡污水集中处理、生活垃圾集中处理场所超过国家和地方规定的排放标准向环境排放应税污染物的，应当缴纳环境保护税。

33. 下列关于环境保护税计税依据的说法，错误的是(　　)。

A. 应税大气污染物的污染当量数，以该污染物的排放量除以该污染物的污染当量值计算

B. 每一排放口或者没有排放口的应税大气污染物，按照污染当量数从大到小排序，对前五项污染物征收环境保护税

C. 固体废物的排放量为当期应税固体废物的产生量减去当期应税固体废物的贮存量、处置量、综合利用量的余额

D. 应税噪声按照超过国家规定标准的分贝数确定

【参考答案】B

【答案解析】每一排放口或者没有排放口的应税大气污染物，按照污染当量数从大到小排序，对前三项污染物征收环境保护税。

34. 下列关于环境保护税减免税的规定，说法正确的是(　　)。

A. 农业生产规模化养殖排放的应税污染物免征环境保护税

B. 非机动车、铁路机车、道路移动机械、船舶和航空器等流动污染源排放的应税污染物免征环境保护税

C. 纳税人排放应税大气污染物的浓度值低于国家和地方规定的污染物排放标准30%的，减按70%征收环境保护税

D. 纳税人排放应税水污染物的浓度值低于国家和地方规定的污染物排放标准50%的，减按50%征收环境保护税

【参考答案】D

【答案解析】选项A：农业生产（不包括规模化养殖）排放应税污染物的免征环境保护税。选项B：机动车、铁路机车、非道路移动机械、船舶和航空器等流动污染源排

放应税污染物的免征环境保护税。选项C：纳税人排放应税大气污染物或者水污染物的浓度值低于国家和地方规定的污染物排放标准30%的，减按75%征收环境保护税。

35. 下列情形，应该缴纳环境保护税的是(　　)。

A. 企业、事业单位处置固体废物不符合国家和地方环境保护税标准的

B. 企业、事业单位向依法设立的污水集中处理场所排放应税污染物的

C. 其他生产经营者在符合国家和地方环境保护标准的设施、场所贮存固体废物的

D. 其他生产经营者向依法设立的生活垃圾集中处理场所排放应税污染物的

【参考答案】A

【答案解析】企业、事业单位和其他生产经营者贮存或者处置固体废物不符合国家和地方环境保护标准的，应当缴纳环境保护税。

36. 根据规定，纳税人排放应税大气污染物或者水污染物的浓度值低于国家和地方规定的污染物排放标准50%的，(　　)征收环境保护税。

A. 减按50%　　　B. 减按30%　　　C. 减按75%　　　D. 减按55%

【参考答案】A

【答案解析】纳税人排放应税大气污染物或者水污染物的浓度值低于国家和地方规定的污染物排放标准50%的，减按50%征收环境保护税。

37. 下列关于环境保护税征收管理的表述，不正确的是(　　)。

A. 环境保护税纳税义务发生时间为纳税人排放应税污染物的当日

B. 纳税人不能按固定期限计算缴纳环境保护税的，可以按次申报缴纳

C. 纳税人按次申报缴纳的，应当自纳税义务发生之日起10日内，向税务机关办理纳税申报并缴纳税款

D. 纳税人按季申报缴纳的，应当自季度终了之日起15日内，向税务机关办理纳税申报并缴纳税款

【参考答案】C

【答案解析】纳税人按次申报缴纳的，应当自纳税义务发生之日起15日内，向税务机关办理纳税申报并缴纳税款。

38. 下列关于环境保护税纳税地点的说法，不正确的是(　　)。

A. 纳税人应当向应税污染物排放地的税务机关申报缴纳环境保护税

B. 应税大气污染物的排放口所在地属于应税污染物排放地

C. 纳税人跨区域排放应税污染物，税务机关对税收征收管辖有争议的，由争议各方

按照有利于征收管理的原则协商解决

D. 纳税人跨区域排放应税污染物，对税收征收管辖有争议，不能协商一致的，一律报请国家税务总局决定

【参考答案】D

【答案解析】纳税人跨区域排放应税污染物，税务机关对税收征收管辖有争议的，由争议各方按照有利于征收管理的原则协商解决；不能协商一致的，报请共同的上级税务机关决定。

题型二 多项选择题

1. 下列各项，关于环境保护税的说法不正确的有(　　)。

A. 实行统一的定额税和浮动定额税相结合的税额标准

B. 环境保护税的征税环节是生产销售环节

C. 应税污染物的具体适用税额由省级税务机关确定

D. 对机动车排放废气暂免征收环境保护税

E. 环境保护税收入全部归地方政府

【参考答案】BC

【答案解析】环境保护税的征税环节不是生产销售环节，也不是消费使用环节，而是直接向环境排放应税污染物的排放环节；应税污染物的具体适用税额的确定和调整，由省、自治区、直辖市人民政府在规定的税额幅度内提出，报同级人民代表大会常务委员会决定，并报全国人民代表大会常务委员会和国务院备案。

2. 下列直接向环境排放污染物的主体中，不属于环境保护税纳税人的有(　　)。

A. 事业单位　　　　B. 个人　　　　C. 家庭　　　　D. 私营企业

E. 国有企业

【参考答案】BC

【答案解析】环境保护税的纳税人是指在中华人民共和国领域和中华人民共和国管辖的其他海域，直接向环境排放应税污染物的企业、事业单位和其他生产经营者。不包含个人和家庭。

3. 关于环境保护税，下列说法正确的是(　　)。

A. 环境保护税按月计算、按季申报缴纳

B. 不能按固定期限计算缴纳的，可以按月申报缴纳

C. 纳税人按季申报缴纳的，应当自季度终了之日起15日内，向税务机关办理纳税申报并缴纳税款

D. 纳税人按次申报缴纳的，应当自纳税义务发生之日起15日内，向税务机关办理纳税申报并缴纳税款

E. 生态环境主管部门和税务机关应当建立涉税信息共享平台和工作配合机制

【参考答案】ACDE

【答案解析】不能按固定期限计算缴纳的，可以按次申报缴纳。

4. 下列各项，属于环境保护税征税范围，应缴纳环境保护税的有（　　）。

A. 超标的工业噪声

B. 大气污染物

C. 事业单位向依法设立的污水集中处理场所排放应税污染物

D. 固体废物

E. 水污染物

【参考答案】ABDE

【答案解析】企业、事业单位和其他生产经营者向依法设立的污水集中处理、生活垃圾集中处理场所排放应税污染物的，不属于直接向环境排放污染物，不缴纳相应污染物的环境保护税。

5. 下列污染物，属于环境保护税征税对象的是（　　）。

A. 光污染　　　　　　　　　　B. 工业噪声污染

C. 固体废物　　　　　　　　　D. 水污染物

E. 大气污染物

【参考答案】BCDE

【答案解析】环境保护税的征税对象为应税污染物，是环境保护税法所附《环境保护税税目税额表》《应税污染物和当量值表》规定的大气污染物、水污染物、固体废物和噪声（仅包括工业噪声）。

6. 下列关于减征环境保护税的说法，不正确的是（　　）。

A. 纳税人排放应税大气污染物或者水污染物的浓度值低于国家和地方规定的污染物排放标准20%的，减按80%征收环境保护税

B. 纳税人排放应税大气污染物或者水污染物的浓度值低于国家和地方规定的污染物排放标准30%的，减按70%征收环境保护税

C. 纳税人排放应税大气污染物或者水污染物的浓度值低于国家和地方规定的污染物排放标准50%的，减按50%征收环境保护税

D. 纳税人排放应税大气污染物或者水污染物的浓度值低于国家和地方规定的污染物排放标准75%的，减按20%征收环境保护税

E. 纳税人排放应税大气污染物或者水污染物的浓度值低于国家和地方规定的污染物排放标准75%的，减按50%征收环境保护税

【参考答案】 ABDE

【答案解析】 纳税人排放应税大气污染物或者水污染物的浓度值低于国家和地方规定的污染物排放标准30%的，减按75%征收环境保护税。纳税人排放应税大气污染物或者水污染物的浓度值低于国家和地方规定的污染物排放标准50%的，减按50%征收环境保护税。

7. 下列污染物，不属于环境保护税征收范围的有（　　）。

　　A. 建筑噪声　　　　B. 二氧化硫　　　　C. 煤矸石　　　　D. 氮氧化物

　　E. 光污染

【参考答案】 AE

【答案解析】 噪声是环境保护税征收范围，但目前只包括工业噪声，不包括建筑噪声。二氧化硫、氮氧化物为大气污染物，煤矸石属于固体废物，光污染目前不属于环境保护税征税对象。

8. 按照《中华人民共和国环境保护税法》的规定，由省、自治区、直辖市人民政府在环境保护税法所附《环境保护税税目税额表》规定的税额幅度内提出，报同级人民代表大会常务委员会决定，并报全国人民代表大会常务委员会和国务院备案的有（　　）。

　　A. 大气污染物　　　　B. 液态废物　　　　C. 固体废物　　　　D. 噪声

　　E. 水污染物

【参考答案】 AE

【答案解析】 目前对于固体废物和噪声污染实行的是全国统一的定额税制。大气污染物、水污染物的浮动定额税，具体适用税额的确定和调整，由省、自治区、直辖市人民政府提出，报同级人民代表大会常务委员会决定，并报全国人民代表大会常务委员会和国务院备案。选项B，液态废物目前不属于环境保护税征税对象。

9. 关于环境保护税的征收管理，下列说法正确的有（　　）。

　　A. 环境保护税的纳税义务发生时间为纳税人排放应税污染物的当日

　　B. 纳税人应当向机构所在地的税务机关申报缴纳环境保护税

　　C. 环境保护税按月计算，按季申报缴纳

　　D. 应税大气污染物、水污染物纳税地点为排放口所在地

　　E. 应税固体废物、应税噪声纳税地点为废物、噪声产生地

【参考答案】 ACDE

【答案解析】纳税人应当向应税污染物排放地的税务机关申报缴纳环境保护税。

10. 下列关于应税污染物计税依据的说法，正确的有（ ）。

   A. 应税大气污染物按照污染物排放量折合的污染当量数确定

   B. 应税水污染物的污染当量数，以该污染物的排放量除以该污染物的污染当量值计算

   C. 应税固体废物按照固体废物的产生量确定

   D. 固体废物的排放量为当期应税固体废物的产生量加上当期应税固体废物的贮存量、处置量、综合利用量

   E. 应税噪声按照超过国家规定标准的分贝数确定

   【参考答案】ABE

   【答案解析】应税固体废物按照固体废物的排放量确定；固体废物的排放量为当期应税固体废物的产生量减去当期应税固体废物的贮存量、处置量、综合利用量的余额。

11. 下列关于环境保护税税目与税率的表述，正确的有（ ）。

   A. 环境保护税税目包括大气污染物、水污染物、固体废物和噪声

   B. 应税噪声污染包括所有噪声

   C. 应税污染物的适用税率有两种：一是全国统一定额税，二是浮动定额税

   D. 昼、夜均超标的环境噪声，昼、夜分别计算应纳税额，累计计征

   E. 声源一个月内超标不足20天的，减半计算应纳税额

   【参考答案】ACD

   【答案解析】应税噪声污染目前只包括工业噪声；声源一个月内超标不足15天的，减半计算应纳税额。

12. 下列关于环境保护税纳税地点的表述，不正确的有（ ）。

   A. 应税大气污染物的产生地　　　　B. 水污染物排放口所在地

   C. 应税固体废物的产生地　　　　　D. 应税固体废物的存放地

   E. 应税噪声的产生地

   【参考答案】AD

   【答案解析】环境保护税的纳税地点为应税污染排放地。应税大气污染物纳税地点应当是排放口所在地；应税固体废物纳税地点应当是固体废物的产生地。

13. 下列各项，属于环境保护税征税范围，应缴纳环境保护税的有（ ）。

   A. 直接向环境排放的超标的建筑噪声

B. 直接向环境排放的大气污染物

C. 事业单位向依法设立的污水集中处理场所排放应税污染物

D. 直接向环境排放的固体废物

E. 直接向环境排放的水污染物

【参考答案】BDE

【答案解析】应税噪声污染目前只包括工业噪声;企业、事业单位和其他生产经营者向依法设立的污水集中处理、生活垃圾集中处理场所排放应税污染物的,不属于直接向环境排放污染物,不缴纳相应污染物的环境保护税。

14. 下列说法,属于环境保护税的特点有( )。

A. 征税项目为四种重点污染源

B. 纳税人主要是企事业单位和其他经营者

C. 直接排放应税污染物是必要条件

D. 税收收入全部归中央

E. 税额为统一定额税和浮动定额税结合

【参考答案】ABCE

【答案解析】环境保护税税收收入全部归地方。纳税人应当向应税污染物排放地的税务机关申报缴纳环境保护税。

15. 下列有关环境保护税的表述,正确的有( )。

A. 环境保护税实行定额税率

B. 环境保护税应当向应税污染物排放地的环境保护主管部门申报缴纳

C. 环境保护税应当按月向企业住所地税务机关申报缴纳

D. 环境保护税的纳税义务发生时间为纳税人排放应税污染物的当日

E. 《中华人民共和国环境保护税法》自 2018 年 1 月 1 日起实施,同时停征排污费

【参考答案】ADE

【答案解析】环境保护税由税务机关征收环境保护税按月计算,按季申报缴纳,纳税人应当向应税污染物排放地的税务机关申报缴纳。

16. 《中华人民共和国环境保护税法》规定,环境保护税的征税对象包括( )。

A. 建筑噪声   B. 水污染物   C. 固体废物   D. 工业噪声

E. 大气污染物

【参考答案】BCDE

【答案解析】根据《中华人民共和国环境保护税法》第三条，污染物征税对象不包括建筑噪声。

17. 下列关于环境保护税应纳税额的计算方法，正确的有(　　)。

   A. 应税大气污染物的应纳税额为污染当量数乘以具体适用税额

   B. 应税水污染物的应纳税额为污染当量数乘以具体适用税额

   C. 应税固体废物的应纳税额为固体废物排放量乘以具体适用税额

   D. 应税噪声的应纳税额为超过国家规定标准的分贝数对应的具体适用税额

   E. 由税务机关根据污染情况核定征收

【参考答案】ABCD

【答案解析】根据《中华人民共和国环境保护税法》第十一条，环境保护税应纳税额按照下列方法计算：①应税大气污染物的应纳税额为污染当量数乘以具体适用税额；②应税水污染物的应纳税额为污染当量数乘以具体适用税额；③应税固体废物的应纳税额为固体废物排放量乘以具体适用税额；④应税噪声的应纳税额为超过国家规定标准的分贝数对应的具体适用税额。

18. 下列情形，属于暂予免征环境保护税的有(　　)。

   A. 农业生产（不包括规模化养殖）排放应税污染物的

   B. 机动车、铁路机车、非道路移动机械、船舶和航空器等流动污染源排放应税污染物的

   C. 依法设立的城乡污水集中处理、生活垃圾集中处理场所排放相应应税污染物，不超过国家和地方规定的排放标准的

   D. 纳税人综合利用的固体废物，符合国家和地方环境保护标准的（如：用工业废渣制成环保砖）

   E. 纳税人排放应税大气污染物或者水污染物的浓度值低于国家和地方规定的污染物排放标准50%

【参考答案】ABCD

【答案解析】纳税人排放应税大气污染物或者水污染物的浓度值低于国家和地方规定的污染物排放标准50%的，减按50%征收环境保护税。

19. 在中华人民共和国领域和中华人民共和国管辖的其他海域，直接向环境排放应税污染物的(　　)为环境保护税纳税人。

   A. 企业单位　　　　　　　　　　　B. 外籍人员

C. 其他生产经营者 　　　　　　　D. 居民个人

E. 事业单位

【参考答案】ACE

【答案解析】在中华人民共和国领域和中华人民共和国管辖的其他海域，直接向环境排放应税污染物的企业事业单位和其他生产经营者为环境保护税的纳税人，应当依照本法规定缴纳环境保护税。

20. 在环境保护税征税对象的大气污染物当中，重点污染物为（　　）。

A. 二氧化硫　　　B. 氮氧化物　　　C. 一氧化碳　　　D. 烟尘

E. 一般性粉尘

【参考答案】ABD

【答案解析】税法所附污染当量值的大气污染物共44项，重点污染物为二氧化硫、氮氧化物、烟尘等。

21. 在征收环境保护税的水污染物中，属于第一类水污染物的有（　　）。

A. 总汞　　　B. 氨氮　　　C. 化学需氧量　　　D. 总镉

E. 重金属

【参考答案】AD

【答案解析】污染当量值的第一类水污染物包括总汞、总镉10项；第二类水污染物和pH值、色度、大肠菌群数、余氯量水污染物55项。重点污染物为氨氮、化学需氧量、重金属等。

22. 对不具备自动监测设备或者监测机构数据计算应税排放量的环境保护税纳税人，以（　　）计算方法测算应税污染物排放量。

A. 排污系数法　　　B. 物料衡算法　　　C. 估算法　　　D. 倒推法

E. 其他方法

【参考答案】AB

【答案解析】只有采用自动监测或者机构监测数据计算应税排放量，才能够确定排放浓度值。对不具备检测条件的按照物料衡算或者排污系数方法计算。

23. 环境保护税应税污染物计税依据的确定方法为（　　）。

A. 应税大气污染物按照污染物排放量折合的污染当量数确定

B. 应税水污染物按照污染物排放量折合的污染当量数确定

C. 应税固体废物按照固体废物的排放量确定

D. 每一排放口应税大气污染物，按照污染当量数从大到小排序，对前五项污染物征税

E. 应税噪声按照超过国家规定标准的分贝数确定

【参考答案】ABCE

【答案解析】根据《中华人民共和国环境保护税法》第七条，每一排放口应税大气污染物，按照污染当量数从大到小排序，对前三项污染物征税。

24. 下列情形，暂予免征环境保护税的有（　　）。

A. 规模化养殖排放应税污染物的

B. 铁路机车排放应税污染物的

C. 一个月内累计昼间超标不足15昼或者累计夜间超标不足15夜的

D. 垃圾集中处理场所排放应税污染物，不超过国家和地方规定的排放标准的

E. 纳税人综合利用的固体废物，符合国家和地方环境保护标准的

【参考答案】BE

【答案解析】因环境保护税法规定，农业生产（不包括规模化养殖）排放应税污染物的；机动车、铁路机车、非道路移动机械、船舶和航空器等流动污染源排放应税污染物的；依法设立的城乡污水集中处理、生活垃圾集中处理场所排放相应应税污染物，不超过国家和地方规定的排放标准的；纳税人综合利用的固体废物，符合国家和地方环境保护标准的，方可免征。一个月内累计昼间超标不足15昼或者累计夜间超标不足15夜的，分别减半（50%）计算应纳税额。

25. 环境保护税纳税地点，关于污染物排放地正确的是（　　）。

A. 应税大气污染物排放地的税务机关　　B. 应税水污染物排放地的税务机关

C. 应税固体废物产生地　　D. 排放单位机构所在地

E. 应税噪声产生地

【参考答案】ABCE

【答案解析】根据环境保护税法规定，纳税人应当向应税污染物排放地的税务机关申报缴纳环境保护税。其应税污染物排放地是指：应税大气污染物、水污染物排放地的税务机关；应税固体废物产生地；应税噪声产生地。

26. 环境保护税纳税人有（　　）情形的，以其当期应税大气污染物、水污染物的产生量作为污染物的排放量。

A. 未依法安装使用污染物自动监测设备或者未将污染物自动监测设备与环境保护

主管部门的监控设备联网

B. 损毁或者擅自移动、改变污染物自动监测设备

C. 未按期进行纳税申报

D. 通过暗管、渗井、渗坑、灌注或者稀释排放以及不正常运行防治污染设施等方式违法排放应税污染物

E. 篡改、伪造污染物监测数据

【参考答案】ABDE

【答案解析】根据《中华人民共和国环境保护税法实施条例》，纳税人有下列情形之一的，以其当期应税大气污染物、水污染物的产生量作为污染物的排放量：①未依法安装使用污染物自动监测设备或者未将污染物自动监测设备与环境保护主管部门的监控设备联网；②损毁或者擅自移动、改变污染物自动监测设备；③篡改、伪造污染物监测数据；④通过暗管、渗井、渗坑、灌注或者稀释排放以及不正常运行防治污染设施等方式违法排放应税污染物；⑤进行虚假纳税申报。

题型三 判断题

1. 环境保护税征税项目为四类重点污染源：大气污染物、水污染物、固体废物、噪声。( )

【参考答案】√

2. 对农业生产（包括规模化养殖）暂免征税。( )

【参考答案】×

【答案解析】对农业生产（不包括规模化养殖）暂免征税。

3. 行政单位、家庭和个人有排放污染物的行为，也属于环境保护税的纳税人。
( )

【参考答案】×

【答案解析】行政单位、家庭和个人即便有排放污染物的行为，也不属于环境保护税的纳税人。

4. 大气污染物、水污染物的浮动定额税，具体适用税额的确定和调整，由省、自治区、直辖市人民政府提出，报同级人民代表大会常务委员会决定，并报全国人民代表大会常务委员会和国务院备案。( )

【参考答案】√

5. 每一排放口应税大气污染物，按照污染当量数从大到小排序，对前五项污染物征收环境保护税。( )

【参考答案】×

【答案解析】每一排放口应税大气污染物，按照污染当量数从大到小排序，对前三项污染物征收环境保护税。

6. 机动车、铁路机车、非道路移动机械、船舶和航空器等流动污染源排放应税污染物免征环境保护税。( )

【参考答案】√

7. 纳税人排放应税大气污染物或者水污染物的浓度值低于国家和地方规定的污染物排放标准30%的，减按50%缴纳环境保护税。( )

【参考答案】×

【答案解析】纳税人排放应税大气污染物或者水污染物的浓度值低于国家和地方规

定的污染物排放标准 30% 的，减按 75% 缴纳环境保护税。

8. 环境保护税采取中央和地方 1∶9 分成的收入分配模式。（　　）

【参考答案】×

【答案解析】原排污费收入是按照中央和地方 1∶9 分成的收入分配模式，为充分调动积极性，完善地方税体系，2017 年国务院发布了《关于环境保护税收入归属问题的通知》，明确规定环境保护税全部作为地方收入，中央财政不再分成。

9. 纳税人按季或按次申报缴纳环境保护税的，应当自季度终了之日起 10 日内，向税务机关办理纳税申报并缴纳税款。（　　）

【参考答案】×

【答案解析】纳税人按季或按次申报缴纳环境保护税的，应当自季度终了之日起 15 日内，向税务机关办理纳税申报并缴纳税款。

10. 禽畜养殖场依法对畜禽养殖废弃物进行综合利用和无害化处理的，不缴纳环境保护税。达到省级人民政府确定的规模标准并且有污染物排放口的畜禽养殖场，应当依法缴纳环境保护税。（　　）

【参考答案】√

11. 环境保护税是行为税，不是普遍征收。（　　）

【参考答案】√

【答案解析】只有直接向环境排放污染物的纳税人才缴纳环境保护税，比如对污水排放进入管网的就不缴纳环境保护税。

12. 环境保护税是地方税种，由中央统一税额标准。（　　）

【参考答案】×

【答案解析】环境保护税是地方税种，不是中央统一税额标准，税法授权各省统筹考虑本地区环境承载力、污染物排放和经济社会生态发展目标要求，可在一定范围内"上浮适用税额"。

13. 在中华人民共和国领域和中华人民共和国管辖的其他海域，直接向环境排放应税污染物的企业、事业单位和其他生产经营者为环境保护税的纳税人。（　　）

【参考答案】√

【答案解析】政策依据：《中华人民共和国环境保护税法》对纳税人的定义。

14. 从事生产经营的事业单位有向环境直接排放应税污染物排放行为的，应当缴纳环境保护税。（　　）

【参考答案】√

【答案解析】在中华人民共和国领域和中华人民共和国管辖的其他海域,直接向环境排放应税污染物的企业、事业单位和其他生产经营者为环境保护税的纳税人。

15. 居民个人产生的生活污水和垃圾,需要缴纳环境保护税。   （ ）

【参考答案】×

【答案解析】居民个人的生活污水和垃圾已经集中处理,因不直接向环境排放,不属于税法规定的"企业、事业单位和其他生产经营着",不缴纳环境保护税。

16. 规模化养殖依法对畜禽养殖废弃物进行综合利用和无害化处理的,不征收环境保护税。   （ ）

【参考答案】√

【答案解析】根据《中华人民共和国环境保护税法实施条例》第四条,规模化养殖依法对畜禽养殖废弃物进行综合利用和无害化处理的不征收环境保护税。

17. 我国征收环境保护税的征税对象是大气污染物、水污染物、固体废物和噪声。   （ ）

【参考答案】√

【答案解析】包括大气污染物、水污染物、固体废物、噪声。这四类污染物是影响环境的主要污染物,对其征税符合国际上征收环境税的一般惯例;我国排污费改税前,排污费的征收对象也是这四类污染物。

18. 建筑施工、交通产生的噪声也是污染,应当征收环境保护税。   （ ）

【参考答案】×

【答案解析】建筑施工和交通产生的噪声污染因其流动性、瞬时性和隐蔽特点,监测难度较大,目前征税的范围条件尚不成熟。

19. 农业生产(不包括规模化养殖)排放应税污染物的,暂予免征环境保护税。
                                                                （ ）

【参考答案】√

【答案解析】《中华人民共和国环境保护税法》第十二条规定了暂予免征环境保护税的情形。

20. 依法设立的城乡污水集中处理、生活垃圾集中处理场所排放相应应税污染物,不超过国家和地方规定的排放标准的,免征环境保护税。   （ ）

【参考答案】√

【答案解析】《中华人民共和国环境保护税法》第十二条规定了对暂予免征环境保护税的情形。

21. 利用海水进行鱼虾等水产养殖，设有排污口，属于环境保护税征收范围。   （ ）

【参考答案】×

【答案解析】目前，只对达到省级人民政府确定的规模化标准养殖且有排污口的畜禽养殖场征收环境保护税，水产养殖不属于规模化养殖，不征收环境保护税。

22. 机动车尾气排放不征收环境保护税。   （ ）

【参考答案】√

【答案解析】根据《中华人民共和国环境保护税法》，机动车、铁路机车、非道路移动机械、船舶和航空器等流动污染源排放应税污染物的，暂予免征环境保护税。

23. 以物料衡算或者排污系数以及核定计算应税排放量的，无法享受减征优惠。   （ ）

【参考答案】√

【答案解析】减征优惠适用的应税污染物为大气污染物、水污染物两类。只有采用自动监测或者机构监测数据计算应税排放量，才能够确定排放浓度值。以物料衡算或者排污系数以及核定计算应税排放量的，无法享受减征优惠。

24. 纳税人排放应税大气污染物或者水污染物的浓度值低于国家和地方规定的污染物排放标准30%的，减按70%征收环境保护税。   （ ）

【参考答案】×

【答案解析】根据《中华人民共和国环境保护税法》第十三条，纳税人排放应税大气污染物或者水污染物的浓度值低于国家和地方规定的污染物排放标准30%的，减按75%征收环境保护税。

25. 纳税人排放应税大气污染物或者水污染物的浓度值低于国家和地方规定的污染物排放标准50%的，减按50%征收环境保护税。   （ ）

【参考答案】√

【答案解析】根据《中华人民共和国环境保护税法》十三条，纳税人排放应税大气污染物或者水污染物的浓度值低于国家和地方规定的污染物排放标准50%的，减按50%征收环境保护税。

26. 农户个人养殖属于环境保护税纳税人，应缴纳环境保护税。   （ ）

【参考答案】×

【答案解析】环境保护税的纳税人，主体是企业、事业单位或者其他生产经营者，农户个人养殖不属于纳税人。

27. 对达标排放的工业污水处理场所，予以免征环境保护税。（　　）

【参考答案】×

【答案解析】依法设立的城乡污水集中处理、生活垃圾集中处理场所排放相应应税污染物，不超过国家和地方规定的排放标准的可享受免税政策，工业污水集中处理场所与城乡污水集中处理场所的性质不同。工业污水集中处理场所主要治理负有纳税义务的生产经营污水，为企业生产经营者提供服务，属于民事委托关系。

28. 对于不具备自动监测或者机构监测数据计算应税排放量，可以通过物料衡算或者排污系数以及核定计算应税排放量。（　　）

【参考答案】√

【答案解析】只有采用自动监测或者机构监测数据计算应税排放量，才能够确定排放浓度值。对于不具备检测条件的，以物料衡算或者排污系数以及核定计算应税排放量。

29. 纳税人申报的污染物排放数据与环保主管部门交送的相关数据不一致的，按照环境保护主管部门交送的数据确定应税污染物的计税依据。（　　）

【参考答案】√

【答案解析】污染物排放具有瞬时性、不可复制性特点，自动检测和机构监测数据往往出现不一致的情况，为此，根据《中华人民共和国环境保护税法实施条例》第二十一条，纳税人申报的污染物排放数据与环保主管部门交送的相关数据不一致的，按照环境保护主管部门交送的数据确定应税污染物的计税依据。

30. 环境保护税按月计算，按季度申报缴纳。不能按固定期限计算缴纳的，可以按次纳税申报缴纳。（　　）

【参考答案】√

【答案解析】根据《中华人民共和国环境保护税法》第十八条，有按次和按季度申报的两种方式。

31. 生活垃圾焚烧发电企业排放应税大气污染物不超过国家和地方标准的，不需要缴纳环境保护税。（　　）

【参考答案】×

【答案解析】 生活垃圾焚烧发电企业排放应税大气污染物应当依法缴纳环境保护税，只有属于城乡生活垃圾处理场所，所有的生活垃圾焚烧发电设施排放应税污染物不超过国家和地方标准的，才能享受政策免税。

32. 企业将生产污水处理达标后灌溉农田或用于厂区绿化，不需要缴纳环境保护税。（　　）

【参考答案】 ×

【答案解析】 环保部门对企业的环评批复中规定了其污水处理达标后可以用于绿化或灌溉农田，指的是企业将生产污水处理达标后灌溉农田或用于厂区绿化的排放行为合法，但并不能免除企业排放应税污染物的纳税义务。根据《中华人民共和国环境保护税法》有关规定，企业将生产污水处理达标后灌溉农田或用于厂区绿化，也属于直接向外环境排放污染物的行为，需要缴纳环境保护税。

33. 从事大棚种植蔬菜的企业燃烧天然气锅炉保持大棚温度，可认定为农业生产而免征环境保护税。（　　）

【参考答案】 √

【答案解析】 根据《中华人民共和国环境保护税法》，农业生产排放应税污染物，可以享受农业生产暂免征收环境保护税的优惠政策。由于农作物生长需要，燃烧天然气锅炉保持大棚温度属于农业生产，可暂予免征环境保护税。

34. 环境保护税纳税人某一排放口某一应税污染物超标，其他应税污染物浓度低于国家和地方标准，可以部分享受减税优惠。（　　）

【参考答案】 ×

【答案解析】 根据《中华人民共和国环境保护税法》，要符合减税条件，纳税人所有排放口有监测数据的全部应税大气污染物和水污染物的浓度值均不得超标。综上，纳税人只要某一排放口有一项应税污染物超标，该纳税人即为超标排放，其全部排放口均不得享受减税优惠。

35. 纳税人在环保部门规定的监测时限内，跨月沿用最近一次监测数据的，不可以享受减税优惠。（　　）

【参考答案】 √

【答案解析】 在《财政部 税务总局 生态环境部关于环境保护税有关问题的通知》（财税〔2018〕23号）有关应税大气污染物、水污染物排放量的监测计算章节中明确，在环保部门规定的有效期内，纳税人的监测报告数据可以跨越沿用计算排放量。根据《中华人民共和国环境保护税法实施条例》第十条中有关"监测机构当月监测的应税大气污染物、水污染物浓度值的平均值"的规定,当月无监测数据而跨月沿用最近一次监测数据的纳税人,无法享受减税优惠。

36. 环境保护税纳税义务发生时间为纳税人排放应税污染物的当日。（　）

【参考答案】√

【答案解析】政策依据：《中华人民共和国环境保护税法》对纳税人的纳税义务发生时间的规定。

37. 环境保护税纳税人实行按季申报的,应当自季度终了之日起十五日内,向税务机关办理纳税申报并缴纳税款。按次申报缴纳的,应当自纳税义务发生之日起十日内,向税务机关办理纳税申报并缴纳税款。（　）

【参考答案】×

【答案解析】根据《中华人民共和国环境保护税法》第十九条,纳税人纳税期限按季按次均在纳税义务发生的15日之内。

38. 对发现环境保护税纳税人的纳税申报数据资料异常或者纳税人未按照规定期限办理纳税申报的,可以提请环境保护主管部门进行复核,环境保护主管部门应当自收到税务机关的数据资料之日起十五日内向税务机关出具复核意见。（　）

【参考答案】√

【答案解析】根据《中华人民共和国环境保护税法》第二十条,税务机关应当将纳税人的纳税申报数据资料与环境保护主管部门交送的相关数据资料进行比对的内容规定。

39. 《中华人民共和国环境保护税法》实施时间为2018年1月1日,自本法施行之日起,按规定征收环境保护税,不再征收排污费。（　）

【参考答案】√

【答案解析】政策依据：《中华人民共和国环境保护税法》对开征时间的规定。

40. 享受减征环境保护税的,除月浓度值达到减征条件外,自动监测数据中每一次大气污染物的小时平均值或者水污染物的日平均值,以及每次机构监测数据的浓度值,均不得超过国家和地方规定的污染物排放标准。（　）

【参考答案】√

【答案解析】政策依据：《中华人民共和国环境保护税法实施条例》第十条。

41. 对排放应税水污染物和大气污染物享受减免优惠的环境保护税纳税人,应当对每一排放口排放的不同应税污染物分别计算。（　）

【参考答案】√

【答案解析】政策依据：《中华人民共和国环境保护税法实施条例》第十一条。

42. 符合环境保护税免税情形的纳税人，在基础信息采集时提交备案材料，税务机关应一次性列明资料清单。符合减税情形的纳税人，纳税人通过填报纳税申报表方式履行备案手续，一般不再另行备案。（　　）

【参考答案】√

【答案解析】为落实"放管服"改革要求，对符合减征、免征环境保护税的实行备案管理。符合免税情形的纳税人，纳税人在基础信息采集时提交备案材料，税务机关应一次性列明资料清单。符合减税情形的纳税人，纳税人通过填报纳税申报表方式履行备案手续，一般不再另行备案。

43. 对排放固体废物的环境保护税纳税人，被发现非法倾倒应税固体废物的，以其当期应税固体废物的产生量作为固体废物的排放量。（　　）

【参考答案】√

【答案解析】参照《中华人民共和国环境保护税法实施条例》第六条规定的"对有下列情形之一的以其当期应税固体废物的产生量作为固体废物的排放量：（一）非法倾倒应税固体废物；（二）进行虚假纳税申报。"

44. 在开展环境保护税复核工作中，环境保护主管部门应当自收到税务机关的数据资料之日起十五日内向税务机关出具复核意见。（　　）

【参考答案】√

【答案解析】税务机关发现纳税人的纳税申报数据资料异常或者纳税人未按照规定期限办理纳税申报的，可以提请环境保护主管部门进行复核，环境保护主管部门应当自收到税务机关的数据资料之日起十五日内向税务机关出具复核意见。税务机关应当按照环境保护主管部门复核的数据资料调整纳税人的应纳税额。

45. 城乡污水集中处理、生活垃圾集中处理场所不超过国家和地方排放标准的，享受环境保护税的减免优惠政策，无须进行纳税申报。（　　）

【参考答案】×

【答案解析】城乡污水集中处理、生活垃圾集中处理场所不超过国家和地方排放标准的，享受税收优惠，但仍要进行纳税申报，按要求填报纳税申报表（A类）及附表，进行税额为"0"的申报。

46. 海洋工程环境保护税纳税人，征税范围限于海洋石油、天然气勘探开发生产等

作业工程，对围填海、海上堤坝工程、海底隧道工程等其他海洋工程，暂不收环境保护税。（　　）

【参考答案】√

【答案解析】海洋工程征税范围只限于海洋石油、天然气勘探开发生产等作业工程，应税污染物包括大气污染物、水污染物和生活垃圾。对围填海、海上堤坝工程、海底隧道工程等其他海洋工程，由于目前海洋环境行政主管部门尚未对其污染物排放实施监管，暂不具备征收条件。

模块八　印花税政策与管理

题型一　单项选择题

1. 下列合同，属于印花税征收范围的是(　　)。

   A. 法律咨询合同 B. 会计、审计合同

   C. 物业管理服务合同 D. 加工定做合同

   【参考答案】D

   【答案解析】一般的法律、法规、会计、审计等方面的咨询不属于技术咨询，其所立合同不贴印花。企业签订的物业管理服务合同，不属于印花税征税范围，不需贴花。

2. 下列各项，属于印花税的纳税义务人的是(　　)。

   A. 合同的担保人 B. 合同的鉴定人

   C. 电子形式签订应税凭证的当事人 D. 权利许可证照的发放人

   【参考答案】C

   【答案解析】合同的担保人和鉴定人，不是印花税纳税义务人；权利许可证照的领受人为印花税纳税义务人。

3. 下列合同中，应当缴纳印花税的是(　　)。

   A. 电网与用户之间签订的供电合同

   B. 企业与会计师事务所签订的审计合同

   C. 未兑现的购货合同

   D. 高校学生公寓租赁合同

   【参考答案】C

   【答案解析】选项A：电网与用户之间签订的供用电合同不属于印花税列举征税的凭证，不征收印花税。选项B：技术服务合同中的会计、税务、法律咨询合同不属于印花税规定的列举征税范围。选项D：免征印花税。

4. 下列合同，应按照"技术合同"缴纳印花税的是(　　)。

A. 设备测试合同 B. 专利申请转让合同

C. 专利实施许可合同 D. 专利权转让合同

【参考答案】B

【答案解析】技术合同包括技术开发、转让、咨询、服务等合同，其中技术转让合同包括专利申请转让、非专利技术转让所书立的合同，但不包括专利权转让、专利实施许可所书立的合同，后者适用于"产权转移书据"合同。

5. 根据印花税的相关规定，下列合同不属于"产权转移书据"的是(　　)。

A. 商品房销售合同 B. 非专利技术转让合同

C. 土地使用权转让合同 D. 土地使用权出让合同

【参考答案】B

【答案解析】选项B：非专利技术转让合同按"技术合同"计征印花税。

6. 下列合同，应按"购销合同"税目征收印花税的是(　　)。

A. 电网与用户之间签订的供用电合同

B. 企业之间签订的土地使用权转让合同

C. 发电厂与电网之间签订的购售电合同

D. 开发商与个人之间签订的商品房销售合同

【参考答案】C

【答案解析】选项A：电网与用户之间签订的供用电合同不属于印花税列举征税的凭证，不征收印花税。选项B、D：按照"产权转移书据"税目征收印花税。

7. 下列选项，印花税税率为1‰的经济凭证是(　　)。

A. 财产保险合同　　B. 产权转移书据　　C. 借款合同　　D. 技术合同

【参考答案】A

【答案解析】产权转移书据的印花税税率为0.5‰；借款合同的印花税税率为0.05‰；技术合同的印花税税率为0.3‰。

8. 根据规定，比如资金账簿、大宗货物的购销合同等，如果一份凭证的应纳税额数量较大，超过一定金额，贴用印花税票不方便的，可向当地税务机关申请填写缴款书或者完税证，将其中一联粘贴在凭证上或者由税务机关在凭证上加注完税标记，代替贴花。该金额为(　　)。

A. 100元　　　　B. 500元　　　　C. 1 000元　　　　D. 1 500元

【参考答案】B

【答案解析】如资金账簿、大宗货物的购销合同等，如果一份凭证的应纳税额数量较大，超过500元，贴用印花税票不方便的，可向当地税务机关申请填写缴款书或者完税证，将其中一联粘贴在凭证上或者由税务机关在凭证上加注完税标记，代替贴花。

9. 同一类应纳税凭证需要频繁贴花的，纳税人可向当地税务机关申请按期汇总缴纳印花税，按照税务机关确定的限期计算纳税，最长不得超过的期限为(　　)。

A. 1个月　　　　B. 3个月　　　　C. 6个月　　　　D. 12个月

【参考答案】A

【答案解析】同一类应纳税凭证需要频繁贴花的，纳税人可向当地税务机关申请按期汇总缴纳印花税，按照税务机关确定的限期计算纳税，最长期限不得超过1个月。

10. 根据规定，对于全国性商品物资订货会（包括展销会、交易会等）上所签订合同应纳的印花税，纳税地点为(　　)。

A. 签订合同地　　　　　　　　B. 税务机关指定的地点

C. 扣缴义务人所在地　　　　　D. 纳税人所在地

【参考答案】D

【答案解析】对于全国性商品物资订货会（包括展销会、交易会等）上所签订合同应纳的印花税，由纳税人回其所在地后及时办理贴花完税手续。

11. 下列说法，不符合印花税计税依据的是(　　)。

A. 流动资金周转性借款合同，规定最高限额，借款人在规定的期限和最高限额内随借随还的，以总借款金额为计税依据

B. 建设工程勘察设计合同的计税依据为勘察、设计收取的费用

C. 应税营业账簿的计税依据，为营业账簿记载的实收资本（股本）、资本公积合计金额

D. 对银行及其他金融组织的融资租赁业务签订的融资租赁合同，应按合同所载租金总额，暂按借款合同计税

【参考答案】A

【答案解析】流动资金周转性借款合同，规定最高限额，借款人在规定的期限和最高限额内随借随还的，以最高额为计税依据。

12. 下列关于印花税计税依据的表述，正确的是(　　)。

A. 印花税应税合同分开列明价款与增值税税额的，印花税的计税依据不包括增值

税税款

B. 合同中价款或者报酬与增值税税款未分开列明的,按照不含税金额计算印花税

C. 应税产权转移书据的计税依据,为产权转移书据列明的价款,包括增值税税款

D. 产权转移书据中价款与增值税税款未分开列明的,按照不含税金额计算印花税

【参考答案】A

【答案解析】印花税计税依据:如果合同中价款或者报酬与增值税款分开列明的不包括增值税款,否则按照合同金额作为计税依据。选项B:合同中价款或者报酬与增值税税款未分开列明,按照合计金额确定计税依据。选项C:应税产权转移书据的计税依据,为产权转移书据列明的价款,不包括增值税税款。选项D:产权转移书据中价款与增值税税款未分开列明,按照合计金额确定。

13. 下列关于印花税缴纳方法的表述,不正确的是( )。

A. 在应纳税凭证书立或领受时即行贴花完税,不得延至凭证生效日期贴花

B. 凡多贴印花税票者,可以申请退税或者抵扣

C. 已经贴花的凭证,凡修改后所载金额增加的部分,应补贴印花

D. 纳税人对纳税凭证应妥善保存,凭证的保存期限,凡国家已有明确规定的,按规定办理;其他凭证均应在履行纳税义务完毕后保存1年

【参考答案】B

【答案解析】凡多贴印花税票者,不得申请退税或者抵扣。

14. 下列关于印花税的计税依据,不正确的是( )。

A. 财产保险合同以所保财产的金额为计税依据

B. 融资租赁合同以合同所载租金总额为计税依据

C. 易货合同以购销合计金额为依据

D. 建筑工程承包合同以总承包合同金额为依据

【参考答案】A

【答案解析】选项A:财产保险合同以收取保费额为计税依据。

15. 甲公司2020年签订以下合同:与乙公司签订委托加工合同约定由乙公司提供主要原材料,原材料的价格为300万元,乙公司另收取加工费50万元;与丙公司签订一份会计咨询合同,注明咨询费500万元。甲公司2020年需要缴纳的印花税为( )。(以上金额均不含增值税)

A. 1 050元　　　　B. 1 150元　　　　C. 1 200元　　　　D. 4 250元

【参考答案】B

【答案解析】对于由受托方提供主要材料的加工、定作合同，凡在合同中分别记载加工费和原材料金额的，应分别按照"加工承揽合同"和"购销合同"计税，两项之和为委托加工合同需要缴纳的印花税。会计咨询合同不属于印花税征税范围，不缴纳印花税。所以甲公司需要缴纳的印花税 = 3 000 000 × 0.3‰ + 500 000 × 0.5‰ = 1 150（元）。

16. 某企业与甲公司签订委托加工合同，约定由甲公司提供原材料100万元，甲公司另收取加工费10万元。该企业当月应缴纳印花税（　　）。

A. 50元　　　　　　B. 330元　　　　　　C. 350元　　　　　　D. 550元

【参考答案】C

【答案解析】应纳税额 = 1 000 000 × 0.3‰ + 100 000 × 0.5‰ = 350（元）。

17. 位于某市区的甲开发公司，2019年度开发办公楼一栋，7月20日与本市乙企业签订购销合同，将办公楼销售给乙企业，销售金额3 000万元。合同载明，乙企业向甲公司支付2 500万元，另将一块未开发土地的使用权作价500万元转让给甲公司，并签署产权转移书据。2019年甲公司应缴纳印花税（　　）。（注：合同所载金额均不含增值税）

A. 1.75万元　　　　B. 4.75万元　　　　C. 5.75万元　　　　D. 9.75万元

【参考答案】A

【答案解析】印花税 = 3 000 × 0.5‰ + 500 × 0.5‰ = 1.75（万元）。

18. 甲公司2020年期初营业账簿记载的实收资本和资本公积为500万元，当年甲公司增加实收资本200万元，新建其他账簿10本，领受专利局发给的专利证1件、税务机关重新核发的税务登记证1件。则甲公司2020年应纳印花税为（　　）。

A. 55元　　　　　　B. 60元　　　　　　C. 505元　　　　　　D. 1 060元

【参考答案】C

【答案解析】新增实收资本依照"记载资金的营业账簿"按0.5‰的税率减半计算缴纳印花税；对按件贴花5元的其他账簿免征印花税；专利证按照每件5元计算缴纳印花税；税务登记证不属于印花税的征税范围，不需要计算缴纳印花税。甲公司2020年应纳印花税 = 2 000 000 × 0.5‰ × 50% + 5 = 505（元）。

19. 甲公司受托分别为乙、丙企业各加工一批产品；与乙企业签订合同，原材料金额200万元由乙企业提供，甲公司向乙企业收取不含税加工费100万元；与丙企业签订合同，原材料金额80万元由甲公司提供，合同注明不含税加工费20万元。甲公司加工业务应缴纳的印花税合计为（　　）。

A. 240 元　　　　B. 600 元　　　　C. 840 元　　　　D. 800 元

【参考答案】C

【答案解析】甲公司应缴纳印花税 = 1 000 000 × 0.5‰ + 800 000 × 0.3‰ + 200 000 × 0.5‰ = 840（元）。

20. 某企业 2019 年资金账簿记载实收资本 400 万元，已计算缴纳印花税，2020 年资金账簿记载实收资本为 700 万元、资本公积 30 万元，2020 年新启用其他账簿 7 本。该企业 2020 年应缴纳印花税（　　）。

　　A. 575 元　　　　B. 650 元　　　　C. 825 元　　　　D. 1 825 元

【参考答案】C

【答案解析】自 2018 年 5 月 1 日起，对按万分之五税率贴花的资金账簿减半征收印花税，对按件贴花五元的其他账簿免征印花税。

应纳印花税额 =（7 000 000 + 300 000 - 4 000 000）× 0.5‰ × 50% = 825（元）。

21. 甲公司与乙公司分别签订了两份合同：一是采购合同，甲公司购买乙公司 50 万元货物，但因故合同未能兑现；二是以货换货合同，甲公司的货物价值 200 万元，乙公司的货物价值 150 万元。则甲公司应缴纳印花税（　　）。（注：合同所载金额为不含增值税的金额）

　　A. 150 元　　　　B. 600 元　　　　C. 1 050 元　　　　D. 1 200 元

【参考答案】D

【答案解析】以货易货按购、销合同计算贴花：（2 000 000 + 1 500 000）× 0.3‰ = 1 050（元）。签订合同即发生纳税义务，未兑现也应贴花：500 000 × 0.3‰ = 150（元）。甲公司共应缴纳印花税 = 1 050 + 150 = 1 200（元）。

22. 某金融机构 2020 年发生下列业务：与某商场签订一年期流动资金周转性借款合同，合同规定一个年度内的最高借款限额为 100 万元，当年实际发生借款业务 5 次，累计借款额 90 万元，但每次借款额均在限额以内。该金融机构 2020 年应缴纳印花税（　　）。

　　A. 50 元　　　　B. 100 元　　　　C. 120 元　　　　D. 320 元

【参考答案】A

【答案解析】借贷双方签订的流动资金周转性借款合同，一般按年（期）签订，规定最高限额，借款人在规定的期限和最高限额内随借随还，为避免加重借贷双方的负担，对这类合同只以其规定的最高额为计税依据，在签订时贴花一次，在限额内随借随还不签订新合同的，不再另贴印花。该金融机构应缴纳印花税 = 1 000 000 × 0.05‰ = 50

(元)。

23. 下列关于印花税征收的表述，正确的是(　　)。

A. 源泉扣缴是印花税的征税方法之一

B. 印花税的纳税人是指书立合同的当事人，不包括合同的担保人、证人和鉴定人

C. 印花税的税率有三种形式，即比例税率、定额税率和累进税率

D. 总承包单位将部分项目分包给其他公司，因分包部分在总承包合同中已缴纳印花税，故不必再次贴花

【参考答案】B

【答案解析】印花税的征税方式有自行贴花、委托代征和汇贴、汇缴，印花税没有源泉扣缴的征税方法。总承包合同按总包额计税贴花，不得扣除分包额或转包额。分包合同为另外合同，需要再次计税贴花。印花税的税率有两种形式，即比例税率和定额税率，没有累进税率。

24. 纳税凭证的保存期限，凡国家已有明确规定的，按规定办；没有明确规定的其余凭证均应在履行完毕后保存(　　)。

A. 10 年　　　　　　B. 5 年　　　　　　C. 2 年　　　　　　D. 1 年

【参考答案】D

【答案解析】纳税凭证的保存期限，凡国家已有明确规定的，按规定办；没有明确规定的其余凭证均应在履行完毕后保存 1 年。

25. 下列有关印花税征收管理的说法，正确的是(　　)。

A. 对国家政策性银行记载资金的账簿，一次贴花数额较大、难以承担的，经当地税务机关核准，可在 2 年内分次贴足印花

B. 印花税通常由纳税人根据规定自行计算应纳税额，购买并一次贴足印花税票，缴纳税款

C. 已经贴花的凭证，修改后所载金额增加的部分不再补贴印花

D. 如果一份凭证的应纳税额数量较大，超过 300 元，贴用印花税票不方便的，可向当地税务机关申请填写缴款书或者完税证

【参考答案】B

【答案解析】对国家政策性银行记载资金的账簿，一次贴花数额较大、难以承担的，经当地税务机关核准，可在 3 年内分次贴足印花。如果一份凭证的应纳税额数量较大，超过 500 元，贴用印花税票不方便的，可向当地税务机关申请填写缴款书或者完税证。

已经贴花的凭证，凡修改后所载金额增加的部分，应补贴印花。

26. 下列选项，印花税税率为0.5‰的经济凭证是(   )。

　　A. 财产保险合同　　B. 产权转移书据　　C. 借款合同　　D. 技术合同

【参考答案】B

【答案解析】财产保险合同的印花税税率为1‰，产权转移书据的印花税税率为0.5‰，借款合同的印花税税率为0.05‰，技术合同的印花税税率为0.3‰。

27. 下列有关印花税的说法，错误的是(   )。

　　A. 印花税一般实行异地纳税

　　B. 如果合同是在国外签订，并且不便在国外贴花，应在将合同带入境时办理贴花纳税手续

　　C. 在确定适用税率时，如果一份合同载有一个或几个经济事项，可以同时适用一个或几个税率分别计算贴花

　　D. 印花税在书立或领受时贴花

【参考答案】A

【答案解析】印花税一般实行就地纳税。

28. 下列选项，不属于印花税的特点的是(   )。

　　A. 兼有凭证税和行为税性质　　　　B. 征税范围广

　　C. 税率低、税负轻　　　　　　　　D. 由扣缴义务人代扣代缴

【参考答案】D

【答案解析】印花税是由纳税人自行完成纳税义务的。

29. 下列关于印花税票的说法，错误的是(   )。

　　A. 印花税的纳税人是指书立合同的当事人，不包括合同的担保人、证人和鉴定人

　　B. 代售单位要指定专人负责办理印花税票的领、售、存和交款等项代售业务

　　C. 代售单位所售印花税票取得的税款，无须专户存储

　　D. 代售户要建立印花税票领、售、存情况的登记、清点、检查制度

【参考答案】C

【答案解析】代售单位所售印花税票取得税款需专户存储，并按照规定的期限，向当地税务机关结报，或者填开专用缴款书直接向银行缴纳。

30. 下列合同，不贴印花的是(   )。

　　A. 法律咨询合同　　　　　　　　　B. 技术培训合同

C. 技术咨询合同　　　　　　　　　　D. 专利权转让合同

【参考答案】A

【答案解析】一般的法律、会计、审计等方面的咨询不属于技术咨询合同。

31. 下列各项，免征或不征印花税的有(　　)。

A. 会计咨询合同　　　　　　　　　　B. 技术咨询合同

C. 合同的副本或者抄本作正本使用　　D. 未列明金额的购销合同

【参考答案】A

【答案解析】一般的法律、会计、审计等方面的咨询不属于技术咨询合同。

32. 关于印花税的纳税义务人，下列表述不正确的有(　　)。

A. 建立账簿的以立账簿人为纳税人

B. 订立财产转移书据的以立据人为纳税人

C. 书立经济合同的以合同各方当事人为纳税人

D. 领取权利许可证照的以授予证照的当事人为纳税人

【参考答案】D

【答案解析】领取权利许可证照的以领取人为纳税人。

33. 纳税人采用按期汇总纳税方式缴纳印花税，应事先告知主管税务机关，缴纳方式一经选定，(　　)内不得改变。

A. 1年　　　　B. 2年　　　　C. 3年　　　　D. 10年

【参考答案】A

【答案解析】《印花税管理规程（试行)》第十条规定：采用按期汇总申报缴纳方式的，一年内不得改变。

34. 财产租赁合同的印花税税率为(　　)。

A. 千分之一　　B. 万分之五　　C. 万分之三　　D. 万分之零点五

【参考答案】A

【答案解析】根据《印花税税目税率表》，财产租赁合同印花税税率为千分之一。

35. 下列合同，应计征印花税的是(　　)。

A. 电网与用户之间签订的供用电合同

B. 国家电网公司系统内部互供电量签订的购售电合同

C. 发电厂与电网之间签订的购售电合同

D. 企业集团内部执行计划使用的、不具有合同性质的协议书

【参考答案】C

【答案解析】电网与用户之间签订的供用电合同不属于印花税列举征税的凭证,不征收印花税(财税〔2006〕162号)。对于企业集团内部执行计划使用的、不具有合同性质的凭证,不征收印花税(国税函〔2009〕9号)。

36. 甲公司向乙公司租赁设备1台,签订租赁合同记载年租金10万元,租期3年,甲公司应缴纳印花税为( )。

A. 100元　　　　B. 150元　　　　C. 200元　　　　D. 300元

【参考答案】D

【答案解析】根据《印花税税目税率表》,财产租赁合同印花税税率为1‰。100 000×1‰×3＝300(元)。

37. 关于印花税的计税依据,下列表述正确的是( )。

A. 货物运输合同以运输费用和装卸费用总额为计税依据

B. 建筑安装工程承包后又转包的,以承包总额扣除转包金额后为计税依据

C. 以物易物方式进行商品交易签订的合同,以购销合计金额为计税依据

D. 由委托方提供主要材料的加工合同,以加工费和主要材料金额合计为计税依据

【参考答案】C

【答案解析】货物运输合同的计税依据为取得的运输费金额,不包括所运货物的金额、装卸费和保险费等。建筑安装工程承包合同的计税依据为承包金额。由委托方提供主要材料的加工合同,以加工费金额为计税依据。

38. 甲公司与A公司签订一项易货合同,约定用120万元市场价格的库存商品换取市场价格为140万元的原材料,支付A公司差价20万元。甲公司应缴纳印花税( )。

A. 360元　　　　B. 420元　　　　C. 780元　　　　D. 840元

【参考答案】C

【答案解析】以货换货方式进行商品交易签订的合同,是反映既购又销双重经济行为的合同,以购销合计金额为计税依据。(1 200 000＋1 400 000)×0.3‰＝780(元)。

39. 下列各项,印花税纳税贴花的有关规定,表述正确的是( )。

A. 签订应税凭证后,凭证生效之日起贴花完税

B. 已经贴花的凭证,凡修改后所载金额增加的部分,应就增加的部分补贴印花

C. 印花税票应贴在应纳税凭证上,由税务机关注销或画销

D. 纳税人购买了印花税票不等于履行了纳税义务,只有在将印花税票贴在应税凭

证上以后，才算完成了纳税义务

【参考答案】B

【答案解析】根据《中华人民共和国印花税暂行条例》第九条，已贴花的凭证，修改后所载金额增加的，其增加部分应当补贴印花税票。

40. 下列各项，不属于印花税技术合同税目的是( )。

A. 技术培训合同　　　　　　　　B. 技术服务合同
C. 专利权转让合同　　　　　　　D. 专利申请权转让合同

【参考答案】C

【答案解析】专利权转让合同适用"产权转移书据"税目。

41. 一份凭证应纳税额超过( )的，应向当地税务机关申请填写缴款书或者完税证。

A. 200 元　　　B. 300 元　　　C. 500 元　　　D. 800 元

【参考答案】C

【答案解析】根据《中华人民共和国印花税暂行条例实施细则》第二十一条，一份凭证应纳税额超过 500 元的，应向当地税务机关申请填写缴款书或者完税证，将其中一联粘贴在凭证上或者由税务机关在凭证上加注完税标记代替贴花。

42. 甲公司作为受托方签订技术开发合同一份，合同约定：技术开发金额共计 1000 万元，其中研究开发费用与报酬金额之比为 3∶1。甲公司该笔业务应缴纳印花税是( )。

A. 3 000 元　　　B. 2 250 元　　　C. 1 250 元　　　D. 750 元

【参考答案】D

【答案解析】对技术开发合同，只就合同所载的报酬金额计税，研究开发费用不作为计税依据。但对合同约定按研究开发经费一定比例作为报酬的，应按一定比例的报酬金额计税贴花。10 000 000 × 1 ÷ 4 × 0.3‰ = 750（元）。

43. 印花税应税凭证应按照《中华人民共和国税收征收管理法实施细则》的规定保存( )。

A. 1 年　　　B. 3 年　　　C. 5 年　　　D. 10 年

【参考答案】D

【答案解析】印花税应税凭证应按照《中华人民共和国税收征收管理法实施细则》的规定保存 10 年。

44. 2007 年 1 月，甲公司将闲置厂房出租给乙公司，合同约定每月租金 3 000 元，租期未定。签订合同时，预收租金 8 000 元，双方已按定额贴花。6 月底合同解除，甲公司收到乙公司补交租金 10 000 元。甲公司 6 月应补缴印花税(　　)。

A. 3 元　　　　　　B. 5 元　　　　　　C. 10 元　　　　　　D. 13 元

【参考答案】D

【答案解析】合同在签订时无法确定计税金额的，可在签订时先按定额 5 元贴花，以后结算时再按实际金额计税，补贴印花即（8 000 + 10 000）×1‰ - 5 = 13（元）。

45. 印花税采用汇总缴纳的方式，汇总缴纳的期限为(　　)。

A. 一个月　　　　B. 一个季度　　　　C. 半年　　　　D. 一年

【参考答案】A

【答案解析】根据《中华人民共和国印花税暂行条例实施细则》第二十二条，汇总缴纳的限期限额由当地税务机关确定，但最长期限不得超过一个月。

46. 下列凭证，免征印花税的是(　　)。

A. 无息借款合同　　　　　　　　B. 加工承揽合同

C. 技术开发合同　　　　　　　　D. 以货易货合同

【参考答案】A

【答案解析】根据《中华人民共和国印花税暂行条例实施细则》第十三条，对无息、贴息贷款合同免纳印花税。

47. 下面合同，不属于征收印花税借款合同税目的是(　　)。

A. 融资租赁合同　　　　　　　　B. 银行同业拆借

C. 抵押借款合同　　　　　　　　D. 中国人民银行向专业银行发放的贷款合同

【参考答案】B

【答案解析】融资租赁合同、抵押借款合同属于借款合同；中国人民银行向专业银行发放的贷款合同或者借据应缴纳印花税。

48. 下列合同，不属于"产权转移书据"科目征收印花税的是(　　)。

A. 土地使用权出让合同　　　　　B. 专利权转让合同

C. 专利申请权转让合同　　　　　D. 商品房销售合同

【参考答案】C

【答案解析】专利申请权转让合同属于印花税技术合同税目。

49. 某货运公司与重型机械厂签订一项货物运输合同，负责将货物运抵外地，运输费用 4 万元，装卸费用 0.5 万元，该货物运输合同应缴印花税额是( )。

A. 5 元　　　　　　B. 10 元　　　　　　C. 20 元　　　　　　D. 25 元

【参考答案】C

【答案解析】货物运输合同的计税依据为运输费用，不包括装卸费用，应纳印花税 = 40 000 × 0.5‰ = 20（元）。

题型二 多项选择题

1. 下列各项,属于印花税立法原则的有( )。

A. 广集财政收入　　　　　　　　B. 促进我国经济法制化建设

C. 培养公民的依法纳税观念　　　　D. 维护我国涉外经济权益

E. 促进城市建设

【参考答案】ABCD

【答案解析】选项 E 不是印花税的立法原则。

2. 下列关于印花税纳税人的描述,正确的有( )。

A. 各类合同的纳税人是立合同人,不包括保人、证人、鉴定人

B. 在国外书立在国内使用的应税凭证其纳税人是使用人

C. 电子形式签订的各类应税凭证的当事人

D. 在中国境内书立、使用、领受税法所列举凭证应履行纳税义务的单位和个人,都是印花税的纳税人

E. 凡由两方或两方以上当事人共同书立的应税凭证,由双方协商确定纳税人,协商不成的双方各缴纳应纳税额的 50%

【参考答案】ABCD

【答案解析】选项 E:当事人各方都是印花税的纳税人。

3. 下列凭证,免征印花税的有( )。

A. 自 2019 年 1 月 1 日至 2021 年 12 月 31 日,与高校学生签订的学生公寓租赁合同

B. 军事物资运输凭证

C. 国际金融组织向我国企业提供优惠贷款书立合同

D. 商品储备管理公司及其直属库承担商品储备业务过程中书立的购销合同

E. 个人购买安置住房签订的合同

【参考答案】ABDE

【答案解析】选项 C:外国政府或国际金融组织向我国政府及国家金融机构提供优惠贷款所书立的合同,免征印花税。

4. 根据印花税的相关规定,下列各项表述中正确的有( )。

A. 个人买卖封闭式证券投资基金按规定缴纳印花税

B. 自2019年1月1日至2023年12月31日,对公共租赁住房经营管理单位免征建设、管理公共租赁住房涉及的印花税

C. 房地产管理部门与个人订立的租房合同,凡房屋属于用于生活居住的,暂免征收印花税

D. 自2019年1月1日至2021年12月31日,对与高校学生签订的高校学生公寓租赁合同,免征印花税

E. 经县级以上人民政府及企业主管部门批准改制的企业因改制签订的产权转移书据不征收印花税

【参考答案】BCDE

【答案解析】选项A:对投资者(包括个人和机构)买卖封闭式证券投资基金免征印花税。

5. 下列关于营业账簿计征印花税的表述,正确的有( )。

A. 纳入征税范围的营业账簿,是按立账簿人的经济属性划分征免范围

B. 纳入征税范围的营业账簿,是根据账簿的经济用途来确定征免界限

C. 对采用一级核算形式的单位,只就财会部门设置的营业账簿计算缴纳印花税

D. 车间设置的属于会计核算范围,但不记载金额的相关账簿,不征收印花税

E. 对会计核算采用单页表式记载资金活动情况,以表代账的,在未形成账册前,可暂不缴纳印花税

【参考答案】BCDE

【答案解析】选项A:纳入征税范围的营业账簿,不按立账簿人是否属于经济属性来划定范围,而是按账簿的经济用途来确定征免界限。

6. 下列合同或凭证,不需要缴纳印花税的有( )。

A. 卫生许可证   B. 贷款合同

C. 企业出租门店合同   D. 公司签订的审计咨询合同

E. 会计证

【参考答案】ADE

【答案解析】选项A、D、E不属于印花税的征税范围。

7. 下列权利、许可证照,应征收印花税的有( )。

A. 房屋产权证   B. 商标注册证

C. 专利证   D. 会计师事务所执业许可证

E. 土地使用证

【参考答案】ABCE

【答案解析】权利、许可证照是政府授予单位、个人某种法定权利和准予从事特定经济活动的各种证照的统称，应征收印花税的有房屋产权证、工商营业执照、商标注册证、专利证、土地使用证等。

8. 下列各项，应免予征收印花税的有（　　）。

A. 证券投资者保护基金有限公司新设立的资金账簿

B. 商品储备管理公司及其直属库的资金账簿

C. 经县级以上人民政府批准改制的企业因改制签订的产权转移书据

D. 国家指定的收购部门与村民委员会书立的农业产品收购合同

E. 财产所有人将财产赠给商贸企业书立的书据

【参考答案】ABCD

【答案解析】选项E：财产所有人将财产赠给政府、社会福利单位、学校所立的书据免纳印花税。

9. 对不同的借款形式，下列关于印花税计税方法的表述，正确的有（　　）。

A. 流动资金借款周转性合同只以其规定的最高限额为计税依据，在签订时贴花一次，在限额内随借随还不签订新合同的，不再另贴印花

B. 凡一项信贷业务既签订借款合同，又一次或分次填开借据的，应以借款合同和借据所载金额分别计税贴花

C. 对借款方以财产作抵押，从贷款方取得一定数量抵押贷款的合同，应按借款金额以及抵押金额分别贴花

D. 借款合同由借款方与银团各方共同书立、各执一份合同正本的，借款方与银团各方应分别在所执的合同正本上，按各自的借款金额计税贴花

E. 对银行及其他金融组织的融资租赁业务签订的融资租赁合同，应按合同所载租金总额，按借款合同计税贴花

【参考答案】ADE

【答案解析】选项B：凡一项信贷业务既签订借款合同，又一次或分次填开借据的，只以借款合同所载金额计税贴花。选项C：对借款方以财产作抵押，从贷款方取得一定数量抵押贷款的合同，应按借款合同贴花，在借款方无力偿还借款而将财产转移给贷款方时，应再就双方书立的产权书据，按产权转移书据的有关规定计税贴花。

10. 关于印花税的计税依据，说法正确的有（   ）。

A. 货物运输合同以运输费用和装卸费用总额为计税依据

B. 企业启用新账簿后，其实收资本和资本公积两项的合计金额大于原已贴花资金的，就增加的部分补贴印花

C. 对技术开发合同，只就合同所载的报酬金额计税，研究开发经费不作为计税依据

D. 由委托方提供主要材料的加工合同，以加工费和主要材料合计金额为计税依据

E. 建筑安装工程承包后又转包的，以承包总额扣除转包金额后余额为计税依据

【参考答案】BC

【答案解析】选项 A：货物运输合同的计税依据为取得的运输费金额（即运费收入），不包括所运货物的金额、装卸费和保险费等。选项 D：对于由委托方提供主要材料或原料，受托方只提供辅助材料的加工合同，无论加工费和辅助材料金额是否分别记载，均以辅助材料与加工费的合计数，依照加工承揽合同计税贴花；对委托方提供的主要材料或原料金额不计税贴花。选项 E：建筑安装工程承包合同的计税依据为承包金额，不得剔除任何费用。

11. 下列有关印花税管理的说法，正确的有（   ）。

A. 印花税应税凭证应按规定保存 10 年

B. 采用按期汇总缴纳方式的纳税人应事先告知主管税务机关，缴纳方式一经选定，一年内不得改变

C. 拒不提供应税凭证或不如实提供应税凭证致使计税依据明显偏低的，主管税务机关可以核定纳税人印花税的计税依据

D. 同一种类应纳税凭证，需频繁贴花的，纳税人可根据实际情况自行决定是否采用按期汇总缴纳印花税的方式，汇总缴纳的期限为 60 日

E. 未按规定建立印花税应税凭证登记簿，或未如实登记和完整保存应税凭证的，主管税务机关可以核定纳税人印花税的计税依据

【参考答案】ABCE

【答案解析】选项 D：同一种类应纳税凭证，需频繁贴花的，纳税人可根据实际情况自行决定是否采用按期汇总缴纳印花税的方式，汇总缴纳的期限为一个月。

12. 下列项目，可以减免印花税的有（   ）。

A. 以货易货合同

B. 外国政府向我国企业提供优惠贷款的合同

C. 自 2018 年 1 月 1 日至 2023 年 12 月 31 日，金融机构与小型、微型企业签订的借款合同

D. 国务院批准改制中的上市公司国有股权无偿转让合同

E. 经县级以上人民政府及企业主管部门批准改制的企业因改制签订的产权转移书据

【参考答案】CDE

【答案解析】选项 D：外国政府或国际金融组织向我国政府及国家金融机构提供优惠贷款所书立的合同。

13. 下列关于印花税征收管理的表述，正确的有(　　)。

A. 印花税一般实行就地缴纳

B. 应当在书立或领受时贴花

C. 印花税票应粘贴在应税凭证上，并由税务机关在每枚税票骑缝处盖戳注销

D. 纳税人在应税凭证上多贴印花税票的，可向主管税务机关申请退税

E. 一份凭证应纳税额超过 200 元的可以以缴款书或完税证代替贴花的方法

【参考答案】AB

【答案解析】根据《中华人民共和国印花税暂行条例》第六条，印花税票应当粘贴在应纳税凭证上，并由纳税人在每枚税票的骑缝处盖戳注销或者画销。根据《中华人民共和国印花税暂行条例实施细则》第二十四条，凡多贴印花税票者，不得申请退税或者抵用。一份凭证应纳税额超过 500 元的可以以缴款书或完税证代替贴花的方法。

14. 下列合同，应按"产权转移书据"征收印花税的有(　　)。

A. 商品房销售合同　　　　　　　　B. 专利申请转让合同

C. 土地使用权出让合同　　　　　　D. 土地使用权转让合同

E. 专利实施许可合同

【参考答案】ACDE

【答案解析】专利申请转让合同属于"技术合同"税目。

15. 下列凭证，免征印花税的有(　　)。

A. 贴息贷款合同

B. 与高校学生签订的学生公寓租赁合同

C. 经县级以上人民政府及企业主管部门批准改制签订的产权转移书据

D. 国际金融组织向我国企业提供优惠贷款书立的合同

E. 证券投资保护基金有限责任公司新设立的资金账簿

【参考答案】ABCE

【答案解析】选项 D：外国政府或国际金融组织向我国政府及国家金融机构提供优惠贷款所书立的合同，免征印花税。

16. 印花税的税率有（　　）。

A. 比例税率			B. 累进税率

C. 定额税率			D. 超额累进税率

E. 超率累进税率

【参考答案】AC

【答案解析】根据《印花税税目税率表》，对"权利、许可证照"和"营业账簿"税目中的其他账簿，适用定额税率，按件贴花5元。各类应税经济合同及具有合同性质的凭证、产权转移书据、营业账簿中记载资金的账簿，适用比例税率。

17. 下列合同或凭证，应缴纳印花税的有（　　）。

A. 人寿保险合同			B. 商品房销售合同

C. 军事物资运输凭证		D. 专利申请转让合同

E. 电网与电网之间签订的购售电合同

【参考答案】BDE

【答案解析】选项A：人寿保险合同不属于印花税征税范围，不缴纳印花税。选项C：军事物资运输凭证，免征印花税。

18. 下列关于印花税的说法，正确的有（　　）。

A. 按比例税率计算应纳税额不足1角的，免纳印花税

B. 印花税票应贴在应纳凭证上，由税务机关注销或画销

C. 已经贴花的凭证，凡修改后所载金额增加的部分，应补贴印花

D. 对单位或个人代售印花税票的，税务机关可按代售金额5%的比例支付代售手续费

E. 一般的法律、会计、审计等方面的咨询不属于技术咨询，其所书立合同不贴印花

【参考答案】ACDE

【答案解析】根据《中华人民共和国印花税暂行条例》第六条，印花税票应当粘贴在应纳税凭证上，并由纳税人在每枚税票的骑缝处盖戳注销或者画销。已贴用的印花税票不得重用。

19. 按照印花税的有关规定，下列各项，应征印花税的有（　　）。

A. 版权转移书据　　　　　　　　B. 法律咨询合同

C. 审计合同　　　　　　　　　　D. 购销合同

E. 专利申请转让合同

【参考答案】ADE

【答案解析】一般的法律、会计、审计等方面的咨询不属于技术咨询，其所书立合同不贴印花。

20. 下列各项，符合印花税有关规定的有(　　)。

A. 已贴用的印花税票，不得揭下重用

B. 凡多贴印花税票者，不得申请退税或者抵用

C. 应税合同不论是否兑现或是否按期兑现，均应贴花

D. 伪造印花税票的，税务机关可处以伪造印花税票金额 3 倍至 5 倍的罚款

E. 土地使用权出让合同、土地使用权转让合同、商品房销售合同按照产权转移书据征收印花税

【参考答案】ABCE

【答案解析】选项 D：伪造印花税票的，税务机关可处以 2 000 元以上 1 万元以下的罚款，情节严重的，处以 1 万元以上 5 万元以下的罚款；构成犯罪的，依法追究刑事责任。

21. 下列项目，符合印花税相关规定的有(　　)。

A. 建筑安装工程承包合同的计税依据为转包金额

B. 仓储保管合同的计税依据为仓储保管的费用

C. 产权转移书据的计税依据是书据中所载的金额

D. 货物运输合同的计税依据为运输货物的金额

E. 购销合同计税依据为购销金额且不得作任何扣除

【参考答案】BCE

【答案解析】选项 A：建筑安装工程承包合同的计税依据为承包金额。选项 D：货物运输合同的计税依据为取得的运输费金额，不包括所运货物的金额、装卸费和保险费等。

22. 采用自行贴花方法缴纳印花税的，纳税人应(　　)。

A. 自行申报应税行为　　　　　　B. 自行计算应纳税额

C. 自行购买印花税票　　　　　　D. 自行一次贴足印花税票

E. 自行注销

【参考答案】BCDE

【答案解析】纳税人书立、领受或者使用《中华人民共和国印花税暂行条例》列举的应纳税凭证和经财政部确定征税的其他凭证时，即发生纳税义务，应当根据应纳税凭证的性质，分别按《中华人民共和国印花税暂行条例》所附《印花税税目税率表》对应的税目、税率，自行计算应纳税额，购买并一次贴足印花税票。

23. 下列关于资金账簿印花税的说法，正确的有（　　）。

A. 企业债权转股权新增加的资金应按规定贴花

B. 无息、贴息贷款合同凭证免纳印花税

C. 企业其他会计科目记载的资金转为实收资本或资本公积的资金应按规定贴花

D. 外国银行分行记载由其境外总行拨付的"营运资金"账簿，免于贴花

E. 以合并或分立方式成立的新企业，其新启用的资金账簿记载的资金，凡原已贴花的部分可不再贴花，未贴花部分和以后新增加的资金应按规定贴花

【参考答案】ABCE

【答案解析】根据《中华人民共和国印花税暂行条例施行细则》第十三条，无息、贴息贷款合同凭证免纳印花税。《国家税务总局关于资金账簿印花税问题的通知》（国税发〔1994〕25号）第一条规定，生产经营单位执行"两则"后，其"记载资金的账簿"的印花税计税依据改为"实收资本"与"资本公积"两项的合计金额。第二条规定，企业执行"两则"启用新账簿后，其"实收资本"和"资本公积"两项的合计金额大于原已贴花资金的，就增加的部分补贴印花。外国银行分行记载由其境外总行拨付的"营运资金"账簿，应按核拨的账面资金数额计税贴花。

24. 下列关于印花税说法，不正确的是（　　）。

A. 对已贴花的凭证，修改后所载金额增加的，其增加部分应当补贴印花税票

B. 多贴印花税票者，可以申请退税或抵用

C. 合同没有兑现或没有按期兑现，可不用贴花

D. 纳税人自行计算、自行购买、自行贴花并加以注销或画销

E. 对国家政策性银行记载资金的账簿，一次贴花数额较大、难以承担的，经核准可在3年内分次贴足

【参考答案】BC

【答案解析】根据《中华人民共和国印花税暂行条例实施细则》第二十四条，凡多

贴印花税票者，不得申请退税或者抵用。应税合同在签订时纳税义务即已产生，应计算应纳税额并贴花。所以，不论合同是否兑现或是否按期兑现，均应贴花。

25. 下列各项，应按"产权转移书据"税目征收印花税的有（　　）。

　　A. 商品房销售合同　　　　　　　　B. 土地使用权转让合同

　　C. 专利申请权转让合同　　　　　　D. 个人无偿赠与不动产登记表

　　E. 专有技术使用权转让合同

【参考答案】ABDE

【答案解析】专利申请权转让合同属于印花税"技术合同"税目。

26. 下列各项，属于印花税纳税人的有（　　）。

　　A. 发放专利证书的专利局　　　　　B. 设立并使用账簿的企业

　　C. 签订运输合同的运输公司　　　　D. 发放房屋产权证的部门

　　E. 领受营业执照的个人

【参考答案】BCE

【答案解析】专利证书及房屋产权证的领取人为印花税纳税人。

27. 下列应税凭证，免纳印花税的有（　　）。

　　A. 合同的正本或抄本

　　B. 无息、贴息贷款合同

　　C. 外国政府或国际金融组织向我国企业提供的优惠贷款所书立的合同

　　D. 企业因改制签订的产权转移书据

　　E. 2018年5月1日起按件贴花5元的其他营业账簿

【参考答案】BDE

【答案解析】根据《中华人民共和国印花税暂行条例施行细则》第十三条，无息、贴息贷款合同凭证免纳印花税。企业因改制签订的产权转移书据免予贴花。财税〔2018〕50号规定，自2018年5月1日起，对按万分之五税率贴花的资金账簿减半征收印花税，对按件贴花五元的其他账簿免征印花税。

28. 下列科目，属于应缴纳印花税的资金账簿有（　　）。

　　A. 资本公积　　　　　　　　　　　B. 法定盈余公积

　　C. 未分配利润　　　　　　　　　　D. 任意盈余公积

　　E. 实收资本

【参考答案】AE

【答案解析】应缴纳印花税的资金账簿是指"实收资本"与"资本公积"账户。

29. 下列凭证，应按照"权利、许可证照"缴纳印花税的有( )。

A. 土地使用证 B. 车辆合格证

C. 商标注册证 D. 工商营业执照

E. 卫生许可证

【参考答案】ACD

【答案解析】《印花税税目税率表》所指的权利、许可证照包括政府部门发给的房屋产权证、工商营业执照、商标注册证、专利证、土地使用证。

30. 下列合同，应按"产权转移书据"税目征收印花税的有( )。

A. 非专利技术转让合同 B. 商品房销售合同

C. 专利申请权转让合同 D. 土地使用权出让合同

E. 土地使用权转让合同

【参考答案】BDE

【答案解析】非专利技术转让合同和专利申请权转让合同属于印花税"技术合同"税目。

31. 下列各项中，符合印花税有关规定的有( )。

A. 凡多贴印花税票者，不得申请退税或者抵用

B. 已贴用的印花税票，可以揭下重用

C. 应税合同不论是否兑现或是否按期兑现，均应贴花

D. 印花税应税凭证按《中华人民共和国税收征管法实施细则》规定保存5年

E. 伪造印花税票的，税务机关可处以伪造印花税票金额3倍至5倍的罚款

【参考答案】AC

【答案解析】根据《中华人民共和国印花税暂行条例》第六条，已贴用的印花税票不得重用，选项B错误。印花税应税凭证按《中华人民共和国税收征管法实施细则》规定保存10年，选项D错误。伪造印花税票的，由税务机关责令改正，处以2000元以上1万元以下的罚款；情节严重的，处以1万元以上5万元以下的罚款；构成犯罪的，依法追究刑事责任。选项E错误。

32. 下列合同，按照万分之三税率征收印花税的是( )。

A. 购销合同 B. 加工承揽合同

C. 产权转移书据 D. 货物运输合同

E. 建筑安装工程承包合同

【参考答案】AE

【答案解析】根据《印花税税目税率表》，加工承揽合同、货物运输合同、产权转移书据按照万分之五税率征收印花税。

33. 按照印花税法规规定，下列凭证，免纳印花税的有（　　）。

A. 工商营业执照

B. 建筑工程承包合同

C. 无息或贴息贷款合同

D. 外国政府向我国政府提供优惠贷款所书立的合同

E. 投资者买卖封闭式证券投资基金所书立的合同

【参考答案】CDE

【答案解析】根据《中华人民共和国印花税暂行条例实施细则》第十三条，对无息或贴息贷款合同和外国政府或者国际金融组织向我国政府及国家金融机构提供优惠贷款所书立的合同免税。投资者买卖封闭式证券投资基金免征印花税。

题型三 判断题

1. 纳税人以电子形式签订的各类应税凭证按规定不征收印花税。 （ ）

【参考答案】 ×

【答案解析】 纳税人以电子形式签订的各类应税凭证按规定征收印花税。

2. 对发电厂与电网之间、电网与电网之间（国家电网公司系统、南方电网公司系统内部各级电网互供电量除外）签订的购售电合同，按购销合同征收印花税。电网与用户之间签订的供用电合同不征印花税。 （ ）

【参考答案】 √

3. 一般的法律、会计、审计等方面的咨询不属于技术咨询，其所书立合同不贴印花。 （ ）

【参考答案】 √

4. 对于企业集团内具有平等法律地位的主体之间自愿订立、明确双方购销关系、据以供货和结算、具有合同性质的凭证，应按规定征收印花税。对于企业集团内部执行计划使用的、不具有合同性质的凭证，也应当征收印花税。 （ ）

【参考答案】 ×

【答案解析】 对于企业集团内具有平等法律地位的主体之间自愿订立、明确双方购销关系、据以供货和结算、具有合同性质的凭证，应按规定征收印花税。对于企业集团内部执行计划使用的、不具有合同性质的凭证，不征收印花税。

5. 土地使用权出让合同、土地使用权转让合同、商品房销售合同按照购销合同征收印花税。 （ ）

【参考答案】 ×

【答案解析】 土地使用权出让合同、土地使用权转让合同、商品房销售合同按照产权转移书据征收印花税。

6. 2018 年 5 月 1 日起，按万分之五税率贴花的资金账簿以及对按件贴花五元的其他账簿免征印花税。 （ ）

【参考答案】 ×

【答案解析】 2018 年 5 月 1 日起，按万分之五税率贴花的资金账簿减半征收印花税，对按件贴花五元的其他账簿免征印花税。

7. 对应税凭证，凡由两方或两方以上当事人共同书立的，其当事人各方都是纳税人。（ ）

【参考答案】√

8. 一项信贷业务既签订借款合同，又一次或分次填开借据的，只以借款合同所载金额计税贴花；凡是只填开借据并作为合同使用的，应以借据所载金额计税贴花。（ ）

【参考答案】√

9. 同一凭证因载有两个或两个以上经济事项而适用不同税率，如分别载有金额的，应分别计算应纳税额，相加后按合计税额贴花；如未分别记载金额的，按税率低的计税贴花。（ ）

【参考答案】×

【答案解析】同一凭证因载有两个或两个以上经济事项而适用不同税率，如分别载有金额的，应分别计算应纳税额，相加后按合计税额贴花；如未分别记载金额的，按税率高的计税贴花。

10. 以缴款书或完税证代替贴花的方法，一份凭证应纳税额超过1 000元。（ ）

【参考答案】×

【答案解析】以缴款书或完税证代替贴花的方法，一份凭证应纳税额超过500元。

11. 现行印花税只对《中华人民共和国印花税暂行条例》列举的凭证征收，没有列举的凭证不征税。（ ）

【参考答案】√

【答案解析】《中华人民共和国印花税暂行条例实施细则》第十条规定，印花税只对税目税率表中列举的凭证和经财政部确定征税的其他凭证征税。

12. 印花税最高税率为1‰，最低税率为0.05‰；按定额税率征税的，每件5元。（ ）

【参考答案】√

【答案解析】政策依据：《印花税税目税率表》。

13. 营业账簿税目中记载资金的账簿的计税依据为"实收资本"与"资本公积"两项的合计金额。（ ）

【参考答案】√

【答案解析】根据《国家税务总局关于资金账簿印花税问题的通知》（国税发〔1994〕25号）第一条，营业账簿税目中记载资金的账簿的计税依据为"实收资本"与

"资本公积"两项的合计金额。

14. 对投资者（其中包括个人和机构）买卖封闭式证券投资基金免征印花税。
（   ）

【参考答案】√

【答案解析】根据《财政部 国家税务总局关于对买卖封闭式证券投资基金继续予以免征印花税的通知》（财税〔2004〕173号），从2003年1月1日起，继续对对投资者（其中包括个人和机构）买卖封闭式证券投资基金免征印花税。

15. 企业因改制签订的产权转移书据需要贴花。（   ）

【参考答案】×

【答案解析】企业因改制签订的产权转移书据免予贴花（财税〔2003〕183号）。

16. 印花税税目税率表中列举的建筑安装工程承包合同包括建筑、安装工程承包合同的总包合同、分包合同和转包合同。（   ）

【参考答案】√

【答案解析】根据《中华人民共和国印花税暂行条例实施细则》第三条，建设工程承包合同包括总包合同、分包合同和转包合同。

17. 土地使用权出让合同、土地使用权转让合同、商品房销售合同按照产权转移书据征收印花税。（   ）

【参考答案】√

【答案解析】土地使用权出让合同、土地使用权转让合同、商品房销售合同按照产权转移书据征收印花税（财税〔2006〕162号）。

18. 合同的担保人也需要缴纳印花税。（   ）

【参考答案】×

【答案解析】根据《中华人民共和国印花税暂行条例实施细则》第十五条，当事人是指对凭证有直接权利义务关系的单位和个人，不包括保人、证人、鉴定人。

19. 印花税兼具行为税和凭证税的特点。（   ）

【参考答案】√

【答案解析】印花税是对单位和个人书立、领受的应税凭证征收的一种税，具有凭证税性质。任何一种应税经济凭证反映的都是某种特定的经济行为，因此，对凭证征税，实质上是对经济行为的课税。

20. 财产保险合同不包括信用保险合同。（   ）

【参考答案】×

【答案解析】财产保险合同包括财产、责任、保证、信用保险合同,以及作为合同使用的单据。

21. 印花税的征收范围包括法律咨询合同。（　　）

【参考答案】×

【答案解析】一般的法律、会计、审计等方面的咨询不属于技术咨询合同（国税地字〔1989〕第34号）。

22. "家庭财产两全保险"不属于印花税征税范围。（　　）

【参考答案】×

【答案解析】"家庭财产两全保险"属于家庭财产保险性质,其合同应照章贴花（国税地字〔1989〕第77号）。

23. 财产所有人将财产赠给学校所立的书据免税。（　　）

【参考答案】√

【答案解析】根据《中华人民共和国印花税暂行条例》第四条,财产所有人将财产赠给政府、社会福利单位、学校所立的书据免税。

24. 对个人出租、承租住房签订的租赁合同,暂免征印花税。（　　）

【参考答案】√

【答案解析】对个人出租、承租住房签订的租赁合同,暂免征印花税（财税〔2008〕24号）。

25. 印花税应当在书立或领受时贴花。（　　）

【参考答案】√

【答案解析】根据《中华人民共和国印花税暂行条例》第七条,应纳税凭证应当于书立或者领受时贴花。

26. 购销合同的税率为购销金额的万分之零点三。（　　）

【参考答案】×

【答案解析】根据《印花税税目税率表》,购销合同的税率为购销金额的万分之三。

27. 在境外签订的合同在境内履行时可不缴纳印花税。（　　）

【参考答案】×

【答案解析】根据《中华人民共和国印花税暂行条例实施细则》第十四条,如果合同在国外签订的,应在国内使用时贴花。

28. 如果应税凭证是由当事人的代理人代为书立的,则由代理人代为承担纳税义务。
( )

【参考答案】 √

【答案解析】 根据《中华人民共和国印花税暂行条例实施细则》第十五条,当事人的代理人有代理纳税的义务。

29. 企业在核算缴纳印花税时,通过"应交税费"账户核算。( )

【参考答案】 ×

【答案解析】 "应交税费"账户虽然是核算企业向国家缴纳的各种税金,但并不是所有应向国家缴纳的税金都必须通过"应交税费"账户核算。只有必须预计应交税费数额,并与税务机关发生清算或结算关系的应交税费,才需要通过"应交税费"账户核算。企业缴纳的印花税,既不发生应付未付税款的情况,不需要预计应纳税金额;也不存在与税务机关结算或清算的问题,即使采取汇贴或者汇缴办法缴纳印花税,也是如此。因此,企业在核算缴纳印花税时,不需要通过"应交税费"账户核算,而是于购买印花税票或者以缴款书汇总缴纳印花税时,直接借记"管理费用"等有关费用账户,贷记"银行存款""现金"等有关账户。

30. 财产租赁合同按租赁金额1‰贴花;税额不足1元,免纳印花税。( )

【参考答案】 ×

【答案解析】 根据《印花税税目税率表》,财产租赁合同按租赁金额1‰贴花;税额不足1元按1元贴花。

31. 企业和企业之间的借款合同无须缴印花税。( )

【参考答案】 √

【答案解析】 企业和企业之间的借款合同,不属于"借款合同"中列举的银行及其他金融组织和借款人签订的借款合同,无须视同借款合同缴纳印花税。

32. 自2019年1月1日起,资金账簿减按万分之二点五税率征收印花税,其他账簿免征。
( )

【参考答案】 ×

【答案解析】 自2018年5月1日起,对按万分之五贴花的资金账簿减半征收印花税,对按件贴花5元的其他账簿免征印花税(财税〔2018〕50号)。

33. 应税凭证,凡由两方或两方以上当事人共同书立的,各方都是印花税的纳税人,应各就其所持凭证的计税金额履行纳税义务。
( )

【参考答案】√

【答案解析】根据《中华人民共和国印花税暂行条例》第八条，同一凭证，由两方或者两方以上当事人签订并各执一份的，应当由各方就所执的一份各自全额贴花。

34. 根据《中华人民共和国印花税暂行条例》及其实施细则，财产所有人将财产赠给政府、社会团体、社会福利单位、学校及其他事业单位所立的书据免纳印花税。

（ ）

【参考答案】×

【答案解析】根据《中华人民共和国印花税暂行条例》第四条，财产所有人将财产赠给政府、社会福利单位、学校所立的书据免纳印花税，赠给社会团体和其他事业单位所立的书据不在免税范围。

35. 应纳税凭证所载金额为外国货币的，纳税人应按照凭证书立当月 1 日外汇牌价折合人民币，计算应纳税额。 （ ）

【参考答案】×

【答案解析】根据《中华人民共和国印花税暂行条例实施细则》第十九条，应纳税凭证所载金额为外国货币的，纳税人应按照凭证书立当日的中华人民共和国国家外汇管理局公布的外汇牌价折合人民币，计算应纳税额。

36. 纳税人无论采用哪一种办法缴纳印花税，都应对纳税凭证妥善保存。凭证的保存期限，凡国家已有明确规定的，按规定办理，其余凭证均应在履行完毕后保存 3 年。

（ ）

【参考答案】×

【答案解析】根据《中华人民共和国印花税暂行条例实施细则》第二十五条，纳税人对纳税凭证应妥善保存。凭证的保存期限，凡国家已有明确规定的，按规定办；其余凭证均应在履行完毕后保存一年。

37. 印花税凭证的副本或抄本免纳印花税。 （ ）

【参考答案】×

【答案解析】根据《中华人民共和国印花税暂行条例实施细则》第十一条，已缴纳印花税的凭证的副本或者抄本免纳印花税，是指凭证的正式签署本已按规定缴纳了印花税，其副本或者抄本对外不发生权利义务关系，仅备存查的免贴印花。以副本或者抄本视同正本使用的，应另贴印花。

38. 印花税的征收范围仅限于在我国境内书立、使用、领受我国法律保护的凭证。

（ ）

【参考答案】×

【答案解析】印花税的征税范围，不仅限于在我国境内书立、领受的凭证，还包括在境外书立、领受但在我国境内使用，在我国境内具有法律效力，受我国法律保护的凭证。

39. 企业现金池业务无须缴纳印花税。　　　　　　　　　　　　　　　　（　　）

【参考答案】√

【答案解析】非金融机构之间签订的借款合同，如果双方都不属于金融机构，无须贴花。

40. 继续使用已到期合同无须贴花。　　　　　　　　　　　　　　　　　（　　）

【参考答案】√

【答案解析】企业所签订的已贴花合同到期，但因合同所载权利义务关系尚未履行完毕，需继续执行合同所载内容，即继续使用已到期合同，只要该合同所载内容和金额没有增加，无须再重新贴花。但如果合同所载内容和金额增加，或者就尚未履行完毕事项另签合同的，需要按照《中华人民共和国印花税暂行条例》另行贴花。

41. 委托代理合同需纳印花税。　　　　　　　　　　　　　　　　　　　（　　）

【参考答案】×

【答案解析】代理单位和委托方签订的委托代理合同，凡仅明确代理事项、权限和责任的，根据《国家税务局关于印花税若干具体问题的解释和规定的通知》（国税发〔1991〕155号），不属于应税凭证，无须贴花。

42. 实际结算金额超过合同金额需按超出金额补贴花。　　　　　　　　　（　　）

【参考答案】×

【答案解析】根据《中华人民共和国印花税暂行条例》，印花税的征税对象是合同，征税依据是合同所载金额，而不是根据实际业务的交易金额。如果已按规定贴花的合同在履行后，实际结算金额和合同所载金额不一致，根据国税地字〔1988〕第025号，不再补贴花，也不退税。

43. 对饮水工程运营管理单位为建设饮水工程取得土地使用权而签订的产权转移书据免征印花税。　　　　　　　　　　　　　　　　　　　　　　　　　　（　　）

【参考答案】√

【答案解析】根据《财政部 国家税务总局关于继续实行农村饮水安全工程税收优惠政策的公告》（财政部 税务总局公告2019年第67号），对饮水工程运营管理单位为建饮水工程取得土地使用权而签订的产权转移书据，以及与施工单位签订的建设工程承包合同免征印花税。

44. 银行与客户签订的委托贷款合同不需要缴纳印花税。　　　　　　　　（　　）

【参考答案】√

【答案解析】银行与委托单位签订的委托贷款合同，如果仅作为明确委托、代理关系的凭证，根据《国家税务局关于印花税若干具体问题的解释和规定的通知》（国税发〔1991〕155号）第十四条，不属于列举征税的凭证，不贴印花。

45. 营业执照发生更换，不需要重新缴纳印花税。　　　　　　　　　　　（　　）

【参考答案】×

【答案解析】根据《国家税务局 国家工商行政管理局关于营业执照、商标注册证粘贴印花税票问题的通知》（国税地字〔1989〕第113号）第五条，对因各种原因更换营业执照正本和商标注册证的，均视为新领营业执照正本和商标注册证，应按规定纳税。

模块九 房产税政策与管理

题型一 单项选择题

1. 下列关于房产税立法原则的说法，错误的是(　　)。

A. 筹集地方财政收入

B. 加强城市建设

C. 调节财富分配

D. 有利于加强房产管理，配合城市住房制度改革

【参考答案】B

【答案解析】加强城市建设不属于房产税的立法原则。

2. 下列关于房产税纳税人的表述，不符合法律制度规定的是(　　)。

A. 房屋租典纠纷未解决的，由出典人纳税

B. 房屋产权所有人不在房产所在地的，房产代管人为纳税人

C. 房屋出典的，由承典人纳税

D. 房屋产权未确定的，房产代管人为纳税人

【参考答案】A

【答案解析】产权未确定及租典纠纷未解决的，亦由房产代管人或者使用人纳税。

3. 下列属于房产税征税范围，应纳房产税的是(　　)。

A. 室外游泳池　　　　　　　　B. 玻璃暖房

C. 砖瓦石灰窑　　　　　　　　D. 建制镇内的房屋

【参考答案】D

【答案解析】独立于房屋之外的建筑物，如围墙、烟囱、水塔、变电塔、油池油柜、酒窖菜窖、酒精池、糖蜜池、室外游泳池、玻璃暖房、砖瓦石灰窑以及各种油气罐等，不属于房产。

4. 下列关于房产税纳税义务人的表述，正确的是（　　）。

A. 产权属国家所有的，由使用人纳税

B. 产权出典的，由出典人纳税

C. 租典纠纷未解决的，由产权所有人纳税

D. 产权所有人、承典人不在房屋所在地的，由房产代管人或者使用人纳税

【参考答案】D

【答案解析】产权属国家所有的，由经营管理单位纳税。产权出典的，由承典人纳税。产权未确定及租典纠纷未解决的，由房产代管人或者使用人纳税。

5. 下列关于地下建筑物房产税的表述，正确的是（　　）。

A. 单独建造的地下建筑物不缴纳房产税

B. 地下建筑物若作工业用途，以房屋原价的70%～80%作为应税房产原值

C. 地下建筑物若作商业用途，以房屋原价的50%～60%作为应税房产原值

D. 对于与地上房屋相连的地下建筑物，应将地下部分和地上房屋视为一个整体按照地上房屋建筑的有关规定缴纳房产税

【参考答案】D

【答案解析】地下建筑物需要缴纳房产税。地下建筑物若作工业用途，以房屋原价的50%～60%作为应税房产原值。地下建筑物若作商业用途，以房屋原价的70%～80%作为应税房产原值。

6. 下列关于房产税的计税依据的说法，错误的是（　　）。

A. 对于更换房屋配套设施的，在将其价值计入房产原值时，不可以扣减原来相应设施的价值

B. 以房屋为载体，不可随意移动的附属设施，无论在会计核算中是否单独记账与核算，都应计入房产原值，计征房产税

C. 对于以房产投资联营，投资者参与投资利润分红，共担风险的，按房产的计税余值作为计税依据计征房产税

D. 计征房产税的房产原值包括电力、电信、电缆导线

【参考答案】A

【答案解析】对于更换房屋附属设备和配套设施的，在将其价值计入房产原值时，可扣减原来相应设备和设施的价值。

7. 下列关于房产税的说法，正确的是（　　）。

A. 对企事业单位、社会团体以及其他组织按市场价格向个人出租用于居住的住房，减按12%的税率征收房产税

B. 地下建筑物若作商业和其他用途，以其房屋原价的50%～60%作为应税房产的原值

C. 对居民住宅区内业主共有的经营性房产自营的，不征收房产税

D. 个人无租使用免税单位的房产，由使用人缴纳房产税

【参考答案】D

【答案解析】对企事业单位、社会团体以及其他组织按市场价格向个人出租用于居住的住房，减按4%的税率征收房产税。地下建筑物若作商业和其他用途，以其房屋原价的70%～80%作为应税房产原值，在此基础上扣除原值减除比例作为计税依据。对居民住宅区内业主共有的经营性房产，由实际经营（包括自营和出租）的代管人或使用人缴纳房产税。

8. 2020年初某企业支付9 700万元取得10万平方米的土地使用权，新建厂房建筑面积6万平方米，工程成本3 500万元，2021年5月竣工验收，对该企业征收房产税的房产原值为( )。

A. 3 500万元　　　　B. 6 600万元　　　　C. 9 700万元　　　　D. 13 200万元

【参考答案】D

【答案解析】房产原值包括地价款和开发土地发生的成本费用。该企业征收房产税的房产原值 = 9 700 + 3 500 = 13 200（万元）

9. 某公司于2020年将市区一栋厂房租赁给甲企业，甲企业每年支付给该公司共计1 000万元（其中厂房租金800万元，水电费200万元）。则该公司当年应纳房产税为( )。（增值税采用简易计税办法计算）

A. 67.2万元　　　　B. 91.43万元　　　　C. 96万元　　　　D. 120万元

【参考答案】B

【答案解析】纳税人出租房产的，以房产不含增值税租金收入作为房产税的计税依据，不包括代为收取的水电费。

该公司应纳房产税 = 800 ÷ (1 + 5%) × 12% = 91.43（万元）。

10. 2020年1月，甲拥有房产原值8 500万，4月1日将其中原值为500万的房产出租，出租期限5年，不含增值税租金2万元/月，其中4—6月为免租期。已知当地政府规定计算房产余值的扣除比例为30%，则2020年甲企业应该缴纳的房产税为( )。

A. 70.39 万元　　　　B. 35.04 万元　　　　C. 66.54 万元　　　　D. 70.74 万元

【参考答案】D

【答案解析】对出租房产，租赁双方签订的租赁合同约定由免收租金期限的，免税租金期间由产权所有人按照房产原值缴纳房产税。甲企业2020年应该缴纳的房产税 = (8 500 – 500) × (1 – 30%) × 1.2% + 500 × (1 – 30%) × 1.2% × 6 ÷ 12 + 2 × 6 × 12% = 70.74 (万元)。

11. 某企业拥有一栋原值为2 000万元的房产，2020年2月10日将其中的40%出售，月底办理好产权转移手续。已知当地政府规定房产计税余值的扣除比例为20%，2020年该企业应纳房产税(　　)。

A. 11.52 万元　　　　B. 12.16 万元　　　　C. 12.60 万元　　　　D. 12.80 万元

【参考答案】D

【答案解析】应纳房产税 = 2 000 × 60% × (1 – 20%) × 1.2% + 2 000 × 40% × (1 – 20%) × 1.2% × 2 ÷ 12 = 12.80 (万元)。

12. 甲企业2020年初拥有厂房原值2 000万元，仓库原值500万元。2020年5月20日，将仓库以1 000万元的价格转让给乙企业，当地政府规定房产税减除比例为30%。甲企业当年应缴纳房产税(　　)。

A. 17.65 万元　　　　B. 18.2 万元　　　　C. 18.55 万元　　　　D. 20.3 万元

【参考答案】C

【答案解析】应纳房产税 = 2 000 × (1 – 30%) × 1.2% + 500 × (1 – 30%) × 1.2% × 5 ÷ 12 = 18.55 (万元)

13. 王某拥有两处房产，一处原值90万元的房产供自己及家人居住，另一处原值40万元的房产于2020年6月30日出租给他人居住，按市场价每月取得租金收入2 400元 (不含增值税)。王某当年应缴纳房产税为(　　)。

A. 288 元　　　　B. 840 元　　　　C. 1 152 元　　　　D. 576 元

【参考答案】D

【答案解析】应纳税额 = 2 400 × 6 × 4% = 576 (元)

14. 房产税的税率，依照房产租金收入计算缴纳的，税率为(　　)。

A. 12%　　　　B. 10%　　　　C. 1.5%　　　　D. 1.2%

【参考答案】A

【答案解析】根据《中华人民共和国房产税暂行条例》，房产税的税率依照房产租金收入计算缴纳的,税率为12%。

15. 王某2020年1月1日将自有住房出租,当即交付使用,每月收入不含税租金5 000元,王某2020年1—11月应缴纳房产税( )。

A. 7 200元　　　　B. 6 600元　　　　C. 2 400元　　　　D. 2 200元

【参考答案】D

【答案解析】个人出租住房减按4%的税率计征房产税。应纳房产税 = 5 000 × 11 × 4% = 2 200（元）。

16. 某企业有厂房一栋,原值200万元,2019年初对该厂房进行扩建,2019年8月底完工并办理验收手续,增加了房产原值45万元,另外对厂房安装了价值15万元的排水设备并单独作固定资产核算。已知当地政府规定计算房产余值的扣除比例为20%,2019年度该企业应缴纳房产税为( )。

A. 20 640元　　　　B. 21 000元　　　　C. 21 120元　　　　D. 21 600元

【参考答案】C

【答案解析】纳税人对原有房屋进行改建、扩建的,要相应增加房屋的原值。厂房的排水设备,不管会计核算中是否单独记账与核算,都应计入房产原值,计征房产税。

应纳房产税 = 200 × (1 − 20%) × 1.2% ÷ 12 × 8 × 10 000 + (200 + 45 + 15) × (1 − 20%) × 1.2% ÷ 12 × 4 × 10 000 = 21 120（元）。

17. 下列各项,属于房产税纳税人的是( )。

A. 房屋的出典人　　　　　　　　B. 拥有农村房产的农村农民
C. 允许他人无租使用房产的房管部门　　D. 产权不明的房屋的使用人

【参考答案】D

【答案解析】房屋出典的,由承典人纳税;农村不是房产税的开征区域,农村农民不是房产税的纳税人;无租使用房产的,由使用人纳税;产权未确定的,由代管人或使用人纳税。

18. 承租人使用房产,以支付修理费抵交房产租金,缴纳房产税的纳税人应当是( )。

A. 房产的使用人　　　　　　　　B. 房产的承租人
C. 房产的产权代管人　　　　　　D. 房产的产权所有人

【参考答案】D

【答案解析】根据《财政部 税务总局关于房产税若干具体问题的解释和暂行规定》

(财税地字〔1986〕8号),承租人使用房产,以支付修理费抵交房产租金,仍应由房产的产权所有人依照规定缴纳房产税。

19. 关于房产税的纳税地点表述正确的是( )。

A. 房产代管人所在地的税务机关　　B. 房产管理人所在地的税务机关

C. 房产所有人所在地的税务机关　　D. 房产所在地的税务机关

【参考答案】D

【答案解析】根据《中华人民共和国房产税暂行条例》,房产税由房产所在地的税务机关征收。

20. 下列各项,应缴纳房产税的是( )。

A. 集团公司的仓库　　B. 露天玻璃暖房

C. 股份制企业的露天游泳池　　D. 工厂的独立烟囱

【参考答案】A

【答案解析】房产税的征税对象是房产。所谓房产,是指有屋面和围护结构(有墙或两边有柱),能够遮风避雨,可供人们在其中生产、学习、工作、娱乐、居住或储藏物资的场所。露天游泳池、独立烟囱、玻璃暖房不属于房产。

21. 自2019年1月1日至2023年12月31日,对公共租赁住房的房产税处理正确的是( )。

A. 免征房产税　　B. 减征房产税

C. 征收房产税　　D. 不征房产税

【参考答案】A

【答案解析】根据《财政部 税务总局关于公共租赁住房税收优惠政策的公告》(财政部 税务总局公告2019年第61号),对公共租赁住房免征房产税。

22. 对由于实施天然林二期工程造成森工企业房产闲置一年以上不用的,房产税处理正确的是( )。

A. 征收房产税　　B. 减征房产税

C. 不征房产税　　D. 暂免征收房产税

【参考答案】D

【答案解析】根据《财政部 国家税务总局关于天然林保护工程(二期)实施企业和单位房产税 城镇土地使用税政策的通知》(财税〔2011〕90号),对由于实施天然林二期工程造成森工企业房产、土地闲置一年以上不用的,暂免征收房产税和城镇土地使用税。

23. 下列关于出租的地下建筑计算征收房产税的表述，正确的是(　　)。

A. 按照出租地上房屋建筑的有关规定计算减征房产税

B. 按照出租地上房屋建筑的有关规定计算免征房产税

C. 按照出租地下房屋建筑的有关规定计算不征房产税

D. 按照出租地上房屋建筑的有关规定计算征收房产税

【参考答案】D

【答案解析】根据《财政部 国家税务总局关于具备房屋功能的地下建筑征收房产税的通知》（财税〔2005〕181号），出租的地下建筑，按照出租地上房屋建筑的有关规定计算征收房产税。

24. 房产不在一地的纳税人，下列选项中房产税纳税地点表述正确的是(　　)。

A. 应按房产管理人所在地，分别向税务机关缴纳房产税

B. 应按房产所有人所在地，分别向税务机关缴纳房产税

C. 应按房产代管人所在地，分别向税务机关缴纳房产税

D. 应按房产的坐落地点，分别向房产所在地的税务机关缴纳房产税

【参考答案】D

【答案解析】根据《财政部 税务总局关于房产税若干具体问题的解释和暂行规定》（财税地字〔1986〕8号），房产不在一地的纳税人，应按房产的坐落地点，分别向房产所在地的税务机关缴纳房产税。

25. 购置新建商品房，计征房产税的纳税义务发生时间为(　　)。

A. 自房屋交付使用之当月起　　　　B. 自房屋交付使用之次月起

C. 自房屋交付使用之当季起　　　　D. 自房屋交付使用之当年起

【参考答案】B

【答案解析】根据《国家税务总局关于房产税、城镇土地使用税有关政策规定的通知》（国税发〔2003〕89号），购置新建商品房，自房屋交付使用之次月起计征房产税和城镇土地使用税。

26. 下列选项，关于农民居住用房屋房产税的规定正确的是(　　)。

A. 不征收房产税　　　　　　　　　B. 减征50%房产税

C. 减征60%房产税　　　　　　　　D. 减征70%房产税

【参考答案】A

【答案解析】根据《国家税务总局关于调整房产税和土地使用税具体征税范围解释规定的通知》（国税发〔1999〕44号），对农林牧渔业用地和农民居住用房屋及土地，不征收房产税和土地使用税。

27. 甲企业从乙公司融资租赁房产，下列选项中确认的融资租赁房产纳税人正确的是（　　）。

   A. 甲企业　　　　　　　　　　B. 乙公司
   C. 甲企业和乙公司　　　　　　D. 甲企业或乙公司

【参考答案】A

【答案解析】根据《财政部 国家税务总局关于房产税城镇土地使用税有关问题的通知》（财税〔2009〕128号），融资租赁的房产，由承租人自融资租赁合同约定开始日的次月起依照房产余值缴纳房产税。

28. 下列各项，应作为融资租赁房屋房产税计税依据的是（　　）。

   A. 房产售价　　B. 房产余值　　C. 房产原值　　D. 房产租金

【参考答案】B

【答案解析】融资租赁是一种变相的分期付款购买固定资产的形式，所以在计征房产税时应以房产余值计算征收。

29. 不在开征地区范围之内的工厂、仓库，房产税处理正确的是（　　）。

   A. 给予免征房产税　　　　　　B. 给予减征房产税
   C. 应当征收房产税　　　　　　D. 不应征收房产税

【参考答案】D

【答案解析】根据《财政部 税务总局关于房产税若干具体问题的解释和暂行规定》（财税地字〔1986〕8号），不在开征地区范围之内的工厂，仓库，不应征收房产税。

30. 纳税人因房产的实物或权利状态发生变化而依法终止房产税纳税义务的，其应纳税款的计算应截至一定的时点，这里的一定的时点是指（　　）。

   A. 房产的实物或权利状态发生变化的当年末
   B. 房产的实物或权利状态发生变化的当季末
   C. 房产的实物或权利状态发生变化的当月末
   D. 房产的实物或权利状态发生变化的当月初

【参考答案】C

【答案解析】根据《财政部 国家税务总局关于房产税城镇土地使用税有关问题的通

知》(财税〔2008〕152号),纳税人因房产、土地的实物或权利状态发生变化而依法终止房产税、城镇土地使用税纳税义务的,其应纳税款的计算应截至房产、土地的实物或权利状态发生变化的当月末。

31. 自2019年1月1日至2023年12月31日,对向居民供热收取采暖费的供热企业,为居民供热所使用的厂房,房产税处理正确的是(　　)。

A. 减征房产税　　B. 免征房产税　　C. 征收房产税　　D. 不征房产税

【参考答案】B

【答案解析】根据《财政部 税务总局关于延续供热企业增值税 房产税 城镇土地使用税优惠政策的通知》(财税〔2019〕38号),自2019年1月1日至2023年供暖期,对向居民供热收取采暖费的供热企业,为居民供热所使用的厂房及土地免征房产税、城镇土地使用税;对供热企业其他厂房及土地,应当按照规定征收房产税、城镇土地使用税。

32. 光明公司从国土资源部门购买一宗土地建设厂房,宗地容积率低于0.5,下列选项中关于土地价款计入房产原值计征房产税的表述正确的是(　　)。

A. 按房产建筑面积的4倍计算土地面积并据此确定计入房产原值的地价

B. 按房产建筑面积的3倍计算土地面积并据此确定计入房产原值的地价

C. 按房产建筑面积的2倍计算土地面积并据此确定计入房产原值的地价

D. 按房产建筑面积的1倍计算土地面积并据此确定计入房产原值的地价

【参考答案】C

【答案解析】根据《财政部 国家税务总局关于安置残疾人就业单位城镇土地使用税等政策的通知》(财税〔2010〕121号),对按照房产原值计税的房产,无论会计上如何核算,房产原值均应包含地价,包括为取得土地使用权支付的价款、开发土地发生的成本费用等。宗地容积率低于0.5的,按房产建筑面积的2倍计算土地面积并据此确定计入房产原值的地价。

33. 公园、名胜古迹中附设的营业单位,如照相馆等所使用的房产及出租的房产,其房产税处理正确的是(　　)。

A. 给予免征房产税　　　　　　B. 给予减征房产税

C. 应当征收房产税　　　　　　D. 不应征收房产税

【参考答案】C

【答案解析】根据《财政部 税务总局关于房产税若干具体问题的解释和暂行规定》

（财税地字〔1986〕8号），公园、名胜古迹中附设的营业单位，如影剧院、饮食部、茶社、照相馆等所使用的房产及出租的房产，应征收房产税。

34. 对按照去产能和调结构政策要求停产停业、关闭的企业，自停产停业次月起，免征房产税、城镇土地使用税。企业享受免税政策的期限累计不得超过（　　）。

  A. 一年   B. 两年   C. 三年   D. 四年

【参考答案】B

【答案解析】《财政部 税务总局关于去产能和调结构房产税 城镇土地使用税政策的通知》（财税〔2018〕107号），对按照去产能和调结构政策要求停产停业、关闭的企业，自停产停业次月起，免征房产税、城镇土地使用税。企业享受免税政策的期限累计不得超过两年。

35. 房产税按年征收、分期缴纳。纳税期限规定的机关是（　　）。

  A. 省、自治区、直辖市税务局   B. 省、自治区、直辖市人民政府

  C. 国家税务总局   D. 财政部

【参考答案】B

【答案解析】根据《中华人民共和国房产税暂行条例》，房产税按年征收、分期缴纳。纳税期限由省、自治区、直辖市人民政府规定。

36. 甲企业自建办公大楼没有房产原值作为房产税的计税依据，正确的税务处理是（　　）。

  A. 由房产所在地税务机关参考同类房产核定

  B. 由房产所在地财政部门参考同类房产核定

  C. 由房产所在地房管部门参考同类房产核定

  D. 由房产所在地中介机构参考同类房产核定

【参考答案】A

【答案解析】根据《中华人民共和国房产税暂行条例》，没有房产原值作为依据的，由房产所在地税务机关参考同类房产核定。

37. 甲企业承租A公司的办公大楼（已办理房产证），租赁合同约定免收租金三个月。下列选项中关于免收租金期间房产税的处理，正确的是（　　）。

  A. 免收租金期间减征房产税

  B. 免收租金期间不缴房产税

  C. 免收租金期间由甲企业按照房产原值缴纳房产税

D. 免收租金期间由 A 公司按照房产原值缴纳房产税

【参考答案】 D

【答案解析】 根据《财政部 国家税务总局关于安置残疾人就业单位城镇土地使用税等政策的通知》（财税〔2010〕121号），对出租房产，租赁双方签订的租赁合同约定有免收租金期限的，免收租金期间由产权所有人按照房产原值缴纳房产税。

38. 下列房产设施，不计入房产原值的是（　　）。

A. 房屋的给排水系统　　　　　　B. 智能化楼宇设备

C. 中央空调　　　　　　　　　　D. 精装修房屋配套的大宗家具

【参考答案】 D

【答案解析】 为了维持和增加房屋的使用功能或使房屋满足设计要求，凡以房屋为载体，不可随意移动的附属设备和配套设施，如给排水、采暖、消防、中央空调、电气及智能化楼宇设备等，无论在会计核算中是否单独记账与核算，都应计入房产原值，计征房产税。精装修配套家具不计入房产原值。

题型二 多项选择题

1. 下列关于房产税的相关表述，正确的有（　　）。

A. 纳税人未用于出租的应税房产暂不征收房产税

B. 纳税人因房屋大修导致连续停用半年以上的，在房屋大修期间免征房产税

C. 房产原值应包括与房屋不可分割的各种附属设备或一般不单独计算价值的配套设施

D. 纳税人出借房产，自交付出借房产之次月起，缴纳房产税

E. 企业办的托儿所自用房产免征房产税

【参考答案】BCDE

【答案解析】纳税人未用于出租的应税房产，其应纳税额应按房产的原值减除规定比例后的余值计征。

2. 下列房产，可以免征房产税的有（　　）。

A. 国家机关办公的房产

B. 老年服务机构自用的房产

C. 企业按政府规定价格向职工出租的单位自有房产

D. 经有关部门鉴定的危险房屋

E. 信托投资公司经营用房产

【参考答案】ABCD

【答案解析】选项E：对其他专业银行等金融机构（包括信托投资公司、城乡信用合作社，以及经中国人民银行批准设立的其他金融组织）和保险公司的房产，均应按规定征收房产税。

3. 下列关于房产税的纳税义务发生时间，说法不正确的有（　　）。

A. 纳税人将原有房产用于生产经营，从生产经营之月起缴纳房产税

B. 纳税人委托施工企业建设的房屋，从办理验收手续之当月起缴纳房产税

C. 纳税人购置存量房，自房屋使用或交付之次月起，缴纳房产税

D. 纳税人购置新建商品房，自房屋交付使用之次月缴纳房产税

E. 纳税人出租房产，自交付出租房产之次月起缴纳房产税

【参考答案】BC

【答案解析】选项B：纳税人委托施工企业建设的房屋，从办理验收手续之次月起缴纳房产税。选项C：纳税人购置存量房，自办理房屋权属转移、变更登记手续，房地产权属登记机关签发房屋权属证书之次月起，缴纳房产税。

4. 根据房产税的相关规定，下列房产，免征房产税的有（　　）。

A. 宗教寺庙出租的房产

B. 房地产开发企业建造的尚未出售的商品房

C. 实行差额预算管理的事业单位自用的房产

D. 房管部门向居民出租的公有住房

E. 因大修停用三个月的房产

【参考答案】BCD

【答案解析】选项A：出租及经营性房产均需要征收房产税。选项E：房屋大修停用在半年以上的在大修期间免房产税，大修停用3个月，未超过半年，不免税。

5. 下列情形，应由房产代管人或者使用人缴纳房产税的有（　　）。

A. 房屋产权未确定的　　　　　　B. 房屋租典纠纷未解决的

C. 房屋承典人不在房屋所在地的　　D. 房屋产权所有人不在房屋所在地的

E. 房屋出租的由承租人纳税

【参考答案】ABCD

【答案解析】产权所有人、承典人不在房屋所在地的，或者产权未确定及租典纠纷未解决的，由房产代管人或使用人纳税。房屋出典的由承典人纳税。

6. 下列各项，属于房产税纳税义务人的有（　　）。

A. 房屋的产权所有人　　　　　　B. 房屋使用人

C. 房屋承典人　　　　　　　　　D. 房屋代管人

E. 房屋出典人

【参考答案】ABCD

【答案解析】房产税的纳税义务人是征税范围内的房屋的产权所有人，包括国家所有和集体、个人所有房屋的产权所有人、承典人、代管人或使用人；产权出典的，由承典人纳税；产权未确定和承典人不在房屋所在地的，由房产代管人或者使用人纳税。

7. 下列有关房产税征税办法的表述，不正确的有（　　）。

A. 纳税人在对原有房屋进行改建、扩建的，要相应增加房屋的原值

B. 完全建在地下的建筑，不需要缴纳房产税

C. 融资租赁房屋在租赁期间房产税的纳税人由当地税务机关根据情况确定,确定纳税人后,从租计征房产税

D. 居民住宅区内业主共有的经营性房产,实际经营的代管人或使用人为纳税人

E. 与地上房屋相连的地下建筑,应将地下部分与地上房屋视为一个整体,按照地上房屋建筑物的有关规定计征房产税

【参考答案】BC

【答案解析】选项B:完全建在地下的建筑,应当依照有关规定征收房产税;选项C:融资租赁房屋按照房产余值计征房产税。

8. 根据房产税法的相关规定,下列说法中不正确的有( )。

A. 房产税的征税范围不包括农村

B. 房屋产权出典的由承典人缴纳房产税

C. 经有关部门鉴定,对毁损不堪居住的房屋和危险房屋,在停止使用后,可减半征收房产税。

D. 专门经营农产品的农产品批发市场自用的房产应征收房产税

E. 增值税小规模纳税人使用的房产免征房产税

【参考答案】CDE

【答案解析】经有关部门鉴定,对毁损不堪居住的房屋和危险房屋,在停止使用后,可免征房产税。专门经营农产品的农产品批发市场自用的房产免征房产税。自2019年1月1日至2021年12月31日,由省、自治区、直辖市人民政府根据本地区实际情况,以及宏观调控需要确定,对增值税小规模纳税人可以在50%的税额幅度内减征房产税。

9. 下列关于房产税的税收优惠的说法,正确的有( )。

A. 红十字会自用房产免征房产税

B. 军队自有自用房产免征房产税

C. 老年服务机构自用的房产暂免征房产税

D. 中国银行所属分支机构自用的房产免征房产税

E. 对经营公租房所取得的租金收入免征房产税

【参考答案】ABCE

【答案解析】中国人民银行总行(含国家外汇管理局)所属分支机构自用的房产,免征房产税。

10. 下列关于房产税纳税义务发生时间的说法,正确的有( )。

A. 委托施工企业建房的，从办理验收手续之日的次月起纳税

B. 将原有房产用于生产经营，从生产经营之次月起计征房产税

C. 房地产开发企业自用本企业建造的商品房，自房屋使用或交付之次月起计征房产税

D. 购置存量房，自房地产权属登记机关签发房屋权属证书之次月起计征房产税

E. 购置新建商品房，自房地产权属登记机关签发房屋权属证书之次月起计征房产税

【参考答案】ACD

【答案解析】将原有房产用于生产经营，从生产经营之月起，计征房产税；购置新建商品房，自房屋交付使用之次月起计征房产税。

11. 下列关于居民住宅区内业主共有的经营性房产计税依据的表述，正确的有( )。

A. 对居民住宅区内业主共有的经营性房产自营的，不征收房产税

B. 没有房产原值或不能将共有住房划分开的，一律按租金计征房产税

C. 居民住宅区内业主共有的经营性房产，其自营的，依照房产原值减除10%至30%后的余值计征房产税

D. 对居民住宅区内业主共有的经营性房产出租的，依照租金计征房产税

E. 对居民住宅区内业主共有的经营性房产，由实际经营的代管人或使用人缴纳房产税

【参考答案】CDE

【答案解析】对居民住宅区内业主共有的经营性房产，由实际经营（包括自营和出租）的代管人或使用人缴纳房产税。其自营的，依照房产原值减除10%至30%后的余值计征，没有房产原值或不能将共有住房划分开的，由房产所在地地方税务机关参照同类房产核定房产原值；出租的，依照租金计征。

12. 下列选项，正确的是( )。

A. 军队自用的房产免征房产税　　B. 公园出租的房产免征房产税

C. 人民团体自用的房产免征房产税　　D. 宗教寺庙自用的房产免征房产税

E. 名胜古迹自用的房产免征房产税

【参考答案】ACDE

【答案解析】根据《国家税务总局中华人民共和国房产税暂行条例》，下列房产免纳房产税：①国家机关、人民团体、军队自用的房产；②由国家财政部门拨付事业经费的

单位自用的房产；③宗教寺庙、公园、名胜古迹自用的房产；④个人所有非营业用的房产；⑤经财政部批准免税的其他房产。

13. 根据房屋附属设备和配套设施计征房产税的税法规定，下列选项正确的是（　　）。

    A. 对附属设备中易损坏、需要经常更换的零配件，更新后计入房产原值

    B. 对配套设施中易损坏、需要经常更换的零配件，更新后计入房产原值

    C. 对附属设备中易损坏、需要经常更换的零配件，更新后不再计入房产原值

    D. 对配套设施中易损坏、需要经常更换的零配件，更新后不再计入房产原值

    E. 为了维持和增加房屋的使用功能或使房屋满足设计要求，凡以房屋为载体，不可随意移动的附属设备和配套设施，无论在会计核算中是否单独记账与核算，都应计入房产原值，计征房产税

    【参考答案】CDE

    【答案解析】根据《国家税务总局关于进一步明确房屋附属设备和配套设施计征房产税有关问题的通知》（国税发〔2005〕173号），对附属设备和配套设施中易损坏、需要经常更换的零配件，更新后不再计入房产原值。为了维持和增加房屋的使用功能或使房屋满足设计要求，凡以房屋为载体，不可随意移动的附属设备和配套设施，如给排水、采暖、消防、中央空调、电气及智能化楼宇设备等，无论在会计核算中是否单独记账与核算，都应计入房产原值，计征房产税。

14. 下列选项，关于房产税的征税范围表述正确的是（　　）。

    A. 某市的甲企业　　　　　　　B. 某县的乙企业

    C. 某镇的丙企业　　　　　　　D. 某农村的丁企业

    E. 某工矿区的戊企业

    【参考答案】ABCE

    【答案解析】根据《中华人民共和国房产税暂行条例》，房产税在城市、县城、建制镇和工矿区征收。

15. 下列房屋附属设备和配套设施，计征房产税的是（　　）。

    A. 以房屋为载体，不可随意移动的给排水设施

    B. 以房屋为载体，不可随意移动的中央空调

    C. 以房屋为载体，可随意移动的采暖设备

    D. 以房屋为载体，可随意移动的消防设施

    E. 以房屋为载体，不可随意移动的智能化楼宇设备

【参考答案】ABE

【答案解析】根据《国家税务总局关于进一步明确房屋附属设备和配套设施计征房产税有关问题的通知》（国税发〔2005〕173号），为了维持和增加房屋的使用功能或使房屋满足设计要求，凡以房屋为载体，不可随意移动的附属设备和配套设施，如给排水、采暖、消防、中央空调、电气及智能化楼宇设备等，无论在会计核算中是否单独记账与核算，都应计入房产原值，计征房产税。

16. 下列关于房产原值的说法，错误的是( )。

　　A. 房产原值是指纳税人按照会计制度规定，在账簿"固定资产"科目中记载的房屋原价

　　B. 纳税人对原有房屋进行改建、扩建的，要相应增加房屋的原值

　　C. 房产原值不包括各种附属设备或配套设施

　　D. 房产原值指的是扣除折旧、减值准备后的金额

　　E. 对于更换房屋附属设备和配套设施的，在将其价值计入房产原值时，可扣减原来相应设备和设施的价值

【参考答案】CD

【答案解析】政策依据：《财政部 税务总局关于房产税和车船使用税几个业务问题的解释与规定》（财税地字〔1987〕3号），《国家税务总局关于进一步明确房屋附属设备和配套设施计征房产税有关问题的通知》（国税发〔2005〕173号）。

17. 下列选项，关于房产税的纳税义务人表述正确的是( )。

　　A. 房产税由产权所有人缴纳

　　B. 产权出典的，由承典人缴纳

　　C. 产权所有人不在房产所在地的，由房产所有人缴纳

　　D. 产权属于全民所有的，由经营管理的单位缴纳

　　E 产权未确定的，由房产代管人或者使用人缴纳

【参考答案】ABDE

【答案解析】根据《中华人民共和国房产税暂行条例》，房产税由产权所有人缴纳。产权属于全民所有的，由经营管理的单位缴纳。产权出典的，由承典人缴纳。产权所有人、承典人不在房产所在地的，或者产权未确定及租典纠纷未解决的，由房产代管人或者使用人缴纳。

18. 房产税的纳税人可以是( )。

A. 出租住宅的城市居民　　　　　　B. 出租门面房的县城个体户

C. 出租房屋的乡村农民　　　　　　D. 出租房屋的事业单位

E. 出租房屋的公园

【参考答案】ABDE

【答案解析】房产税的开征区域在城市、县城、建制镇和工矿区，所以城市居民、县城个体户和事业单位在房产税开征区域内出租房屋，成为房产税的纳税人。而农村不属于房产税的开征区域，所以乡村农民出租房屋不成为房产税的纳税人。

19. 下列有关房产税征税办法的表述，不符合现行规定的有(　　)。

A. 外商投资企业对外出租的房产也应缴纳房产税

B. 融资租赁房屋的纳税人由当地税务机关根据情况确定

C. 房屋出典期间，出典人为房产税纳税人

D. 经营租赁房屋和融资租赁房屋均要从租计算房产税

E. 产权未确定及租典纠纷未解决的暂不缴纳房产税

【参考答案】BCDE

【答案解析】房产产权出典的应由承典人纳税；融资租赁房屋在租赁期间房产税由承租人从价计征；外国人、外商投资企业和外国企业经营的房产自2009年1月1日起也缴纳房产税；经营租赁房屋从租计税，融资租赁房屋按照房产余值计算房产税。产权未确定及租典纠纷未解决的，由房产代管人或者使用人纳税。

20. 下列情况，应征房产税的有(　　)。

A. 高等院校教学用房　　　　　　　B. 市政府办公用房

C. 事业单位下设的对外营业的招待所　　D. 中小学出租给企业存放货物的房屋

E. 个人拥有的非营业用的房产

【参考答案】CD

【答案解析】免税单位出租用房及行政事业单位的经营用房，都应缴纳房产税。

21. 以下可以作为房产税征税对象的有(　　)。

A. 某工业企业的水塔　　　　　　　B. 商业企业的库房

C. 工业企业厂区的独立围墙　　　　D. 股份公司的露天游泳池

E. 写字楼的地下停车场

【参考答案】BE

【答案解析】独立的围墙、露天游泳池、水塔不具备房产的特征，不是房产税的征

税对象。房产税征税范围内的地下建筑也要缴纳房产税。

22. 房产税的计税依据可以是（　　）。

A. 融资租赁房屋的，以房产计税余值计税

B. 融资租赁房屋的，以房产租金计税

C. 联营投资房产，共担投资风险的，以房产计税余值计税

D. 无租使用房产的，由产权所有人按照房产原值计算缴纳房产税

E. 对出租房产，租赁双方签订的租赁合同约定有免收租金期限的，免收租金期间由产权所有人按照房产原值缴纳房产税

【参考答案】ACE

【答案解析】融资租赁房屋的，以房产余值计税；无租使用房产的，由使用人依照房产余值代缴房产税。

23. 下列不动产，不应缴纳房产税的有（　　）。

A. 独立的厂区围墙　　　　　　B. 已销售的居民自住住宅

C. 企业厂区内简易自行车棚　　D. 政府机关对外营业的招待所

E. 室外游泳池

【参考答案】ABCE

【答案解析】个人拥有非营业用房免征房产税；独立的厂区围墙、简易自行车棚不属于房产范围。独立于房屋之外的建筑物（如室外游泳池）不属于房产。

24. 对按照去产能和调结构政策要求停产停业、关闭的企业享受的免税政策，下列说法正确的有（　　）。

A. 自停产停业次月起，免征房产税、城镇土地使用税

B. 自停产停业之月起，免征房产税、城镇土地使用税

C. 企业享受免税政策的期限累计不得超过三年

D. 企业享受免税政策的期限累计不得超过两年

E. 企业享受规定的免税政策，应按规定进行减免税申报，并将房产土地权属资料、房产原值资料等留存备查

【参考答案】ADE

【答案解析】根据《财政部 税务总局关于去产能和调结构房产税 城镇土地使用税政策的通知》（财税〔2018〕107号），对按照去产能和调结构政策要求停产停业、关闭的企业，自停产停业次月起，免征房产税、城镇土地使用税。企业享受免税政策的期限累

计不得超过两年。企业享受本通知规定的免税政策，应按规定进行减免税申报，并将房产土地权属资料、房产原值资料等留存备查。

25. 下列房产，免征房产税的有(　　)。

A. 企业因季节性停用的房产

B. 施工期间在基建工地为其服务的临时性房产

C. 中国人民银行总行自用的房产

D. 企业停产后出租给饮食业的房产

E. 企业办的学校自用的房产免税

【参考答案】BCE

【答案解析】中国人民银行总行是国家机关，对其自用的房产免征房产税；基建工地为基建工地服务的各种工棚、材料棚、休息棚和办公室、食堂、茶炉房、汽车房等临时性房屋，不论是施工企业自行建造还是由基建单位出资建造交施工企业使用的，在施工期间，一律免征房产税。企业办的各类学校、医院、托儿所、幼儿园自用的房产免税。

26. 下列各项，不应当征收房产税的有(　　)。

A. 个人所有非营业用的房产

B. 行政机关所属的招待所使用的房产

C. 个人所有的经营性房产

D. 邮政部门坐落在城市、县城、建制镇、工矿区以外的房产

E. 公园自用房产

【参考答案】ADE

【答案解析】政策依据：《中华人民共和国房产税暂行条例》第二条、第五条。

27. 按照房产税的现行规定，下列表述正确的有(　　)。

A. 出租的地下建筑，按照出租地上房屋建筑的有关规定计算征收房产税

B. 供热企业的生产用房免征房产税

C. 更换房屋附属设备和配套设施的，不改变房产原值

D. 个人出租房产，不分用途，均应征收房产税

E. 纳税单位与免税单位共同使用的房屋，按各自使用的部分划分，分别征收或免征房产税

【参考答案】ADE

【答案解析】政策依据：《财政部 税务总局关于房产税若干具体问题的解释和暂行规定》（财税地字〔1986〕8号），《国家税务总局关于进一步明确房屋附属设备和配套设施计征房产税有关问题的通知》（国税发〔2005〕173号），《财政部 国家税务总局关于具备房屋功能的地下建筑征收房产税的通知》（财税〔2005〕181号）。

28. 下列房产，属于房产税征税范围的有（　　）。

　　A. 宗教寺庙出租的房产　　　　B. 政府机关自用的房产

　　C. 人民团体自用的房产　　　　D. 军队自用的房产

　　E. 事业单位的经营性房产

【参考答案】AE

【答案解析】政策依据：《中华人民共和国房产税暂行条例》第五条，《财政部 税务总局关于房产税若干具体问题的解释和暂行规定》（财税地字〔1986〕8号）。

29. 下列各项，应当计入房产税计税原值的有（　　）。

　　A. 与房屋不可分割的附属设施

　　B. 以房屋为载体，不可随意搬动的附属设备和配套设施

　　C. 地价

　　D. 对原有房产进行改建，增加房产的部分

　　E. 对附属设备和配套设施中易损坏、需要经常更换的零配件进行更新

【参考答案】ABCD

【答案解析】根据《财政部 税务总局关于房产税和车船使用税几个业务问题的解释与规定》（财税地字〔1987〕3号）、《国家税务总局关于进一步明确房屋附属设备和配套设施计征房产税有关问题的通知》（国税发〔2005〕173号）、《财政部 国家税务总局关于安置残疾人就业单位城镇土地使用税等政策的通知》（财税〔2010〕121号），对按照房产原值计税的房产，无论会计上如何核算，房产原值均应包含地价。

30. 下列各项，符合房产税纳税义务发生时间规定的有（　　）。

　　A. 纳税人自行新建房产用于生产经营，从建成之日起

　　B. 纳税人自行新建房产用于生产经营，自建成之次月起征收房产税

　　C. 纳税人委托施工企业建设的房产，在办理验收手续之月起

　　D. 纳税人委托施工企业建设的房产，在办理验收手续之次月起

　　E. 纳税人在办理验收手续前已使用或出租、出借的新建房屋，应按法规征收房产税

【参考答案】BDE

【答案解析】根据《财政部 税务总局关于房产税若干具体问题的解释和暂行规定》（财税地字〔1986〕8号），纳税人自建的房屋，自建成之次月起征收房产税。纳税人委托施工企业建设的房屋，从办理验收手续之次月起征收房产税。纳税人在办理验收手续前已使用或出租、出借的新建房屋，应按法规征收房产税。

31. 下列表述，符合房产税规定的有（　　）。

A. 纳税单位无偿使用免税单位的房产，应缴纳房产税

B. 纳税单位无租使用免税单位的房产，依照房产余值代缴纳房产税

C. 对出租房产，租赁双方签订的租赁合同约定有免收租金期限的，免收租金期间由产权所有人按照房产原值缴纳房产税

D. 自用的工业用途房产，以房屋原价的50%~60%作为应税房产原值

E. 利用地下人防设施办招待所的房产，不缴纳房产税

【参考答案】ABCD

【答案解析】政策依据：《财政部 国家税务总局关于房产税城镇土地使用税有关问题的通知》（财税〔2009〕128号），《财政部 国家税务总局关于安置残疾人就业单位城镇土地使用税等政策的通知》（财税〔2010〕121号），《财政部 国家税务总局关于具备房屋功能的地下建筑征收房产税的通知》（财税〔2005〕181号）。

32. 以下关于房产税纳税期限以及纳税申报的表述，正确的是（　　）。

A. 房产税实行按年征收，分期缴纳

B. 房产税一般按月、季、半年预征

C. 房产税的纳税期限由省、自治区、直辖市人民政府确定

D. 房产不在一地的纳税人，应按房产的坐落地点，分别向房产所在地的税务机关缴纳房产税

E. 委托施工企业建房的，从办理验收手续之日的次月起纳税

【参考答案】ACDE

【答案解析】根据《中华人民共和国房产税暂行条例》第七条、《财政部 税务总局关于房产税若干具体问题的解释和暂行规定》（财税地字〔1986〕8号），房产不在一地的纳税人，应按房产的坐落地点，分别向房产所在地的税务机关缴纳房产税。

33. 下列行为，正确的有（　　）。

A. 甲企业8月开业将原有房产用于生产经营，房产税应从8月开始计算缴纳

B. 乙企业4月开业将原有房产用于生产经营，房产税应从5月开始计算缴纳

C. 丙企业自建房屋用于经营，7月建成应从8月开始计算缴纳房产税

D. 丁企业自建房屋用于经营，6月建成应从6月开始计算缴纳房产税

E. 房地产开发企业自用、出租、出借本企业建造的商品房，自房产使用或交付次月起缴纳房产税

【参考答案】ACE

【答案解析】根据《财政部 税务总局关于房产税若干具体问题的解释和暂行规定》（财税地字〔1986〕8号），纳税人自建的房屋，自建成之次月起征收房产税。

题型三　判断题

1. 独立于房屋之外的建筑物，如围墙、烟囱、水塔、变电塔、油池油柜、酒窖菜窖、酒精池、糖蜜池、室外游泳池、玻璃暖房、砖瓦石灰窑以及各种油气罐等，也属于房产，应按规定缴纳房产税。　　　　　　　　　　　　　　　　　　　　　（　　）

【参考答案】×

【答案解析】独立于房屋之外的建筑物，如围墙、烟囱、水塔、变电塔、油池油柜、酒窖菜窖、酒精池、糖蜜池、室外游泳池、玻璃暖房、砖瓦石灰窑以及各种油气罐等，不属于房产。

2. 城市征税范围为市区、郊区和市辖县县城以及农村。　　　　　　　（　　）

【参考答案】×

【答案解析】城市征税范围为市区、郊区和市辖县县城，不包括农村。

3. 房屋产权未确定及租典纠纷未解决的，由房产代管人或者使用人纳税。（　　）

【参考答案】√

4. 个人出租住房，按12%的税率征收房产税。　　　　　　　　　　　（　　）

【参考答案】×

【答案解析】个人出租住房，按4%的税率征收房产税。

5. 对企事业单位、社会团体以及其他组织按市场价格向个人出租用于居住的住房，减按4%的税率征收。　　　　　　　　　　　　　　　　　　　　　　　　（　　）

【参考答案】√

6. 公园、名胜古迹自用的房产，免征房产税。包括公园、名胜古迹中附设的营业单位，如影剧院、饮食部、茶社、照相馆等所使用的房产及出租的房产。（　　）

【参考答案】×

【答案解析】公园、名胜古迹中附设的营业单位，如影剧院、饮食部、茶社、照相馆等所使用的房产及出租的房产，应征收房产税。

7. 自2019年1月1日至2021年12月31日，由省、自治区、直辖市人民政府根据本地区实际情况，以及宏观调控需要确定，对增值税小规模纳税人可以在70%的税额幅度内减征房产税。　　　　　　　　　　　　　　　　　　　　　　　　　　　（　　）

【参考答案】×

【答案解析】自 2019 年 1 月 1 日至 2021 年 12 月 31 日，由省、自治区、直辖市人民政府根据本地区实际情况，以及宏观调控需要确定，对增值税小规模纳税人可以在 50% 的税额幅度内减征房产税。

8. 凡以房屋为载体，不可随意移动的附属设备和配套设施，如给排水、采暖、消防、中央空调、电气及智能化楼宇设备等，无论在会计核算中是否单独记账与核算，都应计入房产原值，计征房产税。（　　）

【参考答案】√

9. 对出租房产，租赁双方签订的租赁合同约定有免收租金期限的，免收租金期间不缴纳房产税。（　　）

【参考答案】×

【答案解析】对出租房产，租赁双方签订的租赁合同约定有免收租金期限的，免收租金期间由产权所有人按照房产原值缴纳房产税。

10. 房地产开发企业自用、出租、出借本企业建造的商品房，自房产使用或交付当月起缴纳房产税。（　　）

【参考答案】×

【答案解析】房地产开发企业自用、出租、出借本企业建造的商品房，自房产使用或交付次月起缴纳房产税。

11. 无租使用其他单位房产的应税单位和个人，依照核定的租金收入缴纳房产税。（　　）

【参考答案】×

【答案解析】根据《财政部 国家税务总局关于房产税城镇土地使用税有关问题的通知》（财税〔2009〕128 号），无租使用其他单位房产的应税单位和个人，依照房产余值代为缴纳房产税。

12. 房产税依照房产原值一次减除 10% 至 30% 后的余值计算缴纳。具体减除幅度，由省、自治区、直辖市人民政府规定。（　　）

【参考答案】√

【答案解析】根据《中华人民共和国房产税暂行条例》，房产税依照房产原值一次减除 10% 至 30% 后的余值计算缴纳。具体减除幅度，由省、自治区、直辖市人民政府规定。

13. 自 2009 年 1 月 1 日起，对外资企业及外籍个人的房产征收房产税。（　　）

【参考答案】√

【答案解析】根据《财政部 国家税务总局关于对外资企业及外籍个人征收房产税有关问题的通知》（财税〔2009〕3号），自2009年1月1日起，对外资企业及外籍个人的房产征收房产税。

14. 2018年甲企业门面商铺出租取得年含增值税租金100万元，计征房产税的租金收入为100万元。（　　）

【参考答案】×

【答案解析】根据《财政部 国家税务总局关于营改增后契税、房产税、土地增值税、个人所得税计税依据问题的通知》（财税〔2016〕43号），房产出租的，计征房产税的租金收入不含增值税。

15. 房产税中建制镇具体征税范围，由各省、自治区、直辖市税务局提出方案，经省、自治区、直辖市人民政府确定批准后执行，并报国家税务总局备案。（　　）

【参考答案】√

【答案解析】根据《国家税务总局关于调整房产税和土地使用税具体征税范围解释规定的通知》（国税发〔1999〕44号），关于建制镇具体征税范围，由各省、自治区、直辖市税务局提出方案，经省、自治区、直辖市人民政府确定批准后执行，并报国家税务总局备案。

16. 征收房产税的"房产"是以房屋形态表现的财产。（　　）

【参考答案】√

【答案解析】根据《财政部 税务总局关于房产税和车船使用税几个业务问题的解释与规定》（财税地字〔1987〕3号），征收房产税的"房产"是以房屋形态表现的财产。房屋是指有屋面和围护结构（有墙或两边有柱），能够遮风避雨，可供人们在其中生产、工作、学习、娱乐、居住或储藏物资的场所。

17. 产权出典的房产，由出典人依照房产余值缴纳房产税。（　　）

【参考答案】×

【答案解析】根据《财政部 国家税务总局关于房产税城镇土地使用税有关问题的通知》（财税〔2009〕128号），产权出典的房产，由承典人依照房产余值缴纳房产税。

18. 甲公司从乙企业租用办公大楼，年租金100万元，乙企业应当以办公大楼的计税余值作为房产税的计税依据。（　　）

【参考答案】×

【答案解析】根据《中华人民共和国房产税暂行条例》，房产出租的，以房产租金收入为房产税的计税依据。

19. 对个人出租住房，不区分用途，按4%的税率征收房产税。（ ）

【参考答案】√

【答案解析】政策依据：《财政部 国家税务总局关于廉租住房经济适用住房和住房租赁有关税收政策的通知》（财税〔2008〕24号）。

20. 纳税人购置新建商品房，自房屋交付使用之月起计征房产税。（ ）

【参考答案】×

【答案解析】政策依据：《国家税务总局关于房产税城镇土地使用税有关政策规定的通知》（国税发〔2003〕89号）。

21. 纳税人购置存量房，自办理房屋权属转移、变更登记手续，房地产权属登记机关签发房屋权属证书之次月起计征房产税。（ ）

【参考答案】√

【答案解析】政策依据：《国家税务总局关于房产税城镇土地使用税有关政策规定的通知》（国税发〔2003〕89号）。

22. 纳税人出租、出借房产，自交付出租、出借房产之次月起计征房产税。（ ）

【参考答案】√

【答案解析】政策依据：《国家税务总局关于房产税城镇土地使用税有关政策规定的通知》（国税发〔2003〕89号）。

23. 企业自建房屋用于经营，7月建成的房屋应从8月开始计算缴纳房产税。（ ）

【参考答案】√

【答案解析】政策依据：《财政部 税务总局关于房产税若干具体问题的解释和暂行规定》（财税地字〔1986〕8号）。

24. 房产不在一地的纳税人，应按纳税人注册登记的地点，向注册登记所在地的税务机关缴纳房产税。（ ）

【参考答案】×

【答案解析】政策依据：《财政部 税务总局关于房产税若干具体问题的解释和暂行规定》（财税地字〔1986〕8号）。

25. 自2019年1月1日至2021年12月31日，对高校学生公寓免征房产税。（ ）

【参考答案】√

【答案解析】政策依据：《财政部 税务总局关于高校学生公寓房产税 印花税政策的通知》（财税〔2019〕14 号）。

26. 对按照去产能和调结构政策要求停产停业、关闭的企业，自停产停业次月起，免征房产税，企业享受免税政策的期限累计不得超过两年。（　　）

【参考答案】√

【答案解析】根据《财政部 税务总局关于去产能和调结构房产税 城镇土地使用税政策的通知》（财税〔2018〕107 号），对按照去产能和调结构政策要求停产停业、关闭的企业，自停产停业次月起，免征房产税、城镇土地使用税。企业享受免税政策的期限累计不得超过两年。

27. 房产税按年计算、分期缴纳。缴纳期限由省、自治区、直辖市税务部门确定。（　　）

【参考答案】×

【答案解析】政策依据：《中华人民共和国房产税暂行条例》第七条。

28. 自 2019 年 1 月 1 日至 2021 年 12 月 31 日，对增值税小规模纳税人减按 50% 征收资源税、城市维护建设税、房产税、城镇土地使用税、印花税（不含证券交易印花税）、耕地占用税和教育费附加、地方教育附加。（　　）

【参考答案】×

【答案解析】根据《关于实施小微企业普惠性税收减免政策的通知》（财税〔2019〕13 号），自 2019 年 1 月 1 日至 2021 年 12 月 31 日，各省、自治区、直辖市人民政府根据本地区实际情况，以及宏观调控需要确定；对增值税小规模纳税人可以在 50% 的税额幅度内减征资源税、城市维护建设税、房产税、城镇土地使用税、印花税（不含证券交易印花税）、耕地占用税和教育费附加、地方教育附加。

29. 为社区提供养老、托育、家政等服务的机构自有或其通过承租、无偿使用等方式取得并用于提供社区养老、托育、家政服务的房产，免征房产税。（　　）

【参考答案】√

【答案解析】政策依据：《财政部 税务总局 发展改革委 民政部 商务部 卫生健康委关于养老、托育、家政等社区家庭服务业税费优惠政策的公告》（财政部公告 2019 年第 76 号）。

30. 自 2019 年 1 月 1 日至 2023 年供暖期结束，对向居民供热收取采暖费的供热企

业,为非居民供热所使用的厂房及土地免征房产税。 ( )

【参考答案】×

【答案解析】政策依据:《财政部 税务总局关于延续供热企业增值税 房产税 城镇土地使用税优惠政策的通知》(财税〔2019〕38号)。

31. 纳税单位无租使用免税单位的房产,依照房产余值代缴纳房产税。 ( )

【参考答案】√

【答案解析】政策依据:《财政部 国家税务总局关于房产税城镇土地使用税有关问题的通知》(财税〔2009〕128号)。

32. 对出租房产,租赁双方签订的租赁合同约定有免收租金期限的,免收租金期间由使用人按照房产原值缴纳房产税。 ( )

【参考答案】×

【答案解析】政策依据:《财政部 国家税务总局关于安置残疾人就业单位城镇土地使用税等政策的通知》(财税〔2010〕121号)。

33. 纳税人利用地下人防设施办招待所的房产,应该依法缴纳房产税。 ( )

【参考答案】√

【答案解析】政策依据:《财政部 国家税务总局关于具备房屋功能的地下建筑征收房产税的通知》(财税〔2005〕181号)。

34. 对出租房产,租赁双方签订的租赁合同约定有免收租金期限的,免收租金期间由产权所有人按照房产原值缴纳房产税。 ( )

【参考答案】√

【答案解析】政策依据:《财政部 国家税务总局关于安置残疾人就业单位城镇土地使用税等政策的通知》(财税〔2010〕121号)。

35. 纳税人委托施工企业建设的房产,在办理验收手续之月起征收房产税。 ( )

【参考答案】×

【答案解析】根据《财政部 税务总局关于房产税若干具体问题的解释和暂行规定》(财税地字〔1986〕8号),纳税人委托施工企业建设的房屋,从办理验收手续之次月起征收房产税。

36. 国家机关出租的房产无需缴纳房产税。 ( )

【参考答案】×

【答案解析】根据《财政部 税务总局关于房产税若干具体问题的解释和暂行规定》

（财税地字〔1986〕8号），免税单位出租的房产以及非本身业务用的生产、营业用房产不属于免税范围，应征收房产税。

37. 房产税以在征税范围内的房屋产权所有人为纳税人，产权未确定的暂不缴纳。

（ ）

【参考答案】×

【答案解析】政策依据：《中华人民共和国房产税暂行条例》第二条。

38. 对按政府规定价格出租的公有住房和廉租住房，包括企业和自收自支事业单位向职工出租的单位自有住房，暂免征收房产税。（ ）

【参考答案】√

【答案解析】对按政府规定价格出租的公有住房和廉租住房，包括企业和自收自支事业单位向职工出租的单位自有住房，房管部门向居民出租的公有住房，落实私房政策中带户发还产权并以政府规定租金标准向居民出租的私有住房等，暂免征收房产税。

39. 融资租赁的房产，由承租人自融资租赁合同约定开始日的次月起依照房产余值缴纳房产税。（ ）

【参考答案】√

【答案解析】政策依据：《财政部 国家税务总局关于房产税城镇土地使用税有关问题的通知》（财税〔2009〕128号）。

40. 与房屋不可分割的各种附属设备或一般不单独计算价值的配套设施要计入房产原值。（ ）

【参考答案】√

【答案解析】政策依据：《财政部 税务总局关于房产税和车船使用税几个业务问题的解释与规定》（财税地字〔1987〕3号）。

41. 对居民住宅区内业主共有的经营性房产，由实际经营（包括自营和出租）的代管人或使用人缴纳房产税。（ ）

【参考答案】√

【答案解析】政策依据：《财政部 国家税务总局关于房产税、城镇土地使用税有关政策的通知》（财税〔2006〕186号）。

42. 凡在房产税征收范围内的具备房屋功能的地下建筑，包括与地上房屋相连的地下建筑以及完全建在地面以下的建筑、地下人防设施等，均应当依照有关规定征收房产税。（ ）

【参考答案】√

【答案解析】政策依据:《财政部 国家税务总局关于具备房屋功能的地下建筑征收房产税的通知》(财税〔2005〕181号)。

43. 房产税一般按月、季、半年预征。 ( )

【参考答案】×

【答案解析】政策依据:《中华人民共和国房产税暂行条例》第七条。

44. 中央空调无论是否单独记账与核算都应计征房产税。 ( )

【参考答案】√

【答案解析】政策依据:《国家税务总局关于进一步明确房屋附属设备和配套设施计征房产税有关问题的通知》(国税发〔2005〕173号)。

45. 对于更换房屋附属设备和配套设施的,在将其价值计入房产原值时,可扣减原来相应设备和设施的价值;对附属设备和配套设施中易损坏、需要经常更换的零配件,更新后不再计入房产原值。 ( )

【参考答案】√

【答案解析】政策依据:《国家税务总局关于进一步明确房屋附属设备和配套设施计征房产税有关问题的通知》(国税发〔2005〕173号)。

46. 纳税单位与免税单位共同使用的房屋,由纳税单位缴纳房产税。 ( )

【参考答案】×

【答案解析】政策依据:《财政部 税务总局关于房产税若干具体问题的解释和暂行规定》(财税地字〔1986〕8号)。

47. 独立于房屋之外的建筑物,如围墙、烟囱等,虽不属于房产,但也应该缴纳房产税。 ( )

【参考答案】×

【答案解析】政策依据:《财政部 税务总局关于房产税和车船使用税几个业务问题的解释与规定》(财税地字〔1987〕3号)。

模块十 城镇土地使用税政策与管理

题型一 单项选择题

1. 下列选项,不属于城镇土地使用税立法原则的是( )。

A. 广集财政资金,完善地方税体系　　B. 促进合理、节约使用土地

C. 调节土地级差收入,鼓励平等竞争　　D. 实质课税原则

【参考答案】D

【答案解析】实质课税原则是税法的基本原则,不属于城镇土地使用税的立法原则。

2. 下列选项,不属于城镇土地使用税纳税人的是( )。

A. 市区的集体企业　　B. 县城的个人独资企业

C. 城市、县城、工矿区内的工矿企业　　D. 农村的有限责任公司

【参考答案】D

【答案解析】城镇土地使用税的征税范围是城市、县城、建制镇和工矿区。

3. 下列用地行为,应缴纳城镇土地使用税的是( )。

A. 企业内厂区绿化地带占用的土地　　B. 市政休闲广场用地

C. 宗教寺庙自用土地　　D. 直接用于农业生产的土地

【参考答案】A

【答案解析】市政街道、广场、绿化地带等公共用地免征城镇土地使用税,但是企业内的广场、道路、绿化地带占用的土地要缴纳城镇土地使用税。

4. 下列各项,应当征收城镇土地使用税的是( )。

A. 盐场的盐滩用地　　B. 机场飞行区用地

C. 老年服务机构自用的土地　　D. 农副产品加工厂用地

【参考答案】D

【答案解析】农副产品加工厂用地不属于直接从事农业生产的用地,不免税。

5. 下列说法，不符合城镇土地使用税规定的是(   )。

A. 在建制镇使用土地的个人为城镇土地使用税的纳税义务人

B. 房地产管理部门尚未核发土地使用证书的，应由纳税人据实申报土地面积，据以纳税，待核发土地使用证以后再作调整

C. 土地使用权未确定或权属纠纷未解决的，由实际使用人纳税

D. 经济发达地区城镇土地使用税适用税额标准经省级人民政府批准可以适当提高

【参考答案】D

【答案解析】经济发达地区城镇土地使用税的适用税额标准可以适当提高，但须报经财政部批准。

6. 下列选项，不作为城镇土地使用税计税依据的是(   )。

A. 实际占用的土地面积

B. 房地产管理部门核发的土地使用证书上确认的土地面积

C. 纳税人据实申报的土地面积

D. 税务机关核定的土地面积

【参考答案】D

【答案解析】城镇土地使用税以纳税人实际占用的土地面积为计税依据。实际占用的土地面积按下列办法确定：有房地产管理部门核发的土地使用证书的，以证书确认的土地面积为准；尚未核发土地使用证书的，应由纳税人据实申报土地面积，据以纳税，待核发土地使用证后再作调整。

7. 经省级人民政府批准，经济落后地区的城镇土地使用税适用税额标准可适当降低，但不超过规定最低税额的(   )。

A. 10%　　　　B. 20%　　　　C. 30%　　　　D. 50%

【参考答案】C

【答案解析】经省级人民政府批准，经济落后地区的城镇土地使用税适用税额标准可适当降低，但不超过规定最低税额的30%。

8. 下列说法，符合城镇土地使用税规定的是(   )。

A. 土地权属未确定或权属纠纷未解决的，由实际使用人为城镇土地使用税的纳税人

B. 土地使用权权属纠纷未解决的，由税务机关根据情况确定纳税人

C. 房地产管理部门尚未核发土地使用证书的，暂不纳税，核发土地使用证后再补缴

税款

D. 经济发达地区城镇土地使用税适用税额标准经省级人民政府批准可以适当提高

【参考答案】A

【答案解析】选项B：土地权属未确定或权属纠纷未解决的，由实际使用人为城镇土地使用税的纳税人。选项C：房地产管理部门尚未核发土地使用证书的，应由纳税人据实申报土地面积，据以纳税，待核发土地使用证以后再作调整。选项D：经济发达地区城镇土地使用税的适用税额标准可以适当提高，但须报经财政部批准。

9. 根据城镇土地使用税的有关规定，下列说法不正确的是(　　)。

A. 凡在城市、县城、建制镇、工矿区范围内使用土地的单位和个人，为城镇土地使用税的纳税义务人

B. 城镇土地使用税由拥有土地使用权的单位或个人缴纳

C. 城镇土地使用税是以开征范围内的土地为征税对象，以实际使用的土地面积为计税依据

D. 土地使用权共有的，由共有各方分别纳税

【参考答案】C

【答案解析】城镇土地使用税是以开征范围内的土地为征税对象，以实际占用的土地面积为计税依据。

10. 下列关于城镇土地使用税纳税义务发生时间的表述，不正确的是(　　)。

A. 购置新建商品房，自房屋交付使用之次月起计征城镇土地使用税

B. 购置存量房，自办理房屋权属转移、变更登记手续，房地产权属登记机关签发房屋权属证书之次月起计征城镇土地使用税

C. 以出让或转让方式有偿取得土地使用权的，合同未约定交付土地时间的，由受让方从合同签订的次月起缴纳城镇土地使用税

D. 纳税人新征用的非耕地，自批准征用之月起缴纳城镇土地使用税

【参考答案】D

【答案解析】纳税人新征用的非耕地，自批准征用次月起缴纳城镇土地使用税。

11. 某公司2020年3月通过挂牌取得一宗土地，土地出让合同约定2020年4月交付，土地使用证记载占地面积为9 000平方米。该土地年税额4元/平方米，该公司应缴纳城镇土地使用税(　　)。

A. 16 000元　　　　B. 18 000元　　　　C. 20 000元　　　　D. 24 000元

【参考答案】D

【答案解析】税法规定，通过招标、拍卖、挂牌方式取得的建设用地，不属于新征用的耕地，纳税人应按照规定从合同约定交付土地时间的次月起缴纳城镇土地使用税。

该公司应缴纳城镇土地使用税 = 9 000×4×8÷12 = 24 000（元）。

12. 甲拥有一土地使用权，其中的50%自用，50%出租给乙生产经营使用，则应当缴纳土地使用税的是（　　）。

A. 甲缴纳
B. 乙缴纳
C. 双方按比例缴纳
D. 双方各自协商缴纳

【参考答案】A

【答案解析】土地使用权共有的，由共有各方分别纳税，各方应以其实际使用的土地面积占整个土地总面积的比例，分别计算缴纳土地使用税。

13. 某企业实际占地面积共计25 000平方米，其中8 000平方米为厂区外的绿化区、出租面积1 500平方米的土地使用权给其他企业、出借2 000平方米土地给部队作训练场地。该企业所处地段城镇土地使用税适用年税额为4元/平方米。该企业应缴纳的城镇土地使用税为（　　）。

A. 54 000元　　　B. 60 000元　　　C. 68 000元　　　D. 100 000元

【参考答案】B

【答案解析】对企业厂区外的公共绿化用地，暂免征收城镇土地使用税；免税单位无偿使用纳税单位土地，免征城镇土地使用税。该企业应缴纳的城镇土地使用税 = (25 000 - 8 000 - 2 000) × 4 = 60 000（元）。

14. 某县化工厂，2020年1月土地使用证书记载占用土地的面积为58 000平方米，8月新征用耕地10 000平方米，已缴纳耕地占用税，适用城镇土地使用税税额为10元/平方米。该化工厂2020年应缴纳城镇土地使用税（　　）。

A. 580 000元　　　B. 600 000元　　　C. 720 000元　　　D. 800 000元

【参考答案】A

【答案解析】应纳税额 = 58 000×10 = 580 000（元）。

15. 2020年某民用机场占地150万平方米，其中飞行区用地130万平方米，场外道路用地15万平方米，场内道路用地1.5万平方米，工作区用地3.5万平方米，城镇土地使用税税额为5元/平方米。2020年该机场应缴纳城镇土地使用税（　　）。

A. 125 000元　　　B. 150 000元　　　C. 250 000元　　　D. 500 000元

【参考答案】 C

【答案解析】 应缴纳城镇土地使用税＝（15 000＋35 000）×5＝250 000（元）。

16. 某盐场2020年度占地200 000平方米，其中办公楼占地20 000平方米、盐场内部绿化占地60 000平方米、盐滩占地120 000平方米。盐场所在地城镇土地使用税年税额0.7元/平方米。该盐场2020年应缴纳的城镇土地使用税为（　　）。

　　A. 14 000元　　　　B. 49 000元　　　　C. 56 000元　　　　D. 140 000元

【参考答案】 C

【答案解析】 盐场的盐滩占地免征城镇土地使用税，该盐场2020年应缴纳的城镇土地使用税＝（200 000－120 000）×0.7＝56 000（元）。

17. 某肉制品加工企业2020年占地40 000平方米，其中办公楼占地3 000平方米，生猪养殖基地占地20 000平方米，肉制品加工车间占地16 000平方米，企业内部道路及绿化占地1 000平方米。企业所在地城镇土地使用税年单位税额5元/平方米。该企业2020年应缴纳城镇土地使用税（　　）。

　　A. 950 000元　　　　B. 120 000元　　　　C. 100 000元　　　　D. 65 000元

【参考答案】 C

【答案解析】 直接从事种植、养殖、饲养的专业用地免税。农副产品加工厂占地和从事农、林、牧、渔业生产单位的生活、办公用地不包括在免税范围内。企业内的道路和绿化占地不属于社会性公共用地，照章征税。应缴纳城镇土地使用税＝（40 000－20 000）×5＝100 000（元）。

18. 根据《城镇土地使用税暂行条例》，下列表述不正确的是（　　）。

　　A. 厂区以外的公共绿化用地和向社会开放的公园用地，暂免征收城镇土地使用税

　　B. 国家天然林保护工程自用的土地，免征城镇土地使用税

　　C. 纳税单位无偿使用免税单位的土地，纳税单位照章征收城镇土地使用税

　　D. 房地产开发公司建造商品房的用地，一律不得免征城镇土地使用税

【参考答案】 D

【答案解析】 房地产开发公司建造商品房的用地，除经批准开发建设经济适用房的用地外，对各类房地产开发用地一律不得减免城镇土地使用税。

19. 以下关于城镇土地使用税的表述，不正确的是（　　）。

　　A. 纳税人使用的土地不属于同一省（自治区、直辖市）管辖范围内的，由纳税人分别向土地所在地的税务机关申报缴纳

B. 纳税人使用的土地不在同一省（自治区、直辖市）管辖范围内，跨地区使用的土地，由各省、自治区、直辖市税务局确定纳税地点

C. 纳税人如有住址变更、土地使用权属转换等情况，从转移之日起，按规定期限办理申报变更登记

D. 纳税人新征用的土地，必须于批准新征用之日起15日内申报登记

【参考答案】D

【答案解析】纳税人新征用的土地，必须于批准新征用之日起30日内申报登记

20. 某企业2020年4月购买一幢旧厂房，5月在房地产权属管理部门办理了产权证书。该厂房所占土地开始缴纳城镇土地使用税的时间是( )。

A. 4月   B. 5月   C. 6月   D. 7月

【参考答案】C

【答案解析】购置存量房，自办理房屋权属转移、变更登记手续，房地产权属登记机关签发房屋权属证书之次月起纳税。该企业5月办理了产权证书，则该厂房所占土地开始缴纳土地使用税的时间是6月。

21. 下列各项，免缴纳城镇土地使用税的是( )。

A. 个人所有的居住房屋用地   B. 用于渔场的办公楼用地

C. 利用林场土地兴建度假村用地   D. 纳税单位无偿使用免税单位的土地

【参考答案】A

【答案解析】个人所有的居住房屋用地免缴纳城镇土地使用税。

22. 下列关于城镇土地使用税纳税义务发生时间表述中正确的是( )。

A. 纳税人出租房产，自交付出租房产当月起计征城镇土地使用税

B. 房地产开发企业自用本企业建造的商品房，自房屋使用的当月起计征城镇土地使用税

C. 纳税人新征用的耕地，自批准征用之日起满1年时开始缴纳城镇土地使用税

D. 城镇土地使用税的纳税地点为机构所在地

【参考答案】C

【答案解析】纳税人出租房产，自交付出租房产之次月起计征城镇土地使用税；房地产开发企业自用本企业建造的商品房，自房屋使用的次月起计征城镇土地使用税；城镇土地使用税的纳税地点为土地所在地，由土地所在地的税务机关负责征收，纳税人使用的土地不属于同一市（县）管辖范围内的，由纳税人分别向土地所在地的税务机关申

报纳税。

23. 下列土地，应征收城镇土地使用税的是(   )。

A. 盐场的盐滩用地

B. 企业办学用地

C. 核电站基建期内的办公用地

D. 向居民供热并向居民收取采暖费的供热企业用地

【参考答案】C

【答案解析】选项 A、B、D 属于免征或暂免城镇土地使用税。

24. 根据城镇土地使用税的相关规定，下列表述不正确的是(   )。

A. 城镇土地使用税由拥有土地使用权的单位或个人缴纳

B. 土地使用权未确定或权属纠纷未解决的，由实际使用人缴纳城镇土地使用税

C. 土地使用权共有的，由共有各方分别缴纳城镇土地使用税

D. 外商投资企业不属于城镇土地使用税的纳税人

【参考答案】D

【答案解析】从 2007 年 1 月 1 日起，国家将外商投资企业、外国企业列为城镇土地使用税的纳税人。

25. 下列选项，应按照规定征收城镇土地使用税的是(   )。

A. 直接从事种植、养殖、饲养的专业用地

B. 房地产开发公司开发建造高档住宅用地

C. 免税单位无偿使用纳税单位的土地

D. 企业搬迁后原场地不使用的土地

【参考答案】B

【答案解析】房地产开发公司开发建造商品房的用地，除经批准开发建设经济适用房的用地外，对各类房地产开发用地一律不得减免城镇土地使用税。

26. 某国家机关购买一幢新建商品房作为办公楼自用，2019 年 4 月该办公楼交付使用。6 月将该办公楼交付出租，该办公楼所占土地开始缴纳城镇土地使用税的时间是(   )。

A. 2019 年 4 月   B. 2019 年 5 月

C. 2019 年 6 月   D. 2019 年 7 月

【参考答案】D

【答案解析】 国家机关自用的土地免征城镇土地使用税,将办公楼出租,该办公楼占用的土地依法征收城镇土地使用税。出租、出借房产,自交付出租、出借房产之次月起计征城镇土地使用税。

27. 假定城镇土地使用税税额为5元/平方米,下列中处理正确的是(   )。

    A. 村民李某在本村开的旅社占地2 000平方米,应纳税额10 000元

    B. 北京市法院占用的土地面积为40 000平方米,应纳税额200 000元

    C. 化工厂厂区内绿化用地800平方米,应纳税额4 000元

    D. 某非营利性医疗机构占地1 000平方米,应纳税额5 000元

【参考答案】 C

【答案解析】 选项A不属于城镇土地使用税的征税范围。选项B、D均为免征城镇土地使用税的土地。选项C,厂区内绿化用地应正常缴纳城镇土地使用税。

28. 下列情况,应缴纳城镇土地使用税的有(   )。

    A. 某县城军事仓库用地   B. 某工矿基地工厂仓库用地

    C. 某村农产品收获物用地   D. 某市市政中心广场用地

【参考答案】 B

【答案解析】 军事仓库用地免税;农村不开征城镇土地使用税;市政街道、广场用地免税。

29. 经(   )批准,经济落后地区的城镇土地使用税适用税额标准可以适当降低,但降低额不得超过规定的最低税额的30%。

    A. 国家税务总局   B. 财政部

    C. 省、自治区、直辖市人民政府   D. 省、自治区、直辖市税务局

【参考答案】 C

【答案解析】 经省、自治区、直辖市人民政府批准,经济落后地区的城镇土地使用税适用税额标准可以适当降低,但降低额不得超过规定的最低税额的30%。

30. 城镇土地使用税适用的税率属于(   )。

    A. 定额税率   B. 幅度比例税率

    C. 差别比例税率   D. 地区差别比例税率

【参考答案】 A

【答案解析】 城镇土地使用税的税率是定额税率。

31. 下列各项,不能作为纳税人实际占用的土地面积的是(   )。

A. 凡有由省、自治区、直辖市人民政府确定的单位组织测定土地面积的，以测定的面积为准

B. 尚未组织测量，但纳税人持有政府部门核发的土地使用证书的，以证书确认的土地面积为准

C. 尚未核发出土地使用证书的，应由纳税人申报土地面积

D. 税务机关核定纳税人实际使用的土地面积

【参考答案】D

【答案解析】税务机关不能核定纳税人实际使用的土地面积。

32. 下列各项中，属于城镇土地使用税计税依据的是(　　)。

A. 建筑面积　　　　　　　　　　B. 使用面积

C. 居住面积　　　　　　　　　　D. 实际占用的土地面积

【参考答案】D

【答案解析】城镇土地使用税的计税依据是实际占用的土地面积。

33. 根据我国税收法律制度，下列税种中，实行从量计征的是(　　)。

A. 契税　　　　　　　　　　　　B. 车辆购置税

C. 房产税　　　　　　　　　　　D. 城镇土地使用税

【参考答案】D

【答案解析】城镇土地使用税属于从量计征。

34. 下列说法符合城镇土地使用税规定的是(　　)。

A. 在建制镇使用土地的个人为城镇土地使用税的纳税义务人

B. 土地使用权权属纠纷未解决的，由税务机关根据情况确定纳税人

C. 纳税人尚未核发土地使用证书的，暂不纳税，核发土地使用证后再补缴税款

D. 经济发达地区城镇土地使用税适用税额标准经省级人民政府批准可以适当提高

【参考答案】A

【答案解析】土地使用权未确定或权属纠纷未解决的，应该由实际使用人缴纳城镇土地使用税，而不是由税务机关确定；纳税人尚未核发土地使用证书的，应由纳税人据实申报土地面积，据以纳税，待核发土地使用证以后再作调整，而不是暂不纳税；经济发达地区城镇土地使用税的适用税额标准可以适当地提高，但须报经财政部批准。

35. 下列各项，不属于城镇土地使用税征税范围的是(　　)。

A. 建制镇　　　　　　　　　　　B. 县城的人民政府所在地

C. 镇政府所在地范围外的行政村的土地　　D. 经省人民政府批准的工矿区

【参考答案】C

【答案解析】在城市、县城、建制镇、工矿区范围内使用土地的单位和个人，为城镇土地使用税的纳税人，应当依照规定缴纳城镇土地使用税。

36. 下列情况，应缴纳土地使用税的有(　　)。

A. 外商投资企业生产用地　　B. 军队营房用地

C. 军队训练用地　　D. 军品仓库用地

【参考答案】A

【答案解析】从 2007 年 1 月 1 日起，国家将外商投资企业、外国企业列为城镇土地使用税的纳税人。

37. 某人民团体 A、B 两栋办公楼，A 占地 3 000 平方米，B 占地 1 000 平方米。2018 年 3 月 30 日至 12 月 31 日该团体将 B 栋出租。当地城镇土地使用税的税率为 15 元/平方米，该团体 2018 年应缴纳城镇土地使用税(　　)。

A. 3 750 元　　B. 11 250 元　　C. 12 500 元　　D. 15 000 元

【参考答案】B

【答案解析】人民团体自用的 A 办公楼免税，出租的在租期内纳税。应纳城镇土地使用税 = 1 000 × 15 × 9 ÷ 12 = 11 250（元）。

38. 纳税人新征用耕地应缴纳的城镇土地使用税，其纳税义务发生时间是(　　)。

A. 自批准征用之日起满 3 个月　　B. 自批准征用之日起满 6 个月

C. 自批准征用之日起满 1 年　　D. 自批准征用之日起满 2 年

【参考答案】C

【答案解析】根据《中华人民共和国城镇土地使用税暂行条例》，征用的耕地，自批准征用之日起满 1 年时开始缴纳土地使用税。

题型二　多项选择题

1. 根据税法的规定，下列关于城镇土地使用税特点的说法正确的有(　　)。

   A. 城镇土地使用税对占用土地的行为征税

   B. 城镇土地使用税的征税对象是土地

   C. 城镇土地使用税实行统一税额

   D. 城镇土地使用税征税范围限定在城市、县城、建制镇、工矿区

   E. 调节土地级差收入，鼓励平等竞争

   【参考答案】ABD

   【答案解析】选项 C：城镇土地使用税实行差别幅度税额。选项 E：是城镇土地使用税的立法原则，而非城镇土地使用税的特点。

2. 下列各项，不属于城镇土地使用税立法原则的有(　　)。

   A. 促进合理、节约使用土地　　　　B. 征税对象是土地

   C. 对占用土地的行为征税　　　　　D. 调节土地级差收入，鼓励平等竞争

   E. 广集财政资金，完善地方税体系

   【参考答案】BC

   【答案解析】选项 B、C 是城镇土地使用税的特点，不是立法原则。

3. 关于城镇土地使用税的纳税人，下列说法正确的有(　　)。

   A. 城镇土地使用权属未确定的，暂不纳税

   B. 城镇土地使用权权属共有的，共有各方分别为纳税人

   C. 城镇土地使用权的权属纠纷未解决的，纠纷双方均为纳税人

   D. 国有或集体土地使用权出租的，承租人为纳税人

   E. 城镇土地使用税由拥有土地使用权的单位和个人为纳税人

   【参考答案】BE

   【答案解析】城镇土地使用权属未确定的，实际使用人为纳税人；土地使用权未确定或权属纠纷未解决的，由实际使用人纳税；国有或集体土地使用权出租的，出租人为纳税人。

4. 下列各项用地，需要缴纳城镇土地使用税的有(　　)。

   A. 企业厂区以内的绿化用地

B. 企业厂区以外的绿化用地

C. 从事农、林、牧、渔业生产单位的办公用地

D. 纳税单位无偿使用免税单位的土地

E. 用于提供社区养老的养老服务机构用地

【参考答案】ACD

【答案解析】选项A：对厂区以内的绿化用地，应照章征收城镇土地使用税。选项C：直接用于农、林、牧、渔业的生产用地免征城镇土地使用税，办公用地不免征城镇土地使用税。选项D：对纳税单位无偿使用免税单位的土地，纳税单位应照章缴纳城镇土地使用税。

5. 下列关于城镇土地使用税征收管理的表述，正确的有（　　）。

A. 城镇土地使用税按年计算，一次性缴纳

B. 纳税人新征用的土地，自批准征用之日起的15日内申报登记

C. 纳税人新征用的耕地，自批准征用之日起满一年开始缴纳城镇土地使用税

D. 纳税人新征用的非耕地，自批准征用之日起满一年开始缴纳城镇土地使用税

E. 城镇土地使用税的纳税地点为土地所在地

【参考答案】CE

【答案解析】选项A：城镇土地使用税按年计算，分期缴纳。选项B：纳税人新征用的土地，自批准征用之日起的30日内申报登记。选项D：纳税人新征用的非耕地，自批准征用次月起开始缴纳城镇土地使用税。

6. 下列说法，符合城镇土地使用税税收政策的有（　　）。

A. 经省、自治区、直辖市人民政府批准，经济落后地区的城镇土地使用税适用税额标准可以适当降低，但降低额不得超过规定的最低税额的50%

B. 城镇土地使用税按年计算，分期缴纳

C. 企业厂区以外的公共绿化用地应征收城镇土地使用税

D. 直接从事饲养的专业用地免征城镇土地使用税

E. 城镇土地使用税困难减免税审批权限下放至县以上税务机关

【参考答案】BDE

【答案解析】选项A：经省、自治区、直辖市人民政府批准，经济落后地区的城镇土地使用税适用税额标准可以适当降低，但降低额不得超过规定的最低税额的30%。选项C：对企业厂区（包括生产、办公及生活区）以内的绿化用地，应照章征收城镇土地

使用税，厂区以外的公共绿化用地和向社会开放的公园用地，暂免征收城镇土地使用税。

7. 下列各项，符合现行城镇土地使用税征税规定的有（　　）。

A. 经批准开发建设经济适用房的用地免征城镇土地使用税

B. 国家机关、人民团体、军队自用的土地，免征城镇土地使用税

C. 民航机场场内道路用地免征城镇土地使用税

D. 人民团体的公务用地免征城镇土地使用税

E. 对专门经营农产品的农产品批发市场使用的土地，免征城镇土地使用税

【参考答案】ABDE

【答案解析】选项C：在机场道路中，场外道路用地免征城镇土地使用税。场内道路用地依照规定征收城镇土地使用税。

8. 城镇土地使用税以纳税人实际占用的土地面积为计税依据，下列关于实际占用面积和应纳税额计算的说法，正确的有（　　）。

A. 纳税人实际占用的土地面积，以房地产管理部门核发的土地使用证书与确认的土地面积为准

B. 尚未核发土地使用证书的，应由纳税人据实申报土地面积，据以纳税，待核发土地使用证以后再作调整

C. 尚未核发土地使用证书的，纳税人无须申报纳税，待核发土地使用证以后再以证书所载面积纳税

D. 土地使用权由几方共有的，由共有各方协商确定各自缴纳城镇土地使用税

E. 城镇土地使用税的应纳税额依据纳税人实际占用的土地面积和适用单位税额计算

【参考答案】ABE

【答案解析】选项C：尚未核发土地使用证书的，应由纳税人据实申报土地面积，据以纳税，待核发土地使用证以后再作调整。选项D：土地使用权由几方共有的，由共有各方按照各自实际使用的土地面积占总面积的比例，分别计算缴纳城镇土地使用税。

9. 下列关于城镇土地使用税的说法，正确的有（　　）。

A. 火电厂围墙外的灰场、输油管道用地，免征城镇土地使用税

B. 事业单位自用的土地均享受免征城镇土地使用税的优惠

C. 经省、自治区、直辖市人民政府批准，经济落后地区的城镇土地使用税适用税额标准可以适当降低，但降低额不得超过规定的最低税额的30%

D. 个人投资兴办的福利性、非营利性的老年服务机构的自用土地暂免城镇土地使用税

E. 国家机关自用的土地

【参考答案】ACDE

【答案解析】选项 B：财政拨付事业经费的单位免征城镇土地使用税，但不包括实行自收自支、自负盈亏的事业单位。

10. 按照城镇土地使用税的规定，对纳税人实际占用的土地面积，可以确定的方法有（　　）。

A. 房地产管理部门核发的土地使用证书确认的土地面积

B. 纳税人实际使用的建筑面积

C. 尚未核发土地使用证书的纳税人据实申报的面积

D. 尚未核发土地使用证书的纳税人以税务机关核定的土地面积

E. 尚未核发土地使用证书的纳税人不需申报纳税

【参考答案】AC

【答案解析】纳税人实际占用的土地面积，以房地产管理部门核发的土地使用证书与确认的土地面积为准；尚未核发土地使用证书的，应由纳税人据实申报土地面积，据以纳税，待核发土地使用证后再作调整。

11. 下列关于城镇土地使用税纳税义务发生时间的说法，正确的有（　　）。

A. 以出让方式取得土地使用权，应由受让方从合同约定的交付土地时间的次月起缴纳城镇土地使用税

B. 纳税人新征用的耕地，自批准征用之日起满 5 年时开始缴纳城镇土地使用税

C. 购置新建商品房，自签订房屋销售合同的次月起计征城镇土地使用税

D. 购置存量房，自房地产权属登记机关签发房屋权属证书的次月起计征城镇土地使用税

E. 通过拍卖方式取得建设用地（不属于新征用耕地），应从合同约定的交付土地时间的次月起缴纳城镇土地使用税

【参考答案】ADE

【答案解析】纳税人新征用的耕地，自批准征用之日起满 1 年时开始缴纳城镇土地使用税。购置新建商品房，自房屋交付使用的次月起，缴纳城镇土地使用税。

12. 对按照去产能和调结构政策要求停产停业、关闭的企业，自停产停业次月起，

免征( )。企业享受免税政策的期限累计不得超过两年。

A. 房产税　　　　　　　　　B. 耕地占用税

C. 印花税　　　　　　　　　D. 城镇土地使用税

E. 企业所得税

【参考答案】AD

【答案解析】根据《财政部 税务总局关于去产能和调结构房产税、城镇土地使用税政策的通知》（财税〔2018〕107号），对按照去产能和调结构政策要求停产停业、关闭的企业，自停产停业次月起，免征房产税、城镇土地使用税。企业享受免税政策的期限累计不得超过两年。

13. 在土地使用税征税范围内，下列占地应缴纳城镇土地使用税的有( )。

A. 农副产品加工场地　　　　　B. 市政街道用地

C. 纳税单位无偿使用免税单位的土地　　D. 房地产开发企业建造的商品房用地

E. 企业内部道路用地

【参考答案】ACDE

【答案解析】市政街道用地免缴城镇土地使用税。

14. 下列各项，可以免征城镇土地使用税的有( )。

A. 名胜古迹场所设立的照相馆用地

B. 财政拨付事业经费单位的食堂用地

C. 直接用于农、林、牧、渔业的生产用地

D. 宗教寺庙人员在寺庙内的生活用地

E. 军队自用的土地

【参考答案】BCDE

【答案解析】名胜古迹设立的照相馆用地属于经营性用地，不属于免征土地使用税的范围。

15. 下列各项，符合城镇土地使用税有关规定的有( )。

A. 城镇土地使用税以开征范围的土地为征税对象，以实际占用的土地面积为计税依据

B. 在农村用于经营的土地应缴纳土地使用税

C. 土地使用权未确定的或权属纠纷未解决的，其实际使用人为土地使用税的纳税人

D. 对企业厂区外的公共绿化用地暂免征收城镇土地使用税

E. 拥有土地使用权的单位和个人是纳税人，但不包括外商投资企业、外国企业

【参考答案】ACD

【答案解析】城镇土地使用税的征税范围不包括农村；外商投资企业和外国企业属于城镇土地使用税的纳税人。

16. 对纳税人实际占用的土地面积，可以按照下列（　　）方法确定。

A. 凡由省、自治区、直辖市人民政府确定的单位组织测定土地面积的，以测定面积为准

B. 尚未组织测量，但纳税人持有政府部门核发的土地使用证书的，以证书确认面积为准

C. 尚未核发土地使用证书的，应由纳税人申报土地面积据以纳税，待核发土地使用证以后再作调整

D. 尚未核发土地使用证书的，应由当地人民政府予以确定，作为计税依据

E. 由税务机关确定土地面积并据以纳税

【参考答案】ABC

【答案解析】尚未核发土地使用证书的，应以纳税人申报的面积作为计税依据。

17. 下列关于城镇土地使用税的陈述，正确的有（　　）。

A. 建立在农村的工矿企业不需缴纳城镇土地使用税

B. 对企业的铁路专用线、公路等用地，征收城镇土地使用税

C. 对非营利性医疗机构自用的土地，免征城镇土地使用税

D. 经批准开山填海整治的土地和改造的废弃土地，从使用的月份起免缴土地使用税5年至10年

E. 房地产开发公司开发建造商品房的用地，除经批准开发建设经济适用房的用地外，对各类房地产开发用地一律不得减免城镇土地使用税

【参考答案】ACDE

【答案解析】对企业的铁路专用线、公路等用地，在厂区以外、与社会公用地段未加隔离的，暂免征收城镇土地使用税。

18. 下列各项，符合城镇土地使用税有关纳税义务发生时间规定的有（　　）。

A. 纳税人新征用的非耕地，自批准征用次月起缴纳土地使用税

B. 纳税人新征用的耕地，自批准征用之日起满1年时开始缴纳土地使用税

C. 纳税人新征用的非耕地，自批准征用之月起缴纳城镇土地使用税

D. 纳税人新征用的耕地，自批准征用之月起缴纳城镇土地使用税

E. 纳税人新征用的耕地，无须缴纳城镇土地使用税

【参考答案】AB

【答案解析】新征用的耕地，自批准征用之日起满1年时开始缴纳土地使用税；新征用的非耕地，自批准征用次月起缴纳土地使用税。

19. 下列关于城镇土地使用税的表述，正确的有（　　）。

A. 城镇土地使用税按年计算、分期缴纳，缴纳期限由省、自治区、直辖市人民政府确定

B. 经批准开山填海整治的土地和改造的废弃土地，从使用的月份起免缴城镇土地使用税10年至20年

C. 公园、名胜古迹内的索道公司经营用地，应按规定缴纳城镇土地使用税

D. 经济落后地区，城镇土地使用税的适用税额标准可以适当降低，但降低额不得超过规定最低税额的30%

E. 城镇土地使用税采用有幅度的差别税额，由各省、自治区、直辖市人民政府所属地税局确定所辖地区的适用税额

【参考答案】ACD

【答案解析】城镇土地使用税采用有幅度的差别税额，由各省、自治区、直辖市人民政府确定所辖地区的适用税额幅度；经批准开山填海整治的土地和改造的废弃土地，从使用的月份起免缴城镇土地使用税5年至10年。

20. 下列土地，应征收城镇土地使用税的有（　　）。

A. 老年服务机构自用的土地　　B. 企业创办幼儿园的用地

C. 基建项目在建期间的用地　　D. 企业范围内尚未利用的荒山

E. 校办企业的经营用地

【参考答案】CE

【答案解析】企业办的学校、医院、托儿所、幼儿园，其用地能与企业其他用地明确区分的，可以比照由国家财政部门拨付事业经费的单位自用的土地，免征城镇土地使用税；对企业范围内的荒山、林地、湖泊等占地，尚未利用的，经各省、自治区、直辖市税务局审批，可暂免征收城镇土地使用税。对政府部门和企事业单位、社会团体以及个人等社会力量投资兴办的福利性、非营利性的老年服务机构自用的土地免征收城镇土地使用税。

21. 以下关于城镇土地使用税的表述，正确的是( )。

A. 城镇土地使用税属于准财产税

B. 城镇土地使用税实行差别幅度税额

C. 征税范围限定在城市、县城、建制镇、工矿区

D. 城市郊区和农村不缴纳城镇土地使用税

E. 外商投资企业和外国企业自 2009 年起缴纳城镇土地使用税

【参考答案】ABC

【答案解析】城镇土地使用税自 2007 年扩大到外商投资企业和外国企业。农村农业用地不缴纳城镇土地使用税，但是城市郊区和市区都属于城市范围，属于城镇土地使用税的征税范围。

22. 下列可以成为土地使用税的纳税人的有( )。

A. 拥有城市郊区土地使用权的单位 B. 土地的实际使用人

C. 拥有农田的农村人 D. 共有土地使用权的各方

E. 土地的代管人

【参考答案】ABDE

【答案解析】土地使用税的纳税人的一般规定为拥有土地使用权的单位和个人，土地使用税在城市、县城、建制镇、工矿区征收，不包括农村，但是城市包括城市郊区。选项 A、B、D、E 都是不同具体情况下土地使用税纳税人的具体规定。

23. 下列关于城镇土地使用税的说法，正确的有( )。

A. 城镇土地使用税有开征区域的限定

B. 城镇土地使用税是对占用资源或行为的课税，属于准财产税

C. 经济发达地区土地使用税的适用税额标准可以适当提高，但须报经国家税务总局批准

D. 外商投资企业和外国企业在华机构用地不征收城镇土地使用税

E. 城镇土地使用税从企业管理费用中开支

【参考答案】ABE

【答案解析】城镇土地使用税在城市、县城、建制镇、工矿区范围开征，包括外商投资企业和外国企业在华机构用地。城镇土地使用税是对占用资源或行为的课税，属于准财产税，企业计算应缴城镇土地使用税时计入管理费用的税金明细科目中。经济发达地区土地使用税的适用税额标准可以适当提高，但须报经财政部批准。

24. 纳税人实际占用的土地面积是城镇土地使用税的计税依据,其具体内容可以是( )。

A. 省人民政府组织测定的面积

B. 政府部门核发土地使用证上确认的面积

C. 纳税人未取得土地使用证而自测的土地面积

D. 纳税人不同意土地使用证列明的面积而自测的土地面积

E. 主管税务机关核定的土地面积

【参考答案】AB

【答案解析】在有土地使用证前提下,纳税人自测的面积不能作为计税依据。

25. 下列应征土地使用税的有( )。

A. 企业内部绿化用地　　　　　　B. 工厂实验室用地

C. 公园内茶社用地　　　　　　　D. 百货大楼仓库用地

E. 学校教师食堂用地

【参考答案】ABCD

【答案解析】选项 E:财政部门拨付事业经费的单位的自用土地,免纳土地使用税。

26. 以下关于城镇土地使用税税率的规定表述正确的是( )。

A. 经济发达地区土地使用税的适用税额标准可以适当提高,但提高额不得超过规定最高税额的 50%

B. 省、自治区、直辖市人民政府,应当在规定的税额幅度内,根据市政建设状况、经济繁荣程度等条件,确定所辖地区的适用税额幅度

C. 经省、自治区、直辖市人民政府批准,经济落后地区土地使用税的适用税额标准可以适当降低,但降低额不得超过规定最低税额的 30%

D. 城镇土地使用税采用分级幅度税额

E. 经济发达地区土地使用税的适用税额标准可以适当提高,但须报经财政部批准

【参考答案】BCDE

【答案解析】经济发达地区土地使用税的适用税额标准可以适当提高,但须报经财政部批准。

27. 下列土地,税法条例明确规定可享受减免优惠政策有( )。

A. 公园办公用土地　　　　　　　B. 市政街道公共用地

C. 公共绿化用地　　　　　　　　D. 水库库区用地

E. 纳税单位无偿使用免税单位的土地

【参考答案】ABCD

【答案解析】纳税单位无偿使用免税单位的土地应依法缴纳土地使用税；水利设施及其管扩用地，如水库库区、大坝、堤防、灌渠、泵站等用地，免征土地使用税。市政街道、广场、绿化地带等公共用地，非社会性的公共用地不能免税，如企业内部绿化、广场、道路用地不免。

28. 根据城镇土地使用税法律制度的有关规定，下列各项，应征收城镇土地使用税的有（   ）。

A. 某市证券交易所用地

B. 某建制镇所辖的行政村委会办公用地

C. 某企业自办学校用地

D. 某市一大型超市用地

E. 某大型钢铁企业生产车间用地

【参考答案】ADE

【答案解析】建制镇的征税范围为镇人民政府所在地的地区，但不包括镇政府所在地所辖行政村。企业办的学校、医院、托儿所、幼儿园，其自用的土地免征土地使用税。

29. 下列各项，免征城镇土地使用税的有（   ）。

A. 厂区外的公共绿化用地

B. 公园附设的照相馆用地

C. 直接用于农、林、牧、渔业的生产用地

D. 生产企业闲置的土地

E. 国家机关自用的土地

【参考答案】ACE

【答案解析】生产企业闲置的土地不免征城镇土地使用税。宗教寺庙、公园、名胜古迹自用的土地免征城镇土地使用税，但以上单位的生产、经营用地和其他用地（影剧院、饮食部、茶社、照相馆等的用地）不属于免税范围。

30. 城镇土地使用税的征税范围包括（   ）。

A. 城市　　　　　B. 农村　　　　　C. 建制镇　　　　　D. 工矿区

E. 县城

【参考答案】ACDE

【答案解析】城镇土地使用税的征税范围为城市、县城、建制镇和工矿区。

31. 根据城镇土地使用税的有关规定，下列说法正确的有(　　)。

A. 纳税人购置存量房，自房屋交付使用之次月起计征城镇土地使用税

B. 纳税单位无偿使用免税单位的土地，纳税单位应照章缴纳土地使用税

C. 对同时经营其他产品的农产品批发市场和农贸市场使用的土地，一律不得免征城镇土地使用税

D. 对物流企业自有的（包括自用和出租）大宗商品仓储设施用地，减按所属土地等级适用税额标准的50%计征城镇土地使用税

E. 自2019年1月1日至2021年12月31日，由省、自治区、直辖市人民政府根据本地区实际情况，以及宏观调控需要确定，对增值税小规模纳税人可以在50%的税额幅度内减征土地使用税

【参考答案】BDE

【答案解析】购置存量房，自办理房屋权属转移、变更登记手续，房地产权属登记机关签发房屋权属证书之次月起计征城镇土地使用税；对同时经营其他产品的农产品批发市场和农贸市场使用的土地，按其他产品与农产品交易场地面积的比例确定征免城镇土地使用税。

32. 下列关于城镇土地使用税的纳税义务发生时间，不正确的有(　　)。

A. 出租、出借房产，自交付出租、出借房产之次月起

B. 纳税人购置存量房，自房屋交付使用之次月起

C. 纳税人购置新建商品房，自房屋交付使用之月起

D. 纳税人新征用的耕地，自批准征用之次月起

E. 以出让或转让方式有偿取得土地使用权的，应由受让方从合同约定交付土地时间的次月起缴纳

【参考答案】BCD

【答案解析】购置新建商品房，自房屋交付使用之次月起计征房产税和城镇土地使用税；购置存量房，自办理房屋权属转移、变更登记手续，房地产权属登记机关签发房屋权属证书之次月起计征城镇土地使用税；出租、出借房产，自交付出租、出借房产之次月起计征房产税和城镇土地使用税；征用的耕地，自批准征用之日起满1年时开始缴纳土地使用税。

33. 根据城镇土地使用税法律制度的规定，下列说法中正确的有(　　)。

A. 建立在城市、县城、建制镇和工矿区以外的工矿企业不需要缴纳城镇土地使用税

B. 土地使用权共有的,以共有各方实际使用土地的面积占总面积的比例,分别计算缴纳城镇土地使用税

C. 凡由省级人民政府确定的单位组织测定土地面积的,以测定的土地面积为计税依据计算缴纳城镇土地使用税

D. 纳税人使用的土地不属于同一省(自治区、直辖市)管辖范围内的,由纳税人分别向土地所在地的税务机关申报缴纳

E. 尚未组织测定,也未核发土地使用证书的,以税务机关核定的土地面积为计税依据计算缴纳城镇土地使用税

【参考答案】ABCD

【答案解析】尚未核发土地使用证书的,应由纳税人据实申报土地面积。

34. 下列各项,不应缴纳城镇土地使用税的有( )。

A. 用于水产养殖业的生产用地
B. 公园中管理单位的办公用地
C. 名胜古迹区内附设的照相馆用地
D. 学校食堂对外营业的餐馆用地
E. 个人所有的居住房屋及院落用地

【参考答案】ABE

【答案解析】名胜古迹区内附设的照相馆用地、学校食堂对外营业的餐馆用地应按照规定缴纳城镇土地使用税。

题型三　判断题

1. 城镇土地使用税以开征范围的土地为征税对象，以实际占用的土地面积为计税依据，按规定税额只对拥有土地使用权的单位征收的一种税。　　　　　　　　　　（　）

【参考答案】×

【答案解析】以开征范围的土地为征税对象，以实际占用的土地面积为计税依据，按规定税额对拥有土地使用权的单位和个人征收的一种税。

2. 城市、县城、建制镇、工矿区内，其中城市的征收范围为市区和郊区，不包括农村。　　　　　　　　　　　　　　　　　　　　　　　　　　　　　　　（　）

【参考答案】√

3. 土地使用权未确定或权属纠纷未解决的，暂不缴纳城镇土地使用税。　（　）

【参考答案】×

【答案解析】土地使用权未确定或权属纠纷未解决的，由实际使用人纳税。

4. 企业办的学校、医院、托儿所、幼儿园，其自用的土地免征土地使用税。
　　　　　　　　　　　　　　　　　　　　　　　　　　　　　　　　（　）

【参考答案】√

5. 房地产开发公司开发建造商品房的用地，除经批准开发建设经济适用房的用地外，对各类房地产开发用地一律不得减免城镇土地使用税。　　　　　　　（　）

【参考答案】√

6. 自2020年1月1日至2022年12月31日，对物流企业自有（包括自有和出租）或承租的大宗商品仓储设施的土地，减按所属土地等级适用税额标准的30%计征城镇土地使用税。　　　　　　　　　　　　　　　　　　　　　　　　　　　　（　）

【参考答案】×

【答案解析】自2020年1月1日至2022年12月31日，对物流企业自有（包括自有和出租）或承租的大宗商品仓储设施的土地，减按所属土地等级适用税额标准的50%计征城镇土地使用税。

7. 土地使用权由几方共有的，由共有各方按照各自实际使用的土地面积占总面积的比例，分别计算缴纳土地使用税。　　　　　　　　　　　　　　　　　（　）

【参考答案】√

8. 购置新建商品房，自房屋交付使用当月起，计征城镇土地使用税。　　（　　）

【参考答案】×

【答案解析】购置新建商品房，自房屋交付使用之次月起，计征城镇土地使用税。

9. 纳税人使用的土地不属于同一省（自治区、直辖市）管辖范围内的，由纳税人分别向土地所在地的税务机关申报缴纳。　　（　　）

【参考答案】√

10. 纳税人新征用的耕地，自批准征用之日起满3年时开始缴纳城镇土地使用税。　　（　　）

【参考答案】×

【答案解析】纳税人新征用的耕地，自批准征用之日起满1年时开始缴纳城镇土地使用税。

11. 缴纳城镇土地使用税的个人包括个体工商户和自然人个人。　　（　　）

【参考答案】√

【答案解析】政策依据：《中华人民共和国城镇土地使用税暂行条例》第二条。

12. 土地使用权未确定的，实际使用人为城镇土地使用税的纳税人。　　（　　）

【参考答案】√

【答案解析】政策依据：《国家税务局关于检发〈关于土地使用税若干具体问题的解释和暂行规定〉的通知》（国税地字〔1988〕第15号）。

13. 土地使用权共有的，按照各方实际使用的土地面积占总面积的比例分别计算城镇土地使用税。　　（　　）

【参考答案】√

【答案解析】政策依据：《国家税务局关于检发〈关于土地使用税若干具体问题的解释和暂行规定〉的通知》（国税地字〔1988〕第15号）。

14. 供热企业向居民供热所用的房产和土地暂免征收房产税和城镇土地使用税。　　（　　）

【参考答案】√

【答案解析】政策依据：《财政部 税务总局关于延续供热企业增值税 房产税 城镇土地使用税优惠政策的通知》（财税〔2019〕第38号）。

15. 纳税人新征用的非耕地，自批准征用之日起满1年时开始缴纳城镇土地使用税。

（　　）

【参考答案】×

【答案解析】政策依据:《中华人民共和国城镇土地使用税暂行条例》第九条。

16. 对已按规定免征城镇土地使用税的企业范围内荒山、林地、湖泊等占地,自 2016 年 1 月 1 日起,按应纳税额减半征收城镇土地使用税。（   ）

【参考答案】×

【答案解析】政策依据:《财政部 国家税务总局关于企业范围内荒山、林地、湖泊等占地城镇土地使用税有关政策的通知》（财税〔2014〕1 号）。

17. 凡在城市、县城、建制镇、工矿区范围内的土地,不论是属于国家所有的土地,还是集体所有的土地,都是城镇土地使用税的征税对象。（   ）

【参考答案】√

【答案解析】政策依据:《国家税务局关于检发〈关于土地使用税若干具体问题的解释和暂行规定〉的通知》（国税地字〔1988〕第 15 号）。

18. 对免税单位无偿使用纳税单位的土地,免征城镇土地使用税。（   ）

【参考答案】√

【答案解析】政策依据:《国家税务局关于印发〈关于土地使用税若干具体问题的补充规定〉的通知》（国税地字〔1989〕第 140 号）。

19. 城市开征城镇土地使用税的范围是指市区,不包括郊区。（   ）

【参考答案】×

【答案解析】政策依据:《国家税务局关于检发〈关于土地使用税若干具体问题的解释和暂行规定〉的通知》（国税地字〔1988〕第 15 号）。

20. 经省、自治区、直辖市人民政府批准,经济发达地区土地使用税的适用税额标准可以适当提高,但提高额需报财政部批准。（   ）

【参考答案】√

【答案解析】政策依据:《中华人民共和国城镇土地使用税暂行条例》第五条。

21. 企业厂区以内的绿化用地照章征收城镇土地使用税。（   ）

【参考答案】√

【答案解析】政策依据:《国家税务局关于印发〈关于土地使用税若干具体问题的补充规定〉的通知》（国税地字〔1989〕第 140 号）。

22. 城镇土地使用税的纳税人,在尚未取得土地使用证书之前,不缴纳城镇土地使用税。（   ）

【参考答案】×

【答案解析】政策依据：《国家税务局关于检发〈关于土地使用税若干具体问题的解释和暂行规定〉的通知》（国税地字〔1988〕第15号）。

23. 纳税单位无偿使用免税单位的土地，纳税单位应照章缴纳土地使用税。（　　）

【参考答案】√

【答案解析】政策依据：《国家税务局关于印发〈关于土地使用税若干具体问题的补充规定〉的通知》（国税地字〔1989〕第140号）。

24. 外商投资企业不缴纳城镇土地使用税。（　　）

【参考答案】×

【答案解析】政策依据：《中华人民共和国城镇土地使用税暂行条例》第二条。

25. 征用的非耕地，自批准征用次月起缴纳土地使用税。（　　）

【参考答案】√

【答案解析】政策依据：《中华人民共和国城镇土地使用税暂行条例》第九条。

26. 经济落后地区，城镇土地使用税的适用税额标准可以适当降低，但降低额不得超过规定的最低税额的30%。（　　）

【参考答案】√

【答案解析】政策依据：《中华人民共和国城镇土地使用税暂行条例》第五条。

27. 直接用于采摘、观光的种植土地，免征城镇土地使用税。（　　）

【参考答案】√

【答案解析】政策依据：《财政部 国家税务总局关于房产税、城镇土地使用税有关政策的通知》（财税〔2006〕186号）。

28. 以出让方式有偿取得土地使用权而合同未约定交付时间的，由受让方从实际使用土地的次月起缴纳城镇土地使用税。（　　）

【参考答案】×

【答案解析】政策依据：《财政部 国家税务总局关于房产税、城镇土地使用税有关政策的通知》（财税〔2006〕186号）。

29. 城镇土地使用税采用比例税率。（　　）

【参考答案】×

【答案解析】政策依据：《中华人民共和国城镇土地使用税暂行条例》第四条。

30. 土地使用税的计税依据为土地的实际占用面积。（　　）

【参考答案】√

【答案解析】政策依据：《中华人民共和国城镇土地使用税暂行条例》第三条。

31. 对城市公交站场、道路客运站场、城市轨道交通系统运营用地，免征城镇土地使用税。（　　）

【参考答案】√

【答案解析】政策依据：《财政部 税务总局关于继续对城市公交站场 道路客运站场 城市轨道交通系统减免城镇土地使用税优惠政策的通知》（财税〔2019〕11号）。

32. 对个人出租住房，承租人进行生产经营的，依法征收城镇土地使用税。（　　）

【参考答案】×

【答案解析】政策依据：《财政部 国家税务总局关于廉租住房经济适用住房和住房租赁有关税收政策的通知》（财税〔2008〕24号）。

33. 在城镇土地使用税征收范围内，利用林场土地兴建度假村等休闲娱乐场所的，其经营、办公和生活用地，应按规定征收城镇土地使用税。（　　）

【参考答案】√

【答案解析】政策依据：《财政部 国家税务总局关于房产税、城镇土地使用税有关政策的通知》（财税〔2006〕186号）。

34. 对个人出租住房，不区分用途，免征城镇土地使用税。（　　）

【参考答案】√

【答案解析】政策依据：《财政部 国家税务总局关于廉租住房经济适用住房和住房租赁有关税收政策的通知》（财税〔2008〕24号）。

35. 公园、名胜古迹内的索道公司经营用地，免征城镇土地使用税。（　　）

【参考答案】×

【答案解析】政策依据：《财政部 国家税务总局关于房产税城镇土地使用税有关问题的通知》（财税〔2008〕152号）。

36. 纳税人购置新建商品房，自房屋交付使用之次月起计征城镇土地使用税。（　　）

【参考答案】√

【答案解析】政策依据：《国家税务总局关于房产税城镇土地使用税有关政策规定的通知》（国税发〔2003〕89号）。

37. 纳税人购置存量房，自办理房屋权权属转移、变更登记手续，房地产权属登记

机关签发房屋权属证书之次月起计征城镇土地使用税。 （ ）

【参考答案】√

【答案解析】政策依据：《国家税务总局关于房产税城镇土地使用税有关政策规定的通知》（国税发〔2003〕89号）。

38. 纳税人购置存量房，自房屋交付使用之次月起计征城镇土地使用税。 （ ）

【参考答案】×

【答案解析】政策依据：《国家税务总局关于房产税城镇土地使用税有关政策规定的通知》（国税发〔2003〕89号）。

39. 纳税人出租、出借房产，自交付出租、出借房产之次月起计征城镇土地使用税。
（ ）

【参考答案】√

【答案解析】政策依据：《国家税务总局关于房产税城镇土地使用税有关政策规定的通知》（国税发〔2003〕89号）。

40. 对按照去产能和调结构政策要求停产停业、关闭的企业，自停产停业次月起，免征房产税、城镇土地使用税。 （ ）

【参考答案】×

【答案解析】根据《财政部 国家税务总局关于去产能和调结构房产税、镇土地使用税政策的通知》（财税〔2018〕107号），对按照去产能和调结构政策要求停产停业、关闭的企业，自停产停业次月起，免征房产税、城镇土地使用税。企业享受免税政策的期限累计不得超过两年。

41. 土地使用税按年计算、分期缴纳。缴纳期限由省、自治区、直辖市税务部门确定。 （ ）

【参考答案】×

【答案解析】政策依据：《中华人民共和国城镇土地使用税暂行条例》第八条。

42. 为社区提供养老、托育、家政等服务的机构自有或其通过承租、无偿使用等方式取得并用于提供社区养老、托育、家政服务的土地，免征城镇土地使用税。 （ ）

【参考答案】√

【答案解析】政策依据：《财政部 国家税务总局 发展改革委 民政部 商务部 卫生健康委关于养老、托育、家政等社区家庭服务业税费优惠政策的公告》（财政部公告2019年第76号）。

模块十一　车船税政策与管理

题型一　单项选择题

1. 下列各项，应征收车船税的是(　　)。

   A. 捕捞渔船　　　　　　　　B. 低速载货汽车

   C. 养殖渔船　　　　　　　　D. 纯电动乘用车

   【参考答案】B

   【答案解析】低速载货汽车应征收车船税。

2. 下列各项，不享受免征车船税优惠的是(　　)。

   A. 养殖渔船

   B. 武装警察部队专用的车辆

   C. 符合规定标准的插电式混合动力汽车

   D. 非机动驳船

   【参考答案】D

   【答案解析】非机动驳船按机动船舶税额的50%计算车船税。

3. 下列各项，不属于车船税征收范围的是(　　)。

   A. 客货两用车　　　　　　　B. 插电式混合动力汽车

   C. 燃料电池乘用车　　　　　D. 洒水车

   【参考答案】C

   【答案解析】燃料电池乘用车不属于车船税征收范围；客货两用车依照货车的计税单位和适用税额计征车船税。

4. 下列各项，以整备质量作为车船税计税标准的是(　　)。

   A. 船舶　　　　B. 挂车　　　　C. 客车　　　　D. 拖船

   【参考答案】B

【答案解析】客车以辆为计税标准；船舶（包括拖船）以净吨位为计税标准。

5. 某公司2020年拥有120千瓦的拖船1艘，若不超过200吨的机动船舶税额为净吨位3元/吨，2020年该公司应缴纳的车船税为(   )。

   A. 80.40元　　　　　B. 120.60元　　　　　C. 241.20元　　　　　D. 360.00元

【参考答案】B

【答案解析】拖船按照发动机功率每1千瓦折合净吨位0.67吨计算征收车船税。拖船按照机动船舶税额的50%计算车船税。

该公司应缴纳的车船税=120×0.67×3×50%=120.60（元）

6. 某运输公司拥有载货汽车15辆（整备质量10吨/辆），乘人大客车20辆，小客车10辆。则该公司应缴纳的车船税为(   )。（注：载货汽车年税额90元/吨，乘人大客车每辆年税额1 200元，小客车每辆年税额800元）

   A. 13 500元　　　　B. 29 500元　　　　C. 32 000元　　　　D. 45 500元

【参考答案】D

【答案解析】①载货汽车应纳税额=15×10×90=13 500（元）；②乘人汽车应纳税额=20×1 200+10×800=32 000（元）；③年应纳车船税额=13 500+32 000=45 500（元）。

7. 某生产企业拥有整备质量10吨货车8辆，6.8吨挂车5辆。2020年5月，又购置3.6吨客货两用车2辆，当月办理机动车辆权属证书。该食品生产企业2020年应缴纳车船税(   )。（已知：货车车船税年税额20元/吨）

   A. 2 048元　　　　B. 2 036元　　　　C. 2 084元　　　　D. 2 024元

【参考答案】B

【答案解析】挂车按照货车税额的50%计算车船税。购置的新车船，购置当年的应纳税额自纳税义务发生的当月起按月计算。车船税纳税义务发生时间为取得车船所有权或者管理权的当月，即为购买车船的发票或者其他证明文件所载日期的当月。

应纳车船税=10×8×20+6.8×5×20×50%+3.6×2×20÷12×8=2 036（元）。

8. 某装备制造厂拥有货车3辆，每辆货车的整备质量均为1.499吨；小汽车3辆。已知货车车船税为整备质量年基准税额16元/吨，小汽车车船税为每辆年基准税额360元。该厂当年度应纳车船税为(   )。

   A. 1 094.40元　　　B. 1 115.98元　　　C. 1 151.95元　　　D. 1 152元

【参考答案】C

【答案解析】车船税法及有关规定涉及的整备质量、净吨位等计税单位,有尾数的一律按照含尾数的计税单位据实计算车船税应纳税额。

该制造厂应纳的车船税 = 1.499 × 3 × 16 + 3 × 360 = 1 151.95（元）

9. 某公司于2020年7月购进5辆小轿车,排气量均为1.6升,按合同规定车辆当月交付,当地省人民政府规定年税额为每辆400元,该公司当年购进小轿车应缴纳的车船税为(　　)。

A. 666.67元　　　　B. 1 000元　　　　C. 833.33元　　　　D. 2 000元

【参考答案】B

【答案解析】购置的新车船,购置当年的应纳税额自纳税义务发生的当月起按月计算。车船税纳税义务发生时间为取得车船所有权或者管理权的当月,即为购买车船的发票或者其他证明文件所载日期的当月。

应纳税额 = 5 × 400 × 6 ÷ 12 = 1 000（元）。

10. 某船舶公司拥有净吨位320吨的船舶5艘,3 000千瓦的拖船2艘,净吨位1 201吨的船舶3艘,12米长的游艇2艘。已知,船舶净吨位为201吨至2 000吨的,每吨4元;净吨位2 001吨至10 000吨的,每吨5元,游艇长度超过10米但不超过18米的,每米900元。当年该公司应缴纳的车船税为(　　)。

A. 46 000元　　　　B. 48 000元　　　　C. 52 462元　　　　D. 62 512元

【参考答案】C

【答案解析】拖船按照发动机功率每千瓦折合净吨位0.67吨计算征收车船税,应缴纳车船税 = 320 × 4 × 5 + 3 000 × 0.67 × 5 × 50% × 2 + 1 201 × 4 × 3 + 12 × 900 × 2 = 52 462（元）。

11. 某运输公司拥有并使用以下车辆:拖拉机5辆,整备质量为2吨;整备质量为6吨的载货卡车20辆;整备质量为4.5吨的汽车挂车6辆;中型载客汽车10辆,核定载客人数均为9人以上。当地政府规定,货车的税额为60元/吨,客车的税额是500元/辆。该公司当年应缴纳车船税(　　)。

A. 13 010元　　　　B. 13 550元　　　　C. 11 450元　　　　D. 9 450元

【参考答案】A

【答案解析】拖拉机不缴纳车船税;卡车应纳税额 = 6 × 60 × 20 = 7 200（元）;挂车按照货车税额的50%计算,应纳税额 = 4.5 × 60 × 6 × 50% = 810（元）;客车应纳税额 = 10 × 500 = 5 000（元）。应纳车船税 = 7 200 + 810 + 5 000 = 13 010（元）。

12. 车船税的扣缴义务人是( )。

A. 主管税务机关

B. 车管所

C. 购买车船的消费者

D. 从事机动车第三者责任强制保险业务的保险机构

【参考答案】D

【答案解析】从事机动车第三者责任强制保险业务的保险机构为机动车车船税的扣缴义务人，应当在收取保险费时依法代收车船税，并出具代收税款凭证。

13. 在交通运输部直属海事管理机构登记的应税船舶，其车船税由船籍港所在地的税务机关委托代征方为( )。

A. 县人民政府 B. 主管税务机关
C. 当地海事管理机构 D. 海关

【参考答案】C

【答案解析】在交通运输部直属海事管理机构登记的应税船舶，其车船税由船籍港所在地的税务机关委托当地海事管理机构代征。

14. 依法需要办理登记的应税车辆，纳税人自行申报缴纳车船税的地点是( )。

A. 车辆购置地 B. 经办人住所地
C. 单位的机构所在地 D. 车辆登记地

【参考答案】D

【答案解析】车船税的纳税地点为车船的登记地或车船税扣缴义务人所在地；依法不需要办理登记的车船，车船税的纳税地点为车船的所有人或管理人所在地。

15. 下列说法，不符合车船税规定的是( )。

A. 对未办理车船登记手续且无法提供车船购置发票的，车船税的纳税义务发生时间由主管税务机关核定

B. 车船税按年申报，分月计算，分期缴纳

C. 车船税的征税范围是在车船管理部门登记的车船以及依法不需要在车船管理部门登记，在单位内部场所行驶或者作业的机动车辆和船舶

D. 车船的管理人也可以是车船税的纳税人

【参考答案】B

【答案解析】车船税按年申报，分月计算，一次性缴纳。

16. 下列关于车船税的说法，不正确的是( )。

A. 在机场内部场所行驶或者作业汽车不缴纳车船税

B. 境内单位将船舶出租到境外，照章缴纳车船税

C. 境内单位租入外国籍的船舶，不缴纳车船税

D. 依法批准临时入境的外国车船，不征收车船税

【参考答案】A

【答案解析】车船税的征税范围是在车船管理部门登记的车船以及依法不需要在车船管理部门登记、在单位内部场所行驶或者作业的机动车辆和船舶。

17. 根据车船税的相关规定，下列理解正确的是( )。

A. 车船税的纳税对象是指依法应当在车船登记管理部门登记的机动车辆和船舶

B. 拖船按照发动机功率每千瓦折合净吨位0.67吨计算征收车船税

C. 燃料电池商用车减半征收车船税

D. 依法不需要在车船登记管理部门登记的在单位内部场所行驶或者作业的机动车辆和船舶不是车船税的征税对象

【参考答案】B

【答案解析】车船税的征税对象是指：①依法应当在车船登记管理部门登记的机动车辆和船舶；②依法不需要在车船登记管理部门登记的在单位内部场所行驶或者作业的机动车辆和船舶。燃料电池商用车免征车船税。

18. 下列关于车船税的说法，正确的是( )。

A. 摩托车不征收车船税

B. 拖船、非机动驳船分别按照机动船舶税额的70%计算缴纳车船税

C. 挂车按照货车税额的50%计算车船税

D. 车辆整备质量尾数在0.5吨以下的不计算车船税

【参考答案】C

【答案解析】拖船、非机动驳船分别按照机动船舶税额的50%计算缴纳车船税。摩托车按辆征收车船税。

19. 下列关于缴纳车船税的说法，错误的是( )。

A. 已办理退税的被盗抢车船，失而复得的，纳税人应当从公安机关出具相关证明的次月起计算缴纳车船税

B. 车船税的纳税地点为车船的登记地或者车船税扣缴义务人所在地

C. 车船税的征税范围是在车船管理部门登记的车船以及依法不需要在车船管理部门登记、在单位内部场所行驶或者作业的机动车辆和船舶

D. 车辆所有人或者管理人在申请办理车辆相关登记、定期检验手续时,应当向公安机关交通管理部门提交依法纳税或者免税证明

【参考答案】A

【答案解析】已办理退税的被盗抢车船,失而复得的,纳税人应当从公安机关出具相关证明的当月起计算缴纳车船税。

20. 车船税的纳税地点为( )。

　　A. 车船的购买地

　　B. 车船的使用地

　　C. 车船的生产地

　　D. 车船的登记地或车船税扣缴义务人所在地

【参考答案】D

【答案解析】根据《中华人民共和国车船税法》第七条,车船税的纳税地点为车船的登记地或车船税扣缴义务人所在地。

21. 纳税人新购置车辆使用的,其车船税的纳税义务发生时间为( )。

　　A. 取得车船所有权或管理权的当月起　　B. 取得车船所有权或管理权的次月起

　　C. 取得车船所有权或管理权的当年起　　D. 取得车船所有权或管理权的次年起

【参考答案】A

【答案解析】根据《中华人民共和国车船税法》第八条,车船税的纳税义务发生时间为取得车船所有权或管理权的当月。

22. 下列关于车船税纳税义务发生时间的说法,正确的是( )。

　　A. 取得车船所有权的次月

　　B. 合同、协议载明的车船交付日的次月

　　C. 购买车船的发票或其他证明文件所载的取得车船所有权或管理权的当月

　　D. 购买车船的发票或其他证明文件所载的取得车船所有权或管理权的次月

【参考答案】C

【答案解析】车船税的纳税义务发生时间为取得车船所有权或管理权的当月。

23. 以下对车船税的理解,不正确的是( )。

　　A. 车船税由税务机关负责征收

B. 车船的所有人或者管理人未缴纳车船税的，使用人应当代为缴纳车船税

C. 纳税人没有按照规定期限缴纳车船税的，保险机构在代收代缴税款的同时，不能代收代缴欠缴税款的滞纳金

D. 从事机动车交通事故责任强制保险业务的保险机构为机动车车船税的扣缴义务人，应当依法代收代缴车船税

【参考答案】C

【答案解析】根据《中华人民共和国车船税法实施条例》第十八条，扣缴义务人应当及时解缴代收代缴的税款和滞纳金，并向主管税务机关申报。

24. 专项作业车的车船税计税单位为整备质量每吨16元至120元的范围内确定，有权确定具体适用税额的部门是(　　)。

A. 国务院　　　　　　　　　　B. 国家税务总局
C. 省级税务局　　　　　　　　D. 省级人民政府

【参考答案】D

【答案解析】根据《中华人民共和国车船税法》第二条，车辆的具体适用税额由省、自治区、直辖市人民政府依照本法所附《车船税税目税额表》规定的税额幅度和国务院的规定确定。

25. 下列各项，应缴纳车船税的是(　　)。

A. 外商投资企业的小轿车　　　B. 军队专用车辆
C. 捕捞、养殖渔船　　　　　　D. 人力三轮车

【参考答案】A

【答案解析】军队专用车辆、捕捞、养殖渔船属于免征车船税，人力三轮车不属于机动车辆不征车船税。

26. 下列各项，不符合车船税有关规定的是(　　)。

A. 载客汽车，以"辆"为计税依据
B. 游艇，以"艇身长度"为计税依据
C. 机动船舶，以"艘"为计税依据
D. 载货汽车，以"整备质量"为计税依据

【参考答案】C

【答案解析】机动船，以"净吨位"为计税依据。

27. 下列汽车，应征收车船税的是(　　)。

A. 军队专用汽车　　　　　　　　　　B. 武警专用汽车

C. 银行自用汽车　　　　　　　　　　D. 公安机关警务用车

【参考答案】C

【答案解析】其他为免税车辆。

28. 下列单位的车船,不属于车船税征税范围的是( )。

A. 国家机关自用的车船　　　　　　B. 个人拥有的自行车

C. 自收自支的事业单位自用的车船　　D. 部队自用的车船

【参考答案】B

【答案解析】自行车不属于车船税征税范围。

29. 根据车船税的相关规定,对城市、农村公共交通车船可给予定期减税、免税的优惠,有权确定定期减税、免税的部门是( )。

A. 省级税务机关　　　　　　　　　　B. 省级人民政府

C. 县级人民政府　　　　　　　　　　D. 县级税务机关

【参考答案】B

【答案解析】根据《中华人民共和国车船税法》第五条,省、自治区、直辖市人民政府根据当地实际情况,可以对公共交通车船、农村居民拥有并主要在农村地区使用的摩托车、三轮汽车和低速载货汽车定期减征或者免征车船税。

30. 以"净吨位每吨"为计税单位的有( )。

A. 乘用车　　　　　　　　　　　　　B. 辅助动力帆艇

C. 机动船舶　　　　　　　　　　　　D. 游艇

【参考答案】C

【答案解析】乘用车以"辆"为计税单位,辅助动力帆艇和游艇均以"艇身长度"为计税单位。

31. 根据《中华人民共和国车船税法》的相关规定,下列哪些车船不属于法定免税车船( )。

A. 捕捞、养殖渔船　　　　　　　　　B. 纯电动乘用车

C. 警用车船　　　　　　　　　　　　D. 外国驻华使领馆的车船

【参考答案】B

【答案解析】纯电动乘用车不属于车船税征税范围。

32. 在一个纳税年度内,已完税的车船被盗抢、报废、灭失的,纳税人可以凭有关

管理机关出具的证明和完税凭证，向纳税所在地的主管税务机关申请退还（   ）的税款。

A. 1 年

B. 半年

C. 自年初至被盗抢、报废、灭失月份

D. 自被盗抢、报废、灭失月份起至该纳税年度终了期间

【参考答案】D

【答案解析】根据《中华人民共和国车船税法实施条例》第十九条，在一个纳税年度内，已完税的车船被盗抢、报废、灭失的，纳税人可以凭有关管理机关出具的证明和完税凭证，向纳税所在地的主管税务机关申请退还自被盗抢、报废、灭失月份起至该纳税年度终了期间的税款。

33. 下列各项，应征收车船税的为（   ）。

A. 家庭自用汽车　　　　　　　　B. 武警专用汽车

C. 军队专用汽车　　　　　　　　D. 临时入境的外国车辆

【参考答案】A

【答案解析】根据《中华人民共和国车船税法实施条例》第二十四条，临时入境的外国车船和香港特别行政区、澳门特别行政区、台湾地区的车船，不征收车船税。根据《中华人民共和国车船税法》第三条，军队、武装警察部队专用的车船，免征车船税。

34. 车辆适用的车船税税率形式是（   ）。

A. 比例税率　　　　　　　　　　B. 定额税率

C. 超率累进税率　　　　　　　　D. 超额累进税率

【参考答案】B

【答案解析】《中华人民共和国车船税法》第二条规定：车船的适用税额依照本法所附《车船税税目税额表》执行。

35. 车船税按（   ）申报，分月计算，一次性缴纳。

A. 年　　　　　B. 季　　　　　C. 月　　　　　D. 旬

【参考答案】A

【答案解析】根据《中华人民共和国车船税法实施条例》第二十三条，车船税按年申报，分月计算，一次性缴纳。纳税年度为公历 1 月 1 日至 12 月 31 日。

36. 从（   ）起，保险公司不再对挂车代收代缴车船税。

A. 2012 年 1 月 1 日　　　　　　　　　B. 2013 年 1 月 1 日

C. 2013 年 3 月 1 日　　　　　　　　　D. 2013 年 10 月 1 日

【参考答案】C

【答案解析】《机动车交通事故责任强制保险条例》规定，自2013年3月1日起对"挂车不投保机动车交通事故责任强制保险"。根据车船税法及相关规定，从事机动车交通事故责任强制保险业务的保险公司不再承担对挂车应缴车船税进行代收代缴的义务。

题型二 多项选择题

1. 下列车船,享受法定免征车船税优惠的有( )。

A. 非机动驳船　　B. 拖船　　C. 警用车辆　　D. 捕捞渔船

E. 养殖渔船

【参考答案】CDE

【答案解析】非机动驳船按机动船舶税额的50%计算车船税;拖船按照发动机功率每千瓦折合净吨位0.67吨计算征收车船税。

2. 根据车船税的规定,下列说法错误的有( )。

A. 车船税采用定额幅度税率

B. 企业内部行驶的车船不属于征税范围

C. 车船税具有行为税和财产税的性质

D. 车船税具有调节财富分配的作用

E. 车船税纳税地点为车船的登记地或者扣缴义务人所在地

【参考答案】BC

【答案解析】依法不需要在车船管理部门登记、在单位内部场所行驶或者作业的机动车辆和船舶,属于车船税征税范围。

3. 下列各项,符合车船税有关规定的有( )。

A. 客车,以"整备质量"为计税依据

B. 载货汽车,以"整备质量"为计税依据

C. 机动船舶,以"艘"为计税依据

D. 游艇,以"艇身长度"为计税依据

E. 电车,以"辆"为计税依据

【参考答案】BDE

【答案解析】客车以"辆"为计税依据;机动船舶以"净吨位"为计税依据。

4. 根据车船税法的相关规定,下列选项中属于法定减免税的有( )。

A. 捕捞渔船　　　　　　　　　　B. 养殖渔船

C. 军队专用的车船　　　　　　　D. 经批准临时入境的外国车船

E. 人民检察院领取警用牌照的车辆

【参考答案】 ABCE

【答案解析】 经批准临时入境的外国车船属于特定减免的范围。

5. 下列关于委托交通运输部门海事管理机构代为征收船舶车船税的表述，正确的有(　　)。

A. 在海事管理机构登记的应税船舶，其车船税由船籍港所在地的税务机关委托当地海事管理机构代征

B. 对以前年度未按照规定缴纳的税款，海事管理机构应代征欠缴税款，但不代加收滞纳金

C. 海事管理机构应记录有关凭证的凭证号和出具该凭证的单位名称，并将有关凭证的复印件存档备查

D. 自2013年2月1日起，税务机关可以委托交通运输部门海事管理机构代为征收船舶车船税税款

E. 纳税义务发生时间为纳税人取得船舶所有权或管理权的次月

【参考答案】 ACD

【答案解析】 对以前年度未按照规定缴纳的税款，海事管理机构应代征欠缴税款，并按规定代加收滞纳金；纳税义务发生时间为纳税人取得船舶所有权或管理权的当月，以购买船舶的发票或者其他证明文件所载日期的当月为准。

6. 下列关于车船税扣缴义务人的说法，正确的有(　　)。

A. 保险机构在代收车船税时，应当在机动车交通事故责任强制保险的保险单以及保费发票上注明已收税款的信息和减免税信息，作为代收税款凭证

B. 不能提供完税凭证或者减免税证明，且拒绝扣缴义务人代收代缴车船税的纳税人，扣缴义务人不得出具保单、保险标志和保费发票等，同时报告主管税务机关处理

C. 保险机构作为车船税扣缴义务人，代收车船税并开具增值税发票时，应在增值税发票备注栏中注明代收车船税税款信息

D. 纳税人在应当购买交通事故责任强制保险截止日期以后购买的或以前年度没有缴纳车辆车船税的，保险机构只代收代缴税款，由税务局收取税款的滞纳金

E. 车船税扣缴义务人代收代缴欠缴税款的滞纳金，从各省、自治区、直辖市人民政府规定的申报纳税期限截止日期的次日起计算

【参考答案】 ABCE

【答案解析】 纳税人在应当购买交通事故责任强制保险截止日期以后购买的或以前

年度没有缴纳车辆车船税的，保险机构在代收代缴税款的同时，还应代收代缴欠缴税款的滞纳金。

7. 下列关于保险机构代收代缴车船税的规定，表述正确的有（　　）。

A. 从事机动车第三者责任强制保险业务的保险机构为机动车车船税的扣缴义务人，应当在收取保险费时依法代收车船税，并出具代收税款凭证

B. 保险机构在代收车船税时，应当在机动车交通事故责任强制保险的保险单以及保费发票上注明已收税款的信息和减免税信息，作为代收税款凭证

C. 纳税人在应当购买交通事故责任强制保险截止日期以后购买的，不需要代收代缴欠缴税款的滞纳金

D. 扣缴义务人应当及时解缴代收代缴的税款，并向交通部门申报

E. 保险机构作为车船税扣缴义务人，代收车船税并开具增值税发票时，应在增值税发票备注栏中注明代收车船税税款信息

【参考答案】ABE

【答案解析】纳税人在应当购买交通事故责任强制保险截止日期以后购买的，或以前年度没有缴纳车辆车船税的，保险机构在代收代缴税款的同时，还应代收代缴欠缴税款的滞纳金。扣缴义务人应当及时解缴代收代缴的税款，并向税务机关申报。

8. 根据车船税税收优惠相关规定，下列说法不正确的有（　　）。

A. 机场、港口内部行驶或作业车船，自《中华人民共和国车船税法》实施之日起3年内免征车船税

B. 按规定缴纳船舶吨税的机动船舶，自《中华人民共和国车船税法》实施之日起10年内免征车船税

C. 燃料电池汽车免征车船税

D. 省、自治区、直辖市人民政府可根据当地情况，对公共交通车船定期减征或免征车船税

E. 经批准，临时入境的中国台湾地区的车船不征收车船税

【参考答案】AB

【答案解析】机场、港口内部行驶或作业车船，自《中华人民共和国车船税法》实施之日起5年内免征车船税。按规定缴纳船舶吨税的机动船舶，自《中华人民共和国车船税法》实施之日起5年内免征车船税。

9. 下列关于车船税法的规定，表述正确的有（　　）。

A. 车船税采用比例税率

B. 乘用车应当依排气量从小到大递增税额

C. 净吨位不超过1吨的小型船舶,不计算缴纳车船税

D. 已办理退税的被盗抢车船,失而复得的,应当从公安机关出具相关证明的当月起计算缴纳车船税

E. 依法不需要办理登记的车船,车船税纳税地点为车船的所有人或者管理人所在地

【参考答案】BDE

【答案解析】车船税采用定额幅度税率;净吨位不超过1吨的船舶,据实计算缴纳车船税。

10. 下列车船,免征车船税的有(　　)。

A. 纯电动汽车　　　　　　　　　　B. 警用车辆

C. 救护车　　　　　　　　　　　　D. 捕捞养殖渔船

E. 财政拨款事业单位的办公用车

【参考答案】ABD

【答案解析】选项C、E不免征车船税。

11. 下列对车船税的相关规定,表述正确的有(　　)。

A. 车船税属于资源税

B. 车船税可以调节财富分配

C. 车船税采用定额幅度税率

D. 车船税应在纳税人实际使用应税车船时征收

E. 扣缴义务人代收代缴车船税的,纳税地点为扣缴义务人所在地

【参考答案】BCE

【答案解析】车船税属于财产税;车船税的纳税义务发生时间为取得车船所有权或者管理权的当月。

12. 根据车船税法的相关规定,下列说法错误的有(　　)。

A. 车船税属于财产税

B. 企业内部行驶的车船不属于征税范围

C. 车船税具有行为税和财产税的性质

D. 车船税具有调节财富分配的作用

E. 车船税纳税地点为车船的登记地或者扣缴义务人所在地

【参考答案】BC

【答案解析】依法不需要在车船登记管理部门登记的机场、港口以及其他企业内部行驶或者作业的车船,属于车船税征税范围;车船税属于单项财产税。

13. 下列车船,应以"辆"作为车船税计税单位的有( )。

A. 电车　　　　B. 摩托车　　　　C. 货车　　　　D. 半挂牵引车

E. 微型客车

【参考答案】ABE

【答案解析】半挂牵引车、货车按整备质量每吨作为计税单位。

14. 下列各项,符合车船税征收管理规定的有( )。

A. 车船税由税务机关负责征收

B. 机动车车船税的扣缴义务人依法代收代缴车船税时,纳税人可以拒绝

C. 纳税人购置的新车船,购置当年的应纳税额自取得车船所有权或管理权的次月起计算。

D. 车船税纳税义务发生时间为车船的购置发票或其他证明文件所载明的日期的当月

E. 已经缴纳车船税的车船,因质量原因,车船被退回生产企业或者经销商的,纳税人可以向纳税所在地的主管税务机关申请退还自退货月份起至该纳税年度终了期间的税款

【参考答案】ADE

【答案解析】根据《中华人民共和国车船税法》第六条,从事机动车第三者责任强制保险业务的保险机构为机动车车船税的扣缴义务人。根据《中华人民共和国车船税法实施条例》第二十一条,《中华人民共和国车船税法》第八条所称取得车船所有权或者管理权的当月,应当以购买车船的发票或者其他证明文件所载日期的当月为准。

15. 下列各项,属于《中华人民共和国车船税法》规定的免税车船的有( )。

A. 纯电动乘用车　　　　　　　B. 军队专用车船

C. 警用车船　　　　　　　　　D. 捕捞渔船

E. 养殖渔船

【参考答案】BCDE

【答案解析】纯电动乘用车不属于《中华人民共和国车船税法》的征收范围。

16. 有关车船税的计税依据,下列表述正确的有( )。

A. 游艇按照艇身长度计税

B. 低速载货汽车按照整备质量计税

C. 车辆以载重吨位为计税单位

D. 机动船舶以净吨位为计税单位

E. 拖船、非机动驳船分别按照机动船舶税额的50%计算车船税

【参考答案】ABDE

【答案解析】乘用车及商用车以"辆"为计税单位。

17. 下列关于车船税纳税人说法,正确的是(　　)。

A. 中法合资公司在中国购买使用车船,是车船税的纳税人

B. 澳大利亚留学生在中国购买使用车船,不是车船税的纳税人

C. 农民在家乡购买使用摩托车,是车船税的纳税人

D. 日商独资企业在中国购买使用车船,不是车船税的纳税人

E. 某事业单位在境内购买使用车船,是车船税的纳税人

【参考答案】ACE

【答案解析】《中华人民共和国车船税法》第一条规定,在中华人民共和国境内属于本法所附《车船税税目税额表》规定的车辆、船舶的所有人或者管理人,为车船税的纳税人,应当依照本法缴纳车船税。

18. 根据《中华人民共和国车船税法》及其实施条例,下列表述正确的有(　　)。

A. 车船税的纳税地点为车船的登记地

B. 车船税以车船的所有人或者管理人为纳税人

C. 车船税按年申报,分月计算,一次性缴纳

D. 经批准临时入境的外国车船属于法定免税车船

E. 依法不需要办理登记的车船,车船税的纳税地点为车船的所有人或者管理人所在地

【参考答案】BCE

【答案解析】根据《中华人民共和国车船税法》第七条,车船税的纳税地点为车船的登记地或者车船税扣缴义务人所在地。根据《中华人民共和国车船税法实施条例》第二十四条,临时入境的外国车船和香港特别行政区、澳门特别行政区、台湾地区的车船,不征收车船税。

19. 关于车船税的纳税义务发生时间,下列说法正确的是(　　)。

A. 纳税义务发生时间为购买车船发票记载日期的当月

B. 纳税义务发生时间为购买车船发票记载日期的次月

C. 进口机动车以《海关关税专用缴款书》记载日期的当月

D. 进口机动车以《海关关税专用缴款书》记载日期的次月

E. 对于在国内购买的机动车，购买日期以《机动车销售统一发票》所载日期为准

【参考答案】ACE

【答案解析】根据《中华人民共和国车船税法实施条例》第二十一条，《中华人民共和国车船税法》第八条所称取得车船所有权或者管理权的当月，应当以购买车船的发票或者其他证明文件所载日期的当月为准。

20. 下列各项，按净吨位作为车船税计税依据的有(　　)。

A. 机动船舶　　　B. 载货汽车　　　C. 挂车　　　D. 拖船

E. 摩托车

【参考答案】AD

【答案解析】载货汽车和挂车以整备质量为计税依据，摩托车以辆为计税依据。

21. 下列关于车船税的说法，正确的有(　　)。

A. 游艇的计税依据是艇身长度

B. 车船管理部门是机动车车船税的扣缴义务人

C. 插电式混合动力汽车免征车船税

D. 依法应当在车船管理部门登记的机动车辆和船舶属于车船税的征收范围

E. 购置的新车船，购置当年的应纳税额自纳税义务发生的当月起按月计算

【参考答案】ACDE

【答案解析】根据《中华人民共和国车船税法》第六条，从事机动车第三者责任强制保险业务的保险机构为机动车车船税的扣缴义务人。

22. 下列属于车船税的纳税义务发生时间的有(　　)。

A. 车船提货的当月

B. 车船实际发生营运业务的当月

C. 取得车船所有权或管理权的当月

D. 车船购置发票所载开具时间的当月

E. 车船管理部门核发的车船行驶证书记载日期的次月

【参考答案】CD

【答案解析】根据《中华人民共和国车船税法实施条例》第二十一条，《中华人民

共和国车船税法》第八条所称取得车船所有权或者管理权的当月,应当以购买车船的发票或者其他证明文件所载日期的当月为准。

23. 下列各项,属于车船税减免范围的有(　　)。

A. 警用车船　　　　B. 节能汽车　　　　C. 军队专用车船　　　　D. 新能源汽车

E. 捕捞、养殖渔船

【参考答案】BD

【答案解析】根据《中华人民共和国车船税法实施条例》第十条,节约能源、使用新能源的车船可以免征或者减半征收车船税。免征或者减半征收车船税的车船的范围,由国务院财政、税务主管部门商国务院有关部门制订,报国务院批准。

24. 下列关于车船税减免税优惠政策的表述,正确的有(　　)。

A. 插电式混合动力汽车按照同类车辆适用税额减半征税

B. 经批准临时入境的外国车船,不征收车船税

C. 对节约能源的车船减半征收车船税,对使用新能源的车船免征车船税

D. 燃料电池商用车免征车船税

E. 悬挂应急救援专用号牌的国家综合性消防救援车辆和国家综合性消防救援专用船舶免征车船税

【参考答案】BCDE

【答案解析】插电式混合动力汽车免征车船税。政策依据:《财政部 税务总局 工业和信息化部 交通运输部关于节能 新能源车船享受车船税优惠政策的通知》(财税〔2018〕74号)。

25. 车船税可以适用的申报征收方式有(　　)。

A. 自行申报　　　　B. 代收代缴　　　　C. 代扣代缴　　　　D. 分期定额征收

E. 委托代征

【参考答案】ABE

【答案解析】根据《中华人民共和国车船税法实施条例》第十五条,扣缴义务人已代收代缴车船税的,纳税人不再向车辆登记地的主管税务机关申报缴纳车船税。没有扣缴义务人的,纳税人应当向主管税务机关自行申报缴纳车船税。《船舶车船税委托代征管理办法》第二条规定:本办法所称船舶车船税委托代征,是指税务机关根据有利于税收管理和方便纳税的原则,委托交通运输部门海事管理机构代为征收船舶车船税税款的行为。

26. 下列属于免税车船的有(　　)。

A. 游艇　　　　B. 挂车　　　　C. 警用车船　　　　D. 摩托车

E. 捕捞、养殖船舶

【参考答案】CE

【答案解析】根据《中华人民共和国车船税法》第三条，捕捞、养殖船舶和警用车船都属于免税车船。

27. 下列车船，属于车船税征税范围的有(　　)。

A. 乘用车　　　　B. 自行车　　　　C. 挂车　　　　D. 纯电动乘用车

E. 低速载货汽车

【参考答案】ACE

【答案解析】纯电动乘用车不属于车船税征税范围，对其不征车船税。政策依据：《财政部 税务总局 工业和信息化部 交通运输部关于节能、新能源车船享受车船税优惠政策的通知》（财税〔2018〕74号）。

28. 免征车船税的新能源汽车是指(　　)。

A. 燃料电池乘用车　　　　　　　　B. 插电式混合动力汽车

C. 纯电动商用车　　　　　　　　　D. 燃料电池商用车

E. 增程式混合动力汽车

【参考答案】BCDE

【答案解析】免征车船税的新能源汽车是指纯电动商用车、插电式（含增程式）混合动力汽车、燃料电池商用车。纯电动乘用车和燃料电池乘用车不属于车船税征税范围，对其不征车船税（财税〔2018〕74号）。

29. 下列关于游艇的车船税适用税额，说法正确的是(　　)。

A. 艇身长度超过10米的，每米900元

B. 艇身长度不超过10米的，每米600元

C. 艇身长度超过20米的，每米1 300元

D. 艇身长度超过30米的，每米2 000元

E. 辅助动力帆艇，每米600元

【参考答案】BDE

【答案解析】《中华人民共和国车船税法实施条例》关于游艇的具体适用税额为：①艇身长度不超过10米的，每米600元；②艇身长度超过10米但不超过18米的，每米

900元;③艇身长度超过18米但不超过30米的,每米1 300元;④艇身长度超过30米的,每米2 000元;⑤辅助动力帆艇,每米600元。

30. 下列关于车船税应税车辆的年基准税额的说法,正确的有(　　)。

A. 挂车按照货车税额的50%计征车船税

B. 半挂牵引车按照货车税额的50%计征车船税

C. 拖船按照机动船舶税额的50%计征车船税

D. 拖船按照非机动驳船税额的50%计征车船税

E. 非机动驳船按照机动船舶税额的50%计征车船税

【参考答案】ACE

【答案解析】半挂牵引车按照货车税额计征车船税;挂车按照货车税额的50%计征车船税;拖船和非机动驳船分别按照机动船舶税额的50%计征车船税。

题型三　判断题

1. 依法不需要在车船管理部门登记、在单位内部场所行驶或者作业的机动车辆和船舶不需要征收车船税。（　　）

【参考答案】×

【答案解析】依法不需要在车船管理部门登记、在单位内部场所行驶或者作业的机动车辆和船舶应当征收车船税。

2. 拖船按照发动机功率每千瓦折合净吨位0.67吨计算征收车船税。（　　）

【参考答案】√

3. 依法不需要办理登记的车船和依法应当登记而未办理登记或者不能提供车船登记证书、行驶证的车船，以车船出厂合格证明或者进口凭证标注的技术参数、数据为准；不能提供车船出厂合格证明或者进口凭证的，由主管税务机关参照国家相关标准核定，没有国家相关标准的参照同类车船核定。（　　）

【参考答案】√

4. 客货两用车依照货车的计税单位和年基准税额计征车船税。（　　）

【参考答案】√

5. 已经缴纳车船税的车船，因质量原因，车船被退回生产企业或者经销商的，纳税人可以向纳税所在地的主管税务机关申请退还整年的税款。（　　）

【参考答案】×

【答案解析】已经缴纳车船税的车船，因质量原因，车船被退回生产企业或者经销商的，纳税人可以向纳税所在地的主管税务机关申请退还自退货月份起至该纳税年度终了期间的税款。

6. 境内单位和个人租入外国籍船舶以及境内单位和个人将船舶出租到境外的，不征收车船税。（　　）

【参考答案】×

【答案解析】境内单位和个人租入外国籍船舶的，不征收车船税。境内单位和个人将船舶出租到境外的，应依法征收车船税。

7. 机场、港口内部行驶或作业的车船，自《中华人民共和国车船税法》实施之日起3年内免征车船税。（　　）

【参考答案】 ×

【答案解析】 机场、港口内部行驶或作业的车船，自《中华人民共和国车船税法》实施之日起5年内免征车船税。

8. 从事机动车第三者责任强制保险业务的保险机构为机动车车船税的扣缴义务人，应当在收取保险费时依法代收车船税，并出具代收税款凭证。（   ）

【参考答案】 √

9. 车船税按年申报，分月计算，分月缴纳。（   ）

【参考答案】 ×

【答案解析】 车船税按年申报，分月计算，一次性缴纳。

10. 车船税纳税义务发生时间为取得车船所有权或者管理权的次月，即为购买车船的发票或者其他证明文件所载日期的次月。（   ）

【参考答案】 ×

【答案解析】 纳税义务发生时间：取得车船所有权或者管理权的当月，即为购买车船的发票或者其他证明文件所载日期的当月。

11. 对市内公共汽车、出租汽车可暂免征收车船税。（   ）

【参考答案】 ×

【答案解析】 出租车不能免征车船税。

12. 车船税的征税范围仅指车船管理部门登记的机动车辆和船舶。（   ）

【参考答案】 ×

【答案解析】 车船税的征税范围包括：①依法应当在车船登记管理部门登记的机动车辆和船舶；②依法不需要在车船登记管理部门登记的在单位内部场所行驶或者作业的机动车辆和船舶。

13. 非机动驳船无须缴纳车船税。（   ）

【参考答案】 ×

【答案解析】 根据《车船税税目税额表》，非机动驳船按照机动船舶税额的50%计算。

14. 车辆整备质量不超过0.5吨的不需要计算车船税。（   ）

【参考答案】 ×

【答案解析】《中华人民共和国车船税法》取消了原暂行条例规定的车辆自重尾数按四舍五入计算。货车等车辆整备质量以车辆行驶证等证书所载数额为准。

15. 扣缴义务人已代收代缴车船税的，纳税人不再向车辆登记地的主管税务机关申报缴纳车船税。（　　）

【参考答案】√

【答案解析】根据《中华人民共和国车船税法实施条例》第十五条，扣缴义务人已代收代缴车船税的，纳税人不再向车辆登记地的主管税务机关申报缴纳车船税。没有扣缴义务人的，纳税人应当向主管税务机关自行申报缴纳车船税。

16. 在一个纳税年度内，已完税的车船被盗抢不能申请退税。（　　）

【参考答案】×

【答案解析】根据《中华人民共和国车船税法实施条例》第十九条，在一个纳税年度内，已完税的车船被盗抢、报废、灭失的，纳税人可以凭有关管理机关出具的证明和完税凭证，向纳税所在地的主管税务机关申请退还自被盗抢、报废、灭失月份起至该纳税年度终了期间的税款。

17. 从事机动车第三方强制责任险的保险机构为机动车车船税的扣缴义务人。（　　）

【参考答案】√

【答案解析】根据《中华人民共和国车船税法》第六条，从事机动车第三者责任强制保险业务的保险机构为机动车车船税的扣缴义务人。

18. 纳税人没有按规定期限缴纳车船税的，保险机构在代收代缴税款的同时，还应代收代缴欠缴税款的滞纳金。（　　）

【参考答案】√

【答案解析】根据《中华人民共和国车船税法实施条例》第十四条，纳税人没有按照规定期限缴纳车船税的，扣缴义务人在代收代缴税款时，可以一并代收代缴欠缴税款的滞纳金。

19. 捕捞、养殖渔船需要缴纳车船税。（　　）

【参考答案】×

【答案解析】根据《中华人民共和国车船税法》第三条，捕捞、养殖船舶属于免税车船。

20. 由国家财政部门拨付事业经费的单位自用的车辆免征车船税。（　　）

【参考答案】×

【答案解析】国家财政部门拨付事业经费的单位自用的车辆不属于免税车船的范围。

21. 已缴纳车船税的车船在同一纳税年度内办理转让过户的，不另纳税，也不退税。（   ）

【参考答案】√

【答案解析】根据《中华人民共和国车船税法实施条例》第二十条，已缴纳车船税的车船在同一纳税年度内办理转让过户的，不另纳税，也不退税。

22. 车船税按年申报，分月计算，一次性缴纳。（   ）

【参考答案】√

【答案解析】根据《中华人民共和国车船税法实施条例》第二十三条，车船税按年申报，分月计算，一次性缴纳。

23. 车船税的纳税人是车船的所有人和使用人。（   ）

【参考答案】×

【答案解析】《车船税税目税额表》规定的车船的所有人或者管理人，为车船税的纳税人。

24. 保险公司自 2015 年起不再对挂车代收代缴车船税。（   ）

【参考答案】×

【答案解析】根据《机动车交通事故责任强制保险条例》，自 2013 年 3 月 1 日起对"挂车不投保机动车交通事故责任强制保险"。根据车船税法及相关规定，从事机动车交通事故责任强制保险业务的保险公司不再承担对挂车应缴车船税进行代收代缴的义务。

25. 所有渔船均免征车船税。（   ）

【参考答案】×

【答案解析】根据《中华人民共和国车船税法》第三条，捕捞、养殖渔船免征车船税。

26. 对节约能源、使用新能源的车船免征车船税。（   ）

【参考答案】×

【答案解析】对节能汽车，减半征收车船税；对新能源车船，免征车船税（财税〔2018〕74 号）。

27. 县级人民政府根据当地实际情况，可以对农村居民拥有并主要在农村地区使用的摩托车、三轮汽车和低速载货汽车定期减征或者免征车船税。（   ）

【参考答案】×

【答案解析】根据《中华人民共和国车船税法》第五条，省、自治区、直辖市人民政府根据当地实际情况，可以对公共交通车船，农村居民拥有并主要在农村地区使用的摩托车、三轮汽车和低速载货汽车定期减征或者免征车船税。

28. 已办理退税的被盗抢车船失而复得的，纳税人应当从公安机关出具相关证明的次月起计算缴纳车船税。（ ）

【参考答案】×

【答案解析】根据《中华人民共和国车船税法》第十九条，已办理退税的被盗抢车船失而复得的，纳税人应当从公安机关出具相关证明的当月起计算缴纳车船税。

29. 临时入境的我国台湾地区的车船，不征收车船税。（ ）

【参考答案】√

【答案解析】根据《中华人民共和国车船税法实施条例》第二十四条，临时入境的外国车船和香港特别行政区、澳门特别行政区、台湾地区的车船，不征收车船税。

30. 乘用车的核定载客人数包括驾驶员在内不超过7人。（ ）

【参考答案】×

【答案解析】根据《中华人民共和国车船税法实施条例》第二十四条，乘用车，是指在设计和技术特性上主要用于载运乘客及随身行李，核定载客人数包括驾驶员在内不超过9人的汽车。

31. 三轮汽车，是指最高设计车速不超过每小时50公里，具有三个车轮的货车。（ ）

【参考答案】√

【答案解析】根据《中华人民共和国车船税法实施条例》第二十六条，三轮汽车，是指最高设计车速不超过每小时50公里，具有三个车轮的货车。

32. 车船税的纳税义务发生时间是取得车船所有权或者管理权的当月。（ ）

【参考答案】√

【答案解析】根据《中华人民共和国车船税法》第八条，车船税纳税义务发生时间为取得车船所有权或者管理权的当月。

33. 免征车船税的新能源汽车包括纯电动乘用车和燃料电池乘用车。（ ）

【参考答案】×

【答案解析】免征车船税的新能源汽车是指纯电动商用车、插电式（含增程式）混合动力汽车、燃料电池商用车。纯电动乘用车和燃料电池乘用车不属于车船税征税范围，对其不征车船税（财税〔2018〕74号）。

34. 有权确定本辖区内车辆具体适用税额的部门是省级人民政府。（　　）

【参考答案】√

【答案解析】根据《中华人民共和国车船税法》第二条，车辆的具体适用税额由省、自治区、直辖市人民政府依照本法所附《车船税税目税额表》规定的税额幅度和国务院的规定确定。

35. 客货两用车依照货车的计税单位和年基准税额计征车船税。（　　）

【参考答案】√

【答案解析】根据《国家税务总局关于车船税征管若干问题的公告》（国家税务总局公告2013年第42号）第二条，客货两用车依照货车的计税单位和年基准税额计征车船税。

36. 按《中华人民共和国车船税法》规定，拖船不征车船税。（　　）

【参考答案】×

【答案解析】拖船依照机动船舶税额的50%计算。

37. 拖拉机不征车船税。（　　）

【参考答案】√

【答案解析】拖拉机不属于车船税征收范围。

38. 非机动船舶按照机动船舶的计税单位和税额计征车船税。（　　）

【参考答案】×

【答案解析】非机动船舶依照机动船舶税额的50%计算。

39. 对公安现役部队、武警、森林、水电部队换发地方机动车牌证的车船，免征车船税。（　　）

【参考答案】×

【答案解析】对公安现役部队、武警、森林、水电部队换发地方机动车牌证的车船，免征换发当年车船税。

40. 在一个纳税年度内，已完税的车船被盗抢的，可以申请退还自被盗抢月份起至该纳税年度终了期间的税款。（　　）

【参考答案】√

【答案解析】根据《中华人民共和国车船税法实施条例》第十九条，在一个纳税年度内，已完税的车船被盗抢、报废、灭失的，纳税人可以凭有关管理机关出具的证明和完税凭证，向纳税所在地的主管税务机关申请退还自被盗抢、报废、灭失月份起至该纳税年度终了期间的税款。

41. 在单位内部场所行驶或者作业的机动车辆不需缴纳车船税。　　　　　（　）

【参考答案】×

【答案解析】车船税的征税范围是在车船管理部门登记的车船以及依法不需要在车船管理部门登记、在单位内部场所行驶或者作业的机动车辆和船舶。

42. 车船的管理人也可以是车船税的纳税人。　　　　　　　　　　　　　（　）

【参考答案】√

【答案解析】根据《中华人民共和国车船税法》第一条，在中华人民共和国境内属于本法所附《车船税税目税额表》规定的车辆、船舶的所有人或者管理人，为车船税的纳税人，应当依照本法缴纳车船税。

43. 应税船舶可以由当地海事管理机构代征。　　　　　　　　　　　　　（　）

【参考答案】√

【答案解析】在交通运输部直属海事管理机构登记的应税船舶，其车船税由船籍港所在地的税务机关委托当地海事管理机构代征。

44. 车船税申报征收方式包括自行申报、代收代缴、委托代征。　　　　　（　）

【参考答案】√

【答案解析】根据《中华人民共和国车船税法实施条例》第十五条，扣缴义务人已代收代缴车船税的，纳税人不再向车辆登记地的主管税务机关申报缴纳车船税。没有扣缴义务人的，纳税人应当向主管税务机关自行申报缴纳车船税。《船舶车船税委托代征管理办法》第二条规定：本办法所称船舶车船税委托代征，是指税务机关根据有利于税收管理和方便纳税的原则，委托交通运输部门海事管理机构代为征收船舶车船税税款的行为。

模块十二 车辆购置税政策与管理

题型一 单项选择题

1. 下列关于车辆购置税的说法,错误的是( )。

A. 车辆购置税实行比例税率

B. 外国公民在中国境内购置车辆免税

C. 车辆购置税属于直接税范畴

D. 受赠使用的新车需要缴纳车辆购置税

【参考答案】B

【答案解析】车辆购置税的纳税人是指在中华人民共和国境内购置应税车辆的单位和个人。除另有规定外,外国公民在中国境内购置车辆没有免税的规定。

2. 王某 2020 年 8 月从某汽车 4S 店购买一辆小汽车自用,支付含增值税的车价款 24 万元,另支付车辆改装费 2 万元,车辆装饰费 1 万元,保险公司委托 4S 店代收的保险费 0.6 万元(保险公司开票)。4S 店赠送张某 0.5 万元的加油卡一张。张某应缴纳车辆购置税( )。

A. 2.05 万元   B. 2.22 万元   C. 2.26 万元   D. 2.39 万元

【参考答案】D

【答案解析】应纳车辆购置税 = (24 + 2 + 1) ÷ (1 + 13%) × 10% = 2.39(万元)。

3. 甲 4S 店 2020 年 10 月进口 9 辆商务车,海关核定的关税计税价格为 40 万元/辆,当月销售 6 辆,2 辆作为样车放置在展厅待售,1 辆公司自用。该 4S 店应纳车辆购置税( )。(商务车关税税率为 15%,消费税税率 12%)

A. 5.48 万元   B. 5.60 万元   C. 5.68 万元   D. 5.23 万元

【参考答案】D

【答案解析】甲 4S 店只就自用车辆缴纳车辆购置税。该 4S 店应纳车辆购置税 =

40×（1＋15%）÷（1－12%）×10%＝5.23（万元）。

4. 2020 年 10 月李海从某房产公司举办的有奖购房活动中中奖获得一辆小汽车，该公司提供的机动车销售发票上注明价税合计金额为 80 000 元（增值税税率为 13%）。国家税务总局核定该型车辆的车辆购置税最低计税价格为 73 000 元。李海应纳车辆购置税(　　)。

　　A. 3 650 元　　　　　　B. 5 475 元　　　　　　C. 7 079.65 元　　　　　　D. 7 300 元

【参考答案】C

【答案解析】李海应纳车辆购置税＝80 000÷（1＋13%）×10%＝7 079.65（元）。

5. 根据车辆购置税法，下列车辆需要缴纳车辆购置税的是(　　)。

　　A. 防汛部专用指挥车　　　　　　B. 外国驻华使馆自用车辆

　　C. 部队特种车改装成后勤车　　　D. 森林防火专用指挥车

【参考答案】C

【答案解析】部队特种车改装成后勤车需要缴纳车辆购置税。

6. 某市经批准从事城市公交经营的甲公交公司 2020 年 9 月对新设的公交线路购置了 10 辆公交巴士和 10 辆无轨电车，其中 10 辆公交巴士的含增值税购置价格合计 116 万元，10 辆无轨电车含增值税购置价格合计 105.3 万元；当月该公交公司为管理部门购入办公用小轿车 2 辆，含增值税购置价格合计 48.72 万元，支付车辆保险费 1 万元并取得保险公司开具的票据。则甲公交公司上述业务应纳的车辆购置税为(　　)。

　　A. 4.2 万元　　　　　　B. 14.2 万元　　　　　　C. 4.31 万元　　　　　　D. 0 万元

【参考答案】C

【答案解析】根据《中华人民共和国车辆购置税法》，对城市公交企业购置的公共汽电车辆免征车辆购置税。但公交公司非客运经营车辆不属于免税范围。保险费是由保险公司开具的发票，不属于车辆购置税的计税依据。甲公交公司应纳的车辆购置税＝48.72÷（1＋13%）×10%＝4.31（万元）。

7. 中国公民甲先生 2019 年 8 月支付含税金额 29.25 万元购入一辆新型小轿车，交纳了车辆购置税，2020 年 9 月因该车有严重质量问题申请进行退货并得到厂家的退款，则甲先生可申请退还车辆购置税(　　)。

　　A. 2.27 万元　　　　　　B. 2.33 万元　　　　　　C. 2.07 万元　　　　　　D. 2.59 万元

【参考答案】B

【答案解析】纳税人将已征车辆购置税的车辆退回车辆生产企业或者销售企业的，可以向主管税务机关申请退还车辆购置税。退税额以已缴税款为基准，自缴纳税款之日至申请退税之日，每满一年扣减百分之十。应退税额 = 29.25 ÷（1 + 13%）× 10% ×（1 - 10%）= 2.33（万元）。

8. 下列行为，属于车辆购置税征税范围的是(　　)。

　　A. 外商投资企业购买一辆小轿车自用

　　B. 车辆经销商待出售的小汽车

　　C. 企业购进用于奖励职工的小汽车

　　D. 外贸企业进口的一辆用于销售的小汽车

【参考答案】A

【答案解析】车辆购置税的征税范围是指在境内购置应税车辆并自用的行为，购置的应税车辆不是用于自己使用的，不属于车辆购置税的征税范围。

9. 2020年10月，李某从某汽车4S店（一般纳税人）购入一辆排气量为2.0升的轿车自用，支付含税价款468 000元，另支付零配件价款4 000元、车辆装饰费750元；4S店代收临时牌照费150元，代收保险费3 000元。4S店对代收临时牌照费和代收保险费均提供委托方票据，其他价款统一由4S店开具增值税普通发票。李某应缴纳车辆购置税(　　)。（车辆购置税税率为10%）

　　A. 41 025.86元　　　B. 41 836.28元　　　C. 40 767.24元　　　D. 40 754.31元

【参考答案】B

【答案解析】李某应缴纳车辆购置税 =（468 000 + 4 000 + 750）÷（1 + 13%）× 10% = 41 836.28（元）。纳税人购买自用的应税车辆，其计税价格由纳税人支付给销售者的全部价款（不包括增值税税款）和价外费用组成。

10. 某汽车贸易公司2020年8月进口11辆小轿车，海关审定的关税完税价格为25万元/辆，当月销售8辆，取得含税销售收入240万元；2辆公司自用；1辆用于抵偿债务，合同约定的含税价格为30万元。该公司应纳车辆购置税(　　)。（小轿车关税税率为15%，消费税税率为9%）

　　A. 6.32万元　　　　B. 5.00万元　　　　C. 7.50万元　　　　D. 10.55万元

【参考答案】A

【答案解析】虽然贸易公司进口小轿车11辆，但是只对其自用的2辆计征车辆购置税。抵债的小轿车由取得小轿车使用的一方纳税，汽车贸易公司不纳税；已售的小轿车由购买使用方纳税。因此，该汽车贸易公司应缴纳车辆购置税 = 2 ×（25 + 25 × 15%）÷

（1－9%）×10% =6.32（万元）。

11. 某单位于2018年2月购买了一辆设有固定装置的非运输专用作业车辆，该车规定使用年限为10年，初次办理纳税申报时的计税价格为180 000元。2020年2月，该单位拆除固定装置将该车辆改为运输用途，并于2月10日办理了相关手续。该单位应纳车辆购置税(　　)。

A. 12 000元　　　　B. 14 400元　　　　C. 18 000元　　　　D. 18 864元

【参考答案】B

【答案解析】设有固定装置的非运输专用作业车辆免征车辆购置税，拆除固定装置并改为运输用途，免税条件消失，则应按初次办理纳税申报时计税价格的一定比例确定计税价格征税。该单位应纳车辆购置税 = 180 000 ×（1 - 2 × 10%）× 10% = 14 400（元）。

12. 纳税人购买自用的应税车辆，缴纳车辆购置税的期限是购买之日起(　　)。

A. 10日内　　　　B. 15日内　　　　C. 30日内　　　　D. 60日内

【参考答案】D

【答案解析】纳税人购买自用的应税车辆，自购买之日起60日内申报纳税。

13. 关于车辆购置税，下列说法正确的是(　　)。

A. 购置已税二手车需要缴纳车辆购置税

B. 已缴纳车辆购置税的车辆，发生车辆退回生产企业的，可全额申请退税

C. 纳税人进口应税车辆，以组成计税价格为计税依据计算纳税

D. 纳税人购买应税车辆，自购买之日起10日内申报纳税

【参考答案】C

【答案解析】选项A：购置已征车辆购置税的车辆，不再征收车辆购置税。选项B：车辆退回生产企业或者经销商的，纳税人申请退税时，主管税务机关自纳税人办理纳税申报之日起，按已缴纳税款每满1年扣减10%计算退税额；未满1年的，按已缴纳税款全额退税。选项D：纳税人购买自用的应税车辆，自购买之日起60日内申报纳税。

14. 某外交官购置一辆市场价格为30万元的小汽车自用，购置时因符合免税条件而未缴纳车辆购置税。购置使用4年后，将其以13万元的价格转让给张某。张某不享受免税政策。若该车辆初次办理纳税申报时确定的计税价格为25万元，则张某就该车应缴纳的车辆购置税为(　　)。

A. 1.5万元　　　　B. 1.8万元　　　　C. 1.6万元　　　　D. 2.5万元

【参考答案】A

【答案解析】应纳税额 = 25 × (1 − 4 ÷ 10) × 100% × 10% = 1.5（万元）。

15. 甲企业发生的下列行为，需要计算缴纳车辆购置税的是( )。

A. 销售自产的小汽车

B. 将自产的小汽车赠送给王某

C. 从拍卖会上通过拍卖取得一辆小汽车自用

D. 进口小汽车用于对外销售

【参考答案】C

【答案解析】车辆购置税的征税范围是指在中华人民共和国境内购置应税车辆并自用的行为。具体来讲这种应税行为包括：购买自用行为、进口自用行为、受赠使用行为、自产自用行为、获奖自用行为和其他自用行为。选项A、B、D都不是自用的，所以不需要计算缴纳车辆购置税。

题型二 多项选择题

1. 下列行为，属于车辆购置税应税行为的有（　　）。

   A. 销售应税车辆的行为 B. 购买自用应税车辆的行为

   C. 进口自用应税车辆的行为 D. 自产自用应税车辆的行为

   E. 获奖自用应税车辆的行为

   【参考答案】BCDE

   【答案解析】选项 A：销售应税车辆的行为不属于车辆购置税应税行为。

2. 根据《中华人民共和国车辆购置税暂行法》，下列车辆应计算缴纳车辆购置税的有（　　）。

   A. 大客车 B. 汽车挂车 C. 农用运输车 D. 残疾人摩托车

   E. 设有固定装置的非运输车辆

   【参考答案】ABCD

   【答案解析】设有固定装置的非运输车辆免征车辆购置税。

3. 根据车辆购置税法，下列车辆属于车辆购置税征税范围的有（　　）。

   A. 排气量 200 毫升的摩托车 B. 有轨电车

   C. 汽车挂车 D. 越野汽车

   E. 电动自行车

   【参考答案】ABCD

   【答案解析】根据《中华人民共和国车辆购置税暂行法》，车辆购置税的征税范围包括汽车、有轨电车、汽车挂车、排气量超过 150 毫升的摩托车。

4. 下列项目，属于车辆购置税计税价格组成部分的有（　　）。

   A. 销售方代收的保险费 B. 增值税

   C. 不含增值税的价款 D. 随车辆价款支付的车辆改装费

   E. 车船税

   【参考答案】CD

   【答案解析】纳税人购买自用的应税车辆，计税价格为纳税人购买应税车辆而支付给销售者的全部价款和价外费用，不包含增值税税款，也不含代收转付的相关费用。进口自用应税车辆计税依据的确定为组成计税价格，组成计税价格＝关税完税价格＋关税+消费税,或:组成计税价格=(关税完税价格+关税)÷(1-消费税税率)。

5. 根据现行政策,下列车辆中可以享受车辆购置税减免税政策的有( )。

A. 林业部门购买的森林消防专用车

B. 农民购买的农用三轮运输车

C. 回国服务的留学人员用现汇购买 1 辆自用进口小汽车

D. 个人购置的属于《免征车辆购置税的新能源汽车车型目录》中的新能源汽车

E. 国际驻华机构自用车辆

【参考答案】ABDE

【答案解析】选项 C:回国服务的留学人员用现汇购买 1 辆自用国产小汽车,免征车辆购置税,而购买进口小汽车则不免税。

6. 纳税人已缴纳车辆购置税,在办理车辆登记注册手续前,可以申请退还车辆购置税的有( )。

A. 被盗的车辆

B. 因自然灾害被毁的车辆

C. 因设计制造缺陷召回修理的车辆

D. 因质量原因退回的车辆

E. 符合免税条件的设有固定装置的非运输车辆但已征税的车辆

【参考答案】DE

【答案解析】选项 A、B、C 均在办理车辆登记注册手续前不可以申请退还车辆购置税。

7. 下列各项,属于车辆购置税应税行为的有( )。

A. 获奖使用应税车辆   B. 进口使用应税车辆

C. 经销商经销应税车辆   D. 债务人以应税车辆抵债

E. 销售货车

【参考答案】AB

【答案解析】选项 C、D、E 均不属于车辆购置税应税行为。

8. 根据现行政策规定,下列情形中应缴纳车辆购置税的有( )。

A. 中国公民进口旧车自用   B. 汽车贸易公司进口汽车销售

C. 汽车制造厂将自产汽车转为自用   D. 购买库存超过 3 年的车辆

E. 中国香港公民在香港购置的汽车在深圳使用

【参考答案】ACDE

【答案解析】选项B：不属于自用行为，不征收车辆购置税。选项A和D：应缴纳车辆购置税，计税价格为纳税人提供的有效价格证明注明的价格，纳税人无法提供车辆有效价格证明的，主管税务机关有权核定应税车辆的计税价格。

9. 下列说法，符合车辆购置税计税依据相关规定的有(　　)。

A. 进口自用的应税小汽车的计税价格包括关税完税价格和关税，不包括消费税

B. 纳税人自产、受赠、获奖或者以其他方式取得并自用的应税车辆的计税价格按照购置应税车辆时相关凭证载明的价格确定，不包括增值税税款

C. 免税条件消失的车辆，使用未满一年的，视同使用一年

D. 纳税人购买自用应税车辆，申报的计税价格低于最低计税价格，一律按最低计税价格计税

E. 销售方代办保险向购买方收取的保险费，以及向购买方收取的代缴的车辆购置税、车辆牌照费不并入计税价格

【参考答案】BE

【答案解析】选项A：进口自用的应税小汽车的计税价格包括关税完税价格、关税和消费税。选项C：免税条件消失的车辆，计税价格以免税车辆初次办理纳税申报时确定的计税价格为基准，每满1年扣减10%；未满1年的，计税价格为免税车辆的原计税价格；使用年限10年（含）以上的，计税价格为0。选项D：纳税人购买自用或进口自用应税车辆，申报的计税价格低于同类型应税车辆的最低计税价格，又无正当理由的，计税价格为国家税务总局核定的最低计税价格。

10. 下列车辆，凡纳税人能够出具有效价格证明，以纳税人提供的有效价格证明注明的价格作为计税依据的有(　　)。

A. 免税条件消失的车辆　　B. 行驶8万公里以上的试验车辆

C. 库存超过2年的车辆　　D. 因不可抗力因素导致受损的车辆

E. 进口旧车

【参考答案】BDE

【答案解析】进口旧车、因不可抗力因素导致受损的车辆、库存超过3年的车辆、行驶8万公里以上的试验车辆、国家税务总局规定的其他车辆，凡纳税人能提供有效证明的，计税依据为纳税人提供的有效价格证明注明的计税价格。

11. 某企业2020年3月进口载货汽车1辆；4月在国内市场购置载货汽车2辆，支

付全部价款和价外费用为 75 万元（不含增值税），另支付车辆购置税 7.5 万元，车辆牌照费 0.1 万元，代办保险费 2 万元；5 月受赠小汽车 1 辆。上述车辆全部为企业自用。下列关于该企业计缴车辆购置税依据的表述，正确的有（　　）。

A. 国内购置载货汽车的计税依据为 84.5 万元

B. 进口载货汽车的计税依据为关税完税价格加关税

C. 受赠小汽车的计税依据为同类小汽车的市场价格加增值税

D. 国内购置载货汽车的计税依据为 75 万元

E. 企业受赠使用的小汽车无须缴纳车辆购置税

【参考答案】BD

【答案解析】车辆购置税计税依据不包括代收的保险费、车辆牌照费和车辆购置税，所以计税依据是 75 万元；受赠小汽车需缴纳车辆购置税，计税依据按照购置应税车辆时相关凭证载明的价格确定，不包括增值税税款。

12. 根据车辆购置税法的相关规定，下列车辆免征车辆购置税的有（　　）。

A. 长期来华定居专家进口 1 辆自用小汽车

B. 城市公交企业购置的公共汽电车辆

C. 回国服务的留学人员购入多辆国产小汽车用于出租

D. 国际组织驻华机构自用车辆

E. 森林消防专用车辆

【参考答案】ABDE

【答案解析】选项 C：回国服务的留学人员用现汇购买 1 辆自用国产小汽车免车购税。

13. 下列关于车辆购置税的说法，正确的有（　　）。

A. 外国公民在境内购置汽车，免征车辆购置税

B. 纳税人购买四轮农用运输车，免征车辆购置税

C. 对已使用未完税的车辆，应按规定计算缴纳车辆购置税

D. 参加比赛获奖所得的汽车，不需要缴纳车辆购置税

E. 符合免税条件的设有固定装置的非运输车辆但已征税的准予申请退税

【参考答案】CE

【答案解析】选项 A：外国公民（除外交人员）在境内购置汽车，没有免征车辆购置税的规定。选项 B：免征车辆购置税的农用运输车是三轮农用运输车。选项 D：以获

奖方式取得并自用的汽车需要缴纳车辆购置税。

14. 关于车辆购置税申报和缴纳的说法，正确的有( )。

A. 车辆购置税按年计征，首次缴纳由汽车销售公司代收代缴，之后由纳税人自行缴纳

B. 进口旧机动车自用应缴纳车辆购置税

C. 车辆购置税申报缴纳时可能需要提供车辆彩色照片

D. 符合车辆购置税条例规定免税的车辆，需要办理车辆购置税免税手续

E. 车辆购置税实行一车一申报缴纳制度

【参考答案】BCDE

【答案解析】选项A：车辆购置税一次性课征。

15. 下列关于车辆购置税税收优惠的表述，正确的有( )。

A. 设有固定装置的非运输专用作业车辆免征车辆购置税

B. 城市公交企业购置的公共汽电车辆免征车辆购置税

C. 悬挂应急救援专用号牌的国家综合性消防救援车辆减半征收车辆购置税

D. 回国服务的留学人员用现汇购买1辆自用国产小汽车免征车辆购置税

E. 长期来华定居专家进口1辆自用小汽车免征车辆购置税

【参考答案】ABDE

【答案解析】选项C：悬挂应急救援专用号牌的国家综合性消防救援车辆免征车辆购置税。

题型三 判断题

1. 车辆购置税的纳税义务人是指在中华人民共和国境内销售税法规定车辆的单位和个人。（　　）

【参考答案】×

【答案解析】《中华人民共和国车辆购置税法》规定：在中华人民共和国境内购置汽车、有轨电车、汽车挂车、排气量超过一百五十毫升的摩托车单位和个人，为车辆购置税的纳税人，应当依照本法规定缴纳车辆购置税。

2. 车辆购置税中车辆的购置包括购买、进口、自产、受赠、获奖或者以其他方式取得并自用应税车辆的行为。（　　）

【参考答案】√

【答案解析】根据《中华人民共和国车辆购置税法》，购置包括购买、进口、自产、受赠、获奖或者以其他方式取得并自用应税车辆的行为。

3. 车辆购置税实行一次性征收。购置已征车辆购置税的车辆，不再征收车辆购置税。（　　）

【参考答案】√

【答案解析】根据《中华人民共和国车辆购置税法》第三条，车辆购置税实行一次性征收。购置已征车辆购置税的车辆，不再征收车辆购置税。

4. 纳税人购买自用的应税车辆的计税价格，为纳税人购买应税车辆而支付给销售者的全部价款和价外费用，包括增值税税款。（　　）

【参考答案】×

【答案解析】纳税人购买自用的应税车辆的计税价格，为纳税人购买应税车辆而支付给销售者的全部价款和价外费用，但是不包括增值税税款。

5. 纳税人购买自用的应税车辆，自购买之日起45日内申报纳税。（　　）

【参考答案】×

【答案解析】根据《中华人民共和国车辆购置税法》第十二条，车辆购置税的纳税义务发生时间为纳税人购置应税车辆的当日。纳税人应当自纳税义务发生之日起六十日内申报缴纳车辆购置税。

6. 根据现行政策规定，纳税人应当在向公安机关交通管理部门办理车辆注册登记

前,缴纳车辆购置税。( )

【参考答案】√

【答案解析】根据《中华人民共和国车辆购置税法》第十三条,纳税人应当在向公安机关交通管理部门办理车辆注册登记前,缴纳车辆购置税。

公安机关交通管理部门办理车辆注册登记,应当根据税务机关提供的应税车辆完税或者免税电子信息对纳税人申请登记的车辆信息进行核对,核对无误后依法办理车辆注册登记。

7. 纳税人将已征车辆购置税的车辆退回车辆生产企业或者销售企业的,可以向主管税务机关申请退还车辆购置税。退税额以已缴税款为基准,自缴纳税款之日至申请退税之日,每满一年扣减百分之十五。( )

【参考答案】×

【答案解析】根据《中华人民共和国车辆购置税法》第十五条,纳税人将已征车辆购置税的车辆退回车辆生产企业或者销售企业的,可以向主管税务机关申请退还车辆购置税。退税额以已缴税款为基准,自缴纳税款之日至申请退税之日,每满一年扣减百分之十。

8. 原车辆所有人为车辆生产或者销售企业,未开具机动车销售统一发票给车辆购买自用人的,一律按照组成计税价格确定应税车辆的计税价格。( )

【参考答案】×

【答案解析】根据《国家税务总局关于车辆购置税征收管理有关事项的公告》(国家税务总局公告2019年第26号),《中华人民共和国车辆购置税法》第六条第四项所称的购置应税车辆时相关凭证,是指原车辆所有人购置或者以其他方式取得应税车辆时载明价格的凭证。无法提供相关凭证的,参照同类应税车辆市场平均交易价格确定其计税价格。

原车辆所有人为车辆生产或者销售企业,未开具机动车销售统一发票的,按照车辆生产或者销售同类应税车辆的销售价格确定应税车辆的计税价格。无同类应税车辆销售价格的,按照组成计税价格确定应税车辆的计税价格。

9. 不需要办理车辆登记的,单位纳税人向其机构所在地的主管税务机关申报纳税,个人纳税人向其户籍所在地或者经常居住地的主管税务机关申报纳税。( )

【参考答案】√

【答案解析】根据《国家税务总局关于车辆购置税征收管理有关事项的公告》(国

家税务总局公告 2019 年第 26 号），购置应税车辆的纳税人，应当到下列地点申报纳税：①需要办理车辆登记的，向车辆登记地的主管税务机关申报纳税。②不需要办理车辆登记的，单位纳税人向其机构所在地的主管税务机关申报纳税，个人纳税人向其户籍所在地或者经常居住地的主管税务机关申报纳税。

10. 进口自用应税车辆的为进口之日起 60 日内申报纳税，进口之日是指《海关进口增值税专用缴款书》或者其他有效凭证的开具日期。（　　）

【参考答案】√

【答案解析】根据《中华人民共和国车辆购置税法》第十二条，车辆购置税的纳税义务发生时间为纳税人购置应税车辆的当日。纳税人应当自纳税义务发生之日起六十日内申报缴纳车辆购置税。根据《国家税务总局关于车辆购置税征收管理有关事项的公告》（国家税务总局公告 2019 年第 26 号），《中华人民共和国车辆购置税法》第十二条所称纳税义务发生时间，按照下列情形确定：①购买自用应税车辆的为购买之日，即车辆相关价格凭证的开具日期。②进口自用应税车辆的为进口之日，即《海关进口增值税专用缴款书》或者其他有效凭证的开具日期。③自产、受赠、获奖或者以其他方式取得并自用应税车辆的为取得之日，即合同、法律文书或者其他有效凭证的生效或者开具日期。

题型四 实务题

甲机动车制造股份公司为增值税一般纳税人,2020年7月有关业务如下:

(1)内销自产货物包括:销售A型小轿车80辆(消费税税率为5%),不含税单价8万元/辆;销售客货两用车32辆,不含税单价3.4万元/辆;销售卫生通信车取得不含税销售额71.18万元。

(2)将10台A型小轿车奖励给对公司有突出贡献的人员,规定其自用,不得转让或出售;公司自用客货两用车3辆;捐赠给汽车拉力赛4辆特制越野车(消费税税率为20%),生产成本23.75万元/辆。

(3)进口5辆小汽车,完税价格共计为75万元(消费税税率为12%,关税税率为15%),缴纳进口环节税金后,海关放行;车辆运抵单位,该公司将其中2辆作为行政部办公用车,其余3辆配给公司的3名副总办公使用。

根据上述资料,回答下列问题:

1.(单项选择题)根据资料(1),该公司应缴纳的消费税为( )。
A. 16万元   B. 20万元
C. 25万元   D. 32万元

2.(单项选择题)根据资料(2),该公司应缴纳的车辆购置税为( )。
A. 5.01万元   B. 8.03万元
C. 9.02万元   D. 1.02万元

3.(单项选择题)资料(3)涉及的车辆购置税为( )。
A. 9.80万元   B. 5.25万元
C. 8.26万元   D. 7.35万元

4.(单项选择题)根据上述资料,该公司合计应缴纳车辆购置税( )。
A. 8.90万元   B. 5.25万元
C. 9.8万元   D. 10.82

【参考答案】1. D;2. D;3. A;4. D

【答案解析】

1. 客货两用车和卫生通信车均不属于消费税的征税范围,不征收消费税。根据资料(1),该公司应缴纳的消费税=80×8×5%=32(万元)。

2. 只有公司自用的3辆需要缴纳车辆购置税。应缴纳的车辆购置税=3×3.4×10%=1.02（万元）。

3. 3辆配给副总也是办公使用，车辆的所有权属于公司，公司要缴纳车辆购置税。应纳的车辆购置税=75×（1+15%）÷（1-12%）×10%=9.80（万元）。

4. 该机动车制造股份公司合计应纳的车辆购置税=1.02+9.80=10.82（万元）。

模块十三　契税政策与管理

题型一　单项选择题

1. 下列选项，属于契税纳税人的是（　　）。

   A. 出让土地使用权的国土资源管理局　　B. 销售别墅的有限公司

   C. 对外捐赠房屋的企业　　D. 以获奖方式取得房屋的老李

   【参考答案】D

   【答案解析】契税的纳税义务人是承受土地、房屋权属的单位和个人。

2. 根据契税的相关规定，下列各项应征收契税的是（　　）。

   A. 购买豪华别墅的老王

   B. 将自有房产作股投入本人独资经营企业

   C. 房屋产权相互交换，交换价值相等

   D. 承受荒山土地使用权用于林业生产

   【参考答案】A

   【答案解析】其他免征契税。

3. 单位和个人发生下列行为，应该缴纳契税的是（　　）。

   A. 转让土地使用权　　B. 转让不动产所有权

   C. 赠与不动产所有权　　D. 承受不动产所有权

   【参考答案】D

   【答案解析】契税是以所有权发生转移的不动产为征税对象，向产权承受人征收的一种财产税。

4. 契税实行幅度比例税率，税率幅度为（　　）。

   A. 1%至2%　　B. 2%至3%　　C. 3%至5%　　D. 4%至6%

   【参考答案】C

【答案解析】契税实行幅度比例税率，税率幅度为3%至5%。

5. 从2010年10月1日起，对个人购买90平方米及以下且属家庭唯一住房的普通住房，征收契税税率为(　　)。

A. 减按1%的税率
B. 减按1.5%的税率
C. 减按2%的税率
D. 减按3%的税率

【参考答案】A

【答案解析】从2010年10月1日起，对个人购买90平方米及以下且属家庭唯一住房的普通住房，减按1%税率征收契税。

6. 承受的房屋附属设施权属单独计价的，应计征契税的税率为(　　)。

A. 固定的3%的税率
B. 固定的5%的税率
C. 与房屋相同的契税税率
D. 当地确定的适用税率

【参考答案】D

【答案解析】承受的房屋附属设施权属单独计价的，按照当地确定的适用税率征收契税；与房屋统一计价的，适用与房屋相同的契税税率。

7. 有限责任公司变更为股份有限公司，原企业投资主体存续且在改制后的公司中持股比例超过一定比例，改制后的公司承受原企业土地、房屋权属免征契税，这一比例是(　　)。

A. 50%
B. 75%
C. 85%
D. 90%

【参考答案】B

【答案解析】有限责任公司变更为股份有限公司，原企业投资主体存续且在改制后的公司中持股比例超过75%，改制后的公司承受原企业土地、房屋权属免征契税。

8. 下列关于契税计税依据的说法，正确的是(　　)。

A. 以协议方式出让的，对于成交价格明显偏低的，应按照土地基准地价作为契税计税依据

B. 以竞价方式出让的，契税计税依据包括土地出让金、市政建设配套费及各种补偿费用

C. 已购公有住房经补缴费用后成为完全产权住房的，契税计税依据为补缴的土地出让金

D. 以划拨方式取得土地使用权，后改为出让方式的，契税计税依据为补缴的土地出让金

【参考答案】B

【答案解析】以协议方式出让的，对于成交价格明显偏低的，税务机关可以依次按照评估价格、土地基准地价确定；已购公有住房经补缴土地出让金和其他出让费用成为完全产权住房的，免征土地权属转让的契税。先以划拨方式取得土地使用权，后经批准改为出让方式取得土地使用权的，应依法缴纳契税，其计税依据为应补缴的土地出让金和其他出让费用。

9. 下列各项，计算契税不涉及成交价格的是(   )。

  A. 土地使用权赠与   B. 以协议方式出让土地使用权
  C. 房屋买卖   D. 以竞价方式出让土地使用权

【参考答案】A

【答案解析】土地使用权赠与，由税务机关参照土地使用权出售的市场价格核定计税依据。

10. 某公司2020年1月以1 500万元（不含增值税）购入一幢旧写字楼作为办公用房，该写字楼原值2 000万元，已计提折旧500万元。当地适用契税税率为3%，该公司购入写字楼应缴纳契税(   )。

  A. 60万元   B. 45万元   C. 30万元   D. 15万元

【参考答案】B

【答案解析】应缴纳的契税=1 500×3%=45（万元）。

11. 2020年5月，张某以500万元存款及价值800万元的房产投资设立个人独资企业。当地契税的税率为3%，则应缴纳的契税为(   )。

  A. 0万元   B. 15万元   C. 24万元   D. 39万元

【参考答案】A

【答案解析】以自有房产作股投入本人独资经营企业，免纳契税。

12. 2020年，李某朋友张某移居国外，将其境内价值80万元的房产赠送给李某，当地契税的税率为3%。李某应缴纳的契税为(   )。

  A. 0万元   B. 0.8万元   C. 1.2万元   D. 2.4万元

【参考答案】D

【答案解析】受赠房产，承受房产的李某为契税纳税人。应纳契税=80×3%=2.4（万元）。

13. 甲某是个人独资企业业主，2020年1月将价值60万元的自有房产投入本人独资企业作为经营场所，甲某以上交易应缴纳契税(   )。（契税税率为4%）

A. 0 万元　　　　　　B. 0.6 万元　　　　　　C. 1.2 万元　　　　　　D. 2.4 万元

【参考答案】A

【答案解析】以自有房产作股投入本人独资经营的企业，免纳契税。

14. 2020 年 3 月，甲某以 200 万元的价格购入一处房产；6 月将价值 200 万元的自有仓库与另一企业价值 160 万元的仓库互换，甲某收取差价 40 万元。以上交易甲某应缴纳契税(　　)。(契税税率为 4%)

A. 8 万元　　　　　　B. 8.4 万元　　　　　　C. 9.6 万元　　　　　　D. 16 万元

【参考答案】A

【答案解析】房屋交换，其价值不相等的，按超出部分由支付差价方缴纳契税。应缴纳契税 = 200 × 4% = 8（万元）。

15. 某人婚前购置了一套商品房，面积 100 平方米，价款 125 万元（不含税价款），结婚后房产证上添加配偶的名字，应缴纳的契税为(　　)。(当地规定契税税率 3%)

A. 0 万元　　　　　　B. 1 万元　　　　　　C. 1.5 万元　　　　　　D. 3 万元

【参考答案】A

【答案解析】夫妻关系存续期间，房屋、土地权属由单方所有，改为共同所有，免征契税。

16. 王某 2020 年第一次购买一套公有住房，支付价款 1 050 000 元，2020 年 10 月，经过补缴土地出让金和相关费用 88 000 元后，转为完全产权住房，孙某应该缴纳契税(　　)。(契税税率 3%)

A. 0 万元　　　　　　B. 1 740 元　　　　　　C. 6 900 元　　　　　　D. 12 174 元

【参考答案】A

【答案解析】已购公有住房经补缴土地出让金和其他出让费用成为完全产权住房的，免征土地权属转移的契税。

17. 某企业 2020 年 3 月 1 日以协议方式取得一块地的土地使用权，支付土地出让金 3 000 万元，拆迁补偿费 2 000 万元，5 月 20 日缴纳市政配套费 800 万元。当地契税税率为 3%。该企业应缴纳契税(　　)。

A. 60 万元　　　　　　B. 90 万元　　　　　　C. 150 万元　　　　　　D. 174 万元

【参考答案】D

【答案解析】应缴纳的契税 =（3 000 + 2 000 + 800）× 3% = 174（万元）。

18. 对个人购买家庭唯一住房（家庭成员包括购房人、配偶以及未成年子女），面积为 90 平方米及以下的，减按（　　）的税率征收契税；面积为 90 平方米以上的，减按（　　）的税率征收契税。

A. 1%；1%　　　　B. 1%；1.5%　　　　C. 1.5%；1.5%　　　　D. 1.5%；2%

【参考答案】B

【答案解析】根据《财政部 国家税务总局 住房城乡建设部关于调整房地产交易环节契税 营业税优惠政策的通知》（财税〔2016〕23号），对个人购买家庭唯一住房（家庭成员包括购房人、配偶以及未成年子女），面积为 90 平方米及以下的，减按 1%的税率征收契税；面积为 90 平方米以上的，减按 1.5%的税率征收契税。

19. 下列说法，符合契税纳税义务发生时间规定的是（　　）。

A. 纳税人接收土地、房屋的当天

B. 纳税人支付土地、房屋款项的当天

C. 纳税人办理土地、房屋权属证书的当天

D. 纳税人签订土地、房屋权属转移合同的当天

【参考答案】D

【答案解析】契税的纳税义务发生时间是纳税人签订土地、房屋权属转移合同的当天，或者纳税人取得其他具有土地、房屋权属转移合同性质凭证的当天。

20. 根据税法的相关规定，契税的纳税地点是（　　）。

A. 单位注册地的税务机关　　　　B. 企业登记地的税务机关

C. 纳税人居住地的税务机关　　　　D. 土地、房屋所在地的税务机关

【参考答案】D

【答案解析】契税在土地、房屋所在地的税务机关缴纳。

21. 下列行为，应计算缴纳契税的有（　　）。

A. 以相等价格交换房屋　　　　B. 以抵债方式取得土地使用权

C. 以划拨方式取得土地使用权　　　　D. 转移农村集体土地承包经营权

【参考答案】B

【答案解析】以抵债方式取得土地使用权视同土地使用权转让征收契税；等价交换房屋免征契税；以划拨方式取得土地使用权不缴纳契税，经批准转让时补缴土地出让的契税；转移农村集体土地承包经营权不属于土地使用权转让，不缴纳契税。

22. 土地使用权的转让不包括（　　）。

A. 城市土地使用权的赠与　　　　B. 农村集体土地承包经营权的转移

C. 甲乙两个企业交换经营场所　　　　D. 企业倒闭出售空地

【参考答案】B

【答案解析】农村集体土地承包经营权的转移不属于土地使用权的转让。

23. 根据契税法律制度的规定，下列各项中，不属于契税纳税人的是(　　)。

A. 购买房屋的个人　　　　　　　　　B. 受赠土地使用权的企业

C. 出售房屋的个人　　　　　　　　　D. 受让土地使用权的企业

【参考答案】C

【答案解析】政策依据：《中华人民共和国契税法》第一条。

24. 某学校将一栋闲置不用的房屋转让给临近的公司，房产价值400万元，土地使用权当年是以无偿划拨方式取得的。按规定该转让行为(　　)。

A. 学校补交土地使用权的契税，公司缴纳房屋买卖的契税

B. 应由学校在转让时补交契税

C. 应由学校和公司各负担一半契税

D. 应由受让公司缴纳契税，学校不缴纳契税

【参考答案】A

【答案解析】无偿划拨方式取得土地使用权又转让的，由转让者按补交的土地出让费或土地收益补缴契税；房屋买卖由买方缴纳契税。

25. 对国家以作价出资（入股）方式转移国有土地使用权的行为，应(　　)。

A. 按规定免征契税　　　　　　　　　B. 不属于契税征税范围

C. 由承受方缴纳契税　　　　　　　　D. 减半征收契税

【参考答案】C

【答案解析】对国家以作价出资（入股）方式转移国有土地使用权的行为，应视同土地使用权转让，由土地使用权的承受方按规定缴纳契税。

26. 下列各项，不属于契税征税范围的是(　　)。

A. 出让国有土地使用权　　　　　　　B. 房屋交换

C. 以自有房产抵债　　　　　　　　　D. 农村集体土地承包经营权的转移

【参考答案】D

【答案解析】政策依据：《中华人民共和国契税法》第二条。

27. 契税实行的是(　　)。

A. 幅度税率　　　　　　　　　　　　B. 定额税率

C. 超率累进税率　　　　　　　　　D. 超额累进税率

【参考答案】A

【答案解析】政策依据：《中华人民共和国契税法》第三条。

28. 《中华人民共和国契税法》所称土地、房屋权属是指(　　)。

A. 房屋所有权和土地使用权　　　　B. 土地使用权和房屋使用权

C. 房屋所有权和土地所有权　　　　D. 房屋使用权和土地所有权

【参考答案】A

【答案解析】政策依据：《中华人民共和国契税法》第二条。

29. 甲乙双方发生房屋交换行为，当交换价格相等时，契税(　　)。

A. 由甲方缴纳　　　　　　　　　　B. 由乙方缴纳

C. 甲乙双方都不缴纳　　　　　　　D. 由甲乙双方各缴一半

【参考答案】C

【答案解析】房屋等价交换免征契税。

30. 下列关于契税税收优惠的说法，不正确的是(　　)。

A. 纳税人承受荒山、荒沟土地使用权用于农业生产的，减半征收契税

B. 军事单位承受房屋用于军事设施的，免征契税

C. 城镇职工按规定第一次购买公有住房的，免征契税

D. 因不可抗力灭失住房而重新购买住房的，酌情准予减征或者免征契税

【参考答案】A

【答案解析】政策依据：《中华人民共和国契税法》第六条。

31. 对个人购买家庭第二套改善性住房，面积为90平方米及以下的，减按(　　)的税率征收契税；面积为90平方米以上的，减按(　　)的税率征收契税。

A. 1%；1%　　　　B. 1%；1.5%　　　　C. 1%；2%　　　　D. 1.5%；2%

【参考答案】C

【答案解析】根据《财政部 国家税务总局 住房城乡建设部关于调整房地产交易环节契税 营业税优惠政策的通知》(财税〔2016〕23号)，对个人购买家庭第二套改善性住房，面积为90平方米及以下的，减按1%的税率征收契税；面积为90平方米以上的，减按2%的税率征收契税。

32. 下列行为，不属于契税征收范围的是(　　)。

A. 土地承包经营权的转移　　　　　B. 房屋与土地交换

C. 房屋买卖 D. 房屋赠予

【参考答案】A

【答案解析】政策依据:《中华人民共和国契税法》第二条。

33. 下列各项,不符合契税纳税义务的发生时间的是( )。

A. 签订土地、房屋权属转移合同的当天

B. 纳税人取得土地、房屋权属转移性质凭证的当天

C. 因改变土地、房屋用途应当补交已经减征或免征契税的,为改变土地、房屋用途的当天

D. 支付价格的当天

【参考答案】D

【答案解析】政策依据:《中华人民共和国契税法》第九条。

34. 甲企业将国有土地使用权有偿转让给乙企业,以下说法正确的是( )。

A. 甲企业缴纳土地增值税和契税

B. 乙企业缴纳土地增值税和契税

C. 甲企业缴纳契税,乙企业缴纳土地增值税

D. 甲企业缴纳土地增值税,乙企业缴纳契税

【参考答案】D

【答案解析】政策依据:《中华人民共和国契税法》第二条。

35. 2020年,甲企业按照《中华人民共和国公司法》有关规定整体改制,原企业投资主体存续并在改制(变更)后的公司中所持股权(股份)比例超过( ),且改制(变更)后公司承继原企业权利、义务的,对改制(变更)后公司承受原企业土地、房屋权属,免征契税。

A. 50% B. 65% C. 75% D. 85%

【参考答案】C

【答案解析】根据《财政部 税务总局关于继续支持企业 事业单位改制重组有关契税政策的通知》(财税〔2018〕17号),企业按照《中华人民共和国公司法》有关规定整体改制,包括非公司制企业改制为有限责任公司或股份有限公司,有限责任公司变更为股份有限公司,股份有限公司变更为有限责任公司,原企业投资主体存续并在改制(变更)后的公司中所持股权(股份)比例超过75%,且改制(变更)后公司承继原企业权利、义务的,对改制(变更)后公司承受原企业土地、房屋权属,免征契税。

题型二　多项选择题

1. 下列关于契税的表述，正确的有（　　）。

   A. 契税实行幅度比例税率

   B. 契税的纳税人包括外商投资企业、外国企业以及外籍个人

   C. 契税属于财产税

   D. 对已缴纳契税的购房单位和个人，在办理房屋权属变更登记前退房的，退还已纳契税

   E. 债权人承受破产企业土地、房屋权属以抵偿债务的，减半征收契税

   【参考答案】ABCD

   【答案解析】债权人承受破产企业土地、房屋权属以抵偿债务的，免征契税。

2. 下列关于资产划转的契税的相关政策理解，正确的有（　　）。

   A. 对承受县级以上人民政府按规定进行行政性调整、划转国有土地、房屋权属的单位免征契税

   B. 对承受国有资产管理部门按规定进行行政性调整、划转国有土地、房屋权属的单位免征契税

   C. 母公司与其全资子公司之间土地、房屋权属的划转免征契税

   D. 同一公司所属全资子公司之间土地、房屋权属的划转免征契税

   E. 同一自然人与其设立的个人独资企业、一人有限公司之间土地、房屋权属的划转，应按规定征收契税

   【参考答案】ABCD

   【答案解析】同一投资主体内部所属企业之间土地、房屋权属的划转，包括母公司与其全资子公司之间，同一公司所属全资子公司之间，同一自然人与其设立的个人独资企业、一人有限公司之间土地、房屋权属的划转免征契税。

3. 下列说法，符合契税征收规定的有（　　）。

   A. 对公租房经营管理单位购买住房作为公租房，免征契税

   B. 土地使用者置换土地，只有取得了置换土地使用权属证书，才需缴纳契税

   C. 已购公有住房经补缴土地出让金和其他出让费用成为完全产权住房的，免征土地权属转移的契税

D. 土地或房屋被县级以上人民政府征用、占用后，重新承受土地、房屋权属的，应由县级人民政府确定是否减免契税

E. 职工首次购买由各类公有制单位购买并按国家房改政策出售的普通商品住房，经当地县以上人民政府房改部门批准，免征契税

【参考答案】ACE

【答案解析】选项B：土地使用者转让、抵押或置换土地，无论是否取得了该土地的使用权属证书，只要土地使用者享有占有、使用、收益或处分该土地的权利，且有合同等证据表明其实质转让、抵押或置换了土地并取得了相应的经济利益，土地使用者及其对方当事人就应依法缴纳契税。选项D：土地或房屋被县级以上人民政府征用、占用后，重新承受土地、房屋权属的，应由省级人民政府确定是否减免契税。

4. 下列行为，应照章征收契税的有（　　）。

A. 以抵债方式取得房屋产权
B. 为拆房取料而购买房屋
C. 以房产作价投资到非本人经营的企业
D. 子女继承父母的房产
E. 以获奖方式取得房屋产权

【参考答案】ABCE

【答案解析】选项D：法定继承人继承房屋权属，免征契税。

5. 根据契税相关法律法规的规定，下列各项中免征契税的有（　　）。

A. 婚姻关系存续期间夫妻之间变更土地、房屋权属
B. 对金融租赁公司开展售后回租业务，承受承租人房屋、土地权属的
C. 公租房经营管理单位购买住房作为公租房
D. 向农村居民供水的饮水工程运营管理单位为建设饮水工程而承受土地使用权
E. 为社区提供养老服务的机构承受房屋

【参考答案】ACDE

【答案解析】选项B：对金融租赁公司开展售后回租业务，承受承租人房屋、土地权属的，照章征税，对售后回租合同期满，承租人回购原房屋、土地权属的，免征契税。

6. 企业或事业单位改制重组的过程中，涉及的原企业土地、房屋权属免征契税的有（　　）。

A. 企业依法实施破产，债权人承受破产企业抵偿债务的土地、房屋权属
B. 同一投资主体内部所属企业之间土地、房屋权属的划转，包括母公司与其全资子

公司之间土地、房屋权属划转

C. 公司依法分立成两个或两个以上与原公司投资主体相同的公司，分立后公司承受原公司土地、房屋权属

D. 经国务院批准实施债权转股权的企业，对债权转股权后新设立的公司承受原企业的土地、房屋权属

E. 企业依法实施破产，非债权人承受破产企业土地、房屋权属与原企业超过30%的职工签订服务合同不少于3年的

【参考答案】ABCD

【答案解析】企业依照有关法律法规规定实施破产，债权人（包括破产企业职工）承受破产企业抵偿债务的土地、房屋权属，免征契税；对非债权人承受破产企业土地、房屋权属，凡按照《中华人民共和国劳动法》等国家有关法律法规政策妥善安置原企业全部职工，与原企业全部职工签订服务年限不少于3年的劳动用工合同的，对其承受所购企业土地、房屋权属，免征契税；与原企业超过30%的职工签订服务年限不少于3年的劳动用工合同的，减半征收契税。

7. 先以划拨方式取得土地使用权的，后经批准改为出让方式取得该土地使用权的，其契税的计税依据为(　　)。

A. 土地的评估价格　　　　　　B. 补缴的其他出让费用

C. 补缴的土地出让金　　　　　D. 土地的重置成本

E. 土地基准地价

【参考答案】BC

【答案解析】补缴契税的计税依据是补缴的土地出让金和其他出让费用。

8. 下列关于契税的征收管理政策的表述，正确的有(　　)。

A. 纳税人应当自纳税义务发生之日起15日内，向机构所在地的税务机关办理纳税申报

B. 契税纳税义务发生时间是签订土地房屋权属转移合同的当天或取得其他具有权属转移合同性质凭证的当天

C. 契税在土地、房屋所在地的税务机关缴纳

D. 纳税事宜办理后，税务机关应向纳税人开具契税完税凭证

E. 纳税人办理房屋权属变更登记手续，必须向房产管理部门提供契税完税凭证和其他规定文件材料

【参考答案】BCDE

【答案解析】根据《中华人民共和国契税法》，纳税人应当在依法办理土地、房屋权属登记手续前申报缴纳契税。

9. 下列关于契税征收管理的说法，不正确的有(　　)。

A. 纳税人不能取得销售不动产发票的，可持人民法院的裁决书原件及相关资料办理契税纳税申报

B. 纳税人因房地产开发企业被税务机关列为非正常户，不能取得销售不动产发票的，无法办理契税纳税申报

C. 纳税人应当自纳税义务发生之日起15日内，向税务机关办理申报

D. 纳税义务发生时间是纳税人签订土地、房屋权属转移合同的当天

E. 契税应向土地、房屋的承受人居住地或单位注册所在地缴纳

【参考答案】BCE

【答案解析】选项B：纳税人因房地产开发企业被税务机关列为非正常户，不能取得销售不动产发票的，税务机关在核实有关情况后应予受理。选项C：纳税人应当在依法办理土地、房屋权属登记手续前申报缴纳契税。选项E：契税应向土地、房屋所在地的税务机关缴纳。

10. 下列各项，免征契税的有(　　)。

A. 售后回租合同期满，承租人回购原房屋、土地权属的

B. 金融租赁公司开展售后回租业务，承受承租人房屋、土地权属的

C. 个体工商户的经营者将其个人名下的房屋、土地权属转移至个体工商户名下的

D. 公司依照法律规定、合同约定分立为两个或两个以上与原公司投资主体相同的公司，对分立后公司承受的原公司土地、房屋权属的

E. 法定继承人通过继承承受土地、房屋权属

【参考答案】ACDE

【答案解析】《财政部 国家税务总局关于企业以售后回租方式进行融资等有关契税政策的通知》(财税〔2012〕82号)规定：对金融租赁公司开展售后回租业务，承受承租人房屋、土地权属的，照章征税；对售后回租合同期满，承租人回购原房屋、土地权属的，免征契税。同时参照《财政部 税务总局关于继续支持企业 事业单位改制重组有关契税政策的通知》(财税〔2018〕17号)的有关规定。

11. 关于事业单位按照国家有关规定改制为企业，相关契税政策不正确的有(　　)。

A. 原投资主体存续并在改制后企业中出资（股权、股份）比例超过50%的，对改制后企业承受原事业单位土地、房屋权属，免征契税

B. 改制后的企业以出让或国家作价出资（入股）方式取得原国有划拨土地使用权的，免征契税

C. 投资主体存续，是指原事业单位的出资人必须存在于改制重组后的企业，出资人的出资比例不可以发生变动

D. 投资主体存续，是指原事业单位的出资人必须存在于改制重组后的企业，出资人的出资比例可以发生变动

E. 原投资主体存续并在改制后企业中出资（股权．股份）比例超过70%的，对改制后企业承受原事业单位土地、房屋权属，免征契税

【参考答案】BCE

【答案解析】政策依据：《财政部 税务总局关于继续支持企业 事业单位改制重组有关契税政策的通知》（财税〔2018〕17号）。

12. 下列情形，免征契税的有（　　）。

A. 非法定继承人继承房屋、土地权属

B. 承受荒山、荒地、荒滩土地使用权用于农、林、牧、渔业生产

C. 婚姻关系存续期间，房屋、土地权属原归夫妻一方所有，变更为夫妻双方共有的

D. 已购公有住房经补缴土地出让金和其他出让费用成为完全产权住房的

E. 国家机关、事业单位、社会团体、军事单位承受土地、房屋用于办公、教学、医疗、科研和军事设施的，免征契税

【参考答案】BCDE

【答案解析】政策依据：《中华人民共和国契税法》第六条，《财政部 国家税务总局关于夫妻之间房屋土地权属变更有关契税政策的通知》（财税〔2014〕4号），《财政部 国家税务总局关于国有土地使用权出让等有关契税问题的通知》（财税〔2004〕134号）。

13. 根据契税的有关规定，下列说法正确的有（　　）。

A. 以预付集资建房款方式承受土地、房屋权属的，属于契税征税范围

B. 对已缴纳契税的购房单位和个人，在未办理房屋权属变更登记前退房的，不退还已纳契税

C. 对已缴纳契税的购房单位和个人，在办理房屋权属变更登记后退房的，退还已纳契税

D. 对承受国有土地使用权所应支付的土地出让金，要计征契税

E. 承受国有土地使用权，不得因减免土地出让金而减免契税

【参考答案】ADE

【答案解析】政策依据：《财政部 国家税务总局关于购房人办理退房有关契税问题的通知》（财税〔2011〕32号），《国家税务总局关于免征土地出让金出让国有土地使用权征收契税的批复》（国税函〔2005〕436号）。

14. 下列情形，由征收机关参照市场价格核定契税计税依据的有（　　）。

A. 房屋赠与

B. 成交价格明显低于市场价格且无正当理由的房屋交换

C. 以竞价方式出让国有土地使用权的

D. 以协议方式出让国有土地使用权的

E. 土地使用权赠与

【参考答案】AE

【答案解析】政策依据：《中华人民共和国契税法》第四条。

15. 根据契税法律制度的的规定，下列各项，以成交价格作为契税计税依据的有（　　）。

A. 房屋买卖 B. 土地使用权交换

C. 房屋赠与 D. 房屋投资入股

E. 土地使用权转让

【参考答案】AE

【答案解析】政策依据：《中华人民共和国契税法》第四条。

16. 契税的征收对象应具备的基本条件是（　　）。

A. 必须支付现金

B. 权属客体必须发生转移

C. 转移的客体是土地使用权和房屋所有权

D. 农村集体土地承包经营权的转让是契税的征收对象

E. 发生经济利益关系

【参考答案】BCE

【答案解析】政策依据：《中华人民共和国契税法》。

17. 根据《中华人民共和国契税暂行条例》的规定，下列各项，属于契税征税对象

的有( )。

A. 国有土地使用权出让　　　　　　　B. 房屋买卖

C. 农村集体土地承包经营权转移　　　D. 房屋赠与

E. 房屋交换

【参考答案】ABDE

【答案解析】政策依据:《中华人民共和国契税法》第二条。

18. 契税的纳税人包括( )。

A. 土地使用权的转让方　　　　　　　B. 以房产投资的投资方

C. 房产抵债的债权方　　　　　　　　D. 房产赠与的受赠方

E. 土地使用权的受让方

【参考答案】CDE

【答案解析】政策依据:《中华人民共和国契税法》第一条。

19. 下列关于契税征收管理的说法,正确的有( )。

A. 契税应向土地、房屋的承受人居住地或单位注册所在地缴纳

B. 纳税人不能取得销售不动产发票的,可持人民法院的裁决书原件及相关资料办理契税纳税申报

C. 纳税人应当在依法办理土地、房屋权属登记手续前申报缴纳契税

D. 纳税义务发生时间是纳税人签订土地、房屋权属转移合同的当天

E. 契税征收机关为土地、房屋所在地的税务机关

【参考答案】BCDE

【答案解析】政策依据:《中华人民共和国契税法》。

20. 下列对契税纳税义务发生时间表述,正确的有( )。

A. 取得房地产权属转移合同性质凭证的当天

B. 支付价款的当天

C. 办理房地产产权证书的当天

D. 缴纳房地产预付款的当天

E. 签订房地产权属转移合同的当天

【参考答案】AE

【答案解析】政策依据:《中华人民共和国契税法》第九条。

21. 下列属于契税的纳税人的是( )。

A. 购买职工福利房的事业单位　　B. 销售房地产的房地产开发公司

C. 购买二手房的个体经营者　　D. 购买居住用房的外籍个人

E. 二手房中介机构

【参考答案】ACD

【答案解析】根据《中华人民共和国契税法》，在中华人民共和国境内转移土地、房屋权属，承受的单位和个人为契税的纳税人。契税的纳税人包括企事业单位、国家机关、军事单位、城镇和乡村居民个人、私营组织和个体工商户、华侨及港澳台同胞、外商投资企业和外国企业以及外国人等。契税的纳税人是房地产的承受方。

22. 下列关于购房单位和个人办理退房有关契税问题表述，正确的是(　　)。

A. 对已缴纳契税的购房单位和个人，在未办理房屋权属变更登记前退房的，退还已纳契税

B. 对已缴纳契税的购房单位和个人，在未办理房屋权属变更登记前退房的，不予退还已纳契税

C. 对已缴纳契税的购房单位和个人，在办理房屋权属变更登记后退房的，按比例退还已纳契税

D. 对已缴纳契税的购房单位和个人，在办理房屋权属变更登记后退房的，退还已纳契税

E. 对已缴纳契税的购房单位和个人，在办理房屋权属变更登记后退房的，不予退还已纳契税

【参考答案】AE

【答案解析】根据《财政部 国家税务总局关于购房人办理退房有关契税问题的通知》（财税〔2011〕32号），对已缴纳契税的购房单位和个人，在未办理房屋权属变更登记前退房的，退还已纳契税；在办理房屋权属变更登记后退房的，不予退还已纳契税。

23. 下列关于资产划转契税问题表述，正确的是(　　)。

A. 以出让方式或国家作价出资（入股）方式承受原改制重组企业、事业单位划拨用地的，免征契税

B. 同一投资主体内部所属企业之间土地、房屋权属的划转，包括母公司与其全资子公司之间，同一公司所属全资子公司之间土地、房屋权属的划转，免征契税

C. 同一自然人与其设立的个人独资企业、一人有限公司之间土地、房屋权属的划转，免征契税

D. 母公司以土地、房屋权属向其全资子公司增资，视同划转，免征契税

E. 对承受县级以上人民政府或国有资产管理部门按规定进行行政性调整、划转国有土地、房屋权属的单位，免征契税

【参考答案】BCDE

【答案解析】政策依据：《财政部 税务总局关于继续支持企业 事业单位改制重组有关契税政策的通知》（财税〔2018〕17号）。

24. 自2016年2月22日起，对个人购买家庭唯一住房适用契税税率问题表述正确的有（　　）。

A. 面积为90平方米及以下的，减按1.5%的税率征收契税

B. 面积为90平方米及以下的，减按1%的税率征收契税

C. 面积为90平方米以上的，减按1%的税率征收契税

D. 面积为90平方米以上的，减按1.5%的税率征收契税

E. 面积为90平方米以上的，减按2%的税率征收契税

【参考答案】BD

【答案解析】根据《财政部 国家税务总局 住房城乡建设部关于调整房地产交易环节契税 营业税优惠政策的通知》（财税〔2016〕23号），对个人购买家庭唯一住房（家庭成员包括购房人、配偶以及未成年子女），面积为90平方米及以下的，减按1%的税率征收契税；面积为90平方米以上的，减按1.5%的税率征收契税。

25. 自2016年2月22日起，对个人购买家庭第二套改善性住房适用契税税率问题表述正确的有（　　）。

A. 面积为90平方米及以下的，减按1%的税率征收契税

B. 面积为90平方米及以下的，减按1.5%的税率征收契税

C. 面积为90平方米以上的，按3%的税率征收契税

D. 面积为90平方米以上的，减按2.5%的税率征收契税

E. 面积为90平方米以上的，减按2%的税率征收契税

【参考答案】AE

【答案解析】根据《财政部 国家税务总局 住房城乡建设部关于调整房地产交易环节契税 营业税优惠政策的通知》（财税〔2016〕23号），对个人购买家庭第二套改善性住房，面积为90平方米及以下的，减按1%的税率征收契税；面积为90平方米以上的，减按2%的税率征收契税。

题型三 判断题

1. 契税以发生转移的不动产,即土地和房屋为征税对象,具有财产转移课税性质。土地、房屋产权未发生转移的,不征契税。（　　）

【参考答案】√

2. 自有房产作股投入本人独资经营企业,应缴纳契税。（　　）

【参考答案】×

【答案解析】自有房产作股投入本人独资经营企业,免纳契税。

3. 买房拆料或翻建新房,免征契税。（　　）

【参考答案】×

【答案解析】买房拆料或翻建新房,应照章征收契税。

4. 契税实行幅度比例税率,税率幅度为2%～5%。（　　）

【参考答案】×

【答案解析】契税实行幅度比例税率,税率幅度为3%～5%。

5. 对个人购买家庭唯一住房（家庭成员包括购房人、配偶以及未成年子女）,面积为90平方米及以下的,减按1.5%的税率征收契税；面积为90平方米以上的,减按2%的税率征收契税。（　　）

【参考答案】×

【答案解析】对个人购买家庭唯一住房（家庭成员包括购房人、配偶以及未成年子女）,面积为90平方米及以下的,减按1%的税率征收契税；面积为90平方米以上的,减按1.5%的税率征收契税。

6. 对个人购买家庭第二套改善性住房,面积为90平方米及以下的,减按1%的税率征收契税；面积为90平方米以上的,减按2%的税率征收契税。（　　）

【参考答案】√

7. 已缴纳契税的购房者,无论是权属变更前还是变更后退房的,均可以退税。（　　）

【参考答案】×

【答案解析】已缴纳契税的购房者,权属变更前退房的,退税；权属变更后退房的,不退税。

8. 法定继承人（包括配偶、子女、父母、兄弟姐妹、祖父母、外祖父母）继承土地、房屋权属，不征契税。非法定继承人根据遗嘱承受死者生前的土地、房屋权属，属于赠与行为，应征收契税。（ ）

【参考答案】√

9. 契税纳税义务发生时间为纳税人签订土地、房屋权属转移合同的当天，或者纳税人取得其他具有土地、房屋权属转移合同性质凭证的当天。（ ）

【参考答案】√

10. 自纳税义务发生之日起 15 日内，向土地、房屋所在地的税务机关办理纳税申报，并在契税征收机关核定的期限内缴纳税款。（ ）

【参考答案】×

【答案解析】纳税期限：纳税人应当在依法办理土地、房屋权属登记手续前申报缴纳契税。

11. 承受转移土地、房屋权属的单位和个人为契税的纳税人，但不包括外商投资企业、外籍人员。（ ）

【参考答案】×

【答案解析】政策依据：《中华人民共和国契税法》第一条。

12. 出让国有土地使用权的，其契税计税价格为承受人为取得该土地使用权而支付的全部经济利益。（ ）

【参考答案】√

【答案解析】政策依据：《财政部 国家税务总局关于国有土地使用权出让等有关契税问题的通知》（财税〔2004〕134 号）。

13. 土地使用权赠与、房屋赠与契税的计税依据，由征收机关参照土地使用权出售、房屋买卖的市场价格核定。（ ）

【参考答案】√

【答案解析】政策依据：《中华人民共和国契税法》第四条。

14.《中华人民共和国契税暂行条例》所称土地使用权转让，包括农村集体土地承包经营权的转移。（ ）

【参考答案】×

【答案解析】政策依据：《中华人民共和国契税法》第二条。

15. 企业改制重组过程中，同一投资主体内部所属企业之间土地、房屋权属的无偿

划转，照章征收契税。 （ ）

【参考答案】×

【答案解析】政策依据：《财政部 税务总局关于继续支持企业、事业单位改制重组有关契税政策的通知》（财税〔2018〕17号）有关规定。

16. 大型国有企业2018年承受国有土地使用权，国家给予其照顾，减按应支付土地出让金的70%缴纳出让金，该企业实际支付140万元，当地规定的契税税率为5%，该企业应缴纳的契税为7万元。 （ ）

【参考答案】×

【答案解析】政策依据：《国家税务总局关于免征土地出让金出让国有土地使用权征收契税的批复》（国税函〔2005〕436号）有关规定。

17. 纳税人承受荒山、荒沟、荒丘、荒滩土地使用权，用于农、林、牧、渔业生产的，免征契税。 （ ）

【参考答案】√

【答案解析】政策依据：《中华人民共和国契税法》第六条。

18. 土地使用权交换、房屋交换所纳契税的计税依据为所交换土地使用权、房屋的价格总额。 （ ）

【参考答案】×

【答案解析】政策依据：《中华人民共和国契税法》第四条。

19. 获奖方式得到的房屋权属不用缴纳契税。 （ ）

【参考答案】×

【答案解析】政策依据：《中华人民共和国契税法》第八条。

20. 军事单位承受房屋、土地权属用于军事设施的，免征契税。 （ ）

【参考答案】√

【答案解析】政策依据：《中华人民共和国契税法》第六条。

21. 金融租赁公司开展售后回租业务，对售后回租合同期满，承租人回购原房屋、土地权属的，应按照规定缴纳契税。 （ ）

【参考答案】×

【答案解析】根据《财政部 国家税务总局关于企业以售后回租方式进行融资等有关契税政策的通知》（财税〔2012〕82号），对金融租赁公司开展售后回租业务，承受承租人房屋、土地权属的，照章征税。对售后回租合同期满，承租人回购原房屋、土地权属的,免征契税。

22. 对已缴纳契税的购房单位和个人,在未办理房屋权属变更登记前退房的,退还已纳契税。   (   )

【参考答案】√

【答案解析】根据《财政部 国家税务总局关于购房人办理退房有关契税问题的通知》(财税〔2011〕32号),对已缴纳契税的购房单位和个人,在未办理房屋权属变更登记前退房的,退还已纳契税;在办理房屋权属变更登记后退房的,不予退还已纳契税。

23. 因不可抗力灭失住房而重新购买住房的,酌情准予减征或者免征契税。 (   )

【参考答案】√

【答案解析】政策依据:《中华人民共和国契税法》第六条。

24. 对已缴纳契税的购房单位和个人,在办理房屋权属变更登记后退房的,不予退还已纳契税。   (   )

【参考答案】√

【答案解析】根据《财政部 国家税务总局关于购房人办理退房有关契税问题的通知》(财税〔2011〕32号),对已缴纳契税的购房单位和个人,在未办理房屋权属变更登记前退房的,退还已纳契税;在办理房屋权属变更登记后退房的,不予退还已纳契税。

25. 非法定继承人根据遗嘱承受死者生前的房屋权属的,应征契税。   (   )

【参考答案】√

【答案解析】根据《国家税务总局关于继承土地、房屋权属有关契税问题的批复》(国税函〔2004〕1036号),非法定继承人根据遗嘱承受死者生前的土地、房屋权属,属于赠与行为,应征收契税。

26. 法定继承人继承土地、房屋权属,不征契税。   (   )

【参考答案】√

【答案解析】根据《国家税务总局关于继承土地、房屋权属有关契税问题的批复》(国税函〔2004〕1036号),对于《中华人民共和国继承法》规定的法定继承人(包括配偶、子女、父母、兄弟姐妹、祖父母、外祖父母)继承土地、房屋权属,不征契税。

27. 自2016年2月22日起,对个人购买普通住房且该住房属于家庭唯一住房的免征契税。   (   )

【参考答案】×

【答案解析】根据《财政部 国家税务总局 住房城乡建设部关于调整房地产交易环节契税 营业税优惠政策的通知》（财税〔2016〕23号），对个人购买家庭唯一住房（家庭成员包括购房人、配偶以及未成年子女），面积为90平方米及以下的，减按1%的税率征收契税；面积为90平方米以上的，减按1.5%的税率征收契税。

28. 自2016年2月22日起，对个人购买家庭第二套改善性住房，面积为90平方米及以下的，减按1.5%的税率征收契税。（ ）

【参考答案】×

【答案解析】根据《财政部 国家税务总局 住房城乡建设部关于调整房地产交易环节契税 营业税优惠政策的通知》（财税〔2016〕23号），对个人购买家庭第二套改善性住房，面积为90平方米及以下的，减按1%的税率征收契税；面积为90平方米以上的，减按2%的税率征收契税。

29. 对个人购买经济适用住房，在法定税率基础上减半征收契税。（ ）

【参考答案】√

【答案解析】政策依据：《财政部 国家税务总局关于廉租住房经济适用住房和住房租赁有关税收政策的通知》（财税〔2008〕24号）。

30. 经国务院批准实施债权转股权的企业，对债权转股权后新设立的公司承受原企业的土地、房屋权属，免征契税。（ ）

【参考答案】√

【答案解析】政策依据：《财政部 税务总局关于继续支持企业、事业单位改制重组有关契税政策的通知》（财税〔2018〕17号）。

31. 两个或两个以上的公司，依照法律规定、合同约定，合并为一个公司，且原投资主体存续的，对合并后公司承受原合并各方土地、房屋权属，免征契税。（ ）

【参考答案】√

【答案解析】政策依据：《财政部 税务总局关于继续支持企业 事业单位改制重组有关契税政策的通知》（财税〔2018〕17号）。

32. 事业单位按照国家有关规定改制为企业，原投资主体存续并在改制后企业中出资（股权、股份）比例超过80%的，对改制后企业承受原事业单位土地、房屋权属，免征契税。（ ）

【参考答案】×

【答案解析】根据《财政部 税务总局关于继续支持企业 事业单位改制重组有关契税

政策的通知》（财税〔2018〕17号），事业单位按照国家有关规定改制为企业，原投资主体存续并在改制后企业中出资（股权、股份）比例超过50%的，对改制后企业承受原事业单位土地、房屋权属，免征契税。

33. 公司依照法律规定、合同约定分立为两个或两个以上与原公司投资主体不相同的公司，对分立后公司承受原公司土地、房屋权属，免征契税。　　　　　　　　（　　）

【参考答案】×

【答案解析】根据《财政部 税务总局关于继续支持企业 事业单位改制重组有关契税政策的通知》（财税〔2018〕17号），公司依照法律规定、合同约定分立为两个或两个以上与原公司投资主体相同的公司，对分立后公司承受原公司土地、房屋权属，免征契税。

34. 以出让方式或国家作价出资（入股）方式承受原改制重组企业、事业单位划拨用地的，对承受方应免征契税。　　　　　　　　　　　　　　　　　　（　　）

【参考答案】×

【答案解析】根据《财政部 税务总局关于继续支持企业 事业单位改制重组有关契税政策的通知》（财税〔2018〕17号），以出让方式或国家作价出资（入股）方式承受原改制重组企业、事业单位划拨用地的，不属规定的免税范围，对承受方应按规定征收契税。

35. 在股权（股份）转让中，单位、个人承受公司股权（股份），公司土地、房屋权属不发生转移，不征收契税。　　　　　　　　　　　　　　　　　　（　　）

【参考答案】√

【答案解析】政策依据：《财政部 税务总局关于继续支持企业 事业单位改制重组有关契税政策的通知》（财税〔2018〕17号）。

36. 企业按照《中华人民共和国公司法》有关规定整体改制，原企业投资主体存续并在改制后的公司中所持股权（股份）比例超过75%，且改制后公司承继原企业权利、义务的，对改制后公司承受原企业土地、房屋权属，免征契税。　　　　　（　　）

【参考答案】√

【答案解析】政策依据：《财政部 税务总局关于继续支持企业 事业单位改制重组有关契税政策的通知》（财税〔2018〕17号）。

37. 企业按照《中华人民共和国公司法》有关规定整体改制，原企业投资主体存续并在改制后的公司中所持股权（股份）比例超过50%，且改制后公司承继原企业权利、

义务的，对改制后公司承受原企业土地、房屋权属，免征契税。（　　）

【参考答案】×

【答案解析】根据《财政部 税务总局关于继续支持企业 事业单位改制重组有关契税政策的通知》（财税〔2018〕17号），企业按照《中华人民共和国公司法》有关规定整体改制，包括非公司制企业改制为有限责任公司或股份有限公司，有限责任公司变更为股份有限公司，股份有限公司变更为有限责任公司，原企业投资主体存续并在改制（变更）后的公司中所持股权（股份）比例超过75%，且改制（变更）后公司承继原企业权利、义务的，对改制（变更）后公司承受原企业的土地、房屋权属，免征契税。

38. 根据人民法院、仲裁委员会的生效法律文书发生土地、房屋权属转移，纳税人不能取得销售不动产发票的，持人民法院执行裁定书原件及相关材料办理契税纳税申报，税务机关可以不予受理。（　　）

【参考答案】×

【答案解析】根据《国家税务总局关于契税纳税申报有关问题的公告》（国家税务总局公告2015年第67号），根据人民法院、仲裁委员会的生效法律文书发生土地、房屋权属转移，纳税人不能取得销售不动产发票的，可持人民法院执行裁定书原件及相关材料办理契税纳税申报，税务机关应予受理。

39. 购买新建商品房的纳税人在办理契税纳税申报时，由于销售新建商品房的房地产开发企业已办理注销税务登记或者被税务机关列为非正常户等原因，致使纳税人不能取得销售不动产发票的，税务机关在核实有关情况后应予受理。（　　）

【参考答案】√

【答案解析】根据《国家税务总局关于契税纳税申报有关问题的公告》（国家税务总局公告2015年第67号），购买新建商品房的纳税人在办理契税纳税申报时，由于销售新建商品房的房地产开发企业已办理注销税务登记或者被税务机关列为非正常户等原因，致使纳税人不能取得销售不动产发票的，税务机关在核实有关情况后应予受理。

40. 夫妻在婚姻关系存续期间，房屋、土地权属原归夫妻一方所有，变更为夫妻双方共有的，免征契税。（　　）

【参考答案】√

【答案解析】根据《财政部 国家税务总局关于夫妻之间房屋土地权属变更有关契税政策的通知》（财税〔2014〕4号），在婚姻关系存续期间，房屋、土地权属原归夫妻一方所有，变更为夫妻双方共有或另一方所有的，或者房屋、土地权属原归夫妻双方共有，变更为其中一方所有的，或者房屋、土地权属原归夫妻双方共有，双方约定、变更共有份额的，免征契税。

41. 契税的适用税率，由省、自治区、直辖市人民政府在前款规定的幅度内按照本地区的实际情况确定，并报财政部和国家税务总局备案。（　　）

【参考答案】×

【答案解析】根据《中华人民共和国契税法》第三条，契税的具体适用税率，由各省、自治区、直辖区人民政府在前款规定的税率幅度内提出，报同级人民代表大会常务委员会决定，并报全国人民代表大会常务委员会和国务院备案。

模块十四 耕地占用税政策与管理

题型一 单项选择题

1. 根据税法的规定，下列选项中不属于耕地占用税特点的是(　　)。

A. 兼具资源税与特定行为税的性质　　B. 实行差别幅度税额

C. 采用地区差别税率　　D. 在占用耕地环节一次性课征

【参考答案】B

【答案解析】实行差别幅度税额是城镇土地使用税的特点。

2. 下列占用耕地，不属于减按每平方米2元的税额征收耕地占用税的是(　　)。

A. 铁路线路　　B. 公路线路　　C. 飞机场跑道　　D. 农田水利

【参考答案】D

【答案解析】铁路线路、公路线路、飞机场跑道、停机坪、港口、航道、水利工程占用耕地，减按每平方米2元的税额征收耕地占用税；农田水利占用耕地的，不征收耕地占用税。

3. 下列选项，免征耕地占用税的是(　　)。

A. 农村居民经批准搬迁，新建自用住宅占用耕地，免征耕地占用税

B. 医疗机构占用的耕地

C. 农村居民新建住宅占用耕地

D. 农田水利占用耕地

【参考答案】B

【答案解析】农村居民经批准搬迁，新建自用住宅占用耕地不超过原宅基地面积的部分，免征耕地占用税；农村居民占用耕地新建住宅，按照当地适用税额减半征收耕地占用税；农田水利占用耕地的，不征收耕地占用税。

4. 下列说法，不符合耕地占用税有关规定的是(　　)。

A. 占用渔业水域滩涂建造景观房应按规定缴纳耕地占用税

B. 农田水利用地包括农田排灌沟渠及相应附属设施用地

C. 符合条件的学校、幼儿园、社会福利机构、医疗机构占用耕地免征耕地占用税

D. 农村居民在规定用地标准以内占用耕地新建自用住宅，免征耕地占用税

【参考答案】D

【答案解析】农村居民在规定用地标准以内占用耕地新建自用住宅，按照当地适用税额减半征收耕地占用税。

5. 下列各项，属于耕地占用税的征税范围的是（　　）。

A. 占用耕地建鱼塘　　　　　　　B. 占用耕地开发茶园

C. 占用耕地开发经济林　　　　　D. 占用林地从事非农建设

【参考答案】D

【答案解析】占用园地、林地、草地、农田水利用地、养殖水面、渔业水域滩涂以及其他农用地建设建筑物、构筑物或者从事非农业建设的，依照规定缴纳耕地占用税。

6. 下列各项，不属于免征耕地占用税的是（　　）。

A. 军事设施占用耕地　　　　　　B. 医疗机构占用耕地

C. 社会福利机构占用的耕地　　　D. 学校附设的小卖部占用的耕地

【参考答案】D

【答案解析】学校附设的小卖部占用的耕地，按规定计算耕地占用税。

7. 下列关于耕地占用税的说法，正确的是（　　）。

A. 占用园地建设建筑物、构筑物或者从事非农业建设的，不属于耕地占用税的征税范围

B. 集体所有的耕地不属于耕地占用税的征税范围

C. 占用耕地建设农田水利设施的，属于耕地占用税的征税范围

D. 飞机场跑道占用耕地属于耕地占用税的征税范围

【参考答案】D

【答案解析】占用园地、林地、草地、农田水利用地、养殖水面、渔业水域滩涂以及其他农用地建设建筑物、构筑物或者从事非农业建设的，需要按照规定缴纳耕地占用税；耕地占用税的征税范围为国家所有和集体所有的耕地；占用耕地建设农田水利设施的，不缴纳耕地占用税。

8. 根据耕地占用税的相关规定，人均耕地低于0.5亩的地区，耕地占用税的适用税

额可以适当提高，但最多不得超过规定税额的(　　)。

A. 30%　　　　　B. 50%　　　　　C. 70%　　　　　D. 100%

【参考答案】B

【答案解析】在人均耕地低于 0.5 亩的地区，省、自治区、直辖市可以根据当地经济发展情况，适当提高耕地占用税的适用税额，但提高的部分不得超过规定确定的适用税额的 50%。

9. 某公司占用经济林地 10 万平方米用于建设铁路线路，该公司应缴纳耕地占用税(　　)。

A. 0 万元　　　　B. 10 万元　　　　C. 20 万元　　　　D. 40 万元

【参考答案】C

【答案解析】铁路线路、公路线路、飞机场跑道、停机坪、港口、航道、水利工程占用耕地，减按每平方米 2 元的税额征收耕地占用税。应缴纳耕地占用税 = 10 × 2 = 20（万元）。

10. 某企业占用林地 40 万平方米建造花园式厂房，所占耕地适用的定额税率为 30 元/平方米。该企业应缴纳耕地占用税(　　)。

A. 0 万元　　　　B. 600 万元　　　　C. 1 200 万元　　　　D. 2 400 万元

【参考答案】C

【答案解析】占用园地、林地、草地、农田水利用地、养殖水面、渔业水域滩涂以及其他农用地，从事非农业建设的，按规定征收耕地占用税。该企业建造花园式厂房占用林地属于从事非农业建设，应缴纳耕地占用税 = 40 × 30 = 1 200（万元）。

11. 某公司占用林地 3 万平方米用于办公楼的建设，所占耕地适用的税额为 15 元/平方米。该公司应缴纳耕地占用税(　　)。

A. 0 万元　　　　B. 22.5 万元　　　　C. 45 万元　　　　D. 90 万元

【参考答案】C

【答案解析】占用园地、林地、草地、农田水利用地、养殖水面、渔业水域滩涂以及其他农用地建设建筑物、构筑物或者从事非农业建设的，按规定征收耕地占用税。应缴纳耕地占用税 = 3 × 15 = 45（万元）。

12. 甲公司占用园地 40 万平方米建造生态高尔夫球场，同时占用林地 20 万平方米开发经济林木，所占耕地的耕地占用税适用的定额税率为 20 元/平方米。甲公司应缴纳的耕地占用税为(　　)。

A. 400 万元　　　　　B. 800 万元　　　　　C. 1 000 万元　　　　　D. 1 200 万元

【参考答案】B

【答案解析】甲公司占用园地建造生态高尔夫球场属于占用耕地从事非农业建设，应缴纳耕地占用税 = 40 × 20 = 800（万元）；开发经济林木占用林地属于用于农业建设，不缴纳耕地占用税。

13. 2020 年 3 月，某公司在郊区新建一家分公司，共计占用耕地 12 000 平方米，其中 800 平方米修建幼儿园，2 000 平方米修建学校，当地耕地占用税税额为 20 元/平方米。该公司应缴纳耕地占用税(　　)。

A. 240 000 元　　　　B. 224 000 元　　　　C. 185 400 元　　　　D. 184 000 元

【参考答案】D

【答案解析】学校、幼儿园占用的耕地免征耕地占用税。应缴纳耕地占用税 = (12 000 - 2 000 - 800) × 20 = 184 000（元）。

14. 农村居民张某 2020 年 1 月经批准，在户口所在地占用耕地 2 500 平方米，其中 2 000 平方米用于种植棉花和小麦，500 平方米用于新建住宅（在规定用地标准以内）。该地区耕地占用税税额为 30 元/平方米。张某应缴纳耕地占用税(　　)。

A. 7 500 元　　　　B. 15 000 元　　　　C. 37 500 元　　　　D. 75 000 元

【参考答案】A

【答案解析】农村居民在规定用地标准以内占用耕地新建自用住宅，按照当地适用税额减半征收耕地占用税。种植棉花和小麦不缴纳耕地占用税。

张某新建住宅应缴纳的耕地占用税 = 500 × 30 × 50% = 7 500（元）。

15. 下列有关耕地占用税征收管理的规定，不正确的是(　　)。

A. 耕地占用税的纳税义务发生时间为纳税人收到自然资源主管部门办理占用耕地手续的书面通知的当日

B. 纳税人应当自纳税义务发生之日起 15 日内申报缴纳耕地占用税

C. 耕地占用税由税务机关负责征收

D. 纳税人在批准临时占用耕地期满之日起一年内依法复垦，恢复种植条件的，全额退还已经缴纳的耕地占用税

【参考答案】B

【答案解析】纳税人应当自纳税义务发生之日起 30 日内申报缴纳耕地占用税。

16. 下列选项，免征耕地占用税的是(　　)。

A. 经批准的医院占用耕地

B. 农村居民经批准在户口所在地按照规定标准占用耕地新建住宅

C. 铁路线路占用的耕地

D. 飞机场跑道占用的耕地

【参考答案】A

【答案解析】农村居民经批准在户口所在地按照规定标准占用耕地新建住宅，按照当地适用税额减半征收耕地占用税；铁路线路、公路线路、飞机场跑道、停机坪、港口、航道占用耕地，减按每平方米2元的税额征收耕地占用税。

17. 下列耕地占用行为，减按每平方米2元的税额征收耕地占用税的是(　　)。

A. 学校占用耕地

B. 农村居民新建住宅占用耕地

C. 军事设施占用耕地

D. 铁路线路、港口、水利工程、航道占用耕地

【参考答案】D

【答案解析】铁路线路、公路线路、飞机场跑道、停机坪、港口、航道、水利工程占用耕地，减按每平方米2元的税额征收耕地占用税；农村居民在规定用地标准以内占用耕地新建自用住宅，按照当地适用税额减半征收耕地占用税。

18. 耕地占用税以（　　）为计税依据。

A. 纳税人实际占用的耕地面积　　　　B. 纳税人实际占用的非耕地面积

C. 纳税人非实际占用的耕地面积　　　　D. 纳税人实际占用的荒地面积

【参考答案】A

【答案解析】纳税人非实际占用的耕地面积、纳税人实际占用的非耕地面积、纳税人实际占用的荒地面积，都不是耕地占用税的计税依据。

19. 下列选项，应免征耕地占用税的是(　　)。

A. 农村烈士家属占用耕地建住宅　　　　B. 医院占用耕地建病房

C. 国家机关占用耕地建办公楼　　　　D. 农村居民占用耕地新建住宅

【参考答案】B

【答案解析】军事设施、学校幼儿园、养老院和医院占用耕地免税。

20. 关于耕地占用税的说法，正确的是(　　)。

A. 耕地占用税的适用税额可以适当提高，但最多不得超过规定税额的30%

B. 耕地占用税在纳税人获准占用耕地的环节征收

C. 占用鱼塘及其他农用土地建房或从事其他非农业建设，不视同占用耕地

D. 纳税人在批准临时占用耕地的期限内恢复所占用耕地原状的，已缴纳的耕地占用税不再退还

【参考答案】B

【答案解析】占用鱼塘及其他农用土地建房或从事其他非农业建设，应当视同占用耕地。纳税人在批准临时占用耕地期满之日起一年内依法复垦，恢复种植条件的，全额退还已经缴纳的耕地占用税。

21. 下列各项，说法正确的是(　　)。

A. 纳税人临时占用耕地无须缴纳耕地占用税

B. 经济特区、经济技术开发区和经济发达且人均耕地特别少的地区，适用税额可以适当提高，但是提高的部分最高不得超过规定的当地适用税额的50%

C. 占用林地建设直接为农业生产服务的生产设施应征收耕地占用税

D. 农村居民占用耕地新建住宅，按照规定免征耕地占用税

【参考答案】B

【答案解析】纳税人因建设项目施工或者地质勘查临时占用耕地，应当依照规定缴纳耕地占用税。占用林地建设直接为农业生产服务的生产设施免征耕地占用税。农村居民经批准在户口所在地按照规定标准占用耕地新建住宅，按照当地适用税额减半征收耕地占用税。

22. 根据税法的规定，获准占用耕地的单位或者个人应当在（　　）缴纳耕地占用税。

A. 实际占用耕地之日起 10 日内

B. 实际占用耕地之日起 30 日内

C. 收到自然资源主管部门的通知之日起 30 日内

D. 收到自然资源主管部门的通知之日起 10 日内

【参考答案】C

【答案解析】耕地占用税的纳税义务发生时间为纳税人收到自然资源主管部门办理占用耕地手续的书面通知的当日。纳税人应当自纳税义务发生之日起 30 日内申报缴纳耕地占用税。

23. 下列选项，不属于免征耕地占用税的是(　　)。

A. 军事设施占用耕地　　　　　　B. 飞机场跑道占用耕地

C. 学校占用耕地　　　　　　　　D. 医院占用耕地

【参考答案】B

【答案解析】铁路线路、公路线路、飞机场跑道、停机坪、港口、航道占用耕地，减按每平方米 2 元的税额征收耕地占用税。

24. 下列选项，免征耕地占用税的是(　　)。

A. 医院占用的耕地

B. 农村居民经批准在户口所在地按照规定标准占用耕地新建住宅

C. 铁路线路占用的耕地

D. 飞机场跑道占用的耕地

【参考答案】A

【答案解析】农村居民经批准在户口所在地按照规定标准占用耕地新建住宅，按照当地适用税额减半征收耕地占用税。铁路线路、公路线路、飞机场跑道、停机坪、港口、航道占用耕地，减按每平方米 2 元的税额征收耕地占用税。

25. 下列各项，属于耕地占用税征税范围的是(　　)。

A. 占用菜地开发花圃　　　　　　B. 占用耕地开发茶园

C. 占用耕地开发经济林　　　　　D. 飞机场跑道占用耕地

【参考答案】D

【答案解析】飞机场跑道占用耕地减按每平方米 2 元的税额征收耕地占用税。

26. 下列关于耕地占用税的说法，正确的是(　　)。

A. 占用鱼塘建房属于耕地占用税征税范围

B. 集体土地不属于耕地占用税征税范围

C. 占用食品加工厂用地属于耕地占用税征税范围

D. 占用菜地开发花圃属于耕地占用税征税范围

【参考答案】A

【答案解析】耕地占用税的征税范围为国家所有和集体所有的耕地。食品加工厂的用地不属于耕地，占用食品加工厂用地不缴纳耕地占用税。

27. 下列说法，正确的是(　　)。

A. 农村居民占用耕地新建住宅，免征耕地占用税

B. 铁路线路占用耕地免征耕地占用税

C. 医院内职工住房占用耕地，照章征收耕地占用税

D. 飞机场跑道占用耕地免征耕地占用税

【参考答案】C

【答案解析】农村居民在规定用地标准以内占用耕地新建自用住宅，按照当地适用税额减半征收耕地占用税。铁路线路、飞机场跑道占用耕地，减按每平方米2元的税额征收耕地占用税。

28. 下列关于耕地占用税征收管理的表述，不正确的是（　　）。

A. 纳税人应当自纳税义务发生之日起30日内申报缴纳耕地占用税

B. 耕地占用税的纳税义务发生时间为纳税人收到自然资源主管部门办理占用耕地手续的书面通知的当日

C. 耕地占用税由财政部门负责征收

D. 纳税人因建设项目施工临时占用耕地，应当依照规定缴纳耕地占用税

【参考答案】C

【答案解析】耕地占用税由税务机关负责征收。有关规定如下：①耕地占用税由税务机关负责征收；②耕地占用税的纳税义务发生时间为纳税人收到自然资源主管部门办理占用耕地手续的书面通知的当日；③纳税人应当自纳税义务发生之日起30日内申报缴纳耕地占用税；④纳税人因建设项目施工或者地质勘查临时占用耕地，应当依照规定缴纳耕地占用税。纳税人在批准临时占用耕地期满之日起一年内依法复垦，恢复种植条件的，全额退还已经缴纳的耕地占用税。

29. 耕地占用税征税范围中所称的林地，不包括（　　）。

A. 未成林地　　　B. 灌木林地　　　C. 河流护堤林地　　　D. 苗圃

【参考答案】C

【答案解析】林地包括林地、灌木林地、疏林地、未成林地、迹地、苗圃等，不包括居民点内部的绿化林木用地，铁路、公路征地范围内的林木用地以及河流、沟渠的护堤林用地。

30. 下列各项，属于耕地占用税的征税范围的是（　　）。

A. 占用林地从事非农建设　　　B. 占用菜地开发花圃

C. 占用耕地开发经济林　　　D. 占用耕地开发茶园

【参考答案】A

【答案解析】占用园地、林地、草地、农田水利用地、养殖水面、渔业水域滩涂以

及其他农用地建设建筑物、构筑物或者从事非农业建设的，依照规定缴纳耕地占用税。

31. 下列各项，按照当地适用税额减半征收耕地占用税的是(　　)。

A. 铁路线路占用耕地

B. 农村居民在规定用地标准以内占用耕地新建自用住宅

C. 医院内职工住房占用耕地

D. 学校占用耕地新建教学楼

【参考答案】B

【答案解析】铁路线路占用耕地，减按每平方米 2 元的税额征收耕地占用税；医院内职工住房占用耕地的，按照当地适用税额缴纳耕地占用税；农村居民在规定用地标准以内占用耕地新建自用住宅，按照当地适用税额减半征收耕地占用税；学校占用耕地免征耕地占用税。

32. 纳税人在批准临时占用耕地期满之日起（　　）内依法复垦，恢复种植条件的，全额退还已经缴纳的耕地占用税。

A. 1 年　　　　B. 2 年　　　　C. 3 年　　　　D. 4 年

【参考答案】A

【答案解析】根据《中华人民共和国耕地占用税法》第十一条，纳税人在批准临时占用耕地期满之日起一年内依法复垦，恢复种植条件的，全额退还已经缴纳的耕地占用税。

题型二 多项选择题

1. 耕地占用税是在中华人民共和国境内占用耕地建设建筑物、构筑物或者从事非农业建设的单位和个人，就其实际占用的耕地面积征收的一种税。其特点的表述，正确的有(　　)。

   A. 属于对特定土地资源占用课税，具有资源税性质

   B. 具有特定行为税的性质

   C. 税收收入专用于耕地开发和改良

   D. 实行一次性课征

   E. 采用了地区差别比例税率

   【参考答案】ABCD

   【答案解析】耕地占用税实行从量定额征收，采用的是地区差别定额税率，不是比例税率。

2. 耕地占用税征税范围中所称的林地，包括(　　)。

   A. 未成林地　　　B. 灌木林地　　　C. 苗圃　　　D. 疏林地

   E. 河流护堤林地

   【参考答案】ABCD

   【答案解析】林地，包括有林地、灌木林地、疏林地、未成林地、迹地、苗圃等，不包括居民点内部的绿化林木用地，铁路、公路征地范围内的林木用地以及河流、沟渠的护堤林用地。

3. 下列占用耕地行为，应征收耕地占用税的有(　　)。

   A. 经批准设立的养老院占用耕地　　　B. 企业新建厂房占用耕地

   C. 修建专用公路占用耕地　　　D. 停机坪占用耕地

   E. 新建住宅和办公楼占用林地

   【参考答案】BCDE

   【答案解析】选项A：经批准设立的养老院占用耕地，免征耕地占用税。

4. 县级以上地方人民政府(　　)相关部门，应向税务机关提供农用地转用、临时占地等信息。

   A. 自然资源　　　B. 农业农村　　　C. 民政部门　　　D. 生态环境

E. 水利部门

【参考答案】ABDE

【答案解析】政策依据：《中华共和国耕地占用税法实施办法》第三十条。

5. 下列关于耕地占用税的表述，不正确的有(　　)。

A. 纳税人临时占用耕地，不需要缴纳耕地占用税

B. 耕地占用税以纳税人实际占用的应税土地面积为计税依据

C. 耕地占用税由税务机关负责征收

D. 耕地占用税以每平方米土地为计税单位

E. 耕地占用税采用统一单位税额

【参考答案】AE

【答案解析】纳税人因建设项目施工或者地质勘查临时占用耕地，应当依照规定缴纳耕地占用税。耕地占用税采用地区差别幅度单位税额。

6. 下列关于耕地占用税的表述，正确的有(　　)。

A. 耕地占用税兼具资源税与特定行为税的性质

B. 耕地占用税的纳税义务人是指在中华人民共和国境内占用耕地建设建筑物、构筑物或者从事非农业建设的单位和个人

C. "耕地"是指用于种植农作物的土地，包括菜地、苗圃、茶园和其他种植经济林木等

D. 耕地占用税的征收管理，依照耕地占用税法和税收征收管理法的规定执行

E. 占用基本农田的，按照确定的当地适用税额加按100%征收

【参考答案】ABCD

【答案解析】占用基本农田的，按照确定的当地适用税额加按150%征收。

7. 下列关于耕地占用税的征收管理的表述，正确的有(　　)。

A. 建设直接为农业生产服务的生产设施占用农用地，不征收耕地占用税

B. 税务机关发现纳税人的纳税申报数据资料异常或者纳税人未按照规定期限申报纳税的，可以提请相关部门进行复核

C. 耕地占用税的纳税义务发生时间为纳税人收到自然资源主管部门办理占用耕地手续的书面通知的次日

D. 纳税人因地质勘查临时占用耕地，应当依照规定缴纳耕地占用税

E. 相关部门应当自收到税务机关复核申请之日起15日内向税务机关出具复核意见

【参考答案】ABD

【答案解析】耕地占用税的纳税义务发生时间为纳税人收到自然资源主管部门办理占用耕地手续的书面通知的当日；相关部门应当自收到税务机关复核申请之日起30日内向税务机关出具复核意见。

8. 下列选项，符合耕地占用税法规定的有(　　)。

　　A. 在中华人民共和国境内占用耕地建设建筑物、构筑物或者从事非农业建设的单位和个人，为耕地占用税的纳税人，应当依照规定缴纳耕地占用税

　　B. 纳税义务人包括从事非农业建设的单位和个人

　　C. 征税范围包括国家所有和集体所有的耕地

　　D. 征税范围不包括园地、林地、草地的土地

　　E. 林地包括居民点内部的绿化林木用地

【参考答案】ABC

【答案解析】占用园地、林地、草地、农田水利用地、养殖水面、渔业水域滩涂以及其他农用地建设建筑物、构筑物或者从事非农业建设的，依照规定缴纳耕地占用税；林地不包括居民点内部的绿化林木用地。

9. 下列关于耕地占用税的说法，正确的有(　　)。

　　A. 占用园地从事非农业建设，视同占用耕地征收耕地占用税

　　B. 耕地占用税由税务机关负责征收

　　C. 减免耕地占用税后纳税人改变原占地用途，继续享受耕地占用税减免

　　D. 各地区耕地占用税的适用税额，由省、自治区、直辖市人民政府根据人均耕地面积和经济发展等情况，在规定的税额幅度内提出，报同级人民代表大会常务委员会决定，并报全国人民代表大会常务委员会和国务院备案

　　E. 医院内职工住房占用耕地的，应按照当地适用税额缴纳耕地占用税

【参考答案】ABDE

【答案解析】减免耕地占用税后纳税人改变原占地用途，不再属于减免税情形的，应当补缴耕地占用税。

10. 下列关于耕地占用税的表述，正确的有(　　)。

　　A. 耕地占用税由税务机关负责征收

　　B. 纳税人因建设项目施工临时占用耕地，应当缴纳耕地占用税

　　C. 纳税人在批准临时占用耕地期满之日起一年内依法复垦，恢复种植条件的，全额

退还已经缴纳的耕地占用税

D. 耕地占用税以纳税人实际占用的耕地面积为计税依据,按照规定的适用税额一次性征收

E. 建设直接为农业生产服务的生产设施占用牧草地的,征收耕地占用税

【参考答案】ABCD

【答案解析】建设直接为农业生产服务的生产设施占用林地、牧草地、农田水利用地、养殖水面以及渔业水域滩涂等其他农用地的,不征收耕地占用税。

11. 下列关于耕地占用税的表述,正确的有( )。

A. 耕地占用税由税务机关负责征收

B. 耕地占用税以纳税人实际占用的耕地面积为计税依据

C. 纳税人临时占用耕地,不需要缴纳耕地占用税

D. 耕地占用税以每平方米土地为计税单位

E. 耕地占用税在税率设计上采用了地区差别定额税率

【参考答案】ABDE

【答案解析】纳税人因建设项目施工或者地质勘查临时占用耕地,应当依照规定缴纳耕地占用税。

12. 下列占用耕地行为,应征收耕地占用税的有( )。

A. 飞机场跑道占用耕地　　　　B. 企业新建厂房占用耕地

C. 修建专用公路占用耕地　　　D. 农田水利占用耕地

E. 新建住宅和办公楼占用林地

【参考答案】ABCE

【答案解析】农田水利占用耕地的,不征收耕地占用税;其他应依法征收耕地占用税。

13. 根据税法的规定,下列选项中属于耕地占用税特点的有( )。

A. 兼具资源税与特定行为税的性质　　B. 采用地区差别税率

C. 征税面比较广　　　　　　　　　　D. 调节财富分配,体现社会公平

E. 在占用耕地环节一次性课征

【参考答案】ABE

【答案解析】耕地占用税的特点主要表现在:兼具资源税与特定行为税的性质,采用地区差别税率,在占用耕地环节一次性课征。

14. 下列关于耕地占用税的说法,正确的有( )。

A. 耕地占用税采用地区差别税率，按年课征

B. 耕地占用税兼具资源税与特定行为税的性质

C. 耕地占用税以纳税人实际占用的耕地面积为计税依据

D. 纳税人在批准临时占用耕地期满之日起一年内依法复垦，恢复种植条件的，已缴纳的耕地占用税不再退还

E. 占用园地、林地、草地、农田水利用地、养殖水面、渔业水域滩涂以及其他农用地建设建筑物、构筑物或者从事非农业建设的，需要缴纳耕地占用税

【参考答案】BCE

【答案解析】耕地占用税不是按年课征，而是一次性课征；纳税人在批准临时占用耕地期满之日起一年内依法复垦，恢复种植条件的，全额退还已经缴纳的耕地占用税。

15. 下列关于耕地占用税的征收管理的表述，正确的有（　　）。

A. 建设直接为农业生产服务的生产设施占用农用地，不征收耕地占用税

B. 相关部门应当自收到税务机关复核申请之日起15日内向税务机关出具复核意见

C. 耕地占用税的纳税义务发生时间为纳税人收到自然资源主管部门办理占用耕地手续的书面通知的当日

D. 纳税人因地质勘查临时占用耕地，应当依照规定缴纳耕地占用税

E. 税务机关发现纳税人的纳税申报数据资料异常或者纳税人未按照规定期限申报纳税的，可以提请相关部门进行复核

【参考答案】ACDE

【答案解析】相关部门应当自收到税务机关复核申请之日起30日内向税务机关出具复核意见。

16. 下列关于耕地占用税的说法，正确的有（　　）。

A. 纳税人在批准临时占用耕地期满之日起一年内依法复垦，恢复种植条件的，按照已纳税额的50%退还耕地占用税

B. 耕地占用税的纳税义务发生时间为纳税人收到自然资源主管部门办理占用耕地手续的书面通知的当日，纳税人应当自纳税义务发生之日起30日内申报缴纳耕地占用税

C. 免征或者减征耕地占用税后，纳税人改变原占地用途，不再属于免征或者减征耕地占用税情形的，应当按照当地适用税额补缴耕地占用税

D. 占用耕地建设农田水利设施的，不缴纳耕地占用税

E. 耕地占用税由税务机关负责征收

【参考答案】BCDE

【答案解析】纳税人在批准临时占用耕地期满之日起一年内依法复垦，恢复种植条件的，按照全额退还已经缴纳的耕地占用税。

17. 下列关于耕地占用税的说法，正确的有(　　)。

A. 铁路线路、公路线路、飞机场跑道、停机坪、港口、航道占用耕地，减按每平方米3元的税额征收耕地占用税

B. 学校占用耕地免征耕地占用税

C. 社会福利机构占用耕地免征耕地占用税

D. 医院占用耕地免征耕地占用税

E. 军事设施占用耕地免征耕地占用税

【参考答案】BCDE

【答案解析】铁路线路、公路线路、飞机场跑道、停机坪、港口、航道占用耕地，减按每平方米2元的税额征收耕地占用税。

18. 适用耕地占用税减税的铁路线路有(　　)。

A. 铁路路基、桥梁、涵洞、隧道　　　B. 按照规定两侧留地

C. 专用铁路　　　D. 防火隔离带

E. 铁路专线

【参考答案】ABD

【答案解析】减税的铁路线路，具体范围限于铁路路基、桥梁、涵洞、隧道及其按照规定两侧留地、防火隔离带。专用铁路和铁路专用线占用耕地的，按照当地适用税额缴纳耕地占用税。

19. 下列关于耕地占用税的表述，正确的有(　　)。

A. 耕地占用税兼具资源税与特定行为税的性质

B. 耕地占用税的纳税义务人是指占用耕地建设建筑物、构筑物或者从事非农业建设的单位和个人

C. "耕地"是指用于种植农作物的土地，包括菜地、苗圃、茶园和其他种植经济林木等

D. 农村居民在规定用地标准以内占用耕地新建自用住宅，免征耕地占用税

E. 在人均耕地低于0.5亩的地区，省、自治区、直辖市可以根据当地经济发展情况，适当提高耕地占用税的适用税额，但提高的部分不得超过确定的适用税额的50%

【参考答案】ABCE

【答案解析】农村居民在规定用地标准以内占用耕地新建自用住宅,按照当地适用税额减半征收耕地占用税。

20. 下列关于耕地占用税的说法,正确的有( )。

A. 获准占用耕地的单位或者个人应当在收到自然资源主管部门的通知之日起15日内缴纳耕地占用税

B. 在占用耕地环节一次性课征

C. 建设直接为农业生产服务的生产设施占用农用地的,不征收耕地占用税

D. 占用鱼塘及其他农用土地建房或从事其他非农业建设,视同占用耕地

E. 耕地占用税由税务机关负责征收

【参考答案】BCDE

【答案解析】获准占用耕地的单位或者个人应当在收到自然资源主管部门的通知之日起30日内缴纳耕地占用税。

21. 下列关于耕地占用税的说法,正确的有( )。

A. 占用园地建设建筑物、构筑物或者从事非农业建设的,需要按规定缴纳耕地占用税

B. 耕地占用税由税务机关负责征收

C. 耕地占用税采用地区差别比例税率

D. 减免耕地占用税后纳税人改变原占地用途,不再属于减免税情形的,应当补缴耕地占用税

E. 医院内职工住房占用耕地的,应按照当地适用税额缴纳耕地占用税

【参考答案】ABDE

【答案解析】耕地占用税采用地区差别定额税率,而非比例税率。

22. 下列占用耕地的情形,减按每平方米2元的税额征收耕地占用税的有( )。

A. 飞机场跑道占用耕地 B. 铁路线路占用耕地
C. 港口占用耕地 D. 停机坪占用耕地
E. 农村居民在规定用地标准以内占用耕地新建自用住宅

【参考答案】ABCD

【答案解析】选项E:按照当地适用税额减半征收耕地占用税。铁路线路、公路线路、飞机场跑道、停机坪、港口、航道占用耕地,减按每平方米2元的税额征收耕地占用税。

23. 根据耕地占用税的相关规定，下列说法中不正确的有（   ）。

A. 军事设施占用耕地免征耕地占用税

B. 农村居民在规定用地标准以内占用耕地新建自用住宅，免征耕地占用税

C. 免征或者减征耕地占用税后，纳税人改变原占地用途，不再属于免征或者减征耕地占用税情形的，应当按照当地适用税额补缴耕地占用税

D. 公路线路、铁路线路占用耕地减半征收耕地占用税

E. 耕地占用税的纳税义务发生时间为纳税人收到自然资源主管部门办理占用耕地手续的书面通知的当日

【参考答案】BD

【答案解析】农村居民在规定用地标准以内占用耕地新建自用住宅，按照当地适用税额减半征收耕地占用税。铁路线路、公路线路、飞机场跑道、停机坪、港口、航道占用耕地，减按每平方米 2 元的税额征收耕地占用税。

24. 下列用地行为，应征收耕地占用税的有（   ）。

A. 幼儿园占用耕地　　　　　　　　B. 修建公路线路占用耕地

C. 医院内职工住房占用耕地　　　　D. 军用洞库、仓库占用耕地

E. 占用牧草地从事非农业建设

【参考答案】BCE

【答案解析】占用园地、林地、草地、农田水利用地、养殖水面、渔业水域滩涂以及其他农用地建设建筑物、构筑物或者从事非农业建设的，依照规定缴纳耕地占用税；铁路线路、公路线路、飞机场跑道、停机坪、港口、航道占用耕地，减按每平方米 2 元的税额征收耕地占用税；医院内职工住房占用耕地的，按照当地适用税额缴纳耕地占用税。

25. 下列关于耕地占用税的表述，正确的有（   ）。

A. 耕地占用税在税率设计上采用了地区差别定额税率

B. 耕地占用税以纳税人实际占用的耕地面积为计税依据

C. 耕地占用税由税务机关负责征收

D. 耕地占用税以每平方米土地为计税单位

E. 纳税人临时占用耕地，不需要缴纳耕地占用税

【参考答案】ABCD

【答案解析】纳税人因建设项目施工或者地质勘查临时占用耕地，应当依照规定缴纳耕地占用税。

题型三　判断题

1. 耕地占用税在占用耕地环节分次课征。　　　　　　　　　　　　　　　　（　　）

【参考答案】×

【答案解析】在占用耕地环节一次性课征。

2. 占用耕地建设农田水利设施的不缴纳耕地占用税。　　　　　　　　　　　（　　）

【参考答案】√

3. 占用园地、林地、草地、农田水利用地、养殖水面、渔业水域滩涂以及其他农用地建设建筑物、构筑物或者从事非农业建设的，依照规定缴纳耕地占用税。（　　）

【参考答案】√

4. 因挖损、采矿塌陷、压占、污染等损毁耕地属于税法所称的非农业建设，应依照规定缴纳耕地占用税。自然资源、农业农村等相关部门认定损毁耕地之日起5年内依法复垦或修复，恢复种植条件的，按规定办理退税。　　　　　　　　　　（　　）

【参考答案】×

【答案解析】自然资源、农业农村等相关部门认定损毁耕地之日起3年内依法复垦或修复，恢复种植条件的，按规定办理退税。

5. 铁路线路、公路线路、飞机场跑道、停机坪、港口、航道、水利工程占用耕地，减按每平方米5元的税额征收耕地占用税。　　　　　　　　　　　　（　　）

【参考答案】×

【答案解析】铁路线路、公路线路、飞机场跑道、停机坪、港口、航道、水利工程占用耕地，减按每平方米2元的税额征收耕地占用税。

6. 农村居民在规定用地标准以内占用耕地新建自用住宅，免征耕地占用税。

（　　）

【参考答案】×

【答案解析】农村居民在规定用地标准以内占用耕地新建自用住宅，按照当地适用税额减半征税。

7. 农村居民经批准搬迁，新建自用住宅占用耕地不超过原宅基地面积的部分，免征耕地占用税。　　　　　　　　　　　　　　　　　　　　　　　　　（　　）

【参考答案】√

8. 依法分别享受免征或减征耕地占用税优惠后，纳税人改变原占地用途，不再属于免征或者减征情形的，应自改变用途之日起90日内申报补缴税款。（　　）

【参考答案】×

【答案解析】依法分别享受免征或减征耕地占用税优惠后，纳税人改变原占地用途，不再属于免征或者减征情形的，应自改变用途之日起30日内申报补缴税款。

9. 占用基本农田的应当按照确定的当地适用税额，加按100%征收。（　　）

【参考答案】×

【答案解析】占用基本农田的应当按照确定的当地适用税额，加按150%征收。

10. 纳税人应当自纳税义务发生之日起15日内申报缴纳耕地占用税。（　　）

【参考答案】×

【答案解析】纳税人应当自纳税义务发生之日起30日内申报缴纳耕地占用税。

11. 在中华人民共和国境内占用耕地建设建筑物、构筑物或者从事非农业建设的单位和个人，为耕地占用税的纳税人，应当依照《中华人民共和国耕地占用税法》规定缴纳耕地占用税。（　　）

【参考答案】√

【答案解析】参考《中华人民共和国耕地占用税法》关于耕地占使用税纳税人的定义。

12. 占用耕地建设农田水利设施的，不缴纳耕地占用税。（　　）

【参考答案】√

【答案解析】依照《中华人民共和国耕地占用税法》第二条。

13. 耕地占用税采用地区差别税率，按年课征。（　　）

【参考答案】×

【答案解析】耕地占用税不是按年课征，而是一次性课征。

14. 建设直接为农业生产服务的生产设施占用牧草地的，征收耕地占用税。（　　）

【参考答案】×

【答案解析】建设直接为农业生产服务的生产设施占用林地、牧草地、农田水利用地、养殖水面以及渔业水域滩涂等其他农用地的，不征收耕地占用税。

15. 纳税人临时占用耕地，不需要缴纳耕地占用税。（　　）

【参考答案】×

【答案解析】纳税人因建设项目施工或者地质勘查临时占用耕地,应当依照规定缴纳耕地占用税。

16. 耕地占用税采用了地区差别比例税率。　　　　　　　　　　　　　　(　　)

【参考答案】×

【答案解析】耕地占用税实行从量定额征收,采用的是地区差别定额税率,不是比例税率。

17. 在人均耕地低于一亩的地区,省、自治区、直辖市可以根据当地经济发展情况,适当提高耕地占用税的适用税额,但提高的部分不得超过《中华人民共和国耕地占用法》第四条第二款确定的适用税额的50%。　　　　　　　　　　(　　)

【参考答案】×

【答案解析】根据《中华人民共和国耕地占用税法》,在人均耕地低于零点五亩的地区,省、自治区、直辖市可以根据当地经济发展情况,适当提高耕地占用税的适用税额,但提高的部分不得超过本法第四条第二款确定的适用税额的百分之五十。

18. 占用基本农田的,应当按照《中华人民共和国耕地占用税法》第四条第二款或者第五条确定的当地适用税额,加按150%征收。　　　　　　　　(　　)

【参考答案】√

【答案解析】根据《中华人民共和国耕地占用税法》第六条,关于基本农田占用,加按150%征收。

19. 军事设施、学校、幼儿园、社会福利机构、医疗机构占用耕地,免征耕地占用税。　　　　　　　　　　　　　　　　　　　　　　　　　　(　　)

【参考答案】√

【答案解析】根据《中华人民共和国耕地占用税法》第七条,军事设施、学校、幼儿园、社会福利机构、医疗机构占用耕地,免征耕地占用税。

20. 铁路线路、公路线路、飞机场跑道、停机坪、港口、航道、水利工程占用耕地,减按每平方米1元的税额征收耕地占用税。　　　　　　　　　(　　)

【参考答案】×

【答案解析】根据《中华人民共和国耕地占用税法》,铁路线路、公路线路、飞机场跑道、停机坪、港口、航道、水利工程占用耕地,减按每平方米2元的税额征收耕地占用税。

21. 纳税人占用耕地改变用途经批准的,纳税义务发生时间为纳税人收到批准文件

模块十四 耕地占用税政策与管理

的当日。( )

【参考答案】√

【答案解析】根据《中华人民共和国耕地占用税法》第八条，纳税人改变原占地用途，需要补缴耕地占用税的，其纳税义务发生时间为改变用途当日，经批准的，纳税义务发生时间为纳税人收到批准文件的当日。

22. 农村居民经批准搬迁，在标准的范围内，新建自用住宅占用耕地不超过原宅基地面积的部分，免征耕地占用税。( )

【参考答案】√

【答案解析】农村居民经批准搬迁，新建自用住宅占用耕地不超过原宅基地面积的部分，免征耕地占用税。

23. 耕地占用税以纳税人实际占用的属于耕地占用税征税范围的土地面积为计税依据，按应税土地当地适用税额计税，实行一次性征收。( )

【参考答案】√

【答案解析】耕地占用税实行一次性征收，其耕地占用税计算公式为：应纳税额 = 应税土地面积 × 适用税额。

24. 耕地占用税的纳税义务发生时间为纳税人收到自然资源主管部门办理占用耕地手续的书面通知的当日。纳税人应当自纳税义务发生之日起 10 日内申报缴纳耕地占用税。( )

【参考答案】×

【答案解析】纳税人应当自纳税义务发生之日起 30 日内申报缴纳耕地占用税。

25. 纳税人在批准临时占用耕地期满之日起二年内依法复垦，恢复种植条件的，全额退还已经缴纳的耕地占用税。( )

【参考答案】×

【答案解析】纳税人在批准临时占用耕地期满之日起一年内依法复垦，恢复种植条件的，全额退还已经缴纳的耕地占用税。

26. 占果园用地建设建筑物、构筑物或者从事非农业建设的，不用缴纳耕地占用税。( )

【参考答案】×

【答案解析】占用园地、林地、草地、农田水利用地、养殖水面、渔业水域滩涂以及其他农用地建设建筑物、构筑物或者从事非农业建设的，依照《中华人民共和国耕地占用税法》缴纳耕地占用税。

27. 占用森林沼泽建设建筑物、构筑物或者从事非农业建设的，不用缴纳耕地占用税。（   ）

【参考答案】×

【答案解析】占用林地缴纳耕地占用税，其中林地包括乔木林、竹林地、红树林地、森林沼泽、灌木林地、灌丛沼泽、其他林地等。

28. 耕地占用税由财政部门负责征收，属于地方级财政收入。（   ）

【参考答案】×

【答案解析】耕地占用税由税务部门负责征收。

29. 占用养殖水面建设直接为农业生产服务的生产设施的，不缴纳耕地占用税。（   ）

【参考答案】√

【答案解析】占用园地、林地、草地、农田水利用地、养殖水面、渔业水域滩涂以及其他农用地，建设直接为农业生产服务的生产设施的，不缴纳耕地占用税。

30. 耕地占用税减免优惠实行"自行判别、申报享受、有关资料留存备查"办理方式。纳税人根据政策规定自行判断是否符合优惠条件，符合条件的，纳税人申报享受税收优惠，并将有关资料留存备查。（   ）

【参考答案】√

【答案解析】根据《国家税务总局关于耕地占用税征收管理有关事项的公告》，耕地占用税减免优惠实行"自行判别、申报享受、有关资料留存备查"办理方式。

31. 对符合耕地占用税减免规定的纳税人，原占地用途改变的，不再属于免征或者减征耕地占用税情形的，应当按照当地适用税额补缴耕地占用税。（   ）

【参考答案】√

【答案解析】规定免征或者减征耕地占用税后，纳税人改变原占地用途，不再属于免征或者减征耕地占用税情形的，应当按照当地适用税额补缴耕地占用税。

32. 临时占用耕地，是指经自然资源主管部门批准，在一般不超过1年内临时使用耕地并且没有修建永久性建筑物的行为。（   ）

【参考答案】×

【答案解析】临时占用耕地，是指经自然资源主管部门批准，在一般不超过2年内临时使用耕地并且没有修建永久性建筑物的行为。

33. 因挖损、采矿塌陷、压占、污染等损毁耕地属于税法所称的非农业建设，应依照税法规定缴纳耕地占用税。（ ）

【参考答案】√

【答案解析】根据《中华人民共和国耕地占用税法实施办法》第十九条，因挖损、采矿塌陷、压占、污染等损毁耕地属于税法所称的非农业建设，应依照税法规定缴纳耕地占用税。

34. 自自然资源、农业农村等相关部门认定损毁耕地之日起2年内依法复垦或修复，恢复种植条件的，按规定办理退税。（ ）

【参考答案】×

【答案解析】自自然资源、农业农村等相关部门认定损毁耕地之日起3年内依法复垦或修复，恢复种植条件的，比照《中华人民共和国耕地占用税法》第十一条规定办理退税。

35. 未经批准占用耕地的，耕地占用税纳税义务发生时间为税务主管部门认定的纳税人实际占用耕地的当日。（ ）

【参考答案】×

【答案解析】未经批准占用耕地的，耕地占用税纳税义务发生时间为自然资源主管部门认定的纳税人实际占用耕地的当日。

36. 纳税人占用耕地，应当在纳税人机构所在地申报缴纳耕地占用税。（ ）

【参考答案】×

【答案解析】纳税人占用耕地，应当在耕地所在地申报纳税。

37. 对医疗机构内职工住房占用耕地的，按照当地适用税额缴纳耕地占用税。（ ）

【参考答案】√

【答案解析】医疗机构内职工住房占用耕地的，按照当地适用税额缴纳耕地占用税。

38. 因挖损、采矿塌陷、压占、污染等损毁耕地的纳税义务发生时间为税务部门认定损毁耕地的当日。（ ）

【参考答案】×

【答案解析】因挖损、采矿塌陷、压占、污染等损毁耕地的纳税义务发生时间为自然资源、农业农村等相关部门认定损毁耕地的当日。

39. 专用公路和城区内机动车道占用耕地的，按照当地适用税额缴纳耕地占用税。（ ）

【参考答案】√

【答案解析】根据《中华人民共和国耕地占用税法实施办法》第十一条，减税的公路线路，具体范围限于经批准建设的国道、省道、县道、乡道和属于农村公路的村道的主体工程以及两侧边沟或者截水沟。专用公路和城区内机动车道占用耕地的，按照当地适用税额缴纳耕地占用税。

40. 铁路线路、公路线路，减按每平方米 2 元的税额征收耕地占用税。专用铁路和铁路专用线占用耕地的，按照当地适用税额缴纳耕地占用税。（　　）

【参考答案】√

【答案解析】专用铁路和铁路专用线占用耕地的，按照当地适用税额缴纳耕地占用税。

41. 应税土地面积包括经批准占用面积和未经批准占用面积，以亩为单位。（　　）

【参考答案】×

【答案解析】应税土地面积包括经批准占用面积和未经批准占用面积，以平方米为单位。

42. 新出台的《中华人民共和国耕地占用税法》，自 2019 年 10 月 1 日起施行。（　　）

【参考答案】×

【答案解析】根据《中华人民共和国耕地占用税法》，该法自 2019 年 9 月 1 日起施行。

43. 农用地转用审批文件中未标明建设用地人的，纳税人不用缴纳耕地占用税。（　　）

【参考答案】×

【答案解析】根据《中华人民共和国耕地占用税法实施办法》第二条，经批准占用耕地的，纳税人为农用地转用审批文件中标明的建设用地人；农用地转用审批文件中未标明建设用地人的，纳税人为用地申请人，其中用地申请人为市级人民政府的，由同级土地储备中心、自然资源主管部门或政府委托的其他部门、单位履行耕地占用税申报的义务。

44. 经批准占用耕地的，耕地占用税的纳税人为农用地转用审批文件中标明的建设用地人，未经批准占用耕地的，纳税人为实际用地人。（　　）

【参考答案】√

【**答案解析**】《中华人民共和国耕地占用税法实施办法》第二条规定：经批准占用耕地的，纳税人为农用地转用审批文件中标明的建设用地人；农用地转用审批文件中未标明建设用地人的，纳税人为用地申请人，其中用地申请人为市级人民政府的，由同级土地储备中心、自然资源主管部门或政府委托的其他部门、单位履行耕地占用税申报的义务。

模块十五 烟叶税政策与管理

题型一 单项选择题

1. 根据现行烟叶税法的规定，烟叶税的计税依据为（　　）。

   A. 烟叶收购价款　　　　　　　　B. 支付给烟农的价外补贴

   C. 不含税价款和价外费用　　　　D. 收购烟叶实际支付的价款总额

   【参考答案】D

   【答案解析】烟叶税的计税依据为纳税人收购烟叶实际支付的价款总额。

2. 某卷烟厂为增值税一般纳税人，2020年6月收购烟叶8 000公斤，实际支付的价款总额为85万元，已开具烟叶收购发票，关于烟叶税的税务处理，下列表述正确的是（　　）。

   A. 卷烟厂代扣代缴烟叶税8.5万元　　　B. 卷烟厂自行缴纳烟叶税17万元

   C. 卷烟厂代扣代缴烟叶税17万元　　　D. 卷烟厂自行缴纳烟叶税8.5万元

   【参考答案】B

   【答案解析】烟叶税的纳税人是收购烟叶的单位，应自行缴纳的烟叶税 = 85 × 20% = 17（万元）。

3. 某烟厂收购烟叶，支付给烟农价款900万元，并按规定支付了10%的价外补贴，开具烟叶收购发票，该烟厂应纳烟叶税（　　）。

   A. 198万元　　　B. 116.8万元　　　C. 140万元　　　D. 154万元

   【参考答案】A

   【答案解析】烟叶税应纳税额 = 实际支付的价款总额 × 20% = 烟叶收购价款 × （1 + 10%）× 20% = 900 × （1 + 10%）× 20% = 198（万元）。

4. 根据现行烟叶税法的规定，下列说法不正确的是（　　）。

   A. 烟叶税的纳税地点为烟叶收购地

B. 烟叶税的纳税义务发生时间为纳税人收购烟叶的当天

C. 烟叶税按月计征，纳税人应当于纳税义务发生月终了之日起 15 日内申报并缴纳税款

D. 烟叶税实行定额税率

【参考答案】D

【答案解析】烟叶税实行比例税率（20%）。

题型二 多项选择题

1. 关于烟叶税的说法，下列说法正确的有(   )。

   A. 烟叶税是对在我国境内收购烟叶的行为、以收购金额为征税依据而征收的一种税

   B. 在我国境内收购烟叶的单位为烟叶税纳税人

   C. 生产种植烟叶、销售烟叶的单位均是烟叶税纳税人

   D. 烟叶税征税对象为晾晒烟叶、烤烟叶

   E. 烟叶税的税率为20%

   【参考答案】ABDE

   【答案解析】在我国境内收购烟叶的单位为烟叶税纳税人，生产种植烟叶、销售烟叶不是烟叶税纳税人。

2. 下列选项，属于烟叶税的征税对象的有（   ）

   A. 晾晒烟叶   B. 烤烟叶   C. 烟丝   D. 甲类卷烟

   E. 雪茄烟

   【参考答案】AB

   【答案解析】烟叶税的征税对象是烟叶，包括晾晒烟叶、烤烟叶。晾晒烟叶，包括列入名晾晒烟名录的晾晒烟叶和未列入名晾晒烟名录的其他晾晒烟叶。

题型三 判断题

1. 烟叶税是对我国境内收购烟叶的行为以收购金额为征税依据而征收的一种税,体现国家对烟草实行"寓禁于征"政策。 ( )

【参考答案】√

2. 在中华人民共和国境内收购烟叶的单位以及烟叶的生产销售方为烟叶税的纳税人。 ( )

【参考答案】×

【答案解析】烟叶的生产销售方不是烟叶税的纳税人。

3. 查处没收的违法收购的烟叶,由收购罚没烟叶的单位按照购买金额计算缴纳烟叶税。 ( )

【参考答案】√

4. 烟叶税的征税对象是烟叶,不包括晾晒烟叶、烤烟叶。 ( )

【参考答案】×

【答案解析】烟叶税的征税对象是烟叶,包括晾晒烟叶、烤烟叶。

5. 烟叶税实行比例税率,税率为10%。 ( )

【参考答案】×

【答案解析】烟叶税实行比例税率,税率为20%。

6. 烟叶税的计税依据是收购烟叶实际支付的价款总额。实际支付的价款总额,包括纳税人支付给烟叶生产销售单位和个人的烟叶收购价款和价外补贴。 ( )

【参考答案】√

7. 烟叶税按月计征,纳税人应当于纳税义务发生月终了之日起 30 日内申报并缴纳税款。 ( )

【参考答案】×

【答案解析】烟叶税按月计征,纳税人应当于纳税义务发生月终了之日起十五日内申报并缴纳税款。

8. 纳税人应当向烟叶收购地的主管税务机关申报缴纳烟叶税。 ( )

【参考答案】√

9. 烟叶税的纳税时间为纳税人收购烟叶的当天。收购烟叶的当天,是指纳税人向烟

513

叶销售者付讫收购烟叶款项或者开具收购烟叶凭据的当天。（ ）

【参考答案】√

10. 依照《中华人民共和国烟草专卖法》查处没收的违法收购的烟叶，由收购罚没烟叶的单位、以购买金额为依据计算缴纳烟叶税。（ ）

【参考答案】√

模块十六 城市维护建设税政策与管理

题型一 单项选择题

1. 下列关于城市维护建设税的说法，正确的是( )。

A. 城市维护建设税一律不单独加收滞纳金和罚款

B. 增值税实行即征即退的，一律退还城市维护建设税

C. 城市维护建设税原则上不单独规定减免税

D. 计税依据包括增值税、消费税的滞纳金和罚款

【参考答案】C

【答案解析】选项A：如果纳税人不按规定缴纳城市维护建设税，则可以单独加收滞纳金及罚款。选项B：对增值税实行即征即退办法的，除另有规定外，一律不予退还。选项D：城市维护建设税的计税依据不包括滞纳金和罚款。

2. 位于某市区的甲生产企业为增值税一般纳税人，自营出口自产货物。2020年9月应纳增值税 –320万元，出口货物"免抵退"税额380万元；2020年9月税务检查时发现，2019年甲出租厂房的租金收入105万元未入账，被查补增值税（简易计税方法），并处以滞纳金和罚款。假设城市维护建设税税率为7%，则该企业在2020年9月应纳城市维护建设税( )。

A. 0元　　　　　　B. 4.55万元　　　　　　C. 22.4万元　　　　　　D. 26.95万元

【参考答案】B

【答案解析】经税务局正式审核批准的当期免抵的增值税额纳入城市维护建设税的计征范围。当期留抵税额＜当期免抵退税额，则当期应退税额＝320（万元），当期免抵税额＝当期免抵退税额－当期应退税额＝380－320＝60（万元），查补增值税＝105÷（1＋5%）×5%＝5（万元），应纳城市维护建设税＝（60＋5）×7%＝4.55（万元）。

3. 某生产企业为增值税一般纳税人（位于市区），主要经营内销和出口业务，2020

年10月实际缴纳增值税40万元，出口货物免抵税额4万元。另外，进口货物缴纳增值税17万元、缴纳消费税30万元。该企业2020年10月应纳城市维护建设税（　　）（假设城市维护建设税税率7%）。

  A. 2.80万元   B. 3.08万元   C. 2.52万元   D. 5.81万元

【参考答案】B

【答案解析】应纳城市维护建设税 =（40 + 4）× 7% = 3.08（万元）。

4. 2020年10月，某市一卷烟厂甲委托某县城一烟丝加工厂乙加工一批烟丝，委托方甲提供烟叶成本为60 000元，支付乙加工费8 000元（不含增值税），受托方乙无同类烟丝的市场销售价格。受托方应代收代缴的城市维护建设税为(　　)。（烟丝消费税税率为30%）

  A. 1 504.7元   B. 1 457.14元   C. 1 050元   D. 2 040元

【参考答案】B

【答案解析】由受托方代收、代扣"两税"的单位和个人，按纳税人缴纳"两税"所在地的规定税率就地缴纳城市维护建设税。本题烟丝加工厂所在地为县城，按税率5%缴纳城市维护建设税。受托方代收代缴消费税 =（60 000 + 8 000）÷（1 − 30%）× 30% = 29 142.86（元），代收代缴城市维护建设税 = 29142.86 × 5% = 1457.14（元）。

5. 下列各项，属于城市维护建设税计税依据的是(　　)。

  A. 进口环节缴纳的增值税

  B. 进口环节缴纳的关税

  C. 进口环节缴纳的消费税

  D. 国内销售环节缴纳的增值税、消费税

【参考答案】D

【答案解析】城市维护建设税的计税依据是纳税人实际缴纳的消费税、增值税税额，不包括关税。海关对进口产品代征增值税、消费税的，不征收城市维护建设税。

6. 根据《中华人民共和国城市维护建设税法》，代扣代缴"两税"的纳税人未代扣代缴城市维护建设税的，城市维护建设税的纳税地点是(　　)。

  A. 纳税人应税行为发生地   B. 扣缴义务人所在地

  C. 扣缴义务人应税行为发生地   D. 纳税人所在地

【参考答案】D

【答案解析】代扣代缴"两税"的单位没有代扣代缴城市维护建设税的，应由纳税单位或个人回到其所在地申报纳税。

模块十六 城市维护建设税政策与管理

7. 某市一生产企业为增值税一般纳税人。2020年10月进口原材料一批,向海关缴纳进口环节增值税10万元;本期在国内销售甲产品最终实际向税务机关缴纳增值税30万元、消费税50万元,消费税滞纳金1万元;本期出口乙产品一批,按规定退回增值税5万元。该企业10月应缴纳城市维护建设税( )。

A. 4.55万元　　　　B. 4万元　　　　C. 4.25万元　　　　D. 5.6万元

【参考答案】D

【答案解析】城市维护建设税是以纳税人实际缴纳的增值税、消费税为依据;进口不征,出口不退。缴纳的滞纳金不作为计征城市维护建设税的依据。该企业本期应缴纳城市维护建设税 = (30 + 50) × 7% = 5.6(万元)。

8. 位于农村的某农场为小规模纳税人(非湖北地区,按月申报缴纳增值税),2020年6月取得如下收入:销售自产水果取得收入30万元,在农场里开设的"农家乐"餐厅取得含税餐饮收入12万元,上述收入分开核算。该农场6月应纳城市维护建设税和教育费附加合计( )。(城市维护建设税税率、教育费附加征收率分别为7%、3%)

A. 139.81元　　　　B. 118.81元　　　　C. 349.51元　　　　D. 116.50元

【参考答案】B

【答案解析】农业生产者销售自产农产品免征增值税。根据《财政部 税务总局关于支持个体工商户复工复业增值税政策的公告》(财政部 税务总局公告2020年第13号)等,落实国务院要求的:2020年3月1日至12月31日,除湖北省外,小规模纳税人减按1%征收增值税政策。该企业当月应缴纳城市维护建设税和教育费附加 = 120 000 ÷ (1 + 1%) × 1% × (7% + 3%) = 118.81(元)。

如果疫情防控政策取消,则农业生产者销售自产农产品免征增值税。该企业当月应缴纳城市维护建设税和教育费附加 = 120 000 ÷ (1 + 3%) × 3% × (7% + 3%) = 349.51(元)。

9. 位于市区的某自营出口生产企业,2020年3月增值税应纳税额为 -280万元,出口货物的"免抵退"税额为400万元;由于政府规划需要,收回该企业在市区的一块土地使用权,该企业获得政府支付的占地补偿收入1 500万元且市政府出具了收回土地使用权的正式文件,该土地原取得时成本为500万元。下列各项中,符合税法相关规定的是( )。(城市维护建设税税率、教育费附加征收率分别为7%、3%)

A. 该企业土地使用权交易应缴纳的增值税为50万元

B. 应退该企业增值税税额为400万元

C. 该企业应缴纳的教育费附加为8.52万元

D. 该企业应缴纳的城市维护建设税为8.4万元

【参考答案】D

【答案解析】选项A：政府占地支付给企业的补偿收入免征增值税。根据《财政部国家税务总局关于全面推开营业税改征增值税试点的通知》（财税〔2016〕36号）附件3《营业税改征增值税试点过渡政策的规定》第一条第（三十七）项，土地所有者出让土地使用权和土地使用者将土地使用权归还给土地所有者免征增值税。根据《财政部 税务总局关于明确无偿转让股票等增值税政策的公告》（财政部 税务总局公告2020年第40号）第三条，土地所有者依法征收土地，并向土地使用者支付土地及其相关有形动产、不动产补偿费的行为，属于《营业税改征增值税试点过渡政策的规定》（财税〔2016〕36号印发）第一条第（三十七）项规定的土地使用者将土地使用权归还给土地所有者的情形，免征增值税。选项B：增值税应纳税额-280万元的绝对值小于400万元（出口货物的"免抵退"税额），当期应退税额为280万元，所以选项B错误，同时计算出该企业的免抵税额=400-280=120（万元）。选项D：因为当期应纳增值税为负数，该企业计算城市维护建设税和教育费附加的基数仅为该企业的免抵税额，教育费附加=120×3%=3.6（万元），所以选项C错误。城市维护建设税=120×7%=8.4（万元），所以选项D正确。

10. 某企业地处市区，2020年10月被税务机关查补增值税45 000元、消费税25 000元、所得税30 000元；还被加收滞纳金2 000元、被处罚款50 000元。该企业应补缴城市维护建设税和教育费附加合计（　　）元。（城市维护建设税税率、教育费附加征收率分别为7%、3%）

A. 5 000　　　　B. 7 000　　　　C. 8 000　　　　D. 10 000

【参考答案】B

【答案解析】应纳城市维护建设税和教育费附加合计=（45 000+25 000）×（7%+3%）=7 000（元）。

题型二 多项选择题

1. 下列有关城市维护建设税的说法，正确的有(　　)。

A. 某外商投资企业已缴纳增值税，但不需要缴纳城市维护建设税

B. 某企业总机构在甲地，在乙地缴纳增值税，城市维护建设税也在乙地缴纳

C. 某企业已缴纳了增值税，没有缴纳城市维护建设税，可以单独进行处罚

D. 某企业增值税实行先征后返，城市维护建设税同时返还

E. 城市维护建设税的适用税率，一律按纳税人所在地的适用税率执行

【参考答案】BC

【答案解析】选项A：外商投资企业属于城市维护建设税纳税人。选项D：增值税实行先征后返的，不退还城市维护建设税。选项E：根据《财政部 国家税务总局关于城市维护建设税几个具体业务问题的补充规定》（财税〔1985〕143号），城市维护建设税的适用税率，应按纳税人所在地的规定税率执行。但对下列两种情况，可按缴纳"三税"所在地的规定税率就地缴纳城市维护建设税：①由受托方代征代扣产品税、增值税、营业税的单位和个人；②流动经营等无固定纳税地点的单位和个人。根据《明确异地预缴增值税相关城市维护建设税和教育费附加政策》（财税〔2016〕74号）：①纳税人跨地区提供建筑服务、销售和出租不动产的，应在建筑服务发生地、不动产所在地预缴增值税时，以预缴增值税税额为计税依据，并按预缴增值税所在地的城市维护建设税适用税率和教育费附加征收率就地计算缴纳城市维护建设税和教育费附加；②预缴增值税的纳税人在其机构所在地申报缴纳增值税时，以其实际缴纳的增值税税额为计税依据，并按机构所在地的城市维护建设税适用税率和教育费附加征收率就地计算缴纳城市维护建设税和教育费附加。根据《中华人民共和国城市维护建设税法》，按纳税人所在地适用税率，纳税人所在地是指纳税人住所地或者与纳税人生产经营活动相关的其他地点，具体地点由省、自治区、直辖市确定。

2. 某县甲化妆品厂（增值税一般纳税人）2020年5月接受位于市区的乙化妆品厂（增值税一般纳税人）委托生产一批高档化妆品，乙厂提供原料的不含税价为30万元，甲厂收取不含税加工费2万元，当月该批高档化妆品加工完成并全部收回。关于上述业务的税务处理，下列说法中正确的有(　　)。（高档化妆品成本利润率5%，消费税税率15%）

A. 乙厂应自行缴纳城市维护建设税 2 823.53 元

B. 甲厂应代收代缴城市维护建设税 2 823.53 元

C. 甲厂应代收代缴城市维护建设税 3 952.94 元

D. 甲厂应缴纳城市维护建设税 160.00 元

E. 甲厂应缴纳城市维护建设税 130.00 元

【参考答案】BE

【答案解析】甲厂应代收代缴的城市维护建设税 =（300 000 + 20 000）÷（1 - 15%）×15%×5% = 2 823.53（元）。甲厂提供加工劳务，应缴纳城市维护建设税 = 20 000×13%×5% = 130（元）。

3. 根据现行政策规定，下列关于城市维护建设税税率的说法，正确的有（　　）。

A. 某县城高尔夫球具制造厂受托为某市区企业加工制造一批高尔夫球具礼品，其代收代缴城市维护建设税的税率为 7%

B. 某县城高尔夫球具制造厂受托为某市区企业加工制造一批高尔夫球具礼品，其代收代缴城市维护建设税的税率为 5%

C. 流动经营等无固定纳税地点的，按缴纳增值税、消费税所在地的规定税率计算缴纳城市维护建设税

D. 流动经营等无固定纳税地点的，其城市维护建设税适用 1% 的税率

E. 中国铁路总公司应纳城市维护建设税的税率统一为 5%

【参考答案】BCE

【答案解析】选项 A：由受托方代收、代扣增值税、消费税的单位和个人，按纳税人缴纳增值税、消费税所在地的规定税率就地缴纳城市维护建设税。选项 D：流动经营等无固定纳税地点的，按纳税人缴纳增值税、消费税所在地的规定税率就地缴纳城市维护建设税。

4. 下列各项，应作为城市维护建设税计税依据的有（　　）。

A. 纳税人出口货物经批准免抵的增值税税款

B. 纳税人被税务机关查补的消费税税款

C. 增值税留抵退税退还的税款

D. 纳税人因欠缴增值税被加收的滞纳金

E. 纳税人进口货物被海关代征的增值税

【参考答案】AB

【答案解析】 选项C：根据《中华人民共和国城市维护建设税法》和《财政部 税务总局关于增值税期末留抵退税有关城市维护建设税 教育附加和地方教育附加政策的通知》（财税〔2018〕80号），城市维护建设税的计税依据应当按照规定扣除期末留抵退税退还的增值税税额。选项D：纳税人因欠缴增值税被加收的滞纳金作不为城市维护建设税计税依据。选项E：纳税人进口货物被海关代征的增值税不为城市维护建设税计税依据。

5. 关于城市维护建设税，下列说法正确的有（　　）。

A. 纳税人直接缴纳"两税"的，在缴纳"两税"地缴纳城市维护建设税

B. 铁道部应纳城市维护建设税的税率统一确定为5%

C. 由受托方代收、代扣"两税"的，城市维护建设税适用受托方所在地的税率

D. 对增值税实行"先征后返"办法的，城市维护建设税一并返还

E. 县政府设在城市市区，其在市区办的企业城市维护建设税税率为7%

【参考答案】 ABCE

【答案解析】 选项D：对增值税实行"先征后返"办法的，城市维护建设税不得返还。

6. 以下关于城市维护建设税税收优惠的说法，正确的有（　　）。

A. 海关对进口产品代征的增值税、消费税，不征收城市维护建设税

B. 对出口产品退还增值税、消费税的，同时退还城市维护建设税

C. 对软件开发企业即征即退的增值税，可以在增值税退还时，同时退还随增值税附征的城市维护建设税

D. 城市维护建设税原则上是不单独减免的，但因城市维护建设税具有附加税性质，所以当主税发生减免时，城市维护建设税相应发生税收的减免

E. 对国家重大水利工程建设基金免征城市维护建设税

【参考答案】 ADE

【答案解析】 选项B：对出口产品退还增值税、消费税的，不退还已缴纳的城市维护建设税。选项C：增值税、消费税实行先征后退、先征后返、即征即退办法的，对随增值税、消费税附征的城市维护建设税，一律不予退（返）还。

7. 下列关于城市维护建设税的说法，正确的有（　　）。

A. "增值税消费税"补罚的，城市维护建设税也要补罚

B. 经税务局审批的当期免抵的增值税税额，不纳入城市维护建设税计征范围

C. 享受增值税期末留抵退税政策的集成电路企业，退还的增值税期末留抵税额应在计税依据中扣除

D. "增值税消费税"的滞纳金和罚款不作城市维护建设税的计税依据

E. 由于"增值税消费税"减免而发生的退税，不予退还已纳的城市维护建设税

【参考答案】ACD

【答案解析】选项 B：免抵要交，故错误。选项 E：由于"增值税消费税"减免而发生的退税，退还已纳的城市维护建设税。

题型三 判断题

1. 城市维护建设税以纳税人依法应纳缴纳的增值税、消费税税额为计税依据。
（ ）

【参考答案】×

【答案解析】根据《中华人民共和国城市维护建设税法》，城市维护建设税以纳税人依法实际缴纳的增值税、消费税税额为计税依据。

2. 城市维护建设税的计税依据不扣除期末留抵退税退还的增值税税额。（ ）

【参考答案】×

【答案解析】根据《财政部 国家税务总局关于增值税期末留抵退税有关城市维护建设税教育费附加和地方教育附加政策的通知》（财税〔2018〕80号）和《中华人民共和国城市维护建设税法》，城市维护建设税的计税依据应当按照规定扣除期末留抵退税退还的增值税税额。

3. 城市维护建设税计税依据的具体确定办法，由全国人民代表大会常务委员会规定。
（ ）

【参考答案】×

【答案解析】根据《中华人民共和国城市维护建设税法》，城市维护建设税计税依据的具体确定办法，由国务院依据本法和有关税收法律、行政法规规定，报全国人民代表大会常务委员会备案。

4. 凡缴纳增值税、消费税的应税行为就是城市维护建设税的应税行为。（ ）

【参考答案】×

【答案解析】根据《中华人民共和国城市维护建设税法》，对进口货物或者境外单位和个人向境内销售劳务、服务、无形资产缴纳的增值税、消费税税额，不征收城市维护建设税。

5. 按纳税人所在地在规定城市维护建设税差别比率税率，纳税人所在地是指纳税人住所地或者与纳税人生产经营活动相关的其他地点，具体地点由省、自治区、直辖市确定。
（ ）

【参考答案】√

【答案解析】根据《中华人民共和国城市维护建设税法》，城市维护建设税税率如下：①纳税人所在地在市区的，税率为百分之七；②纳税人所在地在县城、镇的，税率为百分之五；③纳税人所在地不在市区、县城或者镇的，税率为百分之一。前款所称纳税人所在地，是指纳税人住所地或者与纳税人生产经营活动相关的其他地点，具体地点由省、自治区、直辖市确定。

6. 城市维护建设税的扣缴义务人为负有增值税、消费税扣缴义务的单位和个人。

（　）

【参考答案】√

【答案解析】根据《中华人民共和国城市维护建设税法》，城市维护建设税的扣缴义务人为负有增值税、消费税扣缴义务的单位和个人，在扣缴增值税、消费税的同时扣缴城市维护建设税。

7. 由受托方代收代缴消费税的，应代收代缴的城市维护建设税按委托方所在地的适用税率计算。

（　）

【参考答案】×

【答案解析】根据《财政部 国家税务总局关于城市维护建设税几个具体业务问题的补充规定》第二条，城市维护建设税的适用税率，应按纳税人所在地的规定税率执行。但对下列两种情况，可按缴纳"三税"所在地的规定税率就地缴纳城市维护建设税：①由受托方代征代扣产品税、增值税、营业税的单位和个人；②流动经营等无固定纳税地点的单位和个人。由受托方代收代缴消费税的，可按缴纳消费税所在地的规定税率就地缴纳城市维护建设税。

8. 进口应税货物征收增值税、消费税，但不征收城市维护建设税；出口货物按规定退还增值税、消费税，但不退还已缴纳的城市维护建设税。

（　）

【参考答案】√

【答案解析】根据《财政部关于贯彻执行〈中华人民共和国城市维护建设税暂行条例〉几个具体问题的规定》第三条，海关对进口产品代征的产品税、增值税，不征收城市维护建设税。根据《财政部 国家税务总局关于城市维护建设税几个具体业务问题的补充规定》第三条，对出口产品退还产品税、增值税的，不退还已纳的城市维护建设税。根据《中华人民共和国城市维护建设税法》第三条，对进口货物或者境外单位和个人向境内销售劳务、服务、无形资产缴纳的增值税、消费税税额，不征收城市维护建设税。

9. 根据现行政策规定，出口产品退还增值税、消费税的，不退还已缴纳的城市维护建设税。

（　）

【参考答案】√

【答案解析】根据《财政部 国家税务总局关于城市维护建设税几个具体业务问题的补充规定》(财税字〔1985〕143号),对出口产品退还消费税、增值税的,不退还已纳的城市维护建设税。

10. 各省、自治区、直辖市政府为重大突发事件应对等情形可以减征或者免征城市维护建设税,报全国人民代表大会常务委员会备案。 ( )

【参考答案】×

【答案解析】根据《中华人民共和国城市维护建设税法》,根据国民经济和社会发展的需要,国务院对重大公共基础设施建设、特殊产业和群体以及重大突发事件应对等情形可以规定减征或者免征城市维护建设税,报全国人民代表大会常务委员会备案。

题型四 实务题

2020年2月,甲省A市建筑公司承接乙省K县的工程项目,并于2020年12月取得该项目的建筑服务价款206万元(含税价),当月支付给分包方C公司分包款51.5万(含税价,C公司为一般纳税人,A市建筑公司选择简易计税)。A市建筑公司机构所在地为A,增值税一般纳税人,2020年10月承接甲省J市的工程项目,2020年12月取得该项目的建筑服务价款545万元(含税价),当月支付给分包方B公司分包款109万元(含税价,B公司为一般纳税人,A市建筑公司提供的为清包工服务,未选择简易计税)。当月取得进项税额50万元(包含用于K地简易计税项目的进项税额15万元)。(K县的项目为清包工服务;假设K地主管税务机关缴纳城市维护建设税税率和教育费附加征收率分别为5%、3%;J地主管税务机关缴纳城市维护建设税税率和教育费附加征收率分别为7%、3%;A地主管税务机关缴纳城市维护建设税税率和教育费附加征收率分别为7%、3%)。

根据上述资料,回答下列问题:

1. (单项选择题)A市建筑公司应在K地主管税务机关缴纳城市维护建设税和教育费附加(   )。

   A. 0.36万元　　　　B. 0.3万元　　　　C. 0.26万元　　　　D. 0.34万元

2. (单项选择题)A市建筑公司应在J地主管税务机关缴纳城市维护建设税和教育费附加

   A. 1.2万元　　　　B. 3.6万元　　　　C. 0.8万元　　　　D. 1.8万元

3. (单项选择题)应在A地主管税务机关缴纳城市维护建设税和教育费附加(   )。

   A. 0.2万元　　　　B. 0.09万元　　　　C. 0.29万元　　　　D. 0万元

【参考答案】 1. A;2. C;3. A

【答案解析】

1. 跨市(区)提供建筑服务,小规模纳税人与选择简易计税方法一般纳税人,以取得的全部价款和价外费用扣除支付的分包款后的余额,按照3%的征收率在建筑服务发生地预缴税款。

A市建筑公司应在K地主管税务机关预缴增值税。

应预缴税款=（206-51.5）÷（1+3%）×3%=4.5（万元）。

应在K地主管税务机关缴纳城市维护建设税和教育费附加=4.5×（5%+3%）=0.36（万元）。

2. A建筑公司应在J地主管税务机关预缴增值税。

应预缴税款=（545-109）÷（1+9%）×2%=8（万元）。

应在J地主管税务机关缴纳城市维护建设税和教育费附加=8×（7%+3%）=0.8（万元）。

3. A建筑公司应在A地主管税务机关应申报增值税=（206-51.5）÷（1+3%）×3%+545÷（1+9%）×9%-（50-15）-4.5-8=2（万元）。

应在A地主管税务机关缴纳城市维护建设税和教育费附加=2×（7%+3%）=0.2（万元）。

模块十七 社会保险费政策与管理

题型一 单项选择题

1. 下列关于我国社会保险制度的表述，错误的是(   )。

A. 社会保险制度坚持广覆盖、保基本、多层次、可持续的方针，社会保险水平应当与经济社会发展水平相适应

B. 国家通过税收优惠政策支持社会保险事业

C. 个人依法享受社会保险待遇，有权监督本单位为其缴费情况

D. 社会保险和商业保险都具有营利性目标

【参考答案】D

【答案解析】社会保险不具有营利性目标。

2. 李某是经营服装店的个体工商户，没有雇工，下列关于李某参加社会保险的表述错误的是(   )。

A. 李某可以参加企业职工基本养老保险

B. 李某可以参加城乡居民基本养老保险

C. 李某不可以参加企业职工基本养老保险

D. 李某可以参加城镇职工基本医疗保险

【参考答案】C

【答案解析】根据相关规定，无雇工的个体工商户、未在用人单位参加基本养老保险的非全日制从业人员以及其他灵活就业人员可以参加企业职工基本养老保险和城镇职工基本医疗保险，也可以参加城乡居民基本养老保险和城乡居民基本医疗保险。

3. 下列关于企业年金的表述，错误的是(   )。

A. 企业年金是企业及其职工在依法参加基本养老保险的基础上，自主建立的补充养老保险制度

B. 企业年金所需费用由企业和职工个人共同缴纳

C. 国家鼓励企业建立企业年金

D. 企业年金具有强制性

【参考答案】D

【答案解析】企业年金属于补充养老保险,不具有强制性。

题型二 多项选择题

1. 为贯彻落实习近平总书记关于新冠肺炎疫情防控工作的重要指示精神,纾解企业困难,推动企业有序复工复产,支持稳定和扩大就业,自2020年2月起阶段性减免企业社会保险费,具体包括( )。

A. 企业基本养老保险费 B. 城乡居民基本医疗保险费
C. 失业保险费 D. 工伤保险费
E. 生育保险费

【参考答案】ACD

【答案解析】根据《人力资源社会保障部 财政部 税务总局关于阶段性减免企业社会保险费的通知》(人社部发〔2020〕11号),为贯彻落实习近平总书记关于新冠肺炎疫情防控工作的重要指示精神,纾解企业困难,推动企业有序复工复产,支持稳定和扩大就业,根据社会保险法有关规定,经国务院同意,阶段性减免企业基本养老保险、失业保险、工伤保险(简称三项社会保险)单位缴费部分。

2. 《中华人民共和国社会保险法》第四条规定:中华人民共和国境内的用人单位和个人依法缴纳社会保险费,其中个人依法缴纳的社会保险费包括( )。

A. 基本养老保险费 B. 基本医疗保险费
C. 失业保险费 D. 工伤保险费
E. 生育保险费

【参考答案】ABC

【答案解析】根据《中华人民共和国社会保险法》,中华人民共和国境内的用人单位依法缴纳的社会保险费包括基本养老保险费、基本医疗保险费、失业保险费、工伤保险费和生育保险费,个人依法缴纳的社会保险费包括基本养老保险费、基本医疗保险费和失业保险费。

3. 对于以个人身份参加企业职工基本养老保险的个体工商户和各类灵活就业人员,下列关于2020年缴纳基本养老保险费的说法,正确的有( )。

A. 2020年缴纳基本养老保险费确有困难的,可自愿暂缓缴费

B. 2021年可继续缴费,缴费年限累计计算

C. 对2020年未缴费月度,可于2021年底前进行补缴

D. 缴费基数在2021年当地个人缴费基数上下限范围内自主选择

E. 缴费费率为24%

【参考答案】ABCD

【答案解析】根据《人力资源社会保障部 财政部 税务总局关于延长阶段性减免企业社会保险费政策实施期限等问题的通知》（人社部发〔2020〕49号），以个人身份参加企业职工基本养老保险的个体工商户和各类灵活就业人员，2020年缴纳基本养老保险费确有困难的，可自愿暂缓缴费。2021年可继续缴费，缴费年限累计计算；对2020年未缴费月度，可于2021年底前进行补缴，缴费基数在2021年当地个人缴费基数上下限范围内自主选择。缴费费率为20%。

题型三 判断题

1. 职工应当参加基本养老保险,由用人单位和职工共同缴纳基本养老保险费;用人单位和职工缴纳的基本养老保险费均记入基本养老保险统筹基金。( )

【参考答案】×

【答案解析】基本养老保险实行社会统筹与个人账户相结合;用人单位缴纳的基本养老保险费记入基本养老保险统筹基金,职工缴纳的基本养老保险费记入个人账户。

2. 职业年金,是指机关事业单位及其工作人员在参加机关事业单位基本养老保险的基础上,建立的补充养老保险制度;职业年金所需费用由单位承担,职工个人不需要承担职业年金费用。( )

【参考答案】×

【答案解析】职业年金所需费用由单位和工作人员个人共同承担。单位缴纳职业年金费用的比例为本单位工资总额的8%,个人缴费比例为本人缴费工资的4%,由单位代扣。单位和个人缴费基数与机关事业单位工作人员基本养老保险缴费基数一致。

3. 根据《人力资源社会保障部 财政部 税务总局关于延长阶段性减免企业社会保险费政策实施期限等问题的通知》(人社部发〔2020〕49号),各省2020年社会保险个人缴费基数上、下限可继续执行2019年个人缴费基数上、下限标准。( )

【参考答案】×

【答案解析】根据《人力资源社会保障部 财政部 税务总局关于延长阶段性减免企业社会保险费政策实施期限等问题的通知》(人社部发〔2020〕49号),各省2020年社会保险个人缴费基数下限可继续执行2019年个人缴费基数下限标准,个人缴费基数上限按规定正常调整。

模块十八　非税收入政策与管理①

题型一　单项选择题

1. 《国税地税征管体制改革方案》中明确提出，合理确定非税收入征管职责划转到税务部门的范围所遵照的原则是(　　)。

   A. 便民、高效　　　　　　　　B. 科学、高效

   C. 依法保留、适宜划转　　　　D. 成熟一批、划转一批

   【参考答案】A

   【答案解析】根据《中共中央办公厅国务院办公厅印发〈国税地税征管体制改革方案〉》，按照便民、高效的原则，合理确定非税收入征管职责划转到税务部门的范围，对依法保留、适宜划转的非税收入项目成熟一批划转一批，逐步推进。

2. 下列有关非税收入的表述正确的是(　　)。

   A. 非税收入纳入政府预算外收入管理　　B. 中央银行收入属于非税收入

   C. 社会保险费属于非税收入　　　　　　D. 特许经营收入不属于非税收入

   【参考答案】B

   【答案解析】根据《政府非税收入管理办法》第四条，非税收入是政府财政收入的重要组成部分，应当纳入财政预算管理。因此，选项A错误。根据《政府非税收入管理办法》第三条，非税收入具体包括：①行政事业性收费收入；②政府性基金收入；③罚没收入；④国有资源（资产）有偿使用收入；⑤国有资本收益；⑥彩票公益金收入；⑦特许经营收入；⑧中央银行收入；⑨以政府名义接受的捐赠收入；⑩主管部门集中收

---

① 2021年6月4日，财政部、自然资源部、国家税务总局、人民银行公开了《财政部 自然资源部 税务总局 人民银行关于将国有土地使用权出让收入、矿产资源专项收入、海域使用金、无居民海岛使用金四项政府非税收入划转税务部门征收有关问题的通知》（财综〔2021〕19号），决定将由自然资源部门征收的国有土地使用权出让收入等四项非税收入，全部划转给税务部门负责征收。其中河北、上海等七地自7月1日开始试点，2022年1月1日起在全国全面实施这项征管划转工作。

入；⑪政府收入的利息收入；⑫其他非税收入。本办法所称非税收入不包括社会保险费、住房公积金（指计入缴存人个人账户部分）。因此，选项B正确，选项C、D均错误。

3. 非税收入是我国财政收入的重要组成部分，下列选项中不属于政府非税收入的是（　　）。

A. 罚没收入　　　　　　　　　B. 住房公积金

C. 特许经营收入　　　　　　　D. 中央银行收入

【参考答案】B

【答案解析】根据《政府非税收入管理办法》第三条，非税收入具体包括行政事业性收费收入、政府性基金收入、罚没收入、国有资源（资产）有偿使用收入、彩票公益金收入、特许经营收入、中央银行收入、以政府名义接受的捐赠收入、主管部门集中收入、政府收入的利息收入、其他非税收入。不包含社会保险费、住房公积金。

4. 下列选项，属于非税收入项目的是（　　）。

A. 用人单位缴纳的基本养老保险费　　B. 职工个人缴纳的基本医疗保险费

C. 计入缴存人个人账户的住房公积金　　D. 中央银行收入

【参考答案】D

【答案解析】根据《政府非税收入管理办法》第三条，非税收入具体包括：①行政事业性收费收入；②政府性基金收入；③罚没收入；④国有资源（资产）有偿使用收入；⑤国有资本收益；⑥彩票公益金收入；⑦特许经营收入；⑧中央银行收入；⑨以政府名义接受的捐赠收入；⑩主管部门集中收入；⑪政府收入的利息收入；⑫其他非税收入。本办法所称非税收入不包括社会保险费、住房公积金（指计入缴存人个人账户部分）。选项A、B、C均不属于非税收入项目。

5. 根据《政府非税收入管理办法》中的分类，非税收入包括行政事业性收入、政府性基金收入、国有资本收益、主管部门集中收入等12类，教育费附加属于（　　）。

A. 行政事业性收入　　　　　　B. 政府性基金收入

C. 国有资本收益　　　　　　　D. 主管部门集中收入

【参考答案】B

【答案解析】根据《全国政府性基金目录清单》，教育费附加属于政府性基金收入。

6. 下列选项，属于2019年1月1日划转税务机关征收的非税收入项目是（　　）。

A. 教育费附加　　　　　　　　B. 农网还贷基金

C. 地方教育费附加　　　　　　　　D. 残疾人就业保障金

【参考答案】B

【答案解析】教育费附加、地方教育附加、残疾人就业保障金属于2019年前税务机关已征收的非税收入项目。

7. 教育费附加、地方教育费附加的征收加快了地方教育事业的发展，扩大了地方教育经费的来源，教育费附加和地方教育费附加的附加率分别为(　　)。

A. 3%、2%　　　B. 2%、3%　　　C. 5%、3%　　　D. 3%、5%

【参考答案】A

【答案解析】根据《征收教育费附加的暂行规定》第三条，教育费附加，以各单位和个人实际缴纳的增值税、营业税、消费税的税额为计征依据，教育费附加率为3%，分别与增值税、营业税、消费税同时缴纳。根据《国务院关于进一步加大财政教育投入的意见》第三条，地方教育附加统一按增值税、消费税、营业税实际缴纳税额的2%征收。

8. 根据教育费附加的现行规定，下列属于教育费附加计征依据的是(　　)。

A. 企业缴纳的企业所得税　　　　　B. 企业拖欠消费税加收的滞纳金
C. 个体工商户偷税被处的增值税罚款　D. 外资商场检查补缴的增值税

【参考答案】D

【答案解析】根据《关于征收教育费附加的暂行规定》第三条，教育费附加，以各单位和个人实际缴纳的增值税、营业税、消费税的税额为计征依据，教育费附加率为3%，分别与增值税、营业税、消费税同时缴纳。选项A、B、C的内容均不属于教育费附加计征依据。

9. 2019年12月，某增值税一般纳税人按月申报销售额78 000元，当期无可抵扣进项税额，实际缴纳增值税10 140元，若不考虑其他因素，该纳税人当月应纳教育费附加（3%）、地方教育附加（2%）合计金额是(　　)。

A. 507.00元　　　B. 456.30元　　　C. 304.20元　　　D. 0元

【参考答案】D

【答案解析】根据《财政部 国家税务总局关于扩大有关政府性基金免征范围的通知》，将免征教育费附加、地方教育附加、水利建设基金的范围，由现行按月纳税的月销售额或营业额不超过3万元（按季度纳税的季度销售额或营业额不超过9万元）的缴纳义务人，扩大到按月纳税的月销售额或营业额不超过10万元（按季度纳税的季度销售额或营业额不超过30万元)的缴纳义务人。

10. A 公司为增值税一般纳税人,2020年3月份缴纳了增值税10万元、滞纳金3 000元、税务罚款2 000元。该公司应当缴纳教育费附加金额是(   )。

  A. 0 元   B. 3 000 元   C. 3 090 元   D. 3 150 元

【参考答案】B

【答案解析】根据《国务院关于修改〈征收教育费附加的暂行规定〉的决定》第三条,教育费附加以各单位和个人实际缴纳的增值税、营业税、消费税的税额为计征依据,不含滞纳金和罚款。该公司应当缴纳教育附加金额 = 100 000 × 3% = 3 000(元)。

11. 自2019年度开始实施的小微企业普惠性税收减免政策中,有权决定在50%的税额幅度内减征教育费附加、地方教育附加的部门是(   )。

  A. 主管税务机关   B. 省一级税务局
  C. 省人民政府   D. 主管税务机关所在同级地方政府

【参考答案】C

【答案解析】根据《财政部税务总局关于实施小微企业普惠性税收减免政策的通知》第三条,省、自治区、直辖市人民政府根据本地区实际情况,以及宏观调控需要确定,对增值税小规模纳税人可以在50%的税额幅度内减征资源税、城市维护建设税、房产税、城镇土地使用税、印花税(不含证券交易印花税)、耕地占用税和教育费附加、地方教育附加。

12. 某市区甲企业为增值税一般纳税人,2020年3月被查补增值税50 000元、消费税50 000元、所得税30 000元,加收滞纳金2 000元、罚款8 000元,当地地方教育附加计征率为2%。该企业应补缴教育费附加、地方教育附加合计金额是(   )。

  A. 5 000 元   B. 6 500 元   C. 6 600 元   D. 7 000 元

【参考答案】A

【答案解析】根据《国务院关于修改〈征收教育费附加的暂行规定〉的决定》第三条,教育费附加以各单位和个人实际缴纳的增值税、营业税、消费税的税额为计征依据,因此计税依据不包括所得税额、滞纳金和罚款。应补缴的城市维护建设税、教育费附加和地方教育附加合计 = (50 000 + 50 000) × (3% + 2%) = 5 000(元)。

13. 根据现行小微企业普惠性税收减免政策规定,对增值税小规模纳税人教育费附加、地方教育附加的减征幅度最高为(   )。

  A. 100%   B. 80%   C. 50%   D. 20%

【参考答案】C

【答案解析】根据《财政部、税务总局关于实施小微企业普惠性税收减免政策的通知》第三条，省、自治区、直辖市人民政府根据本地区实际情况，以及宏观调控需要确定，对增值税小规模纳税人可以在50%的税额幅度内减征资源税、城市维护建设税、房产税、城镇土地使用税、印花税（不含证券交易印花税）、耕地占用税和教育费附加、地方教育附加。

14. 下列关于残疾人就业保障金的说法，不正确的是（　　）。

A. 自2020年1月1日起至2022年12月31日，对在职职工总数30人（含）以下的企业，暂免征收残保金

B. 残保金征收标准上限按当地社会平均工资的2倍执行

C. 采用劳务派遣方式安置残疾人的，由派遣单位、接受单位协商在一方计算安排残疾就业人数、在职职工人数，不得重复计算

D. 自2020年1月1日起至2022年12月31日，用人单位安排残疾人就业比例1%（含）以上但低于本省区市规定比例的，残保金按应缴费额90%征收

【参考答案】D

【答案解析】政策依据：《国家发展改革委 财政部 民政部 人力资源社会保障部 税务总局 中国残联关于印发〈关于完善残疾人就业保障金制度更好促进残疾人就业的总体方案〉的通知》（发改价格规〔2019〕2015号）。

15. 某电视机生产企业2021年一个季度实现电视机的销售数量为135 000台，其中出口销售数量为80 000台，国内销售数量为55 000台，那么填报《废弃电器电子产品处理基金申报表》时，在"应征销售数量"栏填列（　　）台。

A. 0　　　　　　B. 55 000　　　　　　C. 80 000　　　　　　D. 135 000

【参考答案】B

【答案解析】基金缴纳义务人出口电器电子产品免征基金。此案例中填报《废弃电器电子产品处理基金申报表》时，在"本期销售数量"栏填列135 000台、"应征销售数量"栏填列55 000台、"出口免征销售数量栏"填列80 000台。

16. 下列关于场外核应急专项收入的说法，不正确的是（　　）。

A. 基建期按设计额定容量每千瓦5元人民币的标准缴纳

B. 运行期按年度上网销售电量每千瓦时0.2厘人民币的标准缴纳

C. 基建应在核电工程浇灌第一罐混凝土的当年起三年内按规定承担数额的30%、

30%和40%分年度缴清

D. 运行期应在商业运行后的次年开始，根据上一年的实际上网销售电量按规定标准缴纳

【参考答案】C

【答案解析】核电企业承担上缴的场外核应急专项收入，基建期应在核电工程浇灌第一罐混凝土的当年起三年内按规定承担数额的30%、40%和30%分年度缴清，所以选项C说法不正确。

17. 下列关于教育费附加的说法，不正确的是( )。

A. 凡代征增值税、消费税（简称两税）的单位和个人，亦为代征教育费附加的义务人

B. 对海关进口的产品征收的"两税"，不征收教育费附加

C. 对出口产品退还"两税"的，同时退还已征的教育费附加

D. 自2016年2月1日起，对月销售额或营业额不超过10万元（按季度纳税的季度销售额或营业额不超过30万元）的"两税"纳税人免征教育费附加

【参考答案】C

【答案解析】对由于减免"两税"而发生退税的，可以同时退还已征收的教育费附加。但对出口产品退还"两税"的，不退还已征的教育费附加。所以选项C说法不正确。

18. 下列关于废弃电器电子产品处理基金的说法，不正确的是( )。

A. 电器电子产品生产者应缴纳的基金，由税务局负责征收

B. 受托加工应征基金产品，基金缴纳义务人只收取加工费的，为委托方提货的当天

C. 基金缴纳义务人受托加工生产应征基金产品的，不论原料和主要材料由何方提供，不论在财务上是否做销售处理，均由委托方缴纳基金

D. 基金缴纳义务人违反基金征收管理规定的，税务机关比照税收违法行为予以行政处罚

【参考答案】C

【答案解析】基金缴纳义务人受托加工生产应征基金产品的，不论原料和主要材料由何方提供，不论在财务上是否做销售处理，均由受托方缴纳基金。

19. 下列关于防空地下室易地建设费减免的说法，不正确的是( )。

A. 享受政府优惠政策建设的廉租房、经济适用房等居民住房，减半收取

B. 新建幼儿园、学校教学楼、养老院及为残疾人修建的生活服务设施等民用建筑，予以免收

C. 临时民用建筑和不增加面积的危房翻新改造商品住宅项目，予以免收

D. 因遭受水灾、火灾或其他不可抗拒的灾害造成损坏后按原面积修复的民用建筑，予以免收

【参考答案】B

【答案解析】新建幼儿园、学校教学楼、养老院及为残疾人修建的生活服务设施等民用建筑，减半收取。选项 B 说法不正确。

20. 下列选项，属于 2021 年 7 月 1 日全国全面划转税务机关征收的是（　　）。

A. 水土保持补偿费　　　　　　B. 土地闲置费

C. 国有土地使用权出让收入　　D. 排污权出让收入

【参考答案】B

【答案解析】根据党中央、国务院关于政府非税收入（以下简称"非税收入"）征管职责划转的有关要求，国家税务总局发布《国家税务总局关于水土保持补偿费等政府非税收入项目征管职责划转有关事项的公告》（国家税务总局公告 2020 年第 21 号），要求自 2021 年 1 月 1 日起，水土保持补偿费、地方水库移民扶持基金、排污权出让收入、防空地下室易地建设费划转至税务部门征收。征收范围、征收对象、征收标准等政策仍按现行规定执行。所以选项 A、D 均错误。

2021 年 3 月 26 日，财政部发布《财政部关于土地闲置费、城镇垃圾处理费划转税务部门征收的通知》（财税〔2021〕8 号），要求自 2021 年 7 月 1 日起，将自然资源部门负责征收的土地闲置费、住房城乡建设等部门负责征收的按行政事业性收费管理的城镇垃圾处理费划转至税务部门征收。所以选项 B 正确。

2021 年 6 月 4 日，财政部、自然资源部、国家税务总局、人民银行公开了《财政部 自然资源部 税务总局 人民银行关于将国有土地使用权出让收入、矿产资源专项收入、海域使用金、无居民海岛使用金四项政府非税收入划转税务部门征收有关问题的通知》（财综〔2021〕19 号），决定将由自然资源部门征收的上述四项非税收入，全部划转给税务部门负责征收。其中河北、上海等七地自 7 月 1 日开始试点，2022 年 1 月 1 日起在全国全面实施这项征管划转工作。所以选项 C 错误。

21. 下列关于矿业权出让收益的说法，不正确的是（　　）。

A. 探矿权人转让探矿权，未缴纳的探矿权出让收益由转让人承担缴纳义务

B. 探矿权未转为采矿权的，剩余探矿权出让收益不再缴纳

C. 通过协议方式出让矿业权的，矿业权出让收益按照评估价值、市场基准价就高确定

D. 竞争出让矿业权，以出让金额为标的的，矿业权出让收益底价不得低于矿业权市场基准价

【参考答案】A

【答案解析】探矿权人转让探矿权，未缴纳的探矿权出让收益由受让人承担缴纳义务。

题型二 多项选择题

1. 《财政部 税务总局关于实施小微企业普惠性税收减免政策的通知》规定，2019年1月1日至2021年12月31日由省、自治区、直辖市人民政府根据本地区实际情况，对增值税小规模纳税人可以在50%的税额幅度内减征的非税收入项目包括(　　)。

    A. 教育费附加　　　　　　　　B. 文化事业建设费

    C. 地方教育费附加　　　　　　D. 残疾人就业保障保金

    E. 免税商品特许经营费

    【参考答案】AC

    【答案解析】《财政部 税务总局关于实施小微企业普惠性税收减免政策的通知》第三条规定：由省、自治区、直辖市人民政府根据本地区实际情况，以及宏观调控需要确定，对增值税小规模纳税人可以在50%的税额幅度内减征资源税、城市维护建设税、房产税、城镇土地使用税、印花税（不含证券交易印花税）、耕地占用税和教育费附加、地方教育费附加。第六条规定：本通知执行期限为2019年1月1日至2021年12月31日。

2. 下列选项，属于自2019年1月1日起划转至税务部门征收的非税收入项目有(　　)。

    A. 农网还贷资金　　　　　　　B. 废弃电器电子产品处理基金

    C. 国家重大水利工程建设基金　D. 残疾人保障金

    E. 土地闲置费

    【参考答案】AC

    【答案解析】根据《国家税务总局关于国家重大水利工程建设基金等政府非税收入项目征管职责划转有关事项的公告》，自2019年1月1日起，原由财政部驻地方财政监察专员办事处负责征收的国家重大水利工程建设基金、农网还贷资金、可再生能源发展基金、中央水库移民扶持基金（含大中型水库移民后期扶持基金、三峡水库库区基金、跨省际大中型水库库区基金）、三峡电站水资源费、核电站乏燃料处理处置基金、免税商品特许经营费、油价调控风险准备金、核事故应急准备专项收入，以及国家留成油收入、石油特别收益金，划转至税务部门征收。选项A、C正确。

3. 《政府非税收入管理办法》规定非税收入包括(　　)。

A. 失业保险费 B. 罚没收入

C. 中央银行收入 D. 生育保险费

E. 政府收入的利息收入

【参考答案】BCE

【答案解析】根据《政府非税收入管理办法》，非税收入不包括社会保险费、住房公积金（指计入缴存人个人账户部分）。选项A、D均为社会保险费，不属于非税收入。

4. 下列有关非税收入的说法，错误的有(　　)。

A. 非税收入纳入政府预算外收入管理 B. 各级税务机关是非税收入的主管部门

C. 住房公积金不属于非税收入 D. 以政府名义接受的捐赠不属于非税收入

E. 彩票公益金是非税收入

【参考答案】ABD

【答案解析】根据《政府非税收入管理办法》，非税收入包括：①行政事业性收费收入；②政府性基金收入；③罚没收入；④国有资源（资产）有偿使用收入；⑤国有资本收益；⑥彩票公益金收入；⑦特许经营收入；⑧中央银行收入；⑨以政府名义接受的捐赠收入；⑩主管部门集中收入；⑪政府收入的利息收入；⑫其他非税收入。但不包括社会保险费、住房公积金（指计入缴存人个人账户部分）。选项C、E正确。

5. 自2021年1月1日起，下列（　　）项目划转至税务部门征收。

A. 水土保持补偿费 B. 中央水库移民扶持基金

C. 排污权出让收入 D. 防空地下室易地建设费

E. 土地闲置费

【参考答案】ACD

【答案解析】选项B：自2021年1月1日起，水土保持补偿费、地方水库移民扶持基金、排污权出让收入、防空地下室易地建设费划转至税务部门征收。选项E：自2021年7月1日起，将自然资源部门负责征收的土地闲置费、住房城乡建设等部门负责征收的按行政事业性收费管理的城镇垃圾处理费划转至税务部门征收。

6. 教育费附加的征收加快了地方教育事业的发展，扩大了地方教育经费的来源。教育费附加的缴费人包括(　　)。

A. 缴纳消费税的单位和个人 B. 缴纳烟叶税的单位和个人

C. 缴纳增值税的单位和个人 D. 缴纳环境保护税的单位和个人

E. 缴纳资源税的单位和个人

【参考答案】 AC

【答案解析】《征收教育费附加的暂行规定》第二条规定：凡缴纳消费税、增值税、营业税的单位和个人，除按照《国务院关于筹措农村学校办学经费的通知》的规定，缴纳农村教育事业费附加的单位外，都应当依照本规定缴纳教育费附加。

7. 教育费附加的缴费人包括按规定缴纳增值税、消费税的(　　)。

A. 外资企业　　　　　　　　B. 国有企业

C. 外国企业　　　　　　　　D. 一人有限公司

E. 个体工商户

【参考答案】 ABCDE

【答案解析】根据《财政部关于统一地方教育附加政策有关问题的通知》，所有缴纳增值税、消费税的单位和个人（包括外商投资企业、外国企业及外籍个人），按规定缴纳地方教育附加。

8. 下列选项，应当按照规定缴纳地方教育附加的有(　　)。

A. 出口货物适用征税政策缴纳增值税的外贸企业

B. 缴纳增值税的外籍个人

C. 提供应税劳务缴纳增值税的事业单位

D. 委托加工代收代缴消费税的委托企业

E. 缴纳消费税的外商投资企业

【参考答案】 ABCE

【答案解析】根据《财政部关于统一地方教育附加政策有关问题的通知》，所有缴纳增值税、消费税的单位和个人（包括外商投资企业、外国企业及外籍个人），按规定缴纳地方教育附加。选项D：代收代缴消费税的受托加工企业应就地缴纳附征的地方教育附加。

9. 教育费附加的计征依据包括(　　)。

A. 进口货物代征的增值税额　　　　B. 进口货物代征的消费税额

C. 委托加工代收的消费税额　　　　D. 出口货物缴纳的增值税额

E. 出口货物缴纳的消费税额

【参考答案】 CDE

【答案解析】选项A、B：《根据财政部关于征收教育费附加几个具体问题的通知》，海关对进口产品征收的消费税、增值税，不征收教育费附加。

10. 地方教育附加的计征依据是纳税人实际缴纳的( )。

　　A. 消费税税额　　　　　　　　B. 增值税税额

　　C. 所得税税额　　　　　　　　D. 加收的滞纳金

　　E. 税收罚款

【参考答案】 AB

【答案解析】 根据《财政部关于统一地方教育附加政策有关问题的通知》，地方教育附加征收标准统一为单位和个人（包括外商投资企业、外国企业及外籍个人）实际缴纳的增值税和消费税税额的2%。

11. 下列关于教育费附加说法，正确的有( )。

　　A. 海关对进口产品代征消费税的，不代征教育费附加

　　B. 对于因减免税而需要进行增值税、消费税退库的，教育费附加可同时退库

　　C. 教育费附加计征依据是实际缴纳的增值税、消费税的税额，不包括加收的滞纳金

　　D. 经审核批准的当期免抵的增值税税额，应按规定缴纳教育费附加

　　E. 流动经营无固定纳税地点的单位和个人，不缴纳教育费附加

【参考答案】 ABCD

【答案解析】 选项E：根据《国务院关于征收教育费附加的暂行规定》，凡缴纳消费税、增值税、营业税的单位和个人，除按照《国务院关于筹措农村学校办学经费的通知》的规定，缴纳农村教育事业费附加的单位外，都应当依照本规定缴纳教育费附加。

12. 自2016年2月1日起，免征教育费附加、地方教育附加的范围包括( )。

　　A. 按月纳税的月销售额或营业额不超过3万元的缴费人

　　B. 按月纳税的月销售额或营业额不超过9万元的缴费人

　　C. 按月纳税的月销售额或营业额不超过10万元的缴费人

　　D. 按季纳税的季度销售额或营业额不超过9万元的缴费人

　　E. 按季纳税的季度销售额或营业额不超过30万元的缴费人

【参考答案】 ABCDE

【答案解析】 根据《财政部 国家税务总局关于扩大有关政府性基金免征范围的通知》，将免征教育费附加、地方教育附加、水利建设基金的范围，由现行按月纳税的月销售额或营业额不超过3万元（按季度纳税的季度销售额或营业额不超过9万元）的缴纳义务人，扩大到按月纳税的月销售额或营业额不超过10万元（按季度纳税的季度销售额或营业额不超过30万元）的缴纳义务人。

13. 实施小微企业普惠性税收减免政策中，下列可以享受在50%的幅度内减征教育费附加、地方教育附加优惠政策的有( )。

A. 未享受过教育费附加、地方教育附加其他优惠的增值税一般纳税人

B. 未享受过教育费附加、地方教育附加其他优惠的增值税小规模纳税人

C. 已享受过教育费附加、地方教育附加其他优惠的增值税一般纳税人

D. 已享受过教育费附加、地方教育附加其他优惠的增值税小规模纳税人

E. 所有增值税纳税人

【参考答案】BD

【答案解析】根据《财政部 国家税务总局关于实施小微企业普惠性税收减免政策的通知》，由省、自治区、直辖市人民政府根据本地区实际情况，以及宏观调控需要确定，对增值税小规模纳税人可以在50%的税额幅度内减征教育费附加、地方教育附加。增值税小规模纳税人已依法享受地方教育附加其他优惠政策的，可叠加享受。选项B、D正确。

14. 按规定办理退（返）增值税、消费税时，对已附征教育费附加不予退（返）还的有( )。

A. 实行先征后退办法申报缴纳的增值税

B. 实行先征后返办法申报缴纳的消费税

C. 纳税人发现超过应缴税额申报缴纳的增值税

D. 实行即征即退办法申报缴纳的增值税

E. 税务机关发现超过应缴税额申报缴纳的消费税

【参考答案】ABD

【答案解析】根据《财政部 国家税务总局关于增值税营业税消费税实行先征后返等办法有关城市维护建设税和教育费附加政策的通知》，对增值税、消费税实行先征后返、先征后退、即征即退办法的，除另有规定外，对随"三税"附征的城市维护建设税和教育费附加，一律不予退（返）还。选项C、E应当一并退还已附征的教育费附加。

15. 为促进残疾人就业，保障残疾人的劳动权利，用人单位应当按照一定比例安排残疾人就业，未按规定安排残疾人就业的经济主体中，属于残疾人就业保障金征收对象的有( )。

A. 企业 B. 机关 C. 团体 D. 事业单位

E. 个体工商户

【参考答案】 ABCD

【答案解析】 根据《残疾人就业保障金征收使用管理办法》第一章第二条，残疾人就业保障金是为保障残疾人权益，由未按规定安排残疾人就业的机关、团体、企业、事业单位和民办非企业单位缴纳的资金。

16. 下列情形，符合农网还贷资金免征范围的有（　　）。

A. 农业排灌用电　　　　　　　　B. 抗灾救灾用电

C. 自备电厂自用电量　　　　　　D. 国有重点煤炭企业生产用电

E. 核工业铀扩散厂生产用电

【参考答案】 ABC

【答案解析】 农网还贷资金减免范围包括：①农业排灌、抗灾救灾及氮肥、磷肥、钾肥和原化工部颁发生产许可证的复合肥生产用电免征农网还贷资金；②自备电厂自用电量免征农网还贷资金；③国有重点煤炭企业生产用电、核工业铀扩散厂和堆化工厂生产用电农网还贷资金暂按每千瓦时用电量三厘钱标准征收。

17. 可再生能源发展基金是指国家为了促进可再生能源发展而设立的政府性基金。下列纳入可再生能源电价附加征收范围的销售电量包括（　　）。

A. 省级电网企业（含各级子公司）销售给电力用户的电量

B. 省级电网企业趸售给各级子公司的电量

C. 企业自备电厂自发自用电量

D. 省级电网企业对境外销售电量

E. 省级电网企业销售给地方独立电网的电量

【参考答案】 ACD

【答案解析】 各省、自治区、直辖市纳入可再生能源电价附加征收范围的销售电量包括：省级电网企业（含各级子公司）销售给电力用户的电量；省级电网企业扣除合理线损后的趸售电量（即实际销售给转供单位的电量，不含趸售给各级子公司的电量）；省级电网企业对境外销售电量；企业自备电厂自发自用电量；地方独立电网（含地方供电企业）销售电量（不含省级电网企业销售给地方独立电网的电量）；大用户与发电企业直接交易的电量。选项B、E不正确。

18. 中央水库移民扶持基金由（　　）合并而来。

A. 大中型水库移民后期扶持基金　　B. 跨省（区、市）大中型水库库区基金

C. 三峡水库库区基金　　　　　　　D. 省级大中型水库库区基金

E. 小型水库移民扶助基金

【参考答案】ABC

【答案解析】中央水库移民扶持基金由大中型水库移民后期扶持基金、跨省（区、市）大中型水库库区基金、三峡水库库区基金合并而来。地方水库移民扶持基金由省级大中型水库库区基金和小型水库移民扶助基金组成。

19. 国家留成油是指在中华人民共和国陆地领域和所辖海域对外合作勘探开发生产石油的企业，按规定缴纳（　　）后，在余额油分配时根据石油合同的约定比例留给国家的权益，是以实物形态表现的财政资金。

A. 增值税　　　　B. 消费税　　　　C. 企业所得税　　　D. 矿区使用费

E. 资源税

【参考答案】AD

【答案解析】国家留成油是指在中华人民共和国陆地领域和所辖海域对外合作勘探开发生产石油的企业，按规定缴纳增值税和矿区使用费后，在余额油分配时根据石油合同的约定比例留给国家的权益，是以实物形态表现的财政资金。

20. 国家重大水利工程建设基金的征收对象包括(　　)。

A. 省级电网企业　　　　　　　　B. 地方独立电网企业

C. 发电企业　　　　　　　　　　D. 拥有自备电厂企业

E. 水库

【参考答案】ACD

【答案解析】国家重大水利工程建设基金的征收对象包括省级电网企业、地方独立电网企业、拥有自备电厂企业（由省级电网企业代征）。

21. 下列关于油价调控风险准备金的说法，正确的有(　　)。

A. 风险准备金的缴纳义务人为中华人民共和国境内生产、委托加工和进口汽、柴油的成品油生产经营企业

B. 当国际市场原油价格高于国家规定的成品油价格调控下限时，缴纳义务人应按照汽油、柴油的销售数量和规定的征收标准缴纳风险准备金

C. 风险准备金征收标准按照成品油价格未调金额确定

D. 缴纳义务人可以选择按季度或者按年度缴纳风险准备金。具体缴纳方式由缴纳义务人报征收机关核准。缴纳方式一经确定，不得随意变更

E. 当国际市场原油价格低于每桶40美元（含）时，按原油价格每桶40美元、正常

加工利润率计算成品油价格

【参考答案】 ACDE

【答案解析】 选项 B：当国际市场原油价格低于国家规定的成品油价格调控下限时，缴纳义务人应按照汽油、柴油的销售数量和规定的征收标准缴纳风险准备金。

22. 下列关于无居民海岛使用金的说法，正确的有（　　）。

A. 无居民海岛使用金按照批准的使用年限实行一次性计征

B. 应缴纳的无居民海岛使用金额度超过 1 亿元的，无居民海岛使用者可以提出申请，经批准用岛的海洋主管部门商同级财政部门同意后，可以在 3 年时间内分次缴纳

C. 分次缴纳无居民海岛使用金的，首次缴纳额度不得低于总额度的 50%

D. 无居民海岛使用者未按规定及时足额缴纳无居民海岛使用金的，按日加收 2‰的滞纳金

E. 无居民海岛使用金实行中央地方分成。其中 20% 缴入中央国库，80% 缴入地方国库。

【参考答案】 ABCE

【答案解析】 选项 D：无居民海岛使用者未按规定及时足额缴纳无居民海岛使用金的，按日加收 1‰的滞纳金。

23. 下列项目，将于 2022 年 1 月 1 日全国全面划转税务机关征收的有（　　）

A. 水土保持补偿费　　　　　　B. 土地闲置费

C. 国有土地使用权出让收入　　D. 海域使用金

E. 城镇垃圾处理费

【参考答案】 CD

【答案解析】 2021 年 6 月 4 日，财政部、自然资源部、国家税务总局、人民银行公开了《财政部 自然资源部 税务总局 人民银行关于将国有土地使用权出让收入、矿产资源专项收入、海域使用金、无居民海岛使用金四项政府非税收入划转税务部门征收有关问题的通知》（财综〔2021〕19 号），决定将由自然资源部门征收的上述四项非税收入，全部划转给税务部门负责征收。其中河北、上海等七地自 7 月 1 日开始试点，2022 年 1 月 1 日起在全国全面实施这项征管划转工作。所以选项 C、D 正确。

题型三 判断题

1. 龙盛商贸公司工商登记注册日期为2020年6月1日，该公司安排残疾人就业未达到规定比例，在职职工总数为25人。2022年12月31日以前，该企业免征残疾人就业保障金。（ ）

【参考答案】√

【答案解析】自2020年1月1日起至2022年12月31日，对在职职工总数30人（含）以下的企业，暂免征收残保金。

2. 2019年新出台的非税收入降费政策涉及费种包括：文化事业建设费、国家重大水利工程建设基金、教育费附加与地方教育附加。（ ）

【参考答案】√

【答案解析】2019年新出台的非税收入降费政策包括《关于实施小微企业普惠性税收减免政策的通知》等随增值税改革降费政策及《关于调整部分政府性基金有关政策的通知》，涉及文化事业建设费、国家重大水利工程建设基金、教育费附加与地方教育附加4个费种。

3. 十九届三中全会通过的《中共中央关于深化党和国家机构改革的决定》中明确，将省级和省级以下国税地税机构合并，承担所辖区域内各项税收、非税收入征管职责。（ ）

【参考答案】√

【答案解析】2018年2月，习近平总书记在《关于深化党和国家机构改革的决定稿和方案稿的说明》中指出："将省级和省级以下国税地税机构合并，承担所辖区域内各项税收、非税收入征管职责。国税地税合并后，实行以国家税务总局为主与省区市人民政府双重领导管理体制。"

4. 对实行增值税期末留抵退税的纳税人，允许其从教育费附加和地方教育附加的计税（征）依据中扣除退还的增值税税额。（ ）

【参考答案】√

【答案解析】根据《财政部 税务总局关于增值税期末留抵退税有关城市维护建设税教育费附加和地方教育附加政策的通知》，对实行增值税期末留抵退税的纳税人，允许其从城市维护建设税、教育费附加和地方教育附加的计税（征）依据中扣除退还的增值税税额。

5. 自 2018 年 4 月 1 日起，将残疾人就业保障金征收标准上限，由当地社会平均工资的 3 倍降低至 1 倍。（   ）

【参考答案】×

【答案解析】根据《财政部关于降低部分政府性基金征收标准的通知》，自 2018 年 4 月 1 日起，将残疾人就业保障金征收标准上限，由当地社会平均工资的 3 倍降低至 2 倍。

6. 对纳入产教融合型企业建设培育范围的试点企业，有撤回投资和转让股权行为的，该企业无须补缴已经抵免的教育费附加和地方教育附加。（   ）

【参考答案】×

【答案解析】根据《财政部关于调整部分政府性基金有关政策的通知》第三条，试点企业有撤回投资和转让股权行为的，应当补缴已经抵免的育费附加和地方教育附加。

7. 受疫情影响，2020 年针对电影行业免征文化事业建设费，其他行业照常征收。（   ）

【参考答案】×

【答案解析】根据《关于电影等行业税费支持政策的公告》（财政部 税务总局公告 2020 年第 25 号），自 2020 年 1 月 1 日至 2020 年 12 月 31 日，免征文化事业建设费。此规定是针对所有行业。

8. 未建立工会组织的企业、事业单位、机关的其他组织不需要拨缴工会经费。（   ）

【参考答案】×

【答案解析】工会经费包括工会经费以及工会筹备金。建立工会组织的企业、事业单位，机关按规定向工会拨缴经费；未建立工会组织的企业、事业单位、机关的其他组织应当按规定向上级拨缴工会筹备金。

9. 农网还贷资金按社会用电量每度电 2 分钱标准，不并入电价收取，专项用于农村电网改造贷款还本付息。（   ）

【参考答案】×

【答案解析】农网还贷资金由电网经营企业在向用户收取电费时一并收取，并在电费收款凭证中注明农网还贷资金的征收电量、征收标准和征收金额。

10. 乏燃料处理处置基金属于政府性基金，凡拥有已投入商业运行三年以上压水堆

核电机组的核电厂，应当按照规定缴纳乏燃料处理处置基金。   （   ）

【参考答案】×

【答案解析】凡拥有已投入商业运行五年以上压水堆核电机组的核电厂，应当按照规定缴纳乏燃料处理处置基金。

11. 核电企业承担上缴的场外核应急专项收入作为成本开支项目，基建期在工程基建费中列支，运行期在企业的管理费中列支。   （   ）

【参考答案】√

【答案解析】符合相关规定。

12. 石油特别收益金实行 7 级超额累进从价定率计征，按月计算、按季缴纳。

（   ）

【参考答案】×

【答案解析】石油特别收益金实行 5 级超额累进从价定率计征，按月计算、按季缴纳。

13. 国家留成油收入的征缴期限由石油企业报财政部核准。按照现行规定，中石油、中石化、中海油均按年申报缴纳。   （   ）

【参考答案】×

【答案解析】国家留成油收入的征缴期限由石油企业报财政部核准。按照现行规定，中石油按月申报缴纳，中石化、中海油按年申报缴纳。

14. 海南离岛旅客免税购物商店，按经营免税商品业务年销售收入的 1%，向国家上缴免税商品特许经营费。   （   ）

【参考答案】×

【答案解析】海南离岛旅客免税购物商店，按经营免税商品业务年销售收入的 4%，向国家上缴免税商品特许经营费。

15. 企业、事业单位、机关拖延或者拒不拨缴工会经费的，税务机关可以向当地人民法院申请支付令；拒不执行支付令的，税务机关可以依法申请人民法院强制执行，也可以直接向人民法院提起诉讼。   （   ）

【参考答案】×

【答案解析】企业、事业单位、机关拖延或者拒不拨缴工会经费的，基层工会或者上级工会可以向当地人民法院申请支付令；拒不执行支付令的，工会可以依法申请人民法院强制执行，也可以直接向人民法院提起诉讼。

16. 未达到增值税起征点的缴纳义务人,免征文化事业建设费。 ( )

【参考答案】√

【答案解析】根据《财政部 国家税务总局关于营业税改征增值税试点有关文化事业建设费政策及征收管理问题的补充通知》第三条,未达到增值税起征点的缴纳义务人,免征文化事业建设费。

17. 对由于减免增值税而发生退税的,不予退还已征的教育费附加。 ( )

【参考答案】×

【答案解析】根据《财政部关于征收教育费附加几个具体问题的通知》第三条,对由于减免产品税、增值税、营业税而发生退税的,同时退还已征的教育费附加。

18. 经税务机关正式审核批准的当期免抵的增值税税额,同时免征教育费附加。

( )

【参考答案】×

【答案解析】根据《财政部 国家税务总局关于生产企业出口货物实行免抵退税办法后有关城市维护建设税教育费附加政策的通知》,经国家税务总局正式审核批准的当期免抵的增值税税额应纳入城市维护建设税和教育费附加的计征范围,分别按规定的税(费)率征收城市维护建设税和教育费附加。

19. 国家重大水利工程建设基金减半征收教育费附加。 ( )

【参考答案】×

【答案解析】根据《财政部 国家税务总局关于免征国家重大水利工程建设基金的城市维护建设税和教育费附加的通知》,自 2010 年 5 月 25 日起,经国务院批准,为支持国家重大水利工程建设,对国家重大水利工程建设基金免征城市维护建设税和教育费附加。

20. 某公司经营的业务适用增值税即征即退政策,增值税退税的同时,教育费附加可一并退还。 ( )

【参考答案】×

【答案解析】根据《财政部 国家税务总局关于增值税营业税消费税实行先征后返等办法有关城市维护建设税和教育费附加政策的通知》,对"三税"实行先征后返、先征后退、即征即退办法的,除另有规定外,对随"三税"附征的城市维护建设税和教育费附加,一律不予退(返)还。

21. 某公司于 2020 年 6 月将购买的一批口罩和消毒用品,直接向当地承担疫情防治

任务的医院捐赠用于应对新型冠状病毒感染的肺炎疫情，可以免征相应的增值税及教育费附加、地方教育附加。（ ）

【参考答案】√

【答案解析】根据《财政部 国家税务总局关于支持新型冠状病毒感染的肺炎疫情防控有关捐赠税收政策的公告》，单位和个体工商户将自产、委托加工或购买的货物，通过公益性社会组织和县级以上人民政府及其部门等国家机关，或者直接向承担疫情防治任务的医院，无偿捐赠用于应对新型冠状病毒感染的肺炎疫情的，免征增值税、消费税、城市维护建设税、教育费附加、地方教育附加。

22. 某旅店为增值税一般纳税人，按月申报缴纳增值税，2020年3月实现不含税销售收入8万元，当月无抵扣的进项税额，根据现行税收政策规定，该旅店当月应缴纳教育费附加144元。（ ）

【参考答案】×

【答案解析】根据《财政部 国家税务总局关于扩大有关政府性基金免征范围的通知》，自2016年2月1日起，将免征教育费附加、地方教育附加、水利建设基金的范围，由现行按月纳税的月销售额或营业额不超过3万元（按季度纳税的季度销售额或营业额不超过9万元）的缴纳义务人，扩大到按月纳税的月销售额或营业额不超过10万元（按季度纳税的季度销售额或营业额不超过30万元）的缴纳义务人。该旅店当月销售额未超过10万元，免征教育费附加。根据《财政部 税务总局关于支持新型冠状病毒感染的肺炎疫情防控有关税收政策的公告》第五条，对纳税人提供公共交通运输服务、生活服务，以及为居民提供必需生活物资快递收派服务取得的收入免征增值税，自2020年1月1日起实施，截止日期视疫情情况另行公告。

23. 2020年8月，某增值税小规模纳税人已依法享受了地方教育附加其他优惠政策，根据小微企业普惠性税收减免政策相关规定，仍可叠加享受在50%的税额幅度内减征地方教育附加的优惠政策。（ ）

【参考答案】√

【答案解析】根据《关于实施小微企业普惠性税收减免政策的通知》第三条，由省、自治区、直辖市人民政府根据本地区实际情况，以及宏观调控需要确定，对增值税小规模纳税人可以在50%的税额幅度内减征资源税、城市维护建设税、房产税、城镇土地使用税、印花税（不含证券交易印花税）、耕地占用税和教育费附加、地方教育附加；第四条规定，自2019年1月1日至2021年12月31日，增值税小规模纳税人已依法享受资源税、城市维护建设税、房产税、城镇土地使用税、印花税、耕地占用税、教育费附加、地方教育附加其他优惠政策的，可叠加享受本通知第三条规定的优惠政策。

24. 自2016年2月1日起，按月纳税的月销售额或营业额不超过10万元（按季度纳税的季度销售额或营业额不超过30万元）的缴纳义务人免征教育费附加和地方教育附加，这一优惠政策仅适用于小规模纳税人。（   ）

【参考答案】 ×

【答案解析】 根据《财政部 国家税务总局关于扩大有关政府性基金免征范围的通知》，自2016年2月1日起，将免征教育费附加、地方教育附加、水利建设基金的范围，由现行按月纳税的月销售额或营业额不超过3万元（按季度纳税的季度销售额或营业额不超过9万元）的缴纳义务人，扩大到按月纳税的月销售额或营业额不超过10万元（按季度纳税的季度销售额或营业额不超过30万元）的缴纳义务人。该政策增值税一般纳税人和小规模纳税人均适用。

25. 自2021年7月1日起，选择在湖南、河北、内蒙古、上海、浙江、安徽、青岛等七地以省（区、市）为单位开展国有土地使用权出让收入、矿产资源专项收入、海域使用金、无居民海岛使用金四项政府非税收入征管职责划转试点，探索完善征缴流程、职责分工等，为全面推开划转工作积累经验。（   ）

【参考答案】 ×

【答案解析】 自2021年7月1日起，选择在河北、内蒙古、上海、浙江、安徽、青岛、云南省（自治区、直辖市、计划单列市）以省（区、市）为单位开展国有土地使用权出让收入、矿产资源专项收入、海域使用金、无居民海岛使用金四项政府非税收入征管职责划转试点，探索完善征缴流程、职责分工等，为全面推开划转工作积累经验。

题型四　实务题

湖南运通公司于2015年成立，2019年在职在编职工150人，其中，持有残疾人证（非残疾军人证）3级的员工1人。2019年在职在编职工工资总额1200万元。另外：季节性用工3人，用工时间6个月，工资6.9万元；劳务派遣常年用工20人，工资20万元，经协商在接受单位计算。当地人力资源和社会保障局发布2019年全口径城镇单位就业人员平均工资3万元，所在省规定安排残疾人就业比例为1.5%。

根据上述资料，回答下列问题：

1．（单项选择题）运通公司上年在职职工人数为（　　）。

A. 171.5 人　　　　B. 150 人　　　　C. 151 人　　　　D. 153 人

2．（单项选择题）上年在职职工年平均工资为（　　）。

A. 8 万元　　　　B. 7.15 万元　　　　C. 7.17 万元　　　　D. 7.22 万元

3．（单项选择题）2020年残保金缴纳额为（　　）。

A. 6.75 万元　　　　B. 9.435 万元　　　　C. 13.8915 万元　　　　D. 8.4915 万元

4．（多项选择题）下列关于残保金的说法正确的有（　　）。

A. 采用劳务派遣方式安置残疾人的，由派遣单位、接受单位协商在一方计算安排残疾就业人数、在职职工人数，不得重复计算

B. 残保金一般按月缴纳

C. 用人单位未按规定缴纳保障金的，除补缴欠缴数额外，还应当自欠缴之日起，按日加收3‰的滞纳金

D. 对未按比例安排残疾人就业且拒缴、少缴残保金的用人单位，将其失信行为记入信用记录，纳入全国信用信息共享平台

【参考答案】1. A；2. B；3. D；4. ABD

【答案解析】

1．上年在职职工人数 = 150 + 3 × 6 ÷ 12 + 20 = 171.5（人）。

2．上年在职职工年平均工资 =（1200 + 6.9 + 20）÷ 171.5 = 7.15（万元）。

3．2020年残保金缴纳额 =（171.5 × 1.5% − 1）× 6 × 90% = 8.4915（万元）。

4．选项C：用人单位未按规定缴纳保障金的，除补缴欠缴数额外，还应当自欠缴之日起，按日加收5‰的滞纳金。